6/93

£6.-

Jacques Benoist-Méchin

Friedrich II.

von Hohenstaufen

Deutsch von Wolfram Schäfer

Societäts-Verlag

Titel des französischen Originals
»Frédéric de Hohenstaufen ou le rêve excommunié«

Alle Rechte vorbehalten · Societäts-Verlag
© 1982 Frankfurt Societäts-Druckerei GmbH
© 1980 Librairie Académique Perrin
Umschlaggestaltung: Heinrich Müller
Satz: Janß, Pfungstadt
Druck und buchbinderische Verarbeitung: May & Co, Darmstadt
Printed in Germany 1982
ISBN 3-7973-0390-4

Friedrich II. war mit allen Fehlern und Tugenden der vollständigste und genialste Mensch seines Jahrhunderts und der Vertreter von dessen Kultur.

Ferdinand Gregorovius

Friedrich, der größte unter den Fürsten der Erde, das Wunder und der Verwandler der Welt.

Matthäus von Paris

. . . der erste moderne Mensch auf dem Throne . . . Er zentralisierte die ganze richterliche Gewalt und die Verwaltung in einer bisher für das Abendland unerhörten Weise.

Jacob Burckhardt

. . . Jene zauberhaften Unfaßbaren und Unausdenklichen, jene zum Sieg und zur Verführung vorher bestimmten Rätselmenschen, deren schönster Ausdruck Alcibiades und Caesar (– denen ich gern jenen ersten Europäer nach meinem Geschmack, den Hohenstaufen Friedrich den Zweiten, zugesellen möchte), unter den Künstlern vielleicht Lionardo da Vinci ist.

Friedrich Nietzsche

Im Verlauf der Jahrhunderte hat er von Karl dem Großen bis Napoleon nicht seinesgleichen.

M. Schipa

Dante schafft überhaupt wieder das erste Cäsar-bild seit Julian, nach fast einem Jahrtausend Cäsar-zauber oder Cäsar-gerücht. Dem Kaiser Friedrich II. hat Cäsar als Herrschervorbild innegewohnt . . .

Friedrich Gundolf

Inhalt

Prolog:
Die Welt hatte sich verändert . . .

(363 –1194)

In dem Zeitraum zwischen dem Todesjahr Kaiser Julians (363 n. Chr.) und der Geburt Friedrichs II. (1194) hatte die Welt eine so tiefgreifende Veränderung erfahren, daß diejenigen, die sie zuvor gekannt hatten, sie kaum wiedererkannt hätten.

Im Osten hatten sich die Perser, gestützt auf den Vertrag, den sie mit Jovianus [1] geschlossen hatten, auf Antiochien gestürzt. Sie waren sogar bis in das Küstengebiet am Mittelmeer vorgedrungen, aus dem Justinian sie vertrieben hatte. Aber trotz dieses Erfolges blieb die Bedrohung bestehen: Von Odessa bis Palmyra stand die gesamte Ostfront des Reiches den Invasoren offen.

Im Westen hatten Barbarenstämme in wiederholten Anstürmen den Rhein, die Donau und den Po überquert. Sie hatten Gallien, Spanien und ganz Norditalien unterworfen und überall Vernichtung und Verzweiflung gesät. Unter dem Druck dieses gewaltsamen Einfalls, dem nichts widerstehen konnte, hatte sich das Römische Reich gespalten,[2] und jede seiner Hälften hatte ein anderes Schicksal erfahren.

Das Ostreich war dem tödlichen Verfall entgangen, der das Los des Westreichs werden sollte. Geschützt durch den sieben Kilometer langen Wall, mit dem Theodosius die Akropolis von Byzanz umgeben hatte, und abgesichert durch die fünfundsechzig Kilometer lange Mauer, mit der Anastasius die Verteidigungsanlagen seiner Vorgänger verstärkt hatte, war es den Herrschern gelungen, zunehmende Gefahren einzudämmen. Da sie über ihre Untertanen uneingeschränkte Machtvollkommenheit ausübten, geschickte und kompetente Minister an ihrer Seite hatten und sich auf eine disziplinierte Armee und schlagkräftige Einheiten stützen konnten, betrachteten sich die byzantinischen Kaiser zu Recht als Nachfolger Konstantins, so daß die Bevölkerung, über die sie regierten, trotz der Bekehrung zum Christentum mit gutem Grund denken konnte, sie habe ihre Herrscher nicht gewechselt.

Und alles, was diese Menschen um sich herum sahen, mußte sie in diesem Gefühl bestärken. Denn all die Reichtümer Asiens, aus Syrien, Persien und selbst dem fernen China, häuften sich weiterhin in den Lagern am Bosporus. Das Griechische war dort immer die von allen gesprochene Sprache. Unter den geschäftigen Leuten, die um das Goldene Horn verkehrten, konnte man hervorragenden Historikern wie Prokop und Agathias begegnen, angesehenen Dichtern und genialen Architekten wie Isidor von Milet und Anthemios aus Tralles, der die Hagia Sophia erbaute, deren mit Goldmosaiken bedeckte Kuppeln den Betrachter »blenden wie tausend Sonnenaufgänge«. Kurz, durch seinen Luxus, seine Geschäftigkeit und die Willenskraft seiner Herrscher schien Byzanz alle Wesenszüge der antiken Mittelmeerkultur bewahrt zu haben.

Welch traurigen Anblick bot hingegen das Rom der Cäsaren! Dreimal bezwungen, dreimal ausgeplündert, von seinen Versorgungsquellen abgeschnitten, wiederholten Erpressungen der Barbaren ausgesetzt – wie sollte unter diesen Umständen seine Bevölkerung, die zwischen den herabgerissenen Giebeln ihrer Tempel umherirrte, anders aussehen als zerlumpt und hungrig? Hier war alles zersetzt, heruntergekommen, seiner Substanz beraubt. Es gab keine Kaiser, keinen Senat, keine Konsuln und keine Kurie mehr, kein Gesetz, das für alle Römer galt. Die wenigen Bewohner hatten aufgehört, einem Imperium anzugehören, sie waren nur noch Bürger ihrer Stadt oder ihres Dorfes. Die Wälder hatten den größten Teil der landwirtschaftlich genutzten Gebiete zurückerobert. Die ungepflegten Straßen waren zu Wegen voller Schlammlöcher geworden. Keine Spur mehr von einer zentralen Verwaltung. Wie in Gallien hatte in Italien jede Provinz, jede Stadt, jeder Marktflecken und jeder Weiler einen Duodezfürsten an seiner Spitze, der keine andere Autorität anerkannte als die eigene. Die Zivilisation schwand als Opfer eines wilden Rückschritts dahin.

So senkte sich tiefe Finsternis über das Abendland, eine Nacht, durch die nur hier und dort ein schwacher Funke schimmerte. Es war der Kerzenschein in den Zellen der Mönche, die allein bewahrten, was an Wissen und Kenntnissen bestanden hatte. Man kann angesichts des Mutes dieser Männer bloß staunen, die ein so gewaltiges Erbe auf sich nahmen und sich nicht allein zur Aufgabe setzten, das Evangelium zu verbreiten, sondern auch alles zu retten, was das Wesen einer untergehenden Zivilisation ausmacht. In ihren vereinzelten Häusern, die meist in wilden Tälern oder im Herzen der Wälder errichtet worden waren, teilten sie ihre Zeit zwischen der Bebauung des Bodens, der Bienenzucht und ihren geistlichen Pflichten. Mönch zu sein bedeutete nicht nur, nach den Vorschriften des Evangeliums zu leben, sondern vor allem in einer Welt

Gelehrsamkeit zu besitzen, in der die mächtigsten Herren weder schreiben noch lesen konnten. Ferner verbrachten sie ihre Abendstunden damit, Manuskripte von Pergamentblättern abzuschreiben oder Bibeltexte zu kommentieren, wobei hin und wieder profanes Schriftgut wie die *Bucolica* des Vergil oder die *Metamorphosen* von Ovid, die sie in den Bibliotheken verlassener römischer Villen gefunden hatten, in ihre geistigen Werke einfloß. Indem sie auf diese Weise das Schrifttum gehütet und vor der Zerstörung bewahrt haben, konnten sie die Überlieferung der Literatur und der Geschichtsschreibung sicherstellen.

Obwohl jedoch die Bischöfe und Mönche die Kultur erhalten haben, ist ihr geistiger Horizont eher begrenzt und getrübt gewesen. Begrenzt, weil sie sich mehr für die jenseitige Welt interessierten als für die irdische und damit eine Abwendung von den Realitäten dieser Erde bekundeten, die eine Erforschung der Wirklichkeit kaum förderte. Getrübt, weil sie in der Erwartung des Jüngsten Gerichts fragen mußten, ob es der Mühe wert war, die Ordnung der Dinge aufrechtzuerhalten, die den heiligen Schriften zufolge dem Untergang geweiht waren. Dennoch hielten sie an ihrer Aufgabe fest, und merkwürdigerweise wurden ihre Bemühungen gerade im Bereich des praktischen Lebens zuerst belohnt.

Dank ihrer Lehrtätigkeit, Wohltätigkeit, Krankenpflege, dank ihres Glaubenseifers und der Vorbildlichkeit ihrer Lebensführung genossen die Mönche und Bischöfe in den Augen ihrer ungebildeten und unbelesenen Zeitgenossen bald ein beträchtliches Ansehen. Die entvölkerten und herrenlosen Städte verschanzten sich hinter ihnen wie hinter ihren natürlichen Verteidigern. Instinktiv machten die Bewohner sie zu ihren ersten Magistratsbeamten. Infolge der Auflösung jeder weltlichen Macht stellten sie nach kurzer Zeit die einzige wirkliche Autorität dar. Durch die Aufteilung in Gemeinden und Diözesen bildeten sie ein zusammenhängendes, hierarchisch gegliedertes Ganzes, was ihnen eine Stärke verlieh, aus der sie sobald wie möglich Nutzen zogen und sich von den Landesherren, von denen sie abhängig waren, Ländereien, Stiftungen und Steuerfreiheit verleihen ließen. Durch ihre Arbeit, ihre intellektuelle und moralische Überlegenheit, aber auch ihren materiellen Reichtum erlangten sie in der Gesellschaft eine Vormachtstellung, die es ihnen erlaubte, ihren Standpunkt bei den kleinen örtlichen Machthabern durchzusetzen. Diese Situation brachte ihnen eine Menge Vorteile, deren Summe bei ihrem Oberhaupt, dem Bischof von Rom, zusammenkam. Im Glanze des Ansehens, das die ehemalige Hauptstadt der Cäsaren trotz allem noch besaß, konnte er den anderen Autoritäten der Diözesen schließlich zuvorkommen und ihnen seine Oberhoheit als Stellvertreter Jesu Christi und Vater der Christenheit aufzwingen.

Bald wollten die Herzöge und Grafen, die die Provinzen regierten, deren Gesamtheit einst Gallien und Italien ausgemacht hatte, die Bischöfe in ihre Amtsführung einbeziehen. Und die Geistlichen waren klug genug, das nicht abzulehnen, sondern sich darauf zu berufen, »daß ihr Reich nicht von dieser Welt sei«. So wurden sie, während sie weiter ihre Klöster verwalteten, bald Räte und Minister an den kleinen Höfen. Und das war ein Glück. Denn nachdem sie einen unschätzbaren Teil des antiken Erbes gerettet hatten, verhinderten sie, daß die abendländische Gesellschaft im Chaos versank. Ja, mehr noch: indem sie die fränkische Macht unterstützten, die ohne ihre Zustimmung nie hätte entstehen oder so schnell zunehmen können, erleichterten die Bischöfe die Zusammenfassung einer gewissen Zahl von Herzogtümern unter einem einzigen Landesherrn und bereiteten damit die karolingische Renaissance vor. In dem Augenblick, als Papst Leo III. Karl dem Großen in der Peters-Basilika unter dem Beifall der Volksvertreter die Kaiserkrone aufsetzte und ihn als »serenissimus augustus a Deo coronatus magnus pacificus imperator, Romanum gubernans imperium . . .« bezeichnete (Weihnachten 800), hätte man glauben können, die alte Romanitas sei wiederhergestellt und die lange Nacht, die sich seit dem Tod von Romulus Augustulus über den Kontinent gesenkt hatte, würde nun schwinden. Über dem ganzen Abendland läuteten die Kirchenglocken, um diesen Tag zu feiern.

Die hohen Würdenträger, die an der Krönungszeremonie teilnahmen, haben aufrichtig geglaubt, das »imperium Romanum« sei damit auferstanden. Sie waren auch überzeugt, daß sich ein neues Gleichgewicht zwischen der geistlichen Autorität, die der Papst als Nachfolger des hl. Petrus, und der weltlichen Macht, verkörpert vom Kaiser der Franken und Nachfolger der Cäsaren, hergestellt werden könnte. Nur das Gravitationszentrum des Reiches hatte sich verlagert. Es befand sich nicht mehr in Rom, sondern in Aachen.

Leider war dieser »karolingische Frühling« von kurzer Dauer. Karl der Große starb im Jahre 814. Nach dem Tod seines Sohnes, Ludwigs des Frommen, im Jahre 840 wurde das Reich mit dem Vertrag von Verdun (843) unter seine drei Söhne aufgeteilt. Ludwig der Deutsche erhielt den ganzen östlichen Teil, das heißt Germanien; Karl der Kahle bekam Franken und das Gebiet westlich der Maas; und Lothar wurde Italien und das Gebiet zwischen Maas und Rhein zugesprochen. Doch das mittlere Stück, also Lothringen, das schwächer war als die anderen, wurde bald zur Beute der gierigen Verbündeten: der Franken und Germanen. Während es zunächst unter der Herrschaft Karls des Kahlen stand, ging es nach dessen Tod in den Besitz Ludwigs des Deutschen über.

Im Jahre 962 empfing Otto I., der Herzog von Sachsen und Sohn Heinrich des

Vogelers, die Kaiserkrone zu Aachen[3] mit all dem Pomp, mit dem die Franken und Byzantiner diese Zeremonie zu umgeben pflegten, nachdem sie sich die übertriebenen Beschreibungen der Krönungen der Könige Israels im Alten Testament zu eigen gemacht hatten. Dieser Krönung waren lange Verhandlungen zwischen Otto I. und Papst Johannes XII. vorausgegangen, in denen sie übereingekommen waren, daß allein der Papst den gewählten Kaiser *weihen* darf, daß hingegen kein Papst ohne die Zustimmung des Kaisers *gewählt* werden darf, wodurch ein Gleichgewicht der beiden Mächte sichergestellt werden sollte (*Ottavianum* vom 13. Februar 962). So erwuchs das Heilige Römische Reich Deutscher Nation, dessen Herrscher es sich zur Gewohnheit machten, sich als die einzigen Erben der Cäsaren zu betrachten. Doch dieser Anspruch angesichts des Verfalls des karolingischen Reiches erschien den anderen Fürsten als überheblich und belastete ihre Beziehungen mit neuen Motiven der Zwietracht.[4]

So lebten Streitigkeiten und Kämpfe erneut auf. Wieder wurden Städte und Länder verwüstet. Nach den Hoffnungen, die die Wiedervereinigung von Gallien, Germanien und Norditalien im 9. Jahrhundert erweckt hatte, war diese Enttäuschung besonders bitter. Das gesamte Abendland schien in Zersplitterung und Dunkelheit zurückzuverfallen.

Wem muß man den allgemeinen Rückschritt zuschreiben, der das Ende des 9. und den Beginn des 10. Jahrhunderts kennzeichnet?

Zunächst dem Untergang des Handels, dem die Invasionen der Normannen und Sarazenen bereits Ende des voraufgehenden Jahrhunderts den Gnadenstoß gegeben hatten. Die Unsicherheit der Seefahrt auf dem Atlantik und dem Mittelmeer sowie die Zerstörung der Häfen machten den Handel auf dem Seewege unmöglich. Hinzu kamen im Inneren der Länder die Verwüstungen durch die heidnischen Völker. Jeder Warenaustausch von einiger Bedeutung wurde mit der Zeit stillgelegt. Die Städte, in denen keine großen Märkte mehr stattfanden, schlossen ihre Tore und beherbergten innerhalb ihrer Mauern nur noch ihre ärmliche Einwohnerschaft.

Sodann dem Niedergang der Landwirtschaft: Geschwächt, unterdrückt und entmutigt, bebaute der Leibeigene mit unzureichenden Werkzeugen und Methoden desinteressiert und unlustig einen Boden, dessen Früchte ihm fast immer entrissen wurden. Er mußte schon froh sein, wenn ihm einfallende Normannen oder Ungarn die mageren Ernten nicht schon auf dem Felde vernichteten. Jede Urbarmachung war eingestellt: Auf den Ebenen der Niederlande und im Norden Spaniens und Italiens breiteten sich riesige Wälder aus; Ödland und Sümpfe reduzierten ohnedies die landwirtschaftlich nutzbaren Gebiete; und schließlich zunehmende Unterernährung und häufige Epidemien; auf dieser so wenig genutzten Erde grassierte der Hunger. Manchmal herrschte er überall; infolge schlechter Ernten oder eines Krieges erfaßte er einmal dieses, dann wieder jenes Land. Die Witterung, die ihre Launen den Bosheiten der Menschen oft hinzufügt, trug ebenfalls dazu bei, die Früchte dieser Erde zu mindern. Ungesunde Nahrung, verbunden mit einer beklagenswerten Hygiene, führte zu einer weiteren Geißel: den Seuchen. Die Pest raffte die Menschen zu Tausenden dahin; um sich der Toten zu entledigen, stapelte man sie wahllos in offenen Beinhäusern auf, was die Gefahr der Ansteckung natürlich erhöhte.[5] Während dieser Zeit der Invasionen von Slawen, Ungarn, Normannen und Sarazenen schienen die Fortschritte, die die Bischöfe und Mönche seit hundert Jahren erzielt hatten, abgeschrieben werden zu müssen. Das Reich erlebte eine ständige Schrumpfung. Es bedurfte nicht der Bezugnahme auf das »Jahr eintausend«, um die allgemeine Angst zu erklären, die die Menschen quälte. Die Wirklichkeit war erschreckend genug, um die Völker glauben zu lassen, daß die Welt kurz vor dem Untergang stand.[6]

Doch da trat eine Wende ein, die in den Augen der Zeitgenossen an ein Wunder grenzte. Wie jemand, der am Rande eines Abgrunds schwankt und sich im letzten Moment fängt, fing sich das Abendland. Die Faktoren dieser Wiedererrichtung sind zu unterschiedlich und vielfältig, um sie hier analysieren zu können. Beschränken wir uns auf die Feststellung, daß eine Welt aufgehört hatte und eine neue begann. Und was da heranwuchs, war diese erstaunliche geistige Gemeinschaft des Abendlandes, aus der die folgenden Jahrhunderte »eine der ausgewogensten, widerstandsfähigsten und tragendsten Kulturen der Weltgeschichte, nämlich die Christenheit«, hervorgehen sahen.[7]

An dem strahlenden Morgen, der über einem Kontinent aufging, der plötzlich wieder Selbstvertrauen gefaßt hatte, zeichneten sich vor der Nacht des 10. Jahrhunderts die Umrisse einer neuen Ordnung ab, die mit der antiken Gesellschaft nichts mehr gemein hatte.[8]

Der Staat, das Gesetz, die zentrale Verwaltung wie auch die strengen Mechanismen, die sie gestützt hatten – die Sklaverei und die riesigen Söldnerheere, die sich auf den Schlachtfeldern gegenüberstanden –, waren verschwunden. Das allgemeine Gesetz war durch die Gewohnheit ersetzt worden; alles war auf persönliche Bande gegründet, die von Mensch zu Mensch bestanden und alles einschlossen, was dies an Unterschiedlichkeit, Lebendigkeit und Gefühlsreichtum beinhaltete. Der düsteren Horizontalität sterbender Reiche war die kräftige Vertikalität einer heranwachsenden Gesellschaft gefolgt. Alles beruhte auf einer Hierarchie von Gemeinschaften, von denen selbst die bescheidenste in Gnade gehüllt war. Durch Vermittlung seiner Heiligen erteilte Gott unablässig seinen Segen über diese Welt; jeder suchte, zu Gott zu gelangen, und diese herabsinkende und aufsteigende Doppelbewegung erzeugte von oben bis unten in der Gesellschaft einen lebendigen Atem.

Der Mensch war nicht mehr isoliert, es gab fortan keine einsamen Wesen. Jeder war so eng in eine Gruppe gebunden, daß man nicht mehr von Individuen sprach, sondern von Häusern, Familien, Sippschaften. Kein Vasall ohne Herr, kein Herr ohne Untertan. Alle waren miteinander verbunden, und zwar nicht kraft Gesetzes, sondern durch ein Netz moralischer Verpflichtungen, deren geläufigste Bekundungen die Eidesleistung und der Huldigungseid waren. Deshalb galt der höchste Wert nicht dem unterzeichneten Vertrag oder dem geschriebenen Gesetz, sondern der Treue, der Ehre, der Achtung des gegebenen Wortes, ohne die das ganze soziale Gebäude einzustürzen drohte.

Ebenso wie es keine Vasallen ohne Herren gab, waren Länder ohne Herrscher nicht denkbar. Wo es dennoch der Fall war, handelte es sich um die wenigen »Freigüter«, auf denen nicht einmal der König das Recht hatte, Steuern zu erheben oder Menschen einzuziehen, denn diese »freien« Länder wurden als Lehen der Sonne betrachtet.[9]

Niemand war isoliert, aber es war auch keiner schutzlos. Die Sklaverei war abgeschafft und durch die Leibeigenschaft ersetzt worden, die weniger unmenschlich war als die antiken Ausbeutungsformen.[10] War jeder Leibeigene zu bestimmten Verpflichtungen gegenüber seinem Herrn gezwungen – und niemand wird leugnen, daß sie oft sehr hart gewesen sind –, so hatte jeder Herr seine Verpflichtungen gegenüber seinen Dienern. Die Pflicht zu Schutz und Verteidigung zum Beispiel war unveräußerlich. Die Tatsache, daß jeder Knecht eine unsterbliche Seele hatte, verbot seinem Herrn, ihn zu verkaufen, ihm sein Stückchen Land zu entreißen, das ihm seine Existenz sicherte, oder ihn von den Sakramenten auszuschließen. Die Armen, Enterbten, Waisen, alle, die weder Beruf noch Familie hatten und im Vergleich zu anderen Gemeindemitgliedern ein Dasein am Rande führten, wurden ohne Rücksicht auf ihr Alter »Kinder« genannt, das heißt »Kinder des Herrn«, sie standen unter dem unmittelbaren Schutz der Kirche.

So sah in groben Linien die Gesellschaft aus, die kurz vor dem Jahr eintausend heranwuchs, ihre erste Blüte im Laufe des 11. und 12. Jahrhunderts erreichte und in der Mitte des 13. Jahrhunderts volle Entfaltung fand. Man kann sich heute kaum vorstellen, wie reich diese geschichtliche Epoche an Überschwang, Erfindungsgeist und schöpferischer Energie war. Die Phantasie überflügelte die kühle Vernunft; Ausgewogenheit trat an die Stelle der Symmetrie. Es war die Zeit, in der die Heldenepen und höfischen Romane verbreitet wurden[11] und sich Europa mit dem »weißen Mantel« der Kathedralen[12] bedeckte. Der wieder erwachsende Wohlstand und die zunehmende Bedeutung der Städte untermauerten den geistigen Aufschwung. Die Erneuerung des Straßennetzes stellte ebenfalls einen wichtigen Faktor dieses Wiederauflebens dar. Sie erleichterte nicht nur den Transport von Steinen zu den Bauwerkstätten, die nahezu überall entstanden, sondern verlockte auch viel fahrendes Volk zur Reise: Jongleure, Ritter, Prediger und Pilger, die singend zu den Grabstätten des heiligen Benedikt, des Martin von Tours oder des Jakob von Compostela zogen und auf den Tag warteten, an dem sie »wie begeisterte Bienenschwärme« zum Grabe Christi aufbrechen würden.

Die bezeichnendsten Vertreter dieser Zivilisation waren auf weltlicher Ebene die Bauern, die Ritter, die Dichter und die Könige; in der geistlichen Rangordnung waren es die Führer der großen religiösen Orden, die Bischöfe und die Heiligen. Sie alle hatten ihr Seelenheil im Sinn, aber alle versuchten es auf verschiedene Weise zu erringen: die einen durch Abenteuergeist und mit Heldentaten, die anderen durch Gebete und mit philosophischen Überlegungen und wieder andere durch den Erwerb der Gnade, die sie Gott näherbrachte. Nicht mehr dem finsteren und rächenden Gott der früheren Jahre, der manchmal ein Schwert zwischen die Zähne geklemmt hatte[13], sondern einem guten und hilfreichen Gott, der unaufhörlich seine Liebe über die Welt ergoß und den die herausragendsten Denker mit dem Licht identifizierten.[14]

Diese Gleichsetzung der göttlichen Liebe mit dem Licht hatte einen beachtlichen Einfluß auf die geistige Struktur der Menschen dieser Zeit. Sie bewirkte eine zärtliche Bewunderung für die Pflanzen und Tiere. »In den Wäldern wirst du mehr finden als in den Büchern; die Bäume und die Felsen werden dich Dinge lehren, die kein Meister dir sagen kann«, sagte Bernhard von Clairvaux gerne. Diese Überzeugung schöpfte ihre Kraft vor allem aus dem Rahmen des Alltags.

In jener Epoche spielte sich das menschliche Leben vorwiegend unter freiem Himmel ab. Die Landesherren waren öfter in ihren Wäldern auf Jagd als in ihren Burgen eingeschlossen. Die Mönche liebten es, sich mit ihren Bienenkörben und ihren Fischteichen zu beschäftigen. »Die Städte waren weder so groß noch so stark abgeschirmt, daß man nicht die Frühlingsdüfte wahrnehmen konnte. Ihre neuen Mauern schlossen Gärten, Weinstöcke und manchmal Kornfelder ein. Selbst für den Städter veränderte sich das Leben mit dem Rhythmus der Jahreszeiten.« Die Intellektuellen lebten weniger in ihrem Kämmerlein als auf den Wiesen in den Obstgärten, und alle Klöster gruppierten sich um einen Garten voller Vögel und Blumen. »Diese Vertrautheit mit den natürlichen Dingen, das Gefühl, nicht schuldig zu sein, sondern das Zeichen Gottes zu tragen und sein Ebenbild zu offenbaren«,[15] führte dazu, daß eine Vielzahl von Tieren und Pflanzen die Miniaturen, Wandteppiche und Kirchenportale schmückte. Aus dem gleichen Empfinden heraus wurden die Streben an den Pfeilern von Notre-Dame in Paris gestaltet, die sich unter der Wölbung zu Blütenkronen entfalten oder mit Akanthusblättern, Rebstöcken oder Weintrauben abwechseln.

In anderen, etwas späteren Kathedralen wie in Chartres oder Amiens zeigt sich dieser Einzug der Natur in noch stärkerem Grade. Zum Ruhme der Schöpferkraft Gottes meißelten die Baumeister inmitten des Gebäudes die Vereinbarkeit des Dogmas mit dem sichtbaren Universum ein. »Die Rose im nördlichen Querschiff zu Reims, die Wölbungen der Kirche von Chartres stellen Gott dar, wie er das Licht und die Sterne schafft, den Tag von der Nacht scheidet und die Erde vom Wasser und wie er die Pflanzen und Tiere gestaltet und schließlich den Menschen. Sie bieten dem Blick ein Inventar der Schöpfung dar . . . Dieses Freudeempfinden an der Welt entsprach dem Eroberungsdrang der jungen Leute. Es war in der Lage, Gruppen von Jungen und Mädchen, die um den Maibaum tanzten, zu Gott zurückzuführen.« [16] Indem die Kirche die Natur in sich aufnahm, die wilden Tiere, die Frische des Morgens und den reifenden Wein, konnte sie hoffen, die breiteren Bevölkerungsschichten anzuziehen, bei denen noch alter heidnischer Glaube an Hexenzauber und Feenkraft lebendig war.

Nirgendwo drückt sich dieses Gefühl, mit der Natur in Übereinstimmung zu leben, deutlicher aus als in den Lobgesängen des heiligen Franz von Assisi, wenn er sich an »seinen Bruder«, die Sonne, oder »seine Brüder«, die Vögel, wendet. »Wie soll man die Rührung beschreiben, die ihn ergriff, als er in den Kreaturen das Zeichen, die Macht und die Güte des Schöpfers erkannte? . . . Kaum erblickte er ein Feld blühender Blumen, begann er zu predigen, als seien sie vernunftbegabt, und lud sie ein, den Herrn zu loben. Sowohl das Getreide wie die Weinstöcke, plätschernde Bäche und grünende Gärten, Erde und Feuer, Luft und Wind ermahnte er in aufrichtigster Einfalt, Gott zu lieben und ihm guten Herzens zu gehorchen. Alle Kreaturen nannte er ›Brüder‹, und sein Herz durchdrang ihre Geheimnisse, als lebe er bereits, von seinem Körper befreit, in der erhabenen Freiheit der ›Kinder Gottes‹.«

Hatte Jesus nicht selbst seine Gleichnisse mit Bildern aus der Pflanzenwelt geschmückt? Hat er nicht zum Beispiel die Lilien auf dem Felde, das Senfkorn, das Getreide des Landes Kanaan zitiert? Nennt die Heilige Schrift nicht voller Zärtlichkeit die Taube des Heiligen Geistes und das Lamm Gottes?

Doch so sehr sie von Zärtlichkeit und Zuneigung geprägt war, hat die Naturliebe der Menschen des 12. und 13. Jahrhunderts andere und tiefere Quellen als die einfache ästhetische Betrachtung des äußeren Lebensschmucks. Sie fand in den Thesen der Theologen wie Robert Grosseteste, Alain von Lille, Albertus Magnus und Thomas von Aquin ihre Rechtfertigung. Diese Gelehrten erklärten, daß die Erbsünde, die Adam aus dem Paradies vertrieben hat, weder die Pflanzen noch die Tiere befallen habe. Deshalb seien sie »ohne Fehl und unbefleckt«. Sie waren so geblieben, wie sie aus der Hand des Schöpfers hervorgegangen sind, und bezeugten dadurch seine Güte und seine Vollkommenheit. Sie zu beobachten, zu studieren und zu lieben war also nichts Tadelnswertes: Es bedeutete, sich Gott zu nähern und ihn besser kennenzulernen. Für Alain von Lille »war die Natur der Stellvertreter Gottes«. Thomas von Aquin zufolge »strömte die Güte und die Gesamtheit Gottes von den Kreaturen aus; sie verbreiteten einen vielfältigen Widerschein seiner Einmaligkeit«.

Erst wenn man das weiß, kann man die tiefere Bedeutung der Worte verstehen, die Ludwig IX. und Joinville gewechselt haben:

»Da Gott weder Gesicht noch Körper hat, die wir mit Augen wahrnehmen könnten, welches irdische Bild kommt ihm dann Ihrer Ansicht nach am nächsten?« hatte der König eines Tages gefragt. Und der Seneschall der Champagne soll geantwortet haben:

»Ein blühender Mandelzweig.«

Nicht alle Menschen waren jedoch von dieser heiligen Gnade berührt. Trotz der Bemühungen der Priester, sie zu bessern, blieben sie grausam, treubrüchig und rachsüchtig. Die »Großen« zögerten nicht, ihre Versprechen zu brechen oder Blut zu vergießen, wenn es im persönlichen Interesse oder für das Ansehen ihres Hauses nützlich erschien. Man darf dabei nicht vergessen, daß die Leute damals viel temperamentvoller, spontaner und leidenschaftlicher waren. Daher dieses Schwanken der Gefühle, das für die mittelalterliche Mentalität so charakteristisch ist. Trotz der Vielfalt sozialer Verflechtungen zeigte sich hier die wahre Natur des Menschen. Oh, wie schwer war es, ihn von seiner Gewalttätigkeit abzubringen![17] Sie brach immer wieder hervor, und zwar um so wilder, als die Aufteilung der Ländereien und der Machtbefugnisse die Motive für Streitigkeiten vervielfältigten. Herzöge gegen Grafen, Fürsten gegen Bischöfe, Könige gegen den Papst: die Auseinandersetzungen hörten sozusagen nie auf und lösten Kriege aus, die die Ernten verwüsteten.[18]

Das Feudalsystem, das zumindest in seinen Anfängen jedem ein Maximum an Freiheit zuzusichern versuchte, indem es jede Macht durch eine Menge Gegenmächte begrenzte, die sie aufwogen, und die absolute Gewalt niemandem zuerkannte (selbst die Könige von Frankreich oder die Herzöge von Sachsen konnten in ihren Bereichen nicht nach Lust und Laune walten), war nicht geeignet, diese Geißel abzuwenden. Die Parzellierung der Ländereien, die Unterschiedlichkeit der Gebräuche, die Verflechtung der Untertänigkeit verursachten einen enormen Kräfteverlust, eine schreckliche Energievergeudung.

Sie richteten unüberwindliche Hindernisse auf dem Weg zur Wiederherstellung der Einheit auf – jener Einheit, die Karl der Große für fünfzehn Jahre aufrechterhalten hat und die mit seinem Tode zerbrochen ist, im Gedächtnis der Menschen jedoch ein unauslöschliches Andenken hinterlassen hat. Seither hatte sie der vage Gedanke an diese Einheit nicht losgelassen.[19] Viele dachten wie Liutprand, der Bischof von Cremona, und Gerbert, der Erzbischof von Ravenna: »Ein einziger regiert das Himmelreich und schleudert die Blitze; also ist es natürlich, daß unter ihm auch auf Erden nur ein einziger herrscht.« Und verlieh nicht diese Tatsache, »von einem einzigen regiert zu werden« – hier vom Basileus, dort vom Kalifen –, dem byzantinischen Reich und Persien jene Macht, vor der das zerrissene und zerstückelte Europa ständig niederknien mußte? O wenn doch bald ein Nachfolger Cäsars, Augustus' oder Konstantins käme und der Bedrohung von außen sowie den brudermörderischen Zwistigkeiten ein Ende setzen und sich zum Herrscher über alle Herrscher erklären würde![20]

Diese Auffassung wurde verstärkt vertreten, als die Möche von Cluny den *Alexanderroman*, die *Äneis* von Vergil und den *Pharsalos* von Lukian wiederentdeckten und übersetzten, in denen die antiken Helden verherrlicht wurden, die versucht hatten, ein Weltreich zu gründen. Die Sehnsucht nach der Einheit lebte im Unterbewußtsein fort wie die zeitlose Klarheit, die von dem Goldhintergrund der byzantinischen Ikonen ausstrahlt.[21]

Sicher, an Anwärtern auf den höchsten Herrscherposten fehlte es nicht. Sie waren sogar zu zahlreich. Dieses so beneidete Privileg schien dem Mächtigsten unter ihnen, das heißt dem Erben Ottos des Großen, zufallen zu müssen. Doch weder die Sachsen noch die Salier, die auf ihn gefolgt waren, hatten so breite Schultern, daß sie dieses Riesengebäude hätten tragen können, ohne zu schwanken. Ihre Ansprüche hatten die Rivalitäten der Fürsten nur noch geschürt und die geistliche gegen die weltliche Macht aufgestachelt.[22]

Und dann war plötzlich ein Mann aufgetaucht, der das Format und die erforderlichen Qualifikationen mitzubringen schien: es war der Herzog von Schwaben, Friedrich Barbarossa (1123–1190). Er hatte das Reich um die Grafschaft Burgund, das Königreich von Arles und ganz Norditalien vergrößert. Leider ist er während des dritten Kreuzzugs in Kleinasien im Flusse Saleph ertrunken, in dem schon Alexander der Große beinahe ums Leben gekommen wäre.

Wieder war die kaiserliche Autorität in ihrer Grundfeste erschüttert. Abermals war die Hoffnung auf Einigung in eine ungewisse Zukunft verlegt. Dennoch wollte man nicht Verzicht üben. Wenn man die geschichtliche Epoche vom Tode Karls des Großen bis zur Geburt Friedrichs II. betrachtet, stellt man fest, daß das gesamte Mittelalter in der Erwartung eines Kaisers gelebt hat, das heißt eines Mannes, der fähig war, die Einheit des Abendlandes wiederherzustellen und seinen Frieden zu sichern. Was man von ihm erhoffte, war jedoch nicht allein die Wiederherstellung des »imperium Romanum«, sondern die Hinführung zu einem neuen goldenen Zeitalter.[23]

Bis zur Ankunft des neuen Messias mußten sich die Menschen mit dem Zustand des Bestehenden zufriedengeben: der Feudalregierung oder, je nach Gesichtspunkt, der »großen gotischen Ordnung«. Dies war übrigens das großartigste System, das der Mensch entwickelt hat, um seine Existenz zu rechtfertigen, denn seine Grundsätze beschränkten sich nicht auf seinen irdischen Aufenthalt, sie erstreckten sich auf sein Heil, mit anderen Worten: auf den endlichen Eintritt ins Himmelreich.

Nicht nur Wechselgesänge und gregorianische Hymnen begleiteten jedes Individuum auf den Etappen seines Lebens – Taufe, Kommunion, Hochzeit und Tod –, sie wurden auch in die wichtigsten Episoden der Existenz Christi einbezogen: Geburt, Epiphanias, Kreuzigung, Auferstehung, Himmelfahrt und Pfingsten; wunderbare Gesänge ließen den einzelnen an den Jahreszeiten teilnehmen (vergessen wir nicht, daß damals sehr wenige Leute lesen konnten, alle konnten hingegen singen, denn die Priester hielten die Gläubigen dazu an, mit ihrer Stimme an der Feier des Gottesdienstes teilzunehmen), und über die Jahreszeiten hinaus wurden die Menschen in die großen kosmischen Zyklen integriert, die den Gang der Sonne und die Gravitation der Sterne bestimmten.[24]

Ebenso wie das Individuum ein Nichts war, das auf sich selbst reduziert blieb, und jeder seine wirkliche Dimension nur erreichte, wenn er »Mensch von einem anderen Menschen« war,[25] so beschränkte sich die Liebe zur Natur nicht darauf, die Dinge bruchstückhaft zu beobachten und Einzelfälle zu addieren. Sie forderte vielmehr von ihm, gedanklich bis zur Erfassung der Arten und Gattungen fortzuschreiten, deren vollendete Urform im göttlichen Gedanken vorher existiert hat. Nur so konnte man sich der Verwandtschaft bewußt werden, die alle Teile der Schöpfung miteinander verbindet, und die Ordnung entdecken, nach der Gott sie verteilt hat. Auf diese Weise lernte man, daß jedes Element des Universums, jeder Stern, jede Pflanze, jede Gattung in der Welt ihren Anfangspunkt und ihr Ende hatte. Das war die Folge einer »Bestimmung«, der man nichts hinzufügen oder wegnehmen konnte, »denn es lag nicht in der Macht des Menschen, den Gedanken des Schöpfers zu vollenden, und alles, was man der Vollendung der Kreaturen entzog, bedeutete eine Beschneidung der Vollkommenheit Gottes selbst«.[26]

So hatte sich eine geistige Welt gebildet, in der alle Dinge ihre »Fülle«[27] aus der Tatsache bezogen, daß sie dort einen Platz besetzten, den der Schöpfer ihnen zugewiesen hat. Und was für diese Welt galt, hatte auch für die andere Gültigkeit, denn jeder Gegenstand trug eine »Zweckbestimmung« in sich, die ihn trieb, sich unaufhörlich der Vollendung Gottes zu nähern.

»Die göttliche Natur«, sagt Thomas von Aquin in einem Absatz seiner *Summa theologica,* von der man jedes Wort wegen seiner Dichte mehrmals überdenken sollte, »umfaßt alle Dinge in einer klaren Anordnung, so daß alle in einem bestimmten Zusammenhang einander zugeordnet sind, wobei jedes Ding seine Essenz bewahrt, selbst wenn es in gegenseitige Zuordnungen gerät.«

Diese Definition der Welt, die der größte Denker des Mittelalters formuliert hat,[28] ist die gleiche, die Dante, sein größter Dichter, im ersten Gesang seines *Paradieses* aufnehmen und erweitern wird:

Die Dinge allesamt . . . haben
Unter sich Ordnung, und das All ist nur
Durch diese Form gottähnlich und erhaben.

Nach ihr nun sehn wir alle Wesen streben . . .
Ob mehr, ob minder nah sie ihrem Ursprung leben.[29]

Ja, die Welt hatte sich verändert, wie sich alle Beziehungen verändert hatten, die der Mensch mit ihr unterhielt.

Und weil auf Erden sich alles verändert hatte, hatte sich auch der Himmel verändert: Arabische Sterne waren am Firmament aufgegangen, um neben den griechischen Sternbildern und den römischen Planeten Stellung zu beziehen.[30]

Zu diesem Zeitpunkt erschien in der Arena ein neuer Ritter, auf den sich alle Hoffnungen und aller Zorn des Jahrhunderts richteten.

Erster Teil:
Das Lamm unter den Wölfen

(Dezember 1194 – September 1202)

I

Das Jahr 1194 ging seinem Ende zu. Der Winter hatte früh begonnen und drohte streng zu werden. Eine dicke Schneeschicht bedeckte die Berge, und in den Städten und Dörfern, die sich in die Täler schmiegten, traf jeder seine Vorbereitungen, um die Geburt des Herrn zu feiern.

Der Konvoi, der in Eilmärschen nach Süditalien zog, um Konstanze von Hauteville, die Thronerbin von Sizilien und Gattin Heinrichs VI., des deutschen Kaisers, nach Palermo zu bringen, mußte in Iesi Station machen, einer Kleinstadt bei Ancona, die kaum »würdig war, eine Person von so hoher Abkunft zu beherbergen«. Als die Wagenachsen nicht mehr quietschten und bei den Kutschern Ruhe eingekehrt war, vernahm man vom königlichen Tragbett her ein Stöhnen. Konstanze, die schwanger war, begann ihre ersten Wehen zu spüren. Ihr Wagen war hart gefedert, und das Rütteln auf der Straße mußte die Niederkunft beschleunigt haben. Man quartierte sie notdürftig im Haus des Bürgermeisters ein, wo man am Vorabend des Weihnachtsfestes nicht mit ihr gerechnet hatte. Doch die Königin verlangte trotz ihrer Schmerzen – man weiß nicht, warum –, daß die Geburt ihres Kindes in der Öffentlichkeit stattfinden sollte. Man versuchte, ihr das auszureden, und wies darauf hin, daß es sehr kalt war, was für sie schlimme Folgen haben könnte und nicht weniger für den Säugling. Aber sie ließ sich von ihrem Vorhaben nicht abbringen. So errichtete man in aller Eile auf dem Marktplatz ein Zelt aus Brokat und Musselin und lud alle Bewohner des Städtchens und den Adel aus der näheren Umgebung ein, diesem Ereignis beizuwohnen, damit sie Zeugnis davon ablegen konnten.

Konstanze war für damalige Zeit eine alte Frau, denn sie war bereits vierzig. In diesem Alter einem Kind das Leben zu schenken, wurde deshalb als physische

Unmöglichkeit erachtet, zumal sie neun Ehejahre hindurch unfruchtbar geblieben war. Die Entbindung der Königin erschien folglich den einen als zweifelhaft, für die anderen nahm sie gleichsam den Charakter eines Wunders an. Und dies um so mehr, als gewichtige Interessen im Spiel waren. Wenn das Neugeborene ein Junge war, erbte er von seiner Mutter das Königreich Sizilien und von seinem Vater das Heilige Römische Reich. Damit wäre er eine der mächtigsten Persönlichkeiten der Christenheit. Es mußten daher alle Vorsichtsmaßnahmen getroffen werden, damit niemand die Legitimität seiner Geburt anfechten konnte.

Das Kind lag ungünstig. Die lange und schmerzhafte Niederkunft drohte das Leben der Mutter zu gefährden. Es bedurfte aller Geschicklichkeit zweier arabischer Ärzte, die schnell hinzugezogen wurden, um ein böses Ende zu verhindern.

Die Wehen, die am Weihnachtsvorabend begonnen hatten, zogen sich den ganzen folgenden Tag hin. Die Erlösung kam erst am Morgen des zweiten Weihnachtstages, also am 26. Dezember 1194, dem Tag des hl. Stephanus.

Es herrschte Eiseskälte unter dem Zeltdach, da man wegen der Brandgefahr nicht gewagt hatte, einen Wärmeofen aufzustellen. Während die erschöpfte Mutter halbtot in ihren Kissen lag, wusch man das Neugeborene in einer Schüssel mit warmem Wasser. Und weil es ein wenig schwächlich wirkte, umwickelte man es mit Speckstücken, um seine Glieder zu stärken. Schließlich hüllte man es in die Haut eines frischgeschlachteten Lammes, damit es nicht so sehr unter dem Temperaturunterschied im Leib der Mutter und der Kälte im Zelt litt. Als man es Konstanze reichte, schlug sie die Augen auf und rief aus: »Ich werde leben!«

Das Kind antwortete ihr mit langem Geschrei, woraus die Ärzte den Schluß zogen, daß jede Gefahr abgewendet war und beide überleben würden.

Doch alle Gefahr war nicht abgewendet, und Konstanze wußte das. Was bedeutete ihr Ausruf? Wollte sie nicht sagen: »Ich werde leben, um dich zu verteidigen, um von dir alle Bedrohungen fernzuhalten und dich vor deinen Feinden zu beschützen?« Denn ihr war klar, wie zahlreich und mächtig ihre Gegner waren. Nie würde dieses scheinbar so schmächtige Kind das Mannesalter erreichen, wenn sie nicht da war, um über den Knaben zu wachen. Sie übergab ihn ihrer Zofe Bérengère und sagte zu ihr:

»Wenn ein unvorhergesehenes Ereignis mich daran hindern sollte, an seiner Taufe teilzunehmen, so wisse, daß ich ihn Roger-Konstantin nennen möchte.«

Am Nachmittag fühlte sich Konstanze ein wenig besser. Obwohl sie immer noch von Kissen gestützt werden mußte, hielt sie es für ihre Pflicht, sich der Öffentlichkeit zu zeigen. Sie strahlte vor Stolz und reichte dem Säugling die volle Brust. Nun konnte niemand mehr behaupten, sie sei nicht die Mutter des Kindes! Und da sie ihren Sohn nicht mit nach Sizilien nehmen wollte, wo er großen Gefahren ausgesetzt gewesen wäre, da ihr Gatte, Heinrich VI., dort gegen einen Volksaufstand kämpfte, vertraute sie ihn Konrad von Urslingen, dem Herzog von Spoleto, und dessen Frau an, mit der sie eng befreundet war. Von ihnen wurde er sogleich nach Foligno bei Assisi gebracht. Als das Kind einige Monate später getauft wurde, gab man ihm nicht den Vornamen Konstantin, wie es seine Mutter gewünscht hatte, sondern auf Drängen des Vaters den Doppelnamen Friedrich-Roger, womit die Erinnerung an die beiden Großväter Friedrich Barbarossa und Roger II. von Sizilien wachgerufen werden sollte.

Die etwas ungewöhnliche Geburt dessen, der eines Tages als Friedrich II. von Hohenstaufen regieren sollte, rief im ganzen Abendland eine Welle der Erregung, des Interesses und der Hoffnung hervor. Das wird aus einer Vielzahl von Weissagungen und Prophezeiungen deutlich. Es schien, als habe man geahnt, daß die Zukunft ein außerordentliches Schicksal für ihn bereit hielt.

Sein Geburtsdatum am zweiten Weihnachtstag hat die Phantasie der Zeitgenossen als erstes beschäftigt. War das nicht die Jahreszeit, in der die moderne Welt die Geburt Christi feierte, während die alte Welt der Sonne huldigte – jener *unbezwungenen Sonne,* die das Geschick des Römischen Reiches gelenkt hatte und deren Kult schließlich in der katholischen Liturgie aufgegangen ist? Mußte man darin nicht den Beweis sehen, daß der Sohn Konstanzes, der im Zeichen beider geboren ist, das Erbe des einen wie des anderen antreten würde, so daß ihr doppelter Nimbus seine Stirn schmücken wird? Deshalb orientierten sich die Predigten, die anläßlich seiner Geburt gehalten wurden, sowohl an der Bibel wie an heidnischen Texten.

Petrus von Ebulo, der große Dichter aus Kampanien, zögerte nicht, auf ihn die messianischen Worte aus der *4. Ekloge* von Vergil anzuwenden, wo es heißt: »Schon steigt neu ein Erbe herab aus himmlischen Höhen. Sei nur dem nahenden Knaben, mit dem die eisernen Menschen enden, und allen Welten ein goldenes Zeitalter erblühet – Gnädig sei ihm, du Helferin, Reine! schon herrscht dein Apollo!«[31] Und Gottfried von Viterbo feierte den Neugeborenen als künftigen Retter und Weltenkönig, der Osten und Westen vereinen werde.

Auf der anderen Seite waren die Weissagungen des Joachim von Flora, eines Zisterziensermönchs aus Kalabrien, eher beunruhigend. Seiner Aussage zufolge war der Neugeborene nichts weiter als der Sohn des Teufels, das heißt der Antichrist, der »von Gott entsandt war, um alle Nationen mit eiserner Hand zu regieren, um sie dann in einem Meer von Blut und Tränen zu ertränken«. Er bezog sich dabei auf eine Passage aus der Apokalypse, wo behauptet wird, daß der Richter der Endzeit von einer alten Frau geboren wird,[32] und damals hieß es sogar: von einer alten ehemaligen Nonne. Und hatte Konstanze nicht jahrelang das fromme und zurückgezogene Leben der Schwestern des Erlöserordens geteilt? War sie in Palermo nicht in einem Kloster aufgewachsen, bevor sie »gewaltsam«[33] Heinrich VI. angetraut wurde, diesem schrecklichen Menschen, der in einer Schlacht ein Auge verloren hatte und den die Sizilianer zuweilen Heinrich den Grausamen oder Heinrich den Zyklopen nannten?

Zu diesen »gelehrten« Prophezeiungen kamen viel Aberglaube und Volksmeinungen hinzu. Hatte man nicht ein paar Jahrhunderte zuvor behauptet, daß Olympia, die Königin von Makedonien und Mutter Alexanders des Großen, geträumt habe, sie komme mit einer Feuersäule nieder, die das Universum in Brand stecken werde?[34] Ist nicht vor sieben Jahrhunderten erzählt worden, daß Basilina, die Mutter des Kaisers Julian, im Traum erlebt hat, wie sie einen Flammenstoß gebar und daß ihr Sohn ein neuer Achilles, ein neuer Alexander werden würde?[35] Und nun verbreitete sich ein ähnliches Gerücht in bezug auf Konstanze. Hat man nicht berichtet, sie habe im Traum gesehen, wie ihr Körper aufriß und eine Flamme freigab, »die alle Fackeln Italiens entzünden würde«?

Diese Vorhersagen konnte das kleine Kind, das gerade erst zur Welt gekommen war, natürlich nicht kennen. Doch als Friedrich fünfundvierzig Jahre später davon erfuhr, zu einer Zeit also, da er sich selbst gern als »Cäsar« und »göttlich« bezeichnete, zögerte er nicht, sie durch folgende überraschende Erklärung zu bestätigen, die von einem derart maßlosen Stolz zeugt, daß sie seine Zeitgenossen erstarren ließ:

»Es ist wahr, daß Unsere Geburt für ein Wunder gehalten worden ist. Es ist wahr, daß Konstanze, Unsere göttliche Mutter, hier einen Gott geboren hat. Es ist wahr, daß Iesi Unser Bethlehem ist. Und ebenso wie die Heilige Schrift Bethlehem rühmt, das da klein ist unter den Städten in Juda und aus dem der kommen sollte, der in Israel Herr wurde,[36] ebenso ist Iesi, die kleine Stadt in den Marken, nicht das geringste Haus Unseres Kronguts, da aus ihr ein Mann hervorgegangen ist, der zum Oberhaupt des Römischen Reiches wurde.«

Das alles wurde, wie gesagt, erst später bekannt. Es gab hingegen eine andere Weissagung, die sowohl präziser als auch leichter überprüfbar erschien.

Sie stammte vom Zauberer Merlin. Als er in der Tiefe seiner bretonischen Wälder von der Geburt Friedrichs erfuhr, hatte er erklärt:

»Es ist ein Kind auf Erden geboren, das wie ein Lamm unter Wölfen aufwachsen wird, ohne jedoch von ihnen verschlungen zu werden.«

Ein Lamm zwischen Wölfen! Kein Bild kann die ersten Jahre seines Lebens besser umschreiben.

26

II

Während sich diese Ereignisse in Mittelitalien abspielten, befand sich Heinrich VI., der Gatte von Konstanze, in Palermo, wo er gezwungen war, einen Volksaufstand niederzuschlagen. Die sizilianischen Freiherren, die den Deutschen feindlich gesinnt waren, hatten sich gegen ihn verbündet, und es war ihnen gelungen, die Bürger auf ihre Seite zu ziehen. Sie wollten um jeden Preis verhindern, daß sich das Oberhaupt des Hauses Schwaben der Königskrone bemächtigte, weil sie fürchteten, wie sie sagten, »daß ein kalter Wind des Nordens nicht noch einmal den schönen sizilianischen Rosengarten verwüsten sollte«.

Heinrich VI. war ein schweigsamer und gewalttätiger Mann, der nur zu sehr geneigt war, Blut fließen zu lassen, wenn etwas gegen seinen Willen geschah, und das kam oft vor. Der Patriarch von Aquileja, der durchaus nicht sein Feind war, warf ihm dennoch vor, »weder seinen Untertanen gegenüber leutselig noch seinen Völkern gegenüber wohlwollend zu sein«. Doch er war ein bemerkenswerter Kriegsherr und ein politischer Geist von außergewöhnlichem Format. Wahrscheinlich wären alle Pläne seines Vaters, Friedrich Barbarossas, mit dessen Tod zu Scherben zerbrochen, wäre er nicht gewesen und hätte die Stücke aufgesammelt.

Denn Kaiser Rotbart arbeitete auf lange Sicht.[37] Hatte er nicht das Meisterwerk vollbracht, für seinen Sohn die Hand der nachgeborenen Tochter Rogers II. von Sizilien und Beatrix' von Rethel zu gewinnen? Und war es nicht Konstanze von Hauteville, die das sonnige Königreich, das ganz Süditalien umfaßte, das heißt Apulien, Neapel, Kalabrien und Sizilien, für den Fall erben sollte, daß ihr Neffe, Wilhelm II., der Gute, ohne Nachkommen starb?

Der Heirat, die die beiden mächtigen Herrscherhäuser von Schwaben und Hauteville verband, waren schwierige Verhandlungen vorausgegangen, denn weder der König von Sizilien, Wilhelm II., noch der Heilige Stuhl sahen sie gerne. Matthäus von Ajello, der Vizekanzler des sizilianischen Königs, war sogar strikt dagegen. Es bedurfte der Vermittlung des bedeutenden Kanzlers Walter of the Mill – eines Priesters englischer Herkunft, der damals Erzbischof von Palermo war[38] –, um die Zurückhaltung Roms und des königlichen Hofes zu brechen. Walter hatte Ajello nur dadurch überzeugen können, daß er König Wilhelm grausame Szenen vormalte, die sein Königreich mit Blut überzogen, wenn er sterben sollte, ohne seine Nachfolge gesichert zu haben. Und Konstanze mußte er überreden, daß ihr persönliches Interesse – und die Pflicht – ihr befahlen, »einen starken Mann« zu ehelichen, »der die sizilischen Freiherren zu zügeln vermochte und ihr ihren Thron erhielt«.

Nachdem die anfänglichen Schwierigkeiten sowie die Bedenken hinsichtlich des Altersunterschiedes beseitigt waren – denn Heinrich von Schwaben, der im November 1165 in Nimwegen geboren war, hatte gerade erst sein 21. Lebensjahr erreicht, während Konstanze von Hauteville, im Februar 1154 in Palermo geboren, zweiunddreißig Jahre alt war –, wurde die Ehe am 27. Januar 1186 mit großem Pomp und im Beisein von Friedrich Barbarossa in der Ambrosius-Kirche in Mailand geschlossen.

Konstanze war Ende des vorangehenden Jahres mit fünfhundert Lastpferden und Packeseln in der lombardischen Hauptstadt eingetroffen. Sie führte illustrierte Evangelarien, goldene Vasen, Schmuckstücke, Hermeline und andere kostbare Pelze mit sich, kurz: »eine Mitgift, die der Erbin eines großen Königreichs würdig war, die sich anschickte, den Sohn eines Kaisers zu heiraten«. Als sie zum Hauptaltar des neuen Doms schritt – der gerade erst über dem früheren errichtet worden war, den Friedrich Barbarossa 1162 bei seiner schonungslosen Belagerung Mailands zerstört hatte –, erschien Konstanze den Gästen, die sie zum erstenmal sahen, als Inbegriff des exotischen Zaubers, mit dem die Eroberung Siziliens ihre Familie umgeben hatte und der in der Folgezeit ihrem Vater und dessen Brüdern – also den Königen Wilhelm I., dem Bösen, und Wilhelm II., dem Guten – die Bezeichnung »getaufte Sultane« einbrachte. »Konstanze war groß und blond und hatte die weiße Haut ihrer nordischen Vorfahren; sie zeichnete sich aus durch die huldvoll-anmutige Haltung einer am luxuriösesten Hof Westeuropas erzogenen Prinzessin. Ihre Roben aus Brokat und bestickter Seide, ihre kostbaren Juwelen erinnerten an die dort herrschende byzantinische Pracht, während ihre Bescheidenheit auf die Zurückgezogenheit der Frauen hindeutete, die am Hofe von Palermo Sitte war.«[39]

Als die Eheschließung vollzogen war, begab sich das Paar auf den großen Marktplatz von Mailand, der zu diesem Zweck von Tribünen umgeben und mit einer Fülle von Wandteppichen und Bannern geschmückt war. Dort hat ihnen der Patriarch von Aquileja in Abwesenheit des Erzbischofs Humbert Crevelli, der kurz zuvor zu Papst Urban III. gewählt worden war, unter dem Beifall einer begeisterten Menschenmenge die eiserne Krone der lombardischen Könige aufgesetzt.

Doch kaum waren die Feierlichkeiten beendet, zog am bisher heiteren Himmel ein Gewitter herauf. Besorgt um die Zukunft, hatte Papst Urban III. argwöhnisch die Verbindung des Anwärters auf das Heilige Römische Reich mit der Erbin des sizilianischen Königreichs verfolgt. Hatten nicht alle Bemühungen seiner Vorgänger darin bestanden, diese beiden Territorien getrennt zu halten, deren Vereinigung das Erbe des heiligen Petrus in die Zange zu nehmen drohte? Und noch verärgerter war er über die Tatsache, daß der Patriarch von Aquileja den beiden Gatten, ohne ihn zu fragen, die Krone der Lombardei aufgesetzt hatte, während dieses Recht doch ihm als Erzbischof von Mailand zugestanden hätte. Und er hätte nie den Sohn Barbarossas gekrönt, jenes Kaisers, der ihm vor vierundzwanzig Jahren bei der Plünderung der Stadt Unannehmlichkeiten bereitet hatte.

Bisher hatten sich die lombardischen Städte – die ebenso viele kleine autonome Republiken bildeten, die eifersüchtig über ihre Unabhängigkeit wachten – den deutschen Kaisern gegenüber feindlich verhalten, und der Heilige Stuhl hat diesen Gegensatz geschickt zu nutzen gewußt, um die Stadtgemeinden gegen die kaiserliche Macht aufzuhetzen. Bedeutete nicht die Tatsache, daß Heinrich VI. die Krone der lombardischen Könige trug, während er bereits »König der Römer«[40] war, und daß die Bevölkerung dem zugestimmt hatte, einen Wechsel Mailands sowie der Städte Piacenza und Brescia ins andere Lager, wodurch das subtile Gleichgewicht zerstört würde, welches das Papsttum in diesem Teil Italiens aufrechtzuerhalten suchte?

So zögerte Urban III. nicht, seinem Unmut Ausdruck zu verleihen.[41] Zunächst belegte er den Patriarchen von Aquileja mit dem Bann, indem er ihn anklagte, seine Machtbefugnisse überschritten zu haben, denn der Papst hatte trotz seiner Berufung auf den apostolischen Thron alle Privilegien des Erzbischofs von Mailand für sich behalten. Dann ließ er verleumderische Gerüchte verbreiten, wonach Konstanze gegen ihren Willen verheiratet worden sei, was eventuell eine Annullierung der Ehe erlauben würde. Und um schließlich seine Wut auf die Hohenstaufer zu bekunden, hat er Friedrich Barbarossa exkommuniziert, den Stifter dieser ärgerlichen Verbindung. Dabei diente ihm als Vorwand, daß die toskanischen Ländereien, die der Gräfin Mathilde gehört hatten und die er zurückzugeben versprochen hatte, dem Heiligen Stuhl immer noch nicht zurückerstattet worden seien.[42] Doch die päpstliche Bannbulle erreichte ihren Adressaten nicht rechtzeitig. Bevor sie eintraf, wurde der Christenheit ein schwerer Schlag zugefügt. Nach einer Reihe entscheidender Siege eroberte der türkische Wesir Salah-ed-hin (Saladin) Jerusalem (2. Oktober 1187), und Urban III. starb aus Schmerz über den Verlust dieser heiligen Stätte.

Genauer betrachtet, hatte die Verbindung Heinrichs mit Konstanze dem Sohn Barbarossas kaum Glück gebracht. Man könnte sogar sagen, daß sie ihm lediglich eine Vielzahl von Enttäuschungen beschert hat. Heinrich liebte seine Frau nicht, die elf Jahre älter war als er, und Konstanze liebte ihn wegen seines autoritären und brutalen Charakters nicht, der mit der sizilianischen Feinsinnigkeit nicht in Einklang zu bringen war. Was das Erbe anbelangte, das ihr zufallen sollte, so war er sich dessen keineswegs sicher, denn es war an zwei Bedingungen geknüpft: erstens mußte ihr Neffe, Wilhelm der Gute, der über Sizilien regierte, ohne Nachkommen sterben, und zweitens mußte sie selbst ein Kind haben, was wegen ihres Alters nicht selbstverständlich war. Die Jahre vergingen, und sie blieb unfruchtbar. Bald würde sie die Schwelle überschreiten, hinter der es keine Hoffnung mehr geben konnte. Diese Situation quälte Heinrich sehr und trug dazu bei, ihn noch finsterer zu stimmen. Was sollte er mit einer Frau, die bereits alt und welk war und ihm nicht einmal einen Erben schenken konnte?

Doch Heinrich war ein pflichtbewußter Mann von unglaublicher Beharrlichkeit. Entgegen jedem Widerstand gab er nie die Hoffnung auf, eines Tages den von seinem Vater gehegten Traum zu realisieren: in seinen Händen den Norden und den Süden Europas zu vereinen, das heißt das Heilige Römische Reich und das Königreich Sizilien. Erst danach konnte man den Blick auf Byzanz und das Heilige Land richten und sich wirklich weltweite Macht verschaffen . . .

Aber so dicht die Wolkendecke auch sein mag, es kommt immer ein Augenblick, da sie aufreißt, um einen Sonnenstrahl hindurchfallen zu lassen. Ein Lichtblick dieser Art schien sich um 1189 abzuzeichnen.

In diesem Jahr starb Wilhelm der Gute, ohne Nachkommen zu hinterlassen. Vor seinem Ableben hatte er den höchsten Adel Siziliens um sein Sterbebett versammelt, um sich auf das Evangelium schwören zu lassen, daß Konstanze als einzige Erbin des Königreichs anerkannt und nichts unternommen wird, ihre Thronbesteigung zu verhindern. Im Jahr darauf (1190) brach Friedrich Barbarossa mit Richard Löwenherz und Philipp Augustus zum Kreuzzug ins Heilige Land auf, um Jerusalem zurückzuerobern. Doch nachdem er Ikonion eingenommen hatte,[43] ertrank er beim Baden im Flusse Saleph.

Unterdessen hatten sich seit dem Tode von Urban III. mehrere Päpste auf dem Thron Petri abgelöst: zunächst Gregor VIII., der nur einige Monate regiert hat (1187), dann Klemens III. (1187–1191) und schließlich Zölestin III. (1191–1198), der mehr als achtzig Jahre alt war und sich von seinen Vorgängern deutlich abhob. Er war ruhig und friedliebend, von tiefer Frömmigkeit beseelt und beschäftigte sich mehr mit seinem Seelenheil als mit den weltlichen Problemen. Als »Streitschlichter«, wie ihn seine Zeitgenossen nannten, teilte er die Vorurteile Urbans III. gegenüber den Hohenstaufern in keiner Weise und erstrebte vielmehr, mit ihnen in Frieden auszukommen. Heinrich, der nun nach dem Tode seines Vaters und in seiner Eigenschaft als König der Römer das Heilige Römische Reich für sich in Anspruch nehmen konnte, sah den Augenblick gekommen, seine Rechte geltend zu machen. Die günstigen Umstände nutzend, war er mit Konstanze nach Rom aufgebrochen, um am 15. April 1191 aus den Händen Zölestins III. die Kaiserkrone zu empfangen. Ein wichtiger Schritt auf dem Wege zur Verwirklichung seiner Wünsche war getan. Es blieb jedoch eine weitere Etappe zurückzulegen, die sich als sehr viel schwieriger erweisen sollte.

III

Kaum war die Nachricht von der Krönung Heinrichs VI. nach Sizilien gedrungen, kaum hatte man erfahren, daß er sich anschickte, nach Palermo zu kommen, um die Erbschaft seiner Frau anzutreten, geriet ganz Mittelitalien in Aufruhr. In dem gesamten Gebiet zwischen Neapel und Palermo, Syrakus und Otranto gab es keine Stadt und kein Dorf, »die nicht mit Schwertern gespickt gewesen wären«.

Dieser Aufstand war um so gefährlicher, als er einen Anführer gefunden hatte, in dem das ungestüme Blut der ersten Hauteville kochte und dem es gelungen war, seinen persönlichen Widerstand in eine Volkserhebung umzumünzen. Er nannte sich nach einer Grafschaft in Apulien, nicht weit von Otranto, die er von seiner Mutter geerbt hatte: Tankred von Lecce.

Er war wahrhaftig kein Unbekannter. Seine Herkunft, seine Begeisterung und die vielen Beziehungen, die er auf der Insel hatte, waren für ihn ernst zu nehmende Trümpfe.

Als Bruder von Wilhelm dem Guten – dem er verweigert hatte, Konstanze den Huldigungseid zu leisten, den der sterbende König von seinen Vasallen verlangt hatte –, als Enkel Rogers II., des Begründers dieses Königreichs, und folglich als Neffe Konstanzes hatte er lediglich einen schwachen Punkt: illegitim zu sein. Durch seinen Vater war er ein Hauteville, aber er war ein Bastard der Emma von Lecce.[44] Dieser Nachteil wurde jedoch weitgehend durch seine Popularität aufgewogen und nicht zuletzt durch seine Eheschließung mit Sibylla von Acerra, eine von ihren Untertanen sehr geliebte sizilianische Adlige, die ihm drei Söhne und eine Tochter geschenkt hatte.[45] Außerdem wurde er von Matthäus von Ajello unterstützt, dem ehemaligen Vizekanzler des verstorbenen Königs, der sich der »deutschen« Heirat Konstanzes heftig widersetzt hatte. Ajello hatte ihm die Mehrheit des sizilianischen Adels zugeführt, der ihn in der Versammlung der Generalstände zum König proklamiert hatte. Es bestand also eine gewisse Berechtigung dessen, was man »Usurpation« genannt hat, denn die Machtergreifung der ersten Hauteville, die von einer Handvoll normannischer Abenteurer nach der Eroberung Apuliens gewählt worden waren, beruhte anfangs auf dem Prinzip der freien Wahl.[46]

Heinrich VI. war sich der Gefahr bewußt und hatte umgehend reagiert. Als vorbeugende Maßnahme zur Rückeroberung des Königreichs begann er Neapel zu belagern.

Doch die ersten Kampfhandlungen schlugen fehl. Die Neapolitaner verteidigten sich mit unerwarteter Verbissenheit. Die Truppen, über die Heinrich verfügte, waren offensichtlich zu schwach, um diesen Widerstand zu brechen. Darüber hinaus traf ihn ein zusätzliches Unglück: die Pest. Sie hat die kaiserlichen Streitkräfte dezimiert. Und Heinrich selbst wäre der Geißel beinahe zum Opfer gefallen. Die Nachricht von seinem Tod verbreitete sich schnell in der ganzen Region und löste unter seinen Anhängern Panik aus. Am Ende hat er sich erholt, die Belagerung mußte er jedoch aufgeben.

Das war eine schwere Niederlage. Aber es kam schlimmer. Als er mit seinen übriggebliebenen Rittern wieder nach Norden zog, erreichte ihn eine Kunde, die buchstäblich das Blut in seinen Adern erstarren ließ: Konstanze, die sich in Salerno befand, um mit einer Thermalkur ihrer Unfruchtbarkeit ein Ende zu setzen, war von der Stadt gefangengenommen worden. Die Podestas hatten sie gewaltsam auf ein Schiff geschleppt, das nach Messina gefahren ist, und dort hatten sie die Königin Tankred als Geisel übergeben.

Seine Frau in den Händen seines ärgsten Feindes! Der Lichtblick war nur von kurzer Dauer gewesen, nie waren die Wolken, die den Horizont bedeckten, dichter erschienen als jetzt. Wenn Tankred Konstanze getötet hatte, wozu er die Macht besaß, wären alle Hoffnungen Heinrichs in nichts aufgegangen. Entgegen seiner Erwartung hat Tankred sie jedoch nicht getötet. Das konnte er sich nicht erlauben. Wenn er sich mit dem Blut einer Hauteville befleckt hätte, wären viele seiner Anhänger von ihm abgefallen. Er empfing seine Tante mit der Achtung, die ihrem Rang gebührte, und entschloß sich nach einigen Tagen, sie reich beschenkt zu ihrem Gatten zurückzuschicken. Aber hinter dieser großzügigen Geste verbarg sich eine Anmaßung; sie bedeutete: Beschränkt Euch auf Deutschland und setzt nie wieder den Fuß auf meinen Boden!

Die Verhöhnung war offenkundig. Da Heinrich VI. diese Beleidigung nicht hinnehmen konnte, wendete er sich wieder nach Süden, um den Krieg weiterzuführen. Doch diesmal verfügte er über andere Mittel als zuvor.

Als der Bischof von Tyrus nach der Eroberung Jerusalems durch Saladin einen dringenden Aufruf an die Herrscher des Abendlandes richtete, den fränkischen Baronen bei der Befreiung des Grabes Christi zu helfen, waren Richard Löwenherz, Friedrich Barbarossa und Philipp Augustus von Frankreich nach Palästina aufgebrochen, aber jeden von ihnen hatte ein anderes Schicksal ereilt. Friedrich I. war in Kleinasien umgekommen, als er versuchte, seine Armee neu zu ordnen. Man hatte ihn in der Kathedrale von Antiochia begraben und wartete darauf, zum Heiligen Grab nach Jerusalem geführt zu werden. Philipp Augustus war nach Frankreich zurückgekehrt, während Richard Löwenherz Akkon zurückeroberte und den Byzantinern Zypern entriß, das er zu einem lateinischen Königreich machte.[47] Da er hiermit seine Mission als erfüllt ansah, trat er den Rückweg an. Als er jedoch Friaul durchquerte, um nach England zu gelangen, wurde er von seinem Feind, Herzog Leopold von Österreich, gefangengenommen. Der wiederum hat ihn Heinrich VI. ausgeliefert, weil er wußte, daß die Hohenstaufer und die Plantagenets spinnefeind waren.[48] Heinrich hat Nutzen daraus gezogen und von dem Gefangenen ein Lösegeld in Höhe von 100 000 Pfund in Silber sowie einen Huldigungseid erpreßt, durch den ganz England unter die Oberherrschaft des deutschen Kaisers gestellt war. Dieses Lösegeld hatte Heinrich VI. ermöglicht, ein neues Heer zusammenzustellen, mit dem er zur Eroberung Siziliens aufbrach. Der Himmel erschien ihm deshalb weniger düster, als er gen Süden zog. Da trat plötzlich eine überraschende Wende ein, so daß er die Zukunft endgültig in hellerem Licht sehen konnte.

Tankred von Lecce starb unverhofft und hinterließ die Krone Siziliens seiner Witwe Sibylla und seinem erst siebenjährigen Sohn Wilhelm. Die Zeitgenossen erblickten in diesem Schicksalsschlag einen »Fingerzeig Gottes«, und von heute auf morgen hatte sich das Kräfteverhältnis in Sizilien umgekehrt (22. Februar 1194).

Was konnte Sibylla mit ihrem Kind dem mächtigen Heinrich VI. entgegenstellen, der gestärkt zurückkehrte? Er konnte sich auf eine überlegene Armee und nicht weniger eindrucksvolle finanzielle Mittel stützen. Die sizilianischen Barone, die ihre Sache als verloren ansahen, schworen Tankreds Ideen ab und schwenkten zu ihm über. Er konnte gewaltige Fortschritte erzielen. Neapel ergab sich ihm ohne Widerstand. Messina desgleichen. Darauf öffneten ihm die meisten sizilianischen Städte ihre Pforten. Wenige Wochen genügten ihm, um sich zum Herrn der Insel zu erheben.

Ende Oktober hielt Heinrich VI. seinen feierlichen Einzug in Palermo, wo ihm Walter of the Mill – der Rivale Ajellos – die Krone und die königlichen Insignien überreichte.

»Die Bürger von Palermo«, berichtet Otto von Sankt Blasien, »haben dem Kaiser einen triumphalen Empfang bereitet. Alle Straßen und insbesondere die Kreuzungen waren reich mit kostbaren Teppichen geschmückt. Auf den Hauptstraßen und Plätzen duftete es nach Weihrauch und Myrrhe. Der Kaiser hatte sich mit der Ordnung seines Heeres nicht weniger Mühe gegeben als die Einwohner Palermos mit der Schmückung ihrer Stadt. Man hatte den Kriegern eine strenge Disziplin auferlegt und sie gewarnt, daß ›jede teutonische Ausschreitung‹ mit der Abhackung der Hand bestraft würde. So zogen sie in Zweierreihen im Gleichschritt mit funkelnden Waffen durch die Stadt. Der Kaiser bildete den Schluß, begleitet von den prunkvoll gekleideten Vasallen. Als er Palermo betrat, wurde er mit tosendem Beifall begrüßt, und nach Landesbrauch sank das Volk bei seinem Anblick zum Zeichen der Unterwerfung in die Knie. Er gönnte sich keine Rast, ehe er am königlichen Palast angelangt war.«

Um in den folgenden Tagen die Ruhe wiederherzustellen und die Gemüter zu besänftigen, versprach Heinrich all jenen eine Generalamnestie, die gegen ihn Partei ergriffen hatten. Außerdem gab er den rebellischen Freiherren ihre Güter zurück und überließ die Grafschaft Lecce dem jungen Wilhelm, da ihm dieses Lehen durch seine Mutter erbrechtlich zustand.

Nachdem diese Verhandlungen und Übergaben zur Zufriedenheit aller abgeschlossen waren, begann man, das Krönungsfest vorzubereiten.

Es fand eine Woche vor Weihnachten im Jahre 1194 in der Kathedrale von Palermo statt. Es wurde mit großem Aufwand und im Beisein einer ungeheuren Volksmenge gefeiert, denn Heinrich VI. wollte das Andenken daran tief ins Gedächtnis seiner Untertanen eingraben. Leider fiel ein Schatten auf dieses Bild: Konstanze war nicht dabei. Sie befand sich in diesem Augenblick irgendwo in Mittelitalien . . .

Bevor im riesigen Hauptschiff der Kathedrale, wo sich der gesamte weltliche und geistliche Adel Siziliens drängte, die eigentliche Krönungszeremonie vollzogen wurde, erlebte man eine rührende Szene, die uns die Chronisten jener Zeit überliefert haben. Als das *Credo* verklungen war, erschien Wilhelm, Tankreds Sohn, der trotz seiner sieben Jahre der Erbfolger seines Vaters war. Er schritt durch das Kirchenschiff und stieg gemessen die Stufen zum Thron empor, auf dem Heinrich VI. saß. Dort kniete er nieder und legte ihm die Krone Siziliens zu Füßen, womit er feierlich auf alle Regierungsansprüche verzichtete. Heinrich gebot ihm mit großmütiger Geste, sich zu erheben, sicherte ihm öffentlich die Grafschaft Lecce zu und verlieh ihm – um ihm seine Gunst zu erweisen – darüber hinaus den Titel eines Grafen von Tarent.

An allen Tagen der folgenden Woche, der letzten vor Weihnachten, wohnte Heinrich mit der sizilianischen Krone auf dem Haupt den Messen bei. Doch er schien in sich gekehrt. Ein Ausdruck des Kummers überschattete sein Gesicht. Warum war er so traurig, während er doch alle Früchte seiner Bemühungen ernten konnte? Dachte er: Wozu habe ich mir die Mühe gemacht, die Stufen dieses Thrones Stück für Stück zu erklimmen, um eine Macht zu erringen, die letztlich inhaltlos ist, da ich niemanden habe, an den ich sie weiterreichen kann?

34

Am Weihnachtsabend nahm er an der Messe mit besonderer Andacht teil. Er betete inbrünstig. Dennoch waren seine Gesichtszüge verkrampft, und man sah, wie er verstohlen eine Träne abwischte, als der Chor den Jubelgesang anstimmte: »Uns ist ein Kindlein heut geboren . . .« Man hatte den Eindruck, daß er es nicht länger ertragen konnte.

Und am *zweiten Weihnachtstag* schaffte er sich Luft. Unter dem Vorwand, eine Verschwörung niederzuschlagen, von der er durch einen geheimnisvollen Brief erfahren hatte, ließ er alle Adligen und Geistlichen verhaften, die im Vertrauen auf sein Amnestieversprechen in der Stadt geblieben waren. Alle, die an der Krönung Tankreds teilgenommen hatten, wurden lebendig verbrannt. Diese Massenhinrichtung, der Hunderte sizilianischer Edelleute zum Opfer fielen, fand auf einem freien Gelände in der Nähe des Königspalastes statt. Dem kleinen Wilhelm wurden die Augen ausgestochen, dann hat ihn der Scharfrichter entmannt. Später wurde er zum Schloß Hohenems nach Deutschland gebracht, wo er nach einigen Jahren an der Schwindsucht sterben sollte.

Da es ihm nicht genügte, seinen Zorn an den Lebenden ausgelassen zu haben, vergriff Heinrich sich an den Toten. Er ließ Tankred und dessen älteren Sohn Roger, der mit etwa dreizehn Jahren gestorben war, exhumieren und ihre Leichen unter den Augen der Bevölkerung enthaupten.

Dieser Massenmord, der am Sankt Stephanstag begonnen hatte, zog sich eine ganze Woche hin und endete in einem Blutbad.

Erst zu diesem Zeitpunkt erfuhr Heinrich VI. die große Neuigkeit: Am zweiten Weihnachtstag hatte seine Frau während eines Aufenthalts in Iesi einen Sohn zur Welt gebracht, der sein Erbe sein sollte und dem Gottfried von Viterbo prophezeit hat, «daß er Orient und Abendland wieder vereinigen wird».

Da erhob Heinrich VI. die Hände zum Himmel und dankte Gott, daß er seine Gebete erhört hatte.

IV

Doch Heinrich täuschte sich. Gott hatte ihn nicht erhört. Er ließ ihn nie die Früchte des Friedens ernten. Die Grausamkeit, mit der der sizilianische König den Aufstand niedergeschlagen hatte, trug nicht zur Beruhigung der Geister bei, sondern hat eine lange Furche des Hasses und des Zorns nach sich gezogen. Nach einer kurzen Atempause brach der Aufruhr wieder los und erstreckte sich diesmal auf die Region Apulien. Es folgten erneute Massaker und neue Schreckenstaten.

Graf Richard von Acerra, Tankreds Schwager, wurde von einem Pferdege-spann durch die Straßen Capuas geschleift und zwei Tage lang an den Füßen aufgehängt, erst dann hat der Hofnarr einen schweren Stein um seinen Hals ge-bunden und damit die endgültige Strangulation vollzogen. Die Königin Sibylla wurde in das Kloster Hohenburg im Elsaß verbannt. Graf Jordan, dem Kon-stanze freundschaftlich verbunden war, bis er das Zeichen zum Aufstand gege-ben hatte, wurde auf einen weißglühenden Eisenthron gesetzt, worauf man ihm mit Hammerschlägen eine glühende Metallkrone aufs Haupt schlug, so daß nach Zeugenaussagen »ein Rauchring über seinen versengenden Haaren aufstieg«. Selbst Konstanze wurde von dem Kanzler des Königs, Walter von Pagliara, streng bewacht, weil Heinrich sie verdächtigte, die Rebellen heimlich zu ermutigen. Als er drei Monate später in Bari eintraf, um sich dort mit ihr krönen zu lassen – sie war ja in Palermo nicht dabei gewesen –, zwang er sie, ei-nem demütigenden Schauspiel beizuwohnen: Dem Zug von 160 schwerbela-denen Mauleseln, der sich durch die Stadt in Richtung Deutschland bewegte. Sie transportierten den Schatz der normannischen Könige zum Schloß Trifels: einen Haufen Gold und Edelsteine, die Kroninsignien und den kostbaren Mantel, den ihr Vater, König Roger, am Tage seiner Krönung getragen hatte. Als der Zug vorüber war, soll Konstanze einen langen Seufzer ausgestoßen ha-ben. Und man kann sich vorstellen, daß eine derartige Anhäufung von Gewalt-taten und Plünderungen nicht dazu beigetragen hat, den Haß zu mindern, den die Sizilianer ihrem neuen Herrscher entgegenbrachten.

Hinzu kommt, daß die deutschen Barone, die direkt aus Schwaben, Bayern oder Thüringen der kaiserlichen Gefolgschaft eingegliedert wurden, um den Erfolg seines Unternehmens sicherzustellen, frei schalten und walten konnten. Der Sohn Barbarossas hatte ihnen großzügig Lehen und Schenkungen ver-macht, die aus dem Besitz des sizilianischen Adels stammten. Jeden Tag wur-den sie reicher und anmaßender, da sie sich als unentbehrliche Stütze des Throns betrachteten. Sie weigerten sich, andere Autoritäten anzuerkennen, und führten sich in Sizilien wie Eroberer auf. Ausbeutung und Plünderung wa-ren an der Tagesordnung. Das Ergebnis ihres Verhaltens ließ nicht lange auf sich warten: Anstatt die Ordnung wiederherzustellen, stürzten sie die Insel in eine namenlose Unordnung. Die Anarchie erreichte ihren Höhepunkt, als die beiden Hilfsflotten, die von den rivalisierenden Stadtstaaten Genua und Pisa Heinrich zur Verfügung gestellt worden waren, in eine der Streitigkeiten ver-fielen, die ihre Geschichte durchziehen sollten, und sich im Hafen von Palermo ein Gefecht lieferten.

Dieser Zustand war nicht allein für Konstanze quälend, die sich zwischen ihren ehelichen Pflichten und der Liebe zu ihrem Sizilien hin- und hergerissen fühlte; er verärgerte schließlich auch Zölestin III., der inzwischen bedauerte, sich gegenüber den Hohenstaufern versöhnlich gezeigt zu haben. Auf Antrag einiger Kurienkardinäle schickte er einen Legaten nach Palermo, um dem König Vorhaltungen zu machen.

Doch Heinrich war nicht der Mann, der sich einschüchtern ließ. Nicht einmal vom Statthalter Petri. Er hatte ihm selbst zu einer Zeit getrotzt, da er keinen Erben hatte. Sollte er jetzt das Knie vor ihm beugen? Er schnitt dem Gesandten das Wort ab und erklärte:

»Mein einziger Ehrgeiz besteht darin, die Stellung meines Sohnes zu festigen und sein Ansehen in den Augen der anderen Herrscher der Erde zu mehren. Und daran, glauben Sie mir, wird mich niemand auf der Welt, und sei es der Papst, hindern.«

Heinrich sprach diese Worte in so entschiedenem Ton aus, daß der Abgesandte des Heiligen Stuhls Schweigen bewahrte. Zölestin III. hielt es daraufhin für klüger, sich den Plänen eines Mannes nicht in den Weg zu stellen, von dem er wußte, daß er fähig war, zu den schlimmsten Vergeltungsmaßnahmen zu greifen, ohne sich von den päpstlichen Bannstrahlen beeindrucken zu lassen.

Ebenso wie er die hohe Lösegeldsumme von Richard Löwenherz genutzt hatte, um sich in den Besitz von Sizilien zu bringen, verwendete er den Schatz der normannischen Krone, dessen er sich in Palermo bemächtigt hatte, um sich die deutschen Fürsten gefügig zu machen und sie zu bewegen, seinen erst zweijährigen Sohn Friedrich als legitimen Nachfolger an der Spitze des Heiligen Römischen Reiches anzuerkennen. Um die Kaiserkrone im Besitz der Familie zu halten, ließ er ihn deshalb zum König der Römer ausrufen. Zweiundfünfzig Kurfürsten sowie der Papst selbst stimmten dem auf dem Reichstag in Würzburg zu (1196). An dem Tage mußte er sich sagen, daß es sich auszahlte, wenn man sich unerbittlich zeigte . . .

Da Regierungsgeschäfte seine Anwesenheit in Rom und in Deutschland erforderten, ließ er Konstanze unter der Aufsicht zweier Männer in Sizilien zurück, in die er absolutes Vertrauen setzte: Konrad von Urslingen, den Herzog von Spoleto, und seinen Kanzler, Walter von Pagliara. Im Verlauf seiner Reise machte er in mehreren mittelitalienischen Städten Station. Möglicherweise hat er bei dieser Gelegenheit seinen Sohn zum ersten- und letztenmal gesehen.[49] Diejenigen, die ihn bei seiner Rückkehr nach Palermo begleiteten, haben uns überliefert, daß er »vor Freude strahlte«. Ist das verwunderlich? Er hatte den schönsten Erfolg seines Lebens erzielt.

Trotz vieler ausgestandener Ängste, zahlloser Kämpfe und manches niedergeschlagenen Aufruhrs verfügte der erst zweiunddreißigjährige Heinrich noch über seine volle Lebenskraft. In der Überzeugung, daß er Sizilien fest in der Hand hatte und daß der Aufstand am Ende von selbst in sich zusammenfallen würde, begann er an einen fernen Feldzug zu denken, der ihm erlaubte, die Reichtümer und Ländereien seines Königreiches zu mehren. Es handelte sich um die Eroberung des byzantinischen Reiches, das er an Sizilien binden wollte, um seinem Sohn Friedrich ein Imperium zu hinterlassen, »das eines Cäsaren wahrlich würdig war«.

Die Hohenstaufer hatten schon immer etwas Maßloses, ja Versponnenes an sich. Es gehörte zu ihrer Natur, und Heinrich VI. trug nicht wenig dazu bei. Er wußte überdies, daß man über seine Gegner nicht siegt, indem man ihre Forderungen erfüllt, sondern daß man ihnen Geschenke bietet, die niemand zurückweist: Ruhm, Erweiterung des Territoriums und wachsenden Wohlstand. Außerdem war die Erorberung von Byzanz nicht so utopisch, wie man glauben konnte, denn das griechische Reich, das von mächtigen Nachbarn bedroht wurde, war damals nur noch ein Schatten seiner selbst.[50]

Zu all diesen Gründen kam ein weiterer hinzu, der in Heinrichs Augen vielleicht wichtiger war: Die sizilianischen Normannen hatten Konstantinopel schon lange zu erobern versucht. Bereits zu Zeiten König Rogers hatten sie die Küste des Ostreichs angegriffen und sich Kephalonias, Korinths und Athens bemächtigt (1146). Im Verlauf eines zweiten Feldzugs hatten sie in Thessalonich Fuß gefaßt und waren sogar bis vor die Mauern Konstantinopels vorgedrungen, wo sie jedoch zurückgeschlagen wurden (1185). War es nicht das beste Mittel, ihre Feindseligkeit zu entwaffnen und ihrer unverbrauchten Energie ein Ziel zu geben, wenn man die Erinnerung an diese Demütigungen auslöschte und ihre Sehnsucht erfüllte, ein Unternehmen zum Erfolg zu führen, an dem sie bisher gescheitert waren? Und warum sollte man nicht den eigentlichen Zweck des Feldzugs verschleiern und ihm den Anstrich eines Kreuzzugs verleihen, was vielleicht den Segen des Papstes einbrachte?[51]

Im Frühjahr 1197 hatte Heinrich seine Vorbereitungen gegen Alexios III. aus der Dynastie der Komnenen beendet. Der Aufbruch war für den Beginn des folgenden Jahres vorgesehen. Da er viel gearbeitet hatte, beschloß er, sich ein paar Tage Ruhe zu gönnen und organisierte eine Jagdpartie im Tal von Nisi, einer wildreichen, hübschen, aber von Sümpfen durchsetzten Gegend am Fuße des Ätna.

Obgleich der Sommer zu Ende ging, war der Tag für die Jahreszeit noch sehr heiß. Mitten in der Treibjagd wurde Heinrich plötzlich von heftigen Magenkrämpfen befallen. Da er fürchterlich litt, wurde er umgehend nach Messina gebracht, wo man einen Malariaanfall feststellte. Trotz ihrer Bemühungen gelang es den Ärzten nicht, der Krankheit Einhalt zu gebieten. Heinrich VI. äußerte den Wunsch, in Palermo zu sterben. Aber auf der Bahre konnte man ihn nicht weiter als bis zum Schloß Favara transportieren, einem in arabischem Stil errichteten Gebäude, dessen Anmut schon der Dichter Abderrahman besungen hatte. Dort hat er in einem Augenblick geistiger Klarheit einen Text diktieren können, der uns unter der Bezeichnung »Bußakte« überliefert ist und mit dem er seinen letzten Willen bezüglich seiner Frau formulierte. Fünf Tage später (am 28. September 1197) ist er gestorben.

Das unerwartete Ableben Heinrichs VI. in der Blüte seiner Jahre versetzte das ganze Reich in Verwirrung. Die wildesten Gerüchte gingen um. Manch einer glaubte, Alexios III., der Kaiser von Byzanz, habe bei diesem unerklärlichen Tod seine Hand im Spiel. Hatte er nicht den bevorstehenden Angriff, von dem er gehört hatte, dadurch verhindern wollen, daß er dem Sohn Barbarossas eines seiner geheimnisvollen Gifte verabreichen ließ, auf dessen Zubereitung sich seine syrischen Ärzte verstanden? Andere gingen so weit, Konstanze selbst zu verdächtigen, ein Verbrechen begangen zu haben, das sie von einem Gatten befreite, mit dem sie sich nicht mehr vertrug.[52] Keine dieser Vermutungen ist bestätigt worden . . .

Feststeht, daß Heinrich vor seinem Tode Zeit fand, eine Art Testament zu verfassen. Er hat es einem deutschen Edelmann, Markward von Anweiler, anvertraut, einem ehrgeizigen und intriganten Mann, den er unklugerweise zum Seneschall des Reiches erhoben hatte und der dieses Schriftstück nun so schnell wie möglich seiner Frau Konstanze überbringen sollte.

Im Rückblick auf die Ereignisse der vergangenen Jahre stellte Heinrich VI. fest, daß die größten Schwierigkeiten, die seine Dynastie kennengelernt hat, ihre Ursache in dem Streit mit dem Heiligen Stuhl hatten. Das begann unter Heinrich V., setzte sich unter seinem Vater Friedrich Barbarossa fort und würde so lange andauern, wie die Herrscher seines Geschlechts daran festhielten, Süditalien dem deutschen Reich anzugliedern. Nicht mehr nach Mainz, Augsburg und Aachen mußte man seine Blicke richten, sondern nach Konstantinopel, Akkon und Jerusalem. Sollte ihr Sohn einmal ein Reich regieren, dann nicht ein italienisch-deutsches, sondern ein sikulisch-arabisches.

Außerdem empfahl er Konstanze, alles daranzusetzen, um wieder gute Beziehungen zum Papst herzustellen, und ihm deshalb bestimmte Zugeständnisse zu machen. Die könnten zunächst darin liegen, daß man auf den Zusammenschluß des Heiligen Römischen Reiches mit dem sizilianischen Königreich verzichtete, daß man ferner Sizilien der Oberherrschaft des Papstes unterstellte und es als Lehen des Heiligen Stuhls betrachtete, wie es vor der arabischen Eroberung der Fall gewesen war, und daß man seinen Sohn, den kleinen Friedrich, zum Mündel des Kirchenfürsten machte.

Das dokumentierte eine merkwürdige Veränderung Heinrichs, der bisher von so außerordentlichem Machtwillen besessen war. Aber es war das einzige Mittel, das Wesentliche zu retten: die Zukunft ihres Kindes.

Zweifellos hatten die Hohenstaufer etwas Maßloses, doch sie besaßen auch den Sinn für politische Realitäten, durch den sie anderen Herrscherdynastien überlegen waren.

Betrachtet man die historische Rolle Heinrichs VI. in ihrer Gesamtheit, muß man zugeben, daß er, trotz seines rachsüchtigen, argwöhnischen und grausamen Charakters und trotz seiner ständigen Rückgriffe auf die Gewalt, kein Mann von kleinem Format war: Er besaß sogar eine Art ungestümer Größe. Als Übergangsgestalt einer stürmischen Epoche hat er nie aus persönlichem Interesse gehandelt, sondern aus dem Bemühen heraus, sein Erbe zu wahren und zu vergrößern.

Indem er unter finsterem und wolkendräuendem Himmel voranschritt und unentmutigt nach rechts und nach links ausholte, hat er schließlich eine Bresche in die Nacht geschlagen.

Eine Bresche, durch die die strahlende Gestalt seines Sohnes hervortreten sollte.

V

Nach dem Tode Heinrichs VI. verließ Konstanze den Palast in Palermo, wo Markward von Anweiler und Walter von Pagliara sie auf Anordnung ihres Gatten gefangen gehalten hatten. Sie war nun die alleinige und uneingeschränkte Herrscherin über das Königreich Sizilien, das sie im Namen ihres Sohnes regierte. Sie liebte ihn von ganzem Herzen, und das war verständlich: Sie hatte ihn jahrelang erwartet, und als er zur Welt kam, war die Niederkunft so langwierig und schmerzhaft gewesen! Was hatte sie seinetwegen seit ihrer Eheschließung mit dem Oberhaupt des Hauses Schwaben erdulden müssen! Schlechte Behandlung, Beschimpfungen und Demütigungen waren ihr nicht erspart geblieben. Ganz zu schweigen von den Verdächtigungen ihres Mannes, der sie im Einvernehmen mit den Anführern des Aufstandes glaubte, sie deshalb ungerechterweise überwachen ließ und von den Regierungsgeschäften streng ausschloß. Dagegen mußte eine Frau ihres Alters und ihres Ranges rebellieren!

Dante hat sie mit Recht »Konstanze die Große« genannt, denn sie besaß eine Fülle von Eigenschaften, die sich selten in einer Person vereint finden.

Erstens verkörperte sie einen erstaunlichen Mut. Sie hat ihn wiederholt unter

Beweis gestellt, insbesondere damals, als sie von den Podestas Salernos ergriffen und ihrem Neffen Tankred als Geisel ausgeliefert worden war. In ihrem umlagerten Haus hatte sie sich verzweifelt gegen die Angriffe des Magistrats der Stadt verteidigt und sich erst ergeben, als Pfeile auf sie hereinhagelten. Zweitens war sie rechtschaffen. Trotz des brutalen Auftretens ihres Mannes, trotz des Martyriums der sizilianischen Adligen, von denen viele zu ihren Freunden zählten und deren Qualen sie mehr als einmal schweigend zusehen mußte, trotz der skrupellosen Art, mit der sich Heinrich VI. des Schatzes der normannischen Könige bemächtigt hatte, hat sie nie Partei gegen ihn ergriffen, niemals hat sie den geringsten Vorwurf gegen ihn erhoben, stets hat sie die Interessen seiner Familie verteidigt, der sie sich durch das Sakrament der Ehe verbunden fühlte.

Und nicht zuletzt hatte sie sehr viel politisches Verständnis. Obwohl sie das Testament Heinrichs nie erhalten hat – Markward von Anweiler hatte es vorgezogen, es zu behalten, und vorgegeben, daß der verstorbene König ihn *in articulo mortis* zum Regenten ernannt habe, so daß er und nicht sie der Machthaber sei –, war sie aus eigener Erkenntnis zu den gleichen Schlußfolgerungen gekommen wie ihr Mann.

Konstanze fühlte sich als Sizilianerin. Seit dem Jahre 1040, als die Normannen in Apulien gelandet waren und sich auf Sizilien eingerichtet hatten, hatten sie sich schnell an das Klima, die Sitten und Gebräuche des Landes angepaßt. Als kräftige Haudegen, die immer bereit waren, das Schwert zu zücken, fehlte es ihnen jedoch an psychologischer Einsicht, so daß es ihnen nie gelungen war, etwas anderes zu bilden als einen Fremdkörper inmitten der mediterranen Bevölkerung.

Mit einer Energie, zu der man sie nach so vielen Jahren der Zurückgezogenheit nicht für fähig gehalten hätte, beschloß Konstanze gleich bei Regierungsantritt, sich von den germanischen Eindringlingen zu befreien, die sich anmaßten, die Insel zu beherrschen. Sie wollte die normannische Oberherrschaft wiederherstellen, wie sie vor deren Eintreffen bestanden hatte. Aber sie war schlau genug, sich nicht zu sagen, daß ihr das nie gelingen würde, wenn sie nicht mit einem autoritären Akt den Anfang setzte. Deshalb verbannte sie die teutonischen Ritter aus dem Königreich, unter ihnen auch Seneschall Markward von Anweiler, der sich ihnen an die Spitze gesetzt hatte, um ihr die Macht streitig zu machen (bei der Gelegenheit fand man in seinem Gepäck Heinrichs berühmtes Testament). Walter von Pagliara, den ehemaligen Kanzler ihres Gatten, ließ sie festnehmen und ins Gefängnis werfen.

Von Stund an wagte niemand mehr, ihre Autorität zu bestreiten: Sie war zur wirklichen Regentin des Königreichs geworden. Allerdings hielt sie es für klüger, die Macht nicht allein auszuüben. Sie zog es vor, ihren Sohn Friedrich einzubeziehen, der damals vier Jahre alt war, ihn in Palermo krönen zu lassen und damit seiner Thronbesteigung einen unwiderruflichen Charakter zu verleihen. Da Friedrich sich immer noch in Foligno aufhielt, befahl sie Wilhelm von Lisciano, einem Minnesänger, dem sie sich sehr zugetan fühlte,[53] nach Mittelitalien zu reisen und ihn unverzüglich zu ihr zu bringen. In Begleitung von Lisciano, dem Herzog von Spoleto, dem Grafen von Celano und dem Grafen von Loreto machte er sich auf den Weg.

Und während der kleine Trupp nach Süden galoppierte und mit dem Schiff die Meerenge von Messina überquerte, traf Konstanze, die ihre Hauptstadt nicht verlassen wollte, da zu viele Fürsten daran interessiert waren, daß Friedrich nicht an die Regierung kam, die letzten Vorbereitungen für die Krönung. Sie wollte, daß die Zeremonie besonders prachtvoll gestaltet wurde, damit niemand ihre Gültigkeit in Zweifel ziehen konnte.

Sobald er in Palermo eingetroffen war, kleidete man Friedrich in eine weiße Dalmatika und einen purpurroten Mantel. Dann wurde er mit großem Pomp in die Kathedrale geführt. Es war Pfingstsonntag, der 17. Mai 1198. Die Stadt glänzte in frühlingshaftem Sonnenlicht. Als Friedrich die Schwelle des Hauptportals überschritt und das Kirchenschiff betrat, blieb er einen Augenblick stehen, so geblendet war er von dem Bild, das sich ihm bot: Mehr als sechshundert Kerzen beleuchteten den Altar, so daß er wie ein brennender Dornbusch wirkte. Im gleichen Moment stimmte der Chor mit voller Lautstärke eine Gnadenhymne an:

»Erhöre uns, Christus! Schenke unserem Herrn, dem erhabenen, siegreichen, unbezwingbaren Friedrich, ein ewiges Leben! Erhöre ihn, Christus, du Retter der Welt! Erhöre ihn, Heilige Dreieinigkeit! Erhöre ihn, Maria! Stetes Licht und dauernder Frieden dem friedlichen Herrscher, dem frommen Verwalter, König Friedrich! Ihm allein sei Ehre und Ruhm, Tugend und Sieg von nun an bis in alle Ewigkeit . . .«[54]

Der Wechselgesang hallte durch die Gewölbe, und in den Kuppeln der Absiden glitzerten die byzantinischen Goldmosaike. Darauf trat der Erzbischof von Palermo zu Friedrich. Er salbte ihm zunächst die Füße, Hände und die Stirn mit geweihtem Öl. Dann setzte er ihm die Krone auf und erklärte ihn zum König von Sizilien, Herzog von Apulien und Fürsten von Capua. Dabei wurde nach normannischem Brauch die Anrufung wiederholt: »Christus ist Sieger! Christus ist König! Christus ist Kaiser!« (Vielleicht sollte man hier daran erinnern, daß König Roger einverstanden war, daß sein Königreich als päpstliches Lehen betrachtet wurde; später hat er seine Krönung auf einem Mosaik in Martorana in ganz anderer Form gestalten lassen: nicht mehr der Papst, sondern

42

Christus persönlich setzt ihm die Krone aufs Haupt, womit zum Ausdruck gebracht werden sollte, daß er seine Macht direkt von Gott erhalten hat.) Während der gesamten Zeremonie, die länger als zwei Stunden dauerte, zeigte sich Friedrich sehr würdevoll und ohne jedes Zeichen von Erregung, als sei die großartige Ehrung, die ihm hier zuteil wurde, die selbstverständlichste Sache der Welt.

Unter den Titeln, mit denen man ihn überschüttete, fehlte jedoch einer, was deutlich bemerkt wurde: nämlich der *Rex Romanorum* – der »König der Römer« –, den ihm sein Vater 1196 verleihen ließ, als Friedrich zwei Jahre alt war. Hatte man das vergessen? Keineswegs. Diese Unterlassung war Absicht. Sie entsprach einer Konzession, die Konstanze dem Papst gewähren mußte.

Denn die Witwe Heinrichs VI. war zu intelligent, um sich nicht zu sagen – und Walter of the Mill, der ihr Vertrauter geblieben war, wiederholte es ihr jeden Morgen –, daß zehn Jahre ins Land gehen würden, ehe Friedrich seine Volljährigkeit erreichte (die bei den Erbprinzen von Sizilien auf das 14. Lebensjahr festgelegt war), zehn Jahre, in denen sie aller Gewalt enthoben werden konnte, wenn sie nicht den Schutz des Heiligen Vaters genoß. Und um diese Gunst bemühte sich Konstanze nach dem Tod ihres Gatten als erstes.

Schon vor der Krönung hatte sie Verhandlungen mit der römischen Kurie aufgenommen. Leider hatten sie sich in die Länge gezogen, weil Zölestin III. um keinen Preis die enttäuschende Erfahrung noch einmal erleben wollte, die er mit Heinrich VI. gemacht hatte. Da er übrigens wußte, daß Konstanzes Herrschaft durchaus nicht so abgesichert war, wie sie vorgab, nutzte er die Lage, um Forderungen zu stellen. Die Königin hatte alle seine Bedingungen akzeptieren müssen. Und einige von ihnen waren drakonisch.

Noch bevor die Verhandlungen liefen, hatte Zölestin III. einen äußerst gewichtigen Einwand erhoben. Nach einem beharrlichen Gerücht, das in Rom und Mittelitalien umging, sollte Friedrich nicht der Sohn Heinrichs VI. sein. Seine Geburt vor der Öffentlichkeit unter einem improvisierten Zelt sei nur eine Ausflucht gewesen, um zu verschleiern, daß eine Kindesunterschiebung stattgefunden hatte. Friedrich sei in Wirklichkeit der Sohn des Schlachters von Iesi, der sich zu diesem Handel hergegeben hatte, damit Konstanze behaupten konnte, sie habe einen Erben, obwohl sie zu alt war, um ihn selbst zur Welt zu bringen.

Im Laufe der Jahre hatten diese Verleumdungen Blüten getrieben. Der Priester Albert von Stade hatte sich in seinen *Annalen* bis zu der Behauptung verstiegen, »die Ärzte von Salerno hätten Konstanzes Gebärmutter mit einem Zaubertrunk aufgeschwellt, um in Heinrich VI. den Glauben zu erwecken, sei sei von ihm schwanger«. Und der Franziskanerbruder Salimbene von Parma trieb die Mißgunst so weit, daß er schrieb: »Niemand weiß genau, ob Friedrich der Sohn des Schlachters, eines der Ärzte, eines Stallknechts oder eines Falkners ist.« Mit der Zeit hatte sich die These von dem Schlachter durchgesetzt . . . Natürlich hat Konstanze heftig gegen diese Unterstellungen protestiert, die eine schwere Beleidigung ihrer Ehre bedeuteten; nichtsdestotrotz hat sie sich beugen müssen. Sie mußte dem Papst unter Eid schwören, daß Friedrich ihr legitimer Sohn war. Erst danach erklärte sich Zölestin III. bereit, die Verhandlungen ernsthaft zu führen.

Als Konstanze den Wunsch äußerte, daß der Papst die Vormundschaft für ihren Sohn übernimmt, falls sie sterben sollte, ehe er volljährig war, zeigte sich der Kirchenfürst einverstanden, allerdings nur unter folgenden Bedingungen: Friedrich mußte unwiderruflich auf jeden Anspruch auf das germanische Reich sowie den Titel »König der Römer« verzichten, der ihm erblich zustand. Er mußte sich verpflichten, nie etwas zu unternehmen, um den nördlichen Teil seines Erbes mit dem südlich von Rom gelegenen zu vereinen. Und da Friedrich minderjährig war, mußte Konstanze für ihn bürgen. Doch darüber hinaus hatte sie einer Menge anderer Bedingungen zuzustimmen, insbesondere mußte sie anerkennen, daß das Königreich Sizilien hinfort wieder päpstliches Lehen war, wofür sie einen jährlichen Tribut in Höhe von tausend *scyfati* in Gold zu zahlen hatte (etwa 30 000 tarentinische Dukaten); ferner mußte sie auf eine Reihe von Bestimmungen verzichten, die den Königen von Sizilien eine gewisse religiöse Unabhängigkeit zusicherten, und alle Rechte der Krone bei der Berufung der sizilianischen Bischöfe aufgeben.[55] Schließlich mußte sie – und das kränkte ihre Eigenliebe besonders – Walter von Pagliara freilassen, den sie ins Gefängnis geworfen hatte, um ihn für die lästige Überwachung zu bestrafen, der er sie auf Befehl Heinrichs unterworfen hatte.

Vor der Unterzeichnung des Abkommens starb Zölestin III. jedoch im Alter von 92 Jahren. Ihm folgte Innozenz III. auf den Heiligen Stuhl. Dieser energische und temperamentvolle junge Mann, der erst 34 Jahre alt war, gehörte der mächtigen römischen Familie der Conti Segni an. Er sollte einer der bedeutendsten Päpste der Geschichte und einer der autoritärsten Köpfe seines Jahrhunderts werden. Er war von der höchsten Würde seines Amtes tief durchdrungen, betrachtete sich als *verus Imperator,* als allen Monarchen dieser Erde überlegen und hat den Spruch zu seiner Devise erhoben: »Weniger als Gott, aber mehr als ein Mensch.« Er bediente sich, wie uns Peter von Luz berichtet, »einer hochmütigen Sprache und Formulierungen, die scharf wie ein zweischneidiges Schwert waren«, wenn er seine Drohungen ausstieß. »Als Vertreter dessen, dem die Erde gehört und alles, was sie umfaßt und was auf ihr lebt«, sagte er mit den Worten Jeremiä, »als Bevollmächtigter dessen, durch den die

Könige herrschen und die Fürsten regieren, hat der Papst die Macht über Völker und Königreiche, auf daß er ausreißen, zerbrechen, verstören und verderben, bauen und pflanzen soll.« Er war wohl kein angenehmer Gesprächspartner, doch Konstanze sagte sich, daß es letzten Endes so besser sei und daß der neue Papst mit seiner Erhabenheit und seinem eisernen Willen die Interessen ihres Sohnes energischer verteidigen könnte als sein Vorgänger.

Konstanze war inzwischen 44 Jahre alt, aber von Kummer, Sorgen und Kämpfen verhärmt, wirkte sie viel älter. Ihr Teint war grau, ihre Haut pergamenten. Während des Konklave zwischen den beiden Pontifikaten erkrankte sie, erholte sich jedoch nach ein paar Tagen. Bald aber hatte es den Anschein, als ob die Krankheit unheilbar sei. Vermutlich war es Krebs . . .

Als man in Palermo erfuhr, daß ihr Ableben bevorstand, löste diese Nachricht eine neue Welle von Aufständen aus. Daran sah man, wie heikel die Situation in Sizilien war. Konstanze fand nur die Zeit, einige eilige Maßnahmen zu ergreifen, um die Unruhen zu schlichten und Innozenz III. die Vormundschaft über ihr Königreich zu übertragen. Nachdem sie diese Aufgabe erfüllt hatte und nichts mehr tun konnte, verlangte sie nach der Letzten Ölung, faltete die Hände über der Brust und entschlief am 27. November 1198 in Palermo. Sie wurde eine Woche später in der Kathedrale beigesetzt, und man hat ihr Grab verehrt wie das einer der großen Gestalten ihres Jahrhunderts.

VI

Friedrich stand nun allein. Und nicht nur das: Er sah sich inmitten einer Meute von Abenteurern und Freibeutern. Nachdem er Vater und Mutter verloren hatte, gab es niemanden mehr, dem er sich anvertrauen konnte. Wollte er überleben, konnte er lediglich auf seine eigenen Kräfte zählen. Doch welchen Widerstand kann eine vierjährige Waise leisten? Der einzige Mensch, von dem er Hilfe erwarten konnte, war der Papst. Unglücklicherweise hatte der neugewählte Innozenz III. tausend andere Probleme am Hals, und Rom war außerdem weit von Palermo entfernt . . .

Hätte sein Vater nur eine Woche länger gelebt, wäre Friedrichs Karriere zweifellos anders verlaufen. Denn Heinrich VI. hatte beschlossen, ihn der Herzogin von Spoleto zu entziehen, um ihn seinem jüngeren Bruder, Philipp von Schwaben, anzuvertrauen, der in Würzburg residierte. Der Junge hätte dann die Erziehung eines deutschen Fürsten erhalten, und vielleicht hätte er nie wieder den Fuß auf italienischen Boden gesetzt. Doch das Schicksal sollte anders entscheiden.

Philipp hatte sich bereits auf den Weg nach Foligno gemacht, um Friedrich dort abzuholen, als er in Radicofani, einem kleinen befestigten Ort in der Nähe von Viterbo, kurz hintereinander zwei Nachrichten erhielt, die ihn betroffen machten: vom plötzlichen Tod seines Bruders und vom Beginn eines allgemeinen Aufruhrs in Sizilien. Da er es unter diesen Umständen für sinnlos erachtete, seine Reise fortzusetzen – denn er wäre von Schwaben abgeschnitten gewesen, wenn die lombardischen Städte die Situation genutzt hätten, sich ebenfalls zu erheben –, kehrte er eilends nach Deutschland zurück, um die Schranke der Alpen zwischen sich und seine Feinde zu legen.

Dadurch war Friedrich in Faligno geblieben, wo ihn seine Mutter abholen und von Wilhelm von Lisciano nach Palermo zur Krönung bringen ließ. Dort hatte er die gleiche Erziehung genossen, wie sie jedem anderen sizilianischen Kind zuteil wurde. Er konnte froh sein, daß man ihm Lesen und Schreiben beibrachte, denn seine Lehrer waren weniger geneigt, ihn zu unterrichten, als ihn vielmehr regierungsunfähig zu halten, damit sie die Macht an seiner Stelle ausüben konnten.

Erinnern wir uns, daß Zölestin III. bei der Ausarbeitung seines Abkommens mit Konstanze unter anderem die Bedingung gestellt hatte, daß Walter von Pagliara freigelassen wurde. Innozenz III. fügte dem eine weitere Klausel hinzu, derzufolge der ehemalige Kanzler und Bischof seinen Platz am Hofe wieder einnehmen sollte, um dort die Interessen des Heiligen Stuhls zu vertreten. Nach dem Tode Konstanzes hatte er also seine Funktionen als Kanzler erneut übernommen und einen Familienrat gebildet, der sich aus den Erzbischöfen von Monreale, Reggio, Palermo und Capua zusammensetzte.

Innozenz III. hatte ihnen die Regierungsvollmachten erteilt, die ihm die Witwe Heinrichs VI. für die Zeit der Minderjährigkeit ihres Sohnes übertragen hatte. Von diesen Räten waren inzwischen jedoch einige gestorben, so daß Walter von Pagliara, der die weitaus stärkste Persönlichkeit dieser Gruppe war, davon profitieren konnte, um seinen persönlichen Ehrgeiz zu befriedigen.

Desgleichen waren nach dem Tod der Königin die deutschen Barone auf ihre Posten zurückgekehrt, an ihrer Spitze der mächtige Seneschall Markward von Anweiler.

»Welch ein Unglück für eine Stadt, wenn ihr Herrscher ein Kind ist!« steht geschrieben. Man könnte auch sagen: »Welch ein Unglück für ein Kind, dessen Königreich ein Herd der Gier ist«, denn das war der Fall. Wie ein Hornissenschwarm bekämpften sich vier Parteien, um an die Macht zu gelangen: die Sizilianer, die Deutschen, die Kirche und sogar die Franzosen.

Denn in dem Augenblick, als man am wenigsten damit rechnete, trat ein neuer Anwärter auf den Plan. Er hieß Walther von Brienne. Dieser Edelmann aus der

Champagne, der aus Bar-sur-Aube stammte, beanspruchte die sizilianische Krone im Namen seiner Gattin Elvira, der Tochter von Tankred von Lecce und der Königin Sibylla, die wie durch ein Wunder dem Massaker an ihrer Familie entronnen war. Sie war nach dem Tode Heinrichs VI. aus dem Gefängnis entflohen. Ihre Erbansprüche konnten deshalb als begründet erscheinen.

Als angesehener Krieger und Verwandter des französischen Königs erfreute sich Walther von Brienne überdies der Unterstützung von Innozenz III. Wenn er ihn nach Sizilien schickte, dachte der Papst, wäre dieser verdiente Soldat in der Lage, die Insel von den deutschen Haudegen zu befreien. Doch aus Vorsicht – und um den Rechten Friedrichs zu entsprechen – hatte er ihn schwören lassen, daß er seine Forderungen auf die Grafschaft Lecce beschränkte, die er für seine Frau beanspruchen konnte, und nichts zu unternehmen, um Elvira oder ihre Erben unter Bezugnahme auf die Abkunft von den Hauteville zu Anwärtern auf den sizilianischen Thron zu machen.

Walther von Brienne hatte sich damit einverstanden erklärt und war nach Süden aufgebrochen. Er wählte die *via Appia,* die von Rom nach Brindisi führte. In Capua hat er die Handvoll Deutscher, die die Stadt verteidigten, schnell besiegt. Darauf ist er – entgegen seinen Versprechungen, die er dem Papst gemacht hatte – nach Reggio und Kalabrien gezogen, um den Kampf fortzusetzen und sich nach Möglichkeit ganz Siziliens zu bemächtigen.

Da bekam es Walter von Pagliara mit der Angst. Mußte er nicht fürchten, daß sich Walther von Brienne, der vom Erfolg beflügelt schien, nicht allein auf die Grafschaft Lecce beschränkte, sondern die Umstände nutzte und den Thron forderte, wenn er als Sieger in Palermo einzog? Da er außerdem damit rechnen mußte, daß er ihn seiner Funktionen als Kanzler und der damit verbundenen materiellen Vorteile enthob, setzte er sich mit Markward von Anweiler in Verbindung und schlug ihm vor, eine gemeinsame Front gegen den Neuling zu bilden.

Die genauen Bedingungen dieses Abkommens sind nicht überliefert, es deutet jedoch alles darauf hin, daß der Seneschall freudig zustimmte, weil dadurch seine Position auf der Insel gestärkt wurde. Auch Walter von Pagliara fand dabei seine Vorteile, denn Markward hatte weiterhin gute Beziehungen zu Pisa. Er bat daher diese Stadt um Flottenunterstützung, damit Brienne an der Landung auf Sizilien gehindert werden konnte.

Die Pisaner kamen diesem Ansinnen entgegen, da sie dabei ihrerseits den Vorteil erblickten, sich in den Besitz der sizilianischen Häfen an der Nordküste bringen zu können. Sie schickten also eine Flotte in die Meerenge von Messina. Aber sie brauchten nicht einzugreifen: das erledigte ein Unwetter für sie, in dem die französischen Schiffe untergingen. Damit war das Unternehmen

Walthers von Brienne zum Scheitern verurteilt. Die bedrohliche Landung löste sich in Rauch auf.

Walter von Pagliara und Markward von Anweiler standen sich nun allein gegenüber. Und diese beiden Männer, die die Gefahr zusammengeführt hatte, bekämpften sich natürlich bald. Der Kanzler war der vom Papst entsandte Regent; Markward war – zumindest behauptete er das – von Heinrich VI. zum Sachwalter Friedrichs eingesetzt worden. Der Führer der päpstlichen Partei und der Anführer der deutschen Partei vertraten folglich verschiedene Interessen. Der erste verteidigte – lahm genug – die Belange der Kirche; der zweite – verbittert – die Ansprüche der deutschen Fraktion. Da sie hingegen beide von Konstanze verbannt worden waren, hatten sie eine gemeinsame Abneigung gegen die Königin und damit gegenüber ihrem Sohn Friedrich bewahrt.

In diesem Kleinkrieg trug Markward den Sieg davon. Als der Kanzler und Erzbischof im Jahre 1201 Sizilien kampfesmüde verlassen und in seine Diözese zurückkehren mußte, wollte der Anweiler zeigen, daß er nun der Herr war. Er brachte Palermo in seine Gewalt und begann die Festung Castellamare zu belagern, wohin der siebenjährige Friedrich aus Sicherheitsgründen gebracht worden war. Den kleinen König in der Hand zu haben, war ein wichtiger Trumpf, denn trotz seiner Ohnmacht kreisten seit dem Tode seiner Mutter die Intriganten um ihn herum, die durch ihn ihren Ehrgeiz zu befriedigen suchten.

Friedrich stand damals unter dem Schutz eines Edlen von Manupello, der – welch merkwürdiger Zufall! – ein Bruder Walters von Pagliara war. Da die Belagerung andauerte und die Lebensmittel auszugehen drohten, begab sich Manupello unter dem Vorwand nach Messina, die Verpflegung seiner Garnison sicherstellen zu wollen. Es ist nicht bekannt, woher Markward von dessen Abwesenheit erfahren hat. Jedenfalls nutzte er die Situation, um die Übergabe des Schlosses zu fordern. Der Gouverneur lieferte es ihm ohne jeden Widerstand aus. Damit fiel dem Anweiler der kleine Friedrich in die Hände. Der Verrat war offenkundig.

Darauf spielte sich eine ungewöhnliche Szene ab, die allen im Gedächtnis geblieben sein wird, die Zeugen davon waren. Rainald, der Erzbischof von Capua und Mitglied des Familienrates,[56] sandte Innozenz III. einen Bericht, den es ungekürzt wiederzugeben lohnt:

»Als der Knabe durch die fluchwürdige Treulosigkeit seiner Wächter verraten und er, der sanfte junge König, von dem, der ihm nach dem Leben trachtete, in den innersten Gemächern des Palastes gestellt war und als er nun die Gefangenschaft unabwendbar vor Augen sah, weil die Schwäche seiner Jugend und der Abfall seiner Leibwächter jede Möglichkeit einer Verteidigung ausschlossen, als ihm klar wurde, daß er nun den Fesseln der Barbaren ausgeliefert sei . . . da schützte er sich statt mit Waffengewalt durch Tränen und vermochte doch nicht – ein gutes Vorzeichen für den künftigen Herrscher – den Adel königlicher Gesinnung zu verleugnen; so sprang er, da er ja doch ergriffen werden mußte, dem Häscher entgegen und suchte, so gut er konnte, die Hände dessen, der den Gesalbten des Herrn antastete, zu lähmen. Darauf nestelte er seinen Königsmantel auf, zerriß voll Schmerz seine Kleider und zerkratzte mit der Schärfe der einschneidenden Nägel sein zartes Fleisch.«[57]

Welch erstaunliche Reaktion für ein siebenjähriges Kind! Insbesondere, wenn man daran denkt, daß sein Zorn weder von Furcht noch aus Angst, seine Sicherheit bedroht zu fühlen, diktiert sein konnte. Es war vielmehr ein Gefühl des Abscheus, den geheiligten Charakter seiner Person mißachtet zu sehen. Mochte er schwach, ohnmächtig und nahezu unbedeutend sein, er war dennoch der König von Sizilien, Herzog von Apulien, Fürst von Capua und – ob man wollte oder nicht – König der Römer! Er erinnerte sich an die unvergeßliche Minute, da der Erzbischof von Palermo seine Füße, seine Hände, seine Weichen und seine Stirn mit geweihtem Öl gesalbt hatte – alle Stellen also, an denen Christus für das Heil der Menschen geblutet hatte. All das war in ihm verletzt, und genügte das nicht, um in Tränen auszubrechen, seine Kleidung zu zerreißen und sich Brust und Wangen mit den Fingernägeln aufzukratzen? Seine Wut war nichts weiter als ein verzweifelter Protest gegen die Verletzung des göttlichen Rechts. Aber es mußte auch eine unwiderstehliche Kraft davon ausgegangen sein, denn die Angreifer wichen daraufhin zurück, und die Zeugen dieser Szene standen wie angenagelt da.

Seine stolze Haltung ist »ein gutes Vorzeichen für den künftigen Herrscher, der den Adel königlicher Gesinnung nicht zu verleugnen vermochte« – mit diesen bewundernden Worten schließt der Erzbischof Rainald von Capua seinen Bericht an Innozenz III. Doch Markward von Anweiler reagierte ganz anders. Er war Deutscher. Und als ehemaliger Berater Heinrichs VI. kämpfte er für die Interessen seiner Partei. Er wollte Friedrich keineswegs ans Leben. Warum sollte er eigenhändig das einzige Band zerreißen, das zwischen Sizilien und dem germanischen Reich bestand? Er wollte ihn lediglich zum Instrument seiner Politik machen.

Was er andererseits nicht ertragen konnte, war dieses Distanzierte, diese gewisse Unberührbarkeit dieses Kindes, dieses Bewußtsein von der Heiligkeit seiner Person, dieser Eigensinn, der es für jeden äußeren Druck unempfänglich machte. Genau dagegen wollte er an. Und vor allem gegen das ungebrochene Selbstvertrauen dieses Jungen, das jedoch im Grunde seine einzige Waffe war. Deshalb mußte er ihn zur Überprüfung seiner hohen Meinung von seiner Mutter bewegen. In der Hoffnung, ihn zu erschüttern, erzählte Markward ihm die

Geschichte von dem Schlachter aus Iesi und die Gerüchte, die über die Legitimität seiner Geburt in Umlauf waren. Warum sollte Konstanze, wenn sie ein gutes Gewissen hatte, auf der Niederkunft in aller Öffentlichkeit bestanden haben? Warum hat sie seinen Vater davon ausgeschlossen? Warum sollte sie der Herzogin von Spoleto empfohlen haben, als sie ihn ihr anvertraute, »ihn zu Lebzeiten ihres Gatten nie nach Sizilien zu bringen«?

Da diese Argumente auf das Kind keinen Eindruck zu machen schienen, griff er zu anderen, von denen er sich mehr versprach, weil sie ihn selbst berührten. Wußte Friedrich, daß seine Mutter, die möglicherweise Schuld an dem Tod seines Vaters trug, ihn um einen Teil seines Erbes – der Kaisernachfolge – betrogen hatte, als sie mit Zölestin III. jenes Abkommen schloß? Wußte er, daß sie die Abspaltung Siziliens vom germanischen Reich ratifiziert hatte, wozu weder sein Vater noch sein Großvater je ihr Einverständnis erteilt hätten? Hatte Markward nicht, um dieses Unglück zu verhindern – doch das hat er ihm sicher nicht gesagt –, Heinrichs Testament zurückbehalten, das in Augenblicken der Umnachtung diktiert worden war und das er der unwürdigen Gattin überreichen sollte?

Da Friedrich weiterhin gleichmütig blieb, wurde Markward immer heftiger und wütender. Vielleicht hätte er ihn in einem Moment höchster Erregung geschlagen. Er spürte, daß der Junge sich seinem Zugriff entzog und daß jeder Versuch, seinen Widerstand zu brechen, vergeblich sein würde. Er hatte aus Friedrichs »seine Sache« machen wollen. Aber er hatte sich getäuscht. Zu spät merkte er, daß Friedrich niemals von jemandem benutzt werden konnte. Deshalb die Mißhandlungen und Demütigungen.

Der junge König blieb nicht nur gleichmütig, er blieb undurchdringlich. Dennoch erfaßte er die ganze Abscheulichkeit dieser Situation und entschloß sich aus eigener Initiative, ein Schreiben an »alle Fürsten der Christenheit« zu richten, um ihre Aufmerksamkeit auf die Gefahren zu lenken, die um ihn lauerten. Er übergab den Text dem päpstlichen Gesandten, Gregor von Galgano, und bat darum, ihn schnellstens dem Oberhaupt der Kirche zuzustellen:

»Wenn Sie nicht umgehend den häßlichen Behandlungen ein Ende machen, denen ich ausgesetzt bin, wird es zu spät sein«, schrieb er. »Mein Leben ist unerträglich. Ich bin von Gefahren umgeben wie ein Lamm unter Wölfen.« (Juli 1201) Ein Lamm unter Wölfen? Der Zauberer Merlin hatte nicht geahnt, wie wahr er gesprochen hatte. Aber er hatte hinzugefügt: »ohne es jedoch zu verschlingen«. Der zweite Teil der Voraussage sollte ebenfalls Wirklichkeit werden, obgleich weder Innozenz III. noch einer der »Fürsten der Christenheit« Friedrich zu Hilfe gekommen sind. Wahrscheinlich betrachteten sie ihn als zu schwach und zu unbedeutend . . .

Zweiter Teil:
Das Kind aus Apulien

(September 1202 – Dezember 1212)

I

Einige Monate später (im September 1202) erlag Markward von Anweiler einer mißglückten Gallenoperation. Er wurde von Friedrich durch Wilhelm Capparone ersetzt, einen charakterschwachen Mann, der auf sein Leben keinen Eindruck weiter machte. Er war germanischer Herkunft – er trug den deutschen Titel eines »Feldherrn« – und hatte zumindest den Vorteil, keinerlei Vorurteile gegen die Schwaben im allgemeinen noch gegen die Hohenstaufer im besonderen zu haben. Er entledigte sich seiner Aufgaben bei dem jungen König eher nachlässig und überließ ihn gewissermaßen sich selbst. Trotz mancher Nachteile dieses Schlendrians war das besser, als dem Druck durch Markward und seine Komplizen ausgesetzt zu sein.

Alle Prophezeiungen, die bei der Geburt Friedrichs die Runde machten, waren inzwischen vergessen. Das Kind, das von Petrus von Ebulo und Gottfried von Viterbo als »neuer Augustus, Herr der Welt, der das Römische Reich in seiner Ganzheit wiederherstellen und ein neues goldenes Zeitalter einleiten wird«, apostrophiert worden ist, war nurmehr ein kleiner, sich selbst überlassener Junge, dem niemand Bedeutung beimaß und der lediglich mitleidiges Lächeln erweckt hätte, wollte er daran erinnern, daß er der »Gesalbte des Herrn« sei. Während sich die hohen Würdenträger auf beschämende Weise bereicherten und die feindlichen Parteien das Land in gleichmäßige Teile zergliederten, war der Sohn Heinrichs VI. und Konstanzes von Hauteville zu einem ärmlichen Leben gezwungen, trug zu enge Kleidung, da er schnell wuchs, und mußte des öfteren die Einladungen bescheidener, aber mildtätiger Familien annehmen, um seinen Hunger stillen zu können.

Dennoch waren alle, die in jener Zeit das Vorrecht besaßen, mit ihm Umgang haben zu dürfen, von seiner edlen Stirn überrascht sowie der Schönheit seiner goldenen Haare und seinem strahlenden Blick. Auch wußten sie den hohen Grad seiner Intelligenz zu rühmen. Denn da lagen neben seiner Beobachtungsgabe seine schärfsten Waffen.

Wenn er durch die Straßen Palermos irrte und den Worten des Volkes zuhörte, wurde er sich schnell bewußt, in welch erbarmungswürdigem Zustand Sizilien war. Die Pisaner, die Markward gerufen hatte, um die Landung Walthers von Brienne zu verhindern, hatten einige Orte der Nordküste an sich gerissen und weigerten sich, sie zu verlassen. In Palermo hatte die allgemeine Unsicherheit zu einem fast völligen Stillstand der Handelsgeschäfte geführt, worüber sich die Kaufleute der Stadt bitter beschwerten. Ebenso sah es in Catania und in Messina aus. Und in den Landgebieten kam es zu Razzien und Plünderungen, an denen die Deutschen und die Araber (die immer noch zahlreich waren) besonderen Anteil hatten. Die gesamte Verwaltung, die von Roger II. und seinen Mitarbeitern eingeführt worden war, drohte zusammenzubrechen. Die Macht konnte jeder ergreifen. Die Staatskassen waren leer. Kurz, Sizilien stand am Rande der Anarchie.

Der Anblick dieses Elends zerdrückte Friedrich das Herz. Aber er sah nicht nur das. Da er oft am Hafen umherschlenderte, die Werkstätten der Handwerker aufsuchte und sich mit den Seeleuten, Soldaten und Falknern unterhielt – für Raubvögel hatte er eine besondere Leidenschaft –, hatte er eine Fülle von Beobachtungen, Erfahrungen und praktischen Kenntnissen gesammelt, aus denen er in der Folgezeit großen Nutzen ziehen sollte. Außerdem erblickte er durch den Verfall hindurch die Spuren der arabischen Zivilisation und Kultur, die die Insel geprägt hatten, bevor die Normannen gekommen waren. Zweieinhalb Jahrhunderte war sie ja von Emiren aus Kairuan regiert worden, die Wissenschaftler, Künstler und Gelehrte um sich scharten (830–1091).

Denn Palermo – durch einen Hafen zum Meer geöffnet, den die Alten nicht ohne Grund »goldene Muschel« genannt haben – war keine Stadt wie alle anderen. Mit ihren Palästen und Gärten, ihren einhundertfünfzig Kirchen und dreihundert Moscheen wie auch durch die Zusammensetzung ihrer Bevölkerung bildete sie eine lebendige Synthese von Orient und Abendland. Vernehmen wir, was der arabische Geograph Ibn Dschubair über sie gesagt hat, als er sie auf der Rückkehr von einer Pilgerfahrt nach Mekka im Jahre 1184 besuchte: »Diese alte und dennoch elegante, prächtige und anmutige Stadt erscheint mit ihren Plätzen und Alleen, die wie riesige Gärten sind, verführerisch und erhaben. Mit ihren Hauptstraßen und selbst den weniger wichtigen Gassen fasziniert sie den Reisenden durch die seltene Schönheit und die Vielfalt ihrer Perspektiven. Eine erstaunliche Innenstadt, die mit ihren Häusern aus behauenem

Stein und in ihrem Stil an Cordoba erinnert! Ein glasklarer Fluß durchschneidet sie, und aus vier Springbrunnen an den Ufern steigt das reinste Wasser empor. Die königlichen Paläste umgeben das Stadtzentrum wie ein Kollier den Hals einer Jungfrau, und der König kann von einem Ende seiner Hauptstadt zum anderen gehen, ohne seine Gärten zu verlassen.«

»Zu all den natürlichen Schönheiten Siziliens«, bestätigt uns Marcel Brion, »haben die normannischen Könige die Feinheiten einer auserlesenen Zivilisation hinzugefügt, deren Elemente aus dem stammen, was alle Völker an Bestem zu geben hatten. Norden und Süden, Osten und Westen begegnen sich in dieser Kunst wie auf den Märkten und an den Handelsbörsen, wo Kaufleute aus allen Teilen der Welt zusammenkommen . . . Und da es keine rassistischen oder nationalen Vorurteile gegen die Ausländer gibt, strömen sie an diesem Hof zusammen, wo sie sicher sind, großmütig und freundlich empfangen zu werden.«[58]

Großmütig und freundlich waren die arabischen Teile der Bevölkerung ebenso wie die anderen. Sie litten unter dem Anblick der Entbehrungen dieses »Königssohns«. Mitleidig öffneten sie ihm ihre Häuser, luden ihn zu Tisch und versuchten, seine Bildungslücken zu schließen, indem sie ihn einem Kadi der muselmanischen Gemeinde anvertrauten. Dieser gebildete Mann schien andere Glaubensgenossen hinzugezogen zu haben, deren Namen uns leider nicht überliefert sind, obwohl sie eine wichtige Rolle bei seiner Erziehung gespielt haben. Sie lehrten ihn Arabisch; sie brachten ihm die Grundkenntnisse der Logik, des Rechnens und der Algebra bei, die Leonhard von Pisa in Italien eingeführt hatte;[59] außerdem weihten sie ihn in die Schriften des Ptolemäus, des Averroes und in das Werk von Idrisi ein, jenes berühmten Geographen, der für Roger II. eine riesige Erdkugel gebaut hat, die achthundert Silbermark wert war, und ein Buch über die Botanik verfaßt hat, das fünfjährige Forschung erforderte.[60] Sicher haben sie ihm auch die Säule in der Vorhalle der Kathedrale gezeigt, auf die in kufischer Schrift der Koranvers gemeißelt war: »Euer Gott hat den Tag geschaffen, dem die Nacht folgt, und der Mond und die Sterne sind dem Werk beigefügt nach seinem Befehl. Ist nicht sein die Schöpfung und nicht sein die Herrschaft? Gelobt sei Gott, der Herr der Jahrhunderte!«[61]

Im großen und ganzen zeigte das Kind eine außergewöhnliche Frühreife, Intelligenz und geistige Regheit. Nachts verschlang er alles, was ihm in die Hände fiel: Abenteuer- und Rittergeschichten, wissenschaftliche Abhandlungen, Werke über die Eroberungen seiner normannischen Vorfahren oder der sizilianischen Flotte (die damals von Georg von Antiochia befehligt wurde, einem Seefahrer griechisch-syrischer Herkunft, der lange im Dienst des Emirs von Mahdia gestanden hatte und den Titel »Emir des Meeres« trug – daher der

Name Admiral). Friedrich begann bereits die Grundlagen für eine universale Bildung zu legen, die er als Erwachsener unter Beweis stellen und deren Umfassenheit seine Gesprächspartner, wes Standes und Herkunft auch immer, in Erstaunen versetzen sollte. Da er reich begabt war, lernte er natürlich gern und nahm alles mit bewunderungswürdiger Schnelligkeit auf. »Ehe ich die Pflichten des Regierens auf mich nahm, strebte ich den Wissenschaften nach und atmete ihre balsamischen Düfte«, pflegte er später zu sagen. Diese Ausdrucksweise läßt verspüren, wie stark sein Empfinden von der arabischen Rhetorik geprägt war.

Einige der Kurie nahestehende Geschichtsschreiber haben bestritten, daß die muselmanische Gemeinde von Palermo bei seiner Ausbildung eine so bedeutende Rolle gespielt hat. Sie haben behauptet, daß Walter von Pagliara über seine Erziehung »mit ebensoviel Intelligenz wie Glück« gewacht habe. Doch das ist kaum glaubhaft, denn wir wissen einerseits, daß die Beziehungen zwischen Friedrich und diesem Bischof nie gut gewesen sind und daß andererseits die päpstlichen Chronisten verständlicherweise geneigt waren, alles herabzusetzen, was dem kulturellen Einfluß des Islams Bedeutung beimessen könnte. Der junge Friedrich lernte übrigens nicht nur aus Büchern: Er lernte von allen, denen er bei seinen Streifzügen am Hafen von Palermo begegnete. Die italienischen Kriegsveteranen lehrten ihn, mit Waffen umzugehen und Städte zu belagern, die Schiffsbauer den Umgang mit Teer und Harz, die Seeleute die Spleißung der Seile und die Orientierung an den Sternen, die Jäger die Behandlung von Reitpferden und die Führung der Zügel, die Falkner die schwierige Dressur von Falken und Sperbern. Und wenn er einen fahrenden Sänger an einer Straßenkreuzung der Stadt seine Lieder singen hörte, verspürte er ein unerklärliches Glücksgefühl.

Aber es gab nicht nur Sperber und Falken, es gab auch die Gärten. Und wie schön waren die Gärten von Palermo! Schöner vielleicht als die von Marokko oder Andalusien. Das war eine Fülle von Farben und Düften, ein ständiges Rauschen von glasklaren Wassern. Vor allem in den Parks um die Schlösser, in denen der Hof im Winter oder im Sommer residierte: der zauberhafte Palast der Kuba mit seinen rosa Kuppeln, die sich in einem künstlichen See spiegelten, der von den Bächen benachbarter Hügel gespeist wurde; oder der märchenhafte Palast von Ziza und das himmlische Schloß von Favara mit ihren schattenspendenden Palmen, Granatapfelbäumen und Lorbeersträuchern; oder *Maredolce* – das »sanfte Meer« –, ein Ort, wie Friedrich selbst sagte, »der Träumereien und unendlicher Wonnen«. Dort verbrachte er zahllose Stunden in Gedanken verloren und trunken von seiner Liebe zur Natur und zu seiner Insel, die ihm beide gleich ans Herz gewachsen waren. »Gott hätte sicher nicht

Palästina als Aufenthaltsort gewählt, wenn er mein Königreich gekannt hätte«, versicherte er später zum großen Ärger der Frömmler.[62]

Schönes Sizilien! Wunderbare Insel! Je mehr er sein Land liebte, um so größer wurde sein Haß gegenüber den Räubern und Abenteurern, die es aufteilten und ihm dieses Stück Paradies entreißen wollten, das ihm ein gütiger Gott als Erbteil gegeben hatte.

II

Gegen Ende des Jahres 1206 änderte sich die Lage. Nicht, daß Elend und Korruption gewichen wären: Sie wüteten immer noch. Aber Innozenz III. hatte nachgedacht. Er bereute es, das Unternehmen Walthers von Brienne gefördert zu haben. Was hatte es ihm eingebracht? Nichts als Enttäuschungen. Die Schiffe mit den französischen Rittern waren dem Unwetter zum Opfer gefallen, die Landung auf Sizilien war aussichtslos. Aber sie hatte Walter von Pagliara derart in Schrecken versetzt, daß er sich mit Markward von Anweiler verbündet hat. Um seine Position zu stärken, mußte Markward jedoch – da die deutschen Ritter auf der Insel eine Minderheit bildeten – seinerseits Unterstützung bei den Muselmanen suchen, die zu den Waffen gegriffen hatten, um gegen die päpstliche Partei zu kämpfen, die sich gegenüber dem Islam weniger tolerant zeigte als zuvor die normannische Verwaltung. Der Papst hatte sich daraufhin mit Walter von Pagliara überworfen und ihn in seine Diözese von Apulien verbannt. Das alles hatte die Wirren nur verstärkt, aus denen allein die Deutschen Nutzen zogen.

Konstanze hatte dem zugestimmt, daß ihr Sohn unter die Vormundschaft des Papstes gestellt und Sizilien ein Lehen der Kirche wurde. Wozu, wenn er nicht das Beste daraus machte? Mußte er deshalb nicht damit beginnen, dort eine Autorität aufzubauen, die ihm Gehorsam verschaffte? Markward war inzwischen tot, und verschiedene Parteien stritten sich um das Königreich. Innozenz III. hielt es daher für klüger, sich mit Walter von Pagliara wieder zu versöhnen. Er entließ ihn aus der Ungnade und bat ihn, erneut seinen Posten als Kanzler einzunehmen.

Walter ließ sich das nicht zweimal sagen: Er kehrte mit großem Geleit von Bischöfen und Mönchen nach Palermo zurück. Der Familienrat wurde wieder eingesetzt. Und die erste Tat des Kanzlers (der zum drittenmal an die Macht gekommen war) war die Besetzung der Schlüsselpositionen in der Verwaltung mit Beamten der Kirche. Die italienischen Grafen traten die Nachfolge der deutschen Barone an, »frömmelnde Heuchler« folgten »den Galgenstricken«, wie Friedrich später mit verächtlichem Lächeln sagen sollte.

Im Grunde änderte sich nicht viel an seiner unglücklichen Lage. Er wurde nicht mehr als früher zu Regierungsgeschäften herangezogen. Er war ein unbekannter Junge ohne Zukunft, wie es schien, völlig abhängig vom Papst, »nichts weiter als dem Namen nach ein Staatsoberhaupt eines Landes, in dem selbst ein Erlaß seines mächtigen Kanzlers über die Grenzen Palermos hinaus kaum befolgt wurde«.[63]

Aber trotz seiner Ohnmacht wurde er stärker überwacht. Wilhelm Capparone – der »Feldherr« – war nach Deutschland zurückgekehrt. An seine Stelle war sein Lehrer, Wilhelm Francisius, getreten, der Zeuge jener Szene gewesen war, als Friedrich in die Hände Markwards fiel und er sich Gesicht und Brust mit den Fingernägeln aufkratzte. Ihm stand eine kleine Gruppe von Gelehrten zur Seite, unter anderem Gregor von Galgano, der Gesandte des Papstes in Sizilien, der päpstliche Notar Giovanni Trajetto und Peter von Nicola, der Erzbischof von Tarent.

Sie alle waren bemüht, etwas System in seine Bildung zu bringen und »das Dornengestrüpp seines Geistes zu entwirren« (es war nicht so schlimm, wie diese Prälaten behaupteten, doch die Bischöfe erklärten das, was er bei den Arabern gelernt hatte, für null und nichtig). Alle praktischen Erfahrungen, die er am Hafen von Palermo und in der Begegnung mit der Bevölkerung gesammelt hatte, konnten sie hingegen nicht bereichern.

Sie lehrten ihn ein wenig Latein, etwas Mathematik und ein paar Grundkenntnisse in Naturgeschichte, in der Gregor von Galgano besonders bewandert war; vor allem aber erteilten sie ihm Unterricht im Tanzen, Fechten und Reiten, also den Grundlagen der fürstlichen Erziehung jener Zeit.

Friedrich war nun bald vierzehn Jahre alt. Er sprach inzwischen fünf Sprachen: Griechisch, Latein, Arabisch, Provenzalisch und den sizilianischen Dialekt. Er war gewachsen und sein Körper hatte sich gut entwickelt. Sobald man sich ihm näherte, war man überrascht von der außerordentlichen Ausstrahlung, die von seiner Persönlichkeit ausging, wobei seine blonden Haare einen besonderen Akzent setzten. Innozenz III., der sich mehr und mehr für ihn interessierte, ließ sich von seinen zahlreichen »Beobachtern«, die er am Hof von Sizilien hatte, Berichte über seine Person schicken. Dank dieser Dokumente können wir uns ein genaueres Bild von dem Sohn Heinrichs VI. und Konstanzes von Hauteville in jenem Lebensabschnitt machen.

Innozenz III. schrieb aufgrund von Informationen, die er wohl von seinem Gesandten in Sizilien, Kardinal Censio Savelli, hatte,[64] in einem Brief vom 26. Februar 1208 an König Peter II. von Aragon:

». . . wie es von den ihm ebenbürtigen Caesaren heißt: Ihre Mannhaftigkeit tritt vor der Zeit ein! – überschreitet er beschwingten Schrittes die Schwelle der Reife und beginnt, indem er durch Leistung das fehlende Alter ersetzt, wunderbar mit den ersten Regierungsversuchen.«

»Ebenbürtige Caesaren!« Das ist eine neue Sprache. Allerdings gilt es zu bedenken, daß Innozenz zu dieser Zeit Heiratspläne mit Friedrich hatte, von denen wir an anderer Stelle berichten wollen, so daß er ein Interesse daran haben mußte, ihn im günstigsten Licht erscheinen zu lassen. Doch muß man daraus schließen, daß dieses Lob übertrieben war?

Keineswegs. Denn wir besitzen einen anderen Brief aus demselben Zeitraum, der jedoch von einem Unbekannten stammt,[65] das Jugendbildnis Friedrichs aber abrundet und bestätigt:

»Da Sie wegen der Unterschiedlichkeit der Beschreibungen, die Ihnen über den Wuchs, die Erscheinung, das Leben und die Umgangsformen des Königs zugegangen sind, lange im Ungewissen waren und von mir genauere Nachrichten zu erhalten wünschen [wie man sieht, hielt sich der Papst genau auf dem laufenden], habe ich mich entschlossen, mich dieser Aufgabe zu entledigen, um Ihnen zu zeigen, wie sehr mir daran liegt, Ihnen gefällig zu sein.

Nun, Sie wissen, daß der König für sein Alter weder von kleiner noch zu großer Statur ist. Doch der Schöpfer der Natur hat ihm kräftige Glieder und einen gesunden Körper verliehen, so daß er alles ausführen kann, was sein energischer Geist unternehmen will. Er bleibt nie müßig, sondern beschäftigt sich den ganzen Tag mit diesem oder jenem, so daß seine Kraft durch praktische Übungen zunimmt und die Geschicklichkeit seines Körpers durch allerlei physische und kriegerische Exerzitien weiter ausgebildet wird. Er bedient sich der Waffen, die er trägt, und zieht sein kurzes Schwert mit der Gewandtheit eines erfahrenen Mannes. Er übt sich im Spiel, jeden Angriff abzuwehren, der gegebenenfalls gegen seine Person geführt werden könnte. Er ist ein guter Bogenschütze. Er verehrt schnelle Vollblutpferde, und ich glaube, daß ihn niemand in der Kunst übertrifft, sie zu zügeln und dann im Galopp davonzuschießen. Diesen Tätigkeiten widmet er sich den größten Teil des Tages, um am nächsten Morgen von neuem zu beginnen.

Fügen Sie alldem den Ausdruck königlicher Majestät hinzu, herrische Züge, verbunden mit wohlwollender und anmutiger Ausstrahlung, eine klare Stirn, strahlende Augen, ein ausdrucksvolles Gesicht, einen lebendigen Geist, der um eine Antwort nie verlegen ist. Gelegentlich zeigt er jedoch ein ungehöriges und unschickliches Betragen, das ihm nicht die Natur mitgegeben, sondern an das ihn rüder Umgang gewöhnt hat. Doch die natürliche Begabung des Königs, sich leicht zum Besseren zu wandeln, wird wohl noch die Unschicklichkeiten, die er angenommen hat, allmählich durch bessere Gewöhnung ändern.

In Verbindung damit steht freilich, daß er, Ermahnungen ganz unzugänglich, nur dem Triebe seines eigenen freien Willens folgt und es, soviel man sehen kann, als schimpflich empfindet, noch bevormundet und für einen Knaben, nicht aber für einen König geachtet zu werden. Daher kommt es wohl, daß er jede Bevormundung von sich abschüttelt und die Freiheit, die er sich dann nimmt, oft das Maß dessen, was einem König erlaubt ist, überschreitet. Er läßt sich dann zu sehr in öffentlichen Umgang ein, und das allgemeine Gerede darüber muß die Ehrfurcht vor der Majestät mindern.«

Das einzige, was der Verfasser dieses Briefes an Friedrich im Grunde zu bemängeln hat, ist der enge Kontakt mit dem Volk. Doch er fügt hinzu:

»So sehr eilen seine Gaben dem Alter voran, daß er, noch ehe er zum Manne herangewachsen ist, wohl ausgerüstet mit Kenntnissen, die Gabe der Weisheit empfangen hat, die er doch erst im Laufe der Zeiten hätte erwerben sollen. Darum rechne bei ihm nicht die Zahl der Jahre nach, und erwarte nicht erst die Zeit der Reife, da er an Wissen schon jetzt ein Mann ist und an Majestät ein Herrscher.«

In einem anderen Brief aus dem Jahre 1207 heißt es:

»Man muß ihm unverzüglich und ohne Zögern gehorchen, da er von sich aus zwischen Getreuen und Ungetreuen, zwischen Guten und Schlechten unterscheidet.«

»Er verträgt keine Bevormundung«, »man muß ihm unverzüglich gehorchen«, diese Charakterzüge stimmen sicher, denn sie unterstreichen, daß Friedrich über einen starken Willen und ein festes Vertrauen in sein eigenes Urteil verfügte. Ein Punkt muß jedoch richtiggestellt werden; und zwar die Stelle, wo der Verfasser des Briefes erklärt, daß er »an Majestät ein Herrscher« sei.

Herrscher war Friedrich damals nicht. Er war noch minderjährig und der dreifachen Kontrolle des Papstes, des Familienrats und des Kanzlers Pagliara unterworfen.

Mit welcher Ungeduld sehnte er den Tag herbei, da er von diesen Fesseln befreit sein würde und endlich nach Belieben tun konnte, was er wollte! Das wird der Fall sein, sobald er volljährig ist, also an seinem 14. Geburtstag. Diesem ersehnten Zeitpunkt näherte er sich mit schnellen Schritten.

III

Friedrich erreichte die Volljährigkeit am 26. Dezember 1208. Schon am nächsten Tag erklärte er, die Macht von nun an selbst auszuüben. Zunächst teilte er dem Papst mit, daß dessen Vormundschaft beendet sei und er den Familienrat aufgelöst habe. Als Walter von Pagliara bei der Unterzeichnung dieser Akte zögerte, setzte er ihn stehenden Fußes ab. Und da der Kanzler gegen »diese plötzliche und unverdiente Ungnade« protestierte, schickte er ihn aufs Land, »um sich von der Ermüdung zu erholen, die ihn im Verlauf der letzten Jahre befallen hatte«.

Dann gründete er einen juristischen Rat, der mit der Auflistung aller Plünderungen beauftragt war, deren Opfer Sizilien seit dem Tode Heinrichs VI. geworden war. Er wollte die Horde der Raubritter zur Rückgabe der Güter zwingen, die sie sich unter Nutzung der Umstände auf Sizilien unrechtmäßig angeeignet hatten. Dieser unumgängliche Schritt war nicht weniger heikel, da er einen neuen öffentlichen Protest hervorrufen konnte. Doch Friedrich wußte, wie das Volk empfand und daß es ihm in dieser Sache seine Unterstützung nicht versagen würde.

Als Innozenz III. davon erfuhr, spitzte er die Ohren. Diese ersten Anzeichen von Autorität konnten ihm nicht gefallen. Sie ließen auf einen Unabhängigkeitswillen schließen, der sehr weit führen konnte. Aber sie zeigten auch, daß sein ehemaliges Mündel Charakter hatte. Hätte er nicht selbst so gehandelt, als er noch Lothar von Segni war? Andererseits stellten die von Friedrich erlassenen Sanierungsmaßnahmen die Tatsache nicht in Frage, daß Sizilien päpstliches Lehen war, und darauf kam es an. Man mußte Konstanzes Sohn Zeit lassen, sich die Hörner abzustoßen, danach würden die Dinge schon ihren normalen Verlauf nehmen. Der Papst beschloß deshalb, sich seiner wie eines Steins in einem schwierigen Spiel zu bedienen, das er auf dem europäischen Schachbrett führte. Er hatte sich vorgenommen, ihn mit einem anderen seiner »Mündel« zu verheiraten, mit Konstanze, der Schwester des aragonischen Königs Peter II., dessen Reich damals das mächtigste von ganz Spanien war. Und es war besser, die Sache nicht lange hinzuziehen, denn er handelte nicht aus Fürsorge für Friedrich, sondern um zu verhindern, daß jener später eine deutsche Prinzessin zur Frau nahm, was seine gesamten politischen Schachzüge durchkreuzt hätte.

Friedrich zeigte keine Eile, diesem Plan einer spanischen Heirat näherzutreten, was nicht verwundern konnte, da er gerade erst vierzehn Jahre alt geworden war. Nachdem er endlich seinen Ketten entronnen war, hatte er nur einen Wunsch: sich seiner neugewonnenen Freiheit zu erfreuen. Außerdem hatte er die ihm zugedachte Gattin noch nie gesehen. Er wußte lediglich, daß sie zehn Jahre älter war als er und bereits Witwe des ungarischen Königs Emmerich; daß sie einen Sohn namens Ladislaus III. hatte und von ihrem Schwager Andreas vom ungarischen Thron verdrängt worden war. Für einen vierzehnjährigen Jungen war das alles kaum reizvoll. Er erinnerte sich des Dramas, das der Altersunterschied bei seinen Eltern hervorgerufen hatte. Und nun sollte er das gleiche Abenteuer nacherleben? Das war zuviel verlangt . . .

Die Verhandlungen waren von Innozenz III. in die Wege geleitet worden, als Friedrich noch nicht volljährig war. Unglücklicherweise zeigte sich Peter II. von Aragonien ebenfalls störrisch. Warum sollte er die Hand seiner Schwester einem Jüngling reichen, dessen Zukunft recht ungewiß war und in dessen Land die Horden der Normannen, Sizilianer, Araber und Deutschen jeden Augenblick übereinander herfallen konnten? Doch Innozenz III. liebte es nicht, wenn man ihm Widerstand leistete. Je länger Peter II. zögerte, desto dringlicher wurde der Papst. Am Ende beschloß er, die Sache selbst in die Hand zu nehmen und rücksichtslos durchzuführen.

»Welche Trägheit hindert Dich noch?« schrieb er an den König von Aragon. »Welche Lässigkeit widerrät Dir die Vollendung einer für Dich so vorteilhaften Sache und den Vollzug einer so glückverheißenden Verbindung, daß Du ein heutiges Glück auf morgen verschiebst und immer wieder vertagst? Fernerhin gibt es keinen Grund, aus dem es sich schickte, Deine Schwester einer so großartigen Heirat zu entziehen. Sehr hochgestellt ist nämlich der Bräutigam: Er trägt den Titel eines Königs von seiner Mutter her; um den Adel seines Geschlechts ist es nicht schlechter bestellt, sondern auf beiden Füßen schreitet er fest einher und vermehrt die von Geschlecht zu Geschlecht vererbte Größe seines Blutes durch die Herrlichkeit seiner Gaben. Sohn und Enkel nämlich ist er von Kaisern; denn nicht nur sein Vater war Kaiser, sondern auch sein Großvater. Von einer erhabenen Mutter stammt er ab, die, selbst Königin von Sizilien, einst eines Königs Schwester war, eines Königs Tante, eines Königs Tochter.[66] Ansehnlich bezüglich seiner Abstammung, überschreitet der Bräutigam Deiner Schwester – wie es von den ihm ebenbürtigen Caesaren heißt: Ihre Mannhaftigkeit tritt vor der Zeit ein! – beschwingten Schrittes die Schwelle der Reife und beginnt, indem er durch Leistung das fehlende Alter ersetzt, wunderbar mit den ersten Regierungsversuchen.«[67]

Schließlich beugte sich Peter II., und Friedrich resignierte. Zu Anfang des Jahres 1209, als er erst ein paar Wochen volljährig war, begab sich der Sohn Heinrichs VI. nach Syrakus, um den Ehevertrag zu unterschreiben. Einen Monat später wurde ein sizilianischer Bischof in Saragossa vorstellig, um die Verbindung offiziell zu machen. Am 16. August dieses Jahres konnte er Konstanze empfangen, die in Begleitung ihres Bruders, Alfons von der Provence, und eskortiert von fünfhundert aragonischen Rittern auf Sizilien eintraf.

Auf den ersten Blick war Friedrich angenehm überrascht: Konstanze war mit ihren vierundzwanzig Jahren nicht die Tugendwächterin mit welken Brüsten, wie man sie ihm gerne beschrieben hatte. Sie war schlank und anmutig sowie äußerst vornehm. Ihre Eleganz, ihre einnehmenden Manieren und vor allem ihr süßes Lächeln setzten Friedrich in Verwirrung. Er überwand sein Mißtrauen und mußte sich sagen, daß die Wahl des Papstes gar nicht so schlecht war ...

Am 19. August 1209 wurde die Hochzeit in Palermo in Anwesenheit von fünfhundert spanischen Edlen mit großem Prunk gefeiert. Für Konstanze von Aragonien war das eine schwere Prüfung. Wie würde die sizilianische Bevölkerung sie aufnehmen? Würde sie ihr Beifall klatschen? Oder würde sie dem manchmal ausbrechenden Fremdenhaß nachgeben, die Brauen runzeln und brummen: »Wieder eine Ausländerin!«?

Auch für Friedrich war die Partie nicht von vornherein gewonnen. Nach langer Zeit der Zurückgezogenheit zeigte er sich zum erstenmal in der Öffentlichkeit. Würden rebellische Worte bei seinem Erscheinen laut werden? Doch die Befürchtungen Friedrichs sollten sich bald legen. Das Gefühl, das die Einwohner von Palermo beherrschte, war nicht Empfindlichkeit, sondern lebhafte Neugier für diesen neuen König, der plötzlich aus der Dunkelheit auftauchte und der – trotz der Nichtbeachtung in seiner Jugend – immerhin der Enkel der beiden bedeutendsten Persönlichkeiten des vorangegangenen Jahrhunderts war: Friedrich Barbarossas und Rogers des Großen.[68] Dank der geheimnisvollen Ausstrahlung seiner Persönlichkeit verwandelte sich diese Neugier sehr schnell in Sympathie. Und Konstanzes unwiderstehlicher Charme gewann ihr rasch alle Herzen, so daß die jungen Gatten beim Verlassen der Kathedrale mit nicht enden wollendem Jubel empfangen wurden.

Konstanzes Charme flogen nicht nur die Herzen der Bewohner von Palermo zu: Er eroberte auch Friedrichs Herz. Obgleich die Liebe bei ihrer Begegnung keinerlei Rolle spielte, paßte doch selten ein junges Paar so gut zueinander. Konstanze war nicht allein schön und intelligent, sie war obendrein feinfühlig und gebildet. Sie übte bald einen ausgezeichneten Einfluß auf ihren Mann aus. Und das war keine leichte Aufgabe. Es verlangte viel Fingerspitzengefühl und Psychologie, denn da Friedrich unter Wölfen lebte, hatte er aufgehört, ein Lamm zu sein. Er war ein rauher und autoritärer, mißtrauischer und etwas wilder Jüngling geworden. Er war stets auf der Hut und duldete keinen Widerspruch. Die Gesandten des Papstes hatten sich oft über die Grobheit seines Betragens zu beklagen.

Konstanze gelang es, ihm Vertrauen einzuflößen und großen Einfluß auf ihn zu gewinnen. Mit ihren zarten Händen formte sie ihn, schliff ihn und übertrug auf ihn ihre eigene Neigung zur Dichtung und zur Musik, ja, sie brachte ihm fürstliche Umgangsformen bei. Damit verhalf sie ihm zu allem, was ihm noch fehlte, um wirklich der Herrscher über das »Stück Paradies« zu werden, wozu ihn Schicksal und Geburt gleichermaßen bestimmt hatten.

IV

Im Verlauf der folgenden Monate vollzog sich in Friedrich eine tiefgreifende Veränderung. Seine Neigung zu Konstanze verwandelte sich in Liebe: Eine innige und große Liebe, die trotz der zahlreichen Querelen nie nachlassen sollte, die der Ehevertrag mit sich brachte und über die Konstanze klugerweise hinwegsah.[69] Für den Jüngling, der praktisch nur in Männergesellschaft gelebt hatte, war diese Gegenwart einer Frau von unschätzbarem Wert. Was er an ihr am meisten schätzte, war ihre Redlichkeit. Die Schwester Peters II. von Aragonien war seit dem Tod von Friedrichs Mutter, deren Namen sie trug – ein merkwürdiges Zusammentreffen –, das einzige lebendige Wesen, dem er unbedingt vertrauen konnte. Sie brachte ihm mehr als Zärtlichkeit entgegen: ein Gefühl der Sicherheit. Und gerade daran hatte es ihm während seiner ganzen Jugend gefehlt.

Diese Sicherheit wurde durch die Anwesenheit ihres Bruders Alfons und die fünfhundert aragonischen Ritter bestärkt, die Konstanze nach Sizilien begleitet hatten und die gewissermaßen zu ihrer Mitgift gehörten. Sie waren Fremde und mischten sich in die Streitigkeiten auf der Insel nicht ein. Sehr bald gehorchten sie nur noch Friedrich, für den sie tiefe Ergebenheit empfanden. Wenn er unter ihnen weilte, fühlten sie sich »zu Hause«.

Die beiden jungen Gatten schienen also an der Schwelle des Glücks zu stehen, als ein unvorhergesehenes Unglück über sie hereinbrach: eine Pestepidemie, wie sie zu jener Zeit häufig vorkam. Konstanze und Friedrich mußten aus Palermo fliehen und in Catania Zuflucht suchen, um der Geißel zu entgehen. Alfons von der Provence hingegen sowie fast alle seiner aragonischen Ritter erlagen der Krankheit.

Das war ein harter Schlag für die beiden jungen Leute. Friedrich hatte seine Schutzwehr verloren; für Konstanze war das Band zerschnitten, das sie mit Spanien verknüpfte. Doch dieses doppelte Unglück brachte sie nicht auseinander, sondern einander näher. Sie wußten, daß sie die Schwierigkeiten des Lebens nun allein meistern mußten und daß ihnen das nur gelingen konnte, wenn sie sich gegenseitig halfen.

Als wolle es Friedrichs fünfzehnten Geburtstag feiern, hatte sich auch Sizilien sichtlich verändert. Nach der durchmessenen langen Periode der Wirren erschien es plötzlich vertrauensvoll und erneuert. Es hatte sich gleichsam mit einem Hauch von Frühling geschmückt.

Der von Friedrich eingesetzte juristische Rat hatte in wenigen Monaten beachtliche Arbeit geleistet. Die königliche Kanzlei war in ein »Kontrollamt« verwandelt worden, wo jeder sein Eigentum anmelden mußte, um die Rechtmäßigkeit seines Landbesitzes überprüfen zu lassen. Dabei wurde festgestellt, daß ein Großteil der vorgelegten Rechtsansprüche gefälscht war oder dazu diente, unglaubliche Veruntreuungen zu vertuschen. Hunderte von Betrügern hatten sich Ländereien und Einkünfte angeeignet, die ihnen nicht zustanden. Der Besitz der Krone war buchstäblich geplündert worden.

Unter der Vielzahl der Pflichtvergessenen hatte sich eine Gruppe kalabrischer Grafen besonders raubgierig gezeigt. Es handelte sich um Paolo und Ruggiero von Gerace und den mächtigen Herrn Anfuso von Roto, den Grafen von Tropea. Man kann sich ihren Zorn vorstellen, als sie von einem Fürsten, der sehr viel weniger Macht hatte als sie, zur Rückgabe der Güter aufgefordert wurden. Anfuso von Roto ging so weit, Friedrich öffentlich zu beschimpfen. Doch da zeigte der Sohn Heinrichs VI. seine Krallen. Auf die Gefahr hin, ein Unwetter heraufzubeschwören, ließ er sie festnehmen und in Ketten legen. Dieser mit Blitzeseile vollführte Autoritätsbeweis öffnete ihnen die Augen. Sie mußten begreifen, daß der junge König, der in Palermo regierte, kein Kind mehr war und daß es sie teuer zu stehen kommen konnte, wenn sie seiner Herrschaft trotzten.

Sicher, Friedrich sah sich im Recht, als er die Plünderer bestrafen wollte. Er war sich dabei jedoch seiner Schwäche voll bewußt: Er besaß kein Heer mehr, auf das er sich seit dem Tod der getreuen Aragonier stützen konnte, und seine finanziellen Mittel reichten nicht aus, um ein neues zu rekrutieren. Er beschloß infolgedessen, nicht auf Waffen zurückzugreifen, sondern an die Öffentlichkeit zu appellieren und sie zum Zeugen für die Rechtmäßigkeit seines Handelns aufzurufen. Dabei bediente er sich einer Methode, die er später noch oft anwenden sollte: Er veröffentlichte ein Rundschreiben, das an den Abt von Monte Cassino – der zu den Veruntreuern zählte – sowie an alle Prälaten und Edlen seines Reiches gerichtet war und in dem er das Übel aufzeigte, von dem er Sizilien befreien wollte.

»Es wird behauptet, die Barone und das Volk billigten Unsere Handlungsweise nicht. Wir erinnern Uns jedoch, Euch bereits von der Feindseligkeit, die hier besteht, unterrichtet zu haben. Nunmehr ist sie klar in Erscheinung getreten. Die Grafen Paolo und Ruggiero von Gerace haben sich gegen Uns verschworen. Der Graf von Tropea, Anfuso de Roto, hat erklärt: ›Ich will meinen Sitz in Kalabrien nehmen und dem König gleich sein.‹ Er strebte nach der Admiralswürde und verlangte die Burgen von Mente und Montecino. Als Wir Uns weigerten, da Wir hofften, den Uns noch verbliebenen kleinen Teil Unseres Kronguts zu erhalten, stieß er mit lauter Stimme Drohungen gegen Uns aus. Sagt also bei Eurer Treue, ob Wir nicht gerechtfertigt sind? Gibt es irgend jemanden in Kalabrien, der nicht weiß, daß Graf Anfuso fast Unser ganzes Krongut an sich gerissen und Kirchen und heilige kirchliche Ländereien zerstört sowie Menschen und Festungen geraubt und Gotteshäuser in Räuberhöhlen verwandelt hat?«

Dieses Schreiben wurde am 14. Januar 1210 in Messina veröffentlicht. Es war das letzte Dokument, das Walter von Pagliara unterzeichnet hat, mit dem sich Friedrich bei seinem Aufenthalt in Catania (als er vor der Pest geflohen war) zu versöhnen gesucht hatte. Doch da Walter wieder einmal Schwierigkeiten machte und den Brief nicht gegenzeichnen wollte, weil mehrere seiner Freunde auf der Liste der Veruntreuer standen, versetzte Friedrich ihn in seine Diözese Catania und forderte ihn auf, sie nicht wieder zu verlassen.

Parallel zu der Eintreibung der Ländereien, von denen er einige selbst in Anspruch nahm, um den Besitz der Krone wiederherzustellen und die materielle Basis für seine Macht zu schaffen, die ihm bisher fehlte, war Friedrich damit beschäftigt, die wichtigsten Häfen der Insel zu befreien, die die Pisaner aufgrund ihres Abkommens mit Markward von Anweiler besetzt hielten und nicht herausgeben wollten. Um das zu erreichen, griff er diesmal nicht zu psychologischen Mitteln, sondern zur Diplomatie.

Durch Vermittlung Alamans da Costa, eines genuesischen Grafen, den er im Jahr zuvor in Syrakus kennengelernt und zum Mitglied seines persönlichen Rates ernannt hatte, verbündete er sich mit Genua und stachelte die ligurische Republik gegen ihre Rivalin Pisa auf. Diese Verbindung trug bald ihre Früchte. Die Pisaner wurden von den Genuesern besiegt und mußten alle Küstenhäfen räumen, durch deren Besetzung sie eine wahre Blockade der Insel bewirkt hatten. Umgehend wurden die Handelsbeziehungen mit dem Ausland wieder aufgenommen. Erneut zog Wohlstand ein, die Kaufleute der Seestädte wandten sich Friedrich zu, und das verlieh seinem Hof einen gewissen Glanz.

Dieser Autoritätszuwachs erlaubte ihm auch, eine Hundertschaft von Soldaten zu rekrutieren, mit der er den ganzen östlichen Teil der Insel von Catania bis Messina durchzog. Diese Maßnahmen hatten zum Ziel, Widerstandsnester auszuheben, die in den Binnenstädten noch bestanden, und den Aufruhr mehrerer arabischer Gemeinden zu schlichten, die sich nach dem Tod Markwards in die Berge zurückgezogen hatten. Diese schnell durchgeführten Einsätze waren von Erfolg gekrönt. Damit konnte Friedrich große Teile der Insel an sich binden.

Als er nach Palermo zurückkehrte, erfuhr er eine Neuigkeit, die ihn mit Freude erfüllte: Konstanze hatte ihm einen Sohn geschenkt, der im Andenken an seinen Großvater auf den Namen Heinrich getauft wurde. Alles in allem hatte Innozenz III. recht, als er Peter II. von Aragonien schrieb: Bei Friedrich »tritt die Mannhaftigkeit vor der Zeit ein«. Er war bereits Vater und dabei kaum sechzehn Jahre alt . . .

Die Dinge am Hof von Palermo standen also im Juni 1211 zum besten, als erneut ein Orkan aus dem Norden alles zu gefährden drohte. Von heute auf morgen sah sich Friedrich dem stärksten Ansturm gegenüber, dem er je die Stirn zu bieten hatte. Nicht allein das Königreich Sizilien, sondern das gesamte Werk der Normannen im Mittelmeerraum lief Gefahr, hinweggefegt zu werden.

V

Um das Ausmaß dieser Gefahr besser ermessen zu können, müssen wir ein wenig zurückgreifen.

Am Ostertag des Jahres 1079, als der salische Kaiser Heinrich IV. das Herzogtum Schwaben seinem Lehnsmann Friedrich von Hohenstaufen (1047–1105) in der Absicht zusprach, den übermächtigen und kühnen Herrschern von Sachsen und Bayern einen Streich zu spielen, hatte er den Keim zu einem Streit gelegt, der das germanische Reich und schließlich das gesamte christliche Abendland länger als ein Jahrhundert spalten sollte.

Das Geschlecht der Hohenstaufer war um das Jahr 987 aus einem Schloß hervorgegangen, das auf einem Hügel gleichen Namens im Neckartal errichtet worden war. In der Folgezeit hatten die Staufer, wie man sie nannte, ihrem Erbland Waiblingen hinzugefügt, ein Lehen, das ihnen durch Mitgift der Agnes (oder Adelheid) von Waiblingen zugefallen war, einer der Töchter von Kaiser Heinrich IV. Aus dem Namen Waiblingen war durch Umbildungen der Begriff »Gibellinen« entwickelt worden. Die Linie der Welfen, das heißt der Herzöge von Sachsen, stammte dagegen aus Zehringen, weiter im Norden Deutschlands.

Von Anfang an hatten sich Schwaben und Sachsen aus dem einfachen Grund bekämpft, weil sie beide die Kaiserkrone anstrebten. Jede ihrer Handlungen, jedes ihrer Bündnisse hatte nur das eine Ziel: ihren Besitz zu vergrößern, um mehr zu sein als eine Regionalmacht; sie erstrebten eine nationale, universale Dimension. Sie hatten sich als Herzöge gegenübergestanden und standen sich als Fürsten sowie später als Kaiser gegenüber, so daß ihr Kampf, der anfangs lediglich ein Geplänkel zwischen Junkern war, mit der Zeit zur Gegnerschaft zwischen Riesen wurde. Erst war ganz Deutschland, dann auch die ganze Lombardei in zwei Lager gespalten. Die (sachsenfreundliche) Partei der Welfen und die (schwabenfreundliche) Partei der Gibellinen lieferten sich Streitigkeiten, die täglich neu aufflammten. Nicht nur die Herrscher, ihre Vasallen, ihre Heere und ihre Flotten unterlagen den Auswirkungen dieser Zwistigkeiten, sondern sogar die Städte – einschließlich derer, die von dem Dynastien-streit nicht betroffen waren – sahen sich in zwei Lager geteilt. Der eine Teil der Bevölkerung wurde mit dem anderen unter dem schlichten Vorwand handgemein, daß der eine »welfisch«, der andere »gibellinisch« sei. Im Laufe der Zeit hatte sich die Bedeutung dieser Wörter geändert. Sie dienten nicht mehr dazu, die Anhänger zweier Dynastien zu bezeichnen, die sich das Reich streitig machten, sondern die »Welfen« waren zur Partei des Papstes geworden und die »Gibellinen« zur Partei des Kaisers. Das war natürlich absurd, denn der Papst wechselte das Lager je nach Bedarf und unterstützte einmal die einen und einmal die anderen.

Bisher hatte Friedrich kaum Gelegenheit gehabt, über die Meerenge von Messina hinauszublicken. Jetzt wurde er jedoch, ob er wollte oder nicht, in das Räderwerk dieser schrecklichen Rivalität hineingezogen. Mit anderen Worten: Von Beginn seiner Regentschaft an mußte er sich an dem mächtigsten, kühnsten und gefährlichsten Feind stoßen, der sich ihm entgegenstellte. Ebenso wie Heinrich IX. Konrad III. getrotzt hatte, wie Heinrich der Löwe für Friedrich Barbarossa ein gefürchteter Gegner war, so mußten sich Otto IV., der Herzog von Braunschweig, und Friedrich von Hohenstaufen als Vertreter zweier rivalisierender Herrscherhäuser gegenüberstehen, »zwischen denen es weder Waffenstillstand noch Frieden geben konnte«, wie Otto von Freising es ausdrücken sollte.[70]

Wer war dieser allmächtige Otto von Braunschweig, der den noch jünglinghaften Friedrich bis an die fernen Grenzen seines sizilianischen Reiches bedrohte? »Er hatte den ungestümen, unerschrockenen, stolzen und skrupellosen Charakter aller Welfen«, berichtet Marcel Brion.[71] Karl Hampe fügt dem hinzu: »Er war ein Ritter von hohem Wuchs mit den Kräften eines Herkules, kriegerisch und abenteuerlustig, verwegen nach Art der normannischen Fürsten, aber arrogant, schroff und abweisend. Es fehlte ihm die Haltung, die Bildung und geistige Überlegenheit vermitteln. Er war kühn bis zur Waghalsigkeit, sobald er sich als der Stärkere fühlte, und er hatte nichts von einem Politiker, der ein dauerhaftes Werk mit Umsicht und Diplomatie aufbaut. Alles in allem bot er ein nicht gerade gelungenes Beispiel jener Mischung von Erbeigenschaften, wie man sie bei den Welfen und Plantagenets findet«, mit denen er verwandt war.[72] Den Schlußpunkt dahinter setzt ein zeitgenössischer Chronist: »Er gleicht einem losgelassenen Stier, der aus den Nüstern Feuer speit.«[73]

Als Sohn Heinrichs des Löwen, des Herzogs von Sachsen und Bayern, und der Schwester von Richard Löwenherz, Mathilde Plantagenet, war er in England aufgewachsen, dem er sich auch später verbunden fühlte. Durch die Lehen, die er in Frankreich besaß, war er obendrein französischer Lehnsherr. Er erhob

Anspruch auf Aquitanien, ohne die Oberherrschaft des französischen Königs anzuerkennen, so daß er ständig in Konflikt mit König Philipp II. Augustus stand.

Wie gesagt, Sachsen und Schwaben strebten das gleiche Ziel an: die Kaiserkrone. Doch sie versuchten, es auf verschiedene Weise zu erreichen: die Sachsen dank ihrer Allianz mit England; die Schwaben mit der wohlwollenden Unterstützung der Franzosen. Dieser Unterschied trug natürlich dazu bei, den unversöhnlichen Charakter ihrer Rivalität zu vertiefen.

Einer apokryphen Legende zufolge soll sich Otto IV. von Braunschweig, als er die Nachricht vom Tode Heinrichs VI. erfuhr, am Hofe von Richard Löwenherz aufgehalten und mit dem König von England und dem französischen König Philipp Augustus getafelt haben. Sobald die Neuigkeit bekanntgegeben war, soll Richard dem Braunschweiger eine goldene Platte mit den Worten gereicht haben: »Nehmt, lieber Neffe, Ihr seid würdig, die deutsche Krone zu tragen, und Ihr sollt sie haben!« Worauf Philipp Augustus Otto seinen Handschuh hingehalten und in herausforderndem Ton gesagt haben soll: »Nehmt auch dies; wenn Ihr die deutsche Krone haben sollt, gebe ich Euch Chartres und Paris.« [74] Sicher ist dies nur eine Legende, aber sie verdeutlicht doch die Stellung der drei wichtigsten Protagonisten.

Philipp von Schwaben, der achte Sohn Friedrich Barbarossas und jüngere Bruder Heinrichs VI., hatte nicht das Format, dem »feuerspeienden Stier« Widerstand zu leisten. Er war ein liebenswürdiger, zurückhaltender, feinfühliger Mann, dem eher der geistliche Stand entsprochen hätte, zu dem er zunächst bestimmt war. [75] Im Jahre 1195 hatte ihm sein Vater die Verwaltung der Toskana anvertraut, so daß er bereits mit achtzehn Jahren in die Wirren der italienischen Politik geriet. Später hatte ihm sein Bruder, Heinrich VI., die Bewirtschaftung der deutschen Erbgüter übertragen, während er selbst Krieg führte, um in den Besitz Siziliens zu gelangen, wodurch er in den Streit zwischen Gibellinen und Welfen verwickelt wurde. Otto schien sich geschworen zu haben, ihn aus dem Feld zu schlagen, was ihm auch ohne größere Schwierigkeiten gelingen sollte, da er – nach Zeugenaussagen – »eine ganz andere Kragenweite« hatte.

Philipp von Schwaben (geb. 1177) war einundzwanzig Jahre alt, als ihm eine Gruppe von Gibellinen auf dem Reichstag zu Mainz die deutsche Krone anbot (1198). Um in dem Augenblick nicht zu kurz zu kommen, da er den Eindruck hatte, sein Ziel zu erreichen, hatte sich Otto im Jahr darauf anläßlich des Reichstags zu Frankfurt (1199) von einer welfischen Gruppe zum Kaiser ausrufen lassen. Es gab also gleichzeitig zwei germanische Kaiser: den Gibellinen Philipp (in Mainz gewählt) und den Welfen Otto (in Frankfurt gewählt). Zu einer anderen Zeit und an anderem Ort wäre das unmöglich gewesen. Aber in

Anbetracht der in Deutschland herrschenden Anarchie trug diese Ungewöhnlichkeit nur zur Verwirrung der Geister bei. Die Köpfe waren so erhitzt, daß die Wahl eines Gegenkaisers die Wahl eines Antipapstes nach sich zu ziehen drohte, was nicht nach dem Geschmack Innozenz' III. war.

Der Kirchenfürst kam dem zuvor und bot seine Vermittlung an. Er bezog sich auf seine Rede, die er vor dem Konzil im Jahre 1200 gehalten hatte, und erklärte, daß »der Papst das Recht habe, darüber zu entscheiden, wer von den beiden der legitime Herrscher ist und somit Anspruch auf die Krone hat«. Dieses Recht leitete er aus der Tatsache ab, daß der Papst Karl den Großen zum Kaiser gekrönt hatte. »Dieser berühmte Präzedenzfall«, fügte er hinzu, »entscheidet diese Frage ein für allemal und muß alle künftigen Beziehungen zwischen dem Reich und dem Heiligen Stuhl bestimmen.« Das hieß, daß der Papst das ganze Reich als sein Lehen betrachtete und den Kaiser – wer es auch sein mochte – als seinen Vasallen.

Diese Grundsatzerklärung wurde von einigen positiv aufgenommen, konnte Philipp von Schwaben aber nicht gefallen, zumal Innozenz III. dem Rat des englischen Königs gefolgt war und trotz der französischen Proteste sein Urteil zu Ottos Gunsten gefällt hatte.

Da sich Philipp von Schwaben dieser Entscheidung nicht beugen wollte, griff Innozenz III. zu der einzigen ihm verbleibenden Maßnahme: Er exkommunizierte den Staufer. Otto IV. jubelte natürlich.

Er konnte sich um so mehr freuen, als Philipps Exkommunizierung nicht allein seine Legitimität unterstrich, sondern seinem Gegner immer mehr Boden unter den Füßen entzog. Zahlreiche kirchliche Würdenträger verließen das Lager der Hohenstaufer, um sich Otto anzuschließen. Unter ihnen befand sich der Erzbischof von Köln, der von einem tätigen und einflußreichen Klerus umgeben war, sowie der neue Erzbischof von Mainz und eine Reihe rheinischer Prälaten; denn Otto IV. hatte die Gelegenheit genutzt, um an seine Leute die vakanten Posten zu vergeben, deren Inhaber zum vierten Kreuzzug aufgebrochen waren . . . All das stachelte Haß und persönlichen Neid an. Diese Lage konnte so oder so nicht weiterbestehen.

Ihre Lösung fand sie am 21. Juni 1208. An diesem Tag wurde Philipp von Schwaben im bischöflichen Palast zu Bamberg von dem Pfalzgrafen in Bayern, Otto von Wittelsbach, ermordet, der – zufälligerweise! – der Welfenpartei angehörte. Dieses politische Verbrechen wurde geschickt als persönliches Rachedrama kaschiert. Man schrieb es der Tatsache zu, daß Philipp von Schwaben Otto von Wittelsbach die Hand seiner Tochter Beatrix versagte.

Die Ermordung Philipps von Schwaben vereinfachte die deutschen Angelegenheiten. Otto IV. war nun der alleinige Herrscher über das Reich. Die Entscheidung Innozenz' III. hatte außerdem zur Stärkung seiner Macht beigetragen. Doch einen Gegner galt es noch zu schlagen: den jungen König Friedrich von Sizilien, den sein Vater, Heinrich VI., zum »König der Römer« hatte ausrufen lassen. Gegenwärtig vermittelte allerdings niemand zwischen den beiden Anwärtern. Eine neue Auseinandersetzung war unvermeidlich.

Um seine Ansprüche auf Sizilien auf eine legale Basis zu stellen und außerdem die letzten Edelleute, die vorerst zögerten, auf seine Seite zu ziehen, gab Otto als erstes seine Verlobung mit Beatrix von Hohenstaufen bekannt, der ältesten Tochter Philipps von Schwaben; denn das deutete auf eine Versöhnung zwischen den beiden Herrscherhäusern hin. Beatrix war im Juni 1198 in Worms geboren, damals also zwölf Jahre alt. Es mußten deshalb einige Jahre ins Land gehen, bevor die Ehe vollzogen werden konnte. Doch das war kaum von Bedeutung. Diese Verbindung war nur der erste Schritt zu einem viel weiter gefaßten Unternehmen.

Als Innozenz III. sah, daß Ottos Macht ständig zunahm, hielt er es für klüger, offen für ihn Partei zu ergreifen, ehe es zu spät war. Zuvor aber wollte er einige Vorsichtsmaßnahmen treffen. Er forderte Otto auf, das uneingeschränkte Erbe des heiligen Petrus zu respektieren, die Oberherrschaft des Papstes über Sizilien zu bestätigen, auf das »Pfründenrecht« über die Hinterlassenschaft kirchlicher Würdenträger zu verzichten und dem Papst das ausschließliche Recht einzuräumen, die deutschen Bischöfe zu ernennen.[76] Otto IV., der von Versprechungen nicht viel hielt, stimmte allem zu, was der Papst von ihm wollte. Angenehm überrascht, erklärte Innozenz III. daraufhin, daß Otto »der Mann nach seinem Herzen« sei, lud ihn ein, nach Rom zu kommen, um sich dort krönen zu lassen, und genau das war es, was Otto IV. wünschte.

Der Sohn Heinrichs des Löwen begab sich also nach Rom, aber mit einem militärischen Aufwand, der den Erfordernissen der Zeremonie keineswegs entsprach. Dieser Aufmarsch erstaunte alle Welt, denn niemand hatte bisher seine Pläne durchschaut. Seine Pilgerreise zum Grab des heiligen Petrus – wie seine Verlobung mit Beatrix von Hohenstaufen – war nur ein Vorspiel für die Eroberung Siziliens und die Vernichtung Friedrichs II.

In Rom fühlte sich Innozenz III. plötzlich beunruhigt. Hatte er unrecht gehabt, die Versprechen Ottos für bare Münze zu halten? Beging er nicht, allerdings in größerem Maßstabe, den gleichen Fehler wie damals, als er den Ehrgeiz Walthers von Brienne unterstützt hatte? Er verfügte über keinerlei Militärmacht, um sie dem siegreichen Welfen entgegenzustellen. Er fürchtete das Schlimmste, und um seinem Gegner die Hände zu binden, wollte er ihn zwingen, unter Eid alle Zusagen zu bekräftigen, die er vor seiner Wahl gemacht hatte.

Otto ließ sich nicht bitten, er bestätigte dem Papst alle Versprechen. Die feierliche Krönung fand am 4. Oktober 1209 statt. Und am nächsten Morgen leugnete Otto jede Verpflichtung und marschierte mit seinen Truppen nach Süditalien. Ihr Ziel war die Eroberung Neapels und Apuliens, worauf Sizilien eingenommen werden sollte.

Der Papst kochte. Otto hatte ihn schimpflich ausgenutzt! Doch jetzt war es zu spät, ihn aufzuhalten. An einem bestand kein Zweifel: Wenn er Sizilien erobert hatte, würde Otto seine Übermacht nutzen, nach Rom zurückkehren und mit dem Papsttum »kurzen Prozeß machen«. Innozenz III. griff deshalb zu seiner einzigen Waffe: Er exkommunizierte Otto IV. – wie er Philipp von Schwaben exkommuniziert hatte, als ihm das im Interesse der Kirche nötig erschien. Mit anderen Worten: Der Heilige Vater war von den Gibellinen zu den Welfen übergeschwenkt, und nun verließ er dieses Lager, um wieder Gibelline zu werden.

Otto war nicht der Mann, der »vor den Drohungen eines Priesters zurückschreckte«, vor allem nicht, wenn dieser Priester ihm keine Armee entgegenzustellen hatte. Er setzte sich über den Bannstrahl des Papstes hinweg und befahl seinen Truppen, ihren Marsch fortzusetzen. Bald fielen Sora, Camino, Suessa, Teano, Capua, Aversa und Neapel in seine Hände. Von dort aus schickte er kleinere Einheiten aus, die sich ohne Schwierigkeit Salernos, Melfis, Barlettas, Baris, Policoros und Tarents bemächtigten. Im Herbst des Jahres 1211 gehörte ihm der ganze festländische Teil des sizilianischen Königreichs. Er brauchte nur noch die Insel zu erobern.

In Palermo hatte das Herannahen des ottonischen Heeres Panik ausgelöst. Schon kreuzten die pisanischen Galeeren vor Catania und Messina. In den Bergen putzten die Araber ihre Waffen, um die Neuankömmlinge besser empfangen zu können. Die deutschen Barone bekundeten offen ihre Sympathie für Otto IV. Die klerikale Partei wußte buchstäblich nicht, wo ihr der Kopf stand, derart hatte sie der Gesinnungswandel des Heiligen Stuhls verwirrt. Sie hätte sich gerne auf die Seite Ottos gestellt, solange er der Kandidat des Papstes gewesen war. Aber was sollten sie jetzt tun, da er exkommuniziert war? Nach Zeugenaussagen soll die ganze Insel »den Kopf verloren und einem Nest wilder Hornissen geglichen haben«.

Friedrich ließ sich durch geheime Boten aus Apulien oder Messina über die Situation auf dem laufenden halten. Sie berichteten ihm von Stunde zu Stunde von dem unwiderstehlichen Vormarsch der ottonischen Truppen, über ihr bevorstehendes Eintreffen in Reggio in Kalabrien; die eroberten Städte verbündeten sich mit dem Sieger, die Galeeren der Pisaner rückten heran . . . Im Augenblick konnte Otto IV. die Partie als gewonnen betrachten. Außer der

Unterstützung des Papstes hatte er alle Trümpfe in der Hand. Unmöglich, ihm den geringsten Widerstand entgegenzusetzen.

Friedrich verfolgte den Verlauf der Ereignisse mit gespannter Aufmerksamkeit, verlor jedoch nicht seine Selbstbeherrschung. Er hatte ein Schiff im Hafen von Palermo ausrüsten lassen, um Sizilien verlassen zu können, bevor es zu spät war. Sein Kapitän wartete nur auf das Zeichen, um die Segel zu hissen und den König, seine Frau Konstanze, seinen Sohn Heinrich und den Kronschatz nach Tunis zu bringen. Aber im tiefsten Inneren bewahrte Friedrich ein unerschütterliches Vertrauen in sein Glück (in diesem Augenblick entschloß er sich, Mond und Sonne in sein Wappen aufzunehmen, die Symbole der Weltherrschaft).

Plötzlich traf in Palermo eine erstaunliche Neuigkeit ein. Ohne erkennbaren Grund war Otto verschwunden! Boten aus Apulien berichteten von erloschenen Lagerfeuern, deren Asche verstreut war, und von ottonischen Truppen, die sich in Eilmärschen nach Norditalien zurückzogen. In dem Moment, als ein Orkan über Sizilien hereinzubrechen drohte, löste sich die Gefahr wie ein Wunder in nichts auf . . .

Wie sollte man sich diese überraschende Wende erklären?

VI

Friedrich II. und Innozenz III. waren nicht die einzigen, die der Vormarsch Ottos IV. beunruhigte. Eine dritte Person war ebenso alarmiert und verfügte außerdem über sehr viel stärkere Abwehrmittel: Philipp II. Augustus. Als Gegner Ottos, der sich mit den Engländern verbündet hatte, verfolgte der König von Frankreich nicht ohne Sorge den wachsenden Einfluß seines Rivalen. Deshalb hatte er sich mit Innozenz III. in Verbindung gesetzt, um mit ihm einen Plan auszuarbeiten, wie man Otto den Weg versperren konnte.

Innozenz war außer sich über die Art, wie Otto IV. seine Versprechungen mißachtet hatte. Aber nicht umsonst war er der größte Diplomat seiner Zeit. Er war entschlossen, seinen Fehler wiedergutzumachen und den ehrgeizigen Sohn Heinrichs des Löwen zu Fall zu bringen. »Ich bedaure, diesen Mann emporgehoben zu haben«, murmelte er, während er auf dem Flur des Lateranpalastes auf und ab ging. Das bedeutete, daß er jetzt vor nichts zurückschrecken würde, um ihn zu bezwingen. Im Einvernehmen mit dem König von Frankreich und einigen deutschen Fürsten beschloß er, in aller Eile einen Reichstag nach Nürnberg einzuberufen. Dort wurde auf Wunsch des Papstes Friedrich II. zum deutschen Kaiser gewählt.

Otto IV. war zweifellos impulsiv und brutal. Aber er war auch schlau genug, um zu begreifen, was diese unvorhergesehene Wahl bedeutete. Er hatte seinen Truppen umgehend Befehl gegeben, kehrtzumachen und eiligst nach Deutschland zurückzumarschieren. Hätte er weiter nach Süden vordringen können, während in seinem Rücken eine derartige Bedrohung heranwuchs?

In den ersten Januartagen des Jahres 1212 traf eine Abordnung deutscher Fürsten in Palermo ein. Sie wurde von Konrad von Ursberg und Anselm von Justingen geführt und sollte Friedrich berichten, was geschehen war. Die Entscheidung des Nürnberger Reichstags – von Innozenz III. im Einvernehmen mit Philipp Augustus vorbereitet – veränderte nicht nur das Kräfteverhältnis auf dem Kontinent, ihre Folgen waren selbst im Herzen Siziliens spürbar.

Bei Friedrichs Krönung im Jahre 1198 hatte der Erzbischof von Palermo auf Geheiß Zölestins III. mit Schweigen übergangen, daß der Sohn Heinrichs VI. »König der Römer« war. Und nun stützte sich Innozenz III. auf eben diese Tatsache, um ihn zum Kandidaten des Heiligen Stuhls bei der Anwartschaft auf die Kaiserkrone zu machen. Wie recht Friedrich doch hatte, in der finstersten Stunde das Vertrauen in seinen Glücksstern nicht zu verlieren!

Dieser brüske Umschwung brachte ihm eine Reihe unerwarteter Verbündeter ein. Die deutschen Barone, die die Siege Ottos begleitet hatten und nun nichts mehr von ihm erwarten konnten, drängten zum Hof von Palermo, um ihre Verfehlung vergessen zu lassen. Die Araber, die ihre Säbel zu früh gezückt hatten, überhäuften den jungen König mit Geschenken und Lobeshymnen. Und die Anhänger der klerikalen Partei konnten ihm nichts mehr verweigern, da der Papst ihn zum offiziellen Kandidaten des Heiligen Stuhls erklärt hatte . . .

Als Anselm von Justingen, Konrad von Ursberg und die anderen deutschen Fürsten Friedrich baten, sich umgehend nach Deutschland zu begeben, um dort die Kaiserkrone zu empfangen – dieses Geschenk, das ihm ein Papst und der König von Frankreich bot –, erbat sich der sizilianische König eine Bedenkpause. Aber im Grunde war sein Entschluß bereits gefaßt: Der Einsatz war zu groß, um ihn sich entgehen zu lassen.

Als Friedrich seine Räte nach ihrer Meinung fragte, ermahnten sie ihn zunächst, diese Einladung nicht anzunehmen, derart unwahrscheinlich erschien ihnen das Angebot der deutschen Abordnung. Sie waren dagegen, daß sich ein so junger Mann in ein Abenteuer stürzte, das so voller Fallen steckte. Selbst Konstanze flehte ihn unter Tränen an, sie nicht zu verlassen, und gab zu bedenken, daß die Befriedung der Insel noch lange nicht vollendet war.

Darauf ergriff Friedrich das Wort und erklärte ihnen die Gründe, die ihn bewogen, den Vorschlag der deutschen Fürsten anzunehmen. Er sagte ihnen, daß er nicht würdig sei, König zu sein, wenn er sich von der Angst vor der Gefahr zurückhalten lasse; daß er nicht zurückweisen könne, was ihm von Geburt gehörte, und er überzeugte sie schließlich, indem er darlegte, daß sich eine ähnliche Gelegenheit nicht zweimal bieten würde. Er mußte sie also ergreifen. Konstanze war die erste, die ihm recht gab, und die anderen Räte schlossen sich ihrer Meinung an.

Während dieser Beratungen schlenderten Anselm von Justingen und die anderen deutschen Fürsten durch die Straßen von Palermo, die auf sie den Eindruck der Bewunderung und des Staunens machten. Alles, was sie sahen, war so anders als in Deutschland! Der klare Himmel, das milde Klima, die sonnige Atmosphäre, in der die Mittelmeerbevölkerung lebte, bezauberten sie; sie standen geblendet vor den glitzernden byzantinischen Mosaiken, die die Kathedrale, die Kirche Martorana und die Palatin-Kapelle schmückten. Was sie jedoch am meisten erstaunte, war Friedrich selbst. Seine Persönlichkeit war ihnen ein wahres Rätsel. Wer war er wirklich? Ein Sizilianer? Ein Normanne? Nur eines war sicher: Er war der Sohn Heinrichs VI. und der Enkel Friedrich Barbarossas. Das Blut der Hohenstaufer floß in seinen Adern, und das war das Wesentliche. Doch mit welcher merkwürdigen Mission waren sie beauftragt! Sie kamen aus dem nebelverhangenen Germanien, um die Krone des Heiligen Römischen Reiches diesem jungen Mann anzutragen, der kaum dem Jünglingsalter entwachsen war und fließend sizilianisch, arabisch und provenzalisch sowie ein wenig französisch, griechisch, katalanisch und hebräisch sprach, aber kein einziges deutsches Wort! In all dem lag etwas Ungewöhnliches, das ihnen Schwindel verursachte . . .

Sobald sie Palermo verlassen hatten, traf Friedrich seine Vorbereitungen zur Abreise.

Zunächst ließ er seinen Sohn Heinrich, der erst knapp ein Jahr alt war, zum König von Sizilien krönen, damit in der Thronfolge keine Vakanz eintrat, falls er nicht zurückkehren sollte. Dann ernannte er seine Gattin Konstanze zur Regentin des Königreichs. Und schließlich rief er seinen ehemaligen Kanzler, Walter von Pagliara, nach Palermo zurück und wies ihm einen Platz als Ratgeber der Königin zu. Diese Entscheidung mag überraschen, wenn man weiß, wie gespannt ihr Verhältnis war. Vermutlich war sie jedoch von Innozenz III. »suggeriert«, und Friedrich hat ihr zugestimmt, um einen zusätzlichen Beweis seiner Fügsamkeit zu liefern.

Nachdem er sich von allen verabschiedet hatte, begab sich Friedrich im Februar 1212 nach Messina. Dort mußte er nach dem Willen des Papstes, der nicht noch einmal – wie von Otto IV. – betrogen werden wollte, in Anwesenheit des päpstlichen Legaten, des Kardinaldiakons von Sankt Theodora, eine Reihe von Verpflichtungen geloben, die über die Klauseln des Konkordats, das

seine Mutter dreizehn Jahre zuvor mit Zölestin III. geschlossen hatte, hinaus-
gingen und so zahlreich und unterschiedlich waren, daß sie insgesamt einem
»Akt der Unterwerfung« gleichkamen.

»In Anwesenheit des päpstlichen Gesandten«, schrieb Friedrich an Innozenz III., »schwören Wir Ihnen und Ihren Nachfolgern Treue und Wir versprechen Ihnen und Ihren Nachfolgern, daß Wir Ihnen persönlich Unsere
Huldigung als Lehnsmann darbringen, wenn Sie irgendwo Unser Königreich
betreten oder Wir uns auf Ihren Wunsch gefahrlos in Ihre Nähe begeben
können.«

Das Abkommen enthält dann einige Verfügungen, die die Wahl der Bischöfe in
Sizilien regelten.

Nach diesen Formalitäten begab Friedrich sich zum Hafen, wo ein Schiff be-
reitstand. Es war dasselbe, das ihn einige Wochen zuvor nach Afrika bringen
sollte, um ihn dem Zugriff Ottos IV. zu entziehen. Diesmal sollte es jedoch
nicht nach Süden segeln, sondern nahm Kurs nach Norden zum Kirchenstaat,
wo der Papst Friedrich voller Ungeduld erwartete.

Die Einschiffung dauerte nicht lange. Friedrich führte nur eine kleine Begleitmannschaft mit sich: etwa dreißig Ritter,[77] unter denen sich Berard von
Castacca befand, der Erzbischof von Bari, den der Papst zu seinem Legaten
während der Reise ernannt hatte. (Er sollte später zum Erzbischof von Palermo
befördert werden.)

Die Galeere stach am 8. März 1212 in See. Sie hatte einen siebzehnjährigen
jungen Mann an Bord, der ohne Waffen und mit leeren Händen aufgebrochen
war, um das Reich seiner Väter zurückzuerobern.

Er ahnte nicht, daß seine Abwesenheit acht Jahre währen sollte.

Dritter Teil:
Der blonde Kaiser

(April 1212 – November 1220)

I

Sobald Friedrich den Hafen von Messina verlassen hatte, bekam er einen Vorgeschmack von den Schwierigkeiten, die ihn erwarteten. Seine Galeere hatte sich kaum von der Küste entfernt, da wurde sie von pisanischen Schiffen verfolgt. Pisa, dessen Stadtverordnete Welfen waren, hatte ihm nicht verziehen, daß er mit Hilfe der gibellinischen Genueser seine Kaufleute von der Insel vertrieben hatte. Außerdem hatte Otto IV. den Podestas von Pisa befohlen, sein Schiff um jeden Preis zu entern und Friedrich lebendig oder tot gefangenzunehmen, damit er nicht nach Italien gelangen konnte. Da ihm das Meer zu unsicher erschien, beschloß Friedrich, in Gaeta vor Anker zu gehen und Rom auf dem Landwege zu erreichen. Doch diese Strecke raubte ihm viel Zeit; er kam erst in den ersten Apriltagen 1212 in der Ewigen Stadt an.

Als die römische Bevölkerung erfuhr, daß sich Friedrich mit seinem kleinen Gefolge den Stadtmauern näherte, rannte sie auf die Straße und stürzte ihm voller Neugier entgegen. Sie hatte so lange keinen »König der Römer« gesehen, daß sie sich fragen mußte, ob der Träger dieses Titels kein Mythos war. Nachdem sie sich davon überzeugt hatte, daß es ihn wirklich gab, daß sie ihn sehen, berühren, mit ihm sprechen konnte, ja, daß sich diese erhabene Würde in einem lächelnden Jüngling mit blondem Haar verkörperte, konnte sie sich vor Freude nicht lassen. Unter Glockengeläut und Beifallsrufen zog Friedrich durch die Stadt. Wenn die Vertreter des römischen Volkes, die Karl dem Großen am Weihnachtsmorgen des Jahres 800 zugejubelt hatten, alles in allem nur eine Handvoll ausgesuchter Würdenträger waren, so waren es jetzt alle Römer, die in Friedrich ihr Oberhaupt anerkannten. Daran konnte kein Zweifel mehr bestehen, nachdem Friedrich so begeistert empfangen worden war. Gefolgt von einer freudetrunkenen Menge, erreichte Friedrich den Lateran, wo ihn der Papst schweigend und unbeweglich erwartete . . .

Hier standen sie sich zum erstenmal gegenüber: der Erbe der Hohenstaufer und der Nachfolger des heiligen Petrus. Zwei unterschiedlichere Männer konnte man sich kaum vorstellen. Zunächst vom Äußerlichen her, dem Alter, der Haltung, der physischen Erscheinung; aber auch in dem, was man nicht sah: den Hintergedanken. Wenn man nach einem Charakterzug sucht, den sie gemeinsam haben könnten, so findet man allenfalls einen einzigen: ein grenzenloses Machtgelüst. Mit seiner hohen weißen Tiara, die mit einer goldenen Krone geschmückt war,[78] bot der zweiundfünfzigjährige Innozenz III. dem jungen Friedrich ein finsteres herrisches Antlitz dar. Seine schmalen, verächtlich herabgezogenen Lippen, sein eigenwilliges Kinn, seine schweren Brauen und sein stechender Blick deuteten nicht gerade auf einen Mystiker hin. Es waren eher die Züge eines Politikers, der vor den Fallstricken dieser Welt gewarnt war. Er wußte, daß der junge Mann, der da vor ihm stand und dessen Vormund er lange gewesen war, ihm voll ausgeliefert war und daß er die begehrte Kaiserkrone nur dank seiner Protektion erringen konnte. Deshalb suchte er den höchstmöglichen Nutzen aus dieser Situation zu ziehen. Der Unterschied zwischen der Waise aus Apulien und dem Kirchenfürsten war so offensichtlich, daß der Papst es nicht für nötig hielt, irgendwelche Rücksicht zu nehmen. So stellte er von vornherein alle seine Forderungen. Und man muß zugeben, daß sie maßlos waren.

Zu allen Versprechungen, die bereits Konstanze bei ihren Verhandlungen mit Zölestin III. gemacht hatte, kamen die Verpflichtungen hinzu, die er selbst bei seinem »Akt der Unterwerfung« in Messina vertraglich zugesichert hatte. Und als genüge dies nicht, formulierte Innozenz III. eine weitere Reihe von Verfügungen, die in den früheren Dokumenten nicht vorkamen. Zunächst mußte Friedrich selbstverständlich schwören, daß er den Kirchenstaat anerkannte. Dann mußte er – und das war widerrechtlich – auf den sizilianischen Thron zugunsten seines Sohnes verzichten, falls er je zum deutschen Kaiser gekrönt würde. Und schließlich mußte er ihm ein paar Huldigungseide leisten, deren Text in den Archiven des Vatikans gefunden worden ist.

»Wir überlassen Ihnen, Heiliger Vater, und den anderen Prälaten der Kirche alle geistlichen Dinge, denn man gebe dem Kaiser, was des Kaisers ist, und Gott, was Gottes ist. Wir leisten Ihnen kräftigen Beistand, um die Häresie auszulöschen; Wir respektieren die Freiheit und den Besitzstand, die die römische Kirche bereits errungen hat, und Wir versprechen Ihnen getreulich, daß Wir Ihnen weitere zu erringen helfen. Dazu gehören die Territorien zwischen Radicofani und Ceprano, die Mark Ancona, das Herzogtum Spoleto, die Länder

der Gräfin Mathilde, die Grafschaft von Bertinoro, das Exarchat Ravenna, die Pentapolis mit allen angrenzenden Gebieten, wie sie in den Privilegien und Schenkungen mehrerer Kaiser und Könige seit der Epoche Ludwigs des Frommen festgehalten sind.«[79]

Friedrich hörte der unendlichen Litanei schweigend zu, schenkte ihr jedoch nur zerstreute Aufmerksamkeit. Gegenüber dem mehr als fünfzigjährigen Papst erschien er jünger denn je. Mit seiner hellen Haut, seinem wallenden Haar und seinen lächelnden Augen wirkte er noch nicht wie achtzehnjährig, wenn sein wohlgestalteter Körper nicht bereits der eines Mannes gewesen wäre. Er akzeptierte ohne Einwand alle Bedingungen des Kirchenfürsten, ja, er hörte sie sich mit einem ironischen Lächeln an, als sei Innozenz III. ein habgieriger Greis, dem es lediglich darum ging, seine irdischen Güter zu vermehren. Soviel Ungezwungenheit mußte den Heiligen Vater jedoch warnen. Hatte Friedrich die Tragweite dieser Verpflichtungen bedacht? War er entschlossen, diese gewaltigen Forderungen anzuerkennen? Ein unruhiger Glanz trat in die Augen des Papstes. Er witterte die Gefahr, und Gefahr hatte ihn immer hellhörig gemacht. Er war zu klug, um nicht zu merken, daß sein Gesprächspartner seine Gedanken vor ihm verbarg. Und sogleich stieg Friedrich in seiner Achtung. Trotz seiner Jugend wußte er sich zu verteidigen! Innozenz hatte ihn bei dieser Gelegenheit abschätzen wollen und mit Freuden festgestellt, daß er die Fähigkeiten eines Staatsmannes in sich barg: Die Kunst, seine Absichten zu verschleiern, viel Selbstbeherrschung und einen nicht zu bändigenden Willen. Wenn er darauf verzichtete, ihn in die letzte Enge zu treiben, dann deshalb, weil er ahnte, daß das zu nichts führen würde. Warum? Weil er wußte, daß auch der junge König nicht die volle Wahrheit sagte.

Er hatte Friedrich als belanglose Person behandelt, als ob der Sohn Konstanzes von Hauteville seiner Gnade ausgeliefert sei. Und das war falsch. Denn er brauchte ihn. Friedrich war der einzige auf dem politischen Schachbrett, der ihn von seinem ärgsten Gegner befreien konnte: Otto IV. Wäre dem nicht so gewesen, hätte er sich dann die Mühe gemacht, ihn auf dem Hoftag zu Nürnberg den deutschen Fürsten als seinen Kandidaten für die Kaiserkrone vorzuschlagen? Und hatte ihm die Bevölkerung der Hauptstadt nicht spontan zugejubelt und ihn damit als König der Römer bestätigt? Diese Aspekte der Frage, die der Papst wohlweislich nicht aussprach, stellten das Gleichgewicht ihrer Kräfte her, und Friedrich wußte das. Der Thronfolger des heiligen Petrus war ihm zu Dank verpflichtet, daß er diese Argumente nicht anführte, denn das hätte ihn in große Schwierigkeiten gebracht. Außerdem war es dem Kirchenfürsten eilig, dem Gespräch ein Ende zu setzen, bevor sein Partner den Vorteil nutzte.

»Kommt, mein Sohn«, sagte Innozenz III. zu ihm, »ich werde Euch den päpstlichen Segen erteilen.« Dabei warf er ihm einen Schlangenblick zu, der das Salbungsvolle seiner Geste Lügen zu strafen schien.

Friedrich kniete für den Augenblick der Bekreuzigung nieder. Dann erhob er sich wieder. Ein undefinierbares Lächeln spielte um seine Lippen. Die Segnung des Papstes war das einzige, was ihm wichtig erschien. Da ihm der Heilige Stuhl weder Truppen noch sonstige Unterstützung gewähren konnte, gab es nichts anderes, was ihm bei seiner Aufgabe helfen konnte. Nun hinderte ihn nichts mehr, seinen Weg nach Norden fortzusetzen.

Als sich Innozenz und Friedrich auf den Stufen zum Lateran trennten, wußten beide nicht, daß sie sich nie wiedersehen würden.

II

Friedrich verließ Rom gegen Ende April. In Civitavecchia ging er mit seiner Handvoll Rittern an Bord einer gemieteten Galeere, denn er hatte kein Geld, sich eine zu kaufen. In seiner Begleitung befand sich wieder Berard von Castacca, der Erzbischof von Bari, den ihm der Papst als Gesandten mitgegeben hatte.

Berard hatte dem Rat der sizilianischen Krone seit 1210 angehört. Er kannte also Friedrichs Kindheit kaum, jedoch genug, um die Schwierigkeiten beobachtet zu haben, denen er sich seit seiner Volljährigkeit gegenübersah, und die Art und Weise, wie er sie bewältigt hatte. Bei dieser ersten Reise entwickelten sich Bande der Freundschaft zwischen diesen beiden Männern, die sich bei dem Legaten in liebevoller Bewunderung äußerte, die nie erlöschen sollte. Friedrich ging auf sein achtzehntes Lebensjahr zu, Berard war fünfunddreißig. Sein silbernes Haar ließ ihn älter erscheinen, so daß seine Ratschläge an Gewicht gewannen. Er sollte seinem Herrn bis ans Ende seiner Tage ergeben bleiben und stand ihm bis zum letzten Augenblick bei, so daß Friedrich, der mit Komplimenten nicht gerade großzügig umging, von ihm sagen sollte: »In allen Gefahren stand er Uns zur Seite und vieles hat er um Uns erduldet.«

Obwohl die pisanische Flotte noch immer alarmbereit war – Otto IV. hatte ihren Besatzungen erneut den Befehl erteilt, sich Friedrichs lebendig oder tot zu bemächtigen –, erreichte seine Galeere den genuesischen Hafen ohne Zwischenfall. Die ligurische Hauptstadt war zu dieser Zeit bereits eine glänzende Metropole, größer als Rom und durchaus in der Lage, es mit Neapel und Palermo aufnehmen zu können. Die Herren der Seefahrt, die sie regierten, waren geschickte Kaufleute, die es gewohnt waren, alles nach Gewinn und Verlust abzuwägen, die aber auch wußten, daß nur gewinnt, wer etwas wagt. Da sie überzeugte Gibellinen waren, beschlossen die Stadtväter, Friedrich mit allem Pomp zu empfangen, als sei er schon gekrönt worden. Als Gegenleistung erwarteten sie Erleichterungen, die ihnen erlaubten, den Handelsverkehr mit Sizilien auszuweiten, und die Freigabe des Hafens von Syrakus, eines wichtigen Stützpunkts auf dem Seeweg zur levantinischen Küste.

So wurde Friedrich bei seiner Ankunft freudig empfangen. Die Menschenmenge an den Kais und auf den Straßen, durch die er zog, jubelten anhaltend dem »Kind Apuliens« zu. (Man wundert sich über diese Bezeichnung, die bei den Chronisten ständig wiederkehrt, denn Friedrich war in Iesi, der Mark Ancona, geboren, aber sie schien sich der Einbildungskraft eingeprägt zu haben, weil sie an den »Zauber des Südens« gemahnte.) Durch die mit Fahnen und Teppichen geschmückten Straßen geleitete man ihn zum Palazzo Doria, einem der prächtigsten der Stadt, wo ihm der Podesta für die Dauer seines Aufenthalts Gastfreundschaft bot.

Er blieb länger als vorgesehen, denn die Genueser wollten ihren Vorteil aus dem Empfang ziehen: Friedrich gewährte ihnen gutmütig alles, was sie verlangten. Als Gegenleistung erhielt er von ihnen eine Eskorte von sechshundert Männern, die ihn bis nach Asti begleiten sollte. Als die Verhandlungen abgeschlossen waren, verließ Friedrich am 15. Juli die Stadt.

Die Durchquerung der Lombardei stellte sich als schwierig heraus. Während Cremona und Pavia ihre gibellinische Gesinnung nicht verleugneten, hatten Mailand, Lodi und Piacenza offen für Otto IV. Partei ergriffen – vor allem Mailand, das Friedrich Barbarossa seine Plünderung nach der Belagerung von 1162 nicht vergessen hatte. So mußte er es umgehen, um ungehindert Stadtstaaten zu erreichen, die ihm günstig gesinnt waren.

Auf Umwegen gelangten Friedrich und seine Eskorte am Morgen des 29. Juli an die Ufer des Lambro, eines Nebenflusses des Po, der die Grenze zwischen Mailand und Cremona bildete. Dort erwartete sie in einem Wäldchen eine starke feindliche Truppe, die von dem Marquis von Este befehligt wurde, einem Condottiere in mailändischen Diensten. Er hatte Befehl, Friedrich an der Überquerung des Flusses zu hindern und gefangenzunehmen. Trotz seiner Vorsicht war der Sohn Heinrichs VI. in eine Falle geraten.

Der Marquis von Este war sich seiner Sache so sicher, daß er sich auf die Gibellinen warf, ohne den Sonnenaufgang abzuwarten. Friedrich überschaute die Gefahr sofort. Die Chance, hier zu entkommen, stand eins zu zehn. Dennoch blieb er kaltblütig, sprang auf ein ungesatteltes Pferd, schwamm mit ihm durch den Fluß und erreichte das rettende Ufer, wo die Bewohner von Cremona ihn mit Freudenrufen empfingen. Seine Begleitmannschaft folgte seinem Beispiel.

Die Mailänder mußten den Rückweg antreten. In Mailand hat der Marquis von Este dann zur Entschuldigung seines Fehlschlags erklärt, daß er »den Pfaffenkönig gezwungen habe, seine Hosen in den Wassern des Lambro zu waschen«. Mehr und mehr seinem guten Stern vertrauend, setzte Friedrich seinen Weg zu den Alpen fort. Doch in der Nähe von Trient stieß er auf ein neues Hindernis: Der Herzog von Meran, ein Verbündeter Ottos IV., hatte am Brenner alle Truppen zusammengezogen, um dem jungen König den Übergang zu verwehren. Diese Feindesmacht stellte eine um so größere Gefahr dar, als sich die Streitkräfte aus kriegerischen Bergbewohnern zusammensetzten, die in den Steilhängen lauerten. Sich durch dieses bewachte Tal einen Weg schlagen zu wollen, war undenkbar. Friedrich bestand nicht darauf. Er änderte seine Route und wandte sich nach Westen. Er zog durch das Etschtal, erklomm das Adamello-Massiv und durchquerte das Engadin, wo es keine passierbaren Straßen und Wege mehr gab. Über den Andula-Paß, der 2315 Meter hoch liegt, gelangte er nach Chur. Von dieser Etappe seiner Reise durch Gletscher und Schluchten ist uns kein Zeugnis überliefert. Und wir glauben jenen gerne, die uns versichern, daß dabei die Kräfte seiner Leute, die das milde Klima Süditaliens gewohnt waren, nicht geschont worden sind.

In Chur öffnete ihm die Bevölkerung die Tore der Stadt und bereitete ihm einen triumphalen Empfang. Nach dem Lambro die Alpen! Wahrlich, den Enkel Barbarossas konnte nichts aufhalten! Der Bischof kam ihm entgegen und begrüßte ihn mit den Ehren eines Herrschers (Anfang August 1212). Das war nicht verwunderlich: Chur gehörte damals zum Herzogtum Schwaben, also zu Friedrichs Erblanden. Die Ehrung, die der Bischof ihm zuteil werden ließ, schuldete jeder Vasall seinem Oberherrn. Das Domkapitel von Chur versorgte ihn mit Proviant und ein wenig Geld – denn Friedrichs magere Quellen waren erschöpft – und stellte ihm zweihundertfünfzig Männer zur Verfügung. (Die Eskorte, die ihm der Doge von Genua »geliehen« hatte, um ihn nach Asti zu begleiten, hatte vor der Stadt den Rückweg angetreten.) So bestand sein Geleit aus etwa dreihundert Personen, was sicher nicht viel war. Aber immerhin war die kleine Zahl seiner Ritter gestärkt, die seit der Abfahrt von Messina an seiner Seite schritten.

Im Verlauf der folgenden Tage kam eine Menge Unbekannter aus den Nachbardörfern herbei, um dem Sohn Heinrichs VI. ihren Gruß zu entbieten. Unter ihnen waren viele Mönche, auch der allmächtige Abt von Sankt Gallen. Geblendet von seiner stattlichen Erscheinung und seiner jünglinghaften Kühnheit, beschloß mancher, sich seiner Begleitung anzuschließen und ihm nach Deutschland zu folgen. Als Otto IV. darüber informiert wurde, soll er spöttelnd gesagt haben, »daß er sich dennoch nicht von diesem Laffen einschüchtern lasse, der im Grunde nur ein Pfaffenkönig war.«[80] Aber schließlich waren es die Priester, die ihm in Ermangelung von Soldaten halfen, diese schwierige Partie zu gewinnen.

Ende August verließ Friedrich mit seiner Gefolgschaft Chur und zog nach Konstanz, der schon damals befestigten Stadt am Südufer des Bodensees. Auf dem Wege nach Lustenau erfuhr er, daß auch Otto IV. an der Spitze eines starken Heeres auf Konstanz zumarschierte. Das Kräfteverhältnis war für Friedrich erdrückend. Sollte er von seiner Route abweichen, wie er es vor dem Brenner getan hatte? Er fragte Berard von Castacca. Sie kamen beide darin überein, daß sie sich beeilen sollten, um vor ihrem Rivalen in Konstanz einzutreffen.

Konstanz, das viele Anhänger Ottos IV. hatte – unter ihnen sein Bischof Konrad von Tegernfeld –, rüstete sich zu einem glanzvollen Empfang des Anführers der Welfenpartei. Die Straßen waren mit Laubgirlanden geschmückt. Das Stadttor, durch das er einziehen sollte, war in einen Triumphbogen verwandelt worden. In den Küchen legte eine Vielzahl von Köchen und Mundschenken letzte Hand an das üppige Festmahl, das die Stadt dem Herzog von Braunschweig bieten wollte.

Friedrich trieb seine Begleiter zur Eile an. Da sie nach seiner Meinung nicht schnell genug vorankamen, löste er sich mit der Vorhut von der Truppe und ritt mit Berard von Castacca voraus.

Doch als sie Konstanz erreichten, waren die Stadttore geschlossen. Otto IV. war zwar nicht vor ihnen eingetroffen – seine schwerbewegliche Armee war noch einige Kilometer von der Stadt entfernt –, aber die Stadtväter hatten es für klüger gehalten, Friedrich den Zutritt zu verwehren, weil sie fürchteten, die gegnerischen Parteien könnten innerhalb der Stadtmauern handgemein werden. Was tun? Jeder verlorene Augenblick erhöhte die Gefahr eines Blutbades. Friedrich mußte um jeden Preis in das schützende Konstanz, wenn er und seine kleine Truppe nicht zwischen den Stadtwällen und den Streitkräften des Herzogs von Braunschweig aufgerieben werden wollten.

Da trieb Berard von Castacca sein Pferd zum Galopp an und sprengte zum Haupttor der Stadt. Dort stemmte er sich in die Steigbügel und forderte die Bewohner auf, ihnen zu öffnen. Als sich die schweren Bohlen nicht rührten, verlas er mit dröhnender Stimme den Bannfluch Innozenz' III. gegen Otto IV. und erinnerte daran, daß »Friedrich der Kandidat des Heiligen Vaters für die Kaiserkrone« war. Darauf nagelte er das Schriftstück mit seinem Dolch an das Tor.

Obwohl diese Sanktion des Papstes in jener Zeit nur zu oft getroffen worden ist,[81] besaß sie dennoch eine erstaunliche Abschreckungskraft. Sie verbot allen Christen, jeden davon Betroffenen zu empfangen, zu beherbergen und sogar zu ernähren, wenn sie nicht aus der Gesellschaft ausgeschlossen werden wollten. In Anbetracht dessen sagten sich die Bewohner von Konstanz, daß sie sich den Entscheidungen des Papstes, die hier von seinem Legaten feierlich verkündet wurden, nicht widersetzen durften. Da die Zeit drängte, beschlossen sie, die Zugbrücke zu senken und Friedrich hereinzulassen. Nachdem der letzte seiner Begleiter innerhalb der Stadtmauern war, zogen sie die Zugbrücke wieder hoch. Als Otto IV. wenige Stunden später vor den Toren stand, fand er sie verschlossen, und Posten auf den Wällen riefen ihm unheilvoll zu: »Zieh ab! Zieh ab, Verfluchter!«

Eine erstaunliche Wende der Situation! Während Otto mit seiner Armee nach Norden zurückwich, bewegte Friedrich sich frei in der Stadt und empfing eine Delegation, die ihn im Rathaus willkommen hieß. Wie immer waren seine Mitmenschen von seiner Anmut bezaubert. Die Tatsache, daß er arm war und keine Waffen besaß, verschaffte ihm unter den Welfen mehr Verbündete, als wenn er sie mit Gold überhäuft hätte. Als es Abend wurde, baten die Notablen der Stadt ihn zu dem Festessen, das für den Empfang seines Gegners vorbereitet worden war. Friedrich sagte nicht nein, zumal er seinen Begleitern Gelegenheit geben wollte, sich zu stärken. Das Mahl zog sich bis tief in die Nacht hin . . .

Hätte Friedrich das Gedicht von Lukian gekannt, wäre er über die Analogie erstaunt gewesen, die diese Situation mit der Lage Cäsars am Abend der Schlacht von Pharsalos verband. Die Generäle des Pompejus waren sich ihres Sieges so sicher, daß sie ein Festmahl vorbereitet hatten. Als Cäsar ihr verlassenes Lager durchschritt, trat er in das Zelt des Triumvirs, in dem die Tische noch gedeckt waren, und kostete herablassend von einer der Speisen, während Pompejus mit hängenden Zügeln nach Amphipolis davonritt.[82] Doch diesmal war nicht Pompejus der Geschlagene, sondern Otto IV., der sich nach Speyer und Mainz zurückzog. Und wenn die Schlacht von Pharsalos – diese entscheidende Etappe bei der Eroberung des römischen Reiches – mit einem Blutbad endete, so hatte Friedrich den ersten Teil seines Weges erfolgreich zurückgelegt, ohne einen Tropfen Blut zu vergießen. Das brachte seine Zeitgenossen auf den Gedanken, daß sein Unternehmen vom Himmel begünstigt wurde.

Die meisten Historiker waren von dieser Episode in Friedrichs Leben so beeindruckt, daß sie die Behauptung eines Chronisten jener Zeit übernommen haben:

»Wäre Friedrich drei Stunden später in Konstanz eingetroffen, so wäre er niemals in Deutschland hochgekommen.«

Das Glück hat ihn offensichtlich nicht verlassen.

III

Friedrich wollte die schöne Jahreszeit nutzen und machte sich mit seiner Eskorte in den ersten Maitagen auf den Weg, als die Bäume zu grünen begannen. Über Schaffhausen zogen sie durch das Neckartal über Esslingen und Karlsruhe nach Frankfurt. Überall auf ihrer Reise zeigte sich das gleiche Bild wie in Rom, Genua, Chur und Konstanz. Sobald sie sich einer Stadt näherten, öffneten ihnen die Einwohner ihre Tore, jubelten ihnen zu, bekränzten sie mit Blumen und folgten ihrem Zug bis zur nächsten Stadt. Da sich dies wiederholte und täglich größere Ausmaße annahm, gewann es politische Bedeutung, die die Opposition wie Schnee in der Sonne schmelzen ließ. Alle empfingen Friedrich wie einen neuen Messias; jeder erblickte in ihm den Fürsten der Jugend, den Vorboten des Frühlings. Die Weissagungen, die die Auguren bei seiner Geburt formuliert hatten, begannen, sich in die Wirklichkeit umzusetzen, und widersprachen der Vergessenheit, die seine Kindheit gekennzeichnet hatte. Und wie schön war das Neckartal mit seinen grünenden Wiesen, seinen blühenden Kirschbäumen und seinen rot-weißen Häusern mit den herabgezogenen Dächern, die sich um eine Quelle, eine Abtei oder ein Schloß gruppierten! Friedrich hatte, wie wir wissen, eine sonnige Natur. Doch angesichts dieses Landes, aus dem seine Vorfahren stammten und das er bisher nur vom Hörensagen kannte, war er noch mehr zum Lächeln bereit. Er fühlte sich in tiefem Einvernehmen mit seiner Bevölkerung, die ihm ihre Zuneigung mit so rührender Einhelligkeit bezeugte, obgleich er ihr nichts darbieten konnte als sein Herz und seine leeren Hände. Auf der anderen Seite setzten alle, die ihm zujubelten, ihre ganze Hoffnung in bezug auf das Reich, die Einheit, den Frieden auf ihn. Wirklich, diese Reise nach Norden war nicht allein eine Eroberung, sondern löste einen Freudentaumel aus, der sich von einer Stadt auf die andere übertrug und selbst die Feinde zwang, sich Friedrich anzuschließen. Von seiner Person ging eine so starke Anziehungskraft aus, daß mehr und mehr Landesherren der Welfenpartei das Knie vor ihm beugten; in Basel zählten Ulrich von Freiburg und der Graf von Habsburg dazu, weiter nördlich der Bischof von Straßburg mit fünfhundert seiner Lanzenreiter. Obwohl sie Überläufer waren, empfing Friedrich sie, als seien sie stets Freunde gewesen. Statt die Territorien zu erobern, zog er es vor, die Herzen ihrer Bewohner zu gewinnen. Er bemächtigte sich nicht des Reiches, sondern gründete es mit jedem Schritt neu . . .

In Karlsruhe, wo Friedrichs Gefolgschaft bereits zweitausend Männer umfaßte, gönnte man sich ein paar Tage Rast. Dann wendeten sie sich nach Westen, überquerten den Rhein in der Höhe von Offenburg und begaben sich ins Elsaß, das durch die Mitgift von Hildegard von Egisheim in Friedrichs Familienbesitz gelangt war.[83] Es war eines der ältesten und schönsten Länder seines Erbteils. Dort konnte er sicher sein, herzlich empfangen zu werden.

Auf den Sommer war der Herbst gefolgt. Die Obstbäume neigten sich unter der Last ihrer Früchte. Die Täler, die vor zwei Wochen noch grün gewesen waren, erstrahlten in reinem Gold. Friedrich quartierte sich in Hagenau ein, in dem weiträumigen Schloß, das sein Großvater Barbarossa erbaut hatte. Es war ein mächtiges, aber etwas finsteres Gebäude, dessen Türme eine bewaldete und wildreiche Gegend beherrschten, wo der junge König sich nach seiner aufreibenden Reise entspannen und zahlreiche Jagdpartien veranstalten konnte. Dort hielt er auch Hof. Seine wichtigsten Würdenträger waren Berard von Castacca, der päpstliche Legat, sowie Anselm von Justingen und Konrad von Ursberg, die ihn in Palermo gebeten hatten, die Kaiserkrone anzunehmen, ferner eine wachsende Zahl von Lehnsherren und Geistlichen, die sich von der sagenhaften Atmosphäre angezogen fühlten, die sich um Friedrich zu verbreiten begann.

Trotzdem war der Sieg noch lange nicht errungen, denn Otto IV. gab nicht auf. Er hatte zunächst gehofft, daß die pisanische Flotte die königliche Galeere entern und Friedrich an der Landung in Italien hindern würde; er hatte gehofft, daß Innozenz III. und sein ehemaliges Mündel bei der Begegnung im Lateran über Sizilien in Streit geraten könnten; er hatte gehofft, daß die Truppen des Herzogs von Meran, die ihm den Zugang nach Deutschland über den Brenner versperrten, seiner habhaft werden könnten; und schließlich hatte er gehofft, ihn vor den Mauern von Konstanz zu vernichten. Doch der »Pfaffenkönig« hatte die Stadt vor ihm betreten und die Tore schließen lassen. Der abscheuliche Ruf der Wachen »zieh ab« klang immer noch in seinen Ohren. Seither war sein Stern weiter gesunken. Zorneswütig hatte Otto IV. sich in Köln verbarrikadiert, um Friedrich den Weg nach Aachen abzuschneiden. Da traf ihn ein neuer Schicksalsschlag.

Anfang Juli 1212 hatte Otto die meisten seiner Anhänger in Schwaben und Süddeutschland verloren. Um wieder an Einfluß zu gewinnen, hatte er eilig seine Heirat mit Beatrix von Hohenstaufen betrieben, der Tochter Philipps von Schwaben, der im Jahre 1208 von dem Pfalzgrafen von Bayern ermordet worden war.[84] Diese Verbindung, die am 22. Juli in Nordhausen vollzogen wurde, hatte vor allem zum Ziel, die Bevölkerung glauben zu lassen, daß sich die beiden Dynastien versöhnen würden, sobald Friedrich geschlagen war. Unglücklicherweise starb Beatrix im Alter von fünfzehn Jahren, kaum drei Wochen nach ihrer Verehelichung (am 11. August 1212). Das Gerücht von einer Vergiftung ging um, wahrscheinlicher ist jedoch, daß Beatrix vor Kummer gestorben ist, als ob eine Hohenstauferin eine zu zarte Blume sei, um in der groben und eisigen Atmosphäre leben zu können, die am Hofe der Welfen herrschte. Jedenfalls deutete das Volk ihren Tod als Beweis, daß sich die beiden Herrscherhäuser nie aussöhnen würden, weil sie von ihrer Natur und ihrem Temperament her viel zu verschieden waren.

So schwer dieser Verlust Otto getroffen haben mag, seinen Mut hat er ihm nicht genommen. Nicht umsonst hatten ihn seine Zeitgenossen mit einem feuerspeienden Stier verglichen. Selbst wenn er seinen Einfluß in Süddeutschland verloren hatte, blieb ihm seine Vormachtstellung in Norddeutschland. Er erfreute sich guter Verbindungen zu Holland, Flandern und Brabant. Ferner konnte er mit der Unterstützung der Engländer rechnen, insbesondere mit Johann ohne Land, der durch die Heirat seines Vaters mit Mathilde von England sein Neffe geworden war.[85] Und solange er diese Trümpfe in der Hand hatte, war er entschlossen, den Kampf nicht aufzugeben.

IV

Eines Abends, als Friedrich in Hagenau zu Tisch saß und eine köstliche Lampretenpastete verspeiste, klopfte ein Ritter ans Schloßtor.

»Aufmachen!« rief er, »ich bin Konrad von Scharfenberg.«

Friedrich war ihm noch nie begegnet, kannte ihn jedoch vom Namen her. Konrad war lange der Kanzler seines Onkels Philipp von Schwaben gewesen, ehe er in Ottos IV. Dienste getreten war. Abermals wechselte er nun das Lager und bot Friedrich seine Gefolgschaft an. Obgleich Treue nicht seine Stärke war, schätzte man ihn doch wegen seiner politischen Erfahrung. Daß er sich jetzt auf die Seite des Staufers stellte, war bezeichnend: Es bewies, daß er an dessen Sieg glaubte, und bislang hatte sich dieser Opportunist nie getäuscht. Friedrich empfing ihn mit Wohlwollen. Ungeachtet seines wiederholten Verrats, ernannte er ihn zu seinem deutschen Kanzler. Wenige Tage später belehnte er ihn mit den Bistümern Metz und Speyer, obwohl der Papst dagegen protestierte. Und es sollte sich auszahlen, denn Konrad von Scharfenberg erwies ihm bald einen großen Dienst.

Während Friedrich sich den Freuden der Jagd hingab, blieb Otto IV. nicht untätig. Er sammelte in seinem Herzogtum Braunschweig, was ihm an Anhängern übrig geblieben war. Von überall wurden Truppenbewegungen gemeldet. Nicht nur aus Norddeutschland, sondern auch aus Westfalen, Flandern, Aquitanien und den französischen Lehen Johanns ohne Land. Diese Aktivität beunruhigte Friedrich. Aber sie erfüllte ebenso den König von Frankreich mit

Sorge. Was hatte Otto vor?

Konrad von Scharfenberg hatte noch vor kurzem zur Umgebung des Herzogs von Braunschweig gehört. Er hatte den geheimen Zusammenkünften mit Ferdinand, dem Grafen von Flandern, und Rainald, dem Grafen von Boulogne, sowie mit einigen Abgesandten Johanns ohne Land beigewohnt. Er war also über Ottos Absichten informiert. Er wußte, daß er Friedrichs Macht unterschätzt hatte, weil sie weder auf Geld noch auf Waffen gestützt war. Doch aus Erfahrung mußte er sich sagen, daß er dem jungen König nicht beikommen konnte, solange dieser von Philipp Augustus gefördert wurde. Folglich mußte er zuerst den Kapetinger beseitigen. Um das zu erreichen, mußte eine mächtige englisch-flämische Koalition gebildet werden. Nach Ottos Vorstellung konnte ihm dieses Vorgehen nur Vorteile bringen: Es würde sein Ansehen in Deutschland wieder festigen, die Macht der verwandten Plantagenets würde gestärkt, und dem Erben von Hohenstaufen würde es einen tödlichen Schlag versetzen. Zu diesem Zweck hatte er einen für damalige Zeit gigantischen Plan ausgeheckt: Während er selbst den französischen König im Osten an der Spitze eines deutschen Heeres angriff, sollten ihn die Grafen von Flandern und Brabant mit flämischen Soldaten von Norden bedrängen und Johann ohne Land mit englischen oder an Ort und Stelle rekrutierten Streitkräften von Süden aus. Diesen gleichzeitigen Angriffen würde Philipp Augustus niemals standhalten können. Als Friedrich dies von Scharfenberg erfuhr, warnte er sofort den König von Frankreich. Die beiden Männer entschlossen sich zu einem Treffen, um die Lage gemeinsam zu prüfen und ihr Vorgehen zu koordinieren. Die in aller Heimlichkeit vorbereitete Begegnung fand Mitte November in Vaucouleurs statt, einem Städtchen an der Grenze zwischen Oberlothringen und der Grafschaft Bar. Der sonst so selbstsichere Friedrich begab sich nicht ohne stille Befürchtungen dorthin. Philipp Augustus, 1165 geboren, war fast dreißig Jahre älter als er. Er galt als eingefleischter Monarch, als »Nestor der Herrscher des Abendlandes«. Wie würde er ihn, den Neuling in der politischen Szene, empfangen?

Um jedoch diesem Treffen nicht zuviel Bedeutung beizumessen, zog Philipp Augustus es vor, ihm fernzubleiben und statt dessen seinen Sohn zu entsenden, den Kronprinzen Ludwig, der später als Ludwig VIII. regieren sollte. Friedrich wurde bald neunzehn, Ludwig war fünfundzwanzig Jahre alt. Sie gehörten also der gleichen Generation an und konnten als Gleichberechtigte miteinander sprechen. Und tatsächlich verstanden sich die beiden jungen Leute ausgezeichnet. Der Sohn Heinrichs VI. informierte den Kronprinzen über den Anschlag, den Otto IV. gegen den französischen König plante, und Philipp Augustus begriff schnell, daß die Zukunft seines Reiches auf dem Spiel stand.

Bisher hatte er Friedrich nur dem Papst zuliebe unterstützt. Jetzt merkte er, daß ihm der Staufer nützlich sein konnte, wenn er eine zweite Front im Rücken Ottos bildete. Am Ende der Besprechungen wurde vereinbart, daß Friedrich keinen Separatfrieden mit Otto IV. oder Johann ohne Land schließen sollte, ohne die Zustimmung des Königs von Frankreich zu haben. Als Gegenleistung erhielt er zwanzigtausend Mark in Silber, was für damalige Zeit sehr viel war. Als man ihn fragte, wie er diese Summe sicherstellen wolle, antwortete er humorvoll: »Indem ich sie auf die Geldkassetten der Fürsten verteile.«

Dieser Scherz sprach sich herum, steigerte seine Popularität und gewann ihm die wenigen Lehnsherren, die noch zögerten, sich mit ihm zu verbünden.

Am 5. Dezember 1212 versammelten sich alle Kurfürsten Deutschlands auf dem Hoftag zu Frankfurt. Berard von Castacca, als päpstlicher Legat, Konrad von Scharfenberg, der Bischof von Metz und Speyer, König Ottokar von Böhmen, der Markgraf von Mähren, der Herzog von Lothringen, die Bischöfe von Mainz und Worms (obgleich Welfen) nahmen an dieser Versammlung teil. Am selben Tag setzten sie einstimmig Otto IV. ab und riefen Friedrich zum einzigen rechtmäßigen Kaiser aus.[86] Damit handelten sie lediglich nach den Anordnungen Innozenz' III. Es ist jedoch nicht ausgeschlossen, daß einige von ihnen gegenüber der »Annehmlichkeit der französischen Silberpfennige« nicht unempfänglich waren, die der sizilianische König mit vollen Händen ausgab.[87]

Vier Tage später, am 9. Dezember, wurde Friedrich im Mainzer Dom gekrönt. Doch das war nur Blendwerk. Denn um der Krönung Gültigkeit zu verleihen, hätte man zwei Bedingungen erfüllen müssen: die Weihe hätte über dem Grab Karls des Großen in Aachen stattfinden müssen, und der Erzbischof von Mainz hätte sich der echten kaiserlichen Insignien bedienen müssen und keiner Kopien. Die echten Embleme – das heißt die Krone, das Zepter und der Reichsapfel, die Otto I. im Jahre 962 getragen hatte – waren von Otto IV. in Gewahrsam gebracht worden. Er hatte sich geweigert, sie herauszugeben, und argumentiert, er sei noch immer der rechtmäßige Kaiser,[88] und das sei eine Würde, die ihm niemand, nicht einmal der Papst, nehmen könne.

Die Krönung in Mainz hatte also lediglich symbolischen Charakter. Der einzige konkrete Vorteil, den Friedrich daraus ziehen konnte – und der war immerhin wichtig –, bestand darin, daß er den Botschaftern des französischen Königs, die an der Zeremonie teilnahmen, öffentlich zeigen konnte, daß er die Mittel gut zu nutzen wußte, die man ihm anvertraute, und daß Philipp Augustus auf das richtige Pferd gesetzt hatte, als er sich mit dem Staufer verbündete.

V

Wie ein wildes Tier in seinen Bau, hatte sich Otto IV. nach Aachen zurückgezogen, um sich einer intensiven diplomatischen Tätigkeit zu widmen. Unaufhörlich empfing er Sonderbotschafter aus Gent, Brügge, Boulogne, London
oder La Rochelle, wo Johann ohne Land an der Spitze von zwanzigtausend
Soldaten gelandet war. Von Tag zu Tag rückte die Koalition näher zusammen,
deren Ziel nichts Geringeres als die Aufteilung Frankreichs war.[89] Im Mai 1213
heiratete Otto IV., um seine Verbindungen zu den flämischen Verbündeten
enger zu gestalten, in zweiter Ehe die Tochter des Herzogs von Brabant, Maria, eine ausgelassene und unbesonnene Frau, die einen schlechten Einfluß auf
ihren Mann ausüben sollte. Sie ermutigte ihn in seiner angeborenen Gewalttätigkeit und trieb ihn zu maßlosen Entschlüssen. Seit Beginn des Jahres 1214
lastete eine gewittrige Atmosphäre über Europa. Man spürte, daß eine
schreckliche Auseinandersetzung bevorstand. Man wußte nur noch nicht, wo
sie stattfinden würde.

Sie entlud sich am Sonntag, dem 27. Juli 1214, in Bouvines, einem Weiler mit
sechshundert Bewohnern, auf halbem Weg zwischen Lille und Tournai. Von
einem Tag zum anderen ging der Name dieses Ortes in die Geschichte ein, und
zwar nicht aufgrund der Heftigkeit der dort geschlagenen Schlacht, sondern
infolge der Konsequenzen, die die Physiognomie des Kontinents radikal verändert haben, wie man ohne Übertreibung sagen kann.

Schon am Abend des 26. Juli hatten die beiden Armeen Feindberührung, und
Philipp Augustus begriff sofort, daß er gegen eine Übermacht von drei zu eins
die schwerste Schlacht seines Lebens vor sich hatte. Die verbündeten Streitkräfte von Otto IV., dem Grafen von Flandern, dem Grafen von Boulogne
und Salisbury Langschwert, dem Bruder Johanns ohne Land, beliefen sich auf
70 000 Soldaten, während dem König von Frankreich nur 25 000 Krieger zur
Verfügung standen. Wenn Johann ohne Land, der zu diesem Zeitpunkt südlich
der Loire kämpfte, die Offensive ergriff und nach Nordwesten vorstieß, hätte
Philipp Augustus keine Chance gehabt, zu entkommen. Deshalb hatte er ihm
seinen Sohn, den Kronprinzen Ludwig, entgegengeschickt, der ihn um jeden
Preis nach Süden drängen sollte.

An der Spitze von 15 000 Mann war Ludwig von Chinon aufgebrochen und
hatte Johann ohne Land zwingen können, die Belagerung von La Roche-
aux-Moynes im Anjou aufzugeben (2. Juli). Darauf hatte er ihn bis nach La
Rochelle verfolgt, dessen Schatz erobert und sich durch seinen Einsatz den
Beinamen »Ludwig der Löwe« verdient. Johann ohne Land mußte nach England zurückkehren. Von dieser Seite her war also keine Gefahr mehr zu be-

fürchten.

Doch das Entscheidende sollte nicht im Süden geschehen, sondern im Nord-osten, in einer Ebene, genauer gesagt: in der Nähe der Brücke von Bouvines. Dort trafen die beiden Heere auf einer Breite von drei Kilometern aufeinander. Die Infanterie, die sich überwiegend aus städtischen Milizen zusammensetz-te,[90] deren beträchtliche, aber nicht entscheidende Rolle diesem Tag sein be-sonderes Gesicht verleihen sollte, bildete die vordere Linie. An ihrer Spitze standen sich die beiden Herrscher gegenüber, die von ihren Fahnenträgern, ih-rer Kavallerie und ihren Haustruppen flankiert wurden. Otto war sich sicher, den Sieg davonzutragen; Philipp Augustus wußte, daß er vor Einbruch der Nacht siegen oder sterben mußte. Der König von Frankreich hatte zu seiner Rechten die berittenen Truppen, die von Adam, dem Vicomte von Melun, Hugo, dem Grafen von Saint-Pol, dem Herzog von Burgund und dem Herzog der Champagne angeführt wurden; zu seiner Linken standen die Einheiten der Grafen von Dreux, Saint-Valery und Ponthieu. Unter ihnen waren Edelleute wie Philipp, der Bischof von Beauvais, Matthäus von Montmorency, Wilhelm von Barres, die Grafen von Beaumont und Sancerre. Otto war von den Baro-nen von Sachsen und Lothringen, von Limburg und Namur umgeben. Vor ihm standen dicht gedrängt die starken Bataillone der deutschen Krieger und der flämischen Milizsoldaten. Seine persönliche Garde wurde von vier deutschen Grafen befehligt: Bernhard von Horstmar, Gerhard von Randerath, Konrad von Dortmund und Otto von Tecklenburg. Links von ihm hatten sich die Streitkräfte Ferdinands von Flandern aufgestellt, rechts von ihm Rainald von Boulogne und Hugo von Boves mit ihren Truppen. Die Kavallerie der Nieder-lande bildete den östlichen Flügel der kaiserlichen Front, während ganz rechts, zur Brücke von Bouvines hin, die englischen Soldaten unter dem Befehl von Salisbury standen. Unter den Kämpfenden auf seiten der Koalition überragte der Graf von Boulogne – der sich »König der Meere« nannte – alle anderen durch seine hohe Gestalt. Seine schwarze Rüstung und sein federngeschmück-ter Helm verliehen ihm das Aussehen eines Insekts aus der Welt der Phantasie. Als Philipp Augustus gegen Morgen eine kurze Ansprache an seine Truppen gehalten und sie unter den Schutz Gottes und der heiligen Patrone des Reiches gestellt hatte, gab er das Zeichen zum Angriff. Zuerst setzte sich die Infanterie mit dem Ruf »Montjoie saint Denis« in Bewegung. Und sogleich entstand ein wildes Handgemenge, »eine erbitterte und heiße Schlacht«, wie der Chronist Wilhelm der Bretone es ausdrückte. Franzosen, Flamen, Deutsche, Englän-der, Reiter, Infanteristen, Soldaten aller Art und aus allen Ländern stürzten unter Kriegsgebrüll aufeinander los. Das laute Geschrei, vermischt mit Dro-hungen und Beleidigungen, machte einen ohrenbetäubenden Lärm, zu dem das Röcheln der Sterbenden, das Schnauben der verendenden Pferde und »das wilde Klirren der Schwerter, die auf die Bronzeschilde hämmerten«, hinzukamen. Man kann deshalb verstehen, wenn ein Augenzeuge geschrieben hat, »daß man sich nicht mehr verständigen konnte, der ganze Raum schien von Blitz und Donner erfüllt«.[91]

Die hohe Gestalt Ottos überragte alle anderen. Mit seinem goldenen Helm, seiner goldenen Rüstung und seinem goldenen Schild glänzte er inmitten seiner sächsischen Garde und seiner vier Pfalzgrafen wie die Sonne. Das kaiserliche Banner war auf einem Wagen errichtet, der von vier reichgezäumten Pferden gezogen wurde. Dieses Gefährt lenkte so die Blicke auf sich, daß alle Chronisten es beschrieben haben. »Der Kaiser«, heißt es in der *Chronik von Flandern*, »hat einen vierrädrigen Wagen mitgeführt, in dessen Mitte ein dreißig Fuß hoher Mast errichtet war,[92] auf dem ein goldener Adler thronte, der reich ausgestattet war, weitgespannte Flügel hatte und so stark glitzerte, daß man kaum hinsehen konnte.«

Gegen Mittag fand sich Philipp Augustus von einem Wald geschwungener Lanzen einer brabantischen Truppe umringt. In diesem Augenblick verlor sein Pferd das Gleichgewicht, strauchelte und stürzte. Als man den König von Frankreich am Boden liegen sah und seinen blauen, mit goldenen Lilien verzierten Mantel im Staub, glaubte manch einer, die Partie sei verloren. Doch eine Reitergruppe eilte zu ihm – unter ihnen Peter Tristan, Galon von Montigny, Wilhelm von Barres und der Wappenherold Estaing –, um ihn zu befreien, so daß er »behender, als man glaubte«, wieder aufsitzen konnte. Ohne eine Sekunde zu verlieren, ging er erneut zum Angriff über. Von nun an wurde das Gefecht noch hitziger geführt: »Man schlug sich, als hätte man sich bisher nicht geschlagen.«

Um vier Uhr begann die kaiserliche Infanterie Ermüdungserscheinungen zu zeigen. Enttäuscht darüber, daß er sich des französischen Königs nicht bemächtigen konnte und daß das Waffenglück ihm nicht mehr hold zu sein schien, ließ sich Otto IV. entmutigen.

Gleich nachdem er Philipp Augustus befreit hatte, stürzte sich Wilhelm von Barres mit einer Reitertruppe auf den Herzog von Braunschweig, um ihm seine goldene Rüstung zu entreißen. Von diesem plötzlichen Angriff überrascht, der von ganz unerwarteter Seite kam, wurde Otto von Panik erfaßt. Einer der französischen Kavalleristen hatte mit einem Hieb dem herzoglichen Pferd ein Auge ausgeschlagen, es drehte sich um seine Achse und riß den Kaiser aus dem Gemenge. Barres und seine Leute nahmen die Verfolgung auf. Plötzlich brach Ottos Pferd tot zusammen. Einer der Pfalzgrafen überließ ihm sein Roß, und schon ging die Jagd weiter.

90

Der Zwischenfall hatte nur einen Augenblick gedauert, doch lange genug, um Wilhelm von Barres herankommen zu lassen. Er umklammerte mit dem Arm den Hals des Herzogs und zog trotz des Kettenhemdes mit aller Kraft. Otto klammerte sich um den Hals seines Pferdes und spürte bereits die Schauer des Todes, als das Pferd Wilhelms zusammenbrach: ein Deutscher hatte ihm mit einem Dolch den Bauch aufgeschlitzt.

Otto IV. war gerettet. Aber der auf ihn gerichtete Angriff hatte ihn moralisch gebrochen. Vor lauter Schrecken setzte er seine Flucht unter wildem Geschrei fort. In einem Zug galoppierte er bis nach Valenciennes »und ließ seine Truppen in Bedrängnis zurück und hinter sich ließ er auch seine Standarte und alle kaiserlichen Insignien, mit denen er sich hätte kenntlich machen können«.

»Dieses Gesicht sehen wir heute nicht wieder«, rief Philipp Augustus fröhlich aus, der die Szene beobachtet hatte.

Die Schlacht hatte morgens um zehn Uhr begonnen; am Nachmittag um fünf Uhr war alles vorbei. Der Nachfahre von Hugo Capet hatte gesiegt; die Koalition war geschlagen. Als Zeugen ihrer Niederlage blieben auf dem Schlachtfeld nichts als Leichen, Blutlachen, zerbrochene Waffen und ein glanzvoller Name zurück: Bouvines! Sein Echo sollte stets im Bewußtsein der Franzosen widerhallen.

Nach Einbruch der Nacht ließ Philipp Augustus die Reste der kaiserlichen Macht einsammeln, die Otto IV. auf dem Gelände zurückgelassen hatte: den vierrädrigen Wagen, den in Stücke zerbrochenen goldenen Adler, eine Handvoll Banner sowie die Kroninsignien aus Aachen, die Otto mitgeführt hatte, um »zu verhindern, daß jemand seine Abwesenheit nutzte, um sich an seiner Stelle krönen zu lassen«.

Der König von Frankreich schickte sie Friedrich II., um ihm zu zeigen, daß er ihn als den einzigen rechtmäßigen Kaiser ansah. »Nie ist das Schicksal eines deutschen Kaisers so endgültig in der Fremde entschieden worden«, vermerkt ein deutscher Geschichtsschreiber, »und dies, ohne daß der Hauptnutznießer den geringsten Anteil daran hatte.«

VI

Nicht allein die militärischen Streitkräfte Ottos IV. waren vernichtet oder in die Flucht geschlagen, sondern auch seine wertvollsten Verteidiger wie Ferdinand von Flandern, Rainald von Boulogne und die vier Pfalzgrafen, die an seiner Seite gekämpft hatten, waren verwundet oder gefangengenommen worden. Außerdem verließen ihn seine Verbündeten einer nach dem anderen, wie er selbst das Schlachtfeld verlassen hatte. Johann ohne Land brach die Allianz mit ihm; der Graf von Salisbury kehrte ihm den Rücken zu; selbst sein Schwiegervater, der Herzog von Brabant, hatte sich nach langem Zögern entschlossen, mit Philipp Augustus zu verhandeln. Mit anderen Worten: Die politische Macht des Herzogs von Braunschweig war zu nichts zerronnen. Mittellos hatte er sich nach Köln zurückgezogen, wo er sich von der Bevölkerung einen freundlichen Empfang versprach, da die Mehrheit der Einwohner welfisch gesinnt war.

Doch die kölnischen Bürger hatten es schnell satt, einen armen Exilanten zu beherbergen, der auf ihre Kosten lebte und dessen immer noch vergnügungssüchtige Frau »ihre Zeit damit verbrachte, das Geld, das sie nicht mehr besaß, beim Würfeln zu verspielen«.

Während sich Ottos Situation täglich verschlechterte, öffneten sich dem mit Gunst überhäuften Friedrich II. alle Straßen des Landes. Der junge sizilianische König, der vor knapp drei Jahren mit leeren Händen und einer kleinen Eskorte von dreißig Gefährten von Messina aufgebrochen war, erhielt von allen Seiten Dienstangebote, Unterstützungen und die schmeichelhaftesten Huldigungen. Seine Überlegenheit in Deutschland war so offensichtlich geworden, daß sie fast niemand mehr zu bestreiten wagte. Da er durch die Protektion des Papstes und die gute Verbindung mit dem König von Frankreich erstarkt war, schien ihm keiner die Herrschaft streitig zu machen. Sobald er sich einer Stadt näherte, lief ihm die Einwohnerschaft entgegen. Fürsten und Bischöfe schlossen sich ihm in immer größerer Zahl an. Alle ermutigten ihn, seinen Weg nach Norden fortzusetzen, da er seinen Rivalen nicht mehr zu fürchten brauchte.

Als Friedrich vor Köln erschien, erklärte die Stadtbevölkerung Otto IV., sie würde ihm seine Schulden erlassen und ihm sechshundert Silbermark geben, wenn er den Ort verlasse. Während am nächsten Tag der Enkel Barbarossas das südliche Stadttor erreichte, flohen der Herzog von Braunschweig und Maria von Brabant als Pilger verkleidet durch das nördliche. Der unerwünschte, nahezu umhervagabundierende Welfe mußte in seinem Harzburger Schloß ein Obdach suchen.[93]

Die Reise Friedrichs war noch nicht beendet. Nach einem kurzen Aufenthalt in Köln, dessen Einwohner ihm den Huldigungseid leisteten,[94] zog er in Richtung Jülich weiter. Wie mag es ihm ums Herz gewesen sein, als er drei Tage später im Schein der untergehenden Sonne schön wie ein Amethyst aus Engelshand die oktogonale Kapelle auftauchen sah, in der die sterblichen Reste Karls des Großen ruhten? Auf einer Anhöhe, die die Stadt beherrscht, verweilte er einen Moment, um ergriffen dieses geheiligte Gebäude zu betrachten, in dem bereits dreizehn Kaiser gekrönt worden waren und nach ihm siebzehn weitere gekrönt werden sollten . . .

Aber obwohl er von einem freundlichen Empfang in Aachen überzeugt war, wollte er es nicht betreten, ohne dazu aufgefordert zu sein. Als die Aachener Schöffen erfuhren, daß er vor den Stadtmauern weilte, gingen sie ihm entgegen und überbrachten ihm eine Botschaft der Stadtväter, die den Wortlaut hatte, »er möge friedlich kommen, da sie bereit seien, ihn als Herrn aufzunehmen«. Erst dann betrat er die Kaiserstadt. Es war am 23. Juli 1215, »am Vorabend des Festes des heiligen Jakobus«.

VII

Am übernächsten Tag, am 25. Juli, nahm der Erzbischof Siegfried von Mainz die Krönung vor. Keine anfechtbare Krönung wie jene, die drei Jahre zuvor in Mainz stattgefunden hatte, sondern eine Krönung mit vollem sakramentalem Charakter, denn Friedrich hatte die echten Insignien nach Aachen zurückgebracht, die Otto IV. mitgenommen hatte und die ihm Philipp Augustus nach der Schlacht von Bouvines überbringen ließ.

Sicher war diese Zeremonie in ihrem Gepränge nicht mit der vergleichbar, die 1198 in der Kathedrale von Palermo vollzogen worden war, wo der vierjährige Friedrich die sizilianische Krone erhalten hatte und zum erstenmal ein »Gesalbter des Herrn« gewesen war. Hier wimmelte es nicht von Kerzen, die den Hauptaltar wie einen brennenden Dornbusch erscheinen ließen, keine byzantinischen Mosaike erhellten mit ihrem goldenen Gefunkel die Gewölbe des Gebäudes. Der Dekor war einfacher, aber gleichzeitig erhabener. Das Oktogon ruhte auf acht kaum verzierten Porphyrpfeilern, die Wände waren kahl, doch in der Mitte des Raumes erhob sich ein einzigartiger, unvergleichbarer, höchstverehrter Gegenstand: der Thron der abendländischen Kaiser, der von einem Armvoll Kerzen, groß wie Alabastersäulen, beleuchtet wurde, deren Bienenwachs aus den benachbarten Klöstern stammte[95] und die Honigduft ausströmten, wenn sie brannten. Von all dem ging eine derart feierliche Atmosphäre aus, daß die Krönung in Aachen zwar mit der Pracht damals in Palermo nicht zu vergleichen war, sie aber in der mystischen Stimmung übertraf, die in allen erweckt wurde, die Zeuge davon waren.

Halten wir uns vor Augen: Seit mehreren Generationen war das Reich durch Streitigkeiten und Rivalitäten ohnegleichen zerrissen. Gibellinen und Welfen töteten sich unter dem geringsten Vorwand gegenseitig. Und nun erschien ein junger Mann mit blondem Haar und strahlendem Lächeln, der die Jugend selbst zu verkörpern schien und überall Freudentaumel hervorrief! Er versprach, die Einheit des Reiches wiederherzustellen und dafür zu sorgen, daß Wohlstand und Frieden herrschten. Reichte das nicht aus, um die Phantasie zu entzünden und ihm alle Macht eines neuen Messias zuzuschreiben – eines Messias, der in der Heiligen Schrift angekündigt wird und dessen Erscheinen mit dem Beginn eines neuen goldenen Zeitalters zusammenfallen soll?

Als Friedrich in seinem Purpurmantel die sechs Marmorstufen zum Kaiserthron emporgestiegen war und Erzbischof Siegfried von Mainz ihm die Krone aufgesetzt hatte, die mit Perlen, Topasen und Saphiren geschmückt ist und an der rechten Seite in Email die Darstellung des Erlösers zwischen zwei Seraphimen trägt, über dem die Worte stehen *Per me reges regnant* – Durch mich regieren die Könige –, und als er ihm das Schwert, das Zepter und den Reichsapfel übergeben hatte, die ihm die kaiserliche Vollmacht verliehen, und der Chor das *Gloria in excelsis Deo* anstimmte, fielen alle Anwesenden in den Gesang ein, als ob die Krönung Friedrichs tatsächlich dem Ruhme Gottes etwas hinzugefügt hätte.

Nachdem die Messe zelebriert war, erhob sich Friedrich und erklärte mit fester Stimme:

»Ich gelobe, das Reich im Sinne der Gerechtigkeit und Rechtlichkeit zu regieren, mich in allen Dingen an das Beispiel Karls des Großen zu halten und die Traditionen zu achten, die meine Väter und Vorväter aufgestellt haben . . .«

Doch er konnte seine Worte nicht zu Ende sprechen, denn seine Stimme ging in donnerndem Beifall unter. Von diesem Freudenausbruch überrascht, mit dem er nicht gerechnet hatte, ließ Friedrich seinen Blick für einen Moment über die versammelten Menschen schweifen, deren Gesichter ihm zugewandt waren und ihm eine stumme Frage zu stellen schienen. Die Anwesenden waren Prälaten, Würdenträger aller Orden sowie Ritter von so großer Statur und mit so breiten Schultern, daß sie nahezu unnatürlich wirkten. Da die Beifallskundgebung nicht nachließ und die Emotion selbst die hintersten Reihen ergriff, verstand Friedrich, daß diese Worte nicht genügten, daß die Menge eine feierliche Geste von ihm erwartete. Aber welche?

Am Weihnachtstag des Jahres 1165 hatte sein Großvater Barbarossa die Kanonisierung Karls des Großen verkündet. Unglücklicherweise war der Sarg, der die sterbliche Hülle des ersten abendländischen Kaisers enthielt, von Würmern zerfressen, denn er hatte fast vierhundert Jahre in der feuchten Krypta des Doms gestanden. Deshalb hatte Friedrich beschlossen, ihn durch einen neuen, stabileren und seinem erhabenen Inhalt angemesseneren zu ersetzen. Er ließ also von fränkischen Goldschmieden einen herrlichen Schrein aus Gold und Silber anfertigen, der an den Seiten die Bildnisse aller Kaiser trug, die dem Sohn

Pipins des Kurzen gefolgt waren – einschließlich seines eigenen. Dieses Gold-schmiedewerk hatte er mitgebracht und nicht weit vom Thron aufstellen las-sen, damit er die Umbettung der Asche vornehmen konnte.

Also schritt Friedrich gemessen die sechs Thronstufen hinab, entledigte sich seines schweren Purpurmantels, den er dem Bischof von Mainz reichte, und stand nun in seiner einfachen weißen Tunika da. Darauf näherte er sich wie in einer Eingebung den Goldschmieden, die sich an dem Schrein zu schaffen machten, nahm den Hammer des einen und vollendete dessen Arbeit, indem er selbst den Deckel zunagelte.

Wie versteinert schwieg die Menge und schaute ihm zu . . . Jede seiner Gesten war so feierlich und majestätisch, daß man den Eindruck hatte, ein neuer König David stehe vor der Arche.

Um die Begeisterung nicht abklingen zu lassen, die die Zeremonie der Krö-nung hervorgerufen hatte, bat er erneut alle Bischöfe und Würdenträger des Hofes in das Kirchenschiff, das die Kapelle der Kaiserpfalz verlängerte. Dort erklärte er vor dem Schrein Karls des Großen mit feierlicher Stimme, daß er ge-lobt habe, »das Kreuz zu nehmen«, und ins Heilige Land aufbrechen wolle, sobald in Deutschland der Frieden gesichert war. Diese Worte versetzten alle, die ihm zuhörten, »in große Bewunderung«.

VIII

Was hatte Friedrich bewogen, diesen Entschluß zu fassen, den niemand von ihm erwartete und den selbst der Papst nicht von ihm verlangte – im Gegenteil, denn er bewirkte ein noch höheres Ansehen? War es ein Anflug von mystischer Inbrunst? Hatte er sich durch die Welle der Begeisterung mitreißen lassen, die die Menschen seit seiner Ankunft in Aachen ergriffen hatte? Das ist ihm nicht zuzutrauen, da er eher dazu neigte, anderen seinen Willen aufzuzwingen, als dem der anderen nachzugeben. Er scheint vielmehr beabsichtigt zu haben, wie es Pierre Boulle richtig gesehen hat, sich von Anfang an als »Initiator jedes möglichen Kreuzzuges« zu behaupten, »seinen Weg selbst zu bestimmen und das vor allem nicht dem Papst zu überlassen, für den dies nur ein Mittel wäre, die Territorien und die Macht der Kirche zu mehren«.[96] Hinzu kommt, daß er in der Annahme, daß sich die Beziehungen zur römischen Kurie sowieso bald verschlechtern würden, Innozenz III. vorgreifen wollte, indem er versprach, »das Kreuz zu nehmen«, denn jeder Kreuzzugteilnehmer war von seinen Sün-den freigesprochen und wurde dadurch zur unbelangbaren Person.

Im Augenblick war seine Beziehung zum Heiligen Stuhl noch ungetrübt. Im

November 1215 berief Innozenz III. ein Konzil in den Lateranpalast, das als ein Triumph für die Kirche betrachtet wurde. Zu den Klängen der Hymne *Tu es sacerdos in aeternum* regelte der Papst dort einige Probleme hinsichtlich der Investitur von Bischöfen und der Verwaltung der Mönchsorden. Er unterzeichnete auch Friedrichs Erlangung der Kaiserwürde, denn er hatte ja selbst den jungen König als Kandidaten benannt. Jetzt mußte Friedrich sein Versprechen halten und auf den Thron Siziliens verzichten, da er die deutsche Krone trug.

Nun, Friedrich II. dachte nicht daran, und zwar aus mehreren Gründen. Erstens, weil diese Forderung ungerechtfertigt war. Mit welchem Recht verlangte der Papst, daß er auf ein Königreich Verzicht leistete, das er von seiner Mutter, Konstanze von Hauteville, geerbt hatte. Und hatte seine Mutter es nicht von ihrem Vater, König Roger, übernommen, der es seinerseits direkt von Christus erhalten hat, wie es das Mosaik in der Kirche Martorana bezeugte?

Zweitens brauchte Friedrich die Reichtümer Siziliens, um einen Ausgleich für die relative Armut der deutschen Länder zu haben. Sicher, Germanien war für ihn eine »Wahlheimat«. Er schätzte das gotische Profil seiner Städte, die Tiefe der Wälder, den ernsten und fleißigen Charakter seiner Bewohner. Dennoch bevorzugte er sein sizilianisches Königreich, das so schön und sonnig war, »daß Gott es Palästina vorgezogen hätte, wenn er es gekannt hätte«. Wollte er es nicht zum *Zentrum* seines Reiches machen? Kurz, wenn man ihn gezwungen hätte, zu wählen, hätte er alle deutschen Lande für ein einziges Sizilien hergegeben. Und nun wollte der Papst genau das Gegenteil.

Innozenz III. war jedoch klarsichtig genug, um sich vor seinem ehemaligen Mündel in acht zu nehmen. Die Begegnung im Lateran hatte ein ungutes Gefühl in ihm zurückgelassen.

Trotz der vielen schriftlichen Verpflichtungen, die er besaß, war der Heilige Vater davon überzeugt, daß unvermeidlich der Tag kommen würde, da die beiden Männer aneinandergerieten, und daß dieser Konflikt nicht zu schlichten war. Denn er würde nicht aus vorübergehenden Umständen erwachsen, sondern aus der Gegensätzlichkeit ihrer Naturen, ihrer Willensbildung und ihrer Weltanschauung . . .

Ob es dem Kirchenoberhaupt gefiel oder nicht, Friedrich war im Grunde »Staatenbündler«. Deshalb hat die Bevölkerung ihm instinktiv zugeklatscht. Für ihn bedeutete eine Krönung nicht einfach, daß man sich einen Metallreif – und sei er noch so kostbar verziert – aufs Haupt drücken ließ, sondern mit ihr nahm man eine Kultur auf, deren sichtbarer Ausdruck die Krone nur war. Als er durch den Hafen von Palermo geschlendert war, hatte er die arabisch-normannische Kultur und Zivilisation in sich aufgenommen, aber auch ihre grie-

chischen und byzantinischen Vorläufer. Während er durch die deutschen
Lande ritt, hat er die mystische und feudalistische Zivilisation Germaniens in
sich aufgesogen. Und später sollte er im Heiligen Land die islamische und
orientalische Kultur kennenlernen, so daß in seinem Geist Osten und Westen
vereint waren, was auf politischer Ebene nicht möglich schien. Nicht Waffengewalt – die fehlte ihm und wird ihm immer fehlen – sollte seine Ansprüche auf
den Kaiserthron rechtfertigen, sondern seine gleichsam unbegrenzte Fähigkeit, in sich eine Synthese der verschiedensten Zivilisationen seiner Epoche zu
vollziehen.

Die Auffassungen des Papstes waren dem genau entgegengesetzt. Innozenz III., der sich *verus Imperator* nannte und sich brüstete, von Christus
nicht allein die Macht erhalten zu haben, »Königreiche zu vergeben, sondern
das Recht, sie nach eigenem Ermessen einzuziehen«, leitete seine Macht vom
letzten Schrei ab, den Christus am Kreuz ausgestoßen hat, jenem Schrei, der
die Erde erbeben ließ und im Himmel Donner auslöste. Keinerlei menschliche
Kraft konnte ihm überlegen sein. Deshalb pochte er auf die universale Macht
und konnte es nicht ertragen, daß ein anderer sie an seiner Stelle ausübte. Als
Herrscher über alle Herrscher auf Erden strebte er, um sie in Schach zu halten,
eine »Politik des kontinentalen Gleichgewichts« an, wie wir heute sagen
würden.

Als die deutschen Barone in Sizilien Anstalten machten, die Oberhand zu gewinnen, hatte Innozenz III. Walther von Brienne auf sie gehetzt, den er erst
seinem Schicksal überließ, nachdem dieser sein Versprechen gebrochen und
sich nicht auf die Grafschaft Lecce beschränkt hatte, sondern die Meerenge von
Messina überqueren wollte, um die ganze Insel in seinen Besitz zu bringen.
Darauf hatte sich Innozenz III. Otto IV. zugewandt, um die wachsende
Macht der Gibellinen durch einen Welfen aufzuwiegen. Den wiederum hat er
mit dem Bann belegt, als seine deutschen Truppen mit der Absicht, Sizilien zu
annektieren, bis nach Neapel und Tarent vorgerückt waren.

Er hatte also Friedrichs Partei ergriffen und ihn zu seinem Kandidaten für die
Kaiserkrone gemacht, um den Herzog von Braunschweig nach Norddeutschland zurückzudrängen. Die Schlacht von Bouvines hat er als einen persönlichen Sieg betrachtet, da damit die Vorherrschaft Ottos gebrochen war. Aber
bald nach dieser Schlacht hat er sich auf seiten Johanns ohne Land und gegen
Philipp Augustus gestellt und dem französischen König verboten, in England
zu landen. Ferner hat er ihn gezwungen, einen Vergleichsfrieden mit dem Bruder von Richard Löwenherz zu schließen, um eine zu starke Schwächung der
englischen Macht zu verhindern.[97] Hält man diese Tatsachen nebeneinander,
läßt sich eine Politik ablesen. Und diese Politik erlaubt es, einen Menschen zu

charakterisieren.

Sicher, er hat die Beifallskundgebungen, die Friedrich auf seinem Weg von Konstanz nach Aachen begleitet haben, mit Zufriedenheit zur Kenntnis genommen. Aber er hatte auch gehört, wie dieser neue Kaiser in seiner Thronrede verkündet hatte, er wolle »die Einheit des Reiches« wiederherstellen. Vielleicht hatte der Sohn Heinrichs VI. die Absicht, den Streit zwischen Welfen und Gibellinen zu begraben? Doch auf diesem Ohr war Innozenz III. taub. Man hatte ihm versichert – ein beunruhigendes Indiz –, daß Friedrich hinzugefügt hatte: »Die ganze Welt sehnt sich nach dem Glück kaiserlicher Herrschaft.« Und das konnte der Papst wie immer nicht dulden. Denn dieses Streben nach weltweiter Macht vertrug sich nicht mit der Politik des Gleichgewichts, bei der keiner stärker sein durfte als der andere, während die Oberherrschaft ihm allein vorbehalten war.

Mehr und mehr besorgt – denn in Rom hatte Friedrich ihm nur verbale Versprechungen gemacht –, entsandte er eine Delegation nach Straßburg, die den jungen Kaiser dazu bewegen sollte, schriftlich zu formulieren, wie er seinen Verzicht auf Sizilien offiziell zu erklären gedenke.

Dieser Schritt kam für Friedrich überaus ungelegen. Seine Krönung lag zu diesem Zeitpunkt, am 1. Juli 1216, kaum ein Jahr zurück, und seine Autorität war in Deutschland noch nicht so gefestigt, daß er sich den Luxus eines Konflikts mit dem Papst leisten konnte. Er mußte deshalb Zeit gewinnen und vermeiden, das kirchliche Oberhaupt vor den Kopf zu stoßen. So antwortete er mit einem Brief, dessen Inhalt überraschen muß, denn er diente keinem anderen Zweck, als Innozenz III. einen erneuten Beweis seiner Fügsamkeit zu liefern:

»Bestrebt, sowohl der Römischen Kirche als auch dem Königreich Sizilien zu nützen, versprechen und gestehen Wir verbindlich zu, sobald Wir die Kaiserkrone empfangen haben, Unseren Sohn Heinrich, den Wir in Eurem Auftrag zum König krönen ließen, aus der väterlichen Gewalt freizugeben und ihm das Königreich Sizilien . . . als Lehen der Römischen Kirche zu überlassen, so wie Wir selbst es von dieser haben, so daß Wir es von da ab nicht mehr innehaben und Uns nicht mehr König von Sizilien nennen werden, sondern nach Eurem Verlangen jenes Reich im Namen Unseres Sohnes bis zu seiner Volljährigkeit durch eine würdige Person verwalten lassen, die in allem der Römischen Kirche, der, wie Uns bekannt ist, allein die Herrschaft über dieses Reich gebührt, verantwortlich ist. Dadurch daß Wir durch göttliche Gnade zum Gipfel des Kaisertums berufen sind, soll nicht die Meinung entstehen, es bestünde irgendwann irgendeine Verbindung zwischen dem sizilischen Reiche und dem Kaisertum, so daß Wir Kaiser- und Königreich zugleich innehätten.« [98]

Dies war eine eindeutige und förmliche Verzichtserklärung. Und es schien für

Friedrich unmöglich, sie zu umgehen, ohne eidbrüchig zu werden. Doch wie durch eine Fügung Gottes sollte dieser Brief seinen Empfänger nie erreichen. In den ersten Julitagen hatte Innozenz III. Rom verlassen. Am 16. wurde er auf der Durchreise in Perugia im Alter von sechsundfünfzig Jahren von einer Embolie dahingerafft, ohne von Friedrichs Antwort Kenntnis genommen zu haben. Sein Sarg wurde im Dom der Stadt aufgebahrt. In der Nacht drangen Diebe in das Gebäude ein und stahlen die Mitra des Papstes, seinen Krummstab, seinen priesterlichen Schmuck und sogar seine Kleidung. Am Morgen fand man einen nackten Leichnam, der auf einer Steinplatte lag.[99]
Friedrich dürfte einen Seufzer der Erleichterung ausgestoßen haben, als er von diesem unerwarteten Tod erfuhr, der ihn von seinen Verpflichtungen befreite. Das römische Volk zog daraus den Schluß, daß von dem Werk Innozenz' III. bald nichts mehr übrig bleiben würde . . .

IX

Otto von Braunschweig lag in seinem Harzburger Schloß im Sterben.
Alles Unglück dieser Welt schien sich über ihm zusammengezogen zu haben. Seine militärischen Streitkräfte waren aufgerieben. Seine Verbündeten hatten ihn verlassen. Seine Ehe mit Maria von Brabant war kinderlos geblieben. Er starb allein, ohne Erben und ohne die Gegenwart eines Nachkömmlings, der ihn in seiner Not hätte trösten können.
Außerdem hatte das Andenken an die Niederlage von Bouvines sein geistiges Gleichgewicht erschüttert. Wie ein Besessener irrte er durch den Wachsaal seines Schlosses, wo er ein Leben der Reue und der Zurückgezogenheit führte. Die Fenster waren verdunkelt, die Wände mit schwarzem Stoff bespannt, Tag und Nacht beleuchteten nur Kerzen diesen Raum. Er klagte sich aller Sünden an und flehte lauthals zu Gott, seinem Leidensweg ein Ende zu setzen. Und zwischen seinen demütigen Bitten beschwor er den Papst, den Bannfluch aufzuheben, der selbst nach seinem Tod auf ihm lasten würde, und ihm zu erlauben, in geweihter Erde begraben zu werden.
Da seine schmerzvollen Rufe ohne Echo blieben, ließ er Mönche einer benachbarten Abtei kommen und befahl ihnen, ihn auszupeitschen, »bis daß der Tod eintrat«. »Stärker, stärker«, brüllte er, und während seine Helfer das *Miserere* sangen, rann das Blut über seinen Körper. Dieser Wille zur Selbstzerstörung grenzte an Wahnsinn. Als er schließlich am Ende seiner Kräfte und nur noch ein blutiges Bündel war, sank er auf dem Sandsteinboden zusammen und stieß seinen letzten Seufzer aus (19. Mai 1218). (Später hob Papst Honorius III. den

Bannfluch auf, so daß die Gebeine des Herzogs im Braunschweiger Dom beigesetzt werden konnten.)[100]

Vielleicht hatte Otto vor seinem Tod die Zeit, sich eine merkwürdige Episode aus seiner Vergangenheit ins Gedächtnis zu rufen. Das Geschehen geht auf den Herbst des Jahres 1209 zurück. Er zog durch Italien nach Rom, um sich dort von Innozenz III. salben zu lassen. Er war damals auf dem Höhepunkt seiner Karriere. Der Papst unterstützte seine Absichten; Deutschland ergab sich ihm; man würde ihm die Kaiserkrone aufsetzen, die er seit zehn Jahren begehrte. Und schon beschäftigten ihn andere Träume: der Besitz Siziliens und vielleicht die Aufteilung Frankreichs. Er reiste mit großem Gefolge, und aus der Umgebung eilten die Bewohner herbei, um ihn und seinen Troß zu bewundern.

Als er eines Tages Umbrien durchquerte, hatte sich in der Nähe der kleinen Stadt Spoleto ein barfüßiger Mann aus der Zuschauermenge gelöst und dem stolzen Welfen, der in seinem ganzen Prunk dahergezogen kam, mit lauter Stimme zugerufen, »daß die Ehren dieser Welt vergänglich seien und daß man sich auf sie nicht verlassen könne«.

Nachdem er diese Worte ausgesprochen hatte, war der Unbekannte wieder in der Menschenmenge verschwunden. Er war zu dem zurückgekehrt, der ihn ausgeschickt hatte. Und dieser Mann war ein Diener Gottes, der nicht weit von dort mit einigen demütigen Brüdern unter einer Laubhütte in der Askese und im Gebet lebte und den Honorius III. im Jahre 1228 heiligsprechen sollte: Franz von Assisi.[101]

X

Der plötzliche Tod Innozenz' III. und das Verschwinden Ottos IV. hatten Friedrich eine schwere Last von den Schultern genommen. Sie ließen ihm in Italien wie in Deutschland freie Hand. Da er sich glücklich fühlte, strahlte sein Lächeln wieder auf seinem Gesicht, zumal er eine Neuigkeit erfuhr, die ihn vor Freude überwältigte: Ein zweiter Sohn war ihm geboren worden. Es war der kleine Enzio, der sich später König von Korsika und Sardinien nennen sollte. Enzio war ein Bastard, den sein Vater erst im Juli 1239 als legitim anerkannt hat. Obgleich Geburtsort und -datum nicht bekannt sind (Historiker siedeln sie irgendwo in Deutschland im Jahre 1215 oder 1216 an), gibt es zu der Annahme Gründe, daß seine Mutter Adelheid von Urslingen aus dem Hause Spoleto war. Die Geschichte überliefert uns nicht, wie Friedrich sie kennengelernt hatte, so daß wir auf Vermutungen angewiesen sind. Wir wissen jedoch, daß Friedrich die Frauen verehrte und ungern auf ihre Gesellschaft verzichtete. Da ihm seine Gattin fehlte, ließ er sie nach Frankfurt kommen, desgleichen seinen Sohn Heinrich, den jungen König von Sizilien, der inzwischen sieben Jahre alt war.

Gleich nach dem Tode Innozenz' III. hatte das Konklave den Kardinal Censio Savelli zum Papst gewählt, der als Honorius III. den Thron bestieg. »Er war«, wie uns Jakob von Vitry berichtet, der künftige Patriarch von Antiochia, »ein gutmütiger und frommer Greis, sehr einfach und wohlwollend, der fast sein ganzes Gut den Armen gegeben hat.« Wie so oft in der Geschichte, folgte ein »religiöser« Papst auf einen »politischen«. Kardinal Savelli war in der Tat ganz anders als sein Vorgänger. Er besaß nicht das Format, das erstaunliche Gleichgewichtsgebäude auf seine Schultern zu nehmen, das Innozenz III. errichtet hatte und das zu seiner Regierungszeit eine gewittrige Atmosphäre um den Heiligen Stuhl verbreitet hatte. Die Kurie war dessen überdrüssig, sie wollte Ruhe und Frieden. Außerdem war Kardinal Savelli in den Jahren 1205 bis 1209 päpstlicher Gesandter in Sizilien gewesen, wo er Friedrich schon als Jüngling beobachten konnte. Er hatte eine aufrichtige Zuneigung zu ihm gefaßt. Und er hatte Informationen nach Rom weitergegeben, so daß Innozenz III. Peter II. von Aragonien in bezug auf den jungen König von Sizilien von »ebenbürtigen Caesaren« berichten konnte. Es war deshalb wenig wahrscheinlich, daß Honorius III. die gleiche Unnachgiebigkeit wie Innozenz III. gegenüber »seinem kleinen Schützling« zeigen würde.

Da sich Friedrichs Lage in Deutschland festigte und er fast mit Sicherheit auf die Mithilfe der Kurfürsten bauen konnte, entschloß sich der Sohn Heinrichs VI., alles daranzusetzen, um ein für allemal die Zugeständnisse zu widerrufen, die seine Mutter und er dem Heiligen Stuhl gemacht hatten, insbesondere im Hinblick auf die Trennung Siziliens vom deutschen Reich.

Am 23. April 1220 versammelten sich nahezu alle Fürsten und Bischöfe zum Hoftag in Frankfurt und wählten einstimmig Heinrich, den König der Römer. Damit sicherte Friedrich seinem ältesten Sohn die Thronnachfolge. Von diesem Tag an verzichtete er in seinen Erlassen auf den Zusatz »Kaiser von Gottes und Sankt Petri Gnaden«; er bezog sich nicht mehr auf Gott. Auf den sizilianischen Schriftstücken tauchte nicht mehr der Name Heinrichs auf, sondern nur noch der seines Vaters.[102] Obwohl Sizilien und Deutschland »administrativ« getrennt blieben, waren sie de facto durch diese »Personalunion« miteinander verbunden.

»Ich will lieber mit Milde verfahren als mit Strenge«, hatte Savelli bei seiner Krönung erklärt. Honorius III. fand hier eine Gelegenheit, sein Rezept anzuwenden. Er protestierte nicht. Allerdings drückten einige Kardinäle, die es unannehmbar fanden, wie Friedrich seine Verpflichtungen »umging«, unumwunden ihr Mißfallen aus. Um sie zu besänftigen, entgegnete Friedrich ihnen – wobei er sich ins Fäustchen lachte –, »daß er mit der Wahl seines Sohnes nichts zu tun habe, daß der Hoftag in Frankfurt ohne sein Wissen zusammengetreten sei und daß er erst in letzter Minute davon erfahren habe; doch nun, da die Wahl bekanntgegeben worden sei, müsse man sie als getroffen betrachten . . .«

Niemand schenkte diesen Unschuldsbeteuerungen Glauben. Heinrich blieb König der Römer, Friedrich war weiterhin König von Sizilien und behielt die Oberherrschaft in Deutschland. Und Honorius war bemüht, das »Gekeife« der Kardinäle in Grenzen zu halten.[103] Um sich ihm dankbar zu erweisen, erneuerte Friedrich sein Versprechen, »das Kreuz zu nehmen«, sobald die Gelegenheit günstig war.

XI

Wenige Tage später teilte Friedrich Honorius III. seine Absicht mit, nach Rom zu kommen, um aus seinen Händen die höchste Weihe zu empfangen und sich salben zu lassen. »Jetzt, da alle Hindernisse beseitigt sind«, schrieb er ihm mit vorgetäuschter Naivität, und die Regelung der Erbfolge getroffen sei, werde er seine Romfahrt nicht länger aufschieben. »Eure Aufgabe aber, Herr und Vater, wird es sein, während Unserer Abwesenheit dem Reiche Eure Sorge und Aufmerksamkeit zuzuwenden, damit Euer Sohn an seiner Ehre und Würde keine Einbuße erleide.«[104] Papst Honorius III. besaß nicht die Gaben, um einer so subtilen Diplomatie zu widerstehen, zumal es ihm nur mit einem eilte: Friedrich ins Heilige Land aufbrechen zu sehen und den Kreuzzug zu unternehmen, der einer der letzten Wünsche Innozenz' III. gewesen war.

Der Kaiser ließ seinen Sohn Heinrich in Deutschland zurück, der nun den Namen Heinrich VII. annahm, und da er kaum acht Jahre alt war, setzte sein Vater einen Kronrat ein, der ihm bei seiner Aufgabe zur Seite stehen sollte.[105] Im August 1220 verließ das kaiserliche Gefolge Augsburg und wandte sich nach Süden. Nun, da seine Frau Konstanze ihn begleitete, verfügte Friedrich über mehrere Hundert Ritter, so daß er nicht mehr die gleiche Vorsicht walten lassen mußte wie vor acht Jahren, als er noch »der Knabe aus Apulien« war. Diesmal versperrte ihm niemand den Weg. Sie zogen über Bozen, Trient, Modena und Bologna direkt nach Süden. Je weiter sie kamen, desto triumphaler wurde ihr Empfang. Überall, wo ihr Zug halt machte, erteilten ihnen Fürsten und Bischöfe ihre Ehrerbietung. Unter ihnen befanden sich die Botschafter von Venedig, Genua und sogar Pisa sowie die Abordnungen der lombardischen Städte. Friedrich verteilte an sie »nicht mit knauseriger, sondern mit großzügiger und edelmütiger Hand« eine Vielzahl von Pfründen und Privilegien. Und er zeigte sich erstmals zurückhaltend, als die Vertreter Genuas und Pisas ihn selbst um gewisse Freiheiten in Sizilien baten. (Diese Verweigerung ärgerte die Genueser, die sich des festlichen Empfangs erinnerten, den sie ihm auf seinem Weg nach Deutschland bereitet hatten.)

Als es am Gardasee ankam, begegnete dem kaiserlichen Gefolge eine Delegation des Papstes, die Honorius III. Friedrich II. entgegengeschickt hatte, um ihn auf italienischem Boden willkommen zu heißen und ihn »der wachsenden Ergebenheit« zu versichern, »die der Heilige Vater seiner Person entgegenbringt«. Da eine Höflichkeit die andere wert ist, antwortete Friedrich in San Leone mit der Unterzeichnung eines Schriftstücks, in dem er sich verpflichtete, mit allen Kräften gegen die Ketzerei anzukämpfen.[106]

In den ersten Oktobertagen entsandte Friedrich als Vorhut eine Delegation nach Rom, um die Einstellung der Kurie zu sondieren und mit ihr den Ablauf der Krönung festzulegen. An der Spitze dieser Abordnung stand ein Mann, den er in Deutschland, wahrscheinlich anläßlich des Laterankonzils, kennengelernt hatte und den er sogleich in seine Dienste nahm. Es war Hermann von Salza, der Hochmeister des Deutschen Ritterordens.

Als er vor den Toren Roms eintraf, stieß Friedrich auf eine Delegation der Kardinäle, die ihm die Wünsche des Heiligen Vaters darlegte. Sie ließen sich in drei Punkten zusammenfassen: Der Papst bat ihn zunächst, die Trennung des Kaiserreichs von Sizilien zu bestätigen; ferner die Oberherrschaft des Heiligen Stuhls nicht in Frage zu stellen; und schließlich, nur Würdenträger zu ernennen, die aus Süditalien stammten.

Für Friedrich boten diese Bedingungen keine Überraschung: Hermann von Salza hatte ihn bereits darüber informiert. Er nahm sie unumwunden an. Um des guten Eindrucks willen fügte er sogar hinzu, »daß er schwor, die Oberhoheit des Heiligen Vaters über das Königreich nicht anzufechten und nichts zu unternehmen, um eine Verbindung Siziliens mit dem deutschen Reich herzustellen oder auch nur zu fördern«.

Für ihn waren diese Fragen bereits abgeschrieben. Außerdem waren diese Konzessionen geringfügig, wenn man sie mit der Fülle der Vorteile verglich. Der Papst stellte die Wahl Heinrichs VII. nicht in Zweifel. Während die Kirche also gegen die *wirkliche* Union des Reiches und der Insel war – die Friedrich keineswegs anstrebte –, erkannte sie ipse facto die Existenz ihrer *Personal*union an. Was konnte er mehr erwarten?

Nachdem man sich in diesen Punkten einig war, wurde das Datum der Krönung gemeinsam auf den 22. November 1220 festgesetzt.

XII

Friedrich II. und seine Gattin Konstanze hielten am Morgen des 21. November 1220 ihren feierlichen Einzug in Rom. Der Tradition aller vorhergehenden deutschen Kaiser entsprechend, schlugen sie ihre Zelte auf dem Monte Mario am westlichen Tiberufer auf.

In den frühen Morgenstunden des folgenden Tages drängte sich die römische Bevölkerung an beiden Seiten der Triumphstraße, die zur Petersbasilika führte, um das kaiserliche Gefolge vorbeiziehen zu sehen. Als Friedrich die Grenze überschritt, die die Stadt vom Kirchenstaat trennt, bestätigte er den Bürgern ihre Freiheiten und ließ reichlich Almosen verteilen. Er dürfte die Huldigungen mit Vergnügen entgegengenommen haben, mit denen man ihn begrüßte, denn als vor elf Jahren Otto IV. gekrönt wurde, waren Römer und Deutsche handgemein geworden, so daß die Zeremonie mit blutigen Auseinandersetzungen geendet hatte. Diesmal waren Zusammenstöße dieser Art nicht zu befürchten.

An der Porta Collina angelangt, hielten Friedrich und Konstanze einen Augenblick inne, um die Ehrung des römischen Klerus' entgegenzunehmen. Dann bewegte sich der Zug auf die Basilika zu. An seiner Spitze marschierte der Präfekt von Rom mit gezücktem Säbel, und ihm folgte die lange Prozession der Diakone, die Hymnen sangen und Weihrauchfässer schwenkten. Fast alle Würdenträger des Reiches beschlossen den Zug.

Auf der Schwelle der Basilika erwartete Honorius III. mit einer Gruppe von Kardinälen das kaiserliche Paar. Anfangs machte der Papst eine spontane Geste, die die Menge in Verwirrung brachte, weil sie bisher nicht üblich gewesen war: Als Friedrich zum Zeichen der Ergebenheit den rechten Fuß des Heiligen Vaters geküßt hatte, hob Honorius ihn auf, drückte ihn an seine Brust und gab ihm den Friedenskuß. Diese Umarmung schien alle Streitigkeiten der Vergangenheit auszulöschen. »Sie werden es nicht bereuen, Heiliger Vater«, sagte Friedrich darauf, »einen Sohn wie mich emporgehoben und geliebt zu haben. Wir haben nicht gezögert, zu kommen und Uns Eurer Heiligkeit zu Füßen zu werfen; bald werden Sie die köstlichen Früchte des Baumes ernten, den Sie gepflanzt haben.«

Honorius führte das Kaiserpaar dann in die Kapelle der hl. Maria der Türme, um sie beim Evangelium schwören zu lassen, daß sie bis zu ihrem letzten Atemzug die Kirche und den Stellvertreter Christi beschützen werden. Während der Papst sich zum Hauptaltar begab, wurde Friedrich im Kapitelsaal des hl. Petrus als Domherr aufgenommen. Diese Zeremonie, bei der man ihm Krummstab und Ring übergab, war ein Überbleibsel eines Rituals, durch das der Kaiser in die kirchliche Hierarchie eingegliedert wurde, indem man ihm die gleiche Weihekraft wie einem Bischof zusprach.

Anschließend wurde Friedrich der kaiserliche Ornat angelegt. Man zog ihm scharlachrote und goldbestickte Halbstiefel an, die an diejenigen der byzantinischen *Basilei* erinnerten. Über seine Hände streifte man ebenfalls scharlachrote, mit Edelsteinen verzierte Handschuhe. Über seine Schultern legte man einen Purpurmantel, der über und über mit Gold besetzt war und dessen Schmuck in der Mitte eine Palme darstellte, zu deren Seiten je ein sassanidischer Löwe mit den Krallen ein Kamel riß. Diesen Besatz hatte sein Großvater, König Roger, bei seiner Krönung getragen. Friedrich hatte ihn extra aus Palermo kommen lassen, um zu zeigen, daß Honorius den Herrscher des römischen Reiches in seiner Eigenschaft als König von Sizilien salbte.

Ausgestattet mit seinen kostbaren Insignien und glitzernd vor Gold und Edelsteinen, die ihm den Anblick eines byzantinischen Idols verliehen, durchschritt Friedrich die hohe Silberpforte, die zum Herzen der Basilika führte. Dort salbte ihn ein Kardinal am rechten Arm und zwischen den beiden Schulterblättern. Dann stieg er an der Seite seiner Gattin langsam die Stufen zum Hauptaltar empor, wo das Paar das *Credo* rezitierte. Anschließend verließ der Kaiser den Altar und wandte sich dem erhöhten Sitz zu, auf dem der Nachfolger des hl. Petrus thronte. Nun sollte die eigentliche Zeremonie beginnen.

Honorius setzte ihm zunächst die Bischofsmütze auf und gab ihm zum zweitenmal den Friedenskuß. Dann nahm er ihm die Mitra ab und ersetzte sie durch die Krone Karls des Großen, die der Hohenstaufer aus Aachen mitgebracht hatte. So kamen in seiner Person der Ruhm des Abendlandes und der Glanz des Orients zusammen. Der Papst übergab Friedrich das Zepter, den Reichsapfel und das Schwert des Glaubens. Der Kaiser zog es aus der Scheide, erhob es dreimal zum Himmel und senkte es wieder, um zum Ausdruck zu bringen, daß jede seiner Taten künftig im Namen des Vaters, des Sohnes und des Heiligen Geistes vollbracht wurde.

Anschließend wurde die Krönung der Kaiserin vorgenommen. Friedrich hatte sich unterdessen vom Heiligen Stuhl etwas entfernt, man nahm ihm den königlichen Schmuck ab und kleidete ihn in eine weiße Alba und eine weiße Dalmatika, und so stieg er in Begleitung des Papstes wieder zum Altar hinauf, um mit Honorius die Messe zu zelebrieren.

Nach der Messe wurde Friedrich erneut der Purpurmantel umgelegt, und es folgte einer der ergreifendsten Augenblicke der Krönungszeremonie. Ein Diakon löschte alle Kerzen auf dem Altar, so daß nur noch eine rechts neben dem Evangelium brannte, während das ganze Gebäude in Dunkelheit getaucht war. Ein Bischof verlas mit donnernder Stimme den Erlaß, der alle Ketzer und Abtrünnige mit dem Bannfluch strafte. Dann wurden die Kerzen wieder angezündet, während die Chöre das *Magnificat* anstimmten.[107]

Als die Krönungsfeierlichkeiten ihrem Ende zugingen, trat der Bischof von Ostia, der mit der Verbreitung des Glaubens beauftragt war, auf den jungen Kaiser zu und überreichte ihm ein Kruzifix. Friedrich nahm es in die linke Hand und gelobte beim Leibe Christi, daß er im August des folgenden Jahres zum Kreuzzug aufbrechen werde.

In der Begleitung der Bischöfe und wichtigsten Würdenträger des Reiches schritten Honorius III. und Friedrich II. dem Ausgang zu.

Vor der Basilika machte Friedrich eine Geste, die keiner der dreizehn Kaiser vor ihm aus freiem Ermessen vollzogen hatte.[108] Er hielt dem Papst die Steigbügel, um ihm beim Aufsitzen auf sein Pferd zu helfen. Dann führte er sein Tier ein paar Schritte am Zügel, bevor er sich selbst in den Sattel schwang. Das war im eigentlichen Sinne ein Unterwerfungsakt *(stratoris officium)*. Und in diesem Augenblick begann die Menschenmenge auf dem Platz Beifall zu klatschen.

Während er zur Porta Collina zurückkehrte, betrachtete Friedrich das großartige Panorama, das sich ihm bot. Bisher hatte sich die Krönungszeremonie innerhalb der Kirche abgespielt, in einer Atmosphäre, die an die Herrschaft des Theodosius und Konstantins erinnerte. Was er hier vor Augen hatte, war das antike Rom mit seiner Fülle von Trophäen, Aquädukten und Triumphbögen. Er erkannte in der Ferne den Jupitertempel auf dem Capitol, das Pantheon, die Tempel der Vesta und der Fortuna. Diese Gebäude gemahnten an das Andenken Cäsars, Augustus', Mark Aurels und Trajans, die die Stadt regiert hatten, als sie noch die Welt beherrschte. Diese Größe, sagte Friedrich sich, würde auch er erreichen . . .

Schätzte er in diesem Moment den Weg ab, den er seit seiner Abreise von Messina zurückgelegt hatte? Vor acht Jahren war er ein mittelloser Jüngling gewesen, dessen Macht ihm selbst auf seiner Insel streitig gemacht wurde. Jetzt war er zum Herrscher über ein riesiges Reich geworden, das sich von Stettin bis nach Syrakus und von Lyon bis an die Grenzen von Krakau erstreckte. Die Könige von Polen, Böhmen und Ungarn betrachteten sich als seine Vasallen. Reichte das nicht, um ihn zur bedeutendsten Persönlichkeit der Christenheit zu erheben? Er sah sich an der Spitze des größten Länderverbundes, den das Abendland seit dem Tode Karls des Großen gekannt hat. Und er war noch keine sechsundzwanzig Jahre alt!

Während alle Kirchenglocken zu läuten begannen, begaben sich Honorius III. und Friedrich II. durch schmale gewundene Gassen zum Tiber hinab. Überall wurden sie von einer begeisterten Menge bedrängt. Vor der Kapelle Santa Maria Tranpadana verabschiedeten sich die beiden voneinander, und der Papst gab dem Kaiser zum drittenmal den Friedenskuß.

Das Einvernehmen zwischen dem Heiligen Stuhl und dem »Reich« schien damit endgültig besiegelt. Und dieser Eintracht jubelte die Bevölkerung vor allem zu, denn sie deutete unter dem fröhlichen Glockenläuten der Ewigen Stadt auf eine unbeschwerte Zukunft hin.

Vierter Teil:
Leben in Palermo

(Dezember 1220 – Juni 1228)

I

Friedrich und Konstanze hielten sich nicht lange in Rom auf. Drei Tage nach der Krönung verließen sie mit ihrem Gefolge den Monte Mario und zogen eilends nach Süden weiter, denn sie sehnten sich nach dem klaren Himmel Apuliens. Der zweite Weihnachtstag rückte näher. Vielleicht wollte der Kaiser seinen siebenundzwanzigsten Geburtstag in Iesi feiern, seinem »Bethlehem«? Sicher hätte es ihm jetzt, da er Herrscher über das Reich und vom römischen Volk zum »Augustus und Unbesiegbaren« erklärt worden war, Freude gemacht, Konstanze den kleinen Ort zu zeigen, wo man das Zelt errichtet hatte, unter dem er geboren wurde. Doch das hätte einen langen Umweg nach Norden bedeutet und ihre Reise verzögert. Also verzichteten sie darauf und wendeten sich direkt nach Capua, um dort den Frühling zu erwarten. Erst dort, in dieser »Stadt der Wonnen«, machte der lange Zug von Reitern und Wagen halt (Ende Dezember 1220).

Trotz mancher angenehmen Seite war der Aufenthalt in Capua im Frühjahr 1221 für Friedrich vor allem eine Zeit des Nachdenkens und der Arbeit.

Im Verlauf der letzten Wochen hatte Honorius III. ihn wiederholt gebeten, »Süditalien nie an das Reich anzuschließen und auch keine Initiative in diesem Sinne zu unterstützen«. Friedrich hatte ihm darin um so gutwilliger zugestimmt, als er keinerlei Absicht hatte, diesen Fehler zu begehen.

Er hatte bereits mit jungen Jahren eine Vorstellung von der Welt, in der Begriffe wie »Assimilation« und »Uniformierung« fremd waren; denn man darf seine Gabe, die unterschiedlichen Charaktere einer Zivilisation in sich aufzunehmen, nicht mit dem verwechseln, was man heute eine »Assimilationspolitik« nennen würde, jener Art des Auswalzens, die genau das Gegenteil davon ist. Das hing damit zusammen, daß er bei seinen Streifzügen durch die Stadtviertel von Palermo instinktiv erfaßt hatte, was ihm kein Schullehrer hätte beibringen können: daß jede menschliche Gemeinschaft ihre eigene Identität, ihre Persönlichkeit hatte, die wiederum das Ergebnis ihres Ursprungs, ihrer Umgebung und der Wechselfälle ihrer Geschichte war. Keine Gesellschaft stellte eine undifferenzierte Masse dar, die irgend jemand nach seinem Belieben formen konnte. Sie war ein lebendiges Ganzes, dessen Ziel darin bestand, seine eigene Kultur und Zivilisation zu schaffen. Und gerade diesen Unterschied im Vergleich zu den anderen galt es zu bewahren. Schon vor Friedrich II. hatten einige Männer die Einheit der Welt angestrebt und sie nach einem einigen Prinzip zu erreichen versucht: für Alexander war es die menschliche Brüderlichkeit, für Cäsar die Einzigartigkeit des Gesetzes, für Julian der Sonnenkult. Aber für den Hohenstaufer galt das nicht. Er war sich der Unterschiedlichkeit des Lebens viel zu bewußt, um all seine Ausdrucksarten in eine identische Form zu pressen. Die Einheit? Sicher, man brauchte sie, und sei es allein, um Zwietracht zu zügeln und den Frieden unter den Bürgern aufrechtzuerhalten. Mehr jedoch nicht. Denn jeder Versuch, einem Volk eine Regierungsform aufzuzwingen, die seiner tieferen Natur nicht entsprach, mußte es unweigerlich zum Aufruhr oder zu seinem Untergang führen.[109]

Während seiner Reisen durch Schwaben und das Rheinland war er vielen Priestern, Bischöfen und Kurfürsten begegnet. Er hatte ihre Beziehungen, ihre Intrigen und ihre verwickelten Interessen beobachtet. Daraus hatte er den Schluß gezogen, daß Deutschland noch keine Nation war, sondern ein Mosaik von Einzelstaaten. An seiner Feudalstruktur zu rütteln, drohte die Zukunft dieses Gebäudes zu gefährden. Die Klugheit gebot, sich darauf zu beschränken, ihre Grundlagen zu festigen und die Zahl dieser Kleinstaaten, die zu schwach waren, um sich gegen ihre Nachbarn zu wehren, etwas zu verringern und sie dazu zu bringen, sich um mächtigere Herzöge und Fürsten zu scharen.

Deshalb hatte Friedrich im Jahre 1213, also achtzehn Monate vor seiner Krönung in Aachen, in Eger die Goldene Bulle erlassen. Er hatte darin auf einige »Hoheitsrechte« verzichtet, um sie auf die Fürsten zu übertragen. Zu diesen Regalien gehörten: das Recht, Zölle zu erheben und Steuern einzuziehen, Münzen zu prägen, über die Durchführung des Kirchenbanns zu wachen und im Inneren der Länder die absolute Oberherrschaft auszuüben, was Macht und Einkünfte der Fürsten beträchtlich erhöhte. Und schließlich hatte er drei Tage nach seiner Krönung den weltlichen Fürsten das lange begehrte Recht erteilt, sich mit den Kirchenfürsten zu verbinden (confoederatio cum principibus ecclesiasticis). Diese Maßnahmen haben sicher dazu beigetragen, daß bei der Wahl seines Sohnes Heinrich auf dem Hoftag in Frankfurt Einhelligkeit herrschte.

Ganz anders war die Lage in Süditalien. Sizilien und Apulien hatten das Feudalwesen nie gekannt. Nach ihrer Zugehörigkeit zum römischen Reich waren sie eine Zeitlang von den byzantinischen Exarchen regiert worden. Dann waren sie in arabische Hände gefallen. Die Emire, die sich in Syrakus, Palermo, Catania und Messina niedergelassen hatten, erlaubten den Grundbesitzern jedoch nie, ihre Ländereien in Beschlag zu nehmen oder ihre Güter als erbliche Lehen einzurichten. Sie haben das Land nach den Regeln des Korans regiert, wobei ihnen Gemeindevertreter zur Seite standen, die eine ähnliche Rolle spielten wie heute unsere Landräte. Dieses System hatte drei Jahrhunderte überdauert. Erst als die Emire von Catania und Messina sich gegenseitig bekämpften, ist die arabische Macht zusammengebrochen und hat der normannischen Eroberung die Tore geöffnet.

Roger II. von Hauteville und seine unmittelbaren Nachfolger hatten ihrem neuen Königreich eine Verwaltung gegeben, die man mit Recht als beispielhaft bezeichnen kann. Sie hatte ihren Ursprung sowohl in den Gebräuchen, die im Herzogtum der Normandie zu Hause waren, wie in den gesetzlich festgelegten Traditionen der omaijadischen Kalifate.

Zur Zeit des römischen Reiches war Sizilien die Kornkammer Italiens gewesen. Alle Prokonsuln, die Rom dorthin entsandt hat, sind auf der Insel reich geworden. Nachdem die Araber die Dattelpalme, das Zuckerrohr, Hanf und Baumwolle heimisch gemacht und eine Menge kleiner Industrien angesiedelt hatten, war der Wohlstand Siziliens noch gewachsen. Wenn die normannischen Könige diese Reichtümer vergeudet hätten, statt sie zu mehren, wären sie von dem allgemeinen Unwillen der Bevölkerung verjagt worden. Es war folglich höchst wichtig für sie, den Besitzstand zu wahren.

Um das zu erreichen, berief Friedrich im Frühjahr 1221 eine Versammlung von Notabeln ein, die unter der Bezeichnung »Assisen von Capua« in die Geschichte eingegangen ist. Am Ende hatte diese Versammlung eine neue Verfassung ausgearbeitet, deren vierundzwanzig Artikel alle darauf abzielten, die königliche Macht dort wiederherzustellen, wo sie von den Städten, Adligen oder der Kirche an sich gerissen worden war. Damit sollten die Privilegien entweder beseitigt oder unter die Kontrolle der königlichen Kanzlei gestellt werden; Ländereien wurden überwacht, Kinder durften ihr Erbe nicht ohne die Zustimmung des Herrschers antreten, das Recht des Älteren und bevorrechtigte Erbschaft wurden abgeschafft. Diese Grundsätze, die vielen Feudalherren nur mißfallen konnten, wurden von Friedrich, der als Erbe der Cäsaren handelte, die zum Beispiel auch kein Recht des Älteren zuließen, auf sein Königreich mit der Überzeugung angewendet, »daß man die Menschen in Neapel und Palermo nicht ebenso regieren kann wie die in Mainz oder Augsburg«.

Anstatt die sizilianischen Ländereien unter ein paar raubgierigen und undisziplinierten Edelleuten aufzuteilen (der Streit, den er mit Anfuso von Roto und
den Grafen von Gerace kurz vor seiner Volljährigkeit auszufechten hatte, hinterließ in Friedrich nicht nur eine bittere Erinnerung, sondern ein tiefes Mißtrauen gegenüber dem sizilianischen Adel), ließ er die Insel von einem Heer
von Beamten verwalten, das er aus Klerikern und Laien rekrutierte, die ihm
aber alle selbst unterstellt waren. Gleichzeitig erhöhte er die Effektivität seiner
Kanzlei, indem er die Arbeit auf mehrere Abteilungen verteilte, die jede ihre
besondere Aufgabe hatte. Die eine hatte die Einnahme und Verwaltung der
Steuern zu kontrollieren, die andere hatte Häfen und Zölle zu überwachen, die
dritte mußte die Entwicklung der Landwirtschaft fördern, und wieder eine andere hatte öffentliche Gebäude, Brücken und Straßen in Ordnung zu halten.
Unter dem Druck dieser dynamischen Administration, deren Beamte durch
das Land zogen, um die strenge Durchführung dieser Gesetze sicherzustellen,
erfuhr Sizilien mit der Zeit einen mächtigen wirtschaftlichen Aufschwung und
wurde zum ersten zentralisierten Einheitsstaat Europas.
Man kann sagen, daß Deutschland unter Friedrichs Händen mehr und mehr
feudalistisch und germanisch wurde, während Sizilien einheitlicher und römischer wurde. Dieser Unterschied spiegelt übrigens den wirtschaftlichen Ent-
wicklungsgrad wider, den die betreffenden Völker erreicht hatten. Deutschland war noch im Stadium eines Agrarstaates, in dem Tauschhandel herrschte,
dieweil Süditalien bereits die Finanzwirtschaft kannte, das heißt, daß die Waren mit Münzen bezahlt wurden. Doch so angenehm sie im Augenblick war,
sollte diese Politik Folgen zeigen, deren Nachteile erst viel später sichtbar wurden. Einerseits förderte sie die Zerstückelung Deutschlands und verzögerte
seine Einheit um Jahrhunderte, und andererseits grub sie einen echten Graben
zwischen Nord- und Süditalien, dessen Auswirkungen noch heute spürbar
sind. Dennoch kann man Friedrich keine Vorwürfe machen. So durchdringend
sein Blick auch war, er konnte eine so ferne Zukunft nicht voraussehen.
Schon bevor Dante den ersten Gesang seines *Paradieses* schrieb, war Friedrich II. zutiefst davon überzeugt:

> Die Dinge allesamt . . . haben
> Unter sich Ordnung, und das All ist nur
> Durch diese Form göttlich und erhaben.
>
> Sie treiben durch des Seins unendlich Meer,
> Geleitet vom Instinkt, den Gott als Steuer
> Jedwedem gab, zu manchem Hafen her.[110]

Bei Dante erwuchs diese Überzeugung aus einer poetischen Vision. Für Friedrich ergab sie sich aus der Beobachtung des Lebens.

II

Sizilien eine neue Verfassung zu geben, war ein lobenswertes Werk. Doch das genügte nicht. Um ihre Anwendung sicherzustellen, bedurfte es der Ausbildung junger und aktiver, sachkundiger Leute, die nicht mehr von dem Reichtum eines Fürsten abhängig waren, sondern sich ausschließlich den Interessen des Staates ergeben hatten. Man kann sich heutzutage die psychologischen und moralischen Veränderungen kaum vorstellen, die das voraussetzte. Um die Heranbildung dieses neuen Personals zu beschleunigen, beschloß Friedrich, in Neapel eine Universität zu gründen.

Eine der Haupteigenschaften, die er in seinem ganzen Leben bewiesen hat, war das Unterscheidungsvermögen, mit dem er seine Mitarbeiter aussuchte. Seine Kanzlei war einer Gruppe bedeutender Männer anvertraut. Unter ihnen taten sich in erster Linie Berard von Castacca hervor, der Erzbischof von Bari, Konrad von Scharfenberg, der ehemalige Kanzler Ottos IV., Hermann von Salza, der Hochmeister des Deutschen Ritterordens, und später Petrus von Vinea, ein versierter Rechtsgelehrter aus Capua.

An die Spitze der Universität von Neapel berief Friedrich Roffred von Benevent, den Rektor der Universität von Bologna. Denn Bologna war das älteste und angesehenste kulturelle Zentrum Italiens. Die Statuten seiner Hochschule, die im Jahre 485 von Theodosius gegründet worden war, um für die Kirche die nötigen Geistlichen heranzubilden, waren von Friedrich Barbarossa geändert worden, der dort das Studium des römischen Rechts eingeführt hatte. Roffred von Benevent war also besonders geeignet, diese neue Aufgabe zu übernehmen.

In kurzer Zeit wurde die Universität von Neapel nicht nur zur größten, sondern zur modernsten Europas. Sie konnte fünfzehntausend Studenten aufnehmen und war damit eine Ausbildungsstätte von Fachleuten, unter denen Friedrich nur die qualifiziertesten auszusuchen brauchte. Hier wurden römisches Zivilrecht gelehrt, Ciceros Staatsrecht, die Verordnungen des Senats der Republik, die Pandekten des Justinian, Verwaltungsrecht, Geschichte und Geographie. Während sich andere Universitäten dieser Zeit auf das Studium des kanonischen Rechts beschränkten, das sich auf die Auslegung der Heiligen Schrift und der Kirchenväter stützte, ermutigte Neapel seine Studenten zur freien Forschung. Seine Hochschule förderte die Wiederbelebung der Vergangenheit wie auch den Vorstoß in die Zukunft, denn sie brachte eine Reihe von Wissenschaftlern hervor, die sich sowohl durch ihre Gelehrsamkeit wie durch ihr Urteilsvermögen auszeichneten. Doch nicht allein dadurch unterschied sich die neapolitanische Universität von anderen, sondern vielmehr durch ihre Statute.

Ihre Schüler wurden auf Kosten des Staates unterrichtet, genährt und beherbergt. Ihr Studium dauerte zwischen drei und fünf Jahren. Wer sich einschrieb, konnte seine Fächer und Lehrer frei wählen. Auf der anderen Seite mußten sie sich verpflichten, nach Beendigung des Studiums das Land nicht zu verlassen und ihr Wissen dem sizilianischen Staat vorzubehalten, der die Finanzierung ihrer Ausbildung übernommen hatte. Jede Verletzung dieser Regel zog strenge Strafen nach sich. So wurde die Universität von Neapel die erste weltliche und staatliche Hochschule des Kontinents.

Parallel dazu gründete Friedrich in Salerno eine medizinische Fachschule, die bald berühmt wurde und es sogar mit ähnlichen Institutionen aufnehmen konnte, die bereits in Alexandrien, Bagdad und Cordoba bestanden.[111] Wir wissen von Zeugenaussagen, daß Kaiser Friedrich sich leidenschaftlich für Medizin interessierte. Er hatte sie studiert und seine Grundkenntnisse so ausgeweitet, daß er sich in dieser Wissenschaft bewandert genug glaubte, um erkrankte Freunde selber zu behandeln (was bei ihnen allerdings nicht ohne Bangigkeit abging). Für ihn war die Medizin »das Vorzimmer für alle Kenntnisse«, weil sie sich auf die Beobachtung der Natur gründete.

Die Hochschule von Salerno erlangte deshalb einen so guten Ruf, weil ihre Studenten einer strengen Auswahl unterzogen wurden und ihre Ausbildung auf der genauen Kenntnis ihrer Lehrer vom menschlichen Körper beruhte. Die Professoren erwarben ihr Wissen aufgrund von Leichensezierungen und Anatomiestudien, wie sie in Ägypten praktiziert wurden, in allen anderen Ländern jedoch als Sakrileg verboten waren. Die Studenten lernten dort nicht nur Medizin und Pharmakologie, sondern auch Chirurgie, Mathematik, Astronomie und die Anfangsgründe dessen, was wir heute Chemie nennen. Die Kurse waren neben dem theoretischen Unterricht von praktischen Übungen begleitet.

Als Friedrich die Fachhochschule von Salerno gründete, folgte er nicht allein seiner Leidenschaft für die wissenschaftliche Forschung. Ebenso wie die Universität von Neapel einen Versuch darstellte, den Geist der römischen Antike zu erneuern, sollte die Schule in Salerno dazu dienen, das arabische Erbe zu erhalten und fruchtbar zu machen. Wußte er, daß zwei syrische Ärzte, die eilends an das Wochenbett seiner Mutter gerufen worden waren, seine Geburt erleichtert und ihm vielleicht das Leben gerettet hatten? Das kann man nicht behaupten, aber er brauchte lediglich um sich zu schauen, um den enormen

Fortschritt festzustellen, den arabische Ärzte gegenüber ihren europäischen Kollegen erzielt hatten.

Im 8. Jahrhundert der christlichen Zeitrechnung – das entsprach dem 6. Jahrhundert der Hedschra – hatte die arabische Zivilisation ihren Höhepunkt erreicht. Von den omaijadischen und abassidischen Kalifen gefördert, erlebte sie während ihrer Ausbreitung unter der Herrschaft der Almohaden und Abenceragen in Marokko und Andalusien ihr goldenes Zeitalter und hatte die abendländische Kultur und Zivilisation in vielen Bereichen überholt.[112] Man kann sich diesen Vorsprung besser vor Augen führen, wenn man weiß, daß man in Rom das Forum, das jetzt *Campo Vaccino* hieß, nicht überqueren konnte, ohne in Kuhfladen zu treten, während in Bagdad die Ufer des Tigris von Marmorbalustraden gesäumt waren, es städtische Beleuchtung gab und öffentliche Bäder zu Dutzenden existierten. Was die Emire von Sevilla und Cordoba anbelangt, so leiteten sie in ihrer Mußezeit poetische Wettbewerbe, dieweil die meisten Barone Karls des Großen nicht einmal ihren Namen schreiben konnten. Im Bereich der Astronomie und der Medizin war die arabische Überlegenheit jedoch am deutlichsten abzulesen. Schon im Jahre 900 hatte Rhazes die Pocken und die Masern diagnostiziert. Als angesehener Chirurg wußte er als erster den *Nervus laryngeus* vom *Nervus recurrens* zu unterscheiden und hatte mehrfach den grauen Star operiert. Abdul Kazis (913–1003) hatte die Diagnose des Kropfes beschrieben sowie die operative Entfernung von Gallensteinen (noch heute wird der Schnitt an der von ihm empfohlenen Stelle vorgenommen). Al Hazen (965–1039) hatte die erste genaue Beschreibung des Auges veröffentlicht, und Avicenna (980–1037), der auf das Studium der Venen und Arterien spezialisiert war, hatte die erste Theorie über den Blutkreislauf publiziert. Aven Zohar (gest. 1161), der erstmals den Luftröhrenschnitt durchgeführt hat, war wegen seiner kostbaren Hinweise auf Verrenkungen und Knochenbrüche, Entzündungen des Mittelfells, des Herzbeutels und Lungenödeme berühmt. Sein Schüler Averroes (1120–1198) war im wahrsten Sinne des Wortes ein Universalgenie. Er veröffentlichte Abhandlungen über Gegenmittel gegen Gifte, Vergiftungen und Fieber. Er heilte seine Kranken, indem er ihnen Brechmittel und Abführmittel verabreichte und Senfpflaster und Zugpflaster verwendete. Aben Bithar (gest. 1248) schließlich, der die Werke von Diokurides, Galen und Oreibasios verbessert hatte, sollte unter dem Titel *Einfache Arzneien* eine Art Enzyklopädie über das medizinische Wissen seiner Zeit hinterlassen.[113] All das wollte Friedrich in Salerno zusammenbringen, damit seine Studenten die Forschung zum Nutzen seines Königreichs und des Abendlandes fortsetzen konnten. Wie man sieht, war er während seines Aufenthalts in Capua nicht untätig geblieben . . .

Als der Frühling und der Sommer vorüber waren und seine vielfältigen Anregungen Gestalt anzunehmen begannen, begaben Friedrich und Konstanze sich nach Sizilien, das sie nach so langer Abwesenheit endlich wiedersehen wollten. Doch so eilig sie es hatten, hielten sie sich einige Tage in Catania auf, wohin der Kaiser eine große Versammlung berufen hatte, die sich aus Abordnungen aller Gemeinden der Insel zusammensetzte. Er wollte Rat von ihnen, wie er sie am besten regieren könnte. Er befragte die Abgesandten, hörte ihren Debatten zu, registrierte ihre Beschwerden und wurde ihren Bedürfnissen gerecht. Der Hohenstaufer hatte in Deutschland erfahren, wie vorteilhaft es war, die Zustimmung der Bevölkerung auf seiner Seite zu haben. »Dies war«, wenn man Michele Papa zitieren darf, »das erste demokratische Parlament, das in Europa getagt hat«.[114]

Durch all diese Maßnahmen bewies Friedrich seine Eigenschaften als Erneuerer. Nicht ohne Grund sollte Matthäus von Paris ihn als »erstaunlichen Umgestalter der Dinge« bezeichnen.

III

Als Friedrich und Konstanze in Palermo eintrafen, fanden sie die Insel viel ruhiger, als sie erwartet hatten. Die Durchsetzung der neuen Verfassung erwies sich jedoch als nicht ganz leicht. Nicht daß das Volk ihr feindlich gegenüberstand: Es nahm das Gesetz von Capua sogar recht wohlwollend auf. Aber das galt nicht für den sizilianischen Adel, dem die neue Gesetzgebung einen großen Teil seiner Privilegien nahm und ihm eine Disziplin auferlegte, die er nicht mehr gewöhnt war.

Immerhin hatte die zentrale Gewalt acht Jahre gefehlt. Als Friedrich die Insel verließ, um sich die Kaiserkrone zu holen, hatte er Konstanze zur Regentin des Königreichs bestimmt und ihr Walter von Pagliara, den Bischof von Catania, an die Seite gestellt. Aber Walter hatte sich aus Altersgründen bald zurückgezogen, worauf Konstanze es für richtig befand, ihn durch einen gewissen Rainer von Talente zu ersetzen, den sie aus der Toskana kommen ließ, um ihr bei ihrer Aufgabe zu helfen.

Im Herbst 1216 hatte Friedrich seine Gattin und seinen Sohn gebeten, zu ihm nach Deutschland zu reisen, denn er wollte sie zur Kaiserin und Heinrich zum König der Römer krönen lassen. Von diesem Augenblick an stand der sizilianische Thron leer, und Rainer von Talente hatte die Macht übernommen. Der aber hatte nichts Eiligeres zu tun, als sich mit Markward von Anweiler – immer wieder er – zu verbünden, und diese beiden Schelme waren sich einig darin, die

Ländereien der Krone unter sich aufzuteilen. Im Grunde sah sich Friedrich jetzt in der gleichen Situation wie zum Zeitpunkt seiner Volljährigkeit. Allerdings mit ein paar nicht zu unterschätzenden Unterschieden: im Jahre 1208 war er erst vierzehn Jahre alt und nunmehr achtundzwanzig; einst war er ein Anfänger auf der politischen Szene, der weder Geld noch Waffen oder Bundesgenossen hatte; inzwischen war er vom Papst zum Kaiser gesalbt und zur wichtigsten Persönlichkeit der Christenheit geworden.

Die Ordnung mußte wiederhergestellt werden. Friedrich, der im allgemeinen zu diplomatischen Mitteln griff, beschloß diesmal, hart vorzugehen. Wenn die zeitgenössischen Chronisten ihn als »stupor mundi« bezeichnet haben, so bedeutete das nicht nur, daß er bei allen bewundernde Erschrockenheit hervorrufen konnte, sondern sicher auch, daß er notfalls seinen Feinden eine heilsame Furcht einjagen konnte.

Sobald Friedrich in Palermo einzog, eilte Rainer von Talente an den Hof. Doch da er kein gutes Gewissen hatte, behandelte er den jungen König mit beleidigendem Hochmut. Und genau das konnte Friedrich II. nicht ausstehen. Vielleicht hätte er ihm dennoch seine Arroganz verziehen, wenn er nicht von dem Ausmaß der Veruntreuungen erfahren hätte. Um ein Exempel zu statuieren, ließ er ihn in Ketten legen und behielt ihn als Geisel, bis er alle Krongüter herausgab, die er sich vorher angeeignet hatte.

Die sizilianischen Barone hatten es sich zur Gewohnheit gemacht, nach eigenem Ermessen zu handeln und keine Obermacht anzuerkennen. Sie sprachen in ihren Lehen Recht, zogen die selbsterhobenen Zölle ein und beuteten die Bewohner auf schamlose Weise aus. Konnten sie es hinnehmen, daß ihnen ein junger achtundzwanzigjähriger Herrscher mit einem Federstrich die meisten ihrer Vorteile raubte und von ihnen die Rückgabe der Schenkungen und Freiheiten verlangte, die sie sich selbst zugestanden hatten? Konnten sie es dulden, daß er sie ihrer Güter enthob und sie gleichzeitig einem System von Zwängen unterwarf, die sie seiner Gnade auslieferten? Das schien undenkbar . . . Und so probten sie den Aufstand.

Um sie zu bändigen, schickte Friedrich ihnen eine Anzahl frisch ernannter »Justitiare«, die von kleinen bewaffneten Truppen aus der Bevölkerung begleitet wurden (hier begann die Versammlung von Catania Früchte zu tragen, denn er fand jetzt die Unterstützung der Öffentlichkeit). Die Bezeichnung »Justitiar« ist bezeichnend. Daran können wir ablesen, daß Friedrich weniger als Staatschef handelte, dessen Interessen verletzt waren, denn als »Verteidiger und Bewahrer der Gerechtigkeit«.[115] Deshalb die Strenge seiner Maßnahmen.

Besonders schwer war der Fall des Grafen Thomas von Celano zu lösen, der in den Abruzzen ein riesiges Gebiet an sich gerissen hatte, das die Städte Roccamandolfi, Bojano und Ovindoli umfaßte und das er zu einem unabhängigen Lehen unter der Bezeichnung Grafschaft von Molisa erheben wollte. Friedrich beauftragte einen seiner Verwandten, Thomas von Aquin, den Grafen von Acerra, damit, diesen Rebellen zu bestrafen, und ernannte ihn zu diesem Zweck zum Großjustitiar von Apulien und des Kapitanats.[116]

Thomas von Acerra brach an der Spitze eines Kontingents von fünfzehnhundert Reitern zu den Abruzzen auf. Er setzte zur Belagerung der Feste Rocamandolfi an, wohin sich der Graf von Celano zurückgezogen hatte. Doch die Gegend war ungastlich und bergig, voller Vulkanblöcke und steiler Schluchten. Die Belagerung zog sich hin. Auf beiden Seiten wurde die Verpflegung der Truppen zum Problem. Als der Graf nahe daran zu sein schien, aufzugeben, verließ er die Festung heimlich, um in einer anderen Zuflucht zu suchen . . . Bis zu diesem Zeitpunkt hatte Friedrich nicht persönlich in den Kampf eingegriffen. Doch da kein Ende abzusehen war, versuchte er es mit einer List. Weil der Graf von Molisa gesundheitlich geschwächt war, schlug Friedrich ihm vor, die Verwaltung seines Lehens seiner Frau zu übertragen und sich selbst ins Exil zu begeben. Sobald ihr Mann fort war, setzte sich die Gräfin mit den Vertretern des Königs in Verbindung und unterzeichnete mit ihnen ein Kompromißabkommen. Kraft dieser Vereinbarung sollte die Administration des Territoriums der Gräfin zufallen, während der Besitz im eigentlichen Sinn ihrem Gatten verblieb, da er nicht mit Waffengewalt bezwungen worden war. Seine beiden minderjährigen Söhne sollten als Geiseln der Erziehung durch Hermann von Salza anvertraut werden. So wurde der Graf von Celano zwar verbannt, aber in Freiheit gelassen. Wenige Monate später berief Friedrich ihn jedoch nach Palermo, wo er sich wegen irgendeiner Widerrechtlichkeit verantworten sollte. Als der Graf sich weigerte, bei Hof zu erscheinen, ließ der Kaiser ihn wegen Majestätsbeleidigung verurteilen, konfiszierte seine gesamte Grafschaft und gliederte sie dem Königreich ein. Die Stadt Celano, die bedeutendste Ansiedlung in dieser Region, ließ er schleifen, »so daß kein Stein mehr auf dem anderen blieb«.[117]

Wie der Graf von Celano hieß auch ein Dominikanerbruder mit Vornamen Thomas, der zu dieser Zeit durch Deutschland zog und Predigten hielt. Als er in seine Vaterstadt zurückkehrte, fand er nichts als Ruinen und vom Feuer geschwärzte Steine vor. Und dieser Anblick war um so trister, als selbst die Felsen um ihn herum rußig waren. Bruder Thomas war von dieser apokalyptischen Vision derart schmerzlich betroffen, daß er sie im Gedächtnis behielt und später in einer berühmten Hymne aufgriff:

> Dies irae, dies illa
> Solvet Saeclum in favilla . . .

Während sich diese Gewalttaten in den Abruzzen abspielten, besuchte Friedrich Messina, Catania, Caltagirone und Girgenti,[118] um sich zu vergewissern, daß die Anordnungen seiner »Justitiare« streng befolgt wurden. Anschließend stellte er alle Häfen der Insel wieder unter seine Herrschaft, und zwar sowohl die an der Nordküste, auf welche die Pisaner alte Rechte geltend machten, wie auch die im Süden – insbesondere Syrakus –, die von den Genuesern zu einer unabhängigen Grafschaft erhoben worden waren. All diese Unternehmungen waren von Erfolg gekrönt, so daß jeder, wie ein Chronist berichtet, »in dem Königreich gezwungen war, sich ihm zu unterwerfen«.

Bereits Heinrich VI. hatte einen Aufstand der adligen Sizilianer unter ihrem Anführer Tankred von Lecce niederschlagen müssen. Ihm war es nur mit Hilfe der germanischen Ritter gelungen, deren Herrschaft auf der Insel bekanntlich schlimme Folgen gehabt hat. Im Gegensatz zu seinem Vater gelang es Friedrich jedoch, die Ordnung wiederherzustellen, ohne eine fremde Macht hinzuziehen zu müssen, indem er sich einzig und allein auf die örtliche Bevölkerung stützte. Und deshalb sollte das Werk seiner Befriedung so fest gegründet sein.

Kaum war der Aufruhr des Adels im Keim erstickt, als Friedrich ein unerwarteter Schlag traf: Am 23. Juni 1222 starb seine Frau, Konstanze von Aragonien, im Alter von neununddreißig Jahren in Catania.

Am 16. Juli wurde sie nach Palermo überführt, wo sie in der Kathedrale nicht weit vom Grabe Konstanzes von Hauteville beigesetzt wurde. Man kleidete sie in einen mit Perlen bestickten scharlachroten Seidenmantel, setzte ihr ein Diadem auf, an dessen Seiten nach byzantinischem Brauch Anhänger aus Edelsteinen herabhingen und legte ihre sterbliche Hülle in einen antiken Sarkophag, auf den man folgende Inschrift meißelte, dessen Text sie selbst formuliert hatte:

> Siziliens Königin war ich, Konstanze,
> dir angetraute Kaiserin.
> Nun ruhe ich hier,
> Friedrich, die deine.[119]

Als der Sarkophag Jahrhunderte später geöffnet wurde, war ihr Haupt mit einer Krone in Form einer Haube geschmückt. Man schloß daraus, daß Friedrich sie ihr selbst auf die Stirn gedrückt haben muß, kurz bevor der Sarg geschlossen worden ist.

IV

Doch der Kampf um die Befriedung der Insel war noch nicht beendet. Eine letzte Etappe blieb zu bewältigen – vielleicht die härteste und schwierigste von allen. Denn die sizilianischen Barone waren nicht die einzigen gewesen, die sich gegen die neue Verfassung auflehnten. Der arabische Teil der Bevölkerung war ebenfalls dagegen. Die Muselmanen hatten die normannische Eroberung hingenommen, weil sich die Verwaltung unter König Roger ihnen gegenüber sehr liberal gezeigt hatte. Sie hatte ihnen erlaubt, ihren persönlichen Status zu bewahren, ihre Kollegien und Moscheen zu erhalten und ungehindert ihrem religiösen Glauben anzuhängen. Und nun wurde ein engmaschiges Netz von gesetzlichen Verfügungen über die Insel gelegt. Darüber hinaus hatte sich die Lage dadurch verschlimmert, daß die Durchführung dieser Reglementierungen von einer strengeren Kontrolle als früher begleitet war.

Als dieses neue Gesetz von Capua in Kraft gesetzt wurde, bekamen die Araber Angst. Hatte es nicht zum Ziel, sie in eine untergebene Stellung in bezug auf die übrige Bevölkerung zu bringen, die Freiheiten abzuschaffen, derer sie sich bisher erfreut hatten, und sie am Ende auszulöschen? Die drakonischen Maßnahmen, die Friedrich gegenüber dem Grafen von Celano und den Rebellen in den Abruzzen angewandt hatte, schienen diese Befürchtung zu rechtfertigen. Denn auch die Araber hatten unter dem Aufstand des Adels zu leiden. Wiederholt hatten sie, um Verfolgungen zu entgehen, die Städte und fruchtbaren Täler verlassen müssen, um in öde Berggegenden im Inneren der Insel zu fliehen. Nun aber kehrten sie wie wilde Horden in die Ebenen zurück, steckten die Dörfer in Brand und metzelten die Bewohner nieder. Friedrich konnte diese Gewalttaten nicht unbestraft lassen, denn sie drohten im Wiederholungsfall den Wohlstand der Insel zu gefährden.

Zu Anfang hatten diese Ausfälle rein lokalen und unzusammenhängenden Charakter. Nach drei Monaten verstärkte sich jedoch der arabische Aufruhr. Er gruppierte sich um einen Anführer, den Emir Ibn-Abbad, und hatte seinen Stützpunkt in der Festung Giato, von der aus die Angriffe in allen Richtungen geführt wurden. Die Lage wurde von Tag zu Tag bedrohlicher. Und mit einem einfachen Kleinkrieg konnte man diesen ständigen Überfällen nicht beikommen.

Im Herbst erzielte Friedrich mit seinen Truppen einen ersten Erfolg, der den Feindseligkeiten hätte ein Ende setzen können. Nach dreimonatiger Belagerung fiel ihnen die Festung Giato in die Hände, wo sich Ibn-Abbad und seine Leute verschanzt hatten. Von Hunger und Munitionsmangel gezwungen, mußten sich der Emir und seine Söhne dem Sieger ergeben. Dann spielte sich hingegen eine Szene ab, von der uns die arabischen Chronisten eine schreckliche Schilderung überliefert haben.

Ibn-Abbad und seine Söhne wurden in Friedrichs Zelt geführt. Sie warfen sich ihm zu Füßen und flehten ihn um Milde an. Aber der Kaiser hörte sie nicht einmal an. In einem Wutanfall, wie er ihn nie gezeigt hatte, gab er dem vor ihm knienden Emir »einen so starken Fußtritt, daß ihm sein Sporn die ganze Körperseite aufriß«.[120] Acht Tage später wurden Ibn-Abbad und seine Söhne gehängt.

Wie sollte man sich diesen Zornausbruch erklären? Mußte man annehmen, daß das Blut Heinrichs VI. plötzlich in seinen Adern kochte und ihn zu diesem Reflex eines Wilden bewegte? Oder hatte Friedrich sich beleidigt gefühlt, daß die Araber ihn für fähig hielten, ihren Stamm auszurotten? Er, der unter ihnen aufgewachsen war, der ihre Sprache beherrschte und für den Islam eine Sympathie zeigte, die man bei anderen Herrschern des Abendlandes vergebens gesucht hätte, sollte ihnen gegenüber so finstere Absichten haben? Als sie gegen ihn rebellisch wurden und ihn zwangen, sie zu bekriegen, hatten die Araber ihn an einem besonders empfindlichen Punkt getroffen. Deshalb seine heftige Reaktion. (Bei seiner tiefen Kenntnis der arabischen Psychologie wußte er vielleicht auch, daß sie die Waffen nicht wieder niederlegen würden, ehe sie nicht auf dem Felde geschlagen worden waren.)

Jedenfalls rief seine grausame Behandlung des Emirs und dessen Söhne den Zorn der Sarazenen hervor. Im Verlauf des Winters eroberten sie infolge eines Verrats die Festung Giato zurück und metzelten die gesamte sizilianische Besatzung nieder, die Friedrich dort stationiert hatte. Darauf kannte seine Wut keine Grenzen mehr.

Da er sich zu diesem Zeitpunkt in Apulien aufhielt, machte er den Admiral Heinrich von Malta für diese Katastrophe verantwortlich, den er zur Überwachung der militärischen Lage zurückgelassen hatte. Er warf ihm seine Unfähigkeit vor, die dazu geführt hatte, den Mut der Aufständischen zu schüren und ihnen zu erlauben, ihre Rebellion fortzusetzen, die er schnell niederschlagen wollte, um weitere Opfer zu vermeiden. Heinrich von Malta versuchte, sich damit zu entschuldigen, daß ihm nicht genügend Streitkräfte zur Verfügung standen. Doch Friedrich hieß ihn schweigen. Er enthob ihn seines Kommandos und ließ ihn in Ungnade fallen. Außerdem konfiszierte er seine Güter, die er in Malta besaß und die aus Familienbesitz stammten. Aber der Kaiser war klug genug, sich auf die Dauer einer wichtigen Hilfskraft nicht zu berauben. Heinrich von Malta war einer der tüchtigsten Seeleute seiner Zeit. Als sein Ärger verflogen war, gab der Staufer ihm seine Ländereien zurück, verzieh ihm seine Niederlage und schickte ihn in einer Sondermission nach Ägypten, über die später noch zu berichten sein wird.

Wie Friedrich befürchtet hatte, zog sich der Krieg – mal stärker, mal schwächer – über fast zwei Jahre hin.[121] Da Ibn-Abbad tot war und Heinrich von Malta in Ungnade stand, war niemand da, der die Aktionen hätte koordinieren können.

Vereinzelte Gruppen hielten den Maquis besetzt und verteidigten sich mit dem Mut der Verzweiflung. Für einen Augenblick fragte Friedrich sich, ob er der Lage Herr werden würde, denn die Sarazenen erwiesen militärische Fähigkeiten, die denen der sizilianischen Krieger weit überlegen waren. Da brach im Jahre 1224 der Widerstand der Araber plötzlich zusammen. Die Herren der Berge waren am Ende ihrer Kräfte, legten die Waffen nieder und baten um Nachsicht. Der Zorn des Königs verflog wie im Winde.

Der Zusammenbruch des arabischen Aufstands markiert den Anfang einer Erfahrung, die es in der Geschichte noch nicht gegeben hatte.

Die stolze Gemeinschaft der sizilianischen Muselmanen, die über drei Jahrhunderte den Wohlstand der Insel gefördert hatte, war nach der Auflösung ihrer Hierarchie und ihrer festen Strukturen nurmehr ein Schatten ihrer selbst. Ausgeblutet und zerlumpt irrten ihre Überlebenden durch das Land, wurden von allen zurückgestoßen, hatten keine Arbeit, keine Zukunft. Bis zum letzten Atemzug hatten sie gekämpft, um ihren Glauben und die Bräuche ihrer Vorfahren zu retten. Nun waren die Moscheen leer, die Werkstätten verlassen. Selbst ihr Gottvertrauen schien erschüttert . . .

Zu jener Zeit war das Schicksal Besiegter von vornherein besiegelt: Sie wurden mit Waffengewalt ausgerottet oder zur Sklaverei verurteilt. Die Araber kannten also die Zukunft, die sie erwartete. Doch Friedrich dachte nicht daran, auf sie das Kriegsrecht anzuwenden. Da er sie nicht durch Sizilien schweifen lassen konnte, wo ihre Gegenwart Unsicherheit und Anarchie hervorrief, beschloß er, sie in kleinen Gruppen nach Süditalien zu bringen. Zu diesem Zweck mietete er eine kleine Genueser Schiffsflotte, die mehrere Wochen zwischen Messina und Reggio in Kalabrien hin und her pendelte. Bald waren sechzehntausend Sarazenen auf den Kontinent übergesetzt. Friedrich ließ sie auf verschiedene Orte in Apulien verteilen. Die Einwohner dieser Städte protestierten jedoch heftig gegen diese Eindringlinge, die sie in ihrem Land nicht sehen wollten. Außerdem flohen die Araber in Scharen die ihnen zugewiesenen Ortschaften und kehrten heimlich nach Sizilien zurück, nach dem sie einfach Sehnsucht hatten.

Friedrich hatte bereits bemerkt, »daß man die Menschen in Neapel und Palermo nicht wie die in Mainz und Augsburg regieren konnte«. Er begriff auch, daß er die muselmanischen Krieger nicht wie Bauern aus den Abruzzen behandeln durfte. Mit dem angeborenen Sinn für die ethnischen Eigentümlichkeiten der Leute wurde er sich klar, daß es nicht genügte, die Araber aufs Festland zu transportieren und über das Land zu verstreuen und sich im übrigen auf eine mögliche Assimilierung zu verlassen. Er mußte sie wieder eingliedern, im Boden verwurzeln und ihre Unterschiedsmerkmale nicht auslöschen, sondern hervorheben. Mit anderen Worten: Sie würden nur dann den Geschmack am Leben wiederfinden, wenn sie erneut in vollem Umfang sie selbst wurden ... Also faßte Friedrich einen so kühnen Plan, daß seine Zeitgenossen nahezu erschraken. Er suchte nach einem verhältnismäßig großen Gelände, das abseits von den bewohnten Gegenden lag, um dort die gesamte arabische Bevölkerung Siziliens anzusiedeln. Er fand es im Nordwesten von Foggia, wo inmitten einer öden und recht unfruchtbaren Ebene eine felsige Plattform aufragt, deren Klippen einen weiten Blick in die Ferne erlaubten. Der Ort war zugegebenermaßen nicht gerade geeignet, aber er trug einen vielversprechenden Namen, er nannte sich Lucera (von »lucere« = glänzen).[122]

Sobald Friedrich seinen Entschluß gefaßt hatte, ließ er dort eine befestigte Stadt errichten, die mit einem dicken Wall und starken Rundtürmen umgeben war und deren Ausmaße hinreichten, um sechzehntausend Bewohner aufzunehmen. Die Bauarbeiten dauerten zwei Jahre. Dann entließ er die arabischen Stämme aus dem Untertanenverhältnis und schenkte ihnen ihre Grundfreiheiten zurück. Sie hatten das Recht, sich neu zu gruppieren, zu verwalten, ihrem Glauben anzuhängen und sich nach ihrem Verständnis zu regieren. Sie hätten nicht froher und freier sein können als unter der Herrschaft eines Almohaden.[123]

Wie Friedrich es erhofft hatte, ließ die Reaktion der Araber nicht lange auf sich warten. Als erneut die Gebetsrufe der Muezzins von den hohen Minaretten widerhallten, fanden die Sarazenen ihre Identität zurück und begaben sich wieder an die Arbeit. Mit unermüdlichem Eifer machten sie die Umgebung der Stadt urbar, pflanzten Mais, Zuckerrohr, Maulbeerbäume, Orangen und Aprikosen an, bauten Straßen und innerhalb der Wälle Paläste mit Innenhöfen und Springbrunnen. Nach einigen Jahren verwandelte sich die graue und fruchtlose Ebene in eine grünende Gegend. Da die Hierarchien und sozialen Strukturen wiederhergestellt waren, erblühte eine neue Zivilisation. Mit Hilfe der Seidenraupenzucht begannen die Leute, schillernden Brokat und leichte Musselinstoffe anzufertigen, andere widmeten sich der Teppichknüpferei, der Verzierung von Sätteln, der Bemalung von Keramik oder Goldschmiedearbeiten. Auch Schwerter wurden geschmiedet, die so gut waren, daß sich ihr Ruf in der ganzen Welt verbreitete und ein Stadtviertel ausschließlich mit ihrer Anfertigung beschäftigt war.

Friedrich II., der ihre Fortschritte aufmerksam verfolgte, ermutigte sie zur Aufzucht von Pferden, Falken, Sperbern und Jagdhunden. Er übertrug ihnen die Leitung des zoologischen Gartens, den er zum eigenen Vergnügen in Foggia einrichten ließ. Den Stoffabrikanten und Schneidern gab er Purpurmäntel und Schmuckkleidung in Auftrag. Und schließlich ernannte er sie zu Hoflieferanten. Doch bei diesem Aufschwung blieb es nicht.

Wie wir gehört haben, hatte Konstanze von Aragonien ihm »mehr als Zärtlichkeit« entgegengebracht: »ein Gefühl der Sicherheit«. Nun, da sie tot war, fehlte ihm diese Sicherheit sehr. Er trauerte seiner Frau und den fünfhundert Rittern nach, die von der Pest dahingerafft worden waren. Er glaubte, sie nie ersetzen zu können. Doch jetzt bot ihm die Ansiedlung der Araber in Lucera die Möglichkeit dazu. Warum sollte er nicht aus der Quelle der Krieger schöpfen, die ihm die Bevölkerung dieser Stadt liefern konnte? Sie stellten einen um so sichereren Schutz dar, als es sich um Elitetruppen handelte, die über Jahre seine eigenen Streitkräfte in Schach gehalten hatten und als Muselmanen durch päpstliche Verbote nicht zu beeindrucken waren. Honorius III. war schließlich nicht unsterblich. Er konnte jeden Augenblick von einem anderen Papst abgelöst werden, der sich vielleicht ebenso autoritätsbewußt und herrschsüchtig zeigen dürfte wie Innozenz III.

Er berief deshalb alle wehrtüchtigen Bewohner Luceras ein und teilte sie in zwei Armeen auf. Die eine, achttausend Mann starke Einheit erhielt die Aufgabe, im Süden die Sicherheit des Kapitanats zu überwachen, die andere, zwölftausend Soldaten umfassende Truppe bildete im Norden eine Bastion gegen den Kirchenstaat.

Nachdem diese Streitkräfte aufgestellt waren, suchte er sich sechshundert besonders geeignete Ritter aus, die er zu seiner Leibgarde machte. Das war der Kern einer ständig mobilen Berufsarmee, die Andeutung einer Militärmacht, wie sie keinem anderen Herrscher jener Zeit zur Verfügung stand.

Die Verpflanzung der arabischen Bevölkerung Siziliens zeigte einen derartigen Erfolg, daß auch die restlichen sizilianischen Araber nach Lucera strömten, so daß dessen Einwohnerzahl bald vierundzwanzigtausend überschritt. Nach drei Jahren war Lucera nicht allein eine neue Stadt, sondern nahm die Ausmaße eines Verteidigungslagers an.

Um das Ganze zu krönen, tat Friedrich etwas, das ihm vollends das Vertrauen der Muselmanen einbringen sollte. Er ließ den Kronschatz der Könige von Sizilien nach Lucera bringen, den Heinrich VI. von Palermo in das Schloß Trifels in Franken überführt und den Friedrich nach Capua mitgenommen hatte.

Als die Araber sahen, daß Friedrich ihnen nicht nur seinen persönlichen Schutz, sondern auch den seines Schatzes anvertraute, zeigten sie sich zuerst ungläubig. Doch sie mußten ihm Glauben schenken: Der Kronschatz war da, sie konnten ihn betrachten, berühren und unter den Gewölben des Bergfriedes schillern sehen. Darauf trat Begeisterung an die Stelle der Ungläubigkeit. In ihrer Dankbarkeit schworen sie Friedrich, ihm treu bis zu ihrem Tod zu sein. (Wir werden später hören, wie sie ihr Versprechen hielten.)

Von diesem Tag an nannten sie ihn »Emperadour«. Diesen Titel »Imperator«, der ihn mit den antiken Cäsaren gleichstellte, verliehen ihm also die Araber zuerst, weil sie erkannten, aus welchem Holz er geschnitzt war. Bedeutete dies nicht eine neue Krönung?

So endete zu aller Zufriedenheit der arabische Aufstand, der unter so finsteren Vorzeichen begonnen hatte. Das war in Friedrichs Augen mehr als ein persönlicher Erfolg, es war ein Sieg seines brüderlichen Denkens und der instinktiven Anwendung der Gesetze des Lebens. Man konnte wahrlich von ihm sagen, daß er »ein erstaunlicher Umgestalter der Dinge« war.

V

Ein Triumph der Gesetze des Lebens? Vielleicht war das Friedrichs Meinung; Honorius III. teilte sie jedenfalls nicht. Als stünden ihre Beziehungen unter einem unabwendbaren Verhängnis, begann das Verhältnis zwischen dem Kaiser und dem Heiligen Stuhl sich zu verschlechtern. Seit der Zeit, da er noch Kardinal Savelli war, hatte der Nachfolger Innozenz' III. den Hohenstaufen stets rücksichtsvoll behandelt. Er hatte nicht protestiert, als Friedrich seinen Sohn Heinrich zum König der Römer wählen ließ. Er hatte sich mit dem Prinzip der »Personalunion« hinsichtlich Siziliens und des Reiches unter der Bedingung abgefunden, daß die beiden Territorien administrativ getrennt blieben. Doch seither hatte der Kaiser nicht aufgehört, Initiativen zu ergreifen, die der Papst zumindest nicht billigen konnte.

Zunächst die Gründung der Universität von Neapel. Was bedeutete diese Wiederbelebung des römischen Rechts? Hatte sie nicht zum Ziel, die weltliche Macht des Kaisers zu erhöhen und das Studium des kanonischen Rechts, auf dem die Macht der Kirche beruhte, in den Hintergrund zu drängen? Da er die Gefahr ahnte, war eine der ersten Maßnahmen des Papstes Honorius gewesen, die Lehre des römischen Rechts im christlichen Abendland zu verbieten. Dieses Verbot galt auch für die Universität von Neapel, blieb jedoch wirkungslos: Die Studenten strömten weiter zu den Rechtsvorlesungen.[124]

Und dann war da diese beunruhigende medizinische Fachschule in Salerno, deren Aktivität dem Heiligen Vater geradezu satanisch erschien. Wie sollte man diese gottlosen Praktiken billigen, diese Sezierungen von Leichen, die dazu dienten, die Krankheitsursachen zu ermitteln? Als Frucht vom Baume der Erkenntnis war die Krankheit eine Prüfung Gottes, der man sich geduldig und ergeben zu unterziehen hatte. Die »Nutzung« der Krankheiten war für das Seelenheil viel wichtiger als ihre Heilung, die lediglich zum Zweck hatte, den

124

Körper zu erhalten, der seit Ewigkeit der Verwesung und dem Tod geweiht war . . .

Darauf folgte die Niederschlagung des arabischen Aufstands. Zu Anfang hatte Honorius III. das Geschehen voller Zufriedenheit beobachtet. War dieser Kampf nicht an und für sich ein Beitrag zum Kreuzzug? Übrigens hatte Friedrich ihm diese Sache unter diesem Aspekt dargelegt. »Ich habe Heiden und die Häuser der Heiden vernichtet«, hatte er ihm geschrieben.[125] Jedenfalls war der Kampf gegen die »Ungläubigen« ein frommes Werk, sofern man sie bekehrte und zum wahren Glauben führte, das heißt zum Katholizismus. Als er jedoch sah, wie Friedrich mit den Sarazenen zusammenarbeitete, sie auf dem Kontinent ansiedelte, ihnen erlaubte und sie sogar ermutigte, den Ruhm Allahs zu verkünden, ja, als er feststellen mußte, daß sich Lucera wie ein Vorposten gegen den Kirchenstaat rüstete, begann Honorius III. die Brauen zu runzeln. »Sie werden es nicht bereuen, Heiliger Vater, einen Sohn wie mich emporgehoben und geliebt zu haben«, hatte Friedrich zu ihm bei der Krönung in Rom gesagt. »Sie werden sich bald der köstlichen Früchte des Baumes erfreuen, den Sie gepflanzt haben.« Wenn dies die ersten Früchte waren, wie würden dann die künftigen aussehen?

Der Papst hatte um so mehr Gründe, sich diese Frage zu stellen, als zu der Zeit, da Friedrich die arabische Gemeinschaft in Apulien ansiedelte, der fünfte Kreuzzug in Ägypten eine Reihe von Rückschlägen hinnehmen mußte. Unter dem Befehl von Johann von Brienne, dem ehemaligen Vogt von Zypern, der den Titel eines Königs von Jerusalem trug, obgleich er nurmehr Tyrus, Akkon und einen schmalen Küstenstreifen besaß, waren die Kreuzfahrer im Nildelta gelandet und auf Damiette zumarschiert, das sie nach langer Belagerung am 5. November 1219 einnehmen konnten. Darauf hätten sie nach Ansicht des päpstlichen Legaten Pelagus nach Kairo vordringen müssen. Doch ihre Kräfte waren dem nicht gewachsen, sie waren mit Waffen und Geldmitteln unzureichend ausgestattet. Johann von Brienne hatte es deshalb für richtiger gehalten, den »berühmtesten der Kreuzzüge«, den des Kaisers Friedrich abzuwarten.[126] Doch durch die Unruhen in Sizilien war dieser daran gehindert, zu ihnen zu stoßen. Nachdem sie acht Monate ausgeharrt hatten, mußten die Kreuzfahrer Damiette wieder räumen und sich geschwächt an die Küste zurückziehen. Bei diesem Rückzug waren viele Ritter niedergemetzelt worden. Welchen Gegensatz bildete dieses traurige Geschehen im Vergleich mit der Zuvorkommenheit, mit der Friedrich die Sarazenen in Lucera bedachte! Die christlichen Streiter bestellten bei ihnen keine Purpurkleidung, sie erhielten Wunden, die ihre Rüstung in Blut tränkten.

Als der Papst von der Aufgabe Damiettes hörte, machte er Friedrich öffentlich dafür verantwortlich. »Ihr seid es«, schrieb er ihm, »der Ihr mit Euren leeren Versprechungen den Kreuzfahrern eine falsche Sicherheit gegeben und ihre Niederlage verursacht habt!«[127] Wenn man den harten Kampf der einen mit der Gunst vergleicht, mit der Friedrich »seine« Araber überhäufte, wenn man sieht, wie er seinen persönlichen Schutz und den seines Kronschatzes ihnen anvertraute, mußte man sich dann nicht fragen, ob er sich nicht insgeheim der Religion des Propheten verschrieben hatte?

Das Oberhaupt des Heiligen Römischen Reiches ein Anhänger Mohammeds? Mußte dieser Gedanke den Papst nicht erschaudern lassen? Eine abwegige Hypothese ... Aber wie sollte man sich sonst sein Zögern, seine Ausflüchte erklären? Warum machte er sich nicht auf den Weg? Zum erstenmal hatte er am 26. Juli 1215 vor seiner Krönung in Aachen öffentlich gelobt, das Kreuz zu nehmen. Beim zweitenmal, anläßlich seiner Weihung in Rom am 22. November 1220 hatte er nicht allein sein Gelübde bekräftigt, sondern seine Abreise ins Heilige Land auf den August 1221 festgelegt. Sechs Jahre waren seither verflossen, und Friedrich war immer noch nicht aufgebrochen!

Der Papst nahm das mit wachsendem Ärger zur Kenntnis. Er hatte den Eindruck, von Friedrich getäuscht worden zu sein. Die Beziehungen zwischen dem Kaiser und dem Heiligen Vater wurden so gespannt, daß ein Bruch zwischen ihnen unvermeidlich schien ...

Ein solcher Bruch war um so folgenschwerer, als sich derjenige, der gelobte, das Kreuz zu nehmen, und dafür von seinen Sünden freigesprochen wurde, dann aber sein Versprechen nicht hielt, einer schrecklichen Strafe aussetzte: der Exkommunizierung.

VI

Wenn dieser Bruch gerade noch vermieden worden ist, so war es das Verdienst von Hermann von Salza, den Friedrich mit den Verbindungen zur Kurie beauftragt hatte.

Den um 1169 geborenen[128] und 1211 zum Hochmeister des Deutschen Ritterordens ernannten Salza[129] hatte der Kaiser wahrscheinlich im Jahre 1216 auf dem Hoftag zu Frankfurt kennengelernt. Und auf Anhieb waren ihm dessen außergewöhnliche Eigenschaften aufgefallen. Hermann war fünfundzwanzig Jahre älter als Friedrich. Da er streng religiös war, haben seine Zeitgenossen ihn als etwas verschlagenen Mann mit asketischen Zügen beschrieben, um den ästhetischen Richtlinien der Epoche Rechnung zu tragen. Er scheint jedoch von hohem Wuchs und athletisch gebaut gewesen zu sein. Aufgrund seines ruhigen und ausgeglichenen Temperaments war er der einzige, der Friedrich bei seinen Wutausbrüchen besänftigen konnte. Er übte auf ihn einen mäßigenden Einfluß aus und damit leistete er ihm die größten Dienste.

In seiner unermüdlichen Aktivität war Hermann von Salza ständig zwischen Palermo und Rom, Rom und Augsburg, Augsburg und Lübeck unterwegs. Er behielt das gesamte Reich im Auge. Deutschland kannte er von Geburt her, Sizilien war ihm vertraut, weil er nach jeder Mission dorthin zurückkehrte. Selbst im Heiligen Land war er kein Fremdling, da er durch seinen Orden mit ihm verbunden war, dessen Sitz nach dem Fall von Jerusalem nach Akkon verlegt worden war. Außerdem hatte er ausgezeichnete Verbindungen zur römischen Kurie, wo man auf seinen Rat hörte und seinen Charakter achtete. Für die Diakone und Kardinäle war er zu gleichen Teilen Politiker (als Berater des Kaisers), Krieger (als Führer eines Söldnerheeres) und Geistlicher (als Hochmeister eines Mönchsordens, dessen Statute von Zölestin III. bestätigt worden waren). Die Gunst, die ihm diese dreifache Qualifizierung in Rom einbrachte, wird uns in einem Brief von Papst Gregor IX. bezeugt, in dem er ihn »als Mann von unanfechtbarer Loyalität und einer Welterfahrung« kennzeichnet, »die ihn allen angenehm macht«.[130] Sobald die Beziehungen zwischen Friedrich und dem Heiligen Stuhl gespannt wurden, schaltete sich Hermann ein, um die Standpunkte einander anzugleichen. Und in seinen Eigenschaften als Botschafter, der dem Kaiser seinen Eid geleistet hatte, und Geistlicher, der dem Papst verpflichtet war, eignete er sich wie kein anderer, die Rolle des Vermittlers zwischen den beiden zu spielen.[131] Zweifellos hätte die Regentschaft Friedrichs II. anders ausgesehen, wenn er nicht diesen klugen und integren Mann an seiner Seite gehabt hätte. Später haben Verleumder das Gerücht verbreitet, daß der Kaiser »ein atheistischer Epikureer« sei (als »Epikureer« wurde damals jeder bezeichnet, der nicht an die Unsterblichkeit der Seele glaubte, was eine Todsünde war). Allein die Treue, mit der ihm Hermann von Salza bis ans Ende seiner Tage diente,[132] vermochte diesen Vorwurf zu widerlegen, denn niemals hätte der Hochmeister eine derartige Anhänglichkeit gezeigt, wenn er Friedrich als Ketzer oder Atheisten verdächtigt hätte.

Vom April des Jahres 1222 an mußte der Kaiser auf die Dienste des Ordensritters zurückgreifen, weil sich seine Beziehungen zum Papst schnell verschlechterten. Auf diplomatischem Wege gelang es Hermann, eine Begegnung der beiden Männer in Veroli, in den Abruzzen, herbeizuführen. Es war am Tag nach der Aufgabe Damiettes. Honorius III. war aufgebracht und erklärte ohne Umschweife, daß Friedrich in seinen Augen die volle Verantwortung für die Situation trage.[133] Nie hätte das Kreuzfahrerheer eine derartige Niederlage erlitten, wenn er sein Versprechen gehalten und ins Heilige Land aufgebrochen wäre. Friedrich verteidigte sich, indem er geltend machte, daß ihn der Aufstand der sizilianischen Barone, dem der Aufruhr der Araber folgte, in Sizilien festgehalten habe, wenn nicht alle Bemühungen, dort den Frieden herzustellen, erfolglos gewesen sein sollten. Und war nicht der Kampf gegen die Sarazenen an sich schon ein Beitrag zum Kreuzzug? Außerdem war die neue Verwaltung, die mit den Assisen von Capua notwendig wurde, noch nicht hinreichend verankert. Die Staatskassen waren leer. In diesem Augenblick Sizilien zu verlassen, um im Nildelta zu kämpfen, wäre Wahnsinn gewesen. Der Papst beugte sich schließlich diesen Argumenten, die von dem Hochmeister des Deutschen Ritterordens beredt verteidigt wurden. Und so kamen die beiden Herren überein, sich zu einem späteren Zeitpunkt erneut zu treffen.[134] Hermann von Salza nutzte diese Frist, um den Ritterorden neu zu organisieren. Er erwirkte durch päpstliches Privileg das Recht, den weißen Mantel mit schwarzem Kreuz der Templer zu tragen (die Hospitaliter trugen einen schwarzen oder roten Mantel mit weißem Kreuz). Er erhöhte die Schlagkraft der Ritter, verstärkte ihren militärischen und moralischen Zusammenhalt und unterstellte sie direkt dem Kaiser, der damit im Heiligen Land über eine Truppe verfügte, die ihm ebenso ergeben war, wie es das in Lucera aufgestellte Heer der Araber werden sollte. Zum Lohn ernannte Friedrich Hermann von Salza zum Mitglied seines Hofstaates, wodurch er zum engeren Kreis des Kaisers gehörte,[135] und erteilte ihm das Recht, bei der Messe auf einem Sessel direkt hinter ihm zu sitzen. Hermann bestellte zwei Ordensritter, die ihn während seiner Abwesenheit bei Hofe vertreten mußten. Friedrich wiederum wandte sich immer häufiger an Ordensmitglieder, um ihnen heikle Aufträge in Deutschland anzuvertrauen (so wurde Bruder Berthold von Tannenrode mit der Verwaltung des Elsaß beauftragt). Diese Maßnahmen wurden vier Jahre später (1226) in der Goldenen Bulle von Rimini festgeschrieben, mit der Friedrich den deutschen Rittern den Weg nach Osten öffnete, so daß sie den Schwertbrüderorden als Gegenleistung für die Vergebung ihrer Sünden unterstützen konnten, um die Evangelisierung Preußens, Litauens und Kurlands zu beschleunigen.[136]

Das zweite Treffen, das der Kaiser und Honorius III. in Veroli vereinbart hatten, fand 1223 in Ferentino statt. Doch in der Zwischenzeit hatte sich Friedrichs Lage kaum verbessert. Im Gegenteil. Der Papst hatte mit wachsendem Mißvergnügen den »Pseudokreuzzug« gegen die Sarazenen und deren Ansiedlung in Süditalien beobachtet. Wieder einmal hatte er den Eindruck, daß der Sohn Heinrichs VI. sich über ihn hinwegsetzte. Lieferte sein Unwille, ins Heilige Land zu ziehen, nicht den besten Beweis dafür?

Hermann von Salza hatte alle Mühe, einen Bruch zu verhindern. Es gelang ihm jedoch, was uns heute als wahre Heldentat erscheint.

Da Honorius III. seine Enttäuschung nicht verbarg, die auf Friedrichs zögernder Haltung beruhte, mußte der Kaiser erneut darauf hinweisen, daß die Befriedung Siziliens immer noch nicht gesichert war, daß es ihm, wie im Jahre zuvor, nicht möglich sei, die Insel zu verlassen. Er bat deshalb um einen neuen Aufschub, ehe er das Kreuz nehmen wollte. Als der Heilige Vater das kategorisch ablehnte, half Hermann von Salza seinem Herrn und bestätigte die Begründungen des Kaisers. Er wies den Papst darauf hin, daß es nach dem Scheitern des fünften Kreuzzugs um so wichtiger sei, daß der sechste vom Erfolg gekrönt würde. Deshalb müsse man ihn ausführlich vorbereiten und vorsehen, daß sich diese Arbeiten über drei Jahre hinziehen. Ritter zu rekrutieren, war nicht schwer. Aber sie mußten bewaffnet, ernährt und ins Heilige Land transportiert werden. Das war mit ungeheuren Kosten verbunden. Er selbst hatte Prediger nach Deutschland entsandt, um die Fürsten und Bischöfe zu ermahnen, sich mit allen Mitteln an der Finanzierung zu beteiligen, mit Materiallieferungen und Unterstützungen aller Art. Doch seine Vertreter waren mit leeren Händen zurückgekehrt. Ihre Bitten hatten klägliche Erfolge gezeigt. Das bißchen gesammelte Geld reichte nicht einmal hin, um die Reisekosten zu decken. Die Aussicht auf einen neuen Kreuzzug zu diesem Zeitpunkt schien niemandem zu gefallen.

Honorius III. hörte Hermann aufmerksam an. Er wußte, daß der Hochmeister kein Lügner war, und so ließ er sich entmutigen. Er gewährte Friedrich eine weitere Frist von zwei Jahren, ließ sich jedoch versprechen, daß der Kaiser spätestens am 14. Juli 1225 das Kreuz nahm, und es feierlich hinzunehmen, daß er exkommuniziert wird, falls er abermals sein Gelübde brechen sollte. In Wirklichkeit war Friedrich dem Bann um Haaresbreite entronnen, doch da sein Hauptziel im Zeitgewinn lag, mußte er sich mit diesem mageren Vorteil abfinden.

Die Monate vergingen. Der schicksalhafte 14. Juli 1225 näherte sich, ohne daß Friedrich sich auf den Weg gemacht hätte. Da verlor der Papst die Geduld und beschloß, einen Schlußstrich zu ziehen. Am 30. Juli 1225 berief er eine Konferenz in der Kirche San Germano in Foggia ein, um den Kaiser zur Verantwortung herauszufordern und über ihn den Kirchenbann zu verhängen.

War Friedrichs Lage in Veroli und Ferentino nicht angenehm, so war sie jetzt verzweifelt. Welches neue Argument sollte er vortragen, um seine Hinhaltungen zu rechtfertigen? Wie konnte er die Exkommunizierung vermeiden, die er im voraus feierlich anerkannt hatte? Und warum sollte der verärgerte und alternde Papst nicht den Bannstrahl schleudern, wenn er sah, daß dieser Kreuzzug, den Innozenz III. ihm wie eine heilige Pflicht auferlegt hatte, immer wieder auf morgen hinausgeschoben wurde?

So begab sich Honorius III. mit finsterem und grimmigem Gesicht in der Begleitung von vielen Diakonen und Kardinälen zur Kirche San Germano, wohin er den Kaiser geladen hatte. Friedrich hatte nur noch zwei Trümpfe in der Hand: die senile Besessenheit des Papstes, endlich den sechsten Kreuzzug aufbrechen zu sehen, und die Tatsache, daß sich von allen Herrschern Europas der Hohenstaufer als einziger bereit zeigte, das Kreuz zu nehmen. Das waren zwei gewichtige Argumente, deren Hermann von Salza sich glänzend bedienen sollte.

Er begann mit dem Hinweis, daß die Exkommunizierung zu nichts weiter nutze, als den Kreuzzug unmöglich zu machen. Dann erklärte er, daß Papst und Kaiser einander brauchten und es deshalb klüger wäre, sich zu einigen. Wieder einmal gelang es dem Hochmeister, die Vernunft walten zu lassen. Widerwillig verzichtete Honorius III. auf den Bannfluch, verlangte hingegen, daß alle Verpflichtungen Friedrichs vertraglich festgehalten und in Gegenwart des Bischofs von Abono und des Kardinals Sankt Martin unterzeichnet wurden. Wie erwartet, waren die Bedingungen hart, aber Friedrich mußte unterschreiben. Er mußte »beim Heil seiner Seele« versprechen, spätestens am 27. August 1227 ins Heilige Land zu ziehen, sein Gefolge von etwa eintausend Rittern zwei Jahre lang zu versorgen, die nötigen Schiffe für weitere zweitausend Ritter bereitzustellen, jeden von ihnen mit Waffen, drei Pferden und der nötigen Ausrüstung zu versehen und bis zum Tage des Aufbruchs die gewaltige Summe von hunderttausend Goldunzen [137] aufzubringen, die für die Armen im Heiligen Land gedacht waren, falls der Kaiser aus irgendeinem Grund wieder einmal verhindert sein sollte, an dem Kreuzzug teilzunehmen. [138]

Friedrich II. akzeptierte alle Bedingungen, er bat nur um eines: Bis zu seinem Aufbruch sollten die hunderttausend Goldunzen, die gewissermaßen als Garantie für den Kreuzzug dienten, dem Hochmeister des Deutschen Ritterordens überantwortet werden, der ihre Verwaltung sicherstellen würde. Dem stimmte der Papst zu.

Daran kann man ersehen, wie groß der moralische Kredit – auf beiden Seiten – war, den Hermann von Salza genoß. Aber man sieht auch, daß Friedrich von nun an in einem Netz von Verpflichtungen gefangen war, aus dem er sich schwer lösen konnte, wenn er nicht einen Eid brechen wollte ...

Am Tage nach der Unterzeichnung des Vertrags von San Germano begleitete Hermann von Salza Honorius III. nach Rom. Dort begegnete er im Lateran einer hochgewachsenen Gestalt, die sich durch ihren kriegerischen Anblick von den Kurienkardinälen abhob. Es war der Graf Johann von Brienne, der 1148 als Sohn Erhards II. von Brienne und Agnes' von Montbéliard im Barrois geboren war und nun auf sein siebenundsiebzigstes Lebensjahr zuging. Er hatte an mehreren Kreuzzügen teilgenommen und erfreute sich einer großen Bekanntheit, »denn alles, was er unternahm, entsprach dem Geist seines Jahrhunderts«. Deshalb überhäufen ihn viele Historiker mit Lobeshymnen und beschreiben ihn als »einen vollendeten Helden, der außer dem Mut der ehemaligen Kreuzfahrer über eine Weisheit verfügte, die ihn zu einem der besten Könige seiner Zeit machen sollte«.[139] Wenn man sich jedoch an die Tatsachen hält, erscheint er einem eher als Mitgiftjäger und vom Ehrgeiz zerfressener Greis.

Als Maria von Montferrat, die Erbin der Krone von Jerusalem,[140] im Jahre 1208 ihren siebzehnten Geburtstag feierte, hatten die fränkischen Barone im Heiligen Land Philipp II. Augustus gebeten, für sie einen Gatten zu suchen. Als oberster Schiedsrichter hatte der König von Frankreich den ehemaligen Vogt von Zypern, Johann von Brienne, dazu ausersehen. Die Hochzeitsfeierlichkeiten fanden am 10. September 1210 zur allgemeinen Freude »und begleitet vom Konzert der Schalmeien, Querpfeifen und Trommeln« in Akkon statt. Zwanzig Tage später (am 3. Oktober) wurde Maria im Dom von Tyrus zur Königin von Jerusalem gekrönt, während Johann von Brienne die Rolle eines Mitregenten an ihrer Seite übernahm.

Das hörte sich glanzvoll an, aber die Wirklichkeit sah anders aus. Saladin hatte Jerusalem im Jahre 1187 annektiert, und seither hatte kein Christ die Stadt betreten. Der Königstitel von Jerusalem hatte lediglich symbolischen Charakter, und auch der verblaßte mit den Jahren. Sicher, die Krone der Heiligen Stadt genoß hohes Ansehen, doch wenn an der politischen Situation nichts geändert wurde, würde selbst dieser Symbolwert schwinden. Hinzu kommt, daß die Grafen von Brienne arm waren. Es kam für sie daher nicht in Frage, einen neuen Kreuzzug zu finanzieren. Durch das verhängnisvolle Ende des fünften Kreuzzugs, dessen Führung Johann von Brienne kühnerweise übernommen hatte, waren ihre Mittel noch mehr geschrumpft. Acht Monate hatte er auf die Ankunft Friedrichs II. und kräftige Verstärkung gewartet. Doch der Kaiser war nicht gekommen, und so mußten die Kreuzfahrer Damiette aufgeben und sich an die Küste zurückziehen, was mit einem Blutbad geendet hat.

Mit Johann von Brienne stand es also nicht zum besten. Allerdings hatte er seine Lehre aus dieser verheerenden Bilanz gezogen: Friedrich II. hätte nur rechtzeitig einzutreffen brauchen, dann wäre der Sieg sicher gewesen; lediglich sein Fernbleiben – und allein dieses Fernbleiben – hatte alles zerschlagen. Warum hatte der Kaiser gezögert, das Kreuz zu nehmen? Nach weiteren Jahren würde nicht mehr die Rede davon sein, Jerusalem zurückzuerobern . . .

1224 ist Maria von Montferrat gestorben und hat eine dreizehnjährige Tochter hinterlassen: Yolanthe von Brienne. Da die Familie arm war, verfügte sie über keine Mitgift, aber sie war immerhin die Erbin des Königreichs Jerusalem.

Da hatte Johann von Brienne einen glänzenden Einfall: Konstanze von Aragon war tot, warum sollte er Yolanthe nicht mit Friedrich II. verheiraten? War das nicht ein Mittel, den Sohn Heinrichs VI. ins Heilige Land zu locken und seiner zögernden Haltung ein Ende zu setzen? »Für sich das Königreich Jerusalem zurückzuerobern«, war das nicht ein Unternehmen, das eines Mannes seines Schlages würdig war? Der Krone der Sachwalter des Heiligen Grabes die Kronen König Rogers und Karls des Großen zuzugesellen, sicherte das nicht eine Vormachtstellung unter den Herrschern dieser Welt? Und er selbst, Johann von Brienne, der somit zum Schwiegervater des Kaisers würde, könnte sich darauf beschränken, die Regentschaft des Königreichs zu übernehmen, bis seine Tochter volljährig sein würde – und vielleicht bis ans Ende seiner Tage, denn Friedrich hatte mit seinen Territorien in Deutschland und Italien genug zu tun . . .

Als Johann von Brienne sich nach Rom begab, um diesen Plan Honorius III. zu unterbreiten, fürchtete er zuerst, abgewiesen zu werden. Doch der Papst nahm sofort Interesse an der Sache. Er stellte den Grafen Hermann von Salza vor und beauftragte den Hochmeister, das Heiratsprojekt Friedrich II. vorzutragen.

Auf den Kaiser machte dieser unerwartete Vorschlag einen negativen Eindruck. Es war das zweite Mal, daß ein Papst sich in seine Privatangelegenheiten mischte und gegen seinen Wunsch eheliche Bande knüpfte. Beim ersten Mal hatte Innozenz III. seine ganze Autorität in die Waagschale geworfen, um die Ehe mit der vierzehn Jahre älteren Konstanze von Aragon durchzusetzen, die überdies Witwe war. Diesmal übte Honorius III. Druck aus, um ihn zur Heirat mit Yolanthe von Brienne zu bringen, einem Mädchen, das sechzehn Jahre jünger war. Hermann von Salza konnte ruhig beteuern, daß sie schön, zurückhaltend und höchst gebildet sei: für Friedrich bedeutete diese Verbindung zunächst nichts.

Dennoch war der Hohenstaufer zu klug, um nicht alle Vorteile abzuwägen, die ihm diese Heirat einbrachte, Vorteile, die Hermann von Salza ihm unaufhörlich »in schillernden Farben vormalte«. Nachdem er alles genau bedacht hatte, sagte sich Friedrich, daß er sich diese junge Beute nicht entgehen lassen sollte. Wenn er diese Gelegenheit nicht im Fluge ergriff, könnte Graf Johann seine Blicke auf einen anderen werfen und seine Tochter mit einem französischen, englischen oder spanischen Fürsten vermählen. Dann war es für immer unmöglich, das Heilige Land mit Sizilien und dem Reich zu verbinden. Denn von Liebe konnte natürlich keine Rede sein. Also ließ er dem Papst umgehend mitteilen, daß er den Vorschlag annehme. Und ohne einen Augenblick zu verlieren, setzte er alles ins Werk, um diese Verbindung offiziell und damit unwiderrufbar zu machen.

Der Vertrag von San Germano war gegen Ende Juli des Jahres 1225 unterzeichnet worden. Kaum dreißig Tage später trafen Jakob von Patti, der Erzbischof von Capua, und Berard von Castacca, der Erzbischof von Palermo geworden war, mit einer Flotte von sechzehn reich geschmückten Galeeren unter dem Kommando des rehabilitierten Heinrich von Malta in Akkon ein. Sie waren beauftragt, als Bevollmächtigte die Eheschließung von Friedrich und Yolanthe zu vollziehen. In Anbetracht ihrer jungen Jahre – sie war erst vierzehn – hatte der Papst die nötige Erlaubnis erteilt.

Yolanthe nahm den Ehering aus den Händen des Erzbischofs von Capua in der Heilig-Kreuz-Kirche in Akkon entgegen. Diese Zeremonie gab zu vielerlei Heiterkeit Anlaß, wie zeitgenössische Chronisten wohlgefällig berichten. Sie beschreiben die Festlichkeiten, die vierzehn Tage lang die ganze Stadt beschäftigten, »die mit den Wappen von Jerusalem und Schwaben geschmückten Straßen, die Lanzenstechen, Turniere, Tänze, Darbietungen aus Ritterromanen, wie es sich ziehmt, wenn eine so hohe Dame wie die Königin von Jerusalem einen so hohen Herrn wie den Kaiser heiratet«. Doch die Stadtbevölkerung wunderte sich über die Abwesenheit Friedrichs, der es nicht für nötig gehalten hatte, seine Insel zu verlassen.

Am Sonntag darauf wurde Yolanthe zur Königin von Jerusalem gekrönt und im Dom von Tyrus zur Kaiserin geweiht. Diese Zeremonie wurde in festlicher Atmosphäre von dem Patriarchen Gerold vollzogen. Am Ende verneigte sich der syrische Adel vor der neuen Herrscherin und leistete ihr seinen Eid. Doch trotz dieser Huldigungen war der kleinen Yolanthe das Herz schwer, denn es nahte die Stunde, da sie Syrien verlassen mußte, und die Gedanken an die Zukunft erfüllten sie mit finsteren Ahnungen.

In den letzten Septembertagen lichtete die Flotte der beflaggten Galeeren mit der Königin an Bord, dem Erzbischof von Tyrus, Simon von Maugastel, ihrem Cousin, Balduin von Sidon, und einigen anderen Herren im Hafen von Akkon die Anker, um in See zu stechen. Als sie die Küste zurückweichen sah, brach

Yolanthe in Tränen aus und rief schmerzvoll:
»Ich empfehle dich Gott an, liebliches Syrien, das ich niemals wiedersehen werde!«
Das Schiff fuhr nicht direkt nach Italien. Es machte in Limassol auf Zypern Zwischenstation, denn die junge Königin wollte sich von ihrer Tante, Königin Alix von Lusignan, verabschieden. Sicher würde sie dort ihren Onkel mütterlicherseits, Johann von Ibelin, den Herrn von Beirut, antreffen, der die Regentschaft für ihre Mutter, Maria von Montferrat, bis zu ihrer Eheschließung mit Johann von Brienne geführt hatte.

Yolanthe versuchte, ihren Aufenthalt auf Zypern so lange wie möglich hinzuziehen, doch Friedrich II., der sie in Brindisi erwartete, begann ungeduldig zu werden. Deshalb stach sie Ende Oktober wieder in See.

Am Kai von Brindisi standen Friedrich und Johann von Brienne Seite an Seite und harrten der Ankunft der Galeere. Als Yolanthe an Land kam, schloß ihr Vater sie lange in seine Arme. Er schien vor Glück zu strahlen, denn diese Heirat war der Gipfel seiner Wünsche. Der Kaiser hingegen warf nicht einmal einen Blick auf seine junge Frau, derart uninteressant erschien sie ihm. Sie war in seinen Augen nur ein Stein auf dem Schachbrett der Politik.

Die kaiserliche Hochzeit wurde am 9. November 1225 im Dom von Brindisi gefeiert. Während der Zeremonie starrte Friedrich beharrlich auf ein junges, zwanzigjähriges Mädchen, das außerordentlich schön war. Sie war eine Cousine von Yolanthe und gehörte ihrem Gefolge an. Sie erschien ihm unendlich begehrenswerter als seine Braut, denn Yolanthe ließ ihn kalt, während die andere »eine wonnige Rührung« in ihm erweckte.

Am Abend begab er sich daher nicht in das gemeinsame Gemach, um die Ehe zu vollziehen, sondern überließ Yolanthe sich selbst und verbrachte die Nacht mit ihrer Cousine, für die er wahrhaft entbrannt sein mußte.[141]

Am nächsten Morgen machte Johann von Brienne, den die Beleidigung an seiner Tochter tief gekränkt hatte, dem Kaiser »seine verdienten Vorhaltungen«. Da Friedrich mit herablassendem Lächeln antwortete, hob Graf Johann den Ton. Es folgte ein heftiger Streit, in dessen Verlauf der wütende Brienne seinen Schwiegersohn als »Schlachtersohn« bezeichnete (eine Anspielung auf die geheimnisvollen Umstände, unter denen seine Mutter ihn zur Welt gebracht hatte).[142] Doch Friedrich, der diese Verleumdung bereits kannte, blieb ungerührt.

Als Johann von Brienne immer wütender wurde, schnitt der Kaiser ihm das Wort ab und erklärte ihm mit drohendem Unterton:
»Vergiß nicht, daß du mit dem Kaiser und dem König von Jerusalem sprichst, denn schließlich bin ich dein Schwiegersohn! Ich gedenke, von heute an die Regierung des Königreichs voll zu übernehmen. Und ich werde es nicht dul-

den, daß man meine Vorrechte beeinträchtigt. Laß dir das gesagt sein!«
Johann von Brienne war wie benommen. Ihm, der die Regentschaft in Jerusalem wenigstens bis zur Volljährigkeit seiner Tochter ausüben wollte – und Hermann von Salza hatte ihm das im Namen seines Herrn versprochen –, gab Friedrich hier rücksichtslos seinen Abschied! Was war mit dem »Konzert der Schalmeien, Querpfeifen und Trommeln«?

Am Tag darauf verließen Friedrich und Yolanthe die Stadt Brindisi, ohne jemanden davon zu benachrichtigen. Johann von Brienne folgte ihnen im Galopp und erreichte sie an ihrer nächsten Etappe. Dort gerieten die beiden Männer erneut in Streit. In seiner Wut rief Graf Johann aus:
»Hätte ich nicht Angst vor der Sünde, würde ich dir meinen Degen in den Leib bohren!«
Worauf Friedrich antwortete: »Und ich würde dich zwingen, das Land zu verlassen«.
Diesmal war der Bruch endgültig.

Um den Ausfall des Kaisers erklären zu können, muß man sich ins Gedächtnis rufen, »daß der Titel des Königs von Jerusalem die einzige Mitgift war, die Yolanthe einbringen konnte. Also bemächtigte er sich ihrer und ließ das kaiserliche Siegel abändern, das ihn auf einem Thron sitzend mit dem Zepter in der rechten Hand darstellt, das in ein Kreuz ausläuft und über dem die Inschrift steht: FRIDERICUS DEI GRATIA IMPERATOR ROMANORUM SEMPER AUGUSTUS. In diesem Feld ließ er von rechts nach links hinzufügen: ET REX HIEROSALYMI. Darauf ließ er sich in Foggia krönen«.[143] Es war seine vierte Krönung nach jenen in Palermo, Aachen und Rom.

Während sich dieses Geschehen in Apulien abspielte, eilte Graf Johann außer sich nach Rom, um sich bei Honorius III. über die unbeschreibliche Art zu beschweren, mit der Friedrich ihn und seine Tochter behandelt hatte. Der Papst hörte ihm stirnrunzelnd zu. Aber er tat nichts, um die Beleidigung zu bestrafen. Es lag nicht in seiner Absicht, sich mit dem Kaiser zu überwerfen; denn dann hätte er jede Hoffnung auf die Verwirklichung des Kreuzzugs begraben müssen . . .

Friedrich II. bezog mit Yolanthe das Schloß Terracina bei Salerno und später den königlichen Palast in Palermo. Er umgab seine Frau mit einem prächtigen und feinsinnigen Hofstaat, erlegte ihr jedoch gleichzeitig nach orientalischem und sizilianischem Brauch ein Dasein in der Zurückgezogenheit auf. Im Schutz der dicken Mauern des Palastes und Tag und Nacht von Eunuchen bewacht, langweilte Yolanthe sich zu Tode, obwohl ihr Gatte ihr einen der schönsten Gärten der Welt zur Verfügung gestellt hatte. »Sie lebt abseits von allen, in einem Harem eingeschlossen«, flüsterte man in der Stadt. Darauf fügten böse

Zungen hinzu: »Man weiß ja, daß unser König zur Befriedigung seiner wollü-
stigen Neigungen sein Schloß in Foggia im Kapitanat errichten ließ; dorthin
läßt er alle Frauen kommen, die er begehrt; er sucht sie unter der Bevölkerung
Luceras aus«.[144]

Man behauptete sogar, daß Friedrich nie eine sexuelle Beziehung zu Yolanthe
gehabt hat, doch diesem böswilligen Gerücht widersprechen die Tatsachen. Im
Jahre 1226 – das heißt, im Jahr nach der Eheschließung – schenkte die kleine
Königin von Jerusalem einem Mädchen das Leben, das allerdings nach einem
Tag verstarb.

Arme Yolanthe! Sie sollte ein trauriges Geschick haben ... Wie ein Strohhalm
zwischen den verschiedenen politischen Strömungen ihrer Epoche hin und her
geworfen und ohne daß sich je einer um ihre persönlichen Wünsche geküm-
mert hätte, glich ihr rührendes Schicksal dem der Beatrix von Schwaben, die
vor Kummer und Langeweile am Hofe Ottos IV. gestorben ist.

VIII

Am Abend des 3. Oktober 1226 verstarb eine der bedeutendsten Gestalten der
Christenheit im Alter von fünfundvierzig Jahren: Ein gewisser Francesco di
Bernardone, der unter dem Namen Franz von Assisi in die Geschichte eingehen sollte. Wegen einer Herzschwäche hatte er sich nach Siena begeben, um
sich ärztlich behandeln zu lassen. Doch seinem Leiden war nicht beizukom-
men. Und so hatte ihn eine kleine Gruppe von Glaubensbrüdern über Arezzo,
Cortone, Gubbio und Nocera nach Hause zurückbegleitet. In Assisi hat er
dann seinen letzten Atemzug getan, während ein Kreis von Schülern an seinem
Totenbett das *De Profundis* psalmodierte. Wie nahe liegt die Versuchung,
diese beiden Männer, die den Geist ihres Jahrhunderts so nachhaltig geprägt
haben, einander gegenüberzustellen und miteinander sprechen zu lassen!

Hier Friedrich II., auf dessen Schultern die ganze Last eines Reiches ruhte,
dort Franz von Assisi, der die Armut gewählt hatte und dessen einzige Sorge
dem Seelenheil galt. Auf der einen Seite die Verkörperung der Macht, auf der
anderen der Verzicht auf jede Art von Macht. Der eine besaß Hunderte von
Schlössern, in denen er ein prunkvolles Leben führte, der andere lebte demütig
in einer kleinen Hütte, in der er sich in Enthaltsamkeit, Kasteiung und Fasten
übte. Der eine häufte Kronen auf seinem Haupt, der andere erstrebte lediglich
den Heiligenschein ...

Eine Legende berichtet uns, daß Friedrich eines Tages Franz von Assisi eingeladen hat, eine Nacht auf seinem Schloß in Bari zu verbringen, um seine

Tugend unter Beweis zu stellen. Er wollte unter anderem wissen, ob seine Enthaltsamkeit tatsächlich seinem Ruf entsprach. Er hatte dem Heiligen ein geräumiges Luxuszimmer zugewiesen, in dem sich ein leichtes Mädchen von so großer Schönheit befand, daß man ihr unmöglich widerstehen konnte. Da es Winter war, wurde der Raum von einem starken Holzkohlenfeuer beheizt. Als Franz das Zimmer betreten und die Tür hinter sich geschlossen hatte, beobachtete der Kaiser heimlich durch einen Spion vom Flur aus, was sich drinnen zutragen würde.

Selbst für einen weltlichen Herrscher, der einen Heiligen beobachtete, war es nicht empfehlenswert, zu spionieren. Deshalb versuchten die Chronisten, die uns die Geschichte überliefert haben, Friedrichs Verhalten damit zu erklären, daß sie es »seinem Sinn für die Beobachtung natürlicher Erscheinungen« zuschrieben. Wie dem auch sei, an diesem Abend wurde die Neugier des Kaisers reichlich belohnt.

Die leichtlebige Frau trat aus ihrem Versteck hervor, stürzte sich auf den bereits halb entkleideten Franz von Assisi und flüsterte ihm »tausend unanständige Vorschläge« ins Ohr. Schließlich beredete sie ihn, mit ihr zu schlafen. Der Heilige war keineswegs ungehalten darüber, sondern entgegnete: »Einverstanden, aber unter einer Bedingung: daß ich selbst den Ort unseres Lagers bestimme.«

»Gut«, antwortete die teuflische Schöne, die ihr Spiel schon gewonnen glaubte und damit die Belohnung, die Friedrich ihr versprochen hatte, wenn es ihr gelingen sollte, die Tugend des heiligen Mannes in Frage zu stellen.

Franziskus ging zu dem Kamin, kratzte das glühende Holz heraus und verstreute es auf den Steinfliesen, wo es ein brennendes Lager bildete.

»Wenn wir uns lieben sollen, dann auf dieser Holzglut«, erklärte er dann, ohne etwas von seiner Ruhe zu verlieren.

Als die Frau das hörte, rannte sie mit Schreien des Entsetzens davon, so daß der Kaiser kaum Zeit fand, seinen Beobachtungsposten an der Tür zu verlassen. Nun aber hatte er den Beweis für die Tugendhaftigkeit des Heiligen; er wußte, daß die Legende von der Askese, die Franz von Assisi umgab, der Wahrheit entsprach und daß er sich dem Mann also anvertrauen konnte.

Am nächsten Tag führten die beiden Herren ein langes Gespräch über den nächsten Kreuzzug. Franziskus war in Ägypten gewesen, wo er dem Fall Damiettes und dem anschließenden Massaker beigewohnt hatte. Der Gedanke an dieses Blutbad erfüllte ihn immer noch mit Schrecken.

Friedrich fragte ihn: »Was muß ich tun, damit der nächste Kreuzzug zum Siege führt?«

Darauf antwortete der Heilige ihm mit einer Anspielung auf den dritten

Kreuzzug, an dessen Spitze Friedrich Barbarossa, Philipp II. Augustus und Richard Löwenherz gestanden hatten: »Wenn du die Ungläubigen besiegen und Jerusalem zurückerobern willst, mußt du eine Armee aufstellen, die allein mächtiger ist, als die drei Heere Friedrichs, Philipps und Richards zusammen.« Als der Kaiser den Kopf schüttelte, weil er sich nicht in der Lage sah, eine so starke Streitmacht zusammenzukriegen, fügte Franziskus hinzu: »Wenn dir das nicht möglich ist, nimm davon Abstand. Und wenn du aus Gründen, die ich erahne, nicht davon lassen kannst, dann verhandle mit den Oberhäuptern der Muselmanen und erlange durch Überzeugung, was du ihnen mit Waffengewalt nicht entreißen kannst...«

»Aber werden sie denn verhandeln?« fragte Friedrich.

Da erzählte der Heilige ihm, daß Al-Kamil, der Sultan von Ägypten, den Kreuzfahrern angeboten hatte, als sie sich in Damiette befanden, ihnen gegen die Freigabe dieser Stadt Jerusalem und die Heiligen Stätten zurückzuerstatten. Dieses – immerhin vorteilhafte – Angebot hatte der Legat Pelagus abgelehnt, weil er sowohl die Heiligen Stätten wie auch Ägypten haben wollte, was schließlich zu der Niederlage geführt hatte.

»Und wie haben dich persönlich die muselmanischen Herrscher behandelt?«

»Einige wollten mir an den Kragen, Herr. Aber ich bin vor den Sultan gebracht worden, der all seinen Leuten verboten hat, mich zu mißhandeln.«

»Tatsächlich?«

»Tatsächlich, Herr. Natürlich hat er mir nicht zu predigen erlaubt und das Wortgefecht abgelehnt, das ich ihm mit Rechtsgelehrten vorgeschlagen habe. Doch er hat mich mit freundlichen Worten zurückgeschickt.«

»Mit welchen?«

»Er hat gesagt: ›Bete für mich, damit Gott mir den Glauben offenbart, der ihm am besten gefällt.‹«

»Und?«

»Nun, ich bin seinem Wunsch nachgekommen...«

Diese Enthüllungen dürften Friedrichs Denken positiv beeinflußt haben. Man konnte also mit dem ägyptischen Sultan sogar über die Bedeutung der Religionen sprechen!

Eine hübsche Szene. Man könnte sie als rührend bezeichnen, wenn man sich vorstellt, daß der friedliebende heilige Franziskus der Inspirator des sechsten Kreuzzugs war. So, wie sie uns von den Chronisten Ernoul und Jakob von Vitry überliefert worden ist, möchte man ihr Glauben schenken. Doch leider weisen ihr neuere Untersuchungen apokryphen Charakter zu. Selbst die Gedenktafel, die 1635 am Schloß von Bari angebracht worden ist, läßt nicht den Schluß zu, daß sich Friedrich II. und Franz von Assisi je begegnet sind. Die erhaltenen Dokumente deuten eher auf das Gegenteil hin.

Und wenn man es recht bedenkt, ist es auch gut so. Der Autor der *Fioretti* war kein Condottiere. Die Kriegsführung war kein Bereich, in dem er Friedrich hätte belehren können. Und der Kaiser hatte nicht erwartet, dem Eremiten von Portiuncula zu begegnen, um Verhandlungen irgendwelchen Gewaltlösungen vorzuziehen. Lieferte sein Leben nicht das Beispiel dafür? Er liebte das Blutvergießen nicht, und der Rückgriff auf die Gewalt war für ihn ein Zeichen der Schwäche, die man auf mangelnde Beherrschung der Situation zurückführen konnte. In seinen Augen mußte jeder Sieg auf den Frieden abzielen, und der einzige dauerhafte Frieden konnte nur durch Gerechtigkeit, gegenseitige Achtung und Vertrauen erreicht werden. Und dieses Vertrauen glaubte er allen einflößen zu können.

Das einzige, was Franz von Assisi ihm hätte vermitteln können, war keine »Sache«, es war eher eine Öffnung des Geistes. Doch über diese Aufgeschlossenheit verfügte Friedrich bereits. Und da man den Heiligen rühmte, gesagt zu haben: »Meine Schwester, die Sonne, meine Brüder, die Vögel«, da man ihn beglückwünschte, geschrieben zu haben: »Gelobt sei der Herr für unseren Bruder, das Feuer, welches die Nacht erhellt, weil er schön und fröhlich und widerstandsfähig und stark ist«, warum sollte man ihm dann verbieten, zu sagen: »Meine Brüder, die Araber . . .«? Und das im Namen einer Religion, deren Grundrezept die Nächstenliebe war?

Dennoch war es nicht die Nächstenliebe, die Friedrich auf seinem Kreuzzug beseelen sollte. Es war vielmehr die Anziehungskraft einer Zivilisation und Kultur, die bei der Entwicklung menschlicher Kenntnisse einen zu breiten Raum eingenommen hatten, um sie als Feinde behandeln zu können . . .

IX

Wenn Friedrich seinen Aufbruch ins Heilige Land immer wieder verschob, so geschah dies nicht aus Unentschlossenheit oder Falschheit. Auch nicht deshalb, weil ihn die sizilianischen Wirren in Italien zurückhielten, sondern weil sich der sechste Kreuzzug von den vorhergehenden grundsätzlich unterscheiden sollte. Darum wollte er alle Trümpfe in der Hand halten, und das war noch nicht der Fall.

Gleich nach der Eheschließung mit Yolanthe von Brienne hatte Friedrich Balduin von Sidon und Thomas von Aquin, den Grafen von Acerra (der den Aufstand des Grafen von Celano niedergeschlagen hatte), damit beauftragt, ihn ständig in Tyrus zu vertreten, um dort seine Autorität sicherzustellen und ihm als Beobachter zu dienen. Die beiden Herren kannten den geheimen Gedanken ihres Herrschers. Sie wußten, daß er mit den Araberfürsten verhandeln wollte und sich Jerusalem und die Heiligen Stätten durch friedliche Vereinbarung zu sichern versuchte und die Absicht hegte, seine Ziele mit dem Kreuzzug ohne Blutvergießen zu erreichen. Sie befolgten die Anweisungen Friedrichs und knüpften freundschaftliche Bande zwischen Sizilien und Ägypten, zwischen dem Kaiser und Malik Al-Kamil, dem mächtigen ayubidischen Sultan von Kairo.

Der Sohn des glorreichen Saladins war »ein toleranter und höchst gebildeter Mann, der vor allem auf seine Kenntnisse in der Philosophie, der Logik und der Medizin stolz war«, wie die meisten arabischen Chronisten seiner Zeit bestätigen.[145] Dies waren Punkte, die ihn Friedrich nur näherbringen konnten, dessen Ruf als Gelehrter bekannt war. Außerdem war der Sultan von Ägypten von der großzügigen Art eingenommen, mit der der Kaiser die sizilianischen Sarazenen in Lucera angesiedelt hatte.

Allem Anschein nach hatte Friedrich keinerlei Vorurteile gegen den Islam. Al-Kamil betrachtete ihn deshalb nicht als Feind, sondern als gleichberechtigten Partner, mit dem man durchaus ins Gespräch kommen konnte . . .

Der Verlauf der Ereignisse hatte diese Tendenzen überdies verstärkt. Nach dem Tod Saladins im Jahre 1193 war das ayubidische Reich zwischen seinen drei Söhnen aufgeteilt worden: Malik Al-Kamil hatte das ägyptische Sultanat erhalten, der jüngere Bruder, Malik Al-Aschraf, das Sultanat von Aleppo und Nordmesopotamien, der jüngste schließlich, Malik Al-Muazzam, das Sultanat von Damaskus, zu dem Jerusalem gehörte. In ihrer Jugendzeit hatten sich die drei Brüder sehr gut verstanden. Doch plötzlich hatte sich aus unerklärlichen Gründen Al-Muazzam mit Al-Aschraf zerstritten. Er hatte ihm den Krieg erklärt und sich der kürzlich aus Persien eingedrungenen gefürchteten Choresmier versichert. Und das hatte Al-Kamil verärgert. Damit das Sultanat Al-Aschrafs nicht vernichtet wurde, hatte er dessen Partei ergriffen und sich mit Al-Muazzam überworfen (1226). Der wiederum hatte den türkischen Eroberer Jelal ed-Din Manguberdi zu Hilfe gerufen, der von Dschingis Khan aus dem Choresm verjagt worden war und sich ein neues Königreich in Persien und Armenien errichtet hatte.[146] Dessen halb wilde Horden, die bei ihrem Durchzug alle Länder verwüsteten, waren ein Schrecken der alten islamischen Städte, die als tolerant und gesittet galten. Diese Entscheidung Al-Muazzams war um so gewichtiger, als sie einem Appell an die Barbaren glich.

»Al-Kamil täuschte sich nicht«, berichtet uns René Grousset. »Im Handumdrehen sah der philosophisch gebildete und belesene Sultan sein schönes ägyptisches Land von wilden choresmischen Scharen überfallen und die gesamte muselmanische Zivilisation bedroht. Diese Gefahr war um so größer, als die Choresmier nur die Vorhut der mongolischen Invasion waren und sich dahinter der schreckliche Schatten des Dschingis Khan abzeichnete. Al-Kamil fühlte sich deshalb trotz des Glaubensunterschieds dem abendländischen Kaiser näher als dem blutgierigen türkischen Draufgänger. Er wandte sich also an Friedrich II., bat ihn, nach Syrien zu kommen, und versprach ihm, die Stadt Jerusalem den Franken auszuliefern, wenn er ihm half, gegen Al-Muazzam zu kämpfen.«[147] Der Streit der drei Söhne Saladins führte somit zu einem überraschenden Ergebnis: der Sultan von Kairo rief die Christen um Hilfe, während der Sultan von Damaskus die Barbaren um Unterstützung bat.

Als Abgesandten für diese schwierige Mission wählte Al-Kamil den Emir Fahr ed-Din aus, einen Mann, der von der Kultur des Abendlandes ebenso angetan war wie Friedrich von der muselmanischen, »so daß«, wie ein arabischer Chronist berichtet, »beide eine Freundschaft füreinander empfanden, die ihr Leben lang Bestand haben sollte«. Um die Verhandlungen zu beschleunigen«, schickte der Kaiser seinerseits zwei Botschafter nach Kairo: seinen Vertreter in Tyrus, Thomas von Aquin, und Berard von Castacca, den Erzbischof von Palermo, der sich ihm bekanntlich in Konstanz angeschlossen hatte.

Die ersten Besuche Fahr ed-Dins hatten rein sondierenden Charakter. Al-Kamil blieb auf der Hut. Er fragte sich, ob es stimmte, was ihm von Friedrich berichtet wurde, derart unglaubhaft erschien ihm die Wirklichkeit. Der Muselmane wollte Klarheit, ehe er sich in die eigentlichen Verhandlungen einließ. Bei der zweiten Reise des Emirs an den sizilianischen Hof – im Herbst 1226 – ließ der Sultan seinen Abgesandten von dem Chronisten Jemal ed-Din begleiten, der den Auftrag hatte, über alles zu berichten, was er sah und hörte. Friedrich empfing die beiden Herren in seinem Palast in Foggia und zeigte ihnen Lucera und die umliegenden Dörfer. »Ja«, schrieb Jemal ed-Din an Al-Kamil, »was über Friedrich erzählt wird, ist wahr. Ich habe es mit eigenen Augen gesehen. Die Bevölkerung der Stadt ist durch und durch muselmanisch. Das Freitagsfest wird ebenso begangen, wie andere islamische Bräuche befolgt werden. Der Kaiser hat dort ein Kollegium errichten lassen, in dem man die astrologischen Wissenschaften lehrt. Mehr noch: viele seiner Sekretäre und Vertrauten sind Moslems (das ist sicher eine Anspielung auf einen gewissen Richard, den königlichen Zeremonienmeister, und auf Ibn el-Guazi, den Friedrich seinen ›Professor für Logik‹ und ›Fachmann für Philosophie‹ nannte). In seinem Lager ruft der Muezzin jeden Tag zum Gebet.«[148]

Dieser Bericht flößte dem Sultan Vertrauen ein, so daß die Verhandlungen in entspannter Atmosphäre weitergeführt wurden. Berard von Castacca und Thomas von Aquin knüpften engere Kontakte zwischen Tyrus und Kairo, während Fahr ed-Din zwischen Foggia und dem Nil hin und her reiste. Bald tauschten der Kaiser und der Sultan Briefe aus, in denen die verschiedensten und abstraktesten Probleme angeschnitten wurden: die Laufbahn der Gestirne, die Logik des Aristoteles, der Blutkreislauf, die Anwendung von Algebra und Geometrie, die Unsterblichkeit der Seele, die Ewigkeit der Welt . . . »Jeder versuchte, den anderen an Weisheit und Kenntnissen zu übertreffen.«[149] Dann wurden Geschenke ausgetauscht. Auch da rivalisierten die Herrscher, was Großzügigkeit und Prunk anbelangte. »Thomas von Aquin und der Erzbischof von Palermo«, berichtet uns Maqrizi, »überbrachten dem Sultan das eigene Streitroß des Kaisers mit dem Sattel und dem vergoldeten Geschirr. Al-Kamil begab sich persönlich zu den Botschaftern und stellte ihnen als Wohnsitz in Kairo den Palast des Wesirs zur Verfügung. Und er schickte seinerseits dem Kaiser reiche Gaben aus dem Jemen und Indien.«[150]

Als Fahr ed-Din im Oktober 1227 zum drittenmal nach Palermo kam, brachte er Friedrich von seinem Herrn eine Kiste voll Gold, eine weitere voll Silber, kostbare Stoffe, Edelsteine, einen Elefanten, reinrassige Dromedare, Bären und Affen mit, die der Hohenstaufer in seinen zoologischen Garten bringen und von Sarazenen pflegen ließ. Darauf schlug er Fahr ed-Din eigenhändig zum Ritter, »so daß der Emir auf seinem Schild das persönliche Wappen des Kaisers tragen konnte«.[151]

So war es um die Verbindungen bestellt, die zwischen Palermo und Kairo geknüpft wurden. »So daß in dem Augenblick«, wie Grousset bemerkt, »als der Papst Friedrich aufforderte, in den Orient aufzubrechen und den heiligen Krieg gegen den Sultan zu führen, dieser Sultan ihn einlud, als Freund und Verbündeter zu ihm zu kommen, um ihn gegen seinen Bruder zu verteidigen, das heißt gegen die barbarischen Horden aus Mittelasien.«[152] Konnte Friedrich in Anbetracht dieser Geschenke und der philosophischen Diskussionen über den Blutkreislauf und die Sternenbahnen vor den Toren des Orients als Verächter der Ungläubigen und Schmäher des Islams erscheinen?

X

Während diese Botschaften und Geschenke ausgetauscht wurden, war Hermann von Salza unermüdlich in Deutschland unterwegs, um die Fürsten für den nächsten Kreuzzug zu begeistern und freiwillige Mitstreiter zu rekrutieren. Mit glänzender Beredsamkeit schmähte er die Gleichgültigkeit der einen, verurteilte die Feigheit der anderen und erweckte fast überall »eine Art Begeisterung«. Hier waren es die Schöffen einer Stadt, die ihm den Betrag einer Kollekte ihrer Ministerialen zur Verfügung stellten, dort gesellten sich Fahrende zu ihm, um die Reihen der deutschen Ritter zu stärken. Und wieder an anderem Ort erklärten sich Vagabunden, Bauern und Seminaristen bereit, das Kreuz zu nehmen und dem Hochmeister zu helfen, das Grab Christi zurückzuerobern.

Da Hermann von Salza über die hunderttausend Goldunzen verfügte, die ihm Friedrich in dem Vertrag von San Germano überantwortet hatte,[153] konnte er aus diesem Fundus schöpfen, um noch zögernde Grundherren für seine Sache zu gewinnen. So traf er am 28. März 1227 in Aachen, als er der Krönung Margaretes von Babensberg beiwohnte, die den inzwischen elfjährigen Heinrich VII. geheiratet hatte, eine Vielzahl von Grafen und Rittern, denen er ihre passive Haltung vorwarf. Er bemühte sich, den Herzog von Österreich, den Vater Margaretes, für die Summe von zehntausend Silbermark zu dem Kreuzzug zu bewegen, hatte jedoch keinen Erfolg. Auf der anderen Seite gelang es ihm, mit Hilfe von fünftausend Silbermark zwei hochadlige Fürsten an sich zu binden: den Landgrafen Ludwig von Thüringen, den Gatten der heiligen Elisabeth, und den Herzog Heinrich von Limburg. Schließlich heuerte er siebenhundert Ritter an, die als Hilfskräfte dem Orden beitraten.

Bald zogen lange Kolonnen von Soldaten und Pilgern aus allen Teilen Deutschlands und Norditaliens nach Brindisi, wo man sich sammeln wollte. Die Randgebiete der Stadt füllten sich mit Zelten und provisorischen Lagern. Es war eine harte Aufgabe, die Tausenden von Leuten unterzubringen und zu verpflegen, die auf die Einschiffung warteten. Hermann von Salza beauftragte einen jungen Rechtsgelehrten aus Capua damit, einen gewissen Petrus von Vinea, den Friedrich in seiner Kanzlei als Sekretär angestellt hatte, weil ihm eine Empfehlung des Erzbischofs von Palermo vorlag.

Da der Zeitpunkt der Abreise aus Gründen, die die meisten Kreuzfahrer nicht kannten, ständig hinausgeschoben wurde, machte sich in den Lagern eine verständliche Unzufriedenheit breit. Um dieser bedrohlichen Beunruhigung entgegenzutreten, ließ Friedrich unter dem Kommando von Heinrich von Limburg eine erste Gruppe von Rittern in See stechen. Diese Vorhut verließ Brindisi Anfang April 1227 und traf ohne Zwischenfälle in Akkon ein. Dort nahm sie unverzüglich den Kampf gegen die Truppen von Malik Al-Muazzam, dem Sultan von Damaskus, auf. Sie eroberte Sidon und Cäsarea, deren Wälle geschliffen wurden. Dieses begrenzte Vorgehen störte den Sultan Al-Kamil nicht: er sah darin den Beweis, daß Friedrich entschlossen war, ihn von seinem Bruder Al-Muazzam zu befreien.

Wenig später stießen Hermann von Salza und der Patriarch Gerold zu den Truppen Heinrichs von Limburg. Der Hochmeister bat seine Ritter, ihm beim

Bau eines Schlosses in Montfort zu helfen. Dieser Vorschlag wurde freudig aufgegriffen, denn alles erschien besser als Tatenlosigkeit. Bald erhoben sich die mit Zinnen bewehrten Mauern der Festung, die einer rheinischen Burg ähnelte, auf einer Anhöhe zwischen Akkon und Tyrus, von der aus die ganze Ebene beherrscht werden konnte. Sobald das Gebäude errichtet war, machte Hermann es zum Hauptsitz seines Ordens.

Dies war jedoch nur der Prolog zu dem großen Kreuzzug, zu dem die Teilnehmer noch immer die Ankunft Friedrichs erwarteten, wobei sie sich wunderten, wie Grousset sagt, daß er weiterhin zögerte.

Es sollten ganze Monate verfließen, ehe er ins Heilige Land aufbrach. Denn in diesem Jahr 1227 sollte eine Reihe von unvorhergesehenen Ereignissen wie ein langes Donnergrollen sein Leben begleiten.

XI

Zunächst klopfte – wie so oft, wenn eine gewittrige Phase der Geschichte einsetzt – der Tod von allen Seiten an.

Am 3. Oktober 1226 war in einer einfachen Hirtenhütte Franz von Assisi einem Herzanfall erlegen. Eine der bedeutendsten Figuren des Jahrhunderts hatte aufgehört, von der Liebe zur Natur zu singen und für die Unterdrückten einzutreten. Da seine Stimme nicht ersetzt werden konnte, war die Welt von heute auf morgen kälter und ärmer geworden.

Dann war das französische Königshaus an der Reihe. Am 8. November desselben Jahres war Ludwig VIII., der Sohn des Siegers von Bouvines, auf Schloß Montpensier in der Auvergne gestorben. Er war gerade von einer Triumphreise durch das Languedoc zurückgekehrt, wo ihm Amalrich von Montfort angeboten hatte, die Grafschaft Toulouse zurückzuerstatten. Sein ältester Sohn, Ludwig IX. – der künftige Ludwig der Heilige –, war ihm auf den Thron gefolgt. Aber da der junge Herrscher noch keine zwölf Jahre alt war, hatte seine Mutter die Regentschaft übernommen. So hatten die geschickten Hände Biancas von Kastilien die strenge Faust Philipps II. Augustus abgelöst.

Am 18. März 1227 schließlich hatte Papst Honorius III. unter den majestätischen Gewölben des Laterans seinen letzten Atemzug getan. Innerhalb weniger Monate hatten ein Heiliger, ein König und ein Kirchenfürst die Erde verlassen. Und das reichte hin, um die Weltlage zu verändern . . .

Honorius III. war gestorben, wie er gelebt hatte, das heißt als »religiöser« und nicht als »politischer Papst«. Seine schwache und versöhnliche Natur, die ihn größeren Streitigkeiten aus dem Wege gehen ließ, hatte auch seine letzte Handlung bestimmt: Es war eine beruhigende Geste zugunsten Friedrichs. Als die lombardischen Städte sahen, daß der Kaiser seine neue Verfassung in Sizilien durchsetzte, wurden sie aufständisch, weil sie fürchteten, er könne auch ihnen dieses Regierungssystem aufzwingen. Honorius hatte Friedrich deshalb gebeten, feierlich darauf zu verzichten. Der Hohenstaufer hat dem gerne zugestimmt, zumal er keinerlei Absicht hatte, Verwaltungsformen auf norditalienische Städte zu übertragen, die er nur für die Bevölkerung des Südens für angemessen hielt. Der Heilige Vater hatte sich daraufhin mit den lombardischen Stadtstaaten in Verbindung gesetzt, um ihre Befürchtungen zu zerstreuen. Dabei ist es zu einer Art Frieden zwischen Friedrich und den Städten Mailand, Brescia und Pavia gekommen, womit Honorius III. glaubte, selbst das letzte Hindernis für den Kreuzzug beseitigt zu haben.

Am 19. März 1227 hat die Kurie den über achtzigjährigen Kardinal von Ostia zum Papst gewählt, der den Namen Gregor IX. annahm. Charakterlich war der neue Kirchenfürst seinem Vorgänger diametral entgegengesetzt. Wie sein Onkel, Innozenz III., dessen Gedanken er teilte, war er ein Befürworter des heiligen Dominikus, dessen Kampf gegen die Albigenser er unterstützte, und betrachtete sich ebenfalls als *verus Imperator*, der seinen Willen allen Herrschern dieser Erde aufprägen konnte. Sein schneidendes, leicht erzürnbares und autoritäres Wesen ließen ihn eher »als Wolf, denn als Hirte« erscheinen, wenn man den Chronisten glauben darf, und so hatte er nicht ohne Grund den Namen Gregor gewählt. Gegenüber Friedrich wollte er nicht nur die Politik Innozenz' III. fortsetzen, sondern nach dem Beispiel Gregors VII., als dessen Schüler und Vollender er sich sah, noch strenger durchführen. Um zu begreifen, was das bedeutete, muß man sich an den Investiturstreit erinnern und an die Tatsache, daß Gregor VII. Kaiser Heinrich IV. gezwungen hat, im Büßergewand nach Canossa zu pilgern, nachdem er ihn drei Tage lang im Schnee vor den Toren seines Schlosses warten ließ (25. Januar 1077). Einen solchen Bußgang wollte Gregor IX. Kaiser Friedrich aufzwingen und deshalb gewährte er ihm keinen Aufschub, keinerlei Gnadenfrist . . .

Kaum hatte er den Thron bestiegen, sandte er ihm ein Schreiben, dessen strenger Wortlaut einer Warnung gleichkam: »Gott hat Dir die Gabe der Wissenschaft und der vollkommenen Vorstellungskraft verliehen, und die ganze Christenheit folgt Dir. Hüte Dich, daß Du Deinen Geist, den Du mit den Engeln gemein hast, nicht tiefer als Deine Sinne stellst, die Du mit den Tieren und Pflanzen gemein hast. Dein Geist wird geschwächt, wenn Du der Sklave Deiner Sinne bist.« [154] Dann fuhr Gregor mit den hintergründigen Worten fort: »Wir wollen Dir gerne entgegenkommen, soweit es Unsere Pflichten erlauben, doch erwarten Wir, daß Du Dich und Uns nicht in eine Verlegenheit versetzest, aus der Wir Dich schwerlich befreien könnten, auch wenn Wir wollten.«[155]

Die Anspielung auf den Kreuzzug war deutlich. Desgleichen die Drohung. Dennoch schien sie zu diesem Zeitpunkt nicht gerechtfertigt.

Im Vertrag von San Germano war als Tag der Abreise der 27. August 1227 festgelegt worden. Während des ganzen Juli und in der ersten Augusthälfte waren Zehntausende von Rittern und Pilgern nach Brindisi gezogen und hatten den Hafen und die Umgebung der Stadt gefüllt. Unter ihnen befanden sich sechzigtausend englische Kreuzfahrer, die die Bischöfe Peter von Winchester und Wilhelm von Exeter herbeigeführt hatten. Als Friedrich – von Melfi kommend – auf einer Anhöhe halt machte, die die Hafenbucht überragt, bot sich ihm ein erstaunlicher Anblick. Ganz Brindisi war von Zelten umgeben, in denen sich die Menge der Kreuzfahrer unterschiedlichster Herkunft drängte. Die mächtigsten Grundherren sahen sich neben Glückrittern und religiösen Pilgern. Im Hafen lagen fünfzig Galeeren und ebenso viele Transportschiffe bereit, um diese Menschen ins Heilige Land zu bringen. Friedrich verspürte größte Zufriedenheit. Heinrich von Malta, den er mit der Zusammenstellung der Flotte beauftragt hatte, schien gute Arbeit geleistet zu haben! Nun konnte sich der Kaiser endlich von der erdrückenden Hypothek befreien, die seit Beginn seines Versprechens auf ihm lastete. Da jedoch die Zahl der Schiffe nicht ausreichte, um diese Menschenmenge zu transportieren, mußte man eine Auswahl unter den Pilgern treffen. Angesichts der Erregung, die die Leute ergriffen hatte und die mit dem nahenden Abreisetag ständig wuchs, stellte die Einschiffung erhebliche Probleme. Friedrich übertrug deshalb die Verantwortung auf den Landgrafen Ludwig von Thüringen, den Hermann von Salza in Deutschland angeworben hatte. Er ernannte ihn für die Dauer des Unternehmens zu seinem Stellvertreter.

Es war mitten im Sommer. Die Hitze erschien nahezu unerträglich. Es begann an Wasser zu fehlen. In den Lagern und an den Kais stieß man auf Gruppen hagerer und zerlumpter Gestalten, die um die Einschiffung kämpften. Da schlug das Schicksal erneut und schrecklich zu: Eine Fieberepidemie brach in der Stadt aus, die durch mangelnde Hygiene, Unterernährung und Verunreinigung des Wassers hervorgerufen worden war. Hunderte von Pilgern erlagen der Krankheit. Ganze Wagenladungen konnten am Hafen eingesammelt werden. Die Erkrankten hatten fleckige, wächserne Gesichter, die Augen waren gerötet und die Lippen schaumbedeckt. Es waren die typischen Anzeichen für die Cholera. Sobald dieses Wort in der Bevölkerung laut wurde, brach Panik aus. Tausende von Kreuzzugteilnehmern strömten in der Hoffnung nach Norden zurück, dort der Geißel zu entgehen. Doch die Folge war, daß fast alle

Orte Apuliens von der Seuche erfaßt wurden. Was sollte man machen? Die Einschiffung verschieben? Das war unmöglich. Der 27. August war bereits verstrichen, und Friedrich drohte die Exkommunikation. Deshalb beschloß er, die Abreise nicht noch einmal zu verzögern, sondern so schnell wie möglich Segel zu setzen.

Der Kaiser hatte sich auf die kleine, etwas abseits gelegene Insel San Andrea zurückgezogen, um der Ansteckungsgefahr zu entgehen. Von dort aus konnte er die Einschiffung überwachen. So erlebte er den Aufbruch eines zweiten Kontingents von fünfhundert Rittern, die Marschall Riccardo Filangiere befehligte. Doch er selbst fühlte sich recht schwach und verspürte die ersten Anzeichen des Übels.[156] Anschließend wurde Ludwig von Thüringen vom Fieber geschüttelt. Dennoch nahmen sie ihre restliche Kraft zusammen und gaben der Flotte Befehl, die Anker zu lichten, da sie hofften, auf offener See zu gesunden.

Unter Fanfarenklängen und den Beifallsrufen der noch nicht erkrankten Bevölkerung liefen die Schiffe am 8. September aus. Nach achtundvierzig Stunden Fahrt merkte Friedrich jedoch, daß er unter diesen Bedingungen das Mittelmeer nicht überqueren konnte. Seine Schwäche nahm zu. Ludwig von Thüringen lag im Sterben. Immer mehr Mitglieder der Besatzung erkrankten an der Ruhr. Um eine Katastrophe zu vermeiden, mußte man umkehren. Die Flotte ging in Otranto vor Anker. Ludwig von Thüringen starb, nachdem man ihn an Land gebracht hatte.[157]

Friedrich versammelte seine Ärzte um sich und hielt einen wahren Kriegsrat. Sie untersuchten ihn und rieten ihm, die Genesung abzuwarten, ehe er ein neues Abreisedatum festlegte. Sie empfahlen ihm auch, eine Thermalkur in Pozzuoli zu machen, weil sie hofften, eine Reihe von heißen Bädern könnte ihn vielleicht heilen.[158]

XII

Der Papst frohlockte. Jetzt hatte er seine Beute. Da Friedrich nicht am festgesetzten Tag aufgebrochen war, konnte er exkommuniziert werden. Und früher oder später würde er ihn zwingen, nach Canossa zu gehen. Wenn er ihn in Sack und Asche vor sich knien sah, würde er seine Macht um so leichter brechen, als sich alles gegen ihn verschworen hatte, um ihn an der Ausführung seines Gelübdes zu hindern: die Hitze, der Wassermangel, die Choleraepidemie und schließlich die unzureichenden Transportmittel. War das nicht der Beweis, daß Gott ihn verlassen und sein Unternehmen verflucht hatte?

Als er erfuhr, daß die kaiserliche Galeere umgekehrt war und Friedrich in Otranto Zuflucht gesucht hatte, begann Gregor IX. seine Verwünschungen ihm gegenüber zu vervielfachen. Einen Tag nach seiner Landung schickte Friedrich deshalb eine Abordnung zu ihm nach Anagni, um den Zorn des Greises zu besänftigen. Sie sollte den Heiligen Vater vom Gesundheitszustand des Kaisers unterrichten und die einzelnen Gründe darlegen, warum die Abreise fehlgeschlagen war. Doch Gregor IX. weigerte sich, sie zu empfangen. Er ließ sie lediglich vor einer Bischofssynode erscheinen. Als man ihm die Botschaft der Abgesandten überbrachte, wollte er keines der Argumente gelten lassen und wies alle verächtlich zurück, selbst höhere Gewalt war für ihn kein Grund. Am 29. September beschloß er in einer Konsistoriumssitzung, über Friedrich II. den Kirchenbann zu sprechen und ihn von einer Enzyklika zu begleiten, in der er ihn anklagte, das christliche Heer verlassen zu haben, als es in Schwierigkeiten war (wahrscheinlich eine Anspielung auf die Belagerung von Damiette, mit der Friedrich nichts zu tun hatte und deren Ende dem Legaten Pelagus zuzuschreiben war); das Heilige Land den Ungläubigen überantwortet zu haben; den Ausbruch der Choleraepidemie verursacht, zu wenig Schiffe zusammengestellt und schließlich seine Gelübde nicht eingehalten zu haben, »womit er die Bande, die ihn hielten, zerrissen, die Gottesfurcht mit Füßen getreten und die Achtung verletzt habe, die er Jesus Christus schuldet . . . Außerdem habe er sich zu seiner Schande und zur Schande der ganzen Christenheit von seinen Thronglüsten hinreißen lassen, die ihm eigen waren . . .«[159]

Friedrich reagierte darauf äußerst gelassen. Er schickte eine zweite Delegation nach Anagni, die von dem Bischof von Bari, dem Erzbischof von Reggio und dem Herzog von Spoleto angeführt wurde. Diesmal empfing der Papst sie, weil er glaubte, ihre Mitglieder würden ihm die Unterwerfung seines Gegners mitteilen, was jedoch keineswegs der Fall war. Der Kaiser drückte ihm sein Bedauern aus, daß er innerhalb der gesetzten Frist nicht aufbrechen konnte. Er wollte die Verantwortung dafür auf sich nehmen und erklärte sich bereit, dem Heiligen Stuhl die übliche Buße zu zahlen, die ihm jene schuldeten, die ihren Verpflichtungen nicht nachkommen konnten, und erneuerte sein Versprechen, im Mai des kommenden Jahres nach Palästina zu reisen. Um das zu unterstreichen, ließ er ihm einen Brief überreichen, der keinerlei Beleidigungen enthielt und von dem man ohne Übertreibung sagen kann, daß er zu den schönsten Episteln gehört, die je geschrieben worden sind (10. Oktober 1227). Weil er wollte, daß das römische Volk Kenntnis davon erhielt, ließ er ihn von Roffred von Benevent, dem Rektor der Universität von Neapel, auf dem Capitol verlesen. Doch der Papst stellte sich taub.

»In heftige Verwunderung werden Wir gestürzt, weil Wir von dort, woher Wir

Dank für viele Wohltaten erwarten, verschiedene Arten von Beleidigung wie auch von Schimpf erfuhren. Ungern reden Wir, aber Wir konnten nicht schweigen, damit nicht durch das, was Wir lange verschwiegen haben, die Hoffnung, die viele täuscht, etwa auch Uns täusche . . . Wir sind es, zu denen das Ende der Zeiten gekommen ist, da die Menschenliebe nicht nur in den Zweigen, sondern auch in den Wurzeln zu erkalten scheint . . . Wenn sich nämlich ein Feind gegen Uns erhöbe, wenn ein Verfolger der Kirche, wenn ein Gegner des Glaubens die Unserer Herrschaft untergebenen Völker zum Haß gegen Uns aufreizte, so würden Wir die Waffen der Verteidigung ergreifen und das Schwert, dessen Gewalt Uns vom Herrn zum Schutze des Glaubens und der Freiheit der Kirche zuerteilt worden ist, zücken und begännen mit allen Kräften die Kämpfe des Herrn auszufechten.

Da nun aber jener Vater der gesamten Menschheit, der Stellvertreter Christi und Nachfolger des heiligen Petrus, auf den Wir Unsere Hoffnung und Unser Vertrauen gesetzt haben, gegen Unsere Person unwürdig und hart vorgeht und durchaus gewillt zu sein scheint, Haß gegen Uns zu schüren, wer wird da nicht erschüttert und verwirrt, daß ein so heftiger Krieg gegen Unsere Unschuld geführt wird, dem entgegenzutreten Uns gegen Unseren Willen nur die drängende Not zwingt, da Wir glauben, daß man dem heiligen Petrus, wie ihm der Herr die Gewalt zu binden und zu lösen auf Erden übertrug, auch demütig Ehrfurcht erweisen muß?

Wir bitten also Eure Gesamtheit, Ihr möget Euch inzwischen rüsten, um zur geeigneten Zeit zu kommen, damit Wir Mitte des kommenden Monats Mai mit mächtiger Hand und erhobenem Arme hinüberfahren. Seid alle ohne jeden Zweifel gewiß, daß Wir für die Überfahrt und alles andere freigebigst sorgen werden! . . . Wir vertrauen auch auf den Bringer des Heils, daß der höchste Priester, eingedenk Unserer Ergebenheit und der Not des Heiligen Landes, nicht erlauben wird, daß dem ergebenen Sohne das gewohnte Opfer und die Liebe der mütterlichen Kirche noch länger vorenthalten wird, da Wir ihn, bevor er zu seiner hohen Würde berufen wurde, aufrichtig geliebt haben.«

Dieses Schreiben an alle christlichen Könige und Fürsten bewirkte jedoch auf päpstlicher Seite nur, daß Gregor IX. alles tat, um die aufgerissene Kluft zu vertiefen. Er setzte sich mit den lombardischen Städten in Verbindung, um sie gegen den Kaiser aufzustacheln und die Befürchtungen zu nähren, die Honorius III. kurz vor seinem Tod zu zerstreuen bemüht gewesen war. Dann zettelte er eine Verleumdungskampagne unter dem sizilianischen Klerus an, um ihn zu bewegen, sich gegen die königliche Herrschaft zu erheben. Diesmal ging Friedrich zum Angriff auf die Person des Papstes über:

»Während Wir Uns höchlichst anstrengten und von der Römischen Kirche jeden Rat erhofften, nahmen Wir wahr, daß der, den Wir als Leiter und Lenker zu haben glaubten, sich unerwartet als ein Gegner dieses Unseres Vorhabens erwiesen hat, so sehr, daß er ungerecht gegen Uns vorgehend den Bannspruch über Uns ausgesprochen hat und sich offen Unseren Versprechen und Gelübden, auf denen wir im Dienst des Heiligen Landes bestehen, nicht in gerechtem Eifer, sondern von Willkür getrieben, widersetzt ... Außerdem hält dieser Römische Priester von dem Gelde, das er den im Dienste Christi Ausfahrenden zahlen soll, Söldner gegen Uns, um Uns auf alle mögliche Weise zu schaden. Obgleich aber dieser Römische Oberpriester sich durch dies alles Unseren Wünschen entgegenstellt und auf unverschämte Weise versucht, Unsere Sanftmut zu reizen, so hielt er uns dennoch keineswegs vom Dienste Christi zurück ...«[160]

Unterdessen hatte sich nämlich der Zorn des Papstes gesteigert. Er hatte den Kaiser als ein Meeresungeheuer bezeichnet, das nur das Maul aufriß, um Gott zu lästern, wodurch er ihn mit dem apokalyptischen Tier gleichsetzte. Am 17. November 1227 war dann der Bannfluch gefolgt, der sich um so schlimmer auswirkte, als er vorschrieb, daß jede Stadt, die Friedrich Gastfreundschaft gewährte, ebenfalls vom Kirchenbann getroffen war. Damit lag der Hohenstaufer praktisch in der Reichsacht. Sechs Monate später, am Gründonnerstag des Jahres 1228,[161] wurde die Exkommunizierung veröffentlicht und jedem Fürsten der Christenheit bekanntgegeben:

»Um nicht jenen stummen Hunden zu gleichen, die nicht bellen können«, liest man in dem Urteil, »erklären Wir Friedrich, obgleich gegen Unseren Willen, als öffentlich exkommuniziert. Wir verbieten allen, auch nur den geringsten Umgang mit ihm zu haben, und Wir behalten Uns vor, mit äußerster Strenge gegen ihn vorzugehen, wenn er auf dem Weg fortschreitet, den er eingeschlagen hat ...«

XIII

Für Friedrich war das ein harter Schlag. Obwohl er »stets Augustus und immer der Unbesiegte« blieb, mußte er an mehreren Fronten zugleich kämpfen: gegen die Unnachgiebigkeit des Papstes; gegen die Opposition der großen Kirchenvasallen, die sich in Deutschland bildete; gegen das Aufbegehren des niederen Klerus in Sizilien, dem Gregor IX. verboten hatte, den Zehnten zu entrichten, mit dem im allgemeinen die Kreuzzüge finanziert wurden; und schließlich gegen den wachsenden Widerstand der lombardischen Städte, die von päpstlichen Gesandten offen zum Aufstand aufgefordert wurden. Der Kaiser war der

Cholera nicht erlegen und hatte dank der Thermalkur in Pozzuoli seine Kräfte zurückgewonnen. Aber eine schwere Last ruhte auf seinen Schultern, als eine zusätzliche Trauer ihm seine Aufgabe erschwerte.

Yolanthe von Brienne – die inzwischen achtzehn Jahre alt war – erwartete ein Kind. Doch dieses arme, schwache und unscheinbare Wesen hat nie Glück gehabt. Während sie sich in Andria aufhielt, gebar sie am 25. April 1228 einen Sohn. Zehn Tage später (am 5. Mai) starb sie am Kindbettfieber. Ihre Ehe mit Friedrich hatte nur dreißig Monate gewährt. Sie wurde schnell beigesetzt, als wollte man sich von einem Schatten befreien.[162]

Yolanthe hatte nicht lange gelebt, und in dieser kurzen Zeit waren die finsteren Tage sehr viel zahlreicher gewesen als die hellen. Freude hatte sie kaum gekannt, und trotzdem hat sie ihre historische Aufgabe erfüllt. Um dieses Dasein hätte manche Herrscherin sie beneiden können, denn nach dem Tod ihrer Mutter, Maria von Montferrat, hatte sie das Königreich Jerusalem geerbt. Und durch ihre Ehe mit Friedrich hat sie ihm die Krone der Verteidiger des Heiligen Grabes übertragen. Und bevor sie starb, hat sie ihm einen Sohn geschenkt. Er wurde auf den Namen Konrad getauft und sollte durch die Wechselfälle der Ereignisse zu Friedrichs Nachfolger auf dem Thron Siziliens werden.

Trotz dieser Schicksalsschläge ließ sich der Hohenstaufer nicht entmutigen. Nichts trübte seine klare Urteilskraft. Alles Gezeter des Papstes, all seine Feindseligkeiten hatten nur ein Ziel: die Macht des Kaisers zu brechen und ihn zu zwingen, in Sack und Asche vor ihn zu treten. Und Friedrich wußte das. Sollte er sich zu dieser beschämenden Kapitulation bewegen lassen? Niemals!

Diese Demütigung würde er nie hinnehmen. Zumal die Handlungen des Kirchenfürsten nicht gerade von christlicher Liebe getragen waren. Sie waren von falschem Glauben und offensichtlicher Parteilichkeit geprägt. Also allem zum Trotz aufbrechen, ohne Rücksicht auf Bann und Exkommunikation? Das war ein gewagtes Abenteuer, kühner noch als seine Abreise 1212 von Messina, als er sich ohne Waffen, ohne Geld, mit einer Handvoll Begleitern aufgemacht hatte, um die Krone Karls des Großen zu erobern. Auch gefährlicher, denn beim geringsten Fehler, beim leisesten Mißerfolg konnte er alles verlieren: das Heilige Römische Reich, Italien, Sizilien und sogar das Königreich Jerusalem . . . Sollte das Unternehmen gelingen, mußte er alles auf eine Karte setzen. Das war die einzige Möglichkeit, den Heiligen Vater seines Unrechts zu überführen und ihn zu zwingen, Friedrichs Oberhoheit anzuerkennen. Und er war sicher, den Sieg davonzutragen (wie er damals sicher gewesen war, als er durch Deutschland zog und sich die Bischöfe, Fürsten und die Bewohner der Städte ihm am Ende anschlossen). Seine Überzeugung gründete sich nicht allein auf seine unwiderstehliche Überredungskraft, sondern ebenso auf zwei Faktoren, deren Bedeutung er mit untrüglichem Blick klar erkannt hatte: Moral und Psychologie.

Erstens hatte er volles Vertrauen in Malik Al-Kamil. Hatte der Sultan von Ägypten nicht versprochen, ihm Jerusalem und die Heiligen Stätten zurückzuerstatten, wenn der Kaiser ihm half, Al-Muazzam aus Damaskus zu vertreiben? Friedrich konnte und wollte sein Wort nicht in Frage stellen. Er hatte zu lange mit dem Botschafter Fahr ed-Din verhandelt, um sich vorstellen zu können, daß er sein Versprechen nicht halten würde. Das hätte weiterer Wochen zusätzlicher Verhandlungen bedurft. Und dazu ließ ihm das Drängen des Papstes keine Zeit. Er zwang ihn, die Abreise zu beschleunigen, aber das änderte nichts an der Sachlage. Sobald er in Akkon war, würde er die unterbrochenen Gespräche mit Al-Kamil wieder aufnehmen und die getroffenen Vereinbarungen vertraglich absichern.

Der psychologische Faktor für seine Sicherheit war seine gründliche Kenntnis der öffentlichen Meinung, der er große Bedeutung beimaß (auch hier war er seiner Zeit weit voraus). Er ahnte nicht allein ihre Reaktionen, sondern wußte sie auf unvergleichliche Weise zu seinen Gunsten zu münzen. Von dem Brief, den Roffred von Benevent auf dem Capitol verlesen hatte, waren die Zuhörer sehr beeindruckt gewesen. Im Grunde hatten sie die Unnachgiebigkeit des Papstes getadelt und seine Anschuldigungen für unberechtigt gehalten.

Diese für Gregor IX. nachteilige Beurteilung hatte am Ostermonatg ihren öffentlichen Ausdruck gefunden (also fünf Tage nach der Exkommunizierung). Als der Papst den Bannfluch während der Messe in der Lateranbasilika wiederholte, wurden Proteste laut, und während der Heilige Vater die Zeremonie fortsetzen wollte, als sei nichts gewesen, folgten Rufe und Pfiffe auf die Proteste. Bald nahm der Tumult größere Ausmaße an und wuchs zum Krawall aus. Die Nachricht von diesen Unruhen drang nach außen, so daß die ganze Stadt unwillig murrte. Am Ende hatte der Aufstand die gesamte römische Bevölkerung erfaßt. Der Papst mußte um seine Sicherheit bangen und verließ eiligst Rom, um in Viterbo und anschließend in Rieti Zuflucht zu suchen.[163] Friedrich hatte die Unruhen mit lebhafter Aufmerksamkeit verfolgt. Wer war nun der stärkere? Der Exkommunizierende oder der Exkommunizierte? Wenn sich die Öffentlichkeit auf die Seite des Kaisers stellte, obwohl er noch nicht ins Heilige Land gezogen war, wie sollte es erst dann aussehen, wenn er zurückkehrte, seine Mission erfüllt und Jerusalem sowie die Heiligen Stätten in die Hände der Christenheit zurückgelegt hatte? Konnte Gregor IX. seinen Bann gegen den Befreier des Heiligen Grabes aufrechterhalten? Wäre er nicht gezwungen, Friedrich zu rehabilitieren?

Der Kaiser hatte die Abreise beschlossen und beschleunigte die Vorbereitungen dazu. Den ganzen April traf er Maßnahmen, um die Organisation des Kreuzzugs zu verbessern. Heinrich von Malta hatte er seine Niederlage vor Giato [164] verziehen, und so vertraute er ihm das Oberkommando über die Flotte an, das Ludwig von Thüringen innegehabt hatte. Er bewegte Berard von Castacca, den Erzbischof von Palermo, und Jakob von Patti, den Erzbischof von Capua, dazu, sich über den Bannfluch hinwegzusetzen, der »jedem verbot, Umgang mit ihm zu haben«, und ihn ins Heilige Land zu begleiten (allein diese Abtrünnigkeit war für den Papst eine schwere moralische Niederlage). Ende April versammelte Friedrich seinen Hof in Barletta. Dort traf er die nötigen Maßnahmen, um möglichen Schwierigkeiten während seiner Abwesenheit vorzubeugen.

Diese Vorsicht war um so begründeter, als die Lage recht heikel war. Yolanthe war gestorben, so daß keine Königin die Regentschaft übernehmen konnte. Der erst zwölf Jahre alte Heinrich VII. war minderjährig und hielt sich in Deutschland auf. Und Konrad IV. zählte gerade zwei Monate. Er mußte also testamentarisch dafür Sorge tragen, daß die Erbfolge gesichert blieb. Als Regenten setzte er den Herzog von Spoleto, Reinald von Urslingen, ein (diese Wahl sollte sich als unselig herausstellen), denn seine beiden Vertrauensleute – Berard von Castacca und Hermann von Salza – konnten nicht überall gleichzeitig sein.

Trotz allem wollte Friedrich II. Italien nicht verlassen, ohne einen letzten Versuch zu machen, sich mit dem Papst zu versöhnen. Er schickte erneut eine Abordnung zu ihm, die ihm konziliante Vorschläge unterbreiten und ihm ankündigen sollte, »daß er erleichtert nach Syrien aufbreche« (Anfang Juni 1228). Wieder weigerte Gregor sich, sie zu empfangen. Seine einzige Antwort bestand darin, daß er dem Exkommunikationsurteil eine Zusatzklausel beifügte: Er verbot Friedrich, ins Heilige Land zu ziehen.

Da er die Nutzlosigkeit seiner Schritte – die alle an eine Mauer der Feindschaft stießen – einsehen mußte, beschloß der Kaiser, sich über die Verbote hinwegzusetzen. Im Morgengrauen des 28. Juni 1228 gab er etwa zwanzig Schiffen, die den Rest seiner Flotte bildeten, [165] in Brindisi den Befehl, Segel zu setzen und nach Osten auszulaufen. Als die Sonne aufging, war der Hafen leer. Das gesamte Kreuzzugsheer war verschwunden.

Kaum hörte Gregor IX. davon, glaubte er, vor Wut zu ersticken. Wie einst Innozenz III. hatte er gedacht, der Kaiser sei ihm ausgeliefert. Er war überzeugt, Friedrich würde umgehend vor ihm erscheinen und demütig um Vergebung seiner Verfehlungen bitten. Und nun war er ihm durch die Hände geschlüpft . . . Das war einfach zu viel! Er fühlte sich lächerlich gemacht wie nie zuvor. Er verlor buchstäblich den Kopf.

»Wir wissen nicht«, erklärte der Papst, »wessen törichtem Rat er da folgte, oder besser, welche teuflische List ihn verführte, ohne Buße und ohne Absolution den Hafen von Brindisi insgeheim zu verlassen, ohne daß man mit Sicherheit wüßte, wohin er ging.« [166]

Nachdem er Friedrich soundso oft zur Abreise gedrängt hatte, nahm er es ihm nun tödlich übel, daß er aufgebrochen war. Schlimmer noch: daß er ohne päpstliche Gnade Italien verlassen hatte. Das war eine Herausforderung, die Gregor IX. sich teuer bezahlen lassen würde!

Fünfter Teil:
Der König von Jerusalem

(Juli 1228 – Oktober 1230)

I

Friedrichs Flotte folgte der italienischen Küste bis nach Otranto, dann überquerte sie das Ionische Meer. Die Bevölkerung am Westufer der Insel sah sie in der Ferne vorbeiziehen. Flötenklänge und Trommelschlagen begleiteten die rhythmischen Bewegungen der Ruderer. Dann verlor man sie aus den Augen und mußte die Behauptung des Papstes gewissermaßen bekräftigen, daß man nicht einmal wußte, wohin der Kaiser gefahren war.

Fünfundzwanzig Tage lang – und das war selbst zu jener Zeit eine lange Frist, um sich von Italien ins Heilige Land zu begeben – hörte man nichts von ihr, so daß sich alarmierende Gerüchte zu verbreiten begannen. Erst heute weiß man aufgrund eines Tagebuchs eines unbekannten Zeugen, daß sie sich an der Küste Griechenlands, an Rhodos und der kleinasiatischen Küste entlangbewegt hat, wobei auf ägäischen Inseln sechzehn kurze Zwischenstationen gemacht wurden.

Die Flotte, mit der Friedrich und seine Begleiter segelten, bildete nur einen Teil der Seestreitkräfte, die Heinrich von Malta in Brindisi versammelt hatte. Ein erster Konvoi von zwanzig Schiffen hatte bereits 1227 Hermann von Salza, den Patriarchen Gerold mit tausend Rittern, ihren Pferden und ihrer Ausrüstung nach Akkon gebracht. Dann war ein zweiter Schub mit dem Herzog von Limburg, dem Marschall Riccardo Filangieri und einem relativ starken Truppenkontingent gefolgt. Schließlich ein dritter. Die Schiffe, die den Kaiser begleiteten, dürften kaum mehr als vierzig gewesen sein – ein Chronist spricht von dreiundzwanzig und fügt hinzu, daß Friedrich nicht mehr als hundert Ritter um sich gehabt habe.[167] Der Papst sollte das übertreiben, um seine Verachtung auszudrücken: »Nur eine Handvoll.« Aber selbst wenn man bei vierzig Galee-

155

ren bleibt, scheint die Truppenstärke zwei- oder dreihundert Ritter und tausend Soldaten nicht überschritten zu haben, denn Friedrich brauchte viel Platz, um die Mitglieder seiner zahlreichen Eskorte unterzubringen. Zu ihr gehörten außer den dreihundert arabischen Leibgardisten aus Lucera viele Knappen, Matrosen, Musiker, Dichter, Jongleure und vielleicht ein Harem sowie eine Gruppe von Gelehrten – Mathematikern, Astronomen, Astrologen und Philosophen –, die er »in dieses orientalische Kulturzentrum« mitnahm, »damit sie dort reiche Beobachtungen machen und neue Kenntnisse sammeln konnten«.[168]

Nichts war dem Zufall überlassen. Wenn Friedrich seine Begleiter so sorgfältig ausgewählt und die Zahl der Krieger so gering gehalten hatte, dann war dies geschehen, weil er gegenüber seinen muselmanischen Gesprächspartnern nicht als Kriegsheld erscheinen wollte, der bereit war, die Welt mit dem Schwert zu erobern. Er wollte sich ihnen als aufgeklärter Herrscher zeigen, als Beschützer der Künste und Wissenschaften – und vor allem nicht als Feind des Islams. Diese Absicht spiegelt sich selbst in den geringsten Anordnungen, die er seinen Begleitern gab, ob es nun hochstehende Persönlichkeiten wie Thomas von Acerra und Berard von Castacca oder einfaches Dienstpersonal waren, das seine Archive hütete oder sein goldenes Tafelgeschirr. Auch achtete er darauf, daß seine arabische Garde ihre Religion ausüben konnte, obwohl sie sich auf einem christlichen Schiff befand. Auf der anderen Seite bat er einige Muselmanen, die mit ihm an Bord waren, sich nicht daran zu stoßen, daß der Hauptmast seiner Galeere ein Kreuz trug.

Wer waren die Gelehrten, die er mit auf seine Reise genommen hatte? Kein Dokument nennt sie uns, aber man kann sicher annehmen, daß sie zu seiner *Curia Magna* gehörten, einer Gruppe von Schriftstellern und Wissenschaftlern, die ihn in Foggia und Palermo umgaben und ihn ständig begleiteten.

Erwähnen wir ruhig die vier sizilianischen Prälaten, die eher dem Kirchenbann trotzten, als sich mit ihrem Herrscher zu zerstreiten: Berard von Castacca, den Erzbischof von Palermo, Jakob von Patti, den Erzbischof von Capua, den Erzbischof von Bari und den Erzbischof von Reggio.[169] Zu diesen Geistlichen gesellte sich eine große Zahl weltlicher Persönlichkeiten, unter anderen der getreue Richard (wir kennen nur seinen Vornamen, denn er scheint Sarazene gewesen zu sein), sein *familiaris camerarius*, der sowohl sein persönlicher Vertrauter war, aber gleichzeitig die verschiedensten Funktionen ausübte (wie die Verwaltung seines Privatschatzes, die Unterhaltung seiner Paläste, seiner Residenzen, seiner Parks und Jagden) und den man als seinen »Zeremonienmeister« bezeichnen könnte; ferner ein Moslem aus Palermo, Mohammed el-Guazi, den Friedrich als seinen »Professor für Logik« und »Fachmann in

Philosophie« bezeichnete; Magister Theodor, der Astrologe, Chemiker und Arzt; Johann von Salerno, der Notar des kaiserlichen Hofes; der Spanier Petrus Hispanus und der Engländer Michael Scotus, der besonders in Philosophie und Mathematik bewandert war.

All diese Männer bildeten, wie Pierre Boulle es ausgezeichnet ausdrückt, »eine avantgardistische Vorhut des alten schlummernden Abendlandes, die von einem Prinzen zweihundert Jahre vor der Renaissance geweckt worden ist, der nach Licht suchte und den Staub des Mittelalters abgeschüttelt hat«.[170] Es war eine ganze Armee von Gelehrten, die Friedrich zur Entdeckung einer Welt mitführte, in der die Algebra (arabisch *Al-Djabr*) geboren ist und deren Kultur seine Lieblingsautoren hervorgebracht hat: Aristoteles und Galen.

Sobald er die Küsten Italiens aus den Augen verloren hatte, fühlte sich der Kaiser von der geistigen Anspannung befreit, unter der er in den Monaten vor seiner Abreise gelebt hatte. Vorbei war es mit den Schmähungen, Verweisen und Sanktionen Gregors IX.! Über den Bug seiner Galeere gebeugt, sah er eine Zukunft vor sich, die so klar war wie die Anordnung der Sterne. O nein, das war kein Kreuzzug wie die anderen! Es war auch keine gewöhnliche Reise. Sicher, sein Ziel war die Befreiung des Heiligen Grabes, doch dahinter zeichnete sich ein weiterer Wunsch ab: Einen lebendigen Kontakt mit diesem geheimnisvollen Islam herzustellen, der fünf Jahrhunderte lang dem antiken Denken Zuflucht und Schutz gewährt hatte.[171]

Die Tage waren mit poetischem Wettstreit, Konzertaufführungen, Tänzen und Akrobatik ausgefüllt, die die sizilianischen Künstler ausführten. Wenn es Abend wurde und eine frische Brise aufkam, versammelte Friedrich seine Gelehrten um sich und diskutierte mit ihnen unter dem Zelt am Strand vor seinem Schiff.

Diese Gespräche zogen sich bis tief in die Nacht hinein und behandelten mathematische Probleme in Anlehnung an das *Almagest* des Ptolemäus oder die *Abhandlung über den Abakus* des Leonhard von Pisa oder das Gedankengut des Aristoteles, von dem Michael Scotus ihm die Werke *De Anima* und *De Coelo et Mundi* mit den Kommentaren des Averroes in lateinischer Sprache mitgebracht hatte.[172]

Um die Atmosphäre bei der Überfahrt erfassen zu können, muß man sich Friedrich, den Freund des Studiums und der Wissenschaft, an Deck seines Schiffes vorstellen, wie er eine richtige philosophische Akademie um sich versammelte und leitete, der einige der glänzendsten Geister seiner Zeit angehörten.[173]

Wenn man die Berichte liest, die uns überliefert sind, glaubt man die Stimme des Kaisers zu vernehmen, der mit ernstem Ton die Fragen formuliert, die ihn am meisten beschäftigten:

»Hat Aristoteles die Ewigkeit der Materie nachgewiesen? Wenn ja, schließt das nicht die Existenz eines Schöpfergottes aus? Wenn nicht, was sind dann seine Argumente wert?

Hat er alles von einem Universalgeist abgeleitet? Wenn ja, schließt das nicht die persönliche Unsterblichkeit aus?

Welches ist die Natur der Seele? Ist sie unsterblich? Wenn ja, wo liegt der Beweis für ihre Unsterblichkeit?«[174]

Waren die philosophischen Disputationen beendet, kam die Musik zu ihrem Recht. Flöten, Gamben ließen, vom Rhythmus der Trommeln untermalt, ihre Weisen erklingen.

So durchschiffte die kaiserliche Flotte die Ägäis. Immer wieder legte Friedrich Zwischenstationen ein, denn er hatte es nicht eilig, das Ziel der Reise zu erreichen, die ihm einige der glücklichsten Momente seines Lebens gebracht hat. Denn ihm ging es ja weniger darum, neue Länder zu erobern oder eine neue Krone hinzuzugewinnen, als um die engere Verbindung von Orient und Abendland, damit man »die andere Hälfte von sich selbst« entdecken konnte. Das war seine Auffassung von der Erfüllung des »Werkes des Herrn«.

II

Die letzte Etappe der Reise war die längste. In mehr als fünfzig Stunden führte sie die Kreuzfahrerflotte vom Dodekanes nach Zypern, wo der Kaiser am 21. Juli 1228 eintraf. Als der Konvoi vor Limassol erschien, löste sich eine Barke von der Küste und steuerte auf Friedrichs Schiff zu. Sie hatte einen gewissen Amalrich von Barlaix an Bord, der eilig das Fallreep der Galeere hinaufkletterte und sich mit Friedrich im Zwischendeck einschloß, das als Arbeitsort diente.

Seit der Zeit, da die Insel als Heiligtum Aphrodites galt (in Paphos gab es noch die Überreste ihres Tempels), hatte Zypern eine wechselreiche Geschichte durchlebt, die in mancher Hinsicht der sizilianischen glich. Erst hatte sie zum griechischen, dann zum römischen und bis zum Jahre 1191 zum byzantinischen Reich gehört. Richard Löwenherz hat sie bei der Rückkehr vom dritten Kreuzzug an die Templer verkauft,[175] die sie wiederum an Guido von Lusignan, den ehemaligen König von Jerusalem, veräußerten, der von Saladin von seinem Thron gejagt worden war. Als Guido 1194 starb, fiel Zypern an dessen Bruder Amalrich, der durch seine Heirat mit Sibylla von Montferrat und ein kompliziertes Intrigennetz sich den Ehrentitel eines Königs von Jerusalem verleihen ließ. Amalrich hatte jedoch schnell begriffen, daß er den vereinten Angriffen der Pisaner und Byzantiner nicht standhalten konnte. Er hatte deshalb nach einem Schutzherrn gesucht und dazu Heinrich VI. von Hohenstaufen ausersehen. Um dieser Verpflichtung mehr Feierlichkeit zu geben, war der Huldigungseid im Dom von Nikosia in Anwesenheit des Grafen Adolph von Holstein und des Bischofs von Hildesheim, den persönlichen Vertretern des deutschen Kaisers, geleistet worden. Als Gegenleistung hatte der Bischof von Hildesheim Amalrich die Krone, das Zepter und das Schwert von Zypern überreicht. Von diesem Tag an hatte er (ohne allerdings auf die Ansprüche auf Jerusalem zu verzichten) unter dem Namen Amalrich II. die Insel beherrscht.

Mit den Jahren war die Erinnerung an den Eid verblaßt, und Zypern hatte keinerlei Tribut mehr an den Kaiser gezahlt. Obgleich es besetzt war, hatte sich Heinrich VI. nicht in der Lage gesehen, seine Rechte geltend zu machen. Amalrich II. war gestorben. Und zu dem Zeitpunkt, da Friedrich vor Limassol erschien, wurde die Macht im Namen der Königin Alix von Lusignan von ihrem Onkel Johann von Ibelin ausgeübt, dem ein hoher Rat fränkischer Barone in Nikosia zur Seite stand.

Johann von Ibelin war eine der markantesten Figuren im christlichen Orient. Der Herr von Beirut war mit der alten Jerusalemer Königsfamilie verwandt und hatte während Maria von Montferrats Minderjährigkeit von 1205 bis 1210 die Regentschaft des Königreichs inne. Maria hatte Johann von Brienne geheiratet, so daß er ihre Nachfolge angetreten hat. Dennoch spielte Johann von Ibelin eine wichtige Rolle und war in der fränkischen Aristokratie hoch angesehen. Als bedeutender Jurist, Diplomat und unvergleichlicher Redner verkörperte er alles, was die fränkische Zivilisation und Kultur im 13. Jahrhundert zu bieten hatte. Auch hatte er wichtigen Anteil an den »Gesetzen von Jerusalem«, die etwa den »Assisen« von Capua entsprachen und sehr genau die Beziehungen zwischen dem König von Jerusalem und den fränkischen Vasallen dieses Gebiets regelten.

Johann von Ibelin hatte die Vorbereitungen Friedrichs zum sechsten Kreuzzug aufmerksam verfolgt. Zuerst hatte er darüber gelächelt. Als er jedoch im Jahre 1223 erfuhr, daß der Kaiser Honorius III. versprochen hatte, spätestens am 24. Juni 1225 das Kreuz zu nehmen, hatte er es mit der Angst bekommen. Die Gesetze von Jerusalem erschienen ihm nicht als hinreichende Garantie gegen eventuelle Machtansprüche Friedrichs. Deshalb war er seit 1224 bestrebt, Heinrich, den damals sechsjährigen Sohn der Königin Alix, zum König von Zypern krönen zu lassen. Diese Handlung, die gegen zypriotisches Recht verstieß, das die Thronbesteigung der Erbprinzen nicht vor dem fünfundzwanzigsten Lebensjahr vorsah, erschien dem Kaiser als das, was sie wirklich war: einer

Art Kriegserklärung.

Als eingeschworener Feind Johanns von Ibelin hatte sich Amalrich von Barlaix recht lange in Sizilien aufgehalten, wo er Friedrichs Freundschaft gewonnen hatte. Jetzt weilte er in Nikosia, um laufend zu berichten, was dort vor sich ging. Und wenn er sich an Bord des kaiserlichen Schiffes begeben hatte, dann offensichtlich, um den Herrscher gegen den Herrn von Beirut aufzustacheln, indem er ihm dessen Machtmißbräuche aufzählte. Doch Friedrich wußte Bescheid. Er war mit einem ausgefeilten Plan nach Limassol gekommen.

Zu jener Zeit war Zypern eine der blühendsten Inseln des Mittelmeers. Sie konnte Friedrich hinreichend Lebensmittel, Hilfsgüter und sogar Soldaten liefern, um sein kleines Ritterheer besser auszustatten.[176] Merkwürdigerweise schien der Kaiser eher daran gedacht zu haben, sie gegen die fränkischen Barone einzusetzen als gegen die Sarazenen. Seine Absichten waren klar: Er wollte die Insel als Sohn Heinrichs VI. und Witwer Yolanthes von Brienne, der verstorbenen Erbin des Jerusalemer Königsreichs, wieder unter seine Herrschaft bringen. Sollte das Schwierigkeiten bereiten, hatte er einen Ersatzplan zur Hand: Anstatt die Macht selbst zu übernehmen, übte er sie im Namen seines Sohnes, des damals zweijährigen Konrad, aus, der ja Enkel Heinrichs VI. und Sohn Yolanthes war.

Als der Abend hereinbrach, gab Friedrich Befehl, an Land zu gehen und auf den Schiffen nur die nötigste Besatzung zurückzulassen. Ritter, Soldaten und Gelehrte bezogen im Schloß von Limassol Quartier. Es war ein riesiges Gebäude mit bewehrten Türmen, das die Byzantiner im 9. Jahrhundert errichtet hatten und das von den Templern weiter befestigt worden war. Am Morgen war die Stadt praktisch besetzt. Sofort schickte der Kaiser Boten nach Nikosia, die Johann von Ibelin seine Ankunft melden, ihm tausend Komplimente machen und ihn einladen sollten, ihm mit seinen beiden Söhnen, Balduin und Hugo, Heinrich I. von Lusignan und den höchsten Würdenträgern des Königreichs in Limassol die Ehre zu erweisen. Beunruhigt, daß ein so unbequemer Besucher auf der Insel gelandet war, begab sich der Herr von Beirut mit König Heinrich, seinen beiden Söhnen und einigen zypriotischen und fränkischen Würdenträgern an die Südküste. Friedrich empfing ihn huldvoll, ohne seine Absichten durchblicken zu lassen. Er lud ihn zum nächsten Abend zu einem großen Bankett ein. Während dieses Festmahls kam es zu einer dramatischen Szene, über die unsere Chronisten (wie Philipp von Novara als Anhänger Johanns von Ibelin oder Amalrich von Barlaix, der zum König der Römer hielt) sehr unterschiedlich berichten. Die einen sprechen von einer abscheulichen Falle, die Friedrich den fränkischen Baronen der Insel gestellt habe, die anderen von der schlichten Übernahme angestammter Rechte.

Zur vereinbarten Stunde versammelten sich alle Gäste im entsprechend geschmückten Saal des Schlosses. Auf den Boden waren Blüten gestreut, und an den Wänden hingen Behänge und Teppiche. In der Mitte stand ein langer reichgedeckter Tisch. Zu seinen Seiten ließ der Kaiser Johann von Ibelin, für den das Bankett gegeben wurde, und den Herrn von Cäsarea, den Marschall von Zypern, Platz nehmen. Einen anderen Tisch bestimmte er für den jungen Heinrich I., den König von Saloniki und die deutschen Barone. Dann befahl er, daß Balduin und Hugo, die Söhne Johanns, ihm als Mundschenk und Truchseß dienen sollten, während zwei weitere junge Adlige das Fleisch zu schneiden hatten, denn so, erklärte er, »sei es Brauch und rechtens im Reich«.[177] Offensichtlich gab Friedrich sich als Herr des Königreichs. Trotz der freundlichen Willkommensworte war die Atmosphäre gespannt, unruhig und drückend. Und plötzlich brach das Gewitter los.

In weiser Voraussicht hatte der Kaiser alle Krieger im Schloß untergebracht, über die er verfügte; sie waren überall, in den Kellern, auf den Fluren, unter den Speichern.[178] Auf ein Zeichen drangen einige von ihnen in den Saal ein. Mit gezückten Säbeln stellten sie sich hinter jeden der geladenen Gäste. Waren es deutsche Ritter oder arabische Krieger aus Lucera? Es wäre interessant, das zu wissen, doch die Geschichte verrät es uns nicht . . .

Totenstille herrschte unter den hohen Gewölben. Die Eingeladenen hielten den Atem an und wagten nicht, die Speisen zu berühren. Da ertönte Friedrichs Stimme. Im Befehlston formulierte er zwei einleitende Forderungen: Johann sollte ihm das Lehen von Beirut abtreten und ihm alle Einkünfte aus Zypern seit Regierungsantritt des Königs Heinrich auszahlen. Das war eine beachtliche Summe, denn Heinrich I. regierte seit mehr als vier Jahren.[179] Alle Blicke richteten sich auf Johann von Ibelin, der jedoch seine Fassung nicht verlor.

»Sire«, antwortete er, »ich glaube, Ihr scherzt und macht Euch lustig über mich; es kann wohl sein, daß einige schlechte Menschen, die mich hassen, Euch geraten haben, das von mir zu fordern, und deswegen ist es Euch eingefallen. Aber wenn es Gott gefällt, so seid Ihr ein so guter und weiser Herr, daß Ihr wißt, daß wir Euch dienen können und es auch gerne tun, und werdet ihnen nicht glauben.« Da der Kaiser auf seinem Willen beharrte, erhob sich der Herr von Beirut und sagte hoheitsvoll und mit schönem Anstand: »Ich besitze und halte Beirut als mein rechtmäßiges Lehen; Königin Isabella, die meine Schwester war und die direkte Erbin des Königreichs Jerusalem, gab mir Beirut, als die Christenheit es wiedererlangt hatte, ganz zerstört und in einem Zustand, daß der Tempel und das Spital und alle Barone Syriens es zurückwiesen; ich habe es befestigt und behauptet durch die Spenden der Christenheit und meine Arbeit, und jeden Tag habe ich alles hineingesteckt und ihm gewidmet, was ich an Einkünften in Zypern und anderswo erhalte. Wenn Ihr meint, ich besitze es zu Unrecht, so werde ich Euch Grund und Recht angeben vor dem Gerichtshof des Königreichs Jerusalem. Was die Einkünfte aus der Pacht von Zypern anbetrifft, so habe ich niemals welche erhalten, und mein Bruder war nur der Pächter des Kreuzes und der Arbeit und der Verwaltung des Königreichs; die Königin Alix, meine Nichte, bekam die Einkünfte und verfügte darüber nach ihrem Belieben als diejenige, die das Recht hatte auf die Pacht nach unserem eigenen Brauch . . .[180] Und seid gewiß«, fügte er hinzu, »aus Furcht vor dem Tod oder dem Kerker werde ich nichts von dem tun, was Ihr verlangt, wenn nicht ein Urteil von einem guten und ehrlichen Gerichtshof es mich tun heißt.«[181]

Damit machte er Friedrich deutlich, daß er hier nur als König von Jerusalem betrachtet wurde und sich den Vasallengesetzen beugen mußte. Der Kaiser geriet darauf in großen Zorn und sagte drohend: »Ich habe schon vor langer Zeit gehört und erfahren, als ich jenseits des Meeres war, daß Eure Worte schön und höflich sind und Ihr sehr klug und spitzfindig seid, aber ich werde Euch zeigen, daß all Eure Schlauheit und Eure Spitzfindigkeit und Eure Worte nichts wert sein werden gegen meine Macht.«

Es nimmt wunder, daß Friedrich hier auf das Argument der Gewalt zurückgriff, da er doch den Geist der Versöhnung über alles schätzte. Aber Johann von Ibelin war für ihn ein feudalistischer Rebell, und Rebellen hat er weder in Sizilien noch anderswo geduldet.[182] Offenbar verstand er die zurückhaltende, ja feindliche Haltung der fränkischen Barone nicht. In seinen Augen hätten sie ihn wohl mit offenen Armen empfangen müssen.

Der Herr von Beirut entgegnete: »Sire, Ihr habt schon von meinen höflichen Worten gehört, und ich, ich habe recht oft von Euren Taten reden hören; und als ich mich anschickte, hierherzukommen, haben alle meine Ratgeber mir vorausgesagt, was Ihr tun werdet. Ich wollte keinem glauben; aber es war durchaus nicht so, daß ich ahnungslos war, sondern ich kam in vollem Wissen und will lieber bei Euch Kerker und Tod erleiden, als zugeben, daß einer von mir glaubt, die Sache Unseres Herrn und die Eroberung des Heiligen Landes werde von mir oder meiner Verwandtschaft oder von denen aus meinem Lande vernachlässigt . . . Ich sagte das zu meinen Ratgebern, als ich von Nikosia aufbrach, um zu Euch zu kommen; und ich reiste ab in dem Gedanken, erdulden zu wollen, was geschehen könnte, vor allem um der Liebe zu Unserm Herrn willen, der für uns litt und uns befreien wird, wenn es ihm gefällt. Und wenn Er will oder es zuzulassen geruht, daß wir Tod oder Kerker erdulden, so danke ich ihm dafür und halte mich in allem zu ihm.«[183]

Der Kaiser war sehr erzürnt und wurde blaß und wieder rot, als er diese Worte hörte. Wer ihn kannte, fürchtete sicherlich, daß er einen Wutanfall bekommen könnte. Dann würde das Festmahl von Limassol in einem Blutbad enden. Um das zu vermeiden »unternahmen die Geistlichen und andere, die beiden zu versöhnen«. Sie einigten sich schließlich dahin, sich an den Gerichtshof des Königreichs Jerusalem zu wenden. Friedrich verlangte als Bürgschaft die beiden Söhne Johanns und schwor, sie mit größter Sorgfalt zu behandeln; doch Philipp von Novara, der diese Geschichte schildert, versichert uns, daß er sie fesseln ließ »mit einem Kreuz aus Eisen, an das sie so fest gebunden wurden, daß sie weder Arme noch Beine bewegen konnten«.

Wir wissen nicht, ob dieses Detail stimmt. Überliefert ist hingegen, daß Johann von Ibelin, Heinrich von Lusignan, der König von Saloniki, der Marschall von Zypern und ihre Waffengefährten Limassol ungehindert verlassen durften und unbedroht nach Nikosia zurückkehren konnten. Unterwegs hat einer von ihnen zu Johann gesagt:

»Entledigen Sie sich Friedrichs sofort und mit allen Mitteln, sonst verlieren Sie die Vogtei der Insel.«

Worauf Ibelin geantwortet hat: »Ich werde meine bedrohten Rechte gerne verteidigen, aber niemals gehe ich so weit, mich zum Mörder zu machen.« [184]

Im gleichen Augenblick neigte sich Amalrich zu Friedrich II. hinüber und flüsterte ihm ins Ohr:

»Sire, es war falsch, den Herrn von Beirut ungehindert zurückkehren zu lassen. Jetzt wird er seine Schlösser bewaffnen und alle Garnisonen der Insel zur Unterstützung aufrufen. Sie werden bald mit ihm zusammenstoßen.«

Barlaix täuschte sich nicht. Der Kaiser ahnte es auch. Dennoch unternahm er bis zum 17. August nichts.

Diese zwei Wochen der Untätigkeit haben den Historikern keine Ruhe gelassen. Einige behaupten, Friedrich habe Angst gehabt und sich in dem befestigten Turm »Ospitau« verschanzt, der den Hafen überragt. So war er nahe bei seinen Schiffen, falls er auf dem Meeresweg fliehen mußte. Doch diese Ansicht erscheint kaum als haltbar.

Einsichtiger ist es, sich vor Augen zu halten, daß Friedrich sich mit den wenigen hundert Rittern nicht stark genug gefühlt hat, um den vereinten Truppen Johanns entgegentreten zu können. Er hat daher Boten nach Akkon geschickt, um Marschall Filangieri aufzufordern, mit allen verfügbaren Streitkräften umgehend nach Zypern zu kommen. Und bis sie eintrafen, mußte Friedrich sich still verhalten.

In der Wartezeit trafen andere christliche Herren in Limassol ein, unter anderen Balduin von Sidon, der Cousin von Yolanthe, und eine Gruppe von Baronen, die sich auf Friedrichs Seite geschlagen hatte, um ihm im Kampf gegen

»den zypriotischen Rebellen« Unterstützung zu gewähren.

Filangieri kam etwa am 15. August. Er brachte nicht allein tausend Ritter mit, sondern auch beträchtliche Hilfsgüter und – was nicht weniger wertvoll war – die neusten Nachrichten über die Lage im Heiligen Land. Der Marschall hatte einige Abgesandte zu Malik Al-Kamil geschickt, um dessen Absichten zu erforschen. Der Sultan hatte auf ihre Fragen sehr ausweichend geantwortet. Daraus schloß Friedrich, daß es mit seiner Ankunft in Akkon Zeit hatte und er zunächst Johann von Ibelin verfolgen konnte, da er jetzt über die nötigen Truppen und genügend finanzielle Mittel verfügte.[185]

Am Morgen des 17. August brach die Armee in Richtung Nikosia auf. An ihrer Spitze ritt der Kaiser, neben ihm Filangieri. Ihnen folgten die Barone, die seinem Aufruf nachgekommen waren, sowie die Hälfte des Heeres. Die andere Hälfte war an Bord der Galeeren gegangen und sollte in Quit, einem kleinen Hafenort, zu ihnen stoßen. Auch die beiden Geiseln wurden auf einem Schiff mitgeführt.

Am übernächsten Tag landete die Flotte in Quit, während Friedrich seinen Marsch auf Nikosia fortsetzte. Unterwegs erhielt er neue Verstärkung durch den Fürsten von Antiochia, Bohemund IV. von Hauteville, der ihm mit sechzig Rittern und fast fünfhundert Soldaten zu Hilfe kam.

Bohemund von Antiochia war eine eigenwillige und wunderliche Persönlichkeit. Er war von wildem Unabhängigkeitsdrang besessen und betrachtete sich als niemandes Untertan, auch nicht als Vasall des deutschen Kaisers oder des Königs von Jerusalem. Er war Anhänger des byzantinischen Reiches geblieben und hatte die Gesetze von Jerusalem nicht unterzeichnet, was ihm zweifellos Vorteile brachte. Da er also frei war, konnte er seinen eigenen Entschlüssen folgen. Was hatte ihn bewogen, sich Friedrich anzuschließen? Der Wunsch, am Kreuzzug teilzunehmen, um reiche Beute heimzubringen? Die Hoffnung, zusätzliche Rechte oder Freiheiten in Tripoli oder auf Zypern als Belohnung für seine treuen Dienste vom Kaiser zu erlangen? Aus Solidarität gegenüber dem Enkel des Königs Roger von Sizilien, denn der Fürst war ja ebenfalls ein Hauteville? Wahrscheinlich nicht. Er war vielmehr aus reiner Sympathie für die Persönlichkeit des Hohenstaufers zu ihm gestoßen. Außerdem hatte Bohemund Schwierigkeiten mit der Kirche, die ihn exkommuniziert hatte. Seine Streitkräfte mit denen Friedrichs zu verbinden, erschien ihm deshalb als gutes Recht.

Ein merkwürdiger Kreuzzug, der mit dem Kampf zwischen zwei christlichen Fürsten – Friedrich und Johann von Ibelin – begann, und ein nicht minder merkwürdiges Heer, das von zwei Exkommunizierten – dem Kaiser und Bohemund von Antiochia – nach Nikosia geführt wurde!

Als Friedrichs Vorhut in der Nähe der Hauptstadt anlangte, erfuhr sie, daß Johann entflohen war. Unter dem Vorwand, »den Erfolg des Kreuzzugs nicht durch eine kriegerische Auseinandersetzung zu gefährden«,[186] verweigerte er den Kampf und hatte sich auf sein Schloß Sankt Hilarion[187] zurückgezogen, das auf einem Gipfel in einer zerklüfteten Felsgegend errichtet worden war und das daher als uneinnehmbar galt. Er hatte sich dort »mit Waffen und Lebensmitteln« verschanzt, was Friedrich in eine unangenehme Lage brachte. Das Schloß gewaltsam einzunehmen, konnte eine mehrmonatige Belagerung bedeuten. Dennoch zögerte er nicht und gab seinen Truppen Befehl, die Verfolgung des Flüchtigen aufzunehmen und nicht zu rasten, ehe sie nicht vor der äußeren Ringmauer standen, die dreihundert Meter vor der eigentlichen Burg verlief.

Die Bewohner der Insel fragten sich ängstlich, wie »die Schlacht von Sankt Hilarion« ausgehen würde, doch es fand keine Schlacht statt. Der Kaiser zog es nach bewährter Methode vor, den Widerstand des Gegners durch Verhandlungen und nicht mit Waffengewalt zu brechen. Er schickte deshalb Berard von Palermo und Jakob von Capua mit einigen Begleitern zu Johann von Ibelin, die dem Herrn von Beirut begreiflich machen sollten, daß seine Position haltlos war.

»Glauben Sie wirklich, Gott zu gefallen«, sagten sie zu ihm, »wenn Sie gegen die Rechte dessen aufbegehren, der in doppelter Eigenschaft Ihr Oberhaupt ist: einmal aufgrund des Huldigungseides, den Amalrich II. seinem Vater, Heinrich VI., geleistet hat, und zweitens durch die Tatsache, daß er der Witwer Yolanthes von Brienne ist? Was wird aus Ihnen, wenn er Jerusalem zurückerobert hat?«

Nach tagelangen Diskussionen ließ sich Johann davon überzeugen, daß es für ihn besser war, »nicht auf seinem Widerstand zu beharren« und dem Konflikt durch einen Kompromiß ein Ende zu setzen. Die Vertragsbedingungen entsprachen in allen Punkten Friedrichs Willen. Johann von Ibelin verzichtete auf die Vogtei der Insel, die Amalrich von Barlaix und vier seiner Begleiter übertragen wurde. Sie sollten die Landeseinkünfte dem Kaiser nach Syrien schicken. König Heinrich von Lusignan mußte Friedrich den Eid leisten und ihn als Herrscher anerkennen, dafür durfte jedoch die Königinmutter Alix die Regentschaft bis zur Volljährigkeit ihres Sohnes führen. Die Frage nach der Herrschaft in Beirut wurde zurückgestellt und sollte vom Gerichtshof in Jerusalem entschieden werden.[188] Die Unterzeichnung des Abkommens wurde von einer großen Versöhnungsszene begleitet, bei der die beiden Rivalen den Friedenskuß tauschten.

»Ich bin gekommen«, erklärte Johann von Ibelin, »damit man nicht sagen kann: ›Wissen Sie, der Kaiser von Rom ist ins Heilige Land gezogen und hat alles erobert, allerdings ohne die Herren von Ibelin, die sich geweigert haben, ihm zu folgen‹.«

Darauf hat Friedrich ihm geantwortet: »Nun ja, werter Herr! Aber wäre es nicht klüger gewesen, wenn wir uns früher geeinigt hätten? Wir könnten zu dieser Stunde bereits am Grab des Erlösers sein.«

Dann zogen die Kreuzfahrer hinab nach Famagusta, wo die Flotte vor Anker lag, die sie nach Syrien bringen sollte. An der Spitze ritten der Kaiser und Marschall Filangieri. Ihnen folgten Johann von Ibelin, König Heinrich von Lusignan, der König von Saloniki, der Herr von Cäsarea, der Fürst von Antiochia und alle zypriotischen Barone, die sich der Sache angeschlossen hatten. Im Hafen gab der Kaiser Johann von Ibelin seine beiden Söhne zurück, »damit die Beziehung zwischen ihnen ungetrübt war«. »Sie konnten fast nichts sehen«, versichert Philipp von Novara, »denn sie hatten an Land und auf See im Gefängnis gelegen.« So endete zu aller Zufriedenheit eine Auseinandersetzung, die beinahe dramatischen Charakter angenommen hätte.

Die Flotte traf ihre Vorbereitungen zur Abfahrt. Doch bevor die Segel gesetzt waren, trat erneut ein Zwischenfall ein, von dem die Chronisten mit einigem Schmunzeln berichten. Diesmal handelte es sich nicht um Johann von Ibelin, sondern um Bohemund von Antiochia.

Er gehörte der Rasse der großen normannischen Abenteurer an, die sich in der Nachfolge von Robert Guiscard und Bohemund von Tarent in Apulien und später in Sizilien niedergelassen und Stützpunkte in Epirus und Thessalonich angelegt hatten. Er war Friedrichs Aufruf begeistert gefolgt und überzeugt, daß der Kaiser ihn mit offenen Armen empfangen würde. Deshalb war er tief betroffen, als der Hohenstaufer ihn in den Tagen der Belagerung des Schlosses Hilarion aufgefordert hatte, ihm seinen Huldigungseid bezüglich der Lehen Tripoli und Antiochia zu leisten. Nichts lag ihm ferner! Deshalb war er seither auf der Hut und vermied jeden Kontakt mit dem Kaiser. Doch nun, kurz vor der Abreise, wiederholte Friedrich seine Aufforderung in drängenderem Ton. Im Verlauf einer letzten Auseinandersetzung, die Bohemund nicht umgehen konnte, wurde der Fürst plötzlich von einem geheimnisvollen Leiden befallen. Er verlor die Sprache und konnte nur noch mit »ha, ha, ha« antworten.[189] Mehr als das konnte Friedrich nicht aus ihm herauskriegen.

Der Kaiser wußte nicht, was er tun sollte, und so verschob er die Unterredung, um einen günstigeren Moment abzuwarten. Bohemund nutzte diese Frist, um sich und seine Leute einzuschiffen und im Schutze der Nacht nach Tripoli zu fahren. Natürlich fand er bei seiner Ankunft am Bestimmungsort wie durch ein Wunder Verstand und Sprache wieder. Und von diesem Augenblick an verschwand er von der Bildfläche, um nie wieder aufzutauchen . . .

Während Bohemund die Segel setzte, schritt Friedrich in seinem langen Kreuzfahrermantel am Kai von Famagusta auf und ab, wo seine Galeere ankerte. Es war fast Mitternacht, und er wollte an Bord. Als er erfuhr, daß Bohemund entkommen war, blieb er nachdenklich stehen und fragte sich, ob es der Mühe wert war, den Fürsten zu verfolgen. Dann zuckte er die Achseln. Was hätte schließlich das Versprechen, das ein Exkommunizierter einem Exkommunizierten gab, in der Öffentlichkeit gegolten? Er wollte ja nicht wegen Gebietseroberungen in den Orient, sondern um Frieden zwischen dem Islam und dem Christentum zu stiften. Unter diesem Aspekt interessierte ihn Bohemund von Antiochia nicht.

Also ging er an Bord seines Schiffes und erteilte seiner Mannschaft den Befehl, die Anker zu lichten (3. September). Obgleich der Aufenthalt auf Zypern von Erfolg gekrönt war, hatte er doch zu lange gedauert.

III

Nach kurzer Landung in Bethoron fuhr die Flotte an Beirut, Sidon, Sarepta und Tyrus vorbei nach Akkon, wo sie am 7. September 1228 Anker warf. Die Ankunft eines abendländischen Kaisers war für diese Stadt an sich schon ein Ereignis. Doch das Eintreffen Friedrichs war bereits so oft angekündigt und dementiert worden, daß man fast nicht mehr daran glaubte. Als man ihn nun an Land kommen sah, gefolgt von König Heinrich I., Johann von Ibelin, dessen Söhnen und allem, was Zypern an weltlichen und geistlichen Würdenträgern hatte – und das zeigte, daß er seine Herrschaft auf der Insel wiederhergestellt haben mußte –, rannten die Einwohner zum Hafen, um ihn begeistert zu empfangen. Eine gewaltige Menschenmenge war zusammengekommen. In den ersten Reihen erkannte man die Abordnungen aller Ritterorden und an ihrer Spitze die Großmeister: Hermann von Salza vom Deutschen Ritterorden, Peter von Montaigu von den Templern und Bertrand von Thessy von den Hospitalitern. Alle Mächtigen des Königsreichs und bereits anwesenden Kreuzfahrer hatten sich zu ihnen gesellt, unter ihnen Graf Thomas von Acerra, der Admiral Heinrich von Malta, Heinrich von Limburg, die Bischöfe von Exeter und Winchester – die seit einem Jahr in Akkon weilten –, Gerold, der Patriarch von Jerusalem, sowie die Erzbischöfe von Tyrus, Cäsarea und Nazareth. Das gesamte Kreuzfahrerheer, das acht- bis neunhundert Ritter und etwa zehntausend Soldaten umfaßte, begrüßte die Ankunft Friedrichs mit größter Begeisterung. In der allgemeinen Hochstimmung dachte keiner der Anwesenden daran, daß der Kaiser exkommuniziert war. Überdies haben viele sicher geglaubt, daß der Bann angesichts der Tatsache, daß der Hohenstaufer im Heiligen Land eingetroffen ist, aufgehoben worden war.

Jeder erwies ihm nach seinem Rang und den Gebräuchen des Landes seine Ehre. Aber viele wunderten sich, daß die deutschen Ritter vor ihm niederknieten und den Saum seines Mantels küßten, wie es Alexander der Große von den persischen Satrapen und makedonischen Phalangisten verlangt hatte. Doch für die Vertreter des Heiligen Römischen Reiches war dies kein Zeichen der Knechtschaft oder der Unterwerfung, sondern ein begehrtes Privileg: Die Bezeugung ihrer absoluten Anhänglichkeit an seine Person.[190]

Friedrich und seine Eskorte durchquerten die Stadt unter unbeschreiblichem Jubel. Und bei diesem Ritt hatte der Kaiser Gelegenheit, die gewaltigen Befestigungen der Stadt kennenzulernen, die aus Akkon einen der wehrtüchtigsten und gefürchtetsten Orte des Orients machten.[191] Dann zog er durch die Wallanlagen, die die Byzanthiner errichtet hatten, zum Schloß Ricordane, das wenige Kilometer nördlich von der Stadt in einer Gegend lag, in der es Olivensträuche und Windmühlen gab, die ihn in gewisser Weise an Apulien erinnerten.

Zu seinen ersten Tätigkeiten in dem neuen Quartier gehörte die Entsendung einer Delegation nach Rom, die versuchen sollte, den Zorn Gregors IX. zu besänftigen. Hatten jetzt die Statthalter Christi und der Befreier der Heiligen Stätte nicht Gelegenheit, ihren Streit zu begraben? Riskierte der Papst nicht, wenn er bei seiner Unnachgiebigkeit blieb, das Gesicht zu verlieren, was weder ihm noch der Christenheit zum Vorteil gereichen würde?

Friedrich berief also den Admiral Heinrich von Malta und den Erzbischof von Bari, Marino Filangieri (einen Bruder des Marschalls), zu sich und befahl ihnen, nach Italien zurückzukehren und den Papst vom Stand der Dinge zu unterrichten. Er hielt Gregor IX. für intelligent genug, um diese Geste richtig einzuschätzen . . .

Trotz seiner guten Laune war Friedrich eines nicht entgangen und beunruhigte ihn sogar: Bei seiner Ankunft in Akkon hatte ihn kein Vertreter des Sultans Malik Al-Kamil willkommen geheißen. Kein Abgesandter, kein Botschafter! Da er die Bedeutung kannte, welche die Emire dem Protokoll beimaßen, mußte ihm diese Abwesenheit unerklärlich erscheinen, zumal sich der Sultan von Ägypten nicht in Kairo, sondern in Nablus, achtzig Kilometer südöstlich von Akkon in einem Militärlager befand. Um ein reines Gewissen zu haben, entsandte Friedrich auch dorthin eine Abordnung, die von Thomas von Acerra, seinem Vertreter im Heiligen Land, und Balduin von Sidon, dem Cousin der verstorbenen Königin Yolanthe, angeführt wurde. Diese Männer sollen in

Nablus, wenn man der Chronik des Heraclius glauben soll, Al-Kamil folgendes vorgetragen haben:
»Sire, unser Kaiser entrichtet Ihnen seine Grüße als Freund. Er läßt Ihnen sagen, daß er das Meer nicht aus Habsucht oder wegen der Eroberung von Ländern überquert hat, denn er hat davon bereits so viele, daß man sich mehr nicht wünschen kann. Er ist wegen der Heiligen Stätte gekommen, in die alle Christen ihren Glauben gesetzt haben. Und wenn Sie ihm friedlich dieses geheiligte Land ausliefern wollen, das einst den Vorfahren seines Sohnes Konrad gehörte, läßt er Sie in Frieden in Ihrem Land und wird weiterhin Ihr Freund sein.«
Al-Kamil ließ die Abgesandten Friedrichs mit aller Achtung empfangen, vermied jedoch jeden direkten Kontakt und verschanzte sich hinter lauter hinhaltenden Argumenten. Als er sie endlich persönlich empfing, beschied er ihr Ansinnen mit einer höflichen, aber kategorischen Ablehnung. Nein, der ägyptische Sultan konnte die Heiligen Stätten Friedrich nicht ausliefern, denn die Nachricht von dieser Rückerstattung hatte sich in der arabischen Bevölkerung verbreitet und einen wahren Aufstand hervorgerufen. Wenn die Christen ihren Glauben in Jerusalem gesetzt hatten, war es bei den Moslems nicht anders, und die Rückgabe dieses verehrten Landes erweckte bei ihnen Zornes- und Tränenausbrüche.[192] Es war ihm unmöglich, den Willen seiner Untertanen zu brechen, ohne sich schweren Unruhen auszusetzen. Und Friedrich würde als Freund ihm sicher keine derartigen Schwierigkeiten bereiten . . .
Zweifellos befand Al-Kamil sich in einer heiklen Lage. Nach dem Austausch so vieler Botschaften und Geschenke, nach so vielen Gesprächen über die Ewigkeit der Materie und die Unsterblichkeit der Seele nahm sein Rückzug den Charakter der Wortbrüchigkeit an. Hatte er denn nicht den Kaiser der Christen aufgerufen, ihm bei der Bekämpfung der Gefahren zu helfen, die ihm von seinem Bruder Al-Muazzam, dem Sultan von Damaskus, drohten? Doch Al-Muazzam war gestorben, und sein Tod hatte das Gleichgewicht des ayubidischen Reiches verändert.[193] Ihm war sein Sohn Al-Nasir auf dem Thron nachgefolgt. Aber der Junge war minderjährig und viel zu schwach und unbedeutend, als daß man sich Sorgen machen mußte. Es standen sich also nur der Sultan von Kairo und der Sultan von Aleppo gegenüber. Beide hatten sich darin geeinigt, daß sie sich die Güter ihres Bruders teilen wollten, um den ohnmächtigen Al-Nasir von der Bühne verschwinden zu lassen. Mit vereinten Kräften waren sie nach Damaskus gezogen und hatten es belagert. Der im Januar 1229 begonnene Feldzug stand kurz vor dem Erfolg.[194] Mit einem Schlag würden Damaskus und Jerusalem an Al-Kamil fallen. Nun bereute der Sultan von Ägypten natürlich, daß er sich mit dem Kaiser des Abendlandes zu sehr eingelassen hatte, dessen Erscheinen ihm jetzt recht ungelegen kam. Da er seine

Abreise nach Akkon unter dem Vorwand verschoben hatte, alle Trümpfe in der Hand haben zu wollen, hatte Friedrich den günstigsten Augenblick verpaßt . . .

Als Thomas von Acerra und Balduin von Sidon nach Akkon zurückkehrten und den Kaiser von der Ablehnung Al-Kamils unterrichteten – »der Sultan«, sagten sie, »kann Ihnen Jerusalem nicht ausliefern, ohne den Zorn der ganzen muselmanischen Welt auf sich zu ziehen« –, war diese Nachricht für ihn mehr als eine unangenehme Überraschung: Es war ein Schlag, mit dem alle Absichten, alle Berechnungen über den Haufen geworfen wurden.

Warum hatte Friedrich dem Papst mit soviel Kühnheit die Stirn geboten – und dabei soviel Großzügigkeit gezeigt? Warum hatte er ihm gegenüber immer wieder Gesten der Versöhnung gemacht? Warum hatte er seine Exkommunizierung wie einen vorübergehenden Übelstand hingenommen und war trotz des Verbots ins Heilige Land aufgebrochen? Weil er der Schwächere war? Nein, weil er keine Sekunde daran gezweifelt hat, daß er stärker war. Er wußte, daß er nach der Befreiung des Grabes Christi und der Wiedereroberung Jerusalems in den Augen des Abendlandes ein derartiges Ansehen genießen würde, daß Gregor IX. gezwungen war, ihm zu vergeben. Allerdings unter der Bedingung, daß er das Grab des Erlösers befreite! Und an dieser Übergabe konnte er nicht zweifeln, solange Al-Kamil nicht sein Wort brach. Fand die Einnahme Jerusalems nicht statt, blieb der Papst der mächtigere, und der Kaiser stand ohne Rechtfertigung und ohne Entschuldigung vor ihm. Er mußte also um jeden Preis gewinnen, sonst war er verloren. Und zwar nicht nur er, sondern seine gesamte Nachkommenschaft . . .

Einer war besonders ungehalten über den Gesinnungswandel des Sultans: Hermann von Salza. Er war in Damiette gewesen, als Al-Kamil den damals siegreichen Kreuzfahrern vorgeschlagen hatte, ihnen Jerusalem und Bethlehem zurückzuerstatten, wenn sie die Stadt verließen. Hermann hatte diesen Vorschlag annehmen wollen, doch die Überheblichkeit des Legaten Pelagus hatte alles verhindert.[195] Es war der Hochmeister – und nicht Franz von Assisi –, der Friedrich über diesen Handel unterrichtet hatte.[196] Er war dem Kaiser im Gedächtnis geblieben und hatte nicht wenig zu seinem Vertrauen in den Ausgang des Kreuzzugs beigetragen . . .

Und nun schien alles dahinzuschwinden! Dennoch gab sich Friedrich nicht geschlagen. Er schickte erneut einen Bevollmächtigten zum Sultan und ließ ihm ausrichten:

»Ihr solltet Uns, Eurem Freund, nicht versagen, was Ihr den Eroberern von Damiette angeboten habt, die Eure Gegner waren! Ihr solltet Uns sogar mehr zubilligen!«

Doch das Argument zog nicht. Al-Kamil konnte es mühelos widerlegen, indem er die Umstände geltend machte, die sich tatsächlich verändert hatten. So erschien die Zukunft recht finster.

Sie verdüsterte sich noch, als Heinrich von Malta und Marino Filangieri aus Rom zurückkehrten. Sie waren von Gregor IX. empfangen worden, der jedoch bei ihren versöhnlichen Worten vor Zorn tobte. Er? Sich mit Friedrich versöhnen? Niemals, solange er auf dem Thron des heiligen Petrus saß! Es hieße Gott lästern, wenn man sich mit einem derartigen Ungeheuer gemein machte! Anstatt sich zu beruhigen, vervielfältigte der zornige Greis seine Sanktionen und Verbote. Er hatte dem Patriarchen Gerold eine Botschaft geschickt, in der er ihn streng tadelte, »mit dem Gottlosen paktiert« zu haben. Er erinnerte ihn, wie er den Kaiser zu behandeln hatte: Er mußte ihn überall als eidbrüchig und exkommuniziert erklären, durfte ihm keinerlei Hilfe leisten und sollte die Kirchentüren mit kotigen Dornenbündeln sichern, damit er nicht eindringen konnte.[197] Und als genüge dies nicht, entsandte der Papst zwei Prediger ins Heilige Land, die eine ganze Reihe von Ausschlüssen und Verboten überbringen sollten: das Verbot, ihn zu beherbergen, ihm Nahrung zu gewähren oder ihn zu pflegen, wenn er erkrankte; Verbot für die Ritterorden, ihm zu gehorchen; Verbot für die fränkischen Barone, ihm zu huldigen und seine Oberherrschaft anzuerkennen; das Verbot schließlich, ihm die Sakramente zu erteilen. Alle, die die Anordnungen nicht befolgten, würden ebenfalls exkommuniziert. Kurz, Friedrich sah sich mit dem Bann der Christenheit belegt. Außerdem schickte der Papst Abordnungen zu den Genuesern, die Handelsniederlassungen in Akkon, Tyrus und Sidon hatten, um auch ihnen diese Untersagungen bekanntzugeben und zu hindern, die Hafenstädte mit Proviant zu beliefern. »Würde er in seiner Wut noch weiter gehen, um zu verhindern, daß das Vaterland Christi den Christen auf friedlichem Wege zurückerstattet wird?« fragt sich Pierre Boulle. »Das könnte durchaus sein. Man kann nicht behaupten, daß er sich direkt an den Sultan Al-Kamil wandte, um ihn davon abzubringen, dem Kaiser Jerusalem zu überlassen . . ., sicher ist jedoch, daß er überall Botschaften verbreiten ließ, so daß jeder seine Stellungnahme kannte, die darauf abzielte, das Ansehen Friedrichs, das er bei den muselmanischen Fürsten haben könnte, zu schmälern.«[198]

Diese Verunglimpfungskampagne trug natürlich ihre Früchte. Im Verlauf der Auseinandersetzungen, die bald dramatischen Charakter annahmen, spalteten sich die Kreuzfahrer in zwei Lager. Der Patriarch von Jerusalem, alle Bischöfe aus dem Abendland, die Hospitaliter und die Templer, die vom militärischen Gesichtspunkt eine wichtige Unterstützung boten, sowie die Barone der Ibelinen und die meisten Waffenträger unterer Ränge ergriffen für Gregor IX. Partei; die sizilianischen Bischöfe hingegen, insbesondere Berard von Palermo und Jakob von Capua, Hermann von Salza und seine Ordensritter, die Pisaner und Genueser stellten sich auf die Seite Friedrichs.[199] Bald konnte er nur noch mit der Ergebenheit der deutschen Ritter und seiner arabischen Leibgarde rechnen. Seine Situation wurde unter diesen Umständen von Tag zu Tag heikler . . .

Diesen Augenblick wählte Al-Kamil, um Nablus zu verlassen und sich in ein Lager nordöstlich von Gasa zurückzuziehen. Er ziehe es vor, »sich vom Kaiser und seinen schönen Worten« zu distanzieren, erklärte er und fügte hinzu, daß er dessen Botschafter nicht mehr empfangen werde. War das der Bruch?

Unterdessen erhielt Friedrich einen langen Brief von Thomas von Acerra, der überraschende Informationen über das Geschehen in Italien enthielt. Gregor IX. hatte einen wahren Gegen-Kreuzzug ausgelöst, dessen Ziel es war, dem Kaiser Sizilien und Apulien zu entreißen.[200] Und um das Maß voll zu machen, hatte der Papst keinen anderen als den Schwiegervater Friedrichs, Johann von Brienne, mit der Durchführung dieser Aufgabe betraut. Johann rächte sich nun, daß er aus dem Königreich Jerusalem vertrieben worden war, und er hatte seinem Schwiegersohn nicht verziehen, wie er Yolanthe in Brindisi behandelt hatte. An der Spitze der päpstlichen Truppen, die von den Sizilianern »Schlüsselsoldaten« genannt wurden, hatte der Graf von Brienne eine Allianz mit dem Adel des Landes gebildet, der Friedrich feindlich gesinnt war und nun gleich wieder den Kopf hob. Diese Koalitionsstreitkräfte hatten Neapel belagert. Dann waren sie auf die Insel gedrungen, hatten die Dörfer in Brand gesteckt und die Gefangenen gequält, die dem Kaiser treu geblieben waren, und schwere Lösegelder erpreßt.[201]

Friedrichs Lage war also mehr als heikel: Sie war dramatisch. Er, der davon geträumt hatte, ein friedliches Nebeneinander von Islam und Christenheit herbeizuführen, sah dieses Werk jetzt entzweigebrochen. Was sollte er tun? Wenn er in Syrien abwartete, bis er Jerusalem erobert hatte, verlor er sein Königreich Sizilien, vielleicht sogar die Kaiserkrone. Verließ er den Orient, ohne Jerusalem in christliche Hände gelegt zu haben, war er entehrt und lieferte sich neuen Vorwürfen der päpstlichen Partei aus.[202]

Zuerst wollte er nach Europa zurückkehren. Doch da das Meer zu unruhig war, um Segel setzen zu können, blieb er in Akkon und spielte seinen letzten Trumpf aus.

IV

Friedrich wollte sich mit Malik Al-Kamil verständigen,[203] und im Grunde war er davon überzeugt, daß der Sultan dies ebenfalls wünschte. Um das zu erreichen, mußte der Dialog erneuert werden, damit das Schweigen nicht zum Bruch führte. Also schickte er abermals zwei Bevollmächtigte nach Gasa, die ihm folgende Botschaft überbringen sollten, aus der ein Anflug von Not herausklingt:

»Ich bin Euer Freund ... Ihr habt mich veranlaßt, hierherzukommen. Die Könige und die Päpste sind von meiner Reise unterrichtet: Wenn ich zurückkehre, ohne irgend etwas erreicht zu haben, würde ich jede Achtung in ihren Augen verlieren. Ist es nicht dieses Jerusalem, das die christliche Religion hat entstehen lassen? Es ist jetzt in das tiefste Elend gestürzt, Ich bitte Euch, übergebt es mir ..., damit ich bei meiner Rückkehr unter den Königen den Kopf hoch tragen kann ...«

Mit diesen Worten bittet der Kaiser den Sultan, zumindest das Gesicht wahren zu können. Al-Kamil antwortete glücklicherweise. Er entsandte ihm einen Botschafter, den Emir Fahr ed-Din, den Friedrich persönlich zum Ritter geschlagen hatte und der das kaiserliche Wappen trug. Konnte man einen besseren Abgesandten schicken? Der Hohenstaufer sagte sich deshalb, daß er noch Chancen haben müsse, den Kampf zu gewinnen.

Fahr ed-Din übermittelte ihm jedoch die Ablehnung des Sultans. Er legte ihm die Hinderungsgründe seines Herrn dar:

»Jerusalem ist für die Moslems eine ebenso heilige Stadt wie für die Christen«, sagte er. »Wie soll man die Moschee Omar den Franken kampflos übergeben, die Saladin unter so großen Anstrengungen erobert hat? Damit würde man einen religiösen Aufruhr herausfordern, den der Kalif von Bagdad verurteilen müßte und der die Dynastie hinwegraffen könnte.«

Wie um die Härte seiner Worte abzumildern, überbrachte Fahr ed-Din allerdings gleichzeitig kostbare Geschenke von seinem Herrn: Seidenstoffe, arabische Stuten, Meharis und sogar Elefanten.[204] Der Kaiser empfing sie mit heimlichem Frohlocken. Er sah sie als vielsagendes Zeichen an. »Die Umstände haben sich verändert, aber die Gefühle Al-Kamils ihm gegenüber waren die gleichen geblieben.«

Wie sollte er diese Geschenke erwidern? Und wie sollte er vor allem die Standpunkte einander näherbringen und den Sultan zu Verhandlungen bewegen? Genaugenommen, waren die von Al-Kamil angeführten Argumente nicht zu widerlegen. Es gab keinen Grund, die Heiligen Stätten »kampflos« den Franken auszuliefern, die ebensoviel Bedeutung für die Moslems wie für die Christen hatten. Weder politische noch militärische Gründe konnten geltend gemacht werden. Doch für Friedrich stellte sich die Sache anders dar: In seinen Augen konnte die Übergabe Jerusalems nicht auf dem Wege der Gewalt erfolgen. Die Geschichte hatte ihn gelehrt, daß die Kreuzzüge früher oder später zum Scheitern verurteilt waren. Die Übereinkunft, von der er träumte, ging über die reine Vernunft hinaus. Sie überstieg sogar jedes religiöse Vorurteil. Sie war im wesentlichen ein Glaubensakt im Geiste der Toleranz und des Friedens; sie beruhte mit anderen Worten auf einer optimistischen Auffassung von der Zukunft der Menschheit . . .

Wie sollte er das Al-Kamil begreiflich machen? Wie konnte er ihn davon überzeugen, daß ihm jeder Eroberungsgedanke fern lag? Da genügte es nicht, an seine Intelligenz zu appellieren. Man mußte ihn tiefer packen, an die Fasern seines Herzens greifen.

Eine der Besonderheiten Friedrichs war seine Gabe, in entscheidenden Momenten seines Lebens ergreifende Gesten zu vollziehen, die um so wirkungsvoller waren, als sie unerwartet kamen, aber so der Situation entsprachen, daß sie weiter führten als jedes Wort (erinnern wir uns an die Krönung in Aachen, als er den Schrein mit den Gebeinen Karls des Großen verschlossen hat).

Wie von einer plötzlichen Inspiration erfaßt, entledigte sich Friedrich II. seines Harnischs, seines Säbels, seines Helms und überreichte sie Fahr ed-Din mit der Bitte, sie seinem Herrn auszuhändigen.[205]

Daß ein Kaiser des Abendlandes einem ägyptischen Sultan seinen Säbel und seinen Helm übergab, war eine gewagte Geste, von der man in der Geschichte nie gehört hatte und die sich auch niemals wiederholen sollte. Ihre Bedeutung war zu klar, als daß Al-Kamil sie nicht begreifen mußte. Sie besagte:

»Sieh da! Ich betrachte mich hier als deinen Gast und deinen Freund. Ich entledige mich dir zuliebe meiner persönlichsten Attribute. Ich lege mein Schicksal in deine Hände. Entscheide du darüber, wie Gott es dir eingibt.«

Fahr ed-Din brach mit diesen Geschenken umgehend nach Gasa auf. Wenige Tage später kehrte er zurück und sagte zu Friedrich:

»Du wärest nicht der große Kaiser, den wir kennen, wenn du nicht die Bedeutung der Meinung hochschätzen würdest. Mein Herr ist nicht gegen die Übergabe Jerusalems und der Heiligen Stätten an die Christen. Aber was du verlangst, ist viel. Da wird das gemeine Volk aufschreien . . .«

Worauf Friedrich entgegnete:

»Ich würde nicht soviel erbitten, wenn ich nicht fürchten müßte, mein Ansehen in den Augen der Franken zu verlieren.«

Tatsächlich war sein Ansehen durch die Verleumdungskampagne der päpstlichen Boten hart angeschlagen, deren Hetzereien den Arabern zu Ohren gekommen waren. Sie hatten erfahren, daß Friedrich von seinen Glaubensbrüdern als vogelfrei, als Schlange und Verräter ohnegleichen betrachtet wurde. Sie hatten gesehen, daß sich die Ritterorden und die fränkischen Barone von ihm fernzuhalten begannen und schließlich von ihm abfielen, was seine militärische Macht von Tag zu Tag verringerte. Dennoch bemühte der Kaiser sich, das herunterzuspielen und allen eine erhabene Stirn zu bieten, als sei er sich seines Sieges sicher.

Da machte Fahr ed-Din einen weiteren Schritt. Obwohl es nicht leicht zu formulieren war, gab er Friedrich eine Anregung Al-Kamils preis, die der Sultan offenbar nicht öffentlich aussprechen durfte:

»Trotz der Bewunderung, die mein Herr Ihrer Person gegenüber hegt«, sagte er, »und trotz des großen Wunsches, Ihr Freund zu sein, kann er schwerlich ein freiwilliges Geschenk dieses Ausmaßes dem großen Kaiser der Ungläubigen, das heißt der Christen, machen . . . Meint Ihre Hoheit nicht . . . verstehen Sie mich recht . . . wenn Sie sich ein wenig bedrohlich zeigten, wenn Sie die Absicht durchblicken ließen, mit allen Kräften einen blutigen Krieg zu führen . . . daß dann unser kleines Volk, das die vorangegangenen Kriege mit den Franken in keiner guten Erinnerung bewahrt hat, da sie immer auf seine Kosten geführt wurden . . . daß unser kleines Volk den Gedanken eines friedlichen Abkommens leichter aufnehmen würde?«[206]

Friedrich verstand andeutungsweise, was der Sultan von ihm erwartete: Unter dem Anschein der Gewalt sollte er ihm seine Aufgabe erleichtern.

Auf den ersten Blick mißfiel dem Kaiser dieses Vorgehen, denn es widersprach dem Geist, in dem er diesen »Kreuzzug« unternommen hatte. Jede Gewaltanwendung wollte er vermeiden, um künftigen Generationen ein Beispiel zu geben. Fahr ed-Din hatte jedoch seinen Vorschlag mit dem Wunsch gerechtfertigt, »das kleine Volk« zu schonen und letzten Endes jedes Blutvergießen zu vermeiden. Al-Kamil forderte ihn im Grunde nur auf, seine Macht zu zeigen, damit er sich seiner eigenen nicht zu bedienen brauchte.

Zögernd teilte Friedrich dieses Ansinnen Hermann von Salza mit, der sogleich die tieferen Zusammenhänge erkannte. Er gab dem Kaiser zu bedenken, daß die Leute noch nicht reif genug waren, um sich mit Gedanken anfreunden zu können, wie er sie verfolgte, und daß er nun seine Weisheit dadurch bekunden mußte, daß er sich ihrer Natur anpaßte.

Da zauderte Friedrich nicht mehr. Er versammelte seine Truppen, über die er verfügte, und marschierte mit ihnen nach Jaffa.

V

Als das Heer der Kreuzfahrer die Küstenstraße entlangzog, hat es eher einen ärmlichen Eindruck erweckt. Friedrich mußte einsehen, daß er sich verrechnet hatte. Er hatte zu viele Gelehrte mitgenommen – die ihm zu nichts dienten –

und viel zu wenige Krieger, die ihm hätten nützlich sein können. Sicher hatte er dafür eine Entschuldigung: Er hatte nicht geahnt, daß er hier eine derartige Demonstration liefern mußte. Er hatte die Zahl seiner Streitkräfte mit Absicht klein gehalten, um den Arabern zu zeigen, daß er keine Eroberungsgedanken hegte.

Diesen Irrtum mußte er nun bezahlen. Es fehlte ihm nicht nur an Reitern, sondern die Mitglieder der Ritterorden waren unter sich zerstritten, mit Ausnahme der Deutschordensritter, die Hermann von Salza fest in der Hand hatte und die Friedrich immer noch treu ergeben waren. Anders sah es bei den Templern unter Peter von Montaigu und den Hospitalitern unter Bertrand von Thessy aus. Vor allem die Templer zeigten keinen Eifer, diesen merkwürdigen Kreuzzug zu unterstützen, zumal sie ihrer Güter auf Sizilien verlustig gegangen waren, weil sie gemeinsame Sache mit den aufständischen Baronen der Insel gemacht hatten und der Papst jede Unterstützung dieses Unternehmens verboten hatte. Die Hospitaliter waren vielleicht weniger feindlich eingestellt. Doch bevor sie aufbrachen, hatte ihr Großmeister gemeint, Friedrich daran erinnern zu müssen, daß Gregor IX. ihnen untersagt hatte, ihm Hilfe zu gewähren, und daß er sich deshalb seinem Befehl nicht unterstellen könne. Nach einer langen Auseinandersetzung mit Berard von Castacca erklärten sie sich bereit, ihm zu folgen, hielten sich jedoch weit hinter der kaiserlichen Armee. Und sie taten es allein »um der Christenheit willen«.[207]

Als Friedrich seine Truppen an der Küste entlangziehen sah, mußte er zugeben, daß es viel guten Willens bedurfte, um sie als kräftiges Kriegsinstrument zu betrachten. Doch wieder entschieden unerwartete Faktoren zu seinen Gunsten. Zunächst die starke päpstliche Propaganda, die ihn überall als »schreckliches und gefährliches Ungeheuer, einen Belzebub, den die Hölle ausgespien hat,« hinstellte; dann die Warnungen, die Al-Kamils Leute verbreiteten, daß das Heer, das auf Jaffa zurückte, lediglich eine kleine Vorhut gewaltiger Truppenverbände sei. Um dem ersten Gerücht entgegenzutreten, ließ Friedrich alle Erlasse und Tagesbefehle an die Armee öffentlich verkünden, und zwar nicht in seinem Namen, sondern dem Jesu Christi. So konnten die Templer und Hospitaliter argumentieren, daß sie statt einem Gebannten dem Herrn selbst gehorchten.[208] Auf die Aktivitäten des Sultans reagierte er nicht, da sie ihm eher nutzten als schadeten.

Dies war die eher gespannte Lage, als das Kreuzfahrerheer auf Jaffa zumarschierte, wo es am 17. November 1228 eintraf.

Die geistige Atmosphäre bei diesem Vormarsch strahlte nicht gerade Optimismus aus. Zwar war der Kaiser in seiner Zuversicht ungebrochen, aber Filangieri und die anderen militärischen Anführer waren sich der Ungeschlos-

176

senheit ihrer Streitkräfte und der mangelhaften Proviantierung bewußt, die die Krieger zwang, sich bei der Bevölkerung zu ernähren, was nicht ohne bedauerliche Zwischenfälle abging. Auch wußten sie, daß sie bei einem Angriff von den Truppen des Sultans in diesem freien Gelände leicht ins Meer getrieben werden konnten. Sie ahnten nichts von der Vereinbarung, die der Kaiser heimlich mit Fahr ed-Din getroffen hatte, so daß sie dazu neigten, Friedrichs Sorglosigkeit nicht seiner Kühnheit, sondern einer gewissen Unerfahrenheit in militärischen Dingen zuzuschreiben. Da die Araber jedoch trotz ihrer zahlenmäßigen Überlegenheit nicht angriffen und die Kreuzfahrer ungehindert weiterziehen konnten, kam man zu der Ansicht, daß sich der Kaiser einer geheimnisvollen »baraka« erfreuen müsse – um ein Wort zu gebrauchen, das man oft aus arabischem Mund hören konnte.

Als sie in Jaffa eintrafen, gab Friedrich Befehl, die Wälle der Stadt zu verstärken und ihren Umfang zu erweitern, was auf die Muselmanen den Eindruck machte, er bereite eine große Offensive vor und bestätige damit das Gerücht (des Sultans), daß gewaltige Truppenverbände nachrücken würden. Darauf meinte Al-Kalim, daß es der militärischen Demonstrationen genug sei und daß er sich hinreichend bedroht fühlen müsse. Nachdem er die Meinung seiner zum Frieden neigenden Generäle eingeholt hatte, beschloß er, nachzugeben und sich auf Verhandlungen einzulassen.

Das Übrige, das die Karte der Mittelmeerländer verändern und den Frieden zwischen Christen und Moslems herstellen sollte, war ausschließlich das Werk von sechs Personen: auf der einen Seite Friedrich II. und Hermann von Salza, assistiert von Thomas von Acerra; auf der anderen Sultan Al-Kamil und Fahr ed-Din, assistiert von Schams ed-Din, dem Kadi von Nablus.

Es ist unmöglich, alle Phasen dieser Verhandlungen zu rekonstruieren, und das ist um so bedauerlicher, als beide Parteien ein sehr subtiles Spiel spielten. Jedenfalls führten sie zu einem bedeutenden Vertrag, der am 18. Februar 1229 in Jaffa unterzeichnet wurde.

Aufgrund dieses Abkommens, das für die Dauer von zehn Jahren geschlossen wurde und, »soweit es wünschenswert sein sollte, um gleiche Zeiträume« verlängert werden konnte,[209] übergab Sultan Al-Kamil »dem Kaiser und seinen Vögten« Jerusalem, Bethlehem und Nazareth sowie in Galizien die Herrschaft über Toron (heute Tibnin) und in Phönizien den Teil von Sidon, der noch in der Hand der Muselmanen war. Das Königreich von Jerusalem, das nun als solches wieder bezeichnet werden konnte, umfaßte damit weite Landgebiete: erstens die ganze Küste, dann, um Nazareth herum, einen wichtigen Teil Galiläas, und schließlich zwischen Jaffa und Jerusalem bis nach Bethlehem einen langen »Korridor« mit der Pilgerstraße und den Orten Lydda, Ramleh und

Emmaus. Diese Rückübertragungen, die weder Richard Löwenherz mit seiner militärischen Übermacht noch die Eroberer von Damiette erreicht hatten, gelangen Friedrich, ohne einen Tropfen Blut zu vergießen und »einen einzigen seiner Krieger einsetzen zu müssen«,[210] indem er einfach an die Freundschaft des Sultans appellierte. Sein Säbel, sein Harnisch und sein Helm hatten tatsächlich ihre Früchte getragen! Für ihn selbst war dieser Vertrag jedoch vor allem ein Triumph des Verständnisses und der Großmut.[211]

Unterdessen wußte Gregor IX., der die widersprüchlichsten Berichte aus Jaffa erhielt, nicht mehr, was er denken sollte. Während er Friedrich weiterhin beschimpfte, erklärte er einmal, »daß er Jerusalem den Muselmanen für Geld verkauft habe«, ein andermal, »daß er in Not sei und den Frieden mit Gold zu erkaufen versucht habe«.

In letzter Minute schien eine Klausel das ganze Vertragswerk in Frage zu stellen. Nachdem man sich über die Gebietsaufteilung geeinigt hatte, brachte Fahr ed-Din ein Problem zur Sprache, das den Kern der Verhandlungen berührte: die Religionsfreiheit. In diesem Punkt wollte Friedrich sich ebenso großzügig zeigen wie der Sultan.

»Daran soll es nicht liegen«, erklärte er spontan, ohne Hermann von Salza zu fragen, der als Großmeister eines Ritterordens versucht sein konnte, mit seinesgleichen gemeinsame Sache zu machen, »man kann vorsehen, daß die Anhänger des Korans ihre Kultstätten behalten und dort ihren Glauben praktizieren können. Die Templer werden wütend sein, aber das bin ich gewohnt.«[212]

In besonderen Vereinbarungen wurde abweichend von den Gebietsverteilungen festgehalten, daß den Moslems weiterhin ihre eigenen heiligen Stätten gehören sollten, das heißt die Al-Aksa-Moschee, das dritte islamische Heiligtum nach Mekka und Medina, sowie der Felsendom, der im 7. Jahrhundert von den Mohammedanern an der Stelle des Tempels Salomonis errichtet worden ist, mit dem Berg Moria. Als Gegenleistung gab Al-Kamil den Christen den Ölberg und das Josaphat-Tal zurück, die sich außerhalb der Stadtmauern befanden.

Die Templer protestierten gegen diese Aufteilung, denn sie hatten sich seit ihrer Gründung im Tempel von Jerusalem niedergelassen und wollten an ihre Ausgangsstätte zurück. Friedrich, der ihnen ihre herablassende Art nicht verziehen hatte, nahm auf sie weiter keine Rücksicht. Die Festung Tortosa, die ihnen gehörte, mußte in den Händen bleiben, in denen sie lag. Und so verfuhr er auch mit den Territorien von Tripoli und Antiochia, denn er hatte nicht vergessen, daß Bohemund IV. sich geweigert hatte, seine Oberherrschaft anzuerkennen.

178

Nun war der Vertrag geschlossen und entsprach bis auf Kleinigkeiten den Wünschen seiner Unterzeichner.[213]

Da er nie an der Freundschaft Al-Kamils gezweifelt hatte, war es dem König der Römer gelungen, diesen Sieg zu erringen.[214] Über kurz oder lang würde Gregor IX. geschlagen sein. Nichts hinderte Friedrich, seinen Einzug in Jerusalem zu halten.

VI

Friedrich II. verließ Jaffa daraufhin und ritt mit einer Schar deutscher Ritter nach Jerusalem, wo er am 14. März 1229 eintraf. Unterwegs war seine Begleitmannschaft unentwegt gewachsen, denn viele Gläubige und »kleine Leute«, die an seiner Wegstrecke wohnten, begannen ihn zu begleiten. Die Nachricht von der Unterzeichnung des Vertrags von Jaffa hatte sich schnell verbreitet. Nun, da jede Kriegsgefahr beseitigt war, nahm die Zahl der Kreuzfahrer und einfachen Pilger wieder zu, die dem Kaiser ihre Dankbarkeit bezeugen wollten. So begrüßte ihn eine begeisterte Menschenmenge, als er in die Stadt einzog. Die Freude darüber, daß das Grab Christi erneut in christlicher Hand war, erwies sich als stärker, denn die Verleumdung und Gehässigkeit. Wenn diese Geisteshaltung die Mächtigen des Königreiches und die fränkischen Barone um Johann von Ibelin überzeugen konnte, mußte sie auch über das Volksempfinden siegen.

Tatsächlich war es nichts Alltägliches, den Kaiser des Abendlandes in Jerusalem einziehen zu sehen, das kein christlicher Fürst seit 1187 mehr betreten hatte. Mit einer Rücksichtnahme, für die Friedrich ihm Dank wußte, hatte Al-Kamil die Stadt vor des Kaisers Eintreffen von allen Moslems räumen lassen. Nur wenige waren geblieben, welche die Heiligtümer des Islams zu bewachen hatten. Zu ihnen gehörte Schams ed-Din, der Kadi von Nablus, der an den Verhandlungen in Jaffa teilgenommen hatte und Friedrich vorausgeeilt war, um ihn im Namen seines Herrn mit einer kleinen Delegation empfangen zu können. Er überreichte ihm die Schlüssel der Stadt und zog sich diskret zurück, um die jubelnde Menge nicht durch seine Anwesenheit zu stören.

Während Hermann von Salza die nötigen Vorbereitungen zur Krönung traf, die am Sonntag stattfinden sollte, machten sich die sizilianischen Bischöfe daran, die Heiligtümer zu reinigen und mit geweihtem Wasser zu besprengen. Überall wurden Gesänge und Dankgebete angestimmt. Nur ein Schatten lag über dem Ganzen: Friedrich hatte den Patriarchen Gerold aufgefordert, seine ihm zukommende Rolle bei der Krönung zu spielen. Doch Gerold hatte kategorisch abgelehnt, an der Zeremonie teilzunehmen. Hermann von Salza hat seine ganze Diplomatie aufbieten müssen, um ihn von seiner Haltung abzubringen, aber vergebens. Der Patriarch hatte sich nach Akkon zurückgezogen und wollte nicht kommen. Der Kaiser war arg erzürnt über das, was er als einen »Akt der Insubordination« betrachtete, denn er hatte ihn nicht »eingeladen«, sondern »aufgefordert«. Schließlich mäßigte er seinen Zorn und beschloß, daß die Feierlichkeiten dennoch am nächsten Tag beginnen sollten.

Um ihrer Freude Ausdruck zu verleihen, schmückten die Bewohner die Straßen der Stadt mit Büschen und Zweigen. Und bei einbrechender Nacht entzündeten sie auf allen Plätzen Kerzen und Fackeln. »Diese ungewohnte Beleuchtung«, berichtet ein Zeuge, »war eine Erbauung für den Geist, denn man hätte meinen können, das Herz Jerusalems sei neu zur Liebe entbrannt.« Die Stadt blieb bis zum Morgengrauen illuminiert.

Endlich kam der 16. März, an dem die Krönungszeremonie stattfinden sollte. Es war ein Sonntag, an dem man die Hymne *Oculi mei . . .* singt. Und tatsächlich geschahen an jenem Tage so überraschende Dinge, daß die Leute, die sie erlebten, ihren Augen kaum zu trauen wagten.

In den ersten Morgenstunden legte der Kaiser – *Augustus, semper invictus* – seine königlichen Kleider an und begab sich mit Hermann von Salza, den sizilianischen Bischöfen (und wahrscheinlich den englischen Geistlichen) zum Heiligen Grab. Ein langer Zug deutscher Ritter in ihren weißen Mänteln mit dem schwarzen Kreuz folgte ihnen. Wie bescheiden war die Kirche vom Heiligen Grab im Vergleich zur Kathedrale von Palermo, wo Friedrich zum König von Sizilien gekrönt worden war, zur Pfalzkapelle in Aachen, wo er zum deutschen Kaiser gekrönt wurde, und der Petersbasilika, in der er zum römischen König geweiht worden war. Mit ihrem romanischen eckigen Turm, hätte man sie für eine Dorfkirche halten können, die ein mittelmäßiger Architekt entworfen hat. Aber sie unterschied sich durch eine breitgewölbte Kuppel von unseren Gotteshäusern, die dem Felsendom nachgeahmt war. Mit ihrem romanischen Glockenturm und der mohammedanischen Kuppel gemahnte sie an ein abendländisches Gebäude, das in den Orient versetzt werden sollte, aber sein Ziel nicht erreicht hat. Doch ihre Größe beruhte nicht auf ihren Steinen. Sie bezog ihre einzigartige Heiligkeit aus der Tatsache, daß sie an der Stelle im Garten des Joseph von Arimathia errichtet worden ist, wo der Körper Jesu Christi niedergelegt worden war, als man ihn vom Kreuz genommen hatte.

Als Friedrich II. die Grabeskirche betrat, erblickte er einen Raum voller Lichter, dessen Gewölbe von Weihrauchwolken nahezu verdeckt waren. Die anwesenden Ehrengäste standen so dicht gedrängt, daß der Kaiser und seine Begleiter sich kaum einen Weg zum Altar bahnen konnten und viele Zuschauer draußen auf dem Pflaster das Ende der Zeremonie abwarten mußten. Es wurde keine Messe gelesen, kein Hochamt gehalten. Trotz inständiger Bitten seines Hofes hatte Friedrich es vorgezogen, darauf zu verzichten. Er wollte den Papst nicht durch eine Handlung zum Äußersten treiben, deren gotteslästerlicher Charakter vom Patriarchen Gerold sicher hinterbracht werden würde und die folglich für ungültig erklärt worden wäre. Übrigens glänzten die meisten der fränkischen Barone ebenfalls durch Abwesenheit . . .

Friedrich stieg langsam die Stufen zum Altar empor, auf dem die Krone der Könige von Jerusalem lag, und warf einen Blick um sich. Da ihm kein Würdenträger beistand, ergriff er die Krone mit beiden Händen und setzte sie sich aufs Haupt. Eine unerhörte Geste, die kein Herrscher zu vollziehen gewagt hatte und die nur einer sechshundert Jahre später in der Kathedrale von Notre-Dame wiederholen sollte.[215] Dann drehte er sich zu den Zuschauern um, als wollte er sie befragen. Doch stumm vor Überraschung, starrten sie ihn an. Darauf setzten sich die Deutschordensritter in Bewegung. Einer nach dem anderen traten sie zu ihm und vollführten wortlos die Proskynese: Sie beugten tief das Knie vor ihrem Herrscher und drückten einen Kuß auf den Saum seines Mantels. Erst als der letzte Ritter sich erhob, brach der Beifall los und bestätigte die einhellige Billigung der Szene.

Friedrich stand noch immer oben auf den Altarstufen. Da sich die Ovation hinzog, bat er mit einem Handzeichen um Ruhe. Dann hielt er mit ruhiger Stimme eine lange lateinische Ansprache, die Hermann von Salza simultan ins Deutsche und Französische übertragen mußte.

Er schilderte detailliert seinen Konflikt mit dem Papst vom Tage, da er das Gelübde getan hatte, das Kreuz zu nehmen, bis zu seiner Krönung in Aachen. Über die anwesenden Kreuzfahrer und Pilger richtete er sich an die gesamte Christenheit und beschrieb die Entstehung seines Streits mit Innozenz III., wobei er nichts verschwieg: weder die vielen Fristen, um die er gebeten hatte, noch die Motive, die ihn zum Aufschub seiner Reise gezwungen hatten. Er umriß die Hindernisse, die ihm Honorius III. und Gregor IX. bis zur Exkommunizierung in den Weg gelegt hatten. Doch während der ganzen Rede schonte er den Papst und bekräftigte, daß er sicher eine verständlichere Haltung eingenommen hätte, wenn er besser informiert gewesen wäre. Dann schloß er seine Ansprache mit der Aufforderung an das gesamte Christenheer, sich für den Frieden einzusetzen, »er selbst sei bereit, seine Fehler einzusehen und sich vor Gott und seinem Statthalter auf Erden zu verneigen«.[216] Für Friedrich bedeuteten diese Worte, diese Zugeständnisse das Äußerste, was ein regierender Kaiser einem Nachfolger Petri bezeugen konnte.

Kaum hatte er zu reden aufgehört, antwortete die Menge ihm mit donnerndem

Beifall. Darauf stieg Friedrich die Altarstufen hinab, schritt gemessen durch das Kirchenschiff, trat durch das Portal, wo er das Volk begrüßte, das ihm gefolgt war, in der Grabeskirche jedoch keinen Platz mehr gefunden hatte. Auch dort wurde er von Ovationen empfangen, während alle Kirchenglocken zu läuten begannen – jene Glocken, die man über vierzig Jahre nicht vernommen hatte, da Mohammed, der vibrierende Bronze nicht ertragen konnte, jedes Geläut verboten hatte, denn er meinte, daß »allein die menschliche Stimme würdig war, die Menschen aufzurufen, die Existenz Gottes zu verkünden«.

Nach der Zeremonie kehrte Friedrich in seine Residenz zurück und verfaßte folgenden Brief an Heinrich III., den König von England:

»Auf daß alle sich freuen und den Herrn loben, denn Gott hat, um Seine Allmacht zu zeigen, ein Unternehmen gelingen lassen, das seit langen Jahren viele Fürsten und Machthaber dieser Welt nicht zum Ziel führen konnten. Nicht allein die Stadt selbst ist uns zurückgegeben worden, sondern die ganze Gegend, die sich von Jerusalem bis nach Jaffa erstreckt . . . Ehre sei Gott in der Höhe und Frieden auf Erden und den Menschen ein Wohlgefallen.«[217]

Unterdessen schrieb der Patriarch Gerold – zurückgezogen in seinem Palast in Akkon – an Gregor IX.:

»Angesichts der Bosheit und Falschheit des Kaisers haben Wir allen Pilgern verboten, Jerusalem zu betreten und das Heilige Grab aufzusuchen. Und nun sind sie einhellig mit dem Fürsten am Samstag vor dem Sonntag, da man das *Oculi mei* singt, in die Stadt eingezogen. Der Fürst ist am Sonntagmorgen in seiner Königskleidung in die Grabeskirche gegangen und hat sich das Diadem aufgesetzt.«[218]

Welche Schande für die Christenheit! Welche Herausforderung für die Kirche!

VII

Es war Frühling geworden. Blätter, Blüten, Vögel, alles bekundete auf seine Weise das Wiedererwachen des Lebens. Dennoch zogen sich Wolken am Himmel zusammen, die bald ihre Schatten werfen sollten. Schon am Nachmittag nach der Krönung begannen sie sich bemerkbar zu machen.

Friedrich hatte die Großmeister der Templer und Hospitaliter zu sich gerufen, die nach Jerusalem zurückgekehrt waren, allerdings auf anderem Wege, um zu zeigen, daß sie sein Unternehmen mißbilligten. Er wollte mit ihnen Maßnahmen durchsprechen, wie die Stadtwälle neu errichtet werden konnten, die Saladin hatte schleifen lassen. Er wußte, daß der Vertrag von Jaffa im wesentlichen auf dem guten Willen von zwei Personen beruhte: Al-Kamil und ihm selbst. Was sollte aus dem Abkommen werden, wenn beide eines Tages nicht mehr da sein würden? Um seine Einhaltung sicherzustellen, mußten sich die fränkischen Barone einigen und auf Streitigkeiten verzichten, durch die sich beide Seiten Verluste zugefügt hatten und die nur der Kaiser schlichten konnte. Und die Stadtwälle Jerusalems und anderer wichtiger Städte mußten neu errichtet werden, um den Moslems jede Lust zu nehmen, die Orte zurückzuerobern.

Die Unterredung fand an einer Stelle der Wallanlagen statt. Hermann von Salza sowie die beiden englischen Bischöfe nahmen daran teil. Unglücklicherweise konnten sich die beiden Großmeister, Peter von Montaigu und Bertrand von Thessy, in keinem Punkt einigen. Unaufhörlich bauten sie neue Schwierigkeiten auf und baten schließlich um eine Bedenkfrist. Es war offensichtlich, daß sie sich weder verständigen noch mit Friedrich in irgendeiner Form zusammenarbeiten wollten, gegen den sie eine kaum verschleierte Abneigung hegten. Zu ihrer Entlastung muß man jedoch sagen, daß der Kaiser ihre Interessen in dem Vertrag von Jaffa nicht weiter berücksichtigt hatte. Nachdem er ihre Güter auf Sizilien konfisziert hatte, mußten sie auch auf den Wiederbesitz der Al-Aksa-Moschee verzichten, wo jahrelang ihre Großmeister, Kanzler und Kommandanten residiert hatten. Die gemäßigteren Hospitaliter hingegen beneideten die deutschen Ordensritter, deren Hochmeister der Staufer mit Geschenken überhäuft hatte. Er hatte ihm nacheinander die Schlösser Montfort und Toron, ein Gebiet in der Nähe von Sidon und schließlich den »Landsitz des Königs« vermacht, eine herrschaftliche Residenz am Davidturm, um ihn für seine außerordentlichen Dienste zu belohnen, die er ihm ständig leistete. Verärgert setzte der Hohenstaufer der Diskussion ein Ende, die ihm plötzlich gegenstandslos erschien, und schickte die beiden Großmeister nach Hause.

Am 18. März verschärfte sich die Situation. Der Patriarch Gerold hatte den Kreuzfahrern verboten, sich Friedrich anzuschließen und an seinem Einzug in Jerusalem teilzunehmen. Doch zum großen Ärger des Geistlichen war dieser Befehl nicht befolgt worden. In der allgemeinen Begeisterung hatten viele Pilger den Kaiser begleitet und sich auf den Vorplatz der Grabeskirche gedrängt.

Um sich von dem zu entlasten, was in den Augen des Papstes als eine schwere Verletzung seiner Anordnungen erscheinen konnte – und was sicher einen schweren Autoritätsverlust nach sich zog –, entschloß sich der Patriarch zu einer harten Strafmaßnahme. Er schickte den Erzbischof von Cäsarea nach Jerusalem, um das Heilige Grab und alle anderen Kirchen der Stadt mit dem Kirchenbann zu belegen. Eine Kirche mit dem Bann zu belegen, war keine Kleinigkeit. Aber diese Maßnahme in bezug auf die Grabeskirche zu ergreifen, das war wirklich etwas Unerhörtes. Das hieß nahezu, die Göttlichkeit Christi in Frage zu stellen . . .

Im allgemeinen wurde dieses Interdikt nach einer schauerlichen Dramaturgie vollzogen, die den Sinn des Mittelalters für das Finstere und Makabre offenbart. Die Kirchentore wurden aus den Angeln gehoben und der Eingang mit Dornenbündeln verstopft. Die Altäre wurden von allem Schmuck befreit, die Kerzen ausgelöscht, die Kruzifixe umgekehrt und die Gebeine der Heiligen aus ihren Schreinen entfernt. Kein Gottesdienst wurde in dem Gebäude mehr abgehalten, keinerlei Weihe fand statt, lediglich die Taufe Neugeborener wurde vorgenommen und Sterbenden die Absolution erteilt. Eine mit dem Bann belegte Kirche war sozusagen ein toter Ort. All diese Maßnahmen hatten zum Ziel, eine Psychose des Schreckens hervorzurufen. Das beschäftigte und beeindruckte die Leute viel mehr als eine Exkommunizierung. Und da dies mit der Grabeskirche geschah, erschien es Friedrich wie eine persönliche Beleidigung, die ihn wütend und traurig zugleich machte. Wozu hatte er sich soviel Mühe gegeben, wozu hatte er so viele Gefahren auf sich genommen, um die Heiligen Stätten der Christenheit zurückzuerobern, wenn am Ende den Gläubigen der Zugang zu ihnen versagt wurde?

Der Kaiser berief den Erzbischof von Cäsarea zu sich, um eine Erklärung zu fordern. Doch wie der Patriarch Gerold reagierte er nicht. Er hatte Befehl, Friedrich zu behandeln, als ob er Luft sei.

Angewidert von soviel Sektierertum und Haß, wollte der Hohenstaufer Jerusalem so schnell wie möglich verlassen. Aber das ging nicht. Al-Kamil hatte ihn eingeladen, am nächsten Tag mit Schams ed-Din die islamischen Heiligtümer zu besuchen. Während sich also die Heiligen Stätten der Christenheit vor ihm schlossen, öffneten sich ihm die heiligen Stätten der Moslems. Diese Ehre konnte er nicht verwehren, zumal der Zutritt zum Haram Andersgläubigen streng untersagt war.

VIII

Am nächsten Morgen stand Friedrich mißmutig auf. Er hatte die Beleidigung noch nicht verdaut, die ihm der Patriarch Gerold und der Erzbischof von Cäsarea angetan hatten. So begab er sich ungehalten zur Al-Aksa-Moschee, wo der Kadi von Nablus ihn erwartete. Der Kaiser ließ sich von einigen seiner Gelehrten begleiten, die in dieser Phase der Reise wieder in den Vordergrund traten.

Als er in seinem langen Pilgermantel die Stufen zum Felsendom hinaufgestiegen war und neben Schams ed-Din über die riesige Esplanade wandelte, die von Arkaden gesäumt wird, durch die man die beiden Symbole für die Leiden der Menschen und die Leiden Gottes erblicken kann – das Josaphat-Tal und den Ölberg –, hatte er das gleiche Gefühl wie alle, die in den Jahrhunderten diesen heiligen Ort besucht haben: von der Last des Irdischen befreit zu sein.

Da es in der Nacht geregnet hatte, waren die Steinfliesen auf dem Gipfel des Berges Moria von einer glitzernden Schicht bedeckt, die den Himmel widerspiegelte und dem Besucher den Eindruck vermittelte, an einer Stelle zwischen Diesseits und Jenseits zu stehen, wo man Räume und Zeiten beherrscht.

Als Friedrich jedoch zum Felsendom kam, änderte sich das Empfinden. Dieses erhabene Oktogon überraschte ihn auf den ersten Blick durch seine Anmut und seinen unerwartet guterhaltenen Zustand, denn das 691 gegründete Bauwerk war bereits sechshundert Jahre alt. Der Regen hatte seine Fayenceverkleidung zum Glänzen gebracht, so daß seine Rot-, Grau-, Blau- und Goldtöne in voller Pracht erstrahlten. Die Säulen, Gesimse und das Profil der Kuppel waren von einem Silberhauch überzogen, der sie in der Morgensonne schimmern ließ, so daß das ganze Gebäude leichter erschien als das Laubwerk der Zypressen, die es wie dunkle Flammen umringten. Nichts schien der Vollendung näher zu kommen.

Hinter Schams ed-Din betrat Friedrich das Heiligtum. Das Zentrum nahm ein Felsen in Form einer Grotte ein, die jedoch so winzig war, daß zwei Personen kaum darin stehen konnten. In jeden seiner sechs ungleichen Winkel war eine Inschrift gemeißelt.

»Hier hat Abraham gebetet«, flüsterte Schams ed-Din und deutete nacheinander auf die Ecken. »Hier hat David gebetet, hier Salomon, hier Elias, hier Jesus. Und hier schließlich Mohammed, der Prophet.«

Welch eine Litanei! Man konnte sich die Summe der Ekstasen und Erleuchtungen kaum vorstellen, die sich hinter dieser Reihe von Namen verbargen. Dieser winzige Raum war der Punkt der Übereinstimmung für alle monotheistischen Religionen, deshalb war er für die Juden ebenso heilig wie für die Christen und Moslems. Alle verehrten hier einen einzigen Gott mit unterschiedlichen Worten. Man fragt sich, wieso dieser Felsen unter den ständigen Einschlägen von Blitzen nicht zerschlagen worden ist.

Aber er hat standgehalten. Die Propheten hingegen sind zum Himmel aufgestiegen. Elias ist von einem Feuerwagen emporgetragen worden. Jesus ist von einem Heiligenschein umgeben zu seinem Vater heimgekehrt. Und Mohammed ist hier auf seine beflügelte Stute gestiegen, deren Abstoß so mächtig war, daß sich ein Abdruck ihres Hufes in den Stein geprägt hat. Und auf dieser Reise hat er die sieben Himmel der Hölle und des Paradieses erblickt sowie Allah hinter siebzigtausend Lichtschleiern, die jeweils fünfhundert Jahre voneinander entfernt waren.

»Wozu dienen diese kleinen Gitter, die den Felsen umgeben?« fragte Friedrich einen der Tempeldiener.

»Um den kleinen Vögeln den Zugang zu verwehren«, antwortete der Mann.

»Kleinen Vögeln?« erwiderte Friedrich lächelnd. »Und Gott hat hier Riesen versammelt!«[219]

In diesem Augenblick drehte sich der Kaiser zu Hermann von Salza um und sagte mit verklärtem Blick:

»Seht, es ist heute der Tag des Heils!« Womit er zum Ausdruck bringen wollte, daß es der Tag war, an dem sich Immanenz und Transzendenz, das Sichtbare und das Unsichtbare, vereinten.

Als die Mittagsstunde nahte und der Muezzin zum Gebet aufrief, knieten mehrere von Friedrichs Begleitern, die der arabische Chronist fälschlich als seine »Diener« bezeichnete, während er hinzufügte, »insbesondere ein Sizilianer, mit dem er verschiedene Kapitel aus der (aristotelischen) *Logik* las«, nieder und beteten gemeinsam einen Abschnitt aus dem Koran. Ein Zeichen also, daß sie Moslems waren.[220]

Schams ed-Din überraschte das, doch seine Ungehaltenheit übertraf bald seine Überraschung, als ein Muezzin laut zu psalmodieren begann; denn Al-Kamil hatte den Tempelhütern befohlen, sich schweigsam zu verhalten, solange der Kaiser in Jerusalem weilte, »damit ihre Gebete nicht seine Ohren beleidigen«. Der Kadi von Nablus schickte auf der Stelle einen Boten zu dem Muezzin, um ihm Schweigen zu gebieten. Als Friedrich das hörte, warf er ihm vor:

»Warum willst du diesen Muezzin zum Schweigen bringen? Ich bitte, laß ihn seinen frommen Singsang beenden, denn gerade, um ihm zuzuhören, bin ich hergekommen.«[221]

Dieser ruhige und entspannende Tag – an den er sich lange erinnern sollte – hatte den Kaiser offenbar heiter gestimmt. Das galt auch für die Nacht, die er im Haus des Kadis verbrachte und in der die Muezzins seinem Wunsch gemäß ihre Gebetsrufe bis zum Morgengrauen von den Türmen erschallen ließen. Friedrich lauschte ihnen verzückt. Erst am Morgen ereignete sich etwas Unangenehmes, das seinen Zorn erregte.

Friedrich war sehr früh aufgestanden. Er war auf dem freien Platz gewesen, um den Felsendom zu bewundern, der in die ersten Strahlen der Morgensonne getaucht war, als er eine Szene beobachtete, die ihn ärgerlich stimmte. Er sah einen katholischen Priester, der neben dem Abdruck saß, den Mohammeds

Pferd hinterlassen hatte. Er hielt ein Evangelium in der Hand und forderte Besichtigungsgebühren von den Besuchern, die zu der frühen Stunde allerdings nicht sehr zahlreich waren. Dabei machte er eine herablassende Miene, als ob das Heiligtum sein persönlicher Besitz sei. Der Kaiser trat auf ihn zu, als wolle er seinen Segen haben, dann versetzte er ihm plötzlich einen so heftigen Faustschlag, daß der Mann zu Boden stürzte.

»Du Schwein!« rief er aus, »der Sultan hat uns die Gunst gewährt, diese Stätte zu besichtigen, und du wagst, so zu handeln? Wenn einer von euch noch einmal mit dieser Absicht und diesem Verhalten hier eindringt, werde ich ihn töten!«[222]

Schams ed-Din, der von der Lautstärke dieser Worte herbeigelockt worden war, mußte Friedrich beruhigen und ihm versichern, daß er die nötigen Maßnahmen ergreifen würde, damit solche Vorfälle sich nicht wiederholten. Doch der Kaiser war bedrückt. Dieser Zwischenfall bewies ihm, daß es trotz seiner Bemühungen noch lange dauern würde, bis Christentum und Islam nebeneinander in den Seelen Wurzel faßten. Überall stieß er auf das, was er am meisten verabscheute: Unverständnis, Sektierertum und Intoleranz. Daher die Heftigkeit seiner Reaktion.

Eine Stunde später bedankte Friedrich sich bei Schams ed-Din für dessen Güte, verteilte Silbergeld an die Tempelwächter und schritt hinab in die Christenstadt.

IX

Friedrich II. blieb nur wenige Stunden in Jerusalem. Er wollte schnell nach Akkon zurück, um den Patriarchen Gerold abzukanzeln und eine Erklärung für dessen unbeschreibliches Verhalten zu verlangen. Deshalb nahm er sich in Jaffa lediglich die Zeit, ein paar Sachen zu packen, Admiral Heinrich von Malta den Befehl zu geben, ihm mit seiner Flotte zu folgen, und ein paar Ritter auszusuchen, die ihn nach Akkon begleiten sollten. Auf dieser Reise scheint er beinahe das Opfer eines Attentats geworden zu sein, das die Templer auf ihn verüben wollten. Die Mitglieder dieses Ordens zeigten jetzt offen ihre Rachsucht. Aus Rachedurst schreckten sie selbst vor dem letzten Mittel nicht zurück: seinem Leben ein Ende zu setzen.[223]

Er hatte es also eilig, nach Akkon zu kommen, zumal schlechte Nachrichten aus Italien eintrafen, wo die »Schlüsselsoldaten« unter Johann von Brienne ihre Plünderungen und Ausschreitungen fortführten. Ihr Ziel war klar: Sie wollten seine Abwesenheit nutzen, um ihm sein Königreich Sizilien zu entreißen. Neapel, Salerno, Catania und Syrakus waren bereits besetzt, und ihre Verwaltung war päpstlichen Gesandten übertragen worden. In wenigen Wochen konnte Palermo das gleiche Schicksal ereilen. Dann wäre ganz Süditalien dem Kirchenstaat eingegliedert.

Friedrich traf um den 25. März in Akkon ein. Er fand die Stadt in vollem Aufruhr. Die meisten der fränkischen Barone, die Anhänger Ibelins, die Templer und Hospitaliter, alle waren bereit, sich offen gegen ihn zu erheben. Noch unglaublicher allerdings war das Vorhaben des Patriarchen Gerold, der dabei war, Truppen zusammenzustellen, um Jerusalem mit Gewalt einzunehmen.[224] Dafür hatte er einen Teil des Geldes »verwendet«, das der französische König den Templern anvertraut hatte, um bedürftigen Pilgern zu helfen. Friedrich rief ihn sofort zu sich. Das Gespräch der beiden Männer war ebenso heftig wie kurz. Nach vorliegenden Dokumenten kann man es in wenigen Sätzen zusammenfassen:[225]

Friedrich: »Wie kommt es, daß Ihr so viele Ritter und Waffenträger um Euch schart, nachdem ich den Frieden unterzeichnet habe?«

Gerold: »Das Eisen bleibt in der Wunde. Es kann weder Frieden noch Waffenstillstand geben, da der Sultan von Damaskus den Vertrag nicht rechtlich bestätigt hat.«[226]

Friedrich: »Ohne Befehl des Königs von Jerusalem – und das bin ich – kann niemand in meinem Königreich Ritter bewaffnen und formieren!«

Gerold: »Man kann sich nicht ohne Gefahr für die Seele dem Urteil eines Exkommunizierten unterstellen!«

Ohne jedes weitere Wort drehte sich der Patriarch um, ging und schloß sich in seinem Palast ein.

Das war eine hochgradige Beleidigung und nicht nur dies, sondern ein schwerer politischer Fehler. Er brachte den Willen zum Ausdruck, den Vertrag von Jaffa und die Befreiung der Heiligen Stätten als nichtig zu betrachten. Man weiß nicht, was Friedrich tiefer traf: die persönliche Verhöhnung oder die politische Blindheit.

Inzwischen (21. März) hatte Hermann von Salza mehrere Boten nach Rom entstandt – unter ihnen den Erzbischof von Reggio und einen gewissen Bruder Simon –, um »den Papst über die wirkliche Lage zu unterrichten, ihm die verschiedenen Vertragsvereinbarungen zu erklären und allen Einfluß geltend zu machen, damit er Vernunft annimmt und der Frieden zwischen dem Heiligen Stuhl und dem Reich wiederhergestellt wird«.[227]

Die Antwort Gregors IX. ließ nicht lange auf sich warten. In einem Brief an den Patriarchen Gerold erklärte der Kirchenfürst, »daß die Vorteile des Vertrags eigentlich lächerlich seien und daß man auf sie nicht bauen könnte«. Bei dieser Gelegenheit beglückwünschte er den Patriarchen zu seiner Beharrlichkeit und bestätigte all seine Verbote.

Nun lief Hermann von Salza die Galle über. Dieser Mann, der im allgemeinen so besonnen und selbstbeherrscht war, konnte sich nicht zurückhalten, dem Papst mit Worten zu antworten, die einer Mahnung gleichen und von seiner Charakterstärke zeugen:

»Wahrscheinlich hätte die Sache viel vorteilhafter ausgehen können, wenn der Kaiser in Gnaden und im Einklang mit der Kirche gestanden hätte.« Dann fügte er mit einer Anspielung auf die sizilische Invasion hinzu: »Am 7. März ist hier der Bruder Leonhardus eingetroffen und hat von Gerüchten berichtet, von denen wir gewünscht hätten, daß sie anderer Natur wären.«

Nun ging der Streit zwischen Gregor IX. und Friedrich II. auf seinen Höhepunkt zu. Er rührte nicht allein von dem eigensinnigen und leicht erzürnbaren Charakter des Greises her, sondern hatte auch andere Gründe, die man genauer untersuchen muß, um seine ganze Tragweite zu ermessen.

Sie haben ihre Wurzel im Vertragstext selbst, dessen erster Satz lautete: »Der Sultan tritt Jerusalem und die umliegenden Territorien an den *Kaiser und seine Vögte* ab.« Das bedeutete, daß mit einem Federstrich alle weltlichen und religiösen Feudalstrukturen ausgelöscht wurden, die sich seit der Gründung des Königreichs im Jahre 1100 durch Balduin von Boulogne gebildet hatten. Damit hatten der Patriarch, die Erzbischöfe von Cäsarea und Tyrus sowie die Barone, die sich alle das Heilige Land geteilt hatten, keinerlei Machtbefugnisse mehr, sondern allein die »Vögte«, das heißt die Vertrauten Friedrichs, die er selbst ernennen konnte und die von ihm direkt abhängig waren.

Es war kein Zufall, daß diese Formulierung am Anfang des Vertrags stand. Friedrich hatte es so gewollt und er wußte, warum. Seit seiner Ankunft in Palästina hatte er mit Erstaunen festgestellt, in welchem Maße die fränkischen Herren, die das Land unter sich aufgeteilt hatten, es durch ihre Rivalitäten gefährdeten. Sie stürzten das gesamte Gebiet in einen Zustand, der an Anarchie grenzte. Dieser ständigen Zwietracht wollte der Kaiser mit dem Blick auf die Zukunft entgegentreten. Denn keiner der partikularistischen und undisziplinierten Barone hätte die Fähigkeit gehabt, sein Land zu verteidigen, falls die Feindlichkeiten wieder aufflammten. Um sein Ziel zu erreichen, mußte er das fränkische Königreich Jerusalem in einen zentralisierten Staat verwandeln, wie er ihn in Sizilien errichtet hatte, in eine Art »Staat des Heiligen Landes«, in dem die drei monotheistischen Religionen nebeneinander in Frieden existierten und wo die Anhänger aller Glaubensrichtungen zu ihren Heiligtümern freien Zugang hatten. Und dieser Staat mußte von Männern wie Thomas von Acerra, Balduin von Sidon, Heinrich von Malta und dem Marschall Filangieri verwaltet werden.

Wollte Friedrich den fränkischen Baronen diese »Umgestaltung der Dinge« aufzwingen, so hatte er Ansätze dazu bereits bei dem Bankett in Limassol durchblicken lassen, wo er Johann von Ibelin aufgefordert hatte, ihm die Oberherrschaft über Zypern und Beirut zu übertragen, und Bohemund IV. ihm das Fürstentum Antiochia und die Grafschaft Tripoli abtreten sollte. Diese Absichten zu teilen, käme für sie einem Verzicht auf ihre Privilegien und auf ihre Autonomie gleich, die ihnen durch die Jerusalemer Gesetze zugesichert waren. Und genau das konnten sie nicht billigen. Deshalb waren sie entschlossen, den *Status quo* blindlings zu verteidigen, selbst wenn seine Aufrechterhaltung für sie Selbstmord bedeutete.

Warum sahen sie nicht, wohin ihre Uneinigkeit sie führte? Konnten sie die ungeheuren Vorteile nicht ermessen, die ihnen der Vertrag von Jaffa verschaffte? Friedrich konnte das nicht verstehen. Er wußte, daß er cholerisch war. Aber er wollte der Wut nicht nachgeben, die in ihm aufstieg. Dadurch hätte er sich selbst erniedrigt. Er nahm alle Kraft zusammen, um sich zu beherrschen, und beschloß, auf seine Überzeugungskraft zurückzugreifen.

In der Hoffnung, alle Christen Akkons von der Richtigkeit seiner Politik zu überzeugen, schickte er Herolde in alle Stadtviertel, um die Pilger, Ritter, Kreuzfahrer und Einwohner zu einer Generalversammlung am Strand vor den Mauern des Ortes einzuladen. Dort sprach er auf einem Podium, das gegenüber von den alten byzantinischen Türmen errichtet worden war, zu der Volksmenge, um ihr seine Pläne darzulegen, seine Absichten zu erklären und die Vorteile zu unterstreichen, die ihr daraus erwachsen würden. Doch er konnte an die Vernunft appellieren, die Eindeutigkeit seiner Ziele aufzeigen, soviel er wollte: Diesmal wirkte seine Ausstrahlungskraft auf die Zuhörer nicht. Die Gegenpropaganda des Patriarchen und der Templer war zu stark. Ein Teil der Anwesenden verhöhnte ihn. Der Rest hörte nur mit halbem Ohr hin, zumal der Wind ungünstig stand. Außerdem zeigte der Kaiser sich in seiner Ansprache weniger versöhnlich als in der Grabeskirche. Am Schluß seiner Rede befahl er allen Kreuzrittern, nicht länger im Heiligen Land zu bleiben, da der Kreuzzug beendet war, und trug Thomas von Acerra auf – den er als Vogt zurücklassen wollte –, jeden körperlich zu bestrafen, der sich seinen Befehlen widersetzte.[228] Darauf hielt der Patriarch Gerold eine Gegenrede vor den Pilgern und Prälaten, in der er pauschal alle exkommunizierte, die den Anweisungen des Kaisers folgen sollten. Da ließ Friedrich die Stadt Akkon belagern. Er postierte Bogenschützen vor allen Toren und insbesondere vor dem Palast des Patriarchen und dem Haus der Templer. Weil Gerold weiter gegen ihn predigte, gab er Befehl, die Dominikaner und Franziskaner, die auf seiten des Patriarchen standen, zu ergreifen und auszupeitschen.[229] Die Feindseligkeiten gegen

Friedrich nahmen jedoch weiter zu . . .

In dieser hitzigen Periode erschien auf Schloß Ricordana, in dem Friedrich residierte, ein Besucher, der anders gesinnt war: der Emir Fahr ed-Din, einer der Verfasser des Vertrags von Jaffa. Er hatte gehört, daß der Kaiser das Heilige Land verlassen wollte, und war gekommen, um sich zu verabschieden.

Friedrich konnte sich in der Öffentlichkeit gelassen geben, innerlich beruhigte er sich nicht. Die Beschimpfungen, die er über sich ergehen lassen mußte, die Beleidigungen, mit denen man ihn überhäufte, machten ihm zu schaffen. Auch Fahr ed-Din war darüber ungehalten. Er versuchte, den Kaiser zu trösten, und gab sich Mühe, ihm mit guten Worten und Zeichen des Wohlwollens zu helfen. Er gab ihm zu verstehen, daß er zwar seine Glaubensbrüder nicht überzeugen konnte, dafür aber die Herzen der Araber gewonnen hatte. Doch der Gegensatz zwischen der Engstirnigkeit der einen und des Weitblicks der anderen verstärkte Friedrichs Bissigkeit nur. Sie erklärt die Schärfe seiner Worte über den Papst, die in einem Gespräch mit dem Botschafter Al-Kalims gefallen waren. Der Kaiser hatte ihn nach der genauen Bedeutung des Kalifen gefragt, und Fahr ed-Din hatte ihm geantwortet:

»Er ist der Nachfahre des Onkels von unserem Propheten, der die Kalifenwürde von seinem Vater erhalten hat, der sie von seinem eigenen Vater geerbt hat, damit das Kalifat im Besitz der Nachkommen des Propheten bleibt.«[230]

»Das ist ausgezeichnet«, hat der Kaiser ausgerufen, »und viel besser als bei diesen einfältigen Franken, die irgendeinen Mann zu ihrem Herrn machen, der keinerlei Verwandtschaft mit dem Messias nachweisen kann und der so unwissend ist, daß er nicht einmal zu reden weiß, und aus dem sie eine Art von Kalifen machen, um sich mit ihm zu brüsten. Ein solcher Mann hat keinerlei Recht, sich einen ähnlichen Rang anzumaßen, während Euer Kalif, der Großneffe des Propheten, der Würdigste von allen ist und alles Recht dazu hat.«[231]

Diese Gespräche mit Fahr ed-Din bedeuteten für Friedrich Augenblicke der Erleichterung. Doch sie konnten nicht ewig dauern, denn der Emir mußte zu seinem Herrn zurück und überließ den Kaiser einer Situation, die gespannter war als zuvor.

Die Templer waren aufständisch geworden und hatten sich in ihr Ordenshaus zurückgezogen, dem am stärksten befestigten Gebäude der Stadt. Im Westen grenzte es ans Meer, und sein Tor befand sich in einem eckigen Turm, der mit Zinnen bewehrt war.[232] Der Kaiser hätte viel Zeit gebraucht und viel stärkere Truppen, um die Ordensritter dort auszuheben.

Für Friedrich war jeder Ungehorsam unerträglich, weil er der Keim zur Unordnung war. Er machte also Anstalten, das Haus zu belagern. Dann besann er sich anders. Warum sollte er diesen Steinhaufen einnehmen? Hinter den Templern stand der Patriarch und hinter dem Patriarchen der Papst. Nicht im Heiligen Land, sondern in Rom fand er den Schlüssel zu dem Problem. In Italien mußte er eingreifen, um eine Situation zu ändern, die auf die Dauer untragbar wurde und am Ende die Anwendung des Vertrags von Jaffa in Frage stellen konnte.[233] Von nun an hatte Friedrich nichts eiliger, als seine Abreise vorzubereiten.

Zum Glück kam Heinrich von Malta mit seiner Flotte im Hafen an, so daß der Kaiser seine Einschiffung beschleunigen konnte. Am 28. und 29. April traf er seine letzten Anordnungen für die Verwaltung des Königreichs. Zuerst hatte er daran gedacht, Thomas von Acerra zum Vogt zu ernennen. Doch in letzter Minute fürchtete er, daß sich dieser gebürtige Italiener gegenüber der Bevölkerung als zu streng und hart erweisen könnte (wie bei der Unterdrückung des Aufstands von Celano[234]). Außerdem wollte er die Macht in die Hände eines Mannes legen, der mit den Gebräuchen des Landes vertraut war: Balduin von Sidon, der ein Cousin der verstorbenen Königin Yolanthe war. An dessen Seite stellte er einen gewissen Werner den Deutschen, der Syrien unter der Regentschaft Johanns von Brienne verwaltet hatte. Und zum Kommandanten der Streitkräfte ernannte er Odo von Montbéliard, der in Antiochia geboren war.[235] Die Wahl dieser Männer stellte nach seiner Meinung einen letzten Versöhnungsversuch dar. Wie die vorhergehenden führte er jedoch zu nichts.

Am 30. April belegte der Patriarch Gerold die ganze Stadt Akkon mit dem Kirchenbann. Am 1. Mai mußte Friedrich seine Residenz nahezu heimlich verlassen. »Um den Hafen zu erreichen«, berichtet uns Philipp von Novara, »floh er durch die Straße der Metzger, wo die Händler ihn beschimpften und ihm sogar Pakete mit Kaldaunen und Geschlingen an den Kopf warfen.« Der junge Heinrich I. von Lusignan schritt neben ihm. Balduin von Sidon und eine kleine Schar getreuer Barone hatten Mühe, die Volksmenge abzuwehren und den Kaiser bis zu seiner Galeere zu begleiten. Johann von Ibelin soll nach den Worten Philipps von Novara in letzter Minute gekommen sein, um sich zu verabschieden, was nicht undenkbar ist, wenn man an die edle Haltung des Herrn von Beirut denkt, der immer bemüht war, alle Lager zu schonen.[236]

Die Flotte verließ rasch den Hafen und steuerte nach Norden. Als Tyrus, Sarepta und Sidon hinter ihr lagen und die Stelle erreicht war, wo das Meer überquert werden mußte, bemerkte Friedrich, der am Bug seiner Galeere stand, eine Gruppe von Reitern, die an der Küste entlangritt. Sie versuchte offenbar, die Schiffe einzuholen, denn die Männer winkten mit den Armen, um Aufmerksamkeit zu erregen. Daraufhin gab der Kaiser Heinrich von Malta den Befehl, sich dem Küstenstreifen zu nähern und ein Boot auszusetzen. Sobald es an Land war, stieg ein Mann ein und ließ sich zum Flaggschiff rudern. Es war Fahr

Die Geburt Friedrichs II. in einem Zelt auf dem Marktplatz von Jesi, 26. 12. 1194
Aus einer mittelalterlichen Handschrift

Heinrich V. und Friedrich II. Aachener Karlsschrein

Kaiserin Konstanze in Salerno. Miniaturen aus Pietro da Eboli „Liber ad honorem Augusti"

Siegel
Friedrichs II.,
1212

Münze
Friedrichs II.,
Mitte 13. Jahr-
hundert

Büste aus Capua,
wahrscheinlich Friedrich II.

Friedrich II. als Thronender
Herrscher, Kamee, Süditalien,
ca. 1230

Kaiserthron in Aachen, wo Friedrich II. am
25. 7. 1215 gekrönt wurde

Rechts oben:
Die deutsche Kaiserkrone

Rechts unten:
Krönungsmantel Friedrichs II.

Schwert Friedrichs II.

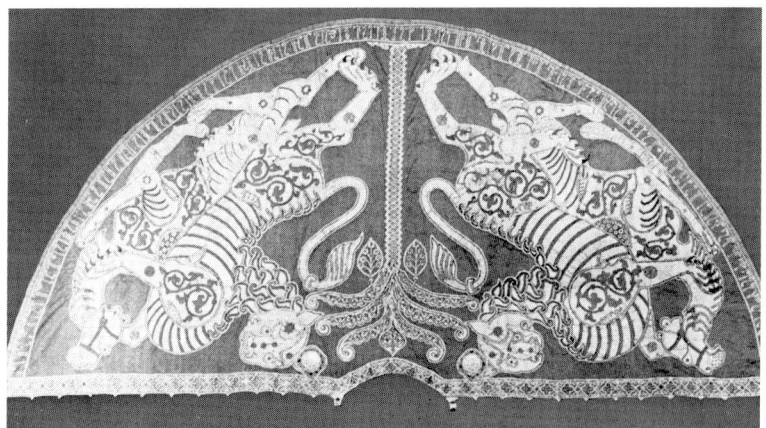

Die Kaiserpfalz von Wimpfen

Der Dom zu Worms

Oben:
Papst Innozenz III.
Rechts:
Papst Gregor IX.
Fresko, 13. Jahrhundert, Sacro
Speco, Subiaco

Thronsaal des Castel Gioa del Colle

Castel del Monte

Die Pfalzkapelle im Normannenpalast, Palermo

Das Kastell von Lucera

Hermann von Salza, Kupferstich nach einem zeitgenössischen Porträt

Büste, möglicherweise Petrus von Vinea

Ketzergesetz, Ravenna 1232

Die Heirat Friedrich II. mit Yolante von Brienne 1225

Friedrich schließt den Freundschaftsvertrag mit dem Sultan von Ägypten

Friedrich II., Bild des thronenden Kaisers
aus dem Falkenbuch, 3. Viertel 13. Jhdt.,
Manfred-Ausgabe

Sarkophag Friedrichs II. in Palermo

Illustration aus dem Falkenbuch, Manfred-Ausgabe

ed-Din, der das Fallreep hinauf an Deck kletterte.

Der Kaiser empfing ihn mit einem Freudenruf und führte ihn zum Zwischendeck. Dort unterhielten sie sich ein Weilchen auf sehr angenehme Weise.[237] Zum Abschied umarmten sie sich lange, dann stieg der Emir wieder in das Boot und kehrte zu seinen Begleitern an die Küste zurück.

Wenige Minuten später nahm die Galeere Kurs auf das offene Meer, während Fahr ed-Din mit seinem Banner winkte, auf dem das persönliche Wappen des Kaisers prangte: drei gefleckte, junge, goldene Löwen auf rotem Grund.

Das war das letzte Bild, das Friedrich II. aus dem Heiligen Land mitnahm. Es war ein zu rührendes Zeichen der Freundschaft, um sich nicht tief in sein Gedächtnis einzuprägen.

X

Die Flotte machte ihre erste Zwischenstation auf Zypern. Der Aufenthalt währte jedoch nicht lange. Man wollte lediglich den jetzt elfjährigen Heinrich I. von Lusignan zurückbringen und mit der Tochter des Marquis von Montferrat verheiraten. Dann wurde Amalrich von Barlaix die Verwaltung der Insel bestätigt, und knapp eine Woche später fuhren die Schiffe weiter nach Italien, wobei wahrscheinlich der gleiche Weg benutzt wurde wie auf der Hinreise.

Nach vierzig Tagen, das heißt am 10. Juni, warf die kaiserliche Flotte in Brindisi Anker. Friedrich ging bei Nacht an Land. Die Nachricht von seinem Eintreffen schlug ein wie ein Blitz und verbreitete sich schnell über die ganze Halbinsel. Gregor IX. hatte tatsächlich das Gerücht in Umlauf gesetzt, daß der Kaiser im Heiligen Land gestorben sei. Er hatte seine Untertanen nicht nur von ihrem Gehorsamseid entbunden, sondern sogar die sizilianischen Bischöfe gezwungen, die Richtigkeit dieser Meldung zu beeidigen. Friedrichs Erscheinen mußte daher die Geister in Verwirrung setzen und dem Ansehen des Papstes beträchtlich schaden. Viele seiner Anhänger konnten seinen Behauptungen nun keinen Glauben mehr schenken.

Nicht allein, daß Friedrich lebte und gesund war, seine bloße Gegenwart genügte, um die Ordnung der Dinge wiederherzustellen. Während er vor seinem Aufbruch zum Kreuzzug gezögert hatte, ergriff er jetzt nacheinander eine Reihe von entscheidenden Maßnahmen. Das Glück, das ihn für einen Moment verlassen zu haben schien, war erneut in sein Lager zurückgekehrt.

Und es wurde auch Zeit, denn das sizilische Königreich war in großer Gefahr. Der von Gregor IX. ausgelöste Gegenkreuzzug zeigte rasche Erfolge. Seine beiden Anführer, Johann von Brienne und Pelagus, der Bischof von Alba, der bei der Belagerung von Damiette eine so unglückliche Rolle gespielt hatte,[238] verfügten über beachtliche Streitkräfte, gegen die sich der Regent Rainald von Urslingen nicht durchsetzen konnte. Viele lombardische Ritter waren zu ihnen gestoßen, die Gregor zum Aufstand angestachelt hatte.[239] Über die Grenzen des Kirchenstaats hinaus waren diese Truppen in breiter Front nach Apulien, in die Abruzzen und schließlich bis nach Sizilien gedrungen und hatten die Orte, die sich nicht unterwerfen wollten, geplündert und gebrandschatzt. Die Aktion dieser »Schlüsselsoldaten«, wie man sie nannte, wurde von Scharen von Betbrüdern unterstützt, die der Heilige Stuhl nach Süden geschickt hatte.[240] Sie versuchten, die Leute zu verwirren, indem sie behaupteten, daß der Thron des jungen Konrad IV. (Yolanthes Sohn, damals zwei Jahre alt) nur gesichert werden kann, wenn den Anweisungen Johanns von Brienne Folge geleistet wird, der ja sein Großvater war.[241] So hatten einige Städte und Grafschaften nachgegeben. Rainald von Urslingen war nach Spoleto geflohen. Was Friedrich an getreuen Truppen verblieben war, hatte sich in einem Militärlager bei Barletta versammelt, wo sie praktisch umzingelt waren.

Der Kaiser reagierte mit einer Geschwindigkeit, die seine Gegner aus der Fassung brachte. Da er die durch seine Ankunft verursachte Verwirrung nutzen wollte, ernannte er Thomas von Acerra, den er glücklicherweise nicht in Akkon gelassen hatte, zum Leiter der Kampfhandlungen. Thomas scharte zunächst in Barletta alle Streitkräfte um sich, die noch zu Friedrich hielten. Ihre Zahl wuchs um so schneller an, als seine Energie von Erfolg begleitet war. Zwei Tage später wurde eine Schiffsflotte mit mehreren Hunderten deutscher Ritter an Bord, die aus Palästina zurückkehrten, von einem Unwetter an die apulische Küste verschlagen, wo sie in den Häfen Zuflucht suchen mußten. Die Ritter wurden mit ihren Pferden sofort an Land geholt und nach Barletta geschickt, wo sie das Kontingent der kaiserlichen Kräfte verstärken konnten. Gleichzeitig gelang es Rainald, von Spoleto aus nach Lucera durchzubrechen und einige arabische Reiterscharen mitzubringen. Sie waren schon deshalb sehr willkommen, weil sie als Moslems den Kirchenbann nicht scheuten und außerdem darauf brannten, Friedrich ihre Dankbarkeit zu erweisen, da er sie so großzügig behandelt, ihnen ihre Freiheit gelassen und sie in Lucera angesiedelt hatte. (Jetzt sollte der »Emberadour« die Früchte seiner Großmut ernten, denn diese Araber hatten ihm bis an sein Ende die gleiche Ergebenheit geschworen wie die deutschen Ritter.) Die muselmanischen Schwadronen stürzten sich als erste in den Kampf und hatten keine Mühe, die »Schlüsselsoldaten« zu überrennen. In weniger als einer Woche waren die Gegner verstreut und verschwanden aus Sizilien. Darauf drangen die arabischen Krieger in Apulien ein. Als sie nahten, ergriff Johann von Brienne erschrocken die Flucht. Er rettete sich in den Kirchenstaat, floh nach Rom und erschien nicht wieder. Der Legat Pelagus vergrub sich in dem Kloster Monte Cassino, dessen Abt immer ein Gegner Friedrichs gewesen ist.[242] So sank die aufständische Bewegung, die Gregor IX. angezettelt hatte, allmählich in sich zusammen.

Der Kaiser fühlte sich nun stark genug, selbst die Offensive zu ergreifen. An der Spitze seiner Truppen zog er von Barletta über Capua durch Apulien, ohne einen einzigen Kampf liefern zu müssen. In allen Ortschaften, durch die er kam, wurde er begeistert empfangen (er glaubte die Szenen aufleben zu sehen, die er auf seinem Weg nach Aachen erlebt hatte). Alle Propagandabemühungen des Papstes hatten nicht vermocht, die Loyalität der Bevölkerung gegenüber ihrem Herrscher zu beeinträchtigen. Vergessen wir überdies nicht, daß er mit dem Titel eines »Befreiers des Heiligen Grabes« aus Jerusalem zurückgekehrt war, und das war ein Ruhm, der ihn nahezu unberührbar machte. Friedrich hatte das geahnt und diesen Faktor bei seinen Berechnungen berücksichtigt. Er hatte jedoch nicht vorausgesehen, daß das Volk so schnell begriff, was der Papst und die meisten Bischöfe einfach nicht einsehen wollten. Als der Kaiser in Capua eintraf, wurde ihm lange zugejubelt. Diesen Empfang interpretierte er als Volksabstimmung.

Ob Gregor IX. es zugab oder nicht: all seine Projekte fielen wie ein Kartenhaus zusammen. Um der drohenden Isolierung zu entrinnen, wandte er sich an die ausländischen Fürsten und Herrscher, die jedoch über die Willkür aufgebracht waren, daß er sie mit einer Steuer belegt hatte, die für den Gegenkreuzzug verwendet werden sollte. Sie erklärten einhellig, daß sein Unterfangen unmoralisch sei und daß sein Verhalten, Friedrichs Abwesenheit zu nutzen, um dessen Schwiegervater dazu zu drängen, ihm Sizilien zu entreißen, nicht verteidigt werden könne. Von der italienischen Bevölkerung nicht mehr anerkannt, von den ausländischen Fürsten, die sich mit seinem Gegner solidarisierten, im Stich gelassen, sah sich der Papst nun allein. Aber er weigerte sich noch, sich geschlagen zu geben.

Um ihm das Ausmaß seiner Niederlage deutlich zu machen, bemächtigte Friedrich sich der Stadt Sora, die in ihrem Widerstand beharrte. Er ließ sie »dem Erdboden gleichmachen« und verstreute ihre Einwohner auf das Land. Diese Strafe trug ihre Früchte. Es kam nicht nur Sora niemand zu Hilfe – dabei lag der Ort drei Kilometer vom Kirchenstaat entfernt –, sondern wenige Tage später ergaben sich zweihundert Städte der Gegenpartei, ohne eine einzige Bedingung zu stellen. Nach drei Monaten, also Ende Oktober, hatte Friedrich seine Herrschaft über das ganze Königreich zurückgewonnen, so daß das Alltagsleben seinen gewohnten Lauf nahm.

Die lombardischen Stadtstaaten wiederum hatten sich von selbst zurückgezogen, da sie es für zwecklos halten mußten, den Kampf gegen einen Mann fortzusetzen, dem alles zu gelingen schien.

Um die Zerstörung Soras durch eine milde Geste aufzuwiegen, gab der Kaiser seinen Truppen den Befehl, die »Schlüsselsoldaten« zu schonen und sie nicht über die Grenzen hinaus zu verfolgen, damit der Grundsatz von der Unantastbarkeit des Kirchenstaates nicht verletzt wurde. Diese Maßnahme war ein Aufruf zum Frieden und glich einer Hand, die sich dem Papst entgegenstreckte. Doch Gregor IX. ergriff sie nicht. Obwohl er in Not war, weigerte er sich, den ersten Schritt zu tun.

Abermals war es Hermann von Salza, der dies vollbrachte. Er stützte sich dabei auf den moralischen Kredit, den er beim Papst hatte. (Es mag erstaunen, daß er ihn noch besaß, denn er hatte ja den Droh- oder Mahnbrief aus Jaffa an ihn gesandt und Friedrich während des ganzen Kreuzzugs Unterstützung gewährt. Jedenfalls zeugt dies erneut von seinen außerordentlichen Fähigkeiten als Diplomat.)

Zunächst erklärte der Hochmeister dem Kirchenoberhaupt, daß der Kaiser nur ein einzige Ziel verfolgte: die Wiederherstellung des Friedens. Da Gregor IX. sich taub stellte, fügte Hermann hinzu, daß alle deutschen Fürsten sich bereit gefunden hatten, selbst für diesen Frieden einzustehen. Und als genüge dies nicht, hatte er seinen Rittern befohlen, auch die Garantie dafür zu übernehmen. Sie mußten anerkennen, daß der Kaiser automatisch wieder unter dem Bannfluch stand, wenn er den einmal geschlossenen Frieden brechen sollte. Doch den Starrsinn des Papstes schien nichts brechen zu können. Mit seniler Sturheit wehrte er sich, den Streit zu beenden. Obwohl er besiegt war, wollte er Bedingungen stellen, derweil Friedrich jetzt das Recht gehabt hätte, ihm die seinigen aufzuzwingen. Sicher, er würde am Ende kapitulieren, das war lediglich eine Frage der Zeit. Aber warum sah er nicht, daß der Befreier der Heiligen Stätten alles tat, damit er sein Gesicht wahren konnte und die Kapitulation für ihn weniger kläglich wurde?

Erst als Friedrich selbst erklärt hatte, daß »er von vornherein akzeptierte, erneut exkommuniziert zu werden, wenn er die Klauseln des Abkommens nicht achtete«, war Gregor bereit, Verhandlungen aufzunehmen. Der Papst versuchte nebenbei, einige geringe Vorteile hinsichtlich des kirchlichen Status in Sizilien und der Nutzung mehrerer befestigter Orte an der Grenze des Kirchenstaats einzuheimsen, was der Kaiser gegen das Versprechen zugestand, daß keiner der Bischöfe bestraft würde, der auf staufischer Seite gekämpft hatte. Auf diese Verpflichtung gestützt, zeigte er sich bereit, die Belagerung von Monte Cassino aufzuheben und Pelagus in allen Ehren abziehen zu lassen.

Wenn er die dornige Frage nach den lombardischen Städten nicht anschnitt, so hatte das seinen Grund darin, daß ihre Milizen in dem Bewußtsein, die Partie verloren zu haben, nach Norden abgezogen waren.

Nach diesen Vorbereitungen konnte der Frieden endlich in den letzten Augusttagen in San Germano unterzeichnet werden. In Rocca-d'Acra, einem kleinen Ort am Ufer des Garigliano, der die Grenze zwischen dem sizilianischen Königreich und dem Kirchenstaat bildete, wartete Friedrich II. ungeduldig auf die Rückkehr seiner Unterhändler: die Bischöfe von Reggio, Modena, Mantua und Winchester. Als sie ihm verkündeten, daß die letzten Hindernisse des Abkommens beseitigt waren, bestieg er sein Pferd und begab sich mit Hermann von Salza und einer kleinen Eskorte in das päpstliche Ceprano. Dort erklärten am 28. August 1230 der Kardinal-Erzbischof Johann von Sabina und der Kardinal-Diakon Thomas, die Legaten des Papstes, öffentlich und offiziell, daß der Kirchenbann über ihn aufgehoben sei.

Entscheidender jedoch war die Begegnung zwischen Friedrich II. und Gregor IX., die am nächsten Tag in Anagni stattfand, wo Innozenz III. geboren war. Das kaiserliche Gefolge errichtete sein Lager am Ende des Tales, das von den mächtigen Wällen der Zitadelle überragt wurde. Am Sonntag, dem 1. September, wurde Friedrich mit einigen Getreuen, die alle sehr unauffällig, das heißt ohne kaiserliche Insignien, gekleidet waren, in den päpstlichen Palast geführt.[243] Gregor empfing seinen Gast mit »salbungsvoller Väterlichkeit«. Die beiden Herren tauschten den Friedenskuß und unterhielten sich eine Weile. Dann bat Gregor den Kaiser in den Speisesaal. Diesem historischen Mahl wohnte nur ein Zeuge bei: Hermann von Salza. Wir wissen nicht, was sich die drei zu sagen hatten, denn der Hochmeister hat den Wortlaut nie preisgegeben. Aber Gregor soll Friedrich als »geliebten Sohn der Kirche« bezeichnet haben, was sicher nicht ganz seiner Überzeugung entsprochen hat.

Nach diesem Treffen schickte der Papst einen Brief an den Patriarchen Gerold, in dem er ihm befahl, alle Punkte des Vertrags, der zwischen dem christlichen Kaiser und dem Sultan von Ägypten in Jaffa geschlossen worden war, anzuerkennen und zu befolgen. Gleichzeitig sandte er zwei Hirtenbriefe an die Großmeister der Templer und Hospitaliter mit dem Auftrag, den zwischen Friedrich II. und den Moslems vereinbarten Waffenstillstand strengstens einzuhalten. Dann hob der Papst selbst in aller Feierlichkeit die Interdikte auf, die der Patriarch über Jerusalem und Akkon verhängt hatte.

Gregor IX. hatte den Kaiser zwingen wollen, in Sack und Asche nach Canossa zu gehen. Und nun hatte Friedrich den Papst bewogen, nach Anagni zu kommen und alle seine Bedingungen anzunehmen.

Friedrich II. hatte auf der ganzen Linie gesiegt: Das Gewicht des Bannfluchs, den das Kirchenoberhaupt auf ihn geschleudert hatte, lastete nicht mehr auf seinen Schultern; Jerusalem und die Heiligen Stätten waren der Christenheit zurückerstattet; der Konflikt zwischen dem Kaiser und dem Nachfolger des hl. Petrus schien begraben. Endlich – und das hatte es seit Jahrzehnten nicht gegeben – war überall Frieden: im Orient wie im Abendland.

XI

Fast zur gleichen Zeit schickte Friedrich zwei Botschaften an Fahr ed-Din, um ihm mitzuteilen, daß er seine ganze Aufmerksamkeit den Ereignissen in Italien widmen mußte und es sehr bedauerte, ihn nicht mehr so oft wie früher sehen zu können.[244] Sowohl in ihrer Form wie durch ihren Inhalt gehören diese beiden Briefe zu den erstaunlichsten arabischen Texten dieses Jahrhunderts.

Der erste beginnt mit einer Aufzählung der Titel seines Unterzeichners, deren triumphierender Akzent nicht hervorgehoben zu werden braucht:

»Der gefürchtete Caesar, der Imperator Roms, Friedrich, der Sohn Kaiser Heinrichs, des Sohnes Kaiser Friedrichs,[245] siegreich durch Gott, mächtig durch seinen Ratschluß, erhöht von der göttlichen Vorsehung, König von Deutschland, der Lombardei und der Toskana, von Italien, Langobardien, Kalabrien, Sizilien und Jerusalem in Syrien, Stütze des Priesters von Rom und Helfer der Religion des Messias:[246] Im Namen des liebenden und gütigen Gottes!...

Nicht gedenken Wir, den Kummer zu künden, den Uns die Liebe leiden ließ, nicht die schlimme Schwermut, die Uns beschlichen hat, noch, wie sehr Wir die Rückkehr ersehnen zu der beglückenden Gesellschaft des Fahr ed-Din[247] – Gott verlängere seine Tage, vermehre seine Jahre, festige seine Füße im Befehl, erhalte ihm, daß man ihn achte und ehre! Er lasse wandeln seine Gedanken auf dem meisterlichen Wege, regiere sein Gericht und seine Rede, gönne ihm gern von jedem Gute und erfrische sein Befinden jeden Tag und jede Nacht!

Wohl allzu weit haben Wir Uns in diesem Eingang gehen lassen; wohl sind Wir dem Fehler verfallen, Uns von Unserem Vorsatz zu entfernen. Doch wühlt Uns die Verwirrung des Mannes auf, der sich einsam sieht in der Welt nach Zeiten der Stille und der Gemeinschaft. Die Trauer der Trennung folgte auf Seligkeit und befriedeten Drang: vergittert war für Uns jeglicher Trost, zerschnitten das Tau der Geduld: Verzweiflung ward aus Begeisterung Unseres Gesprächs; der Gürtel der Hoffnung, er war zersprungen.

Da Du schiedest, war ich so, daß, hätte man mir die Wahl gewährt zwischen Ferne und Tod, ich gerufen hätte: Wohltat erweisest du mir!«

Nach dieser Einleitung, die die enge Freundschaft mit dem Emir belegt und deren blumenreiche Sprache dennoch tiefes Gefühl und Friedrichs Verbundenheit mit der islamischen Kultur erkennen läßt, ändert sich der Ton: »Kommen Wir also zur Sache! Da Wir wissen, daß Eure Herrlichkeit gern die Nachrichten, die Uns betreffen, gereinigt vernimmt, zumal wenn Unsere Taten trefflich geglückt sind, so wollen Wir sie Euch geben. Wie Wir Euch bereits in Sidon erklärten, hat der Papst, Trug und Treulosigkeit wieder aufnehmend, eine Unserer wehrhaftesten Festungen genommen, Monte Cassino, das ihm der Abt dort übergab, nachdem er ihm noch viel mehr zu leisten versprochen hatte; er konnte es jedoch nicht, weil die getreuen Untertanen Unsere Rückkehr erwarteten. So sah sich der Papst genötigt, die Nachricht von Unserem Tode auszustreuen, und ließ die Kardinäle schwören, daß es tatsächlich so sei, und daß Wir unmöglich heimkehren könnten. Mit derartigen Betrügereien fingen sie das Volk ein und fügten hinzu, daß nach Unserem Tode kein anderer als der Papst selbst Unser Königreich gut regieren könne, um es Unserem Sohne zu erhalten . . .

Als wir nun im Hafen von Brindisi – Gott bewache es! – anlegten, fanden Wir, daß der König Johann und die Lombarden um die Wette in Unserem Königreich einfielen. Als sich jedoch die Nachricht von Unserer Landung verbreitete, zweifelte man an dem, was die Kardinäle mit ihrem Eid bekräftigt hatten. Sowie Wir dann schrieben und Boten aussandten, um kundzugeben, daß Wir gesund und heil zurückgekehrt seien, begannen Unsere Feinde verwirrt zu werden und zogen sich, alsbald den Rücken wendend, ungeordnet zwei Tagesmärsche weit zurück. Unsere Getreuen aber stießen gehorsam zu Uns . . . Und so ziehen Wir jetzt, ohne Zeit zu verlieren, wider die Feinde.

Ferner melden Wir Eurer Herrlichkeit den Empfang Eurer Briefe, die Uns von Eurem Ergehen, Eurem Planen und Eurem Wirken berichten. Wollet Unsere Grüße an alle Häupter des Heeres, an Eure eigenen Knaben, an die Mamelukken und an das ganze Gesinde Eures Hauses überbringen! Eurer Herrlichkeit aber wünschen Wir Heil und Erbarmen und Segen von Gott.

Gegeben zu Barletta – Gott bewache es! – am 23. August 1229.«[248]

Wir wissen nicht, wie Fahr ed-Din diesen ersten Brief aufgenommen hat, aber wir kennen einen Kommentar des arabischen Chronisten Tarik Mansurih zu diesem Schreiben:

»Ich habe dies einschalten wollen, um festzustellen, welche Reiche unter seinem Szepter der König und Kaiser vereinigt. In Wahrheit war niemals in der Christenheit seit den Zeiten Alexanders bis heut ein Monarch diesem gleich, wegen seiner Macht wie auch und vor allem, weil er wagt, den Papst, ihren Kalifen, herauszufordern, und gegen ihn zieht und ihn davonjagt.«[249]

Sechster Teil:
Die herrlichen Jahre

(August 1230 – März 1239)

I

SEMPER AUGUSTUS, SEMPER INVICTUS, römischer König, deutscher Kaiser, König der Lombardei, König von Sizilien, König von Apulien und Kalabrien, König von Korsika und Sardinien, König von Jerusalem, König von Arles, Graf von Burgund, Herzog von Lothringen, Lehnsherr der Herzöge von Schwaben, Franken, Sachsen, Bayern, Österreich und Braunschweig; Lehnsherr der Markgrafen von Steier, Tirol, Kärnten, Verona und Thüringen, Schutzherr der Könige von Polen, Ungarn und Zypern, Verbündeter der Könige von Aragonien, von Frankreich und England: Die Macht Friedrichs II. erreichte ihren Höhepunkt.

Er war nun sechsunddreißig Jahre alt, ein reifer Mann. Sein blondes Haar war nachgedunkelt, es bekam einen kupfernen Schimmer wie der Bart seines Großvaters. Er hatte eine kräftige Gestalt und obwohl er nur mittelgroß war, strömte er Kraft und Autorität aus. Sein berühmtes Lächeln hatte einen gebieterischen Ausdruck angenommen.[250] Vor allem seine Hände fanden wegen ihrer Feinheit, die dennoch Energie ausstrahlte, bei seinen Zeitgenossen Bewunderung.[251] »Er hatte eine Art«, wird berichtet, »seine Rechte auf den Schwertknauf zu stützen, die jedem begreiflich machte, daß er keine andere Wahl hatte, als zu gehorchen.« Nach seiner Rückkehr aus dem Heiligen Land sollte eine Periode von zehn Jahren beginnen, in der er seinem Jahrhundert einen unauslöschlichen Stempel aufdrückte, und zwar in so verschiedenen Bereichen wie der Architektur, der Poesie, der Entfaltung der Wissenschaften und der Erschaffung neuer politischer Institutionen. Betrachten wir zunächst die Architektur.

Sicher, in Deutschland sind seit der Eroberung durch die Römer Schlösser gebaut worden. Doch zu Anfang waren es nur Festungen aus dicken Erdwällen, die von Palisaden und Holzgebäuden überragt wurden. Neben den Kirchen und Klöstern jedoch – deren Bau und Unterhaltung im wesentlichen den Bischöfen und Oberhäuptern der Religionsgemeinschaften oblagen – traten Gebäude aus behauenem Stein erst in der Zeit der Kreuzzüge auf. Deshalb haben die Zeitgenossen Barbarossas und Heinrichs VI. nicht ohne Grund gesagt, daß jeder von ihnen »ein Schloß am Schwanz seines Pferdes hinter sich herzog«. Bei Friedrich II. wurde das dann anders. In wenigen Jahren nahmen die Festungen, Lustschlösser, Jagdhäuser und Triumphbögen an Zahl zu, so daß man ihm heute die Errichtung von mehr als zweihundert Schlössern zuschreibt. Wie ist dieser plötzliche Aufschwung zu erklären? Woher kommt es, daß all diese Bauwerke eine so auffallende Stilähnlichkeit aufweisen, ob sie nun in Schwaben, in Kalabrien oder auf Sizilien stehen? Dieses Phänomen ist lange unerklärt geblieben. Heutzutage wissen wir, daß der Grund in der Veränderung innerhalb der deutschen Gesellschaft während der ersten Hälfte des 13. Jahrhunderts zu suchen ist.

In jener Epoche gab es drei streng voneinander getrennte Gesellschaftsschichten: den Adel, den Klerus und das Volk. Es kam selten vor, daß jemand seine sozialen Grenzen überspringen konnte. Und da uns lediglich die Namen der mächtigsten Herren überliefert sind – die der Herzöge, Erzbischöfe und Kurfürsten –, neigen wir zu der Annahme, daß der Adel nur einen winzigen Teil der Bevölkerung ausmachte. Aber dem war nicht so. Es hat viel mehr Edelleute gegeben, als wir glauben. Betrachtet man eine Landkarte, so sieht man nebeneinander große Länder und ein Mosaik von kleinen Herrschaftssitzen, die so winzig sind, daß man sie kaum erkennt. Wenn uns ihre Existenz unbekannt ist, dann rührt das in den meisten Fällen daher, daß die Geschichte von ihnen nichts überliefert hat.

In einer Zeit, da alle Hilfsgüter aus dem Erdboden stammten – auch die kirchlichen Einkünfte bilden da keine Ausnahme –, wurde der Reichtum eines Herrn an der Fläche seines Erbgrundstücks gemessen. Und nun geschah es, daß eine Reihe von Adligen, die Inhaber winziger Lehen, auf ihrem Grundbesitz Schlösser erbauten, die ihre Mittel weit überschritten. Wie ist diese Anomalie zu erklären? Einfach durch die Tatsache, daß diese Bauten ihre Entstehung der »Freizügigkeit« Friedrichs II. verdanken. Sie wurden nicht aus eigenen Quellen errichtet, sondern mit Hilfe der Freigiebigkeit des Kaisers, der damit jene belohnen wollte, die ihm treu geblieben waren, sich ihm auf seinem Zug durch Deutschland angeschlossen oder ihn ins Heilige Land begleitet hatten, so daß er das Königreich Jerusalem zurückerobern konnte. Andererseits suchte er damit Anhänger und Unterstützung in einem Land zu gewinnen, dessen Herrscher er nur indirekt war.

Um diese Politik durchführen zu können, brauchte Friedrich II. lediglich aus den Quellen zu schöpfen, die ihm Sizilien und Süditalien lieferten, jenen Staaten, die von tüchtigen Beamten verwaltet wurden, in denen ihm alles gehörte und wo die Steuerkontrollen wirksamer waren als anderswo. Und da der Kaiser nie halbe Sachen machte, beschränkte er sich nicht auf die Finanzierung der Schlösser, er lieferte auch die Pläne, die Architekten und die Handwerker dafür. Deshalb der einheitliche Stil, der sie charakterisiert, ob sie nun im Elsaß, in Syrakus, in Catania oder in Syrien zu finden sind. Das Grundschema bleibt sich immer gleich.[252]

Er stellte nicht allein die Pläne zur Verfügung, er überwachte sogar die Ausführung der geringsten Details. Man wundert sich über die Ähnlichkeit mancher Bauwerke nicht mehr, wenn man weiß, daß sie von denselben Bauhüttenmeistern und denselben Handwerkern errichtet worden sind, die wahrscheinlich aus Süditalien stammten, da die kleinen deutschen Länder zu gering bevölkert waren, um daraus die nötige Zahl qualifizierter Arbeiter rekrutieren zu können.[253] Diese Bauten erkennt man an der Größe ihrer Bruchsteine, an der Vielzahl ihrer Dachgrate, an der Vollendung ihrer Fugen, an ihrer Mauerstärke, die zwischen zweieinhalb und vier Meter variiert, an der Wölbung der Türen und der Anordnung der Fenster. Keines dieser Schlösser mit den zyklopischen Mauern ist je gewaltsam eingenommen worden. Erst mit der Erfindung der Artillerie konnte man ihnen zu Leibe rücken.

Während sie in Deutschland vor allem isolierte Stützpunkte bildeten, war das in Süditalien anders. Die Schlösser von Lucera, Barletta und Tremoli sind nach Norden hin befestigte Bauwerke, die mit ihren steinigen Sporen drohend gegen die Grenzen des Kirchenstaats aufragen. Sie verdanken ihre Existenz keiner sozialen Umstrukturierung, sondern einer neuen Auffassung von der Kriegskunst. Denn Friedrich hatte seine Lehren aus den Kampfmethoden seiner arabischen Legionen gezogen. Er hatte gelernt, daß der Bewegungskrieg den Stellungskrieg ablösen wird und daß die künftigen Zusammenstöße auf freiem Gelände stattfinden würden. Deshalb hatte er um die befestigten Orte herum nahezu öde Zonen angelegt, die bis zu hundertfünfzig Kilometer breit waren und wo sich seine Infanterie und seine Kavallerie nach Belieben entfalten konnten. Und tatsächlich haben sich in diesen Bereichen die meisten Kämpfe zugetragen, die den letzten Teil seiner Regentschaft markieren.

Es kann hier nicht jedes von Friedrich erbaute Schloß beschrieben werden, denn ihre Aufzählung würde Seiten füllen. Wer sich für Einzelheiten interessiert, kann zu zwei bemerkenswerten Büchern greifen, die der Graf Hubert von Waldburg-Wolfegg[254] veröffentlicht hat, und zu einer grundlegenden

Studie, die Professor Carl A. Willemsen dem Triumphbogen von Capua gewidmet hat.[255]

Dieses Gebäude, das sich in den Wassern des Volturno spiegelte, ist besonders interessant (obgleich stark verwittert), weil wir wissen, daß Friedrich II. die Pläne dafür persönlich gezeichnet hat (die Skizzen werden in der Österreichischen Nationalbibliothek in Wien und in den Uffizien in Florenz aufbewahrt[256]. Mit seinem relativ steilen Bogen, der von zwei dicken, ovalen Türmen getragen wird, die ein Ausfalltor bilden und zum Schutz für Wachsoldaten dienten, beeindruckt dieses Monument den Betrachter vor allem durch die massiven architektonischen Formen und die Qualität der Statuen, die seine Fassade schmücken. Leider sind sie 1943, also in den letzten Phasen des Zweiten Weltkriegs, verstümmelt worden. Doch ihre Überreste, die im Campano Museum in Capua gesammelt worden sind, reichen hin, um sie bei einiger Phantasie in ihren ursprünglichen Rahmen zurückzuversetzen. Und dann üben sie eine faszinierende Wirkung aus. Diese Bruchstücke bestehen aus einer kopflosen Statue des Kaisers, der auf seinem Thron sitzt und eine römische Toga trägt; einer monumentalen Gestalt der Justitia; aus zwei Büsten, die Petrus von Vinea und Thaddäus von Suessa, die beiden Protonotare der kaiserlichen Kanzlei, darstellen könnten; eine Reihe von Konsolen, die mit ausdrucksvollen Köpfen junger Mädchen und junger Männer verziert sind; und schließlich einem Bild des Jupiter Capitolinus.

Nach seiner Weihe zum Kaiser in der Petersbasilika hatte sich Friedrich damals zur Porta Collina begeben und vor sich die Spuren des Roms der Cäsaren erblickt – mit seinen Aquädukten, Giebeln, Tempeln und Trophäen –, und er hatte sich gesagt, daß er auch diese Zivilisation in sich aufnehmen werde.[257] Man kann behaupten, daß er sein Versprechen gehalten hat und daß der Triumphbogen von Capua der Beweis dafür ist. Denn er stellt keine Kopie eines antiken Monuments dar, er ist vielmehr ein Stück der antiken Welt, das im hohen Mittelalter neu erstanden ist. Von daher rechtfertigt Friedrich die Weissagung Nietzsches, der einen Prototypen des Übermenschen in ihm sehen sollte, wie er ihn sechs Jahrhunderte später definiert hat, als er das Erscheinen einer neuen Menschenrasse verkündete, die übernational und nomadisch ist und über eine physiologische Assimilationsfähigkeit verfügt, die derjenigen der gemeinen Sterblichen weit überlegen ist.[258]

Friedrich ist also seiner Meinung treu geblieben. Er scheint auf dem Triumphbogen in eine griechische Chlamys gekleidet zu sein, deren Faltenwurf an den Meißel eines römischen Nachahmers des Phidias oder Praxiteles gemahnt. Die Büsten von Petrus von Vinea und Thaddäus von Suessa könnten Porträts von Sokrates und Platon sein. Der monumentale Kopf der Justitia ähnelt erstaunlich dem einer antiken Göttin. Doch das sind nur formale Äußerlichkeiten. In ihrer Gesamtheit geht von der Darstellung eine Ausstrahlungskraft aus, die an die griechisch-buddhistischen Statuen erinnert, welche bei der Eroberung Baktriens durch Alexander auftauchten, jene Bildnisse, von denen man sagen konnte, daß »sie an der Nahtstelle zwischen zwei Welten entstanden sind, dort, wo Europa und Asien sich erschauernd begegnet sind«.[259] Die Statuen von Capua sind nicht aus einem Zusammenschluß von Orient und Abendland geboren. Sie scheinen am Schnittpunkt zwischen Altertum und Mittelalter geschaffen worden zu sein. Von der Form her sind sie griechisch-römisch, aber von der Intensität des Ausdrucks her eindeutig mittelalterlich, obgleich die weitgeöffneten Augen das Heraufdämmern neuer Zeiten anzukündigen scheinen. In all dem spiegeln sie getreu den Geist Friedrichs II. wider. Dennoch weiß niemand, wer sie gemeißelt hat . . .

Der Triumphbogen von Capua ist zweifellos ein Ausnahmefall, aber er ist keineswegs das einzige Zeugnis, das uns von der Bauleidenschaft Friedrichs überliefert ist. Die Vielzahl der Lustschlösser und Jagdpavillons, die er über Süditalien verstreut hat, bieten andere Beispiele dafür. Diese Prachtbauten sind nicht aus der Veränderung sozialer Strukturen (wie die deutschen Schlösser), auch nicht aus der Entwicklung der Kriegskunst (wie die Festungen) zu erklären, sondern aus einer Wandlung der Sitten. Sie versuchen, dem Alltagsleben des Abendlandes den Pomp und die Üppigkeit der orientalischen Paläste einzugliedern. Es sind Orte der Entspannung und des Vergnügens. Zu den wichtigsten Zerstreuungen jener Zeit gehörten die Ritterturniere und die Jagd. Erst die Hasenjagd, dann die Falkenjagd, von der Friedrich ein besonderer Liebhaber war (er hatte aus Akkon Federhauben mitgebracht, mit denen die Araber gerne ihre Vögel schmückten). Deshalb waren diese Schlösser abseits von den Städten, in wald- und wildreichen Gegenden erbaut, die dennoch Sichtweite genug boten, um die Raubvögel beim Schlagen ihrer Beute zu beobachten. Zu dieser Kategorie gehörten die Schlösser von Lavello, Sannicandro und Gravina. Unter den vielen ist jedoch eines, das die anderen überragt und seine Bezeichnung »Krone Apuliens« verdient: Castel del Monte, auf halbem Weg zwischen Andria und Lagopesole.

Es ist, um der Wahrheit die Ehre zu geben, weder ein Jagdhaus noch ein Ort der Entspannung. Kein Zweifel, es ist ein Zauberschloß. Man hätte meinen können, der Palast Merlins sei in die sonnigen Gegenden Apuliens verpflanzt worden. Es hat in der Geschichte der Architektur weder Vorläufer gehabt noch Nachahmer gefunden, denn es ist nicht an der Naht zwischen Altertum und Mittelalter anzusiedeln, sondern auf dem Schnittpunkt von Magie und Mathematik. Daher die zauberhafte Atmosphäre, die es ausstrahlt.

Das Castel del Monte erhebt sich inmitten tiefer Einsamkeit und Stille auf dem Gipfel eines Hügels, den man als kahl bezeichnen könnte, würde man nicht hier und da einige Strandkiefern und Olivensträucher erkennen. Und auf den ersten Blick zwingt sich die Feststellung auf: die Hegemonie der Zahl acht. Überall scheint diese Ziffer vorzuherrschen.

Das Hauptgebäude wird von einem riesigen Oktogon gebildet. In jeder der acht Ecken dieses Turms erhebt sich – vorspringend – ein kleinerer, ebenfalls achteckiger Turm. Das Bauwerk erweckt den Eindruck eines gewaltigen Prismas, das in seiner Strenge an die Kristalle gemahnt, die Leonardo da Vinci später in seine Skizzenhefte zeichnen sollte. Woher kommt diese absolute Vorherrschaft des Oktogons? Was wollte Friedrich damit ausdrücken? Hat er seinem Schloß die Form und die Proportionen des Felsendoms verleihen wollen, der ihn bei seinem Besuch in Jerusalem so tief beeindruckt hatte? Das wäre nicht unmöglich, denn in den Augen der im Heiligen Land lebenden Ritterorden war der Felsendom, der an der Stelle des Tempels Salomonis errichtet worden ist, wo alle Propheten gebetet hatten, die Quelle jeder Offenbarung, der Brunnen aller Weisheit. Aber man muß auch wissen, daß in der mittelalterlichen Symbolik jede geometrische Figur ihre geheime Bedeutung hatte, die nur der Eingeweihte kannte. Das Viereck stellte die Erde dar, der Kreis den Himmel, das Achteck symbolisierte den Weg von der Erde zum Himmel, vom Endlichen zum Unendlichen, von der Zeit zur Ewigkeit. Hat Friedrich das zum Ausdruck bringen wollen, als er dieses Schloß konstruierte, von dem es heißt, daß »er dort alle Kenntnisse zusammenfassen wollte, die er im Laufe seines Lebens gesammelt hat«?[260]

Wenn man das Gebäude betritt, erfährt man buchstäblich eine Überraschung nach der anderen. Das Schloß hat drei Etagen, und jeder der acht Ecktürme verfügt über eine Wendeltreppe, über die man die oberen Stockwerke erreichen kann. In der Mitte des Hauptgebäudes liegt ein offener, oktogonaler Hof, in dessen Mitte ein großer Brunnen aus weißem Marmor mit achteckigen Schalen stand, über die das Wasser wie in arabischen Palästen rieselte. Heute gibt es diesen Brunnen nicht mehr. Seine Reste sind woandershin transportiert und in andere Häuser eingegliedert worden, so daß wir nicht wissen, ob er von einer allegorischen Gestalt gekrönt wurde, welche die Sonne darstellte, die Friedrich heimlich verehrt haben soll, wie seine Verleumder behaupteten.

Im Erdgeschoß befinden sich acht Säle, die jeweils eine Oktogonseite einnehmen und auf den Innenhof weisen, dessen Pflaster aus einem bunten Marmormosaik besteht. Die Säle haben gewölbte Decken, die auf gedrungenen Porphyrsäulen ruhen. Die erste Etage umfaßt ebenfalls acht Räume, zu denen der Thronsaal gehört. Ihre Gewölberippen sind auf weiße Marmorsäulen gestützt, die schlanker sind als im Erdgeschoß und von Kapitellen mit Arkanthusblättern gekrönt werden. Der dritte Stock, der das Dach des Gebäudes darstellt, bildet eine weite Terrasse, von der man einen herrlichen Blick in die Umgebung hat. Diese Terrasse ist teilweise eben, teilweise geneigt, um das Regenwasser zu sammeln und in die Zisternen zu leiten. Von dort gelangte es durch ein kompliziertes Röhrensystem im Mauerwerk ins Erdgeschoß, wo es den Brunnen speiste und den Bewohnern erlaubte, über Bäder und sanitäre Anlagen zu verfügen, was eine sensationelle Neuerung im Europa der damaligen Zeit war. Das Erdgeschoß war den Dichtern und Gelehrten vorbehalten, mit denen Friedrich sich zu umgeben liebte; die erste Etage gehörte dem Kaiser und seinen Vertrauten sowie den hohen Würdenträgern des Hofes. Doch wenn man dies alles vernommen und gesehen hat, bleibt noch ein Rätsel, das bisher niemand klären konnte.

Daß das Castel del Monte keine einzige Kapelle enthält, mag nicht weiter verwundern. Wir wissen, daß Friedrich der Auffassung war, daß die Errichtung religiöser Gebäude Sache der Bischöfe und kirchlichen Autoritäten war. Aber es gibt auch keine Spur von Küchen, Kellern, Vorratsräumen, Ställen für die Pferde, selbst keine Unterkünfte für das Personal, das doch sehr zahlreich gewesen sein muß. Wie also haben die Gäste Friedrichs gegessen und getrunken? Wie ließen sich der Kaiser und sein Gefolge bedienen? Sie waren doch weder himmlische Erscheinungen noch Selige, die von den Engeln gespeist wurden! Dies alles sind Punkte, bei denen man auf Vermutungen angewiesen ist . . .

Manch einer hat gemeint, daß das Schloß zur Zeit seiner Errichtung eine Reihe von Nebengebäuden erhalten sollte. Leider sind diese Bauwerke wie durch Zauberhand verschwunden, und alle Bemühungen, auf Spuren zu stoßen, haben sich als vergeblich erwiesen.

Andere haben behauptet, die gesamte Verwaltung des Schlosses habe sich nicht am Ort, sondern in Andria befunden. Nun, die Stadt liegt dreizehn Kilometer entfernt. Wenn man alles, was man zur Ernährung und Unterhaltung des Hofes benötigte, von so weit herholen mußte, hätte es einen ständigen Pendeldienst zwischen Andria und dem Castel del Monte geben müssen, was auf allen benachbarten Straßen zu Unruhe und Lärm geführt hätte. Abgesehen von der Unbequemlichkeit, hätte es den Verlust der Stille und Einsamkeit mit sich gebracht. Und Castel del Monte war mehr als ein Ort der Entspannung, es war ein Zentrum der Reflexion und der philosophischen Erörterung. All diese Unruhe hätte den Kaiser nur in seinen Meditationen gestört . . .

Warum soll man sich deshalb nicht vorstellen, daß das Personal und alle Mitglieder der Verwaltung in reich geschmückten Zelten, in einer Art »fliegendem Lager« aus Leinen und Seide untergebracht waren, wie Friedrich es oft in Palä-

stina gesehen hatte? Ihr tragbarer Charakter erklärt ihr Verschwinden . . .
Übrigens ist auf Castel del Monte viel verschwunden. So, wie wir es heute sehen – mit seinen nackten Wänden, seinem abbröckelnden Putz –, ist es nicht mehr als ein Skelett von dem, was es einst war. Vor allem fehlen die Farben, die im Laufe der Jahrhunderte verblaßt sind. Man kann sich die Farbsymphonie kaum vorstellen, die sich früher den Blicken bot: die hellgrüne Patina der bronzenen Fensterflügel, das knallige Rot des Marmors aus Brescia, das die Tür- und Fensterrahmen unterstrich, das dunkle Gelb der Außenwände, das die untergehende Sonne in feuriges Gold tauchte . . .
Auch im Inneren muß man die Phantasie bemühen, um den ursprünglichen Schmuck zu rekonstruieren, das heißt, um die Wände mit ihren reichen Bemalungen zu sehen, die mit Orientteppichen bedeckten Bodenfliesen, den mit Brokatkissen verzierten Thron und an Sonnentagen das Seidensegel über dem Innenhof, um das Licht zu dämpfen und die Temperatur in Grenzen zu halten. Wie schön mußten die jetzt leeren Säle gewesen sein, als sie mit Marmor und antiken Bronzen gefüllt waren und nach Sonnenuntergang »junge Fackelträger in so großer Zahl kamen, um sie zu beleuchten, daß sie die Nacht zum Tag machten«.[261]
Ja, das Castel del Monte war ein Zauberschloß, der Traum eines Herrschers, der die Geometrie liebte, ein Traum aus Stein, mit Elle und Zirkel errichtet.[262]
Führt man sich deshalb die Summe der Gebäude vor Augen, die in der Regierungszeit Friedrichs II. entstanden sind, wundert es einen nicht, daß der Kaiser eines Tages zu einem Vasallen gesagt haben soll, der Miene machte, seine Autorität zu bestreiten:
»Wenn du an meiner Macht zweifelst, schau dir meine Bauwerke an!«

II

Friedrich II. war nicht nur ein leidenschaftlicher Architekt, er war auch von der Poesie sehr angetan. Ja, mehr: er war selber Dichter – wie später vier seiner Söhne: Manfred, Friedrich von Antiochia, Enzio und Konradin.[263] Er scheint viele Gedichte geschrieben zu haben. Leider sind die meisten verlorengegangen. Kaum mehr als vier sind erhalten geblieben, deren Urheberschaft gesichert ist:[264] *O lasso non pensaï – Pio che ti piace, Amor – De la mia disianza – Dolce meo drudo.* Wir geben hier die beiden berühmtesten wieder:

Da es, o Liebe, dir gefällt

Da es, o Liebe, dir gefällt
Daß ich ein Lied soll singen,
So gib es auch in meine Macht,
Daß es mir glückt und ich's vollende.
Nur dies mein Herz in Atem hält,
Euch, Herrin, Liebe darzubringen,
Und darauf nur ist es bedacht,
Wie ich vor euch wohl Gnade fände.
Ich werde mich von euch nicht trennen,
Die ihr so ausgezeichnet seid.
Euch lieb' ich voller Zärtlichkeit.
Nehmt hin die Liebe, die ich spende.
Die Kraft mir, edle Herrin, schenkt,
Daß sich mein Herz vor euch nun senkt.

Mich unterwerfen aber gibt
Anrecht auf so geliebtes Gut.
Denn auf euch hoffend, hoffe ich.
So kann sich einmal noch erfüllen
Mein Herz mit Freude, ungetrübt,
Mein Sehnen auch mit neuer Glut.
Das Schicksal zwang zu lieben mich
Euch und gehorchen eurem Willen.
Und blicke ich in eure Züge
So leuchtend wie der Sonne Strahl,
Seh' ich nur Freude überall.
Ich trau' mich alles zu erfüllen,
Um euch, Vollkommne, zu gefallen,
Euch, überlegen auch den Frauen allen.

Nicht eine kommt an Wert euch gleich,
Denn alles hat durch Euch sein Maß.
Wer aber dürfte sich getrauen,
zu preisen euch, wie sich's geziemt?
Ziert euch doch Schönheit überreich.
Und felsenfest mein Glaube, daß
Nicht eine ist von allen Frauen,
Erhöht und schön, wie man euch rühmt;

Nicht eine, deren Höfischkeit
Der euren, überleg'ne Frau, entspricht.
Und euer gütig Angesicht
Gewährt mir Freude, bannt das Leid.
Mich freuen darf ich, Herrin mein,
Mehr noch: ein steter Halt wird es mir sein.

An eine syrische Blume

Weh, ich gedachte nicht,
daß gar so schweres Leide
das Scheiden wäre von der Fraue mein.
Ich wähnt, ich müßte sterben,
seitdem ich sie meide
und ich der Süßen nicht mehr darf Geselle sein.
Von solchem Kummer wußt ich nie zu sagen,
als seit das Schiff mich von ihr fortgetragen.
Ich sterb gewißlich, wenn ich sie entbehre
und mich nicht schnellstens wieder zu ihr kehre.

Ach, alles, was ich sah,
hat mich so sehr verdrossen,
daß ich an keinem Ort mehr Frieden find.
So quält und sehnt ich mich,
Hab Ruh nie mehr genossen
und Spiel und Lachen mir verächtlich sind.
Wenn ich gedenk der Wohlgestalt, der zieren,
wähn ich aus Herz und Mut all Freude zu verlieren,
und nirgends wahrlich kann ich froh mehr sein
als stets nur bei der süßen Fraue mein.

O Gott, ich war ein Tor,
da ich mich von ihr kehrte,
wo ich so hohe Würdigkeit gewann;
nun büß ichs teuer und schmelz
hin wie der Schnee auf Erde,
denk ich, ihr hab Gewalt getan ein andrer Mann.
Und tausend Jahr dünkt mich entfernt der Tag,
daß ich zur lieben Fraue kehren mag.

Ein böses Sinnen quält mich also sehre,
daß ich an Spiel mich nicht noch Lachen kehre.

Zur Blum aus Syrierland,
mein Lied, den Gang nun lenke,
und sag ihr, die mein Herz gefangen hält,
daß sie in Höfischkeit
gar minniglich gedenke
des, der sich ganz in ihre Dienste stellt
und nun aus Minne leidet sehnende Not,
wenn er nicht ganz erfüllt, was sie gebot!
Und bitte sie in ihrer holden Güte,
daß sie ein stetes Herz mir behüte![265]

Diese beiden Kanzonen, die wir hier zitieren, um dem Leser einen Eindruck von ihrer Qualität zu vermitteln,[266] bieten uns eine Probe von der Lyrikwelle, die unter Friedrichs Herrschaft Süditalien überflutete. Will man jedoch von dem Stellenwert sprechen, den die Poesie in des Kaisers Leben eingenommen hat, so muß man das Problem von zwei Seiten angehen: erstens von seiner persönlichen Berufung als Verfasser von Gedichten und zweitens von seinen Beziehungen zu den anderen Minnesängern seiner Zeit. Um letzteren Punkt zu klären, müssen wir noch einmal zurückgreifen, und zwar bis zum Anfang des 13. Jahrhunderts.

Seit seinem Erscheinen in Deutschland im Herbst 1212 hatte der damals achtzehnjährige Friedrich mit seinem blonden Haar und seinem strahlenden Lächeln überall Begeisterung erweckt.[267] Und wenn selbst die ungebildete Bevölkerung seinem Charme erlegen ist, wie sollte dann die Bildungsschicht ihm gegenüber unempfänglich geblieben sein? Deshalb bestätigen uns die Zeitgenossen, daß er während seiner Reise durch Schwaben und die Pfalz »ständig von einem Schwarm von Poeten umgeben war, die sich von ihm angezogen fühlten wie die Bienen von den Blumen«. Jeder spürte in ihm die schöpferische Sensibilität, die mit den Jahren noch zunahm. Alle sahen in ihm einen Mann, der sie verstand, der immer bereit war, sie in ihrer Arbeit zu ermutigen, und dessen Tätigkeiten für sie eine stete Quelle der Anregung waren.

Deutschland erfuhr zu jener Zeit eine wahre intellektuelle Renaissance. Nach dem Alptraum, den die Herrschaft Ottos IV. für sie dargestellt hatte, schienen die Menschen einer neuen Epoche entgegenzufiebern. In diesem Frühling des Mittelalters, wie man die erste Hälfte des 13. Jahrhunderts bezeichnen könnte, kam ein neuer Typus von Dichtern auf, die sich von dem erstarrten Stil des Heldenepos zu befreien suchten, um eine geschmeidigere, intimere und persönlichere Poesie zu schaffen, die eher geeignet war, ihre seelischen Empfindungen und ihre Herzensergüsse wiederzugeben. Man nannte sie *Minnesänger.* Zu ihnen gehörten Dietmar von Eist, Heinrich von Veldeke, Heinrich von Morungen, Hartmann von Aue, Reinmar, Burkhart von Hohenfels, Otto von Botenlauben, Rudolf von Rotenburg, Gottfried von Nieffen und Walther von der Vogelweide.[268]

Als Friedrich II. nach Italien zurückkehrte, hatte er die Begabtesten von ihnen gebeten, ihn nach Palermo zu begleiten. Dann rief er an seinen Hof, was er an talentierten »Reimern« in Sizilien, Kalabrien und Apulien finden konnte, und machte sie unter der Schirmherrschaft des Petrus von Vinea, der selbst ein angesehener Dichter war, miteinander bekannt. Die dortigen *Canzonieri* waren Giacomino Pugliesi, Percival Doria, Compagnetto di Prato, Arrigo Testa, Roger de Amicis, Jacopo de Morra, Folco Ruffo, Rainald von Aquin (ein Verwandter des Grafen von Acerra und des Thomas von Aquin), Guido delle Colonne, Jacopo Mostacci und Giacomo da Lentini, dem die Erfindung des Sonetts zugeschrieben wird. Mit ihnen wurde das Königreich Sizilien zu »einem Vogelhaus, in dem alles von neuen Liedern widerhallte«.

Diese Poeten hatten sicherlich alle viel Talent, aber sie allein hätten vermutlich den »neuen sizilianischen Stil« nicht schaffen können, wenn es nicht den Einfluß der drei großen dichterischen Strömungen gegeben hätte: den der Minnesänger, die Friedrich aus Deutschland mitgebracht hatte, den der Canzonieri unter Petrus von Vinea und der Troubadours, die durch den Krieg gegen die Albigenser aus der Provence verjagt und von Konstanze von Aragonien und deren Bruder Alfons nach Palermo geführt worden waren (Aragonien, der Languedoc und die Provence unterhielten damals enge kulturelle Beziehungen zu Sizilien).

In diesem Zusammenhang verdient ein Detail, erwänt zu werden: Friedrich hatte die jungen Leute zunächst an sich gezogen, damit sie ihm bei der Abrichtung seiner Jagdfalken halfen. (Der Beruf des Falkners wurde zu jener Zeit als höchst poetisch angesehen.) Und da die Dichtung bei der Entwicklung des Geistes eine so große Rolle spielte, machte er sie zu den Lehrern der Söhne seiner bevorzugten Würdenträger. Von den Falken zu den Söhnen der Würdenträger war es nur ein Schritt...

Die arabischen Emire von Palermo, Catania und Syrakus hatten schon früher Dichter um sich versammelt. Ihrem Beispiel folgend, nahm Friedrich also eine alte Tradition auf. Doch die muselmanischen Poeten drückten sich auf Arabisch aus. Sie konnten in Damaskus und Bagdad verstanden werden. Auf dem Kontinent fanden ihre Werke jedoch kaum Resonanz. Die unter Friedrich in Palermo, Bari, Foggia und Tarent versammelten Dichter bedienten sich deshalb zum erstenmal der sizilianischen Volkssprache. (Mit Ausnahme der Minnesänger, die vor allen Dingen die Stoffe lieferten.) Bis dahin hatten die Schriftsteller ausschließlich Latein geschrieben.[269] Die Kopisten brauchten diese Werke dann lediglich ins Toskanische zu übertragen, um die Verbreitung in ganz Italien sicherzustellen.[270]

Auf diese Weise wurden die Dichter der *Scuola poetica Siciliana* zum Schöpfer des *Dolce stil nuovo* und damit zu den Gründern der italienischen Nationalpoesie. Sie sollte ein Jahrhundert später in der *Göttlichen Komödie* von Dante (1289) und im *Canzoniere* Petrarcas (1327–48) ihren Höhepunkt finden und den Weg für die Dichtung der Renaissance vorbereiten.

Daraus ersieht man, daß Friedrichs Denken – wie im Bereich der Architektur – eine entscheidende Rolle spielte: die eines Sammlers, Anregers und erstaunlichen »Umgestalters der Dinge«. Durch sein lebhaftes Interesse an der Poesie und die Erschaffung des »sizilianischen Verses«, in dem drei dichterische Strömungen zusammenkamen, hat Friedrich II. zweifellos der Welt einen neuen Gesang geschenkt: das höfische, lyrische und ritterliche Gedicht. Denn für ihn waren die Liebe zur Poesie und der Geist der Ritterlichkeit »die Grundlagen jeder menschlichen Würde«.[271]

III

Nach dem Bereich der Poesie die Welt der Wissenschaft.

Einige haben sich darin gefallen, Friedrich als einen Magier hinzustellen, als Wundertäter, Hexenmeister, kurz, als eine teuflische Persönlichkeit, deren Tätigkeiten einen schwefligen Geruch ausströmen. Wir wissen heute, woher diese Legende stammt: Sie hat ihre Quelle in drei leicht zu unterscheidenden Tatsachen.

Die erste hängt mit dem Anfangsstadium der Wissenschaften in dieser ersten Hälfte des 13. Jahrhunderts zusammen. Sie waren nicht klar abgegrenzt. Man konnte keinen genauen Trennungsstrich zwischen Astronomie und Astrologie ziehen, zwischen Chemie und Alchimie, zwischen Autopsie und Nekromantie. Friedrich II., der immer wissensdurstig war, hat sicher Umgang mit »Gelehrten« gehabt, die das »Lebenselixier« oder den »Stein der Weisen« entdecken wollten, diese geheimnisvolle Substanz, mit der man irgendein Metall in Gold verwandeln konnte. Wir wissen, daß er freundschaftliche Beziehungen zu den Okkultisten seiner Zeit unterhielt, also mit Leuten wie Ezzelino da Romano, Guido Bonati, Riprandius von Verona, Meister Saliano und einem Magister Theodor, der wahrscheinlich aus Antiochia stammte und den er zum

Hofastrologen ernannt hatte. Uns ist ferner bekannt, daß er einen berühmten Magier namens Paul der Sarazene extra aus Bagdad kommen ließ. Aber nichts läßt darauf schließen, daß er diese Männer besonders ermutigt hätte. In seiner gewohnten Art hat er stets die wirklichen Gelehrten den Scharlatanen vorgezogen.

Die zweite besteht in dem entscheidenden Beitrag, den die Araber zur Entwicklung der Wissenschaft im mittelalterlichen Europa geleistet haben.[272] Zu jener Zeit lebten die beiden Zivilisationen in einer Symbiose, obwohl jeder bereit war, die Überlegenheit der orientalischen Wissenschaft anzuerkennen. Wir haben dieses Thema bereits im Zusammenhang mit der Gründung der Schule von Salerno[273] behandelt, jener Ausbildungsstätte für Mediziner, an der so bedeutende Männer lehrten wie Konstantin der Afrikaner und Afflacius der Sarazene.[274] Dieser Abstand wurde dort besonders deutlich, wo die beiden Zivilisationen in direktem Kontakt standen, also an allen Universitäten des Mittelmeerraums: in Neapel, Salerno, Toledo, Cordoba, Granada, Sevilla, Ceuta und Alexandria. Hier kamen zwei Strömungen zusammen, die sich seit dem 11. Jahrhundert entwickelt hatten. Einerseits waren viele griechische Autoren ins Arabische übersetzt worden,[275] und andererseits hatte man nicht weniger arabische Texte ins Lateinische übertragen.[276] Dieser Austausch hatte sehr zur Verbreitung der Kenntnisse beigetragen.

Er wurde durch die Verbindungen vertieft, die Friedrich II. mit Malik Al-Kamil, dem Sultan von Kairo, dessen Botschafter Fahr ed-Din, dem Philosophen von Ceuta, Ibn Sabin, den man den »Polarstern des Glaubens« nannte, und dem Optiker Schihab eb-Din Ahmed ibn Adrisi al Karafi pflegte. Aber damit ist der Kreis der Beziehungen nicht geschlossen. Der Kaiser korrespondierte auch mit anderen Wissenschaftlern aus Syrien, dem Irak und selbst dem Jemen, mit den Herrschern von Tunis und Tripoli, mit dem Sultan von Marokko, mit dem Emir von Kairuan und mit den Emiren von Granada und Cordoba . . . Und das war es, was die Kirche nicht tolerieren konnte. Sie verurteilte bedingungslos jeden Kontakt mit den Moslems, die sie mit Abtrünnigen gleichsetzte.

Damit kommen wir zu der dritten Tatsache, warum Friedrich so schwer beschuldigt wurde: Es waren die Mitglieder der römischen Kurie, die stets Vorwürfe gegen den Kaiser erhoben, insbesondere Bruder Salimbene von Parma und Nikolaus von Curbio, der Kaplan des Kardinals Sinibald Fiesco, der 1243 als Innozenz IV. den päpstlichen Thron besteigen sollte. Sie hatten überall – unterstützt von den Betbrüdern, die Gregor IX. in die Lombardei und nach Sizilien geschickt hatte, um die Bevölkerung gegen Friedrich aufzuhetzen – das Gerücht in die Welt gesetzt, daß der Hohenstaufer letzten Endes nichts anderes sei als der Antichrist. Damit verfolgten sie lediglich das Ziel, seine Exkommunizierung zu rechtfertigen. Friedrich II. unter die Magiere und Okkultisten einzureihen, ist deshalb nicht nur ein Irrtum, sondern eine Fehleinschätzung seiner persönlichen Leistung, denn seine großen Verdienste haben gerade darin bestanden, Wissenschaft und Magie voneinander zu trennen.

Der »Königsweg« der Alchimisten trug nicht dazu bei, die Wahrheit zu verbreiten. Er führte in einen Wald obskurer Symbole und nicht zu entziffernder Formeln, die der Natur Friedrichs völlig fremd waren. Wenn er sich mit ihnen in Verbindung gesetzt hat, dann allenfalls, um eine Denkrichtung kennenzulernen, die von vornherein zum Scheitern verurteilt war. Sein Wirken erwies sich als kühner und befreiender: Er wollte eine vernünftige und logische Arbeitsmethode entwickeln, die der modernen Wissenschaft dienen konnte, eine Methode, die nicht mehr auf zufälligen Spekulationen beruhte, sondern auf genauer Beobachtung, konkreter Information und überprüfbarer Experimente. Seine Maßnahmen basierten auf seinem Pragmatismus, seiner klaren Sicht der Dinge, die er von Jugend an geschärft hatte, und seiner Beherrschung des Kausalitätsprinzips. Das Ergebnis war nicht nur ein Aufschwung der Wissenschaften, sondern eine Umwandlung der Geistesstruktur, da der Schwerpunkt der Lehrtätigkeit von der Schulung des Gedächtnisses (das Erworbenes lediglich ansammelte) auf die Aufmerksamkeit verlagerte (die fortlaufend Neues zu speichern erlaubte).

Zeitgenössische Zeugen berichten zum Beispiel, daß Friedrich mitten in den Vorbereitungen für den Kreuzzug plötzlich jede politische Tätigkeit aufgab, um in Pisa den bedeutendsten Mathematiker seiner Epoche, Leonardo Fibonacci, zu besuchen. Die Gespräche zwischen dem Kaiser und dem Gelehrten zogen sich über acht Tage hin, in deren Verlauf der Hohenstaufer Fibonacci unaufhörlich nach den Algorithmen und der Anwendung der Algebra auf die Geometrie befragte. »Diese Tage«, sollte Friedrich sagen, »gehörten zu den glücklichsten meines Lebens, denn ich konnte ungehindert meiner Leidenschaft für die Mathematik nachgehen, dieser fürstlichen Tätigkeit, wenn es so etwas gibt.«

Man hat Friedrich II. keinen Beinamen verliehen. Man hat ihn weder Friedrich den Großen noch Friedrich den Weisen genannt. Aber man hätte ihn als *Friedrich den Fragensteller* bezeichnen können. Denn er hat unablässig die Menschen, die er für geeignet hielt, nach den verschiedensten Problemen gefragt.

Wir besitzen einige Dokumente, die sowohl die Schärfe seiner Intelligenz wie seine nahezu grenzenlose Neugier bezeugen. Das eine ist ein langer Brief an Michael Scotus, den er als »den teuersten meiner Meister« bezeichnete. Diese Einschätzung scheint durchaus verdient, denn Scotus war wahrscheinlich die bemerkenswerteste und einflußreichste Persönlichkeit des ihn umgebenden Gelehrtenkreises. Michael Scotus war um 1210 geboren, gehörte einer Familie des niederen schottischen Adels an und hatte an den Universitäten von Oxford und Paris Philosophie, Astronomie und Mathematik studiert. Einige Jahre später findet man ihn in Toledo wieder, wo er der berühmten Übersetzerschule angehörte.[277] Dort hat er die *Abhandlung über die Sphären* des arabischen Astronomen Al-Kwaresmi ins Lateinische übersetzt (der sich an Ptolemäus' *Almagest* anlehnte) sowie die *Abhandlung über die Tiere* von Aristoteles, die Averroes gesammelt und mit Kommentaren versehen hatte. Schon daran kann man das Niveau seiner geistigen Fähigkeiten ermessen.

Hier folgt der ungewöhnliche Brief, den Friedrich II. an ihn geschrieben hat.

»Oft und mannigfach haben Wir von dem einen oder anderen Fragen und Antworten vernommen betreffs der überirdischen Körper, nämlich Sonne, Mond und Fixsterne des Himmels, und über die Elemente, über die Weltseele, über heidnische und christliche Völker und andere Geschöpfe, die gemeinsam auf und in der Erde sind, wie zum Beispiel Pflanzen und Metalle. Noch niemals aber haben Wir etwas gehört von jenen Geheimnissen, die dem Ergötzen des Geistes zugleich mit der Weisheit dienen, nämlich von Paradies, Fegefeuer und Hölle, von der Grundlage der Erde und ihren Wunderbarkeiten.

Daher bitten Wir Dich . . . Du mögest Uns die Grundlage der Erde erklären, nämlich wie hoch ihr fester Bestand über der Raumtiefe steht . . . und ob da etwas anderes ist, was die Erde trägt, als Luft und Wasser, ob sie etwa auf sich selbst beruht oder auf Himmeln, die unter ihr sind? Wie viele Himmel es gibt, und wer ihre Lenker sind und die in ihnen hauptsächlich ihre Stätte haben? Und wie weit nach wahrem Maße ein Himmel entfernt ist vom anderen, und was dann noch außerhalb des letzten Himmels ist, wenn es doch mehrere sind, und um wieviel größer ein Himmel ist als der andere? In welchem Himmel Gott seinem Wesen nach ist, das heißt in seiner göttlichen Majestät, und wie er auf dem Himmelsthrone sitzt, wie er umringt ist von Engeln und Heiligen, und was die Engel und Heiligen tun beständig im Angesicht Gottes?

Ferner sag uns . . . wo denn die Hölle sei und das Fegefeuer und das himmlische Paradies: unter der Erde, in der Erde oder über der Erde? Und wieviel Höllenstrafen gibt es?

Sag Uns weiter, welches das Maß ist dieses Erdkörpers in Dicke und Länge und wie weit es ist von der Erde bis zum höchsten Himmel und von der Erde bis in die Tiefe . . .

Ferner sag Uns, wie es kommt, daß die Wasser des Meeres so bitter sind und daß es an vielen Stellen Salzwasser, an anderen aber Süßwasser fern vom Meere gibt, da doch alle Wasser aus dem lebendigen Meere hervorgehen . . .

Wir möchten auch wissen, wie es mit jenem Winde steht, der von vielen Gegenden des Erdkreises ausgeht, und mit dem Feuer, das aus der Erde hervorbricht, sowohl in der Ebene wie im Gebirge, ebenso auch, wie es mit dem Dampfe steht, der bald hier, bald dort erscheint; von wo er gespeist wird und welche Kraft es ist, die ihn emportreibt, wie in manchen Gegenden Siziliens und bei Messina ersichtlich ist, zum Beispiel am Ätna, Vesuv, bei Lipari und Stromboli . . .«[278]

Wie man sieht, ist es ein ganzer Katalog der Kosmologie, den Friedrich da abfragt. Er unterscheidet sich somit von den »sizilianischen Fragen«, die der Kaiser dem Sultan von Ägypten zugesandt hat, damit er sie an seine Gelehrten weitergab und um Antwort bat. Denn dabei ging es hauptsächlich um philosophische Probleme wie die *Logik* des Aristoteles, die Unsterblichkeit der Seele und die Entstehung der Welt. Da Al-Kamil die gefährliche Ehre zurückwies, darauf zu antworten, beauftragte Friedrich einen kaum zwanzigjährigen Maghrebinier, Ibn Sabin, damit, der hinsichtlich der islamischen Orthodoxie als Freigeist galt. Deshalb sind seine fünf Fragen von besonderem Interesse.

Die erste, die der Kaiser selbst redigiert hat, ist folgendermaßen formuliert: »Der weise Aristoteles bezeichnet in allen seinen Schriften die Existenz der Welt einfach mit ›von Ewigkeit her‹; kein Zweifel, daß er dieser Ansicht war. Indessen welches sind, falls er es bewiesen hat, seine Beweisgründe? Und wenn er es nicht bewiesen hat, welcher Art ist seine diesbezügliche Überlegung?«[279] Worauf Ibn Sabin sehr klug – denn diese Frage stellte die Erschaffung der Welt und damit die Existenz ihres Schöpfers in Zweifel – geantwortet hat: »Die Kommentatoren des Aristoteles müssen seinen Gedanken falsch verstanden haben. Jedenfalls müssen seine Thesen so betrachtet werden, daß sie einen dialektischen, aber keinen apodiktischen Wert haben.« Und damit nahm er die Interpretation des heiligen Thomas von Aquin vorweg.

Die zweite Frage lautete:
»Welches ist das Ziel der theologischen Wissenschaft, und welches sind die unumgänglich notwendigen Voraussetzungen zu dieser Wissenschaft, wenn sie überhaupt Voraussetzungen hat?«

Die dritte Frage hieß:
»Welches sind die Grundattribute des Seins, und wie viele sind es? Sind es zehn, wie Stagyritos behauptet, oder fünf, wie Platon versichert?«

Die vierte Frage bezog sich auf ein Problem, das Friedrich II. ständig beschäftigte:
»Welches ist der Beweis für die Unsterblichkeit der Seele? Und ist sie überhaupt unsterblich? Und wo befindet sich der weise Aristoteles im Gegensatz zu Alexander von Aphrodisias?«

Darauf antwortete Ibn Sabin, der sich nicht in Verlegenheit bringen lassen wollte (denn Friedrich bezog sich hier auf die Lehrmeinung des Averroes, die der orthodoxe Islam verwarf), daß »er nicht verstehe, welcher Art der Seele die kaiserliche Frage« gelte, ob der »vegetativen, animalischen, rationalen, philosophischen oder prophetischen – der erhabensten von allen Arten«.

Die fünfte und letzte Frage forderte Auskunft über den Ausspruch Mohammeds: »Das Herz des Gläubigen ruht zwischen den Fingern des Barmherzigen.« Ibn Sabin, der vielleicht den Eindruck hatte, daß Friedrichs Befragung nach Ketzerei roch, erwiderte, daß dieser Satz metaphorischen Charakter habe und daß der Dualismus zwischen Vernunft und Offenbarung die beiden Finger seien, zwischen denen der Barmherzige unser Herz halte, was Friedrich auf sich beruhen ließ. Denn es bewies ihm, daß selbst die freiesten Geister des Islams es ablehnten, die Offenbarung einer rationalen Analyse zu unterziehen.[281]

Deshalb blieben die Fragen, die er Schihab eb-Din stellte, im Bereich der Optik, in der er sich auskannte. Gestützt auf sein Axiom, das er an den Anfang seiner *Abhandlung über die Falknerei* gesetzt hatte und wo es heißt, daß »Sicherheit nicht mit dem Ohr, sondern mit dem Auge erworben wird«, unterstrich der Kaiser die Bedeutung, die Gesamtheit der optischen Phänomene zu begreifen, »denn der geringste Irrtum in dieser Hinsicht schloß die Gefahr in sich, jede Glaubwürdigkeit der visuellen Beobachtung auszuschließen, die als Grundlage für alle Naturwissenschaften dient«. Im Anschluß an diese Feststellung fragte Friedrich II.:

»Woran liegt es, daß Ruder, Lanzen und alle geradlinigen Gegenstände, die man ins Wasser taucht, gebrochen erscheinen, wenn man den Teil unter Wasser mit dem darüber vergleicht?

Warum erscheint der Stern Kanopus bei seinem Aufgehen größer, als wenn er seinen Zenith über der südlichen Halbkugel erreicht hat, wo doch in diesem Teil der Erde keine Feuchtigkeit herrscht, weil er nur Wüsten umfaßt?

Wie kommt es, daß schwarze Fäden, den Fliegen oder Mücken vergleichbar, sich manchmal über Gegenstände legen können, die man betrachtet, obwohl sich kein Faden dieser Art in dem Raum zwischen dem Auge und dem Objekt befindet?

Wie kann man etwas innerhalb der Pupille wahrnehmen, während man doch nicht sieht, was ganz nahe ist oder selbst darauf ruht?«[282]

Wenn man all diese Fragen zusammennimmt, die Friedrich seinen Briefpartnern gestellt hat (und wir geben hier nur einen kleinen Teil davon wieder), muß man sich über ihre erstaunliche Unterschiedlichkeit wundern. Doch man kann auch einen Punkt der Gemeinsamkeit finden: ihre außerordentliche Genauigkeit. Erblickt man diese Eigenschaften im Bereich der Information, ist es nicht weiter erstaunlich, sie in der Beobachtung wiederzuentdecken.

Wir wissen, daß Friedrich II. in Foggia einen Mann hatte, der Colas Pesce hieß (also Colas der Fisch), der für ihn als Taucher arbeitete. Er sammelte auf dem Meeresgrund Felsstücke, Algen, Schalentiere und Seesterne, die der Kaiser dann in aller Muße untersuchen konnte.

Außerdem besaß er in Foggia einen Zoo, in dem er viele Tiere hielt, einheimische und exotische, vor allem Affen, Gazellen, einen Elefanten (ein Geschenk von Al-Kamil), Tiger, Leoparden und sogar eine Giraffe, an denen er Verhaltens- und Fortpflanzungsstudien trieb. Diesen Zoo betreute ein kalabrischer Edelmann namens Giordano Ruffo, dem Friedrich die Funktion eines Marstallmeisters übertragen hatte. Ihm oblag es also auch, für die Pferde zu sorgen. Dieser Ruffo sollte eine *Abhandlung über die Pferderasse* veröffentlichen, die eine wahre Summe dessen darstellt, was man über die Geburt, Aufzucht und Pflege der Pferde wissen kann. Sie enthält auch eine genaue Beschreibung ihrer Organe, deren Funktionen und der siebenundfünfzig Krankheiten, die sie befallen können, und der Heilmittel und Behandlungsmethoden, die dagegen anzuwenden sind. In der Einleitung des Werkes, das nicht weniger als sechs Bände umfaßt und das Veterinärmediziner noch heute benutzen, erklärt der Verfasser, »daß er über alle beschriebenen Dinge in hohem Maße vom Kaiser selbst Belehrung empfangen habe, der auch auf diesem Gebiete Experte gewesen sei«.[283] Selbst wenn das geschmeichelt sein mag, hat diese Aussage ihr Gewicht.

Ebenso wie für Friedrich eine Information nichts galt, wenn sie nicht durch die Beobachtung bestätigt war, bedeutete ihm selbst die genaueste Beobachtung erst etwas, wenn sie durch Experimente erhärtet war. Unter diesem Gesichtspunkt waren die von ihm vorgenommenen Untersuchungen nicht allein sehr zahlreich, sondern vom methodologischen Standpunkt her sogar beispielhaft. Und dadurch haben sie den modernen Wissenschaften den Weg bereitet.

Wir zählen hier einige auf, wie sie uns von Zeugen berichtet worden sind.

Im Jahre 1230, als sich Friedrich II. in Heilbronn aufhielt, fing er bei einer Angelpartie ein Dutzend Karpfen, die unterschiedlich groß und daher auch verschieden alt waren. Er ließ ihnen einen goldenen Ring in die Kiemen stecken, bevor er sie in den Teich zurückwarf. Diese Ringe trugen die griechische Inschrift: »Diesen Fisch hat Friedrich persönlich mit eigenen Händen wieder ins Wasser gesetzt.« Dann folgte das Datum des Experiments. Auf diese Weise wollte sich der Kaiser genaue Kenntnisse über die Lebensdauer dieser Tiere verschaffen, von denen einige Fischer behaupteten, daß sie unsterblich seien.

Eines anderen Tages, so berichtet Salimbene von Parma, wollte er durch ein

Experiment ergründen, »welche Art Sprache und Sprechweise Knaben nach ihrem Heranwachsen hätten, wenn sie vorher mit niemandem sprächen«. Zu diesem Zweck ließ er etliche neugeborene Kinder ihren Müttern wegnehmen und Ammen und Pflegerinnen übergeben und befahl ihnen, »sie sollten den Kindern Milch geben, daß sie an den Brüsten saugen möchten, sie baden und waschen, aber in keiner Weise mit ihnen schöntun und zu ihnen sprechen. Er wollte nämlich erforschen, ob sie die hebräische Sprache sprächen, als die älteste, oder die griechische oder lateinische oder arabische oder aber die Sprache ihrer Eltern, die sie geboren hätten. Doch er mühte sich vergebens, weil die Kinder alle starben«.

Einem anderen Erkenntniszweck diente ein Experiment, zu dessen Ausführung Friedrich zwei Männern ein reiches Mahl vorsetzen ließ. Dann schickte er den einen zur Jagd aus, dem anderen verordnete er einen Ruheschlaf. Er wollte nämlich wissen, ob die Tätigkeit oder die Ruhe der Verdauung besser nütze. Am nächsten Abend, schreibt Salimbene, ließ Friedrich in seinem Beisein »die Bäuche der Männer entleeren«. Es ist anzunehmen, daß die beiden vor der Operation getötet wurden, was der Chronist jedoch nicht erwähnt. Der Kaiser resümierte schlicht: »Und die Ärzte fällten das Urteil, daß der, dem der Schlaf verordnet war, eine bessere Verdauung gehabt habe.«

Trotz der Beschuldigungen seiner Verleumder, läßt nichts den Schluß zu, daß Friedrich II. Atheist gewesen ist. Warum sollte er, wenn er nicht an die Existenz Gottes geglaubt hat, bereits mit sieben Jahren so heftig reagiert haben, als die Anhänger Markwards von Anweiler Hand an ihn legen wollten und damit »seine Würde als Gesalbter des Herrn« mißachteten?[284] Warum sollte er stets erklärt haben, daß er seine Herrschaft, seine Macht und seine Kronen nicht vom Papst, sondern vom Schöpfer selbst erhalten habe? Warum soll er seinen Geburtsort Iesi mit Bethlehem verglichen haben, wo Christus geboren ist?[285] Warum soll er behauptet haben: »Was Gott im Himmel ist, ist der Kaiser auf Erden.«?[286] Anstatt ihn als »Atheisten« zu bezeichnen, wäre es richtiger zu sagen, er sei »Deist« gewesen, wenn es auch dieses Wort damals nicht gegeben hat. (Das hat einige Historiker darauf gebracht, ihn mit Voltaire zu vergleichen, aber so einfach ist das nicht: Das Problem ist zu komplex, um es mit einer Pirouette zu lösen.) Sicher, Friedrich hatte eine sehr persönliche Auffassung vom Wert der Kirchen und Religionen. Wir kommen noch darauf zu sprechen. Eines steht jedoch fest: Er hat sich sein Leben lang gefragt, ob der Mensch eine unsterbliche Seele habe und falls ja, welchen absoluten Beweis es dafür gibt. Aus diesem Grund hat er ständig Experimente gemacht. Eines davon hat sich dem Gedächtnis seiner Zeitgenossen tief eingeprägt.

Eines Tages ließ Friedrich, dem die Unsicherheit keine Ruhe geben wollte, einen Mann lebendig in ein Faß einschließen, das mit Teer und Nägeln hermetisch abgedichtet wurde. Damit wollte er beweisen, daß die Seele mit dem Mann sterben würde, denn Wahrnehmbares konnte ja aus dem Faß nicht heraus. Und so geschah es. Darauf erklärte der Kaiser:

»Dieser Mann ist tot. Dennoch haben wir nichts aus dem Faß entweichen sehen. Ist das nicht der Beweis, daß er keine Seele hatte, oder daß sie, wenn er eine hatte, ebenfalls tot ist?«

Da ergriff ein Zeuge das Wort und sprach zu ihm:

»Habt Ihr nicht gehört, daß der Mann in seiner Todesqual Schreie ausgestoßen hat?«

»Natürlich.«

»Nun, diese Schreie sind aus dem Faß herausgedrungen, und trotzdem habt Ihr sie nicht gesehen. Kann man daraus nicht schließen, daß es mit seiner Seele ebenso war?«

Friedrich mußte die Richtigkeit dieses Arguments anerkennen. Er gab seinem Gegenredner recht und räumte ein, daß es eine übersinnliche Welt geben könnte. Infolgedessen erklärte er das Experiment für nicht beweiskräftig. Denn eines konnte er nicht zulassen: daß man es mit der Wahrheit nicht so genau nahm.

Die von Friedrich eingeführte Methode, die auf Information, Beobachtung und Experiment beruhte, begünstigte nicht allein den Aufschwung der modernen Wissenschaften, sie verwandelte auch die geistige Struktur, indem der Schwerpunkt der Ausbildung vom Gedächtnis auf die Aufmerksamkeit verlagert wurde. Ein bezeichnendes Beispiel dafür liefert uns ein Vergleich von zwei Texten, die in etwa zur gleichen Zeit entstanden sind: dem *Physiologus*, einem anonymen Bestiarium, das um 1220 veröffentlicht wurde, und der *Abhandlung über die Falknerei*, die Friedrich um 1245 unter dem Titel *De arte venandi cum avibus* publiziert hat.[287]

Diese beiden Bücher sind die Werke von Zeitgenossen, und dennoch trennen sie Abgründe. Hier wird der Unterschied zwischen mittelalterlichem Denken und der aufkommenden neuen Sicht der Dinge deutlich. Man kann sich das an zwei Zitaten klarmachen.

Im *Physiologus* heißt es über den Löwen:

»Der Löwe schläft nie. Denn der Löwe des Judas verteidigt Israel Tag und Nacht, wie Hesekiel berichtet, und schützt es gegen die Angriffe seiner Feinde.«

»In *De arte venandi* finden wir hingegen folgende Definition:

»Wenn du mit deinem Falken auf der Hand Felder oder einen Wald durchquerst, brauchst du ihm keine Kappe überzuziehen, denn an eine solche Um-

gebung ist er gewöhnt.
Wenn du aber in eine Stadt kommst, dann vergiß nicht, ihm eine Kappe aufzusetzen, denn dieses Milieu ist ihm fremd. Ihr Anblick erschreckt ihn, was einen nicht wundern sollte, doch das Ergebnis davon ist, daß die gesamte Dressur, die du ihm geduldig angedeihen ließest, mit einem Schlag zunichte gemacht wird.«

Was unterscheidet diese beiden Texte so grundlegend voneinander? Der erste ist auf ein Autoritätsargument gegründet (Bezugnahme auf Hesekiel), während der zweite aus einer aufmerksamen und direkten Beobachtung des Lebens erwachsen ist.

Was versteht man unter einem »Autoritätsargument«? Es ist das Prinzip, auf das sich die ganze scholastische Lehre des Mittelalters wie auch der Klöster und Universitäten stützte. Es genügte, daß etwas in der Bibel stand oder von einem Kirchenvater stammte, um es nicht in Frage stellen zu dürfen. Es mußte akzeptiert werden »wie das Evangelium«. Man konnte es kommentieren, aber nicht bestreiten. Die Behauptung, »der und der haben gesagt«, schloß jede Diskussion aus.

Diese Denkungsart legte der Entfaltung der Intelligenz und der Vorstellungskraft eine wahre Fessel an. Sie mußte auf die Dauer zu einem verkalkten Denken führen.

Und diesem Grundsatz wollte Friedrich sich nicht beugen, denn er war die Ursache für die geistige Stagnation, die im 14. Jahrhundert noch zunahm und schließlich im Ausbruch der Renaissance mündete.[288] Während er die Kirchenlehre nie angegriffen und stets mit aller Energie gegen das Ketzertum gekämpft hat, hörte er niemals auf, gegen das Autoritätsargument anzugehen. Aus dieser Überzeugung heraus hat er auch an der Universität von Neapel das Studium des römischen Rechts auf Kosten des kanonischen Rechts wieder zu Ehren gebracht.[289]

Hier muß man den tieferen Grund für seinen Konflikt mit der Kirche suchen. Daraus erklärt sich ihre Unerbittlichkeit. Denn das »Autoritätsprinzip« in Mißkredit zu bringen und in seiner *Abhandlung über die Falknerei* zu schreiben, daß »es sein Ziel« sei, »die Dinge so zu zeigen, wie sie sind«,[290] hieß nicht allein, sich auf die Gegenseite der Zauberei zu stellen, sondern die Grundfesten der kirchlichen Autorität zu erschüttern. Weder Innozenz III. noch Gregor IX. sollten sich darin täuschen. Deshalb behauptete Papst Gregor in einer Enzyklika:

»Dieser König der Pestilenz hat nach seinen eigenen Worten erklärt. . . der Mensch solle nichts glauben, was nicht durch die Natur und die Vernunft bewiesen werden könne.«[291]

Sicher, diese Haltung hat ihm Feinde geschaffen, aber sie hat auch viele Bewunderer gefunden. Ein Beispiel dafür sind die Worte des Dichters Heinrich von Avranches:

»Dein Geist begnügt sich nicht damit, ein Reich zu regieren. Weit mehr, du kennst sogar die Geheimnisse der Weisheit. Du willst alles selbst studieren und nicht auf dem Wege über pädagogischen Unterricht. Neben dir hat niemand über so viele Kenntnisse verfügt; nie hat dich jemand im Wissen überragt.« [292] Ja, alles selbst beobachten, studieren, kennenlernen, ohne sich auf die Meinung Dritter zu stützen, »die Dinge so zeigen« zu wollen, »wie sie sind«, das war Friedrichs Rezept, das er sich zur Grundregel gemacht hat . . .

IV

In diesem Zusammenspiel von Lobeshymnen und Verfluchungen bleibt ein Punkt dunkel: die wirkliche Stellung Friedrichs II. gegenüber den beiden großen Religionen, die sich damals die Welt geteilt haben, Christentum und Islam.

Die bösartigste gegen ihn erhobene Anklage des Kaplans des Kardinals von Fiesco, Nikolaus von Curbio, war nicht einmal, »daß er seine Leidenschaft fürs Experimentieren bis zur Sodomie getrieben habe, um herauszufinden, welches neue Gefühl sich ihm dabei erschloß«. [293] Sie ließ die öffentliche Meinung gleichgültig, denn seine Neigung für die Frauen war zu bekannt. [294] Die schlimmste war die Behauptung, er habe eine Schmähschrift mit dem Titel *De tribus impostoribus* verfaßt, in der er geschrieben haben soll, daß »die ganze Welt von drei Betrügern: Christus, Moses und Mohammed getäuscht worden sei; zwei seien in Ehren, Jesus selbst aber am Holze gestorben«. Doch dies ist nicht haltbar. Sie hätte alle Juden, Christen und Moslems gleichzeitig gegen ihn aufgebracht. Selbst in Augenblicken des Zornes war Friedrich ein zu kluger Politiker, um sich der Gefahr auszusetzen, sich mit der ganzen Welt zu überwerfen, bloß um des Vergnügens willen, einen Einfall zu äußern, der ihm nur Nachteile einbringen konnte. Die Absicht, ihm zu schaden, ist zu offensichtlich, um sich nicht gegen diese Verleumder zu wenden. Wenn er das also nicht gesagt hat, könnte er es dann vielleicht gedacht haben? Diese Frage verdient, sich mit ihr zu befassen.

Als Friedrich den Felsendom besichtigt hatte und der Kadi von Nablus ihn auf die Ecken in der Grotte hingewiesen hatte, wo seit Abraham alle Propheten gebetet haben, [295] war der Kaiser davon weniger beeindruckt gewesen als von dem oktogonalen Grundriß des Bauwerks, den er bei seinem Castel del Monte nachahmen sollte.[296] Man kann nicht sagen, daß ihn die Offenbarung an sich wenig interessiert habe. Wichtiger war ihm jedoch die Rolle der Religion als Triebkraft der Zivilisation. Sicherlich fand er es lobenswert, daß dem Menschen sein Seelenheil versprochen wurde. Da er hingegen nicht überzeugt sein konnte, daß der Mensch eine Seele hat – während er die Existenz Gottes nie in Frage stellte[297] –, erachtete er es für noch besser, daß der Mensch seine Vernunft gebrauchte, um die großen Naturgesetze von dem Wust der Erscheinungen zu trennen, die ihre Gegenwart verschleierten.

Die griechische Kultur basierte im wesentlichen auf der Philosophie, der Astronomie, der Mathematik und der Medizin. Sie haben für ihre Verbreitung in der Welt gesorgt. Diese Tradition hatte der Islam aufgenommen und weitergeführt, was Friedrichs Sympathie wachrief. Nicht daß er sich zur Lehre Mohammeds bekannt hätte. Schon aus formellen Gründen war das undenkbar. Aber er hat nie seine Bewunderung verhehlt, die er für diesen Propheten hegte, ebensowenig wie die Wertschätzung jener Passagen im Koran, die zur Beobachtung der Welt und zum Studium der Wissenschaften ermutigen, anstatt sie als unvereinbar mit der Anbetung Allahs zu verbieten. Mit der Pflege der Philosophie, der Mathematik, der Algebra und der Medizin hatten die Araber eine Fackel aufgenommen, die die Griechen fallengelassen hatten und die vielleicht erloschen wäre, wenn sie sie nicht neu entfacht hätten. Dadurch war es zu der oben beschriebenen Situation gekommen, die eine unbestrittene Bereicherung für die gesamte Menschheit bedeutete.

War es nicht der Islam, der das Firmament mit neuen Sternen versehen hat? Waren es nicht die Araber, die zur Entdeckung der Integralrechnung beigetragen haben, die die Ziffer Null und die Zeichen »plus« und »minus« erfunden haben? Waren sie nicht bemüht, die Chirurgie und die Anästhesie – mit einem Mohnelixier und Hanfkompressen – bei Organamputationen und Bruchbehandlungen einzusetzen und mit Hilfe der Medizin die Leiden der Menschen zu lindern? Das waren in den Augen Friedrichs wohltuende Neuerungen, denn er glaubte nicht an die erlösenden Kräfte des Schmerzes. Daher seine Abneigung gegenüber Kriegen und Blutvergießen, denen er stets politische Verhandlungen vorzog.[298]

Nun, was erblickte der Kaiser, wenn er sich dem christlichen Abendland zuwandte? Eine Kirche, die sich mehr und mehr in die *delectatio nescire* versenkte – den Genuß, nichts zu wissen. Für einen so wissensdurstigen Mann war das eine Haltung, die er nicht billigen konnte. Diese Apologie der Ignoranz glich für ihn einer Beleidigung des Schöpfers. Sie führte zu einer systematischen Unkenntnis von den Wundern der Schöpfung und drohte, einen Rückschritt der Zivilisation nach sich zu ziehen.

Um ihren Standpunkt zu rechtfertigen, stützte sich die Kirche auf das Wort des heiligen Augustinus: »Ich bin neugierig, Gott und die Seele kennenzulernen.« – »Und nichts weiter?« – »Absolut nichts.«[299]
Die geduldete weltliche Wissenschaft war reine Buchweisheit.[300] Sie galt als voll erfaßt: in der Astronomie bei Ptolemäus, hinsichtlich der Naturwissenschaften von Aristoteles, in der Medizin und Biologie von Galen. Jede experimentelle Forschung, die davon abwich (um darüber hinauszugehen), wurde der Magie, dieses »illegitimen Pakts mit dem Teufel«, verdächtigt; und die Chemie, die mit dem Werk des Schöpfers zu konkurrieren trachtete, indem sie nach neuen Elementen suchte, wurde unter die »sieben teuflischen Wissenschaften« eingereiht. Die bedeutendsten Forscher des Mittelalters, Gerbert, der unter dem Namen Silvester II. Papst werden sollte, Albertus Magnus, Roger Bacon[301] und Arnold von Villeneuve, wurden der Hexerei bezichtigt.[302]
Anläßlich des Konzils von Tours im Jahre 1163 hatte Papst Alexander III. »das Studium der Physik und der Weltgesetze« allen Geistlichen verboten, das heißt den einzigen Menschen, die in der Lage und fähig waren, sich damit zu beschäftigen. Wer gegen diese Verordnung verstoßen sollte, »würde von allen ausgeschlossen und exkommuniziert«. 1243, also wenige Jahre nach der Gründung der Fachhochschule von Salerno, verboten die Dominikaner allen Ordensmitgliedern das Studium der Medizin und der Naturgeschichte. Fünf Jahre später, 1248, untersagte das Konzil von Mans dem ordentlichen Klerus, »das menschliche Fleisch von den Knochen zu trennen«, was jede Autopsie unmöglich machte. Im Jahre 1287 wurde dieses Verbot auf die Chemiker übertragen. Die Alchimisten wurden beschuldigt, »einen Pakt mit dem Teufel geschlossen zu haben«. »Es ist ein schweres Verbrechen«, versicherte man, »die Dinge anders machen zu wollen, als Gott sie geschaffen hat. Die Behauptung, durch Mischung und Verschmelzung neue Körper herstellen zu können, ist eine Beleidigung der Schöpfung und ein Vorwurf, Gott hätte es besser machen können.«[303]
»Nichts darf übernommen werden, was nicht auf der Autorität der Kirche beruht«, sagte Augustinus, »denn diese Autorität ist stärker als die Fähigkeit des menschlichen Geistes.«[304]
Und Lanfranc, der Bischof von Canterbury und Primas von England, schrieb: »Es ist eine Dummheit, die Natur über die Macht Gottes zu stellen, als ob Gott die Natur nicht beliebig verändern könnte.«[305]
Zusammenfassend kann man sagen, daß für die christliche Kirche die Entwicklung der Wissenschaften nur dazu führte, die Herrschaft des Satans zu erweitern, während sie für den Islam eine vertiefte Kenntnis von Gott bedeutete und eine höhere Verehrung des Menschen gegenüber seinem Schöpfer mit sich

224

brachte. Das war ein damals fast unüberwindlicher Gegensatz zwischen diesen beiden Religionen.

Daneben gab es einen anderen Bereich, in dem der Islam sich vom Christentum unterschied und den Friedrich offen billigte: das Kalifat, wie es von Mohammed eingerichtet worden war.[306] Denn Mohammed war nicht allein der »Prophet« gewesen, der Offenbarer des göttlichen Willens. Er hatte auch Anspruch auf die Rolle des obersten Gesetzgebers. Und deswegen ist der Koran sowohl eine Bibel wie ein Gesetzbuch und eine Grammatik (die der Kodex der Sprache ist). Er duldet keinerlei Lücke zwischen dem Geistlichen und dem Weltlichen, keinen Vermittler zwischen Menschen und Gott. Er ist auf vier Pfeiler gegründet: die Glaubenserklärung, das Gebet, den Almosen und das Pilgertum,[307] er erlaubt der göttlichen Eingebung, sich aus dem Himmel zu ergießen, die Dinge des täglichen Lebens zu durchdringen und zu formen und in Gnadengestalt wieder zum Himmel aufzusteigen. In Anbetracht dessen kann man sagen, daß der Islam im weitesten Sinne seiner Bedeutung eine »weltliche« Religion ist, die keine Sakramente und keinen Klerus kennt, da jeder Moslem jedem seiner Brüder als Priester dienen kann.

Daher die besondere Stellung, die dem Kalifen zufällt. Als geistliches und zugleich weltliches Oberhaupt der Glaubensgemeinschaft (zwischen beidem erlaubt der Koran keine Unterscheidung) hat er keinerlei sakramentale Macht. Er ist lediglich, aber das in vollem Umfang, der Führer der Gläubigen. Seine Rolle besteht darin, die Anwendung der Gesetze sicherzustellen und über die Erhaltung ihrer ursprünglichen Reinheit zu wachen. Doch er ist nicht unfehlbar. Anstatt ihn mit dem Papst zu vergleichen, wäre es richtiger, ihn als den arabischen Kaiser des heiligen islamischen Reiches zu betrachten. Friedrich II. sah das so und bewunderte deshalb diese Institution und die Worte Fahr ed-Dins bei seinem Aufenthalt in Jaffa.[308]

In der christlichen Religion schaute das ganz anders aus. Weil Christus gesagt hat: »Gebet dem Kaiser, was des Kaisers ist, und Gott, was Gottes ist«, ohne beide Seiten irgendwie zu begrenzen, hat er eine Spaltung zwischen dem Geistlichen und dem Weltlichen geschaffen und eine Kluft zwischen Kaiser und Papst, zwischen dem Diesseits und dem Jenseits. Seither konnten die Inhaber dieser Ämter es als ihre Pflicht betrachten, ihren Besitz auf Kosten des anderen zu mehren. Durch eine dramatische Verkehrung sah sich die Kirche gezwungen, wenn sie überleben wollte, auf dem Boden Wurzel zu fassen und die Welt zu regieren, indem sie weltliche Prinzipien zur Anwendung brachte, die im Gegensatz zu jenen standen, zu deren Verteidigung sie geschaffen war. Daraus resultierte eine ununterbrochene Folge von Bestreitungen, Übergriffen, Rivalitäten und Disputen, die sechs Jahrhunderte Geschichte mit ihrem Lärm füllen sollten.

Der »Investiturstreit« und der »Zweischwerterkrieg« konnten nur aus diesem Aufeinanderprall erwachsen. Nichts kann uns diesen Gegensatz und seine Heftigkeit verständlicher machen als die Erklärung eines Papstes sowie die eines Kaisers:

Innozenz III.: »Wir sind als Fürst über die ganze Erde eingesetzt.«[309]
Friedrich II.: »Die ganze Welt sehnt sich nach dem Glück kaiserlicher Herrschaft.«[310]

V

Sein »Geist begnügt sich nicht damit, ein Reich zu regieren«, hatte der Dichter Heinrich von Avranches gesagt. Dennoch war da dieses riesige unruhige Reich, dessen Leidenschaften gezügelt, dessen Kontraste ausgeglichen und dessen Verschiedenartigkeiten gegen drohende Uniformierung bewahrt werden mußten.[311] Es zu regieren, war keine leichte Aufgabe, wenn man an seine Ausmaße und die Zahl seiner Bewohner dachte. Es erstreckte sich von der Nordsee bis zum Tyrrhenischen Meer, vom Golf von Tarent bis zu den Ufern des Jordans. Und seine Bevölkerung war so zahlreich und unterschiedlich, daß man sie mit der gesamten Menschheit leicht vergleichen konnte. Wozu sollte man die Dinge in Ordnung bringen, wenn man nicht gleichzeitig die Gesellschaft in Ordnung hielt? Sicher, sich mit Philosophie und Mathematik zu beschäftigen, war ein geistiges Vergnügen. Seinen Staat zu regieren, war für Friedrich jedoch eine unantastbare Pflicht. Bestand für einen Herrscher, der kein Tyrann oder Usurpator sein wollte (die nur ihre persönlichen Interessen verfolgten), diese Aufgabe nicht darin, das Glück von Millionen Menschen sicherzustellen, von denen jeder von ihm Gerechtigkeit und Frieden erwartete? Deshalb verwundert es nicht, wenn all seine Gedanken seit der Rückkehr aus dem Heiligen Land um dieses zentrale Problem kreisten. Diese Bemühungen führten am 1. Mai 1231 zur Veröffentlichung des *Liber Augustalis*, einer Gesetzessammlung, die uns unter dem Titel *Konstitutionen von Melfi* überliefert ist.

Es ist ein umfangreiches Manuskript, an dessen Anfang eine fast unerträglich eitle Inschrift steht:

IMPERATOR FRIDERICUS SECUNDUS – ROMANORUM
CAESAR SEMPER AUGUSTUS – ITALICUS SICULUS
HIEROSOLOMYTANUS ARELATENSIS – FELIX
VICTOR AC TRIUMPHATOR[312]

Das klingt weniger wie eine Aufzählung von Titeln als wie eine Glaubenserklärung.

Als Bekräftigung und Erweiterung der Gesetze von Capua, die Friedrich im Frühjahr 1212 nach seiner Rückkehr aus Rom geschaffen hatte,[313] zielten die Verfassungen von Melfi darauf ab, aus Sizilien einen einheitlichen, weltlichen und zentralisierten Staat zu machen. Sie stellten den großartigsten Versuch dar, wieder Ordnung in die Dinge dieser Welt zu bringen, seit den *Institutiones* von Justitian.[314] Obgleich ihre Anwendung auf das italienische Königreich beschränkt blieb, braucht man sie nur zu lesen, um sich darüber klarzuwerden, daß ihre Grundsätze großzügig genug waren, um überall verbreitet werden zu können.

Obgleich man von den Verfassungen von Melfi nicht sprechen kann, ohne an die *Institutiones* zu gemahnen, diente der Nachfolger des Justinus für Friedrich nicht als Vorbild. Er orientierte sich vielmehr an Augustus, dessen Regierungszeit den Menschen als das »Goldene Zeitalter« im Gedächtnis geblieben war. Diese Bezeichnung war darauf zurückzuführen, daß Augustus während seiner Regentschaft in seinem gesamten Reich den Frieden erhalten hatte.

Wir haben heute vergessen, welche Bedeutung die Alten dem Wort »Augustus« beimaßen. Wir können uns hier auf einen römischen Spruch beziehen: *Per angusta ad augusta.* Das heißt: von den kleinen, engen, mittelmäßigen Dingen aus zu den größeren, erhabeneren und ruhmreicheren aufsteigen. »Die Bezeichnung Augustus verdiente nur, wer die Dinge erweiterte und seinen Untertanen ein höheres Lebensniveau zu erreichen ermöglichte.« Dies war das Verdienst des Nachfolgers von Cäsar gewesen. Daher die goldene Aureole, die seine Herrschaftszeit krönte.[315]

Es kann hier nicht davon die Rede sein, die juristischen Verfügungen der Verfassungen von Melfi wiederzugeben, die später in einer Reihe von Erlassen konkretisiert werden sollten, die alle Lebensangelegenheiten von der Einfriedung der Felder bis zu den Steuererhebungen regelten. Man muß jedoch die Grundlagen prüfen, auf denen sie aufgebaut sind, denn sie enthalten fast alles, was Friedrich über die Aufgabe des Staates, die Natur der Macht und die Regierung der Menschen dachte. Unter diesem Aspekt gestatten sie uns, das Genie dieses Mannes besser zu erfassen, zumal es sich hier vielleicht am deutlichsten offenbart.

Für Friedrich war dreierlei ebenso unentbehrlich für den Menschen wie Luft, Wasser und Brot, und zwar Ordnung, Gerechtigkeit und Frieden. Doch wenn Ordnung eine Tatsache war und Frieden ein Zustand, dann war Gerechtigkeit fast eine Enthelechie, das heißt eine Kraft, die ihren Ursprung und ihr Ende in sich selbst hatte, die vor und über allem auf Erden war. Nicht der Staat schuf sie, sondern sie schuf den Staat. Und so konnte Friedrich an einen seiner Freunde schreiben: »Die Gerechtigkeit zu achten, ist eine Ehrbezeugung vor der Heiligkeit Gottes.«[316]

Deshalb hatten die Gesetze, die er erließ, unverletzlichen Charakter; nicht weil sie Ausdruck seines persönlichen Willens waren, sondern weil sie das Bild der zeitlosen Gerechtigkeit widerspiegelten: die Gerechtigkeit Gottes.[317]

Genügte es nicht, die Welt unter dem Blickwinkel der Kausalität zu beobachten, um festzustellen, daß alles Unglück den gleichen Ursprung hatte: eine Verletzung der Gerechtigkeit? Überall, wo es an Gerechtigkeit fehlte, entstand Unordnung, die Leiden verursachte. Dieses Leiden wiederum wirkte wie ein Alarmsignal. Es warnte den Herrscher, daß etwas nicht an seinem Platz war, an der Stelle, die sein Schöpfer ihm zugewiesen hatte. Dann mußte der Machthaber eingreifen, die Unordnung beseitigen und die Gerechtigkeit wiederherstellen, deren Garant er gegenüber den Bürgern war. Deshalb die Bezeichnung »Justitiar«, die Friedrich seinen Beamten verliehen hatte, die ihn in den einzelnen Bereichen seines Königreichs vertraten.

Diese »Justitiare« handelten in seinem Namen und kraft der Macht, die er ihnen abgetreten hatte. Sie waren keine Priester und keine Laien, sondern Geistliche, was ihnen eine gewisse Würde gegenüber der restlichen Bevölkerung verlieh und sie gewissermaßen zu »Offizianten des Staates« machte. Deshalb wurden ihre Anordnungen im allgemeinen befolgt. Doch selbst wenn sie Streitigkeiten im Namen des Kaisers schlichteten, hatten sie Befehl von ihm, das eigentliche Ziel ihrer Handlungen nicht aus den Augen zu verlieren und nicht allein die Schuldigen zu bestrafen und das Übel auszumerzen, sondern der Welt etwas von der Harmonie zurückzugeben, die sie einmal besessen hatte und der sie durch Adams Sündenfall verlustig gegangen war.

Recht von Unrecht zu unterscheiden, war ein ausschließliches Vorrecht des Herrschers. Es rührte aus seiner Weihung und Salbung her, die er erhalten und die zum Zweck hatten, seinen Geist »mit dem des Schöpfers in Einklang zu bringen«. So konnte »der Wille des Monarchen sich in nichts von dem göttlichen Willen unterscheiden«,[318] andernfalls würde er sich in der Anarchie verirren oder auf den Rang eines Usurpators absinken. Doch dieses charismatische Geschenk hatte rein göttlichen Charakter: Kein sterbliches Wesen durfte sich da einmischen, denn sein Eingriff hätte zur Folge, daß die Übertragung gestört würde. Daher wurde jeder Ungehorsam gegenüber dem Monarchen wie ein Sakrileg betrachtet und mit dem Tode bestraft, da dadurch die Ordnung der ganzen Welt gefährdet wurde. Und deswegen konnte Friedrich nicht zulassen, daß er seine Macht von irgendeinem anderen Mann erhielt, auch nicht vom Papst, der ja nur der Nachfolger vom heiligen Petrus war, und nicht von Christus selbst (wie es König Roger auf dem Mosaik in der Martorana-Kirche[319] hatte darstellen lassen), sondern einzig und allein vom Heiligen Geist, dem Schöpfer des Himmels und der Erde. Denn so spricht es Christus im Evangelium aus: »Der Vater ist größer als ich.«[320] Und so herrschte und regierte Friedrich II. »durch die Gnade Gottes«.

Diese Auffassung vom göttlichen Recht war übrigens nicht neu. Andere hatten sie bereits vertreten. Man hat das 13. Jahrhundert das »Jahrhundert der Juristen« genannt, und die bemerkenswertesten Päpste dieser Epoche – Alexander III., Innozenz III., Gregor IX. (und später Innozenz IV.) – haben sich durch ihre fundierten Rechtskenntnisse ausgezeichnet. Als Erneuerer hat sich Friedrich jedoch dadurch erwiesen, daß er in seine Verfassungen ein Prinzip eingeführt hat, dem man bisher keine Aufmerksamkeit geschenkt hatte: das der Notwendigkeit, das er zur anderen Grundlage seiner Macht erheben wollte. Die menschlichen Gesellschaften waren schließlich nicht unsterblich. Überließ man sie sich selbst, zeigten sie eine immanente Tendenz zur Selbstzerstörung. Sie brauchten einen Beschützer, der ihr Überleben sicherte, und dieser Beschützer konnte nur der Kaiser sein, der Austeiler von Gerechtigkeit und die »lebendige Verkörperung des Gesetzes«. »Ohne seine Anwesenheit«, sagte Friedrich, »wären die mächtigsten Hierarchien, die gesamte menschliche Rasse und selbst die ganze Natur längst von der Erdoberfläche verschwunden, denn die Könige und Fürsten hätten sich bei der Verfolgung ihrer egoistischen, individuellen Interessen gegenseitig ausgelöscht.« Es bedurfte eines Kaisers, damit das allgemeine Interesse das Einzelinteresse überwog. Desgleichen war eine Schöpfung ohne Schöpfer nicht denkbar, man konnte sich eine Menschheit ohne Oberhaupt nur in einer untergehenden Welt vorstellen. Deswegen wiederholte Friedrich gerne die Behauptung: »Das Leben vieler anderer hängt allein von meiner Existenz ab.« Daran sieht man, wie hoch er sich stellte und wie schwer er die Verantwortung nahm, die auf seinen Schultern lastete.[321] Doch das war erst die *eingeschränkte Notwendigkeit*. Welche ungeahnten Horizonte eröffneten sich erst, wenn man zur *verallgemeinerten Notwendigkeit* überging! Dazu brauchte man keinen Akt des Glaubens, es genügte, die Augen zu öffnen, um zu merken, daß überall Notwendigkeit herrschte. Und zwar nicht der Willkür wegen, sondern den Erfordernissen der Vernunft entsprechend. Beobachtete man eine Erscheinung in der Natur, entdeckte man, daß sie nicht allein vorkam. Sie war in eine Kette von Ursachen und Wirkungen gebettet, die auf ein allgemeines Gesetz schließen ließen.[322] Aus der Gesamtheit dieser Gesetze ergab sich die Notwendigkeit. Verkannte man sie, nahm die Unordnung der Dinge zu und damit die Ungerechtigkeit. Achtete man sie hingegen, unterstützte man die Ordnung und förderte die Gerechtigkeit. Daraus konnte man den Schluß ziehen, daß die Achtung der Notwendigkeit zu dem gleichen Ziel führte, das die göttliche Vorsehung verfolgte. Daß es keinerlei Widerspruch zwischen den beiden gab, ja, daß eine ontologische Parallelität zwischen diesen immanenten Kräften, die die Welt regierten, und den transzendenten Offenbarungen des göttlichen Willens bestand, war eines der Wunder unserer Schöpfung.[323] Deshalb konnten zunehmende Kenntnis von diesen Gesetzen und eine Ermutigung des wissenschaftlichen Fortschritts keine Gotteslästerungen sein. Diese Bemühungen erlaubten dem Gelehrten, die göttliche Weisheit zu entdecken und offensichtlich zu machen.

Welches ist unter dieser Voraussetzung der größte Unordnungsfaktor auf Erden? Was fügt der Gesellschaft den ärgsten Schaden zu, wenn nicht die Einmischungen, Übergriffe und Übertretungen der Kirche, die ständig die Absicht hat, in Bereiche einzugreifen, die ihr nicht gehören? Zweifellos hat Jesus gesagt: »Gebet dem Kaiser, was des Kaisers ist, und Gott, was Gottes ist.« Aber er hat auch behauptet: »Mein Reich ist nicht von dieser Welt.« Warum also dieser Disput zwischen Geistlichem und Weltlichem? Diese beiden Welten waren keine Rivalen oder Antagonisten, sie überlagerten und ergänzten sich. War es nicht angebrachter, sie aneinander anzunähern und miteinander zu versöhnen, als den Spalt zwischen ihnen tiefer zu treiben? Wahrlich, diese Zwietracht entsprach weder dem Willen Gottes noch der Notwendigkeit, ja, nicht einmal der Natur der Kirche. Der Streit, der seit mehreren Generationen zwischen dem Papst und dem Kaiser herrschte, rührte aus einer falschen Auffassung von ihrer betreffenden Rolle her. Deshalb strebte die Welt mehr oder weniger bewußt eine wirkliche »Wiederherstellung der Ordnung« an, die diesem Konflikt allein ein Ende setzen konnte.

Denn Friedrich dachte keineswegs daran, den Papst zu beseitigen. Er hielt ihn in bezug auf das Heil der Menschheit für unentbehrlich. Wenn er sich nur nicht in die weltlichen Angelegenheiten mischte! Seine Aufgabe bestand darin, den Glauben an das ewige Leben aufrechtzuerhalten, die Menschen zu ermahnen, ihre Blicke zum Himmel emporzurichten, sie von der Sünde abzuhalten, sie daran zu erinnern, daß sie geschaffen worden sind, um einander zu lieben, über ihr Seelenheil zu wachen, damit sie unter den besten Voraussetzungen vor das Letzte Gericht treten konnten und schließlich von der Ewigkeit empfangen wurden.

Ganz anders war die Rolle, die dem Kaiser zugemessen war. Als dem Herrn eines Reiches, dessen erdrückende Last auf seinen Schultern ruhte, fiel ihm die Pflicht zu, seinen Fortbestand zu sichern, um es intakt seinem Nachfolger zu übergeben. Das war eine gewaltige Aufgabe, die jeden Augenblick Wachsamkeit verlangte. Denn wenn dieses Reich von dieser Welt war, mußte man erkennen, daß all seine Erscheinungsformen der Zeit und damit der Schwere unterworfen waren. Nichts – absolut nichts – entging diesem Zug nach unten. Wo war sein Ursprung anzusiedeln? Darauf gab es nur eine Antwort: Es war eine Folge der *Ursünde*.[324] Es hatte seine Quelle im Ungehorsam Adams, der seinen Fall und den Ausschluß aus dem Paradies nach sich zog. Dieses Drama hat sich über die Nachkommenschaft auf die ganze Menschheit übertragen. Dieser Fall hat sich über Jahrtausende hingezogen und würde bis ans Ende aller Zeiten erfolgen, wenn ihm nichts Einhalt gebot. Nun, diesen Fall aufzuhalten, die Schwere aufzuheben, das war die Aufgabe des Kaisers. Er mußte die Menschen daran hindern, in den Abgrund zu stürzen, in dem ihre endgültige Vernichtung stattfand. In dieser Hinsicht war auch er ein *Retter*.

Wir wissen aus den »Fragebriefen« an Michael Scotus und Ibn Sabin, daß Friedrich nicht wußte, wo er die Hölle und das Paradies ansiedeln sollte. Aber er war sich klar darüber, in welcher Richtung er suchen mußte. In diesem Punkt gab es für ihn keinen Zweifel. Er brauchte nur den Lauf der Dinge zu beobachten. Das Paradies war oben und die Hölle unten. Wie sollte man sich sonst die Schwerkraft erklären? Sich zu erheben, bedeutete eine Befreiung vom Gewicht der Dinge, das war ein Gefühl des Glücks und der Bereicherung. Zu fallen, hieß für jede Gesellschaft, sich aufzulösen, sich von den Banden zu lösen, die die Mitglieder miteinander verknüpfen, sich seiner Substanz und seiner Identität zu entledigen und schließlich in einen Zustand der Energielosigkeit und der Uniformität zu verfallen, die die Vorzeichen der endgültigen Auflösung waren.

Mit anderen Worten: Aufsteigen glich einer Zunahme des Lebens, absteigen bedeutete, sich dem Tod zu überantworten. Die von Gott dem Kaiser zugewiesene Aufgabe bestand darin, die Fallbewegung, die der menschlichen Natur innewohnt, aufzuhalten und nach oben zu lenken – das heißt zu Gott –, indem er den Erdenbürgern einen mächtigen Auftrieb versetzte.[325] Das vermochte er durch die rigorose Anwendung des Gesetzes. Denn das Gesetz hatte nicht allein einen unterdrückenden Charakter, es besaß auch eine reinigende und heilsame Kraft. Da es darauf hinarbeitete, Unordnung und Ungerechtigkeit auf allen Gesellschaftsebenen zu beseitigen, führte es den Sünder dem Gnadenzustand näher, in dem er war, als er aus der Hand des Schöpfers hervorging. Es machte ihn zu einem »neuen Adam«, um einen Ausdruck jener Zeit zu gebrauchen.

Waren alle Unordnung und alle Ungerechtigkeit aus dieser Welt verbannt, und hatte die Gesellschaft ihr höchstes Niveau erreicht, würde sie den »Idealstaat« hervorbringen, und die Menschheit könnte »das Nahen des goldenen Zeitalters« feiern.[326]

Dann würde überall Frieden herrschen. Nirgendwo gäbe es »Trauer, Klage und Schmerz«. Die tragische Spaltung zwischen Geistlichkeit und Weltlichkeit wäre endlich aufgehoben. Zwischen Erde und Himmel würde Einklang bestehen.

Lag Friedrichs Mission nicht darin, die gesamte Menschheit zur Einheit zu führen – *Totum humanum genus ordinatum ad unum?* [327]

Ja, Friedrich II. verdiente die Bezeichnung als »neuer Augustus«, wie ihn Petrus von Ebulo am Tag seiner Geburt begrüßt hat. [328] War er nicht ein »Umgestalter der Dinge« und trug er nicht am stärksten zur Förderung der Menschen bei, da er sie nicht nur zu höherer Lebensqualität führen, sondern ihnen obendrein ihre ursprüngliche Reinheit und Unschuld wiedergeben wollte?

VI

Aus all dem entwickelte sich ein prunkvoller und verfeinerter Lebensstil, wie ihn das Abendland seit dem Untergang des römischen Reiches nicht mehr gekannt hatte. Doch obwohl Friedrich die Genüsse des Orients im Westen heimisch gemacht hatte, blieb er bei seiner Haltung, die jede Verweichlichung und zügellose Freiheiten verbot. Die alltäglichsten Abläufe am Hof unterlagen einer Art kaiserlichen Liturgie. Die Feste, Empfänge und Jagdpartien folgten einem strengen Reglement, das nicht verletzt werden durfte, da ihm bestimmte Symbolwerte zukamen. Jede Geste des Kaisers zeichnete eine gewisse Feierlichkeit aus wie damals am Schrein Karls des Großen bei Friedrichs Krönung in Aachen. Der Hohenstaufer glaubte nicht an die Gewalt. Aber er war sich seiner Autorität wohl bewußt. Und er war sich klar darüber, daß er sie ständig ausüben und von niemandem bestreiten lassen durfte, wenn sie intakt bleiben sollte. Außerdem war seine geistige Überlegenheit so offensichtlich, daß niemand gewagt hätte, sie anzuzweifeln. Das alles hätte auf die Dauer zu einer lastenden Atmosphäre führen können. Doch das geschah nicht, weil diese Züge nicht vom Stolz geprägt waren. Sie waren kein Ausdruck eines überschwenglichen Lebens. Die Worte SEMPER AUGUSTUS, SEMPER INVICTUS, mit denen er sich gerne schmückte – hatte er nicht einmal in Iesi erklärt, »daß seine göttliche Mutter dort einen Gott geboren habe« [329] –, waren keine hohlen Formeln. So sinnleer sie jenen erscheinen mochten, die sie nicht kannten, mußten sie für alle der Wirklichkeit entsprechen, die ihm nahekamen und ihn handeln sahen. Hat er je die Dinge verkleinert oder verengt? Ist er jemals besiegt worden? Selbst seine erbittertsten Feinde könnten das nicht behaupten ... Stand er nicht, der Orient und Abendland in sich aufgenommen und eine Synthese ihrer

Kulturen und Zivilisationen in sich vollzogen hatte, jenseits von Gut und Böse, wie er sich selbst über das Christentum und den Islam gestellt hat?

Friedrichs Lebensstil, den er um sich verbreitete und dem er die grenzenlose Ergebenheit seiner Mitarbeiter verdankte, war ein getreuer Spiegel seiner Persönlichkeit. Vielleicht hätte er ihn jedoch nicht so leicht auf die anderen übertragen können, wenn ihm sein Kanzler Petrus von Vinea nicht dabei geholfen hätte.

Er war 1190 in Capua geboren (also sechs Jahre älter als Friedrich) und hatte sehr früh seine Begabung für die Poesie gezeigt.[330] Er hat an den Universitäten von Neapel und Bologna Rechtswissenschaften studiert und dadurch gute Lateinkenntnisse erworben. Berard von Castacca, der seine außergewöhnlichen Fähigkeiten schnell erkannte, hatte ihn dem Kaiser empfohlen, der dem Erzbischof von Palermo vertraute und Petrus von Vinea mit seiner ersten Mission beauftragte: in Brindisi die Ordnung wiederherzustellen, als der Hafen voller Schiffe lag, die Cholera ausgebrochen war und die Kreuzfahrer ins Heilige Land aufbrechen wollten.[331] Petrus von Vinea hatte sich dieser Aufgabe auf glänzende Weise entledigt. Seine Intelligenz und sein Organisationstalent hatten sich seiner Charakterstärke als gleichwertig erwiesen. Friedrich hatte darauf beschlossen, ihn an sich zu binden. Um ihm seine Zufriedenheit mit ihm zu bezeugen, ließ er ihm eine Reihe schneller Beförderungen zuteil werden: Er ernannte ihn zum Hofdichter, Logothetos,[332] Protonotar, Schatzmeister und schließlich zum Großjustitiar des Königreichs, so daß er mit allen Verwaltungsfragen Siziliens betraut war.

Petrus von Vinea war vielleicht nicht der mutigste und diplomatischste seiner Mitarbeiter (machen wir diesen Platz Hermann von Salza nicht streitig). Aber von allen markanten Persönlichkeiten, die den Kaiser umgaben, war er unbestritten der begabteste, glänzendste und einbildungsreichste Mann. Er verlieh den Dingen jene Anmut und jenen Überschwang, die dem Hochmeister des Deutschen Ritterordens fehlte, der ernster und feierlicher auftrat. Was für den einen Pflicht war, erschien für den anderen als Vergnügen. Da Petrus an der Redaktion der Verfassungen von Melfi beteiligt war, gewann er in den Jahren nach der Rückkehr aus Jerusalem in Friedrichs Umkreis zunehmend an Einfluß. Das Verhältnis der beiden Männer wurde mit der Zeit so vertraulich, daß der Kaiser, der seine treuen Diener zu belohnen wußte, dessen Büste neben seiner eigenen in die Fassade des Triumphtors von Capua meißeln ließ.[333] Eine bemerkenswerte Ehrung, wenn man sich erinnert, daß Petrus von Vinea in Capua geboren war.

Weshalb Friedrich ihn so schätzte, lag vor allem daran, daß er der künstlerischste seiner Ratgeber war. Alles, was die Kanzlei verließ, wurde seiner Kontrolle unterzogen, denn er wollte, daß jede Kleinigkeit die Größe seines Herrn widerspiegelte: die Anlage seiner Festungen, die Verzierung seiner Schlösser, die Pracht seiner Feste bis hin zu seinen salbungsvollen Briefen und den Erlassen, die in der karolingischen Manuskripttradition standen.

Ob in Foggia oder Bari, in Capua oder Palermo, Petrus von Vinea legte alles fest, überwachte alles, kontrollierte alles: des Kaisers Zeitplan, den Ablauf der Jagdpartien, die Dauer seiner Audienzen mit ausländischen Fürsten, die Redaktion seiner Dekrete. Und wenn nach einem langen, ausgefüllten Tag der Abend hereinbrach, organisierte er die poetischen Wettstreite.[334]

Eine aufreibende Tätigkeit, die ihm kaum eine Minute Ruhe ließ. Denn weder das Königreich noch das Kaiserreich hatten eine feste Hauptstadt. Der Hof begleitete den Kaiser überall hin; und Friedrich war ständig unterwegs. (War er nicht ein gutes Beispiel für diese »übernationale und nomadische« Rasse, von der Nietzsche sechs Jahrhunderte später sprechen sollte?) Er ritt rastlos über die Straßen Siziliens, Apuliens und Deutschlands, erschien in Benevent, in Rom, in Brescia, in Mainz und war stets von einem Gefolge begleitet, das die Bevölkerung der umliegenden Orte anlockte. Der Papst hatte so unrecht nicht, ihn als »stupor mundi« zu bezeichnen!

Dank der Beschreibungen, die uns die zeitgenössischen Chronisten überliefert haben, wissen wir, wie diese Ortswechsel des Kaisers vorgenommen wurden.[335]

An der Spitze ritt die arabische Garde, dreihundert Männer auf Rassepferden mit ihren glitzernden Rüstungen, ihren Niellosteigbügeln und ihren mit Edelsteinen verzierten Satteldecken. Sie wurden von palästinensischen Kamelen begleitet, von denen einige kostbare Tragsessel mit arabischen Tänzerinnen von großer Schönheit transportierten, die – wie versichert wird – den kaiserlichen Harem bildeten.

Hinter diesem Teil der Eskorte folgte eine Truppe von Troubadouren, Jongleuren und Lautenspielern. Dann kam der eigentliche Hofstaat: Friedrich zu Pferde, der mit herrischem Blick die Menge seiner Untergebenen überwachte, umgeben von einer Gruppe hoher Würdenträger, Prälaten, Pagen und Dienern.

Dahinter fuhr ein mit roten Vorhängen bespannter Wagen, in dem die Gelehrten verschiedenster Provenienz saßen: Mediziner, Physiker, Mathematiker und Astronomen, von denen man sagte, daß sie die gelehrtesten der ganzen Welt seien. Daran schloß sich ein buntes Gefolge von Männern und Jagdtieren an: Falkner mit ihren Vögeln auf ihrem Lederhandschuh, Hundetreiber mit ihrer zahlreichen Meute an der Leine, Dompteure mit Panthern und Leoparden an goldenen Ketten.

234

Doch damit war das Schauspiel nicht abgeschlossen: Dahinter trottete der Elefant, den Al-Kamil Friedrich geschenkt hatte und der auf seinem Rücken ein viereckiges Holzgestell trug, von dem aus Araber Trompetenstöße in alle Himmelsrichtungen sandten.

Am Schluß des Zuges ritt eine Abordnung der Deutschordensritter, in ihre langen weißen Mäntel mit dem schwarzen Kreuz gekleidet, was ein wenig Ruhe und Gewichtigkeit in die Farbenpracht brachte.

Natürlich hatte dieser Anblick etwas Verwirrendes. Er wirkte so phantastisch, daß er der Traumwelt zu entstammen schien. Deshalb nahm es nicht wunder, daß sich die Menschenmenge, die sich an den Straßenrändern versammelt hatte, um Friedrich zuzujubeln, nach dem Vorbeizug des Gefolges und wenn der Staub sich gelegt hatte, so benommen vorkam, daß sie nicht mehr recht wußte, wer dieser Mann mit dem wallenden Haar war, und sich fragte, ob es der »Kaiser des Lichts«, wie die meisten meinten, oder der »Kaiser der Endzeit« war, wie einige tuschelten.

Siebenter Teil:
Der Sohn gegen den Vater

(1235 – 1242)

I

Friedrich II. griff nicht gerne auf die Gewalt zurück – wie wir gehört haben. Ohne einen Schwertstreich hatte er die Krone Karls des Großen errungen und den Sultan von Ägypten bewogen, ihm das Königreich Jerusalem zurückzuerstatten. Aber er war ein Meister in der Kunst der Propaganda geworden, die darin besteht, die Menschen zu regieren, indem man geistig auf sie Anziehungskraft ausübt. Er konnte sich im voraus den beachtlichen Eindruck ausmalen, den der Anblick des kaiserlichen Gefolges mit seinen arabischen Reitern, seinem Elefanten, den Kamelen mit den Sänften, den Panthern und Leoparden sowie all den Dingen, die man außerhalb Süditaliens nie gesehen hatte, auf die Leute jenseits der Alpen machen mußte. Er glaubte, dieses Schauspiel müßte ihm das Ansehen eines Kaiser-Kalifen verleihen. Deshalb verließ er mit diesem Triumphzug, dem jedoch keine militärische Streitmacht angehörte, Anfang Mai 1235 Foggia, um sich zum zweitenmal nach Deutschland zu begeben.

Welcher Gegensatz zu dem Aufbruch im März 1212, als er die Krone seinem Rivalen Otto IV. abjagen wollte! Bei seiner ersten Reise war er noch ein junger Mann von achtzehn Jahren gewesen, dessen Macht auf das Herzstück seines Königreichs beschränkt war. Er wußte weder, was ihn diesseits noch jenseits der Alpen erwartete. Er war mit leeren Händen, ohne Waffen und ohne Geld mit einer Begleitmannschaft von dreißig Rittern losgezogen. Seine einzigen Trümpfe waren seine Kühnheit, sein Vertrauen in seinen Glücksstern und seine strahlende Jugendlichkeit gewesen. Gegenwärtig war er nicht allein der König von Sizilien. Er war außerdem deutscher Kaiser, römischer König und König von Jerusalem. Und diejenigen, die ihn auf seiner Reise begrüßten, waren keine begeisterten anonymen Mengen mehr, sondern Fürsten und Herrscher, die aus ihren fernen Residenzen herbeieilten, um ihm den Eid zu leisten und das Knie vor ihm zu beugen.

Er hatte vier Jahre zuvor einen kurzen Abstecher nach Deutschland gemacht, um dort einige innere Angelegenheiten zu regeln. Im Mai 1231 hatte er in Worms die Bulle *Statutum in favorem principum* verkündet, in der er den Fürsten ihre Vorrechte bestätigt hatte.[336] Doch aus verschiedenen Gründen hatte dieser Besuch weniger Aufmerksamkeit erregt als der gegenwärtige.

Wir haben die Jahre seiner Regierungszeit zwischen 1230 und 1239 als die »herrlichen« bezeichnet, weil sich seine Tätigkeit in dieser Epoche am augenfälligsten entfaltet hat. Das sollte hingegen nicht besagen, daß während dieser Zeit der Himmel stets wolkenlos gewesen ist.

Jetzt sollte sich Friedrich II. jedoch zum erstenmal in seinem Leben an einem Konflikt reiben, der für einen Vater sehr grausam ist: an dem unvermuteten Aufstand seines Sohnes, Heinrichs VII. Diese Rebellion rief eine Krise hervor, die beinahe zur Auflösung des kaiserlichen Reiches geführt hätte. »Es ist wunderbar«, berichtet ein Chronist, »den Mut zu sehen, mit dem der Kaiser der Gefahr entgegentritt, desgleichen seine moralische Stärke, mit der er sie überwindet.«[337] Und das stimmt. Denn jeder andere als er wäre mit Sicherheit daran gescheitert.

II

Als Friedrich II. Ostern 1212 in Rom eingetroffen war, wo er sich zum ersten (und letzten) Mal Innozenz III. gegenübersah,[338] hatte ihn der Heilige Vater in strengem Ton an die Verpflichtungen erinnert, die seine Mutter mit der Kirche eingegangen war,[339] Verpflichtungen, die er selbst bestätigt hatte, als er die »Unterwerfungsakte« unterzeichnete, die ihm der Kardinal-Diakon Sankt Theodor vor seiner Abreise nach Italien in Messina vorgelegt hatte.[340] Friedrich hatte der Ermahnung des Papstes zerstreut und mit einem amüsierten Lächeln zugehört. Schließlich hatte er, um eine Unterredung zu beenden, die ihm lästig war, allen Versprechungen zugestimmt, um den apostolischen Segen zu erhalten.

Dennoch hatte er nach seiner Krönung in Aachen und dem Tod Innozenz' III. die »Schwierigkeit zu umgehen« geglaubt, indem er auf dem Hoftag zu Frankfurt seinen ältesten Sohn Heinrich VII. zum deutschen Kaiser wählen ließ, während er sich die Verwaltung Siziliens vorbehielt. Papst Honorius III., der Innozenz III. gefolgt war, hatte sich diesem Übereinkommen gebeugt, das eine Personalunion einem administrativen Zusammenschluß vorzog, an den Friedrich übrigens nicht dachte.

Gregor IX. schließlich hatte gleich gezeigt, daß er aus anderem Holz war als sein Vorgänger. Da er ebenso autoritär und herrschsüchtig war wie Honorius nachsichtig, hatte er Friedrich an die Einhaltung seiner Verpflichtungen gemahnt und gefordert, daß er kam und Abbitte tat, bevor er ins Heilige Land aufbrach. Als der Kaiser dies verweigerte, hatte Gregor schwere Anschuldigungen erhoben. Er hatte ihn nicht nur mit dem Antichristen verglichen, sondern ihn sogar mit dem Kirchenbann belegt. Ausgeschlossen von der Glaubensgemeinde, hatte Friedrich II. das Kreuz genommen. Doch damit nicht genug. Gregor IX. hatte des Kaisers Abwesenheit genutzt, um die lombardischen Städte (die Honorius III. beschwichtigt hatte) gegen ihn aufzustacheln und Johann von Brienne zur Eroberung Siziliens auszusenden. Nach seiner Rückkehr von Akkon hatte Friedrich die Ordnung in seinem Königreich sogleich wiederhergestellt und den Grafen von Brienne zur Flucht nach Rom gezwungen. Darauf hatte er, unterstützt von der Popularität, die ihm die Befreiung des Heiligen Grabes einbrachte, Papst Gregor IX. bewegen können, den Bannfluch aufzuheben, so daß er wieder zum »geliebten Kind der Kirche« wurde.

Doch diese Versöhnung war nichts als Fassade. Gregor hatte die wiederholten Demütigungen noch nicht verdaut, die ihm der Mann beigebracht hatte, der eigentlich zu seinen Füßen knien sollte. Deshalb wartete er nur auf die Gelegenheit, den Streit wieder aufflammen zu lassen.

III

Heinrich VII., dem Friedrich II. die deutschen Angelegenheiten »übertragen« und den der Hoftag in Frankfurt zum Kaiser gewählt hatte,[341] war inzwischen zwanzig Jahre alt geworden. Charakterlich hatte er sich zu einem streng autoritären und finsteren Menschen entwickelt. In seiner Starrköpfigkeit und Härte ähnelte er weniger seinem Vater als seinem Großvater, Heinrich VI. Sobald er das Alter erreicht hatte, um selbst regieren zu können, hatte er die Räte heimgeschickt, die Friedrich ihm an die Seite gestellt hatte, unter ihnen den Erzbischof von Köln und den Herzog Ludwig I. von Bayern, deren gemäßigte Ratschläge ihm mehr und mehr zuwider waren. Entschlossen, nun nach Belieben zu schalten und zu walten, brannte er darauf, seine eigene Rolle in Deutschland zu spielen.

Dennoch empfand Heinrich, wenn man zeitgenössischen Zeugenaussagen

Glauben schenkt, echte Bewunderung für seinen Vater (was uns diese Tragödie deutlicher macht). Wenn er sich zu behaupten suchte, wollte er ihn in seine Grenzen verweisen, mit ihm rivalisieren, ja, ihn übertreffen. Und was sah er, wenn er dessen Tun in Sizilien beobachtete? Waren Friedrichs Bemühungen nicht allein darauf ausgerichtet, einen zentralisierten Staat zu schaffen, der von Beamten verwaltet wurde, die ihm direkt unterstanden, und von Bischöfen und Edelleuten, deren Vorrechte weitgehend beschnitten waren? Warum sollte Heinrich es in Deutschland nicht ebenso machen? Weshalb sollte er weiterhin den Partikularismus der Fürsten begünstigen, hinter dem sich deren Egoismus und Habgier verbargen? Warum nicht das deutsche Reich einigen? Das war sicherlich eine kühne Initiative, die jedoch keineswegs sträflich erschien. Im Grunde bedeutete es nichts anderes als die Ausweitung des von seinem Vater erstrebten Regierungssystems auf Germanien . . .

Heinrich VII. war jung und anmaßend. Er verfügte weder über die politischen Fähigkeiten noch über die Erfahrung seines Vaters. Er wußte nicht, daß »sich die Menschen in Palermo nicht auf die gleiche Art regieren ließen wie in Augsburg«; daß sich das, was in Sizilien anwendbar war – weil seine Bevölkerung über Jahrhunderte die Disziplin der römischen Verwaltung erfahren hatte –, nicht auf die Menschen des Nordens übertragen ließ, die an ihrer Unabhängigkeit hingen, weil sie ihrem ursprünglichen Stammestum näher und von dem gotischen Geist geprägt waren. Deswegen hatten die Einigungsmaßnahmen, die Heinrich VII. ergriff, öffentlichen Protest ausgelöst.

Während der Zeit, da Friedrich mit der Befreiung der Heiligen Stätten und der Befriedung Siziliens beschäftigt war, hatte er kaum Muße gefunden, sich mit deutschen Angelegenheiten zu befassen. Heinrich hatte das genutzt, um seine Unternehmungen zu fördern. Die daraus resultierende Situation war noch nicht ernst, aber sie verlangte, fester in die Hand genommen zu werden. Deshalb berief Friedrich die deutschen Fürsten zunächst im November 1231 nach Ravenna. Doch die lombardischen Städte hatten die Alpenpässe gesperrt und die meisten germanischen Herrscher gehindert, sich nach Italien zu begeben. Nun wurde die Lage heikler.

Heinrich VII. erschien also nicht zu dem Treffen. Sein Vater schickte ihm einen Mahnbrief. Der Sohn versuchte, seine Abwesenheit lediglich dadurch zu entschuldigen, »daß die Besetzung des Brenners durch die Lombarden und die Unbilden der Jahreszeit ihn verhindert hätten, seinem Ruf Folge zu leisten«. Friedrich begann mißtrauisch zu werden und lehnte diese Erklärung ab. »Das ist eine Lüge!« rief er aus. »Einige Fürsten brauchten nur die östlich des Brenners gelegenen Pässe zu benutzen, um ungehindert hierher zu kommen. Ist das nicht der Beweis, daß mein Sohn es ebenso machen konnte, wenn er gewollt hätte?«

Da es an Teilnehmern fehlte, mußte Friedrich II. die Versammlung aufheben und für das folgende Frühjahr eine neue einberufen. Sie sollte in Aquileja stattfinden. Diesmal befahl er seinem Sohn unter Anordnung schwerer Strafen, dort zu erscheinen.

Am Ostersonntag 1232 traf man in Aquileja zusammen. Heinrich VII. kam, aber sein Vater konnte seinen Zorn bei dessen Anblick nicht zügeln. Er kanzelte ihn in Anwesenheit der deutschen Fürsten so ab, daß er das Gegenteil von dem erreichte, was er erhofft hatte: Anstatt sich zu unterwerfen, lehnte Heinrich sich auf. Er verließ den Versammlungssaal unter heftigen Drohungen gegen seinen Vater und begab sich nach Mailand, wo er ein Abkommen mit den lombardischen Städten schloß.

Danach ist er vom Ungehorsam zum Aufstand übergegangen. Der Konflikt zwischen Vater und Sohn hatte derartige Ausmaße angenommen, daß es nur eine tragische Lösung geben konnte.

Mußte der Kaiser nicht gegenüber Heinrichs Haltung streng vorgehen? Sicher, er fühlte sich manchmal über menschliche Gesetze erhaben, und er hatte die päpstlichen Erlasse einfach übergangen, aber die »Ordnung der Welt« verletzt zu sehen, überschritt das Maß des Möglichen. Ungehorsam war in seinen Augen die Sünde schlechthin. Hatte das *non serviam* des Erzengels, der sich dem Willen Gottes nicht beugen wollte, nicht den Sündenfall Adams nach sich gezogen und die Menschheit in einen Abgrund der Leiden gestürzt? Unter dem Vorwand, daß der Urheber dieser Tat sein eigener Sohn war, also derjenige, der ihm am nächsten stand, nichts zu unternehmen, hätte diesem Unglück ein weiteres hinzugefügt. Wenn er ihn nicht bestrafte, konnte er von seinen Untertanen nie mehr erwarten, daß sie die Gerechtigkeit achteten, diese Gerechtigkeit, die er zum Schlußstein seines Autoritätsgebäudes gemacht hatte.

Indem er sich mit den lombardischen Städten verbündete, hatte Heinrich VII. etwas Unverzeihliches getan. Er mußte bestraft werden, was auch geschehen mochte. Und die einzige Sanktion, die hier verhängt werden konnte, war die Todesstrafe, denn nur der Tod war seinem Verbrechen angemessen.

Doch bevor es dazu kam, mußte Friedrich einen für seine Eigenliebe und seine Würde demütigenden Schritt unternehmen: Er mußte den Papst bitten, seinen Sohn zu entthronen. Der Heilige Vater und seine Kardinäle würden sich vermutlich ins Fäustchen lachen, wenn sie erfuhren, daß der Kaiser sich an sie wandte und um diesen »Dienst« bat. Es gab also etwas, wozu er sie brauchte? Die Geschichte verrät uns nicht, was Friedrich dieser Schritt gekostet hat, aber wir wissen, daß er ihn mit eiskalter Gleichgültigkeit tat.

Am 5. Juni 1234 erließ der Papst das Dekret, mit dem Heinrich VII. seines

Thrones enthoben wurde und »aller kaiserlichen Rechte verlustig ging«. Nun stand dem nichts mehr im Wege, daß er vor seinen Richtern erschien.

IV

Im Gegenzug verstärkte Heinrich VII. sein Bündnis mit den lombardischen Stadtstaaten und schloß Freundschaftsverträge mit deutschen Städten, die seinem Vater feindlich gesinnt waren. Dieses Mal war der Verrat offenkundig. Um diesen Konflikt schnell zu beenden, der den alten Streit zwischen Gibellinen und Welfen aufleben zu lassen drohte, verließ Friedrich Anfang Mai 1235 Foggia und begab sich über Rimini und Aquileja nach Cividale. Dort empfing er zahlreiche Delegationen der deutschen Kurfürsten und Städte, die sich über die Reformen beklagten, die Heinrich VII. ihnen aufzwingen wollte. Friedrich II. hörte sie aufmerksam an und empfahl ihnen, sich zu beruhigen. Anschließend brach das kaiserliche Gefolge nach Norden auf. In kleinen Etappen gelangte es – unter Umgehung der aufrührerischen Lombardei – auf dem Wege durch die Steiermark nach Regensburg, wo es Mitte Juni eintraf.

In Regensburg tat der Kaiser so, als würde er den Konflikt mit Heinrich gering achten. Er hatte seinen zweiten Sohn, Konrad IV., mitgebracht, der jetzt sieben Jahre alt war und den er vor seinem Kreuzzug zum König von Sizilien hatte krönen lassen.[342] Er rief Otto II., den Herzog von Bayern, an seinen Hof und verlobte Konrad mit dessen Tochter Irmgard, die ebenfalls sieben Jahre alt war und als Mitgift die Pfalz erhielt. Das war der erste Markstein einer langfristigen Politik, die darauf abzielte, Konrad an Heinrichs Stelle auf den kaiserlichen Thron zu setzen. Die entscheidende Auseinandersetzung wurde auf später verschoben. Doch Heinrich VII. verlor keine Zeit . . .

Er nutzte diesen Aufschub zu weiteren Taten des Ungehorsams. Er zog von Stadt zu Stadt und von Fürstenhaus zu Fürstenhaus und hat »durch Geld, Drohungen und Geschenke die Teilnahme am Widerstand gegen den Vater erreichen wollen«.[343] Aber vergebens. Auch die rheinischen und elsässischen Städte schlossen sich ihm nicht an. Selbst Worms, das mehrmals in den Genuß seiner Freigiebigkeit gelangt war, verweigerte sich ihm entschieden. Was er um sich versammeln konnte, war ein paar Hundertschaften schwäbischer, elsässischer und Pfälzer Ritter. Ein schlecht durchgeführter Angriff auf Worms endete mit einem Fiasko. Die Lage Heinrichs wurde zunehmend prekärer.

Friedrich II. hingegen festigte sein Ansehen von Tag zu Tag. Er hatte keine Streitkräfte aus Italien mitgeführt, weil er vorausgesehen hatte, daß er sie nicht brauchen würde. Nicht nur der Herzog von Bayern, sondern eine ganze Reihe von Fürsten, die die abenteuerliche Politik Heinrichs beunruhigte, stellte ihm ihre Truppen zur Verfügung und war bereit, an seiner Seite gegen die Lombardei zu kämpfen. Im Verlauf einiger Wochen wurde der Gegensatz zwischen dem allmächtigen Friedrich und dem schwachen Heinrich immer deutlicher. Der Befreier des Heiligen Grabes zog überall seinen Vorteil aus dem Staunen, das sein wundersamer und farbenfroher Aufzug in Deutschland erregte. In dem Bericht des Ebersbacher Chronisten heißt es dazu: »Er zog einher in großer Pracht, wie es der kaiserlichen Würde geziemt. Ihm folgten Wagen, beladen mit Gold und Silber, mit Byssusgeweben und Purpur, mit Gemmen und kostbarem Gerät. Er kam mit vielen Kamelen und Dromedaren, mit Affen und Leoparden, er führte zahlreiche, vieler Künste kundige Sarazenen und Äthiopier mit sich, die sein Gold und seine Schätze bewachten. Also kam er und gelangte mit großem Gefolge von Fürsten und Herren nach Wimpfen . . . Da wurden alle Anhänger Heinrichs verwirrt, Schrecken und Entsetzen brach über seine Spießgesellen herein wegen des gewaltigen Ruhmes und der Macht des Kaisers.«

Da er seine Sache für verloren halten mußte, ergab Heinrich sich Hermann von Salza, den der Kaiser ihm als Unterhändler entgegengeschickt hatte. Er erklärte sich bereit – was er bisher abgelehnt hatte –, seinem Vater die kaiserlichen Insignien zurückzuerstatten, die er in seinem Schloß Trifels verborgen hielt.[344] Dann bekannte er seinen Fehler und erklärte, sich der Barmherzigkeit Gottes überantworten zu wollen. Er wurde umgehend in Ketten gelegt und bekam Anweisung, bis auf neuen Befehl nicht vor dem Kaiser zu erscheinen (2. Juli 1235). Er wurde auf einen Heuwagen gebunden – welch entehrende Maßnahme! –, der den Schluß des kaiserlichen Gefolges bildete. Darauf zog Friedrich auf dem linken Rheinufer nach Worms.

Worms war die »Kaiserstadt«, doch ihr Erzbischof Landulf hatte die Partei Heinrichs ergriffen. Als der Hohenstaufer vor dem Dom eintraf und Landulf inmitten einer Gruppe von Geistlichen erblickte, die Friedrich huldigen wollten, gab er ihm den Befehl, »aus seinen Augen zu verschwinden«. Dann wurde Lundulf der Menge ausgeliefert, die ihn sogleich seines priesterlichen Ornats entkleidete.

In der ersten Juliwoche versammelte der Kaiser ein Dutzend Fürsten und die wichtigsten Würdenträger seiner Kanzlei um sich und hielt Hoftag. Obwohl er Heinrich VII. in Gedanken bereits verurteilt hatte, überließ er es lieber anderen, das Urteil zu sprechen, weil sein Verdikt wegen der engen Familienbande als Willkür erscheinen konnte. Die Szene im Hauptschiff des Wormser Doms war von ernster Feierlichkeit getragen. Die im hohen Gewölbe widerhallenden Worte erreichten eine niederschmetternde Klangfülle.

Als Friedrich II. auf den Chor zuschritt, riß sich Heinrich von seinen Bewachern los, rannte vor ihn und warf sich unter lautem Jammern auf den Boden. Einen Augenblick neigte Friedrich seinem Sohn sein zornentbranntes Gesicht zu. Würde er ihm mit dem Sporn einen Tritt versetzen wie einst Ibn-Abbad?[345] Alles hielt den Atem an und rechnete mit dem Schlimmsten, denn niemand wußte, wie weit Friedrich gehen konnte. In diesem Moment glich er wirklich dem »Cäsar mit den Greifenaugen«, um ein Bild Dantes zu zitieren.[346] Da er jedoch unbeweglich stehen blieb und Heinrich sich weiterhin klagend am Boden wandt, baten die Richter den Kaiser, der unerträglichen Situation ein Ende zu bereiten. Friedrich willigte ein und befahl Heinrich, sich zu erheben. Er stand auf und schien unter der Last der Gewissensbisse zu schwanken. Dann erklärte er mit tränenerstickter Stimme, daß er ein für allemal auf seine gesamten Güter sowie die kaiserlichen Insignien aus Aachen verzichte.

Grollend sprach Friedrich zu ihm:

»Begreifst du nun die Schwere deines Verbrechens? Wer hat dich dazu getrieben, dich gegen mich aufzulehnen?«

Heinrich zählte ihm die Namen seiner Komplizen auf. Darauf zogen sich die Richter zur Beratung zurück.

In Anbetracht seiner aufrichtigen Reue, die als mildernder Umstand gewertet werden konnte, verurteilten sie Heinrich VII. nicht zur höchsten Strafe – mit der alle gerechnet hatten –, sondern zu lebenslänglicher Verbannung auf einer Festung. Friedrich hörte diesem Urteilsspruch schweigend und mit steinhartem Antlitz zu (12. Juli 1235).

In diesem Augenblick begannen alle Glocken in Worms zu läuten, um die Ankunft Isabellas von England zu feiern, die Friedrichs dritte Ehefrau werden sollte.

V

Als Tochter Johanns ohne Land und der Isabelle von Angoulême, als Schwester des Königs Heinrich III. und des Prinzen von Cornwallis war Isabella/Elisabeth unbestritten eine der besten Partien Englands. Mit ihren siebzehn Jahren (sie war 1217 geboren) war die künftige dritte Gattin Friedrichs II. zugleich die erste Frau, die ihm nicht durch den Papst oder äußere Umstände aufgezwängt wurde. Was jedoch nicht bedeutet, daß diese Verbindung frei von jeder politischen Überlegung war. Der Verlobung waren lange Verhandlungen vorausgegangen, die Petrus von Vinea in London geführt hatte. Im Beisein einer Gruppe von Bevollmächtigten hatte Friedrichs Vertrauter erbittert um die Höhe der Mitgift gekämpft. Sie belief sich auf die enorme Summe von dreißigtausend Silbermark. Als Gegenleistung hatte der Kaiser seiner Verlobten Schlösser auf Sizilien und im Kapitanat, insbesondere den Monte Sant'Angelo mit den Dörfern, Festungen und umliegenden Landgebieten geschenkt.

Um nicht zurückzustehen, hatte König Heinrich III. von England seiner Schwester eine fürstliche Aussteuer gegeben. Sie führte in ihrem Gepäck eine Krone aus feinem Gold mit sich, Ringe mit Smaragden, eine Schmuckgarnitur mit Diamanten, Staatskleider aus Seide, Wolle und Leinen, Elritzen- und Hermelinmäntel, Humpen und Becher aus feinvergoldetem Silber sowie einen Satz Kochtöpfe aus massivem Silber. »Trotz dieser Anhäufung von wunderbaren Dingen, die einer Märchenprinzessin würdig sind«, schreibt der Chronist Roger von Wendover, »fehlte es nicht an Tränen, als Isabella von ihrem Vater und ihrem Bruder Abschied nahm und sich auf einer Feluke nach Antwerpen einschiffte« (Anfang Juli 1235).

Nach dreitägiger Überfahrt traf sie in Flandern ein und begab sich nach Köln. »Als man daselbst ihr Herannahen erfuhr«, erzählt der Chronist Wendover, »zogen ihr an zehntausend Bürger aus der Stadt mit Blumen und Palmzweigen und in festlichen Kleidern entgegen. Sie saßen auf spanischen Pferden, die sie zu hastigem Lauf antrieben, indem sie Lanzen und Rohrstäbe, die sie in den Händen trugen, gegeneinander brachten. Es kamen auch Schiffe, die scheinbar auf dem Trockenen ruderten und durch versteckte, von Seidendecken verhüllte Pferde gezogen wurden. In diesen Schiffen spielten Geistliche auf wohlklingenden Instrumenten zur Freude der Hörenden liebliche, bisher nicht gehörte Weisen. Unter solchen Freudebezeugungen führten sie die Kaiserin durch die vielfach geschmückten Hauptstraßen der Stadt. Da Isabella aber bemerkte, daß alle, und besonders die edlen Matronen, die auf ihren Söllern saßen, ihr Antlitz zu sehen wünschten, nahm sie Hut und Kopftuch ab, so daß alle sie ungehindert anschauen konnten. Darob lobte man sie nicht wenig, labte sich an ihrem Anblick und pries ihre Schönheit wie ihre Herablassung aufs höchste.«

Sie blieb einige Tage in Köln, bis Friedrich, der mit seinem Hoftag beschäftigt war, sie nach Worms bat, wo sie am 14. Juli eintraf. Als der Kaiser sie erblickte, fand er sie »noch schöner und begehrenswerter, als er sie sich nach den Beschreibungen seiner Botschafter vorgestellt hatte«.

Die Hochzeitszeremonie fand unter allgemeinem Jubel am 15. Juli statt. Sie wurde im Wormser Dom vollzogen, wo drei Tage zuvor die Verurteilung Heinrichs VII. verkündet worden war.

Diese Eheschließung beschränkte sich nicht auf einen Austausch von Geschenken in Form von Schlössern und Schmuckstücken. Der Vertrag sah auch politische Klauseln vor, von der eine für Friedrich besonders wichtig war. Seit fast einem Jahrhundert hatten die Plantagenets stets auf der Seite des Führers der Welfenpartei gestanden. Die englische Unterstützung schien den Feinden der Hohenstaufer so gesichert, daß diese Lage als endgültig betrachtet wurde, denn sie war durch die Erhaltung des Friedens auf dem Kontinent bedingt. Man hatte das unter der Herrschaft Ottos IV. gesehen, als in der Schlacht von Bouvines Sachsen gegen Schwaben und Braunschweig gegen Bayern gekämpft hatten. Seither hatte der Streit an Schärfe verloren, aber unter der Asche schwelte die Glut. Der geringste Funke konnte sie wieder auflodern lassen.

Eine der von Friedrich in dem Ehevertrag mit Isabella von England gestellten Bedingungen lautete, daß die Plantagenets ein für allemal darauf verzichteten, diesen Konflikt zu fördern, indem sie die Ansprüche der Welfen finanziell oder mit anderen Mitteln unterstützten. Daß Johann ohne Land diese Bedingung akzeptierte, wäre einige Jahre zuvor undenkbar gewesen, denn sie bedeutete eine völlige Änderung der englischen Politik im Hinblick auf Deutschland und Italien, den Papst und den Kaiser. Wie hatte Petrus von Vinea dieses Ergebnis erzielen können, das an ein Wunder grenzte? Jedenfalls zeugt es von seinen außerordentlichen Fähigkeiten als Unterhändler. Unmöglich ist es jedoch nicht, daß ihm in London die Bischöfe von Winchester und Exeter Hilfe geleistet haben. Diese beiden Geistlichen hatten Friedrich II. ja ins Heilige Land begleitet und an seiner Krönung in Jerusalem teilgenommen und waren mit einer hohen Meinung von ihm zurückgekehrt. Es ist deshalb nicht ausgeschlossen, daß sie seine Sache gegenüber dem König von England vertreten haben. Auf alle Fälle verschaffte diese Konzession dem Kaiser eine große Erleichterung. Sie beseitigte den Zwiespalt, der die Einigung des deutschen Volkes verhinderte.

Denn die Einigung des Reiches – oder vielmehr die Modalitäten dazu – war eine der ständigen Bemühungen Friedrichs. Dieses Problem bildete das Kernstück des Konflikts, der den Kaiser gegen seinen Sohn aufgebracht hat und der nicht wenig dazu beigetragen hat, es zu vertiefen.

Man darf nicht vergessen, daß Heinrich VII. mit fünf Jahren (er war 1212 geboren) nach Deutschland gebracht worden ist. Er war ohne seine Eltern in Augsburg aufgewachsen und hatte nur Männer zu Ratgebern, deren einzige Sorge es war, den Vorrang des Hauses Schwaben zu sichern. Im Laufe seiner Jugendzeit hatte er sich viel umgesehen und eine gewisse Kenntnis von den deutschen Angelegenheiten gewonnen. Man kann ja nicht sagen, daß seine gesamte Politik falsch war. Einige seiner Initiativen waren direkt lobenswert. Heinrich genoß eher die Sympathie der Kleinen und Schwachen, der Bevölkerung auf dem Lande und in den Städten und nicht der reichen geistlichen und weltlichen Herren, die Müßiggang und Streitereien suchten und sich mit aller Macht an ihre persönlichen Interessen klammerten. Da war es schon eine Versuchung, diese Kleinstaaterei auf einen gemeinsamen Nenner zu bringen, die Strukturen zu vereinfachen und den Partikularisten notfalls mit Gewalt eine einheitliche Betrachtungsweise aufzuzwingen, die den Wünschen der Bevölkerung entsprach.

Die Einigung Deutschlands? Friedrich II. wollte sie ebenfalls, aber nicht auf diese einschneidende und frühreife Weise. Man mußte den Gedanken bei den Leuten reifen lassen. Überstürzte man diese Entwicklung, schadete man ihren grundlegenden Teilen, entzog man ihnen ihr Wesensmerkmal: die Verschiedenheit. Damit stellte man in Zweifel, woran die Völker des germanischen Reiches besonders hingen: *Die Achtung der deutschen Freiheiten,* die vom Kaiser garantiert wurden und die täglich in ihren Sitten und Bräuchen Ausdruck fanden. Das Problem war also viel schwerer zu lösen, als Heinrich sich das vorstellte. Es ging darum, zu *einigen*, ohne zu *vereinheitlichen*. Deutschland sollte kein zentralisierter Staat werden wie Sizilien, sondern ein Zusammenschluß von Ländern, die sich ständig ausdehnten und deren Grenzen am Ende mit denen des Kontinents zusammenfielen.[347] Um das zu erreichen, bedurfte es eines Taktgefühls, eines Unterscheidungsvermögens oder mit einem Wort: eines Respekts vor dem Leben, die Heinrichs Charakter kaum entsprachen.

So, wie er vorging, drohte er eine Spaltung des Reiches herbeizuführen, was sich mit der Rolle des Kaisers nicht vertrug. *Scindere Imperium Imperatori non licet,* dieser Satz war eine der Grundregeln kaiserlichen Rechts, denn keiner konnte »das Reich teilen und gleichzeitig das Menschengeschlecht zu seiner Einheit führen«.

Um die Schäden zu reparieren, die sein Sohn durch sein selbstherrliches Vorgehen angerichtet hatte, zögerte Friedrich nicht, ihn zu verurteilen. Seit den ersten Anzeichen des Ungehorsams witterte er die Gefahr, und dieses Gefühl war durch die Klagen bestätigt worden, die ihm die Lehnsherren unaufhörlich während seiner Reise von Aquileja nach Augsburg vortrugen. Nachdem er Heinrich bestraft, dessen Aufstand niedergeschlagen und versprochen hatte, die von seinem Sohn diktierten Maßnahmen rückgängig zu machen, war er bemüht, die Risse zu kitten, die sich an dem Gebäude des Reiches zu zeigen begannen, und die Fürsten zu beruhigen und ihre Befürchtungen zu zerstreuen. Er hat sich nicht allein darum bemüht, ihre Privilegien zu erhalten, sondern er hat sie vermehrt, insbesondere durch das *Jus Confederandi*, das Recht, sich untereinander zu verbünden. Und das war ihnen natürlich nicht unlieb, denn es stärkte ihre Macht gegenüber dem Kaiser.

Außerdem hatte er die Versöhnung von Welfen und Gibellinen angekündigt und den Erlaß eines *Landfriedensgesetzes* – was verständlicherweise Begeisterung ausgelöst hat.

In der Überzeugung, die Gefahren einer Spaltung beseitigt zu haben, lud Friedrich II. alle Fürsten nach Mainz ein, um dort einen seiner Hoftage abzuhalten, wie es die Kaiser aus seinem Hause zu tun pflegten, wenn die Umstände es gestatteten.

VII

Dieser Hoftag wurde am 15. August 1235 in Mainz eröffnet, also genau einen Monat nach der Eheschließung mit Isabella. Alle Fürsten, ob groß oder klein, strömten zu diesem Treffen zusammen, um dem Kaiser ihre Zufriedenheit auszusprechen und ihren Huldigungseid zu wiederholen.

Man kann sich heute diese großen deutschen Hoftage und die Atmosphäre, in der sie sich abspielten, kaum vorstellen. Es war ein steter Wechsel von Turnieren, Waffenparaden und Festessen, bei denen der Kaiser und seine Gattin im Mittelpunkt der Aufmerksamkeit standen. Alle Blicke waren auf sie gerichtet, alle Ehrungen wurden ihnen zuteil. Es gab reichlich Fleisch und die erlesensten Weine, so daß eine Feststimmung davon ausging, die Schlemmereien nicht ausschloß. Eine Vorstellung davon vermag uns Arnold von Lübeck zu vermitteln: »... um Pfingsten hielt Kaiser Friedrich einen sehr berühmten Hoftag zu Mainz. Dahin kamen alle Würdenträger, Beamten und Fürsten, dahin die Erzbischöfe und alle Großen und Edlen, die wetteiferten, dem Kaiser zu gefallen. In der Ebene, die sich in der Nähe von Mainz zwischen Rhein und Main ausbreitet, erhob sich eine leicht gebaute, aber glänzende und prächtige Stadt zur Aufnahme der von stattlichem Gefolge begleiteten Fürsten und Großen. In der Mitte der kunstreich erstehenden Zeltstadt erhob sich in reichgeschmücktem Holzbau der für den Kaiser selbst bestimmte Palast und, mit dem Palast in Verbindung stehend, eine mächtige Kirche. Um diesen Mittelpunkt breiteten sich in weitem Kreise die Zelte aus, welche die einzelnen Fürsten für sich herrichten ließen. Zahllose, in den verschiedensten Farben erglänzende Zelte bedeckten die weite Ebene, auf ihren Spitzen mit Fahnen und Bannern mannigfach geschmückt. Mehr noch staunte man die Vorräte von Lebensmitteln an, die auf des Kaisers Befehl von allen Seiten her, zu Land und zu Wasser, rhein-

aufwärts und rheinabwärts herbeigebracht wurden. Eine ganze Flotte von Schiffen lag längs des Rheinufers, die unerschöpfliche Massen Weins aus der weinreichen Landschaft herbeigeführt hatten. Und nicht anders war es mit Getreide, Brot, Schlachtvieh und Geflügel. Damit man sich aber von dem unbeschreiblichen Aufwande einen Begriff machen kann, will ich nur eins der geringsten Dinge anführen, um davon auf die größeren schließen zu lassen. Es waren dort zwei große Häuser errichtet, in welchen sich große Räume befanden, die durchweg mit Querstangen versehen waren. Diese Häuser waren von unten bis oben mit Hähnen und Hennen angefüllt, so daß kein Blick durch sie hindurchzudringen vermochte, zur größeren Verwunderung vieler, welche kaum geglaubt hatten, daß soviel Hühner überhaupt vorhanden wären. Wohl bedurfte man so gewaltiger Vorräte, denn drei Tage lang sollte die Masse der Fürsten und Edlen, der Einheimischen und Fremden als Gäste des Kaisers bewirtet werden. Und welche Menschenmassen waren außer den geladenen Gästen noch zu erwarten! Fahrende Sänger und Dichter, Spielleute und Gaukler wurden durch die Festlichkeiten aus weiter Ferne herbeigelockt, in der Hoffnung, von der Freigebigkeit des Kaisers und der Fürsten reichen Gewinn zu haben. Auf siebzigtausend schätzte man die Zahl der Ritter und Krieger, und dazu kam noch das Heer der Geistlichen und der Leute niederen Standes. Am ersten Pfingstfeiertage schritt Kaiser Friedrich mit seiner Gemahlin im Schmucke des kaiserlichen Stirnreifes in feierlicher Prozession und geleitet von einem glänzenden Gefolge zu der in der Mitte des Lagers errichteten Kirche. Mit der königlichen Krone auf dem Haupte folgte ihnen König Heinrich. In ebenso stattlichen Prozessionen verließen sie auch nach der Messe die Kirche. Glänzende Gastmähler schlossen den ersten Festtag, bei welchen den Dienst des Mundschenken und des Truchseß, des Marschalls und des Kämmerers die Fürsten des Reiches in eigener Person bei dem Kaiser versahen. Am folgenden Tage fanden nach der Frühmesse glänzende Ritterspiele und Waffenübungen statt, bei welchen des Kaisers Söhne . . . ihre Gewandtheit in der Führung der Waffen erwiesen. Etwa 20 000 Ritter wetteiferten da nicht bloß in allen ritterlichen Künsten, sondern auch in Kostbarkeit der Rüstung, Glanz der Waffen und in Schönheit der Rosse. Kaiser Friedrich selbst erschien in ihrer Mitte und nahm an ihren Kämpfen teil. Als das glänzende Schauspiel beendet war . . . ließen sie dann zur Feier des frohen Ereignisses den in Scharen zusammengeströmten Dienstmannen, Sängern, Gauklern und armen Leuten Gold und Silber, Pferde, Gewänder und andere Gaben austeilen.«[348]
Am Abend des letzten Tages stieg Friedrich auf eine Empore und verlas den Text des *Landfriedensgesetzes*. Die Zuhörer lauschten ihm andächtig. Als er geendet hatte, äußerten sie ihre Freude in nicht zu beschreibendem Beifall.

Dieses Gesetz ist für die Geschichte des deutschen Reiches von grundlegender Bedeutung, denn es war das erste Mal, daß ein juristischer Text in lateinischer und gleichzeitig deutscher Sprache abgefaßt war.

Hier wird erneut Friedrichs Denken und seine Auffassung von der Zukunft des Reiches deutlich. Für ihn war es nicht ein Nebeneinander von Völkern und Territorien. Es war ein lebendiger Organismus. Der Träger seiner Ausdehnung und Einigung war die Identität der Sprache. Indem er dieses Prinzip erkannte, erwies sich Friedrich II. einmal mehr als seiner Zeit weit voraus.

VIII

Kaum hatte das Gericht das Urteil über Heinrich VII. gefällt, das ihn zu lebenslanger Kerkerhaft verdammte, war der unglückliche junge Mann, der seines Thrones und all seiner Rechte enthoben war, in das Gefängnis der Festung Wimpfen geworfen worden. Wenige Tage später hat man ihn nach Heidelberg, dann nach Allerheim gebracht. Darauf ist er mit einer Galeere nach Italien transportiert worden, wo man ihn in Rocca San Felice in der Nähe von Melfi eingesperrt hat. Dort ist er vier Jahre geblieben. Anschließend ist er nach Nicastro überführt worden, einer kleinen abgelegenen Festung in Kalabrien. Jede dieser Ortsveränderungen hat für ihn eine Erschwerung seiner Qual bedeutet. Jedesmal hatte man ihm seine Ketten abgenommen, so daß er glaubte, man wolle ihm die Freiheit zurückschenken. Stets war er in dieser Hoffnung enttäuscht worden. Und nun war er zu der Überzeugung gekommen, daß sein Vater ihm nie verzeihen würde, und diese Gewißheit hatte ihn in einen Abgrund der Verzweiflung gestürzt.

Unterdessen erfuhr er, daß er wieder einmal verlegt werden sollte, und zwar von Nicastro nach Martirano – einem Gefängnis mit besonders finsterem Ruf. Diese Aussicht demoralisierte ihn vollends. Während des Transports ereignete sich jedoch ein Unfall, der seiner hoffnungslosen Existenz ein Ende bereiten sollte. An einer Stelle, wo die Straße an einem Steilhang entlangführte, machte sein Pferd einen Sprung zur Seite, entriß sich den Wächtern und stürzte in die Tiefe. Heinrich war sofort tot (10. Februar 1242). Hat ihn einer seiner Begleiter vom Weg gestoßen, oder hat er selbst aus dem Leben scheiden wollen? Man wird es nie erfahren . . .

Auf der anderen Seite ist eines sicher: Friedrich II. hatte den Urteilsspruch vernommen, ohne mit der Wimper zu zucken. Anschließend hatte er nichts unternommen, um diese Strenge zu mildern. Solange sein Sohn lebte, hatte er als Herrscher gehandelt, der die Aufgabe hat, auf Erden Gerechtigkeit walten zu lassen. Jetzt aber, da Heinrich tot war, konnte er seinem väterlichen Schmerz freien Lauf lassen. Die Art, wie er ihn zum Ausdruck brachte, zeigt uns, wie sehr ihn die Verurteilung seines Sohnes getroffen hat. Man hatte sich getäuscht, wenn man glaubte, dieses Schicksal habe ihn gleichgültig gelassen!

Als er von Heinrichs Tod erfuhr, gab er Anweisung, die sterblichen Überreste in den Dom von Cosenza zu überführen, sie mit einem Königsmantel zu bedecken und mit allen Ehren eines Fürsten zu bestatten. Der Schuldige war tot, es blieb nur das Opfer. Der Franziskanerbruder, der die Grabrede halten sollte, wählte das Bibelwort zum Thema: »Abraham griff nach dem Messer, um seinen Sohn zu opfern« (Gen. 22, 10).

Gleichzeitig sandte Friedrich einen Brief an alle gekrönten Häupter Europas, um ihnen seine Trauer mitzuteilen und ihnen zu sagen, daß die Strafe, die er seinem Sohn auferlegen mußte, ihm das Herz zerrissen habe. Außerdem erließ er eine Verordnung an den sizilianischen Klerus, aus der man trotz der Rhetorik aufrichtigen Schmerz heraushören kann.

»Das Leid des liebenden Vaters hat die strenge Stimme des Richters verstummen lassen. Tief müssen Wir das Geschick Unseres erstgeborenen Sohnes Heinrich betrauern, und die Natur trieb eine Flut von Tränen aus Unserem Innersten, die bisher der Schmerz über die Kränkung und die Starre der Gerechtigkeit zurückgehalten hatten. Vielleicht werden sich harte Väter wundern, daß der von öffentlichen Feinden unbesiegte Caesar von häuslichem Schmerze hat besiegt werden können. Aber eines jeden Fürsten Sinn, sei er noch so starr, ist dem Gebote der allmächtigen Natur unterworfen; sie, die ihre Macht über jeden ausübt, anerkennt weder Könige noch Kaiser. Wir gestehen es, daß Wir, der Wir durch des lebenden Königs Übermut nicht gebeugt werden konnten, durch den Sturz dieses Unseres Sohnes gerührt sind. Wir sind jedoch weder die ersten noch die letzten, die durch die Übergriffe von Söhnen Schaden erlitten und nichtsdestoweniger an ihrem Grabe weinen.

So wollen und können Wir beim Hingang Unseres teuren Sohnes nicht unterlassen, was des Vaters Pflicht ist.

Wir befehlen daher durch dieses Schreiben, allen Geistlichen und Unseren übrigen Getreuen aufzuerlegen, daß sie seine Totenfeier in aller Ehrfurcht feierlich begehen, und seine Seele mit Meßgesängen und den anderen Sakramenten der Kirche der göttlichen Barmherzigkeit empfehlen, sowie durch offenbare Zeichen beweisen, daß sie, ebenso wie sie bei den Festlichkeiten Unserer Freuden heiter und froh sind, auch in Unseren Schmerzen getreulich mit uns fühlen.«[349]

IX

Wie fremd und verwirrend diese Welt doch war! Mit ihren Ereignissen, die nahtlos aufeinanderfolgten und mal von Tränen und dann wieder von Beifallsrufen begleitet waren. Sie schien zu illustrieren, was Dante später behaupten sollte: »Auf Erden sind die Geheimnisse des Schmerzes unlösbar mit denen der Freude vermischt.« Es war ein überraschendes Zusammentreffen, daß in dem Augenblick, da Gott Friedrich II. einen Sohn entriß, ihm ein anderer in der Person Manfreds geschenkt wurde, den ihm Bianca Lancia gebar und dessen Geburt er einige Jahre später legitimieren ließ.[350]

Bisher hatte Friedrich drei Gattinnen gehabt. Die letzte war Isabella von England. Keine hatte er jedoch vor der Hochzeit gesehen. Als er die Tochter Johanns ohne Land zum erstenmal in Worms erblickte, hatte er sie »schöner und begehrenswerter gefunden, als er sich vorgestellt hatte«. Doch trotz ihrer strahlenden Jugend und Schönheit wurde der Kaiser ihrer bald überdrüssig. Er verwies sie in eines seiner sizilischen Schlösser, wo er sie von Eunuchen bewachen ließ. Diese Behandlung war nicht gerade das Beste, was er aus dem Orient übernommen hatte, und gefiel natürlich der Schwester des Richard von Cornwallis nicht. Der Hofastrologe hatte Friedrich versichert, daß sie ihm einen Erben schenken würde. Sie brachte drei Kinder zur Welt – eine Tochter und zwei Söhne – und verstarb mit siebenundzwanzig Jahren (am 1. Dezember 1241) im Kindbett.

Anders war es mit Bianca Lancia, die er zu seiner vierten Gattin machen wollte. Er kannte sie schon lange, und alles läßt darauf schließen, daß sie bezaubernd gewesen sein muß. Sie war um 1210 als Tochter eines niederen Adligen im Piemont geboren. Ihre Verbindung ging auf das Jahr 1227 zurück, und er schien sich in ihrer Gesellschaft sehr wohl gefühlt zu haben. Sie schenkte ihm drei Kinder: Konstanze (die künftige Kaiserin von Nizäa), Manfred (später König von Sizilien) und Violante (später Gräfin von Caserta), die alle *in articulo mortis* durch die Ehe ihrer Mutter legitimiert wurden.

Bianca Markgräfin von Lancia spielte also eine beträchtliche Rolle im Gefühlsleben des Kaisers Friedrich. Dennoch wissen wir so gut wie nichts von ihr. Wir kennen weder das genaue Geburts- noch das Todesdatum. Und das ist schade, denn wir wüßten gerne mehr von dieser Frau, die den Hohenstaufer durchs Leben begleitet hat.

Was ihren Sohn Manfred betrifft, der 1232 in Venosa geboren ist, so hat ihn die Geschichte als eine hochromantische Gestalt überliefert, die mit dem Nimbus des Geheimnisses und der Poesie umgeben war. Von all seinen Kindern war er derjenige – neben Enzio –, von dem der Kaiser gesagt hat, daß er »seinem Herzen am nächsten« sei. Als er noch klein war und auf seinem Schoß saß, hat er seinen Vater unaufhörlich nach der Falkenzucht und der Kunst der Vogeljagd befragt, und diese Fragestellungen haben Friedrich angeblich bewogen, seine berühmte Abhandlung über die Falknerei zu verfassen.[351]

Doch damit hört die Ähnlichkeit zwischen Vater und Sohn nicht auf. Manfred war – wie Enzio und Konradin – ein eifriger Verfechter der Dichtung. Er verfaßte viele Gedichte, die in alle italienischen Poesie-Anthologien des 13. Jahrhunderts Eingang gefunden haben. Von Aristoteles hat er den Traktat *De pomo sive de morte* aus dem Hebräischen ins Lateinische übersetzt, und er scheint das Gedankengut des Stagyritos über die Unwandelbarkeit der Materie geteilt zu haben. Das wird zumindest aus einem Brief deutlich, in dem er erklärt: »Wir haben dieses Werk übersetzt, um unseren Freunden begreiflich zu machen, daß wir nie gefürchtet haben, diese Welt zu verlassen, denn der Tod ist in unseren Augen nur der Lohn der Vollendung.«[352]

Reichte dies nicht hin, um ein starkes Band der Zuneigung und der Zärtlichkeit zwischen ihm und seinem Vater zu schaffen? Muß man sich wundern, daß der Kaiser ihn zum Fürsten von Tarent und vom zehnten Lebensjahr an zum Gouverneur von Manfredonia ernannt hat, einer neuen Stadt, die er in Apulien gegründet hatte und die seinetwegen ihren Namen erhielt? All dies führt uns nahezu über die Historie hinaus in einen Bereich, dessen Wurzeln an unsere Herzen reichen . . .

Man kann tatsächlich immer nur wiederholen: »Auf Erden sind die Geheimnisse des Schmerzes unlösbar mit denen der Freude vermischt.« Es ist ein einziger Strang, der sich durch alle Jahrhunderte zieht.

Achter Teil:
Der Zweischwerterkrieg

(1242 – 1250)

I

Unterdessen gab der Papst nicht auf. Die lombardischen Städte zeigten sich immer aggressiver, und selbst aus Sizilien und Apulien wurden einige Unruhen gemeldet.

Friedrich II. war, wie wir gesehen haben, kein Mann des Krieges. Doch diesmal war er am Ende seiner Geduld und meinte, zum Schwert greifen zu müssen.

Durch den Beitrag gestärkt, den ihm die deutschen Fürsten versprochen hatten, glaubte er, über die nötigen Mittel zu verfügen, um Brescia, Mantua und Mailand zur Reue zu bewegen. Die größten Erfolge hatte der Kaiser hingegen stets der Diplomatie und nicht den Waffen verdankt. Deshalb hielt er es für notwendig, vor der Anwendung von Gewalt Maßnahmen zu ergreifen, die zum Ziel hatten, soviel Trümpfe wie möglich in die Hand zu bekommen.

Als er ins Heilige Land aufgebrochen war, hatte er Ludwig, den Markgrafen von Thüringen, gebeten, ihn zu begleiten. Er hatte ihm die Leitung des Kreuzzugs übertragen. Doch Ludwig war in Brindisi von der Cholera dahingerafft worden, die unter dem Heer gewütet hatte.[353] Nach seinem Tode hatte sich dessen Frau Elisabeth in die Einsamkeit zurückgezogen, um den Rest ihres Lebens den Armen, Kranken und Enterbten zu widmen. Sie starb 1231 im Alter von vierundzwanzig Jahren. Sie ist zunächst auf der Wartburg beigesetzt worden. Wenig später hatte sich eine Reihe von Wundern an ihrem Grab zugetragen, so daß sie 1235 heiliggesprochen worden ist. Eine große Zeremonie war vorgesehen, um die Umbettung ihrer sterblichen Hüllen aus einem einfachen Sarg in einen kostbaren Goldschrein zu feiern, den die Gläubigen gespendet hatten. Friedrich beschloß, an der Feierlichkeit teilzunehmen, zu der die bedeutendsten Fürsten der Christenheit – wie die Könige von Polen, Böhmen und Ungarn – eingeladen waren. Er erschien ohne kaiserliche Insignien in eine einfache braune Kutte gekleidet. Denjenigen, die sich über die Einfachheit seines Gewandes wunderten, erklärte er: »Ich bin nicht hierher gekommen, um Fürsten, Bischöfe oder die Großen dieser Welt zu treffen, sondern um einer Heiligen die Ehre zu erweisen, die in absoluter Armut gestorben ist.« Langsamen Schrittes und unter dem Gesang des *Confiteor* hat Friedrich das Reliquar Elisabeths bis in die Krypta der frühgotischen Elisabethkirche in Marburg/Lahn begleitet, wo sie ihre letzte Ruhestätte gefunden hat.

Seine Anwesenheit bei der Beisetzung der Heiligen erregte bei den Teilnehmern Aufsehen. Ein Exkommunizierter, der andächtig dem Sarg der hl. Elisabeth folgte, mußte zu leidenschaftlichen Kommentaren anregen. Die Chronisten haben sich dies auch nicht entgehen lassen. Sie beschrieben die Szene in Vers und Prosa und gaben allen zu wissen, daß Friedrich keineswegs ein hassenswertes Monstrum oder ein Gotteslästerer war, wie Gregor IX. behauptete. Wenn der Kaiser diesen Schritt getan hat, dann natürlich, um die päpstliche Propaganda Lügen zu strafen. Darüber hinaus jedoch, um allen zu zeigen, daß sein Konflikt mit dem Papst ausschließlich politischer Natur war. Denn in allem, was die Kirchenlehre, den Heiligenkult und die Bekämpfung der Heräsie betraf, erwies sich Friedrich als ebenso unbeugsam wie Gregor IX. Wie er geahnt hatte, grub sich seine Erscheinung in einfacher Wollkutte ins Gedächtnis der Mitmenschen ein und nützte seinem Ruf mehr als jeder rechtgläubige Protest.

Seine zweite Initiative hatte ein anderes Ziel.

Schon bei seiner ersten Reise nach Deutschland hatten ihm die lombardischen Städte den Übergang über den Brenner verwehrt, so daß er einen Umweg über Chur machen mußte.[354] Dadurch hatte er ein Gelände durchqueren müssen, das voller Schluchten, Gletscher und ohne passierbare Straßen war. Diese Strecke zu bewältigen, hatte für die dreißig Ritter, die über nichts verfügten, eine wahre Heldentat bedeutet. Eine ähnliche Anstrengung mit stärkeren Truppenverbänden zu unternehmen, die Waffen und Gepäck wie deutsche Söldnerheere bei sich führten, war nahezu undenkbar.

Später hatte Friedrich sich an einer vergleichbaren Situation stoßen müssen, als die geladenen Teilnehmer an der Versammlung von Aquileja nicht erscheinen konnten, weil die Lombarden die Täler der Etsch und der Brenta gesperrt hatten. Um sicherzustellen, daß seine Truppen zusammenblieben und nicht verstreut oder gespalten wurden, mußte der Kaiser immer einen freien Zugang über die Ostalpen haben. Dieser Weg führte durch Tirol und die Steiermark, also Gebiete, die unter der Lehnsherrschaft des Herzogs von Österreich stan-

254

den, den seine Zeitgenossen Friedrich den Streitbaren genannt hatten.

Dieser Beiname sagt an sich genug aus. Der Herzog von Österreich war aufbrausend und kleinlich. Unter fadenscheinigen Vorwänden suchte er mit allen Nachbarn Streit. Damit hatte er selbst die Reichsacht über sich verhängt und den Herzog von Bayern sowie den König von Böhmen gegen sich aufgehetzt. Sie hatten Truppen nach Wien entsandt, um sich dieses Störenfrieds zu entledigen. Auch Friedrich II. war nach Österreich gezogen, um sie zu unterstützen. Doch als er dort ankam, war die Angelegenheit bereits geregelt. Bayern und Böhmen hatten Friedrich den Streitbaren abgesetzt und gezwungen, beim Herzog von Meranien Zuflucht zu suchen.

Obwohl des Kaisers Aufenthalt in Wien nur kurz war (Januar 1237), erwies er sich als fruchtbar. Nachdem er seinen von der Menge gefeierten Einzug in die Stadt gehalten hatte, berief er einen Reichstag der weltlichen und geistlichen Fürsten ein. Sie stimmten seiner Anregung zu, aus Wien eine »freie Kaiserstadt« zu machen, ihre Verwaltung einem »Generalkapitän« zu unterstellen und die Herzogtümer von Österreich und der Steiermark direkt an das Reich zu binden. Damit hatte Friedrich sein Ziel erreicht: eine breite Passage zwischen Süddeutschland und Oberitalien.

Sein Erscheinen bei der Bestattung der hl. Elisabeth war vor allem von einer psychologischen Sorge diktiert. Die Annexion Österreichs hingegen entsprach einer strategischen Überlegung. Wiederum einen anderen Grund hatte sein dritter Plan, der jedoch nicht der Gegenwart galt, sondern eher der Absicherung der Zukunft.

Nachdem Heinrich VII. entthront war, schien es geraten, schnell einen Nachfolger zu finden. Deswegen hatte Friedrich II. seinen Sohn Konrad IV. nach Deutschland mitgebracht und ihn mit nach Wien genommen, um ihn den dort versammelten Fürsten vorzustellen. Und sie haben Konrad zum Kaiser gewählt. Doch Friedrich fand, daß zwei Wahlen besser seien als eine, und berief einen zweiten Reichstag nach Speyer ein, an dem alle Kurfürsten teilnahmen, die nicht in Österreich gewesen waren. Und sie bestätigten einstimmig Konrads Wahl.

Friedrich II. hatte unter dem Aufstand Heinrichs VII. zu sehr gelitten, um keine Lehre daraus zu ziehen. War er nicht zum Teil selbst an der Tragödie schuld gewesen? Da er mit anderen Dingen beschäftigt war, hatte er die Erziehung seines Sohnes nicht hinreichend überwacht und lange die Zügel zu locker gehalten. Dabei war er zum Schmied seines eigenen Unglücks geworden. Durch die Erfahrung gereift, unterhielt er nun einen engen Kontakt mit Konrad. Er achtete auf dessen Heranbildung, wechselte mit ihm Briefe und nachdem er Deutschland verlassen hatte, ließ er ihn nicht unkontrolliert in den

Händen seiner Ratgeber zurück. Kurz, er tat alles, damit Konrad in aller Würde die Rolle eines Kaisers übernehmen konnte.[355]

Nach diesen drei Maßnahmen fühlte Friedrich sich stark genug, um die lombardischen Stadtstaaten anzugreifen.

II

Anfang Herbst des Jahres 1237 überquerte Friedrich II. die Alpen und zog nach Verona hinab, wo er sein Hauptquartier errichtete. Obgleich sie sehr unterschiedlich waren, muß man seine Streitkräfte für damalige Zeit als beachtlich bezeichnen. Er verfügte über zweitausend deutsche Ritter mit Begleitpersonal, die einesteils von den deutschen Fürsten gestellt worden waren und sich andererseits aus den Deutschordensrittern und dem Schwertbrüderorden rekrutierten. Diese Truppen wurden durch siebentausend arabische Reiter verstärkt, die aus Lucera hinzustießen. In den folgenden Tagen erhielt Friedrich außerdem Verstärkung aus Süditalien, so daß sein Heer schließlich zwischen zwölf- und fünfzehntausend Mann umfaßte,[356] denen weder der Papst noch die lombardischen Städte eine gleichwertige Armee entgegenstellen konnte.

Während des ganzen lombardischen Feldzugs verfolgte der Kaiser einen Operationsplan, der sorgfältig vorbereitet war. Normalerweise hätte er anfangs Brescia einnehmen müssen, das auf halber Strecke zwischen Verona und Mailand lag. Er zog es jedoch vor, zuerst Mantua in seine Gewalt zu bringen, um der Gefahr eines Angriffs von hinten zu entgehen. Die Kaiserlichen besetzten zunächst die Zitadelle von Redondesco und zwei weitere befestigte Punkte, die die Stadt schützten. Darauf ergaben sich die ängstlichen Mantuaner, ohne Widerstand zu leisten (1. Oktober). Dann wandte Friedrich sich nach Montechiaro, das er nach vierzehntägiger Belagerung zur Kapitulation zwang. Damit war der Weg nach Brescia frei.

Brescia war eine stark befestigte Stadt, deren Belagerung lange dauern und kostspielig werden konnte, denn dort war der Großteil der lombardischen Streitkräfte versammelt und beobachtete auf den Wällen das Herannahen des Feindes. Um die Mailänder in die Ebene zu locken, befahl Friedrich seinen Truppen, nach Süden weiterzuziehen. Die Mailänder folgten ihnen auf dem Fuß. Bald standen sich die beiden Heere an dem kleinen Fluß Oglio in der Nähe des Ortes Pontevica gegenüber. Da es zu keiner Schlacht kam und es bereits Mitte November war, dachte man, die beiden Armeen würden ihr Winterquartier beziehen. Da traf der Kaiser eine strategische Maßnahme. Er ließ einen Teil seiner Truppen den Fluß überqueren und nach Süden in Richtung

Brescia ziehen. Gleichzeitig gab er jedoch dem Gros seiner Streitkräfte den Befehl, schnell nach Norden vorzudringen und über die Mailänder herzufallen, wenn sie sich auf den Rückweg machten.

Die Mailänder gingen dummerweise ins Garn. Sie zogen sich zurück, wie Friedrich erwartet hatte, und merkten zu spät, daß sie in eine Falle geraten waren. Die Kaiserlichen fielen unvermutet über sie her. Der entscheidende Zusammenprall fand am Nachmittag des 27. Oktober 1237 in der Nähe von Cortenuova statt.

»Aber als mit unserer Ankunft ihnen Schrecken und Getöse wie von Himmels Donner erdröhnte«, schrieb Friedrich im Dezember an den Papst, »da wandten sie sich schon bei den vorausgesandten Reihen Unsrer Herrlichkeit, noch eh sie der Reichsadler sieghafte Zeichen erblickten, so plötzlich zur Flucht, daß bis zu ihrem Fahnenwagen, den sie nach Cortenuova mit der Schnelle der Rosse vorausgesandt, keiner der Fliehenden das Antlitz unsrer Verfolgenden zu schauen vermochte. Und wie hinter den Hilfslinien wir selbst mit dem Kern unsrer Schlachtreihen in beschleunigten Schritten den Unsern, die als leichte Schar vorangegangen waren, zu Hilfe eilen zu müssen glaubten, da wir sie von den Streitkräften kämpfender Gegner bedrängt fürchteten, fanden wir von Pferden, die ohne Reiter umhersprangen, von überall gestürzten und im Gemetzel getöteten Rittern die Straßen versperrt.

Endlich – nach Aufrichtung und Fesselung der am Boden liegenden, soweit sie lebten, durch die Knappen, die den Rittern nachfolgten – wandten wir uns dem Fahnenwagen zu, den wir bei den Mauern der Stadt Cortenuova, von aufgeworfenen Schanzen umgeben und ungeheurer Menge kämpfender Ritter verstellt, durch wunderbare Verteidigung der Streiter bewehrt antrafen – und machten halt, ihn mit der Tapferkeit der vielen, der unzähligen Ritter zu erstürmen und wegzunehmen: Wie wir denn einige der Unsern, die überstolze Verschanzung übersteigend, fast bis zur Deichsel des Wagens vorgedrungen sahen. Da jedoch der Nacht schattender Nebel darüber kam, gaben wir den versuchten Angriff auf und gönnten uns Ruhe . . ., einzig die Schwerter entgürtend, doch die Eisenhemden nicht auszuziehend, damit wir am folgenden Morgen zum unbezweifelten Sieg wiederkämen.«[357]

Als am nächsten Morgen der Nebel verflogen war, stürzten sich die kaiserlichen Truppen auf den Wagen. Sie hatten geglaubt, ihn nur durch harte Zweikämpfe erringen zu können, doch es kam anders. Bei den Mailändern herrschte ein allgemeines »Rette-sich-wer-kann«. Friedrich setzte seine leichte Kavallerie zu ihrer Verfolgung ein, während die restlichen Ritter die Toten und Verwundeten zählten, die auf dem Erdboden lagen. Dreitausend Infanteristen und mehr als tausend Reiter fielen so in die Hände des Kaisers. Unter den Gefangenen befand sich auch der Podesta von Mailand, Pietro Tiepolo, der der Sohn des Dogen von Venedig war.

Die Schlacht von Cortenuova endete mit mehr als einem Sieg: Es war ein Triumph. Die Liga der lombardischen Stadtstaaten war zerbrochen, desgleichen die Vormacht Mailands. Friedrich II. schickte den Fahnenwagen nach Rom, wo er ihn von einem Elefanten durch die Straßen ziehen ließ, um ihn dann mit erbeuteten Waffen auf dem Capitol auszustellen. Dazu ließ er eine »Botschaft an das römische Volk« verlesen, in der er sich »mit den Cäsaren des Altertums« verglich, »denen das dankbare Volk und der Senat Lorbeerkronen und die Ehren des Triumphs zuerkannten«. Der Text endet mit folgenden Worten, die bereits den Ton der Proklamationen vieler Condottieri der Renaissance vorwegnehmen: »Nehmt begeistert, Quirites, die Siegestrophäen Eures Imperators entgegen!«[358]

Die Schlacht von Cortenuova war die Krönung der fünfundzwanzig Jahre unermüdlicher politischer Arbeit. Mehr INVICTUS denn je, konnte Friedrich die drei Stücke seines Reiches in seiner Hand vereint sehen: Deutschland, Sizilien und Norditalien, denn eine Vielzahl der Städte in der Poebene hatten ihn als Lehnsherrn anerkannt.[359] Nie waren sein Ansehen und seine Autorität größer gewesen. In diesen letzten Tagen des Jahres 1237 hatte sein Macht tatsächlich ihren Höhepunkt erreicht.[360]

III

Dennoch gab der Papst nicht nach. Und seinem Beispiel folgend, beschlossen die Mailänder, die vor dem Sieger von Cortenuova bedingungslos kapitulieren mußten, ihren Wiederstand fortzusetzen. »Wir fürchten«, erwiderten sie, »durch die Erfahrung gewitzigt, Deine Grausamkeit. Lieber wollen wir mit dem Schwert in der Hand sterben, als durch Hunger, Feuer oder Henkershand zugrunde gehen.«[361] Als Friedrich II. von dieser Weigerung erfuhr, ließ er seinen Zorn an Pietro Tiepolo aus. Er befahl, ihn in Ketten zu legen, was sowohl die Mailänder wie die Venezianer gegen ihn aufbrachte.

Im Grunde genommen, versteht man das Verhalten Kaiser Friedrichs in diesem Lebensabschnitt nicht. Denn als die Mailänder einige Wochen später sich ihm halb verhungert ergeben wollten und bereit waren, mit ihm einen Treuepakt zu schließen, lehnte er das kategorisch ab. Das war ein schwerer politischer Fehler, der erste, den er seit seines Regierungsantritts begangen hat.

Was war geschehen, daß Friedrich sich jetzt so unzugänglich zeigte? War ihm der Sieg zu Kopf gestiegen? Das wäre denkbar, denn Matthäus von Paris, einer

258

der bestinformierten Chronisten seiner Zeit, hat in diesem Zusammenhang geschrieben:

»Von da an verlor der Kaiser die Gunst vieler, weil er ein unerbittlicher Tyrann geworden war, und die Mailänder wurden ihrer Demut wegen erhöht und gekräftigt. Und da die Bürger sahen, daß es sich um ihr Leben handelte, so schützten sie sich und ihre Stadt eifriger als bisher durch Waffen, Gräben und Bündnisse mit anderen Städten.«

Der Papst wiederum war durch die Zurschaustellung des Fahnenwagens auf dem Capitol erzürnt. Er sah darin eine persönliche Beleidigung, weil damit in seiner eigenen Stadt ein Sieg über seine Bündnispartner glorifiziert wurde. Alles deutete also darauf hin, daß der Kampf sich fortsetzen würde.

Und so geschah es. Eine zweite Phase des Zweischwerterkrieges begann, die sich hauptsächlich in Mittelitalien abspielen und weniger unter Friedrichs Kommando als unter dem seines Sohnes Enzio stehen sollte, der damals zweiundzwanzig Jahre alt war.[362]

Um ihn auf diese Aufgabe vorzubereiten, hatte der Kaiser auf ihn aufmerksam gemacht, indem er ihn mit Adelasia von Torres verheiratete, der Erbin Korsikas und der zwei wichtigsten Provinzen Sardiniens (Oktober 1238). Im Jahr darauf ernannte er ihn zum »König von Korsika und Sardinien«, zweier Territorien, die bislang päpstliche Lehen waren, worauf Gregor IX. natürlich nicht gerade wohlwollend reagierte. Danach verschärfte er die Situation, als er Enzio zum »Generalvikar für Italien« erhob, denn dies war eine drohende Geste, die Seine Heiligkeit maßlos erzürnte.

Der Papst nahm die Herausforderung an und berief die Kardinäle zu einem Konzil ein. Mit dem Zitat aus der Enzyklika *De Mari*: »Es steigt aus dem Meer die Bestie voller Namen der Lästerung . . . die ihren Mund zu Lästerungen des göttlichen Namens öffnet . . .«, klagte er Friedrich an, den Vertrag von San Germano verletzt zu haben,[363] und exkommunizierte ihn zum zweitenmal wegen Ketzerei, Rückfälligkeit und Kirchenfeindschaft (20. März 1239). Man muß wenigstens einige Kernsätze der Bannbulle vor Augen haben, um zu ermessen, mit welcher Zielstrebigkeit Gregor IX. jede Verhandlungsbereitschaft von vornherein ausschaltete:

»Wir exkommunizieren und anathematisieren aus der Machtvollkommenheit des Vaters, des Sohnes und des Heiligen Geistes, der Apostel Petrus und Paulus und Unserer eigenen, Friedrich, den man Kaiser nennt, deswegen, weil er in der Stadt Rom gegen die römische Kirche eine Empörung angestiftet hat, durch die er den Römischen Priester und seine Brüder von ihren Sitzen zu vertreiben beabsichtigte, und gegen die Privilegierten der Würde und Ehre des apostolischen Stuhles, gegen die Freiheit der Kirche, gegen die Eide, durch die er gebunden ist, leichtfertig der Kirche entgegentrat.

Wir exkommunizieren und anathematisieren ihn ferner deswegen, weil er einige Bistümer und einige andere freien Kirchen in seinem Königreich nicht besetzen läßt.

Wir exkommunizieren und anathematisieren ihn ferner deswegen, weil in seinem Königreiche Geistliche gefangengesetzt und eingekerkert, enteignet und getötet wurden.

Wir exkommunizieren und anathematisieren ihn ferner deswegen, weil in seinem Königreiche dem Herrn geweihte Kirchen zerstört und entweiht wurden.

Wir exkommunizieren und anathematisieren ihn ferner deswegen, weil er kirchliche Besitztümer und die Insel Sardinien in Besitz nahm, gegen seinen Eid.

. . . weil in seinem Königreiche die Templer und Hospitaliter beweglicher und unbeweglicher Güter beraubt und nicht gemäß dem Versöhnungsvertrag entschädigt wurden;

. . . weil in seinem Königreiche Abgaben und Sonderleistungen gegen den Friedensvertrag von Kirchen und Klöstern durch ihn erpreßt wurden;

. . . weil die Sache des Heiligen Landes und die Wiederherstellung der Römischen Reichsgewalt durch ihn verzögert werden.

Wegen des vorstehend Gesagten also, um dessentwillen Wir den genannten Friedrich oft und eindringlich ermahnt haben, worauf er aber nicht hören wollte, exkommunizieren und anathematisieren Wir ihn.

Weil er außerdem aufgrund seiner Reden und Handlungen von vielen, ja geradezu auf dem ganzen Erdkreis schwer angeklagt wird, daß er nicht den rechten katholischen Glauben habe, so werden Wir mit Gottes Hilfe an geeigneter Stelle und zur rechten Zeit so vorgehen, wie es in solchen Dingen der gesetzliche Gang vorschreibt.«

Im Gegenzug eröffnete Friedrich II. die Feindseligkeiten. Er befahl Enzio, alle verfügbaren Streitkräfte zu sammeln, nach Norden zu marschieren und sich der Mark Ancona und des Herzogtums Spoleto zu bemächtigen, die bis dahin zum Kirchenstaat gehörten.

Enzio entledigte sich seiner Aufgabe mit Bravour. Ancona und Spoleto wurden mit einem Handstreich besetzt. Seine Truppen hatten nahezu die nördliche Grenze des kirchlichen Besitzes erreicht, als in Osteuropa eine unerwartete Gefahr heranwuchs, die so bedrohlich war, daß der bestehende Streit den Charakter des Lächerlichen annahm.

IV

Im Galopp näherten sich auf ihren kleinen tatarischen Pferden die Mongolen. Unter der Führung von Batu, dem Neffen des Dschingis Khan, des Herrschers aller Mongolen (gestorben 1227), überströmten sie wie eine Springflut den gesamten Raum zwischen dem Kaukasus und der Ostsee. Wie viele waren sie? Hunderttausend? Zweihunderttausend? Dreihunderttausend? Niemand konnte es sagen. Sie glichen weniger einem Heer als einer Menschenlawine, einer Meereswoge. Überall, wo sie erschienen, hinterließen sie Trümmer und Verzweiflung. In Tierfelle gekleidet und in ihrer teuflischen Geschicklichkeit, mit Lanzen und Bogen umzugehen, erinnerten sie an die Horden Attilas und hätten wie er den Beinamen »Geißel Gottes« verdient, denn wie damals wuchs unter den Hufen ihrer Rösser kein Gras mehr. Bei ihrem Herannahen fühlte sich der ganze Kontinent sechshundert Jahre zurückversetzt.

Kurland, Polen, Schlesien und Ungarn riefen bereits um Hilfe. Doch Europa hatte den Invasoren fast nichts entgegenzusetzen. Das gesamte Abendland schien dem Schrecken der Apokalypse ausgeliefert zu sein.

Friedrich war der erste, der die Gefahr richtig einschätzte und seine Untertanen warnte, daß der Tod vor ihrer Tür stand. Er befahl Enzio, die Streitigkeiten in Mittelitalien zu vergessen und sich in aller Eile an der Spitze eines kleinen Kontingents deutscher Ordensritter nach Pommern zu begeben. Das war nicht viel, um der Bedrohung entgegenzutreten, aber mehr Truppen standen Friedrich nicht zur Verfügung.

Man hätte sich gewünscht, daß er sich selbst engagierte und diesem Kreuzzug gegen den Tod entgegengetreten wäre. Aber das konnte er nicht. Sein Streit mit dem Papst verbot es ihm. Er war sich gewiß, daß Gregor IX. selbst seine kürzeste Abwesenheit nutzen würde, um seine Lehnsherren ihres Huldigungseides zu entbinden, in Italien und Deutschland Unruhe zu stiften und ihn einmal mehr zu zwingen, in den Staub zu beißen. Was würde dann geschehen? Das Reich geriete in Verfall. Den Polen und Ungarn zu Hilfe zu eilen, hieße, sich zwischen Szylla und Charybdis zu begeben. Friedrich II. erinnerte sich nur zu gut an den Streich, den ihm der Papst gespielt hatte, als der Kaiser sich im Heiligen Land aufhielt. Diese Tragödie wollte er nicht wieder aufleben lassen.[364]

Die Legende berichtet, daß der große Khan der Mongolen Friedrich geraten habe, sich ihm auszuliefern und ihm als Lehnsmann zu dienen, bevor es zu spät sei, worauf der Hohenstaufer ironisch geantwortet haben soll:

»Ich wäre Ihnen zu nichts nutze, es sei denn als Falkner, das ist der einzige Beruf, den ich gründlich beherrsche.«

Als Enzio und seine deutschen Ritter in die Nähe der überfallenen Gebiete kamen, beschrieben ihnen die Flüchtlinge die Situation in so grausamen Zügen, daß ihnen das Blut in den Adern gerann. Überall waren die Felder verbrannt, die Städte zerstört und die Einwohner dezimiert. Alles bot ein Bild der Vernichtung und der Ruinen. Aber sie erfuhren zu ihrer Ermutigung auch, daß der Herzog Heinrich von Schlesien, Boleslaw, der Herzog von Polen, und der ungarische König Béla IV. beschlossen hatten, sich zu verbinden, um mit ihren Streitkräften einen Wall gegen die Invasoren zu bilden. Die deutschen Ritter schlossen sich der gemeinsamen Verteidigung an.

Der Zusammenprall von Christen und Mongolen fand am 9. April 1241 in Wahlstadt bei Liegnitz in Niederschlesien statt. Nie hatte das Odertal, das feindliche Einfälle gewohnt war, einen derartigen Tumult erlebt. Das Stampfen der Pferdehufe mischte sich mit den Todesschreien. In wenigen Stunden wurden die christlichen Ritter von der Vielzahl der Angreifer überrannt. Die Überlebenden verbargen sich in den umliegenden Wäldern, wo die meisten der Kälte und dem Hunger erlagen. Die Schlacht endete mit einer Katastrophe. Das ganze Abendland schien den asiatischen Barbaren hilflos ausgeliefert zu sein . . .

Als Friedrich II. diese Nachricht erhielt, war er niedergeschmettert. Obwohl er praktisch über keinerlei Mittel verfügte, wollte er sich diesem Schicksal nicht ergeben. Er übernahm, ohne zu zögern, die Rolle des moralischen Führers des Abendlandes und schrieb Briefe an alle Herrscher des Kontinents.

Diese Briefe waren nicht allein Alarmrufe: Sie waren – unübertrieben – ein Appell an das europäische Bewußtsein. Zum erstenmal in der Geschichte wurden die Könige beschworen, zu den Waffen zu greifen, ihre Kräfte zu vereinen, um sich zusammen zum Kampf gegen die gemeinsame Gefahr zu rüsten. Mit pathetischen Worten wurden sie aufgerufen, sich ihrer Einheit bewußt zu sein, um die Christenheit zu retten und das Überleben der Zivilisation zu sichern.

Um sich davon zu überzeugen, braucht man nur das Manifest Friedrichs über die Tatarengefahr (Fassung an Deutschland) vom Frühjahr 1241 zu lesen, in dem er die Bedrohung aus dem Osten aufzeigt. Der feierliche Akzent verleiht ihm den Charakter einer kaiserlichen Enzyklika:

»Der Eifer vollkommener Fürsorglichkeit, der Uns als Vater des Reichs dessen Wohlstand zu lieben und zu schützen zwingt, läßt Uns vornehmlich nicht sowohl offenkundige als vermutete Gefahren scheuen, läßt Uns die Vorkehrung der Behutsamkeit nicht so lange hinausschieben, bis Wir die Gewißheit der Sache durch der Augen treues Zeugnis erlangen: sondern je größer man den Schaden fürchtet, um so bereiter und vollkommener muß die Vorkehrung sein. So werde das Uns feindselige und allen unselige Gerücht von dem tatarischen Sturm, der schon den Grenzen des Reiches naht, durch Uns, die es wegen der

Nachbarschaft zuerst getroffen hat, euch deswegen recht bestimmt und geordnet überbracht und beschrieben, daß Wir nicht über ein solches Unheil verstummt erscheinen.

Wir hatten nämlich von dergleichen schon lang gehört, aber obwohl Wir das Gehörte abzuweisen scheuten und es anzunehmen keine Freude machte, glaubten Wir es wenigstens den neueren Zeiten weit entfernt, teils wegen des entlegnen Weges Länge, teils wegen der vielen Fürsten und Völker, die den Waffen und Greueln der kommenden Tataren zuerst entgegenstanden. Aber jetzt, nachdem sie die Landesersten, die sie sich im Wege fanden, ganz vernichtet und auch nur sehr wenige von den Niederen für das Joch dauernder Sklaverei übriggelassen haben, sollen sie schon auf des römischen Reiches Grenzen hin sich nähern; und Unsres Glaubens Mutter, die hochheilige römische Kirche, zu entweihen und die königliche Stadt Rom, Unsres Reiches Haupt, mit dem Rechte oder eher Unrechte der Gewalt zu besitzen ist, wie man fest glaubt, das Begehren der Tataren. Indessen, wenn Wir auch, wie schon gesagt, auf den Widerstand in der Ferne Vertrauen hatten und nicht so plötzlich verwickelt zu werden glaubten, hat Unsre Wachsamkeit doch nicht derart den Rat künftiger Vorausschau abgetan, daß Wir nicht zu vielen Zeiten früher auf das sorgsamste, wenn auch im stillen, erwogen, wie Wir Uns auf Begegnung dieses starken Sturmes bereiteten, falls in Unsern Tagen das Wüten solch unseligen Falles einträte . . .«

Dann begründet Friedrich, daß ihn Unruhen im eigenen Land bisher an einer Teilnahme am Tatarenfeldzug gehindert haben, und fährt fort:

»So mußten Wir denn aus höchster Notwendigkeit, wenn auch wider Willen, den künftigen Gefahren, den tatarischen, die gegenwärtigen voranstellen, und die offenbaren Schäden den vermutlichen. Da Wir aber . . . die Botschaft des so nahen Tatarensturms vernahmen: – nach Überwindung der unwegsamen Joche von Wasser und Wald und Gebirg, der Kräfte aller begegnenden Stämme, sei diese Pest von den Grenzen des Orients schon bis zur westlichen Küste vorgebrochen – so richten Wir, Unsres Sieges Pläne und Maßnahmen beschleunigend, auf Rom hin in unausgesetztem Marsche Unsern Schritt: Und wenn dort beim obersten Priester der Sohn, was des Vaters ist, gefunden hat und beim apostolischen Stuhl in solcher Not des Glaubens beraten ward, dann wird keinesfalls sich bedenken und zaudern der römische Augustus und katholische Kaiser und ruhmvolle Bändiger der Rebellen, für Verteidigung des christlichen Glaubens den Leib einzusetzen und die Kräfte seiner gesamten Macht darzubringen . . .

Ihr aber, ihr Treuen, bei denen das Gerücht von dieser Pest lauter, weil ihr Ursprung näher ist, überlaßt nicht Herzen und Glieder der Dumpfheit und Ruhe, sondern inzwischen, während Wir Unsres Kaisertums Sache verfolgen und trotzdem zugleich auf das hindrängen – soweit wir es nach Ehre und Vorteil vermögen – was des Friedens ist, bereitet euch gewaltig vor, und wenn der römische Priester das universale Heil und den christlichen Glauben nicht verschleudert, vielmehr zusammen mit Uns und den andern weltlichen Fürsten, die Wir dazu durch Unsre besondern Briefe und Unsre Boten aufstacheln, mit Entschlossenheit Gottes Sache mannhaft ergreift, eilet zur Hilfe aller Christen und Unser gewaltig herbei, alle Wege und Mittel erdenkend, durch die ihr zusammen mit Uns, wenn der Herr es spendet, diesen großen Gefahren ebenso rasch wie wirksam zu begegnen imstande seid, zumal da die göttliche Macht das römische Reich nicht sowohl schützen will als es mehren. Denn sieh, es hat der König der Ungarn . . . das ungarische Königreich Unsrer Herrschaft unterworfen, sofern es durch Uns zur Vernichtung der Tataren mit dem Schilde caesarischer Verteidigung gedeckt wird . . .«[365]

Es waren jedoch nicht die Ermahnungen Friedrichs II., die die Christenheit gerettet haben. Bevor seine Aufrufe Früchte tragen konnten, sahen sich die Mongolen zu einer unerwarteten Umkehr gezwungen. Nach der Schlacht bei Liegnitz hatten die Horden asiatischer Reiter ihren Kurs gewechselt und Mähren und Ungarn durchzogen. Denn ihr Anführer Batu hatte erfahren, daß Ogotai, der Khan der Mongolen, gestorben war und daß in Zentralasien ein Aufstand drohte. Er hatte seinen Kriegern die Umkehr befohlen, und so war die Flut der Invasoren nach Osten zurückgewichen und im Staub der Steppe versandet. Europa war gerettet . . .

Das ganze Abendland stieß überrascht einen Seufzer der Erleichterung aus, als es erfuhr, daß dieser Alptraum beendet war. In dieser Befreiung erblickte man ein Zeichen göttlicher Barmherzigkeit.

Und damit entfachte der Zweischwerterkrieg wieder, als sei nichts gewesen . . .

V

Er wurde um so heftiger weitergeführt, da die Kurie nicht aufgehört hatte, die giftigsten Anklagen gegen Friedrich II. zu verbreiten. In der Chronik des Matthäus von Paris spiegelt sich das wider. »Es gab nämlich Leute«, heißt es dort, »die sagten, daß der Kaiser diese Pest der Tataren von sich aus angestiftet und durch seinen gewandten Brief den so abscheulichen Frevel nichtswürdigerweise bemäntelt habe und, auf die Alleinherrschaft über die ganze Welt bedacht, auf den Sturz des christlichen Glaubens nach dem Vorbilde Luzifers

oder des Antichrists mit trotzigem Anspruch ausgehe.«[366]
Derartige Anschuldigungen konnten Friedrich in richtige Wut versetzen. Überdies war der Papst verärgert, weil sich der Kaiser aus eigener Autorität die Rolle eines moralischen Führers angemaßt hatte. Mit welchem Recht gab er sich als Einiger des Abendlandes und Verteidiger der Christenheit? Ihm, dem geschworenen Feind der Kirche und Gegner des Papsttums, sollte diese Aufgabe zukommen? Es gelang einem doch nicht, unter dem Banner des Antichrists die wilden Horden Satans zu vertreiben!

Friedrich hatte seit kurzem die Stadt Faenza belagert. Die Kampfhandlungen zogen sich hin, als er eine Nachricht erhielt, die ihn außer sich brachte: Gregor IX. hatte in Rom ein Konzil einberufen, zu dem alle Bischöfe und Kardinäle geladen waren. Diese Versammlung hatte nicht zum Ziel, den Kaiser zu exkommunizieren – das war bereits zweimal ohne großen Effekt geschehen. Sie sollte ihn seines Thrones entheben und seine Untertanen von ihrem Huldigungseid entbinden.

Bisher war Friedrichs Autorität unbestritten gewesen. Weder Intrigen noch Beleidigungen oder Verleumdungen hatten ihr etwas anhaben können. Doch diesmal war das nicht der Fall. Dieser neue Versuch, seine Macht zu untergraben, konnte sehr wohl zum Erfolg führen. Aber man kannte ihn schlecht, wenn man glaubte, er würde sich widerstandslos seine Krone rauben lassen. Kaum hatte sich Faenza ergeben, kehrte er nach Sizilien zurück, um die Herausforderung anzunehmen.

Es war inzwischen April 1241. Das Konzil sollte Ostersonntag in Rom eröffnet werden. Die Geistlichen aus Frankreich, England, Spanien und Norditalien strömten bereits in Genua zusammen, wo sie sich treffen sollten. Von dort aus sollte eine Flotte von siebenundzwanzig Galeeren und einem Dutzend Transportschiffe, die die Genueser dem Papst gegen Gold vermietet hatten, sie nach Civitavecchia bringen, dem nächstgelegenen Hafen von Rom. Die Einschiffung erfolgte am 25. April. Lediglich die englischen Kardinäle gingen nicht an Bord, sondern kehrten in letzter Minute nach Hause zurück. Hatten sie gemerkt, was sich anspann, oder vertrauten sie den italienischen Besatzungen nicht?

Der Golf von Genua wurde ohne Hindernis überquert. Die Kapitäne, die den günstigen Wind nutzen wollten und sich bereits aus dem Schneider glaubten, beschlossen, auf dem kürzesten Weg nach Chivitavecchia zu segeln. Doch das war eine unkluge Entscheidung, denn zwischen den Inseln Montecristo und Giglio stießen sie auf eine zahlenmäßig überlegene Flotte der Sizilianer und Pisaner, die sie abfangen wollte.[367]

Sie trafen am 3. Mai, dem Tag der Kreuzerhöhung, aufeinander. Die kaiserlichen Galeeren unter dem Kommando des Admirals Ansaldo von Mari fuhren in breiter Front auf den Genueser Konvoi zu. Der Kampf war kurz, aber heftig. In weniger als einer Stunde war das Schicksal der Genueser besiegelt. Drei ihrer Schiffe sanken gleich zu Anfang, zwei weitere, die spanische Prälaten an Bord hatten, sowie das Flaggschiff des Admirals Macello konnten entkommen. Alle anderen Fahrzeuge wurden geentert und nach Pisa gebracht, wo Enzio sie in Empfang nahm. Unter den viertausend Gefangenen waren die Kardinäle Jakob von Palestrina, Otto von St. Nikolaus, der Legat Gregor und mehr als hundert Bischöfe und Würdenträger. Eine Reihe Genueser Seeleute wurde gegen Pisaner ausgetauscht, die in Genua in Haft waren. Die Mitglieder des niederen Klerus wurden in Pisaner Gefängnisse eingeliefert. Die übrigen Kardinäle, Erzbischöfe, Diakone und Äbte wurden mit Schiffen nach Apulien gebracht. Nach einer langen Reise, die durch eine Zwischenlandung in Neapel unterbrochen wurde, gelangten sie nach Brindisi und wurden in den Gefängnissen von Lecce und Bari eingekerkert.[368]

Friedrich betrachtete diesen Sieg als ein Gottesurteil. Als Sieger zur See wie vorher auf dem Lande, war er überzeugt, daß ihn nichts niederzwingen konnte. In der hervorragenden Schachpartie, die er mit dem Papst spielte, hatte er seinem Gegner einen wichtigen Stein weggenommen: Alle Kardinäle und Bischöfe, die ihn in Rom verurteilen sollten, waren in seiner Hand. Fast alle Teilnehmer des Konzils waren ihm ausgeliefert . . .

VI

In den folgenden Tagen ließ Friedrich II. die französischen Bischöfe frei und schickte sie in ihre Heimat zurück, damit die guten Beziehungen zu Frankreich nicht gestört wurden. Seit dem Treffen in Vaucouleurs, das der Schlacht von Bouvines vorausgegangen war,[369] hatte der Kaiser stets mit der Unterstützung der Kapetinger rechnen können. Diese Tradition, die auf Philipp II. Augustus zurückging, war unter der Regierung Ludwigs VIII. aufrechterhalten und nun von Ludwig IX. fortgesetzt worden. Doch Friedrich hütete sich, die anderen Prälaten ebenso zu behandeln, denn mit ihnen wollte er Druck auf den Papst ausüben, damit er den Kampf aufgab und endlich Frieden schloß. Er ermächtigte einige von ihnen, um Gregor IX. schriftlich zu bitten, sich für ihre Freilassung einzusetzen.

Aber der Heilige Vater forderte die Geistlichen lediglich auf, Geduld zu üben und ihr Vertrauen »in die Leiden Jesu« zu setzen.

Als der Kaiser sah, daß selbst die Gefangennahme der Mitglieder des Konzils am Verhalten des Papstes nichts änderte, beschloß er, seinen Trumpf auszuspielen. Er erteilte Enzio den Befehl, nach Rom zu marschieren und die Ewige Stadt zu besetzen.

Dieser neue Feldzug wurde noch schneller durchgeführt als der frühere, der mit der Eroberung Anconas und Spoletos geendet hatte. Enzio, der unbestritten ein bemerkenswerter Feldherr war, drang kühn in den Kirchenstaat ein und bemächtigte sich Ternis, Tivolis, Albanos und einiger anderer Orte, die am Wege zur Hauptstadt lagen. In diesem Augenblick wechselte der Kardinal Johann Colonna, der die Politik des Heiligen Stuhls seit einiger Zeit mißbilligte, in das Lager Friedrichs über. Mit den Truppen, über die er verfügte, belagerte er Palestrina und umliegende Ortschaften, erstürmte sie und lieferte sie dem Kaiser aus. Nun hinderte Friedrich nichts mehr, in Rom einzumarschieren. Natürlich frohlockte er. Gregor IX. hatte sich geschworen, ihn nach Canossa zu schicken, und nun zog der Hohenstaufer in der Ewigen Stadt als Sieger ein!

Eines Abends sah Friedrich am Horizont im Schein der untergehenden Sonne die majestätische Silhouette der Stadt, in der Augustus, Mark Aurel und Trajan geherrscht hatten. Mit Recht nannte man sie »caput mundi«, das Haupt der Welt. Rom war das Herzstück aller Größe und allen Begehrens, deshalb würde er es sicher zu seiner Hauptstadt machen.[370] Obwohl seine Einwohnerzahl sowie seine Ausdehnung seit der Antike abgenommen hatten, blieb es dennoch eine unvergleichliche Beute.

Dieser Anblick war für ihn nicht neu. Er hatte die Aquädukte, Triumphbögen, Kuppeln und Giebel bereits am Abend seiner Kaiserweihe gesehen, als er von der Petersbasilika hinunter zur Porta Collona geschritten war.[371] Doch jetzt war Rom ihm ausgeliefert. Er brauchte nur die Hand auszustrecken, um sich seiner zu bemächtigen ...

VII

Es war inzwischen der 2. August 1241. Zahllose Lagerfeuer loderten in der Nacht. Sie umgaben die Stadt mit einer flackernden Krone. Friedrich betrachtete sie lange. Sie brannten vor den Zelten seiner arabischen Legionen, die nur auf ein Zeichen warteten, um die Weltherrschaft zu erstürmen.[372] Doch dieses schicksalhafte Zeichen wurde nicht gegeben ...

Inmitten des wehmütigen Singsangs, der von Händeklatschen und dem Wiehern der Pferde begleitet wurde, schritt Friedrich vor dem kaiserlichen Zelt auf und ab und konnte sich nicht entscheiden.

Sich Roms zu bemächtigen, es von seinen muselmanischen Kriegern verwüsten zu lassen, war eine große Versuchung, etwas in der Geschichte nie Dagewesenes, denn selbst Attila und der Neffe des Dschingis Khan hatten es nicht geschafft. Es würde sich wie ein Feuerstrahl in das Gedächtnis der Menschen einprägen, wie eine Katastrophe, die mit dem Fall Babylons gleichzusetzen wäre. Deshalb hinderte ihn eine dunkle Macht, das entscheidende Wort zum Angriff auszusprechen. Sie war stärker als sein Groll. Diese Verantwortung wollte er vor der Nachwelt nicht tragen. Hatte Gregor IX. nicht überall das Gerücht verbreiten lassen, daß der Kaiser die Invasion der Mongolen heraufbeschworen hatte, daß er seine Söhne Satans ermutigt habe, Europa zu überziehen, um die Vernichtung der Christenheit zu beschleunigen? Das war eine infame Verleumdung, wenn man daran dachte, daß Friedrich an alle Herrscher Europas geschrieben hatte, um sie zur Einigung und Zusammenlegung ihrer Truppen aufzufordern, damit die Feinde des Abendlandes bezwungen werden konnten. Wenn er jedoch seine arabischen Streitkräfte auf dem Capitol kampieren ließ, nachdem die Stadt in Schutt und Asche gelegt war, machte er sich dann nicht selbst eines vergleichbaren Verbrechens schuldig? Wurden dadurch nicht alle Schmähungen des Heiligen Stuhles bestätigt? Er würde bis ans Ende aller Zeiten ein Schandmal tragen ...

Wollte er, der Befreier des Heiligen Grabes und Verteidiger der Christenheit, unter diesem Zeichen in die Geschichte eingehen? Bestimmt nicht! Er wiederholte sich unaufhörlich: Ich bin kein Feind des Christentums, sondern der Kirche. Er wandte sich lediglich gegen den Papst, er wollte ein neues Gleichgewicht zwischen dem geistlichen und dem weltlichen Bereich herstellen, das Gregor verletzt hatte, indem er in Dinge eingriff, die ihn nichts angingen. Sein einziges Ziel bestand darin, den Heiligen Vater zu bewegen, die Waffen niederzulegen und diesen häßlichen Streit ein für allemal zu beenden. Er hatte schon genug Unheil angerichtet. Bahnte Friedrich sich gewaltsam einen Weg zum Lateran und zwang er Gregor IX., das Knie vor ihm zu beugen, würde das die Sachlage nicht ändern. Der Friede konnte nur aus gegenseitigem Einverständnis erwachsen.

Und Rom einzunehmen und den Papst zu verjagen, wäre nicht allein eine Kriegshandlung, sondern hieße, die Ordnung der Welt anzutasten, jene Weltordnung, der er seinen Sohn geopfert hatte. Religionen waren notwendig. Sie projizierten das höchste Streben des Menschen ins Zeitliche. Hier die Glaubenserklärung, dort die Vergebung der Sünden und die Herstellung der Gerechtigkeit auf Erden. Und jede dieser Religionen mußte ein Oberhaupt haben, um die Wahrheit, die es verkörperte, zu bezeugen und zu verkünden. Es bedurfte eines Papstes in Rom, der die Christenheit schützte, wie es einen Kalifen in Mekka geben mußte, der den Islam verteidigte, und sicher auch einen hebräischen Patriarchen in Jerusalem, damit das Opfer Abrahams nicht in Vergessenheit geriet.

Friedrich II. wiederum war nicht geboren, um ein Chaos hervorzurufen, sondern das goldene Zeitalter herbeizuführen, das heißt einen Frieden, der auf dem Gleichgewicht der Dinge beruhte. Wenn doch der Papst endlich Vernunft annehmen würde!

Dies war der Stand seiner Überlegungen, als der Kaiser am Morgen des 22. August eine unglaubliche, unerhörte Nachricht erhielt: Gregor IX. war einem Herzschlag erlegen.[373]

Auf der Stelle erteilte Friedrich seinen Truppen den Befehl, den Rückzug anzutreten.

Neunter Teil:
Die Last der Welt

(1242 – 1250)

I

Wieder einmal hatte Gott gesprochen.

Das Konklave trat zusammen, um einen neuen Papst zu wählen. Es bestand Hoffnung, daß der Nachfolger Gregors IX. sich verständnisvoller zeigte als sein Vorgänger. Am klügsten war es, abzuwarten und sich zu gedulden. Deshalb hatte Friedrich den Rückzug befohlen. Und aus diesem Grund wurde auch Rom weder eingenommen noch verwüstet.

Es war einer dieser Momente, da die Geschichte stehen zu bleiben scheint, als wollte sie Atem schöpfen. Und sicher war es keine Illusion: Tatsächlich hing alles von der Wahl des Konklave ab. Je nachdem, ob das Kollegium ein politisches oder ein religiöses Oberhaupt wählte, würde die Geschichte einen anderen Verlauf nehmen.

Während die Kardinäle sich in die Ewige Stadt begaben, lichtete sich der Kreis um den Kaiser. Wie im Juni 1228, als er ins Heilige Land aufbrach, der Tod um ihn gewütet hatte, gab es auch jetzt viel Trauer.

Friedrich hatte bereits vier Päpste überlebt – Zölestin III., Innozenz III., Honorius III. und Gregor IX. –; zwei Gattinnen waren ihm gestorben – Konstanze von Aragon und Yolanthe von Brienne –; Isabella von England teilte bald deren Schicksal und starb am Kindbettfieber nach der Geburt ihres dritten Kindes (1. Dezember 1241); wenige Monate später verunglückte sein Sohn Heinrich VII. auf dem Transport in ein anderes Gefängnis tödlich (10. Februar 1242). Ein Tod jedoch hat ihn schwerer getroffen als alle anderen: der seines *alter ego*, Hermanns von Salza, der am 20. März 1239 in Barletta zur gleichen Stunde verschieden war, als Gregor IX. die zweite Exkommunikation über Friedrich verhängte.[374]

Daß der Hochmeister des Deutschen Ritterordens nicht mehr lebte, war für Friedrich ein unersetzbarer Verlust. Wie oft hatte er ihn durch seine Verhandlungen mit dem Heiligen Stuhl aus unentwirrbaren Situationen gerettet! Er war stets an seiner Seite geritten, hatte die heikelsten Missionen übernommen, ihn ins Heilige Land begleitet und sich immer als Sieger erwiesen. Da er sowohl Würdenträger der Kirche als auch Diener des Kaisers war, konnte dieser Mann, dessen Edelmut und Ergebenheit nicht ihresgleichen hatten, durch niemanden ersetzt werden. Doch zuletzt war er nicht mehr der Jüngste gewesen, und seine ständigen Reisen hatten an seinen Kräften gezehrt. Seit einiger Zeit hatte er sich von den Geschäften zurückgezogen und war nur noch selten am Hofe erschienen. Weil er an Rheumatismus litt, hatten ihm seine Ärzte eine Thermalkur in Salerno verschrieben. Deswegen hatte er bedauerlicherweise Friedrich bei der Belagerung von Mailand nicht zur Seite stehen können. Denn durch seine beruhigende Art hätte er vermutlich das rücksichtslose Vorgehen des Kaisers verhindert und für die Annahme der Mailänder Friedensvorschläge plädiert. Nun, der Hochmeister war nicht dabei – und wird nie wieder dabei sein –, um Klugheit und Mäßigung anzuraten.

Nach dem Tod Hermanns von Salza übertrug Friedrich II. sein Vertrauen auf Petrus von Vinea, den jungen Juristen aus Capua, der an der Abfassung der Verfassungen von Melfi mitgewirkt und die Verhandlungen über den Ehevertrag mit Isabella von England in London geführt hatte. Er hatte ihn zuletzt zum Protonotar, zum Leiter seiner Kanzlei und Großhofjustitiar ernannt – so daß ihm praktisch alles unterstellt war. Friedrich schätzte ihn vor allem wegen seines untadeligen Lateins, seines logischen Denkens und seines Organisationstalents.

Dennoch war er kein Ersatz für Hermann von Salza.

II

Um nichts Unwiderrufbares zu tun, hatte Friedrich II. von Rom abgelassen, doch damit war der Krieg im Kirchenstaat nicht beendet. Durch eine Reihe glücklicher Handstreiche hatte sich Enzio der Orte Montefiascone, Orti und Sutri bemächtigt, deren Einwohner ihn wie einen Befreier von der päpstlichen Verwaltung gefeiert hatten. Bologna, Ferrara und Faenza verharrten hingegen im Widerstand. Um Mittelitalien in seine Gewalt zu bekommen, beschränkte sich Friedrich nicht allein auf militärische Operationen. Er unterzog alle Territorien, die seiner Rechtsprechung unterstanden, einer tiefgreifenden Verwaltungsreform. Enzio wurde zum Oberkommandierenden der kaiserlichen

Streitkräfte in Italien ernannt. Gleichzeitig betraute er seine Bastarde Richard von Theate und Friedrich von Antiochia mit wichtigen Aufgaben.[375] Richard erhob er zum Generalvikar der Mark Ancona und zum Herzog von Spoleto und Friedrich zum Generalkapitän der Toskana und Podesta von Florenz.[376] Diese Reformen waren nicht auf Italien beschränkt, sondern erstreckten sich ebenso auf Sizilien. Der Großhofjustitiar Heinrich von Morra wurde zum Generalvikar des Kaisers ernannt, also nicht für ein bestimmtes Gebiet, sondern für den Hof, so daß ihm die gesamte kaiserliche Verwaltung unterstand. Ihm wurden zwei Generalkapitäne direkt unterstellt: Andreas von Cicala, zuständig für die Insel, und Roger de Amicis, zuständig für den Teil des Königreichs auf dem Festland. Ihnen befahl Friedrich, jede Verbindung mit Rom abzubrechen. Die Handelsschiffahrt wurde einer strengen Überwachung unterworfen: Die Schiffe durften nur noch wenige Häfen anlaufen und mußten sich der Kontrolle der kaiserlichen Beamten unterziehen. Diese Maßnahme hat zu vielen Beschwerden Anlaß gegeben.

Der Heilige Stuhl seinerseits hatte wertvolle Helfer in den Minoriten- und Franziskanerorden gefunden. Diese Bettelprediger zogen durch das Land, forderten zum Aufstand gegen den Kaiser auf und gemahnten die Bischöfe und Äbte daran, daß der Bann, der über Friedrich verhängt war, allen galt, die ihm weiterhin dienten. Im Gegenzug schickte der Kaiser seine »Justitiare« aus, um den Mönchen nachzuspüren, und die Vernehmungen endeten fast immer mit der Einkerkerung aller, auf denen der geringste Verdacht ruhte. Sie belegten widerspenstige Abteien mit schweren Strafen und setzten die Bischöfe ab, wenn sie den kleinsten Protest wagten. Bald waren fünfunddreißig Bischofssitze vakant, und Sizilien hatte nur fünfundvierzig! Allmählich sah sich die Insel in einem wahren »Ausnahmezustand«. Sie wurde zu dem, was wir heute einen »Polizeistaat« nennen würden.

Während die religiöse und politische Lage sich zuspitzte, wurde die wirtschaftliche Situation von Tag zu Tag schlechter. Über den anhaltenden Widerstand der Bewohner von Faenza erzürnt, hatte Friedrich Pietro Tiepolo, den Podesta von Mailand, an die adriatische Küste bringen lassen (er war ja der Sohn des Dogen von Venedig). Dort sollte er auf seinen Befehl bis zum Hals in einen Ledersack genäht und an einem Pfahl aufgehängt werden, so daß ihn die venezianischen Galeeren sehen konnten. Diese Grausamkeit hatte zwei böse Folgen für den Kaiser: Die Venezianer wurden noch ungehaltener, und so kam es zu einer Annäherung zwischen Venedig und Genua. Von diesem Augenblick an durchfurchten ihre Galeeren die Adria, verjagten alle kaiserlichen Schiffe, die sie auf ihrer Route antrafen, und blockierten die Häfen von Ancona, Bari und Brindisi.

Die Lage auf dem Mittelmeer verschlechterte sich zusehens. Seit der Schlacht von Montecristo, wo der Konvoi der Konzilsteilnehmer aufgebracht worden war, wagte sich kein Boot mehr in den Golf von Genua, weil es befürchten mußte, das gleiche Schicksal zu teilen. Sardinien unterlag einer wahrhaften Blockade. Der Verkehr im Ligurischen Meer war lahmgelegt. Der Handel mit Pisa und Genua war zum Schaden der Händler aus Perusa und Florenz bedroht...

Es war tatsächlich Zeit, dem ein Ende zu setzen.

III

Das Konklave, das mit der Wahl eines Nachfolgers für Gregor IX. beauftragt war, wurde Ende August 1241 in Rom eröffnet. Es war das längste der Kirchengeschichte, weil sich die Kardinäle zu fast gleichen Teilen in zwei Lager gespalten hatten. Die einen waren für den Krieg gegen Friedrich II., die anderen neigten zur Versöhnlichkeit. Da man die Kollegiumsmitglieder abziehen mußte, die in Lecce und Bari gefangensaßen, gab es nur zehn Kardinäle in Rom, unter ihnen den Kaiserfreund Johann Colonna. Das stets ungestüme und wankelmütige römische Volk verfolgte den Streit mit leidenschaftlichem Interesse. Um die kaiserfreundliche Partei in Schach zu halten, hatte Gregor IX. dem papsttreuen Senator Matthäus Orsini zur Macht verholfen, der jede Vereinbarung mit dem Kaiser ablehnte und diktatorisch als Alleinherrscher regierte.

Damit die Friedenspartei unter dem Einfluß Colonnas nicht die Oberhand gewann, wartete Orsini keine Wahlversammlung ab, sondern ließ die Kardinäle einfach ergreifen und in einen Wahlraum im baufälligen »Septizonium« des Severus einsperren. Orsini lag alles daran, den Aufenthalt dort zur Hölle zu machen, um eine rasche, ihm genehme Wahl zu erpressen.

Das Septizonium verfügte weder über hinreichende Entlüftung noch über Wasser oder Latrinen. Die Einsperrung in der Sommerhitze löste bei den älteren Männern bald Fieber, Erbrechen, Magen- und Darmerkrankungen aus. Die Wächter hatten sich eine zusätzliche Quälerei ausgedacht: Sie ließen durch die löchrige Decke Urin und Jauche sickern. Unter scheußlichen Umständen starb nach einem Monat der Engländer Robert von Somercote. Den Sterbenden warfen sie in die Totenecke, und unter unerträglichem Gestank setzte das Konklave seine Arbeit fort.

Der neue Papst mußte mit Zwei-Drittel-Mehrheit gewählt werden; diese Zahl war praktisch nicht zu erreichen. Am Ende einer Debatte, die sich über zwei

Monate hinzog und in deren Verlauf die Prälaten beinahe handgemein geworden wären, fiel die Wahl auf den Mailänder Gottfried von Sabina, der als Papst
den Namen Zölestin IV. annahm. Doch aufgrund der schrecklichen Bedingungen, unter denen das Konklave stattgefunden hatte, starb Sabina siebzehn
Tage nach seiner Wahl. Alles mußte von neuem beginnen! Diesmal dauerte die
Sedisvakanz ein Jahr und acht Monate.

Gleich nach dem Tod Zölestins war die Mehrzahl der Kardinäle nach Anagni
geflohen, um der verpesteten Atmosphäre des Septizoniums und dem tyranni-
schen Druck zu entrinnen, den Orsini auf sie ausübte. Erneut waren nur noch
zwei Kardinäle in Rom: Sinibald Fiesco und Richard Annibaldi. Zu ihnen stießen dann die Kardinäle Otto von St. Nikolaus und Jakob von Palestrina, die
Friedrich II. freigelassen hatte, da sie ihm eidlich versichert hatten, einen Frie-
denskandidaten zu wählen. Nachdem sichergestellt war, daß das Konklave
»frei und ohne Terror« zusammentreten konnte, wurde in einer kurzen Sitzung am 25. Juni 1243 einstimmig der Genuese Sinibald Fiesco aus der Familie
der Grafen von Lavagna gewählt, der als Innozenz IV. den päpstlichen Thron
bestieg.

Nicht zufällig hatte Fiesco diesen Namen ausgesucht. Er wollte damit deutlich
machen, daß er dem Beispiel Innozenz' III. nachzueifern trachtete. Während
des ganzen Konklaves hatte sich der Kardinal als Verfechter der Toleranz und
der Versöhnung gezeigt. Er hatte sich als hervorragender Rechtsgelehrter aus-
gewiesen, galt als weltmännisch, gebildet und nüchtern.

»Der Kaiser begrüßte den Neugewählten auf dem Stuhl Petri nahezu über-
schwenglich durch Beteuerungen seiner Freundschaft und Ergebenheit. Er ließ
im ganzen Königreich Dankgottesdienste abhalten und sandte alsbald eine Delegation an den päpstlichen Hof. Friedrich *wollte*«, schreibt Eberhard Horst,
»in dem neuen Papst den Freund sehen, suchte ihn durch seinen Willen zur
Freundschaft zu zwingen, und versteifte sich auf seinen Glauben, daß dieser
Genuese ihn vom Bann lösen und ihm den Frieden bringen werde.«[377]

Doch das war ein schwerer Irrtum, denn Innozenz IV. hatte einen Charakterzug, den er sorgfältig verschleierte, der aber bald offensichtlich werden sollte:
Er war noch ehrgeiziger als sein Vorgänger. Mehr als jeder andere nahm er für
sich in Anspruch, der *verus Imperator* zu sein, und ließ das Friedrich schnell
spüren. Dort, wo Gregor fanatisch, cholerisch und impulsiv gehandelt hatte,
ging Innozenz IV. mit kühler, berechnender und skrupelloser Schlauheit vor
und stellte damit den Kaiser vor viel schwierigere Aufgaben als Gregor IX.
Leider hat Friedrich II. das zu spät gemerkt . . .

Bereits die erste kaiserliche Delegation, die er nach Rom geschickt hatte, war
auf Widerstand gestoßen. Sie setzte sich aus Petrus von Vinea, Thaddäus von

Suessa und Berard von Castacca zusammen. Innozenz IV. verweigerte ihr den Empfang, da sich, wie er argumentierte, die Exkommunikation Friedrichs auf sie erstreckte, weil sie ihm weiterhin diente. (Damit verglich er die päpstliche Acht mit einer ansteckenden Krankheit.) »Ich verhandle nicht mit Exkommunizierten!« hatte er mit gespielter Zerknirschtheit erklärt. Nach einigen Tagen der Überlegung hatte er jedoch, um wenigstens eine Verhandlungsbasis zu schaffen, die kaiserlichen Unterhändler vom Bann freigesprochen.

Friedrich II. hätte dieses Verhalten als Warnung betrachten müssen. Er tat es nicht. Von seinem Friedenswunsch besessen, sagte er sich: Wenn der Papst »nicht jede Annäherung unmöglich machen wollte«, mußte er ebenfalls zu Verhandlungen bereit sein.

Da zerriß eine Hiobsbotschaft die mühsam zwischen dem Kaiser und der Kurie gesponnenen Fäden. Für den Anlaß sorgte der Kardinal Rainer von Viterbo, der mehr Kriegs- als Kirchenmann war und einen wahren Haß gegenüber Friedrich hegte. Nicht umsonst war er der wichtigste Ratgeber Gregors IX. gewesen. Er zettelte in seiner Vaterstadt Viterbo einen Aufstand an und ließ den Ort mit Waffengewalt besetzen. Die kaiserliche Besatzung konnte sich mit Mühe und Not in das Kastell retten.

Friedrich hielt sich in Melfi auf, als er davon erfuhr, und rückte sofort mit einer rasch aufgestellten Truppe gegen Viterbo vor. Er war entschlossen, seine Einwohner diesen Ungehorsam teuer bezahlen zu lassen. Zweimal griffen die Kaiserlichen die stark befestigte Stadt an. Friedrich selbst kommandierte einen Teil der Sturmspitze. Auch Petrus von Vinea nahm an dem Kampf teil. Es gelang den Angreifern, an eine der Bastionen Viterbos Feuer zu legen. Doch plötzlich sprang der Wind um und trieb das Feuer auf die eigenen Belagerungstürme, die in Flammen aufgingen. Diese riesigen Katapulte zu reparieren, hätte seine Zeit gebraucht. Da sich das Jahr seinem Ende entgegenneigte, mußten beide Seiten mit einer langwierigen Winterbelagerung rechnen, was niemandem gedient hätte.

Da bot der Papst Verhandlungen an. Er zeigte seinen guten Willen, indem er den als kaisertreu bekannten Kardinal Otto von St. Nikolaus als Unterhändler entsandte. Aber auch Friedrich scheute eine längere Belagerung. Um den Preis der Wiederaufnahme von Gesprächen verzichtete er auf Viterbo und zog sich nach Apulien zurück. Seinen Truppen wurde freies Geleit zugesichert.

Doch kaum war der Abzug der Kaiserlichen eingeleitet, da fielen die Bewohner von Viterbo über sie her. In dem folgenden Gemetzel wurden viele Krieger getötet, obwohl sich Kardinal Otto schützend zwischen die Parteien stellte.

Als der Kaiser davon erfuhr, war er bereits auf dem Weg nach Apulien. Verrat war für ihn – nach dem Ungehorsam – die unverzeihlichste Sünde. Ein Chronist berichtet, Friedrich habe furchtbare Rache geschworen. »An dem Blute der Viterbienser könne er sich nicht satt trinken . . . Und stünde er schon mit einem Fuße im Paradiese, so würde er ihn zurückziehen um der Rache an Viterbo willen.«[378]

Der Winter war schrecklich, denn er hatte dem ganzen Land Hungersnöte und Seuchen gebracht. Durch die Blockaden war die Versorgung der Häfen und Städte praktisch unmöglich geworden. Auf dem Lande begegnete man fast nur noch hungernden Wesen, deren Abmagerungen das Elend verrieten. Da bot Ludwig IX., der König von Frankreich, seine Vermittlung an. Mit der Unterstützung von mehreren französischen Fürsten drängte er auf einen raschen Friedensschluß zwischen den beiden Parteien.

Ludwig IX war fromm. Er hatte nie Konflikte mit der Kirche gekannt, denn er war nicht um die Weltherrschaft bemüht. Sein Ehrgeiz bestand darin, sein Königreich der Lilien zur Blüte zu bringen. Sein Ruf als Heiliger, der sich zu verbreiten begann, verschaffte ihm bei allen Respekt. Er wurde sowohl von Friedrich II. wie von der Kurie anerkannt.

Wieder zeigte sich der Kaiser nachgiebig und bereit – gegen die Aufhebung des Kirchenbanns –, die besetzten kirchlichen Gebiete zu räumen, eine Wiedergutmachung für die gefangenen Prälaten zu leisten und alle Rebellen zu begnadigen. Außerdem versprach er, öffentlich für seine Vergehen Sühne und Buße zu tun, wenn der Kirchenfürst dies verlangte. Das waren harte Bedingungen, aber die Zeit drängte. Der Gründonnerstag stand vor der Tür, und an diesem Tag verlas der Papst jährlich die Liste der Exkommunizierten. Und Ludwig IX. wollte nicht, daß Friedrichs Name weiterhin darauf vermerkt war. Dank seiner Vermittlung einigten sich die beiden Parteien.

Tatsächlich kam es am Gründonnerstag 1244 in Rom zur öffentlichen Bekanntgabe und Beeidung der Vereinbarungen. Auf dem Platz vor der Lateranbasilika hatte sich in Erwartung der Zeremonie eine große Menschenmenge eingefunden, unter der man viele Kardinäle, Erzbischöfe, Äbte und Fürsten sowie die römischen Senatoren erkannte. Zunächst sprachen der Graf von Toulouse, Petrus von Vinea und Thaddäus von Suessa im Namen des Kaisers den Eid. Dann nannte der Papst in seiner Predigt Friedrich II. »einen ergebenen Sohn der Kirche und rechtgläubigen Fürsten«. Obwohl die Gültigkeit des beschworenen Abkommens provisorischen Charakter hatte, glaubte niemand, daß der Zweischwerterkrieg wieder aufflammen würde.

Doch wiederum gab es eine Enttäuschung. Achtundvierzig Stunden später traf eine Abordnung der lombardischen Städte in Rom ein. Nachdem sie sich für ihre Verspätung entschuldigt hatte, protestierte sie mit heftigen Worten gegen die getroffenen Vereinbarungen und widersetzte sich in aller Form gegen ihre

Anwendung.

Der Gedanke liegt nahe, daß der Papst die Lombarden selbst herbeigerufen hatte, denn von heute auf morgen wechselte er seine Meinung. Er änderte eigenmächtig einige wichtige Vertragspunkte und erklärte sich erst dann zur Absolution bereit, wenn vorher die besetzten Gebiete geräumt und die Gefangenen freigelassen würden.

Der Kaiser verweigerte diesen ungeheuerlichen Forderungen seine Zustimmung. Durch den Verrat von Viterbo gewarnt, war er entschlossen, seine Pfänder nicht aus der Hand zu geben, ehe nicht der Bann aufgehoben wurde. Der Friede hatte den Sieg nicht davongetragen, der Zweischwerterkrieg würde gnadenlos weitergeführt werden. Diesmal gab Friedrich sich keinen Illusionen mehr hin. Nie wieder würde er der Gutgläubigkeit von Innozenz IV. vertrauen.

Das war für Kaiser Friedrich eine bittere Enttäuschung.

IV

Zu dieser Enttäuschung kam bald eine weitere, noch herbere.

Seit einiger Zeit trafen alarmierende Nachrichten aus Jerusalem ein. Der Vertrag, den Friedrich II. mit Malik Al-Kamil am 18. Februar 1229 unterzeichnet hatte,[379] war für zehn Jahre geschlossen worden. Er war also im Februar 1239 erloschen. Er hätte erneuert werden müssen.[380] Aber mit wem sollte man verhandeln? Der Sultan Al-Kamil war am 8. März 1238 gestorben. Es kam deshalb nur dessen Sohn in Frage, der Sultan von Damaskus. Zu diesem Zweck hätte sich Friedrich selbst ins Heilige Land begeben müssen. Solange er jedoch unter dem Kirchenbann stand, war dies unmöglich. 1228 hatte ihn die erste Exkommunikation, die Honorius III. über ihn verhängt hatte, nicht daran gehindert, die Krone von Jerusalem vom Altar der Grabeskirche zu nehmen und sich aufzusetzen. Inzwischen war die Situation hingegen komplizierter. Er hätte direkt bei den religiösen Orden intervenieren müssen, um sich den nötigen Respekt zu verschaffen, den sie nur zu gern verletzten. Wie sollte er das schaffen, da ihn der Papst selbst als Rebellen hingestellt hatte? Und es waren insbesondere die Ritterorden, die Templer vor allem und die Hospitaliter, die durch ihre Herausforderungen den Frieden gefährdeten.[381]

Der Kaiser konnte an sein Königreich Jerusalem bloß noch mit bangem Herzen denken. War seine Reise in den Orient nicht die schönste Zeit seines Lebens gewesen? Er war damals jung und hatte eine reiche Zukunft vor sich gesehen. Er war begeistert von der Weite, dem Licht, den Erfahrungen und der

Poesie. Er sah sich in Gedanken mit Hermann von Salza auf dem Weg nach Nablus. Sicher, er hatte seitdem viel erlebt. Aber all das konnte die Erinnerung an seine beiden Ritte von Palästina nach Galiläa nicht auslöschen, den Hauch des Frühlings, der darüber schwebte, die von Arkaden umgebene riesige Esplanade, die den Berg Moria umgibt und von der aus er den Eindruck gehabt hatte, Kontinente und Jahrhunderte zu überfliegen, an den Felsendom, dessen Fassade nach einem Regenschauer in allen Farben schillerte, die das ganze Gebäude in eine Symphonie von Türkis und Gold tauchte, und schließlich an die Grotte, in der alle Propheten der Erde den Ewigen beschworen hatten . . . Wie sollte er diese unvergänglichen Bilder vergessen, die ihn über sich selbst erhoben hatten? All diese Dinge – und viele andere – waren jetzt bedroht!

In Wirklichkeit hatten die Templer die Übergabe Jerusalems nie anerkannt – denn für sie galt eine Eroberung nur, wenn sie mit Blut erkauft war; nie hatten sie Friedrich verziehen, daß er mit den Ungläubigen ein Abkommen geschlossen hatte, das sie ihrer Güter beraubte und aus ihrem Ordenshaus vertrieb. Sie hatten den Vertrag von 1229 gebrochen und die Araber aus der Al-Aksa-Moschee verjagt, waren in die Viertel Altjerusalems eingefallen und hatten wiederholt Gruppen moslemischer Pilger belästigt.

Darauf hatten die Araber ebenfalls zu den Waffen gegriffen und gesagt: »Wenn die Christen ihre Versprechungen nicht halten, warum sollen wir es dann tun?«

Die Folge war eine Reihe immer mörderischer Angriffe, so daß statt des Friedens ein verschleierter Kriegszustand herrschte.

Wie so oft unter solchen Umständen, war die Atmosphäre bald vergiftet. Ermutigt durch den Patriarchen von Antiochia, hatten die Templer ihre Vergeltungsmaßnahmen verschärft. Als der Sultan von Damaskus das sah, der ganz Palästina als sein ererbtes Krongut betrachtete, beschloß er, dem ein Ende zu setzen. Er rekrutierte ein starkes Kontingent von Choresmiern und rückte mit ihm nach Jerusalem vor. Um dieser Gefahr zu entgehen – die sie nicht vorausgesehen hatten, obwohl sie von ihnen provoziert worden war –, räumten die Templer die Heilige Stadt und zogen sich mit den meisten der Christen an die Küste zurück.

Der Sultan von Damaskus nahm ihre Verfolgung auf und schlug sie vernichtend bei Gasa. Die gesamte christliche Streitmacht wurde aufgerieben. Anschließend kehrte der Sultan nach Jerusalem zurück, wo er Anfang August seinen feierlichen Einzug hielt.

Erst in diesem Augenblick erfaßte der Patriarch von Antiochia das volle Ausmaß der Katastrophe und beschwor sowohl den Papst als auch den Kaiser, ins Heilige Land zu kommen und die alte Ordnung wiederherzustellen.

Als Friedrich diese Botschaft erhielt, hatte er den Eindruck, ein ganzes Stück seines Lebens dahinbröckeln zu sehen. Was bedeutete die Einnahme von Cortenuova gegenüber dem Verlust von Jerusalem? Konnte er eine derartige Schandtat bestehen lassen, ohne darauf zu reagieren? Nein, er überwand sich selbst und schickte zwei Abgesandte zum Papst, die ihm Vorschläge unterbreiten sollten, über deren Großzügigkeit man heute noch staunt: »Heiliger Vater«, schrieb der Kaiser an Innozenz IV., »wenn Ihr den Kirchenbann aufhebt, den Ihr über mich verhängt habt, verpflichte ich mich, umgehend die nötigen Streitkräfte für einen neuen Kreuzzug aufzustellen, mich ins Heilige Land zu begeben, um dort drei Jahre zu bleiben, ohne nach Italien zurückzukehren, und die alte Lage wiederherzustellen. Außerdem verpflichte ich mich, den Kirchenstaat ohne Aufschub zu räumen und die Länder des Patrimoniums des hl. Petrus, die ich gegenwärtig besetzt halte, wieder abzutreten. In der Lombardenfrage unterwerfe ich mich Eurem Schiedsspruch. Die Nichteinhaltung dieser Versprechungen wird für mich den Verlust des Reiches und aller Besitztümer, die damit verbunden sind, nach sich ziehen.«[382]

Mit diesem unglaublichen Angebot verzichtete Friedrich auf alle politischen Ziele, für die er sich seit seiner Krönung in Aachen eingesetzt hatte. Einige Chronisten gehen sogar noch weiter. Sie versichern uns, daß Friedrich mit dem Gedanken spielte, »für lange Zeit oder gar für immer nach dem Morgenlande zu ziehen« oder »zugunsten König Konrads abzudanken und bis zu seinem Tode im Orient zu bleiben«.

Die Gesamtheit dieser Verzichtserklärungen stellt unbestreitbar ein gewaltiges Opfer dar. Aber war dies für die Rückgewinnung des Heiligen Grabes zuviel bezahlt?

Als der Papst diesen Brief erhielt, las er ihn aufmerksam durch. Dann reichte er ihn wortlos an einen Diakon, der ihm als Sekretär diente. Mit dieser Geste brachte er zum Ausdruck, daß er die Angebote Friedrichs rundweg ablehnte. Die Zukunft sollte zeigen, daß er etwas anderes vorhatte und daß die Erniedrigung des Kaisers auf anderen Überlegungen beruhte.

Die Wirklichkeit war so erschreckend, daß Friedrich II. sie sich kaum hätte vorstellen können. Wir wissen heute, daß Innozenz IV. sich heimlich mit dem Sohn Al-Kamils in Verbindung gesetzt hatte, um ihn davon abzubringen, den Vertrag zu verlängern, den der Kaiser mit dessen Vater geschlossen hatte. Darauf hatte der Sultan mit so verletzenden Worten geantwortet, daß der Heilige Vater hätte beschämt sein müssen, da hier das ganze Ausmaß seiner Doppelzüngigkeit ans Licht kommt.

Er schrieb: »Abgesandte des Heiligen Vaters der Christen sind zu Uns gekommen und mit Ehren empfangen worden. Sie haben von Christus gesprochen, den Wir besser zu verherrlichen wissen als Ihr, und von Eurem Wunsch, den Völkern Frieden zu geben – einem Wunsch, den Wir seit jeher in Unserem Herzen gehegt haben. Aber Ihr vergeßt, daß zur Zeit des Sultans, Unseres Vaters – möge Gott ihn verherrlichen –, eine aufrichtige Freundschaft zwischen Uns und dem Kaiser der Römer bestand. Da Wir nur mit seinem Einverständnis mit Euch verhandeln können, werden Wir Unseren Gesandten am kaiserlichen Hof von Euren Vorschlägen unterrichten.«[383]

Durch dieses Handeln hat Innozenz IV. zumindest der Kirche eine schreckliche Verantwortung aufgeladen: die des endgültigen Verlusts von Jerusalem.[384]

V

Das Schweigen des Papstes hat Friedrich verblüfft. War es denkbar, daß Innozenz IV. weder den Wert seines Opfers noch die Bedeutung dessen, was auf dem Spiel stand, erkannt hat?

Um seine Taten mit seinen Worten in Einklang zu bringen, unternahm der Kaiser einen letzten Versuch, um mit dem störrischen Kirchenoberhaupt ins Gespräch zu kommen. Er bat ihn, einige Unterhändler zu empfangen, die seine Sache vor ihm vertreten sollten, und bekräftigte die Aufrichtigkeit seiner Absichten. Entgegen jeder Erwartung war der Papst bereit, sie anzuhören. Er legte sogar das Datum auf den 28. Juni und den Ort der Zusammenkunft fest: Narni.

Diese Antwort erweckte bei Friedrich einen Hoffnungsschimmer. Obwohl er den Verrat von Viterbo nicht vergessen hatte und auch den Meinungswandel nicht, der zum Bruch des Friedensvertrags geführt hatte, fragte er sich, ob Innozenz ihm nicht doch die Hand reichen würde, ehe es zu spät war . . .

Inzwischen hatte der Heilige Vater Rom verlassen. Er befand sich mit seinem Gefolge in Civita Castellana. Dort hatte er die kaiserlichen Gesandten empfangen. Der Kaiser wartete bereits mit seinem Hof in Terni, nicht weit vom Treffpunkt entfernt. Alle Vorkehrungen deuteten auf einen günstigen Ausgang hin. Von einer ersten Audienz brachten die Botschafter eine Tagesordnung und ein Gesprächsprogramm mit. Der Kaiser war mit diesen Vorschlägen einverstanden. Er zählte die Stunden und fieberte dem Ergebnis entgegen. Ein zweites Mal begaben sich die Unterhändler nach Civita Castellana, um Friedrichs Zustimmung zu überbringen. Doch sie kamen unerwartet schnell mit der Nachricht zurück, daß der Papst »um eine kurze Bedenkfrist« bäte.

Der Kaiser wollte sich als guter Partner erweisen und willigte ein. Zum drittenmal begab sich die Abordnung in das päpstliche Lager. Man zählte inzwi-

schen den 29. Juni. Die Herren meinten, den Weg zum letztenmal zurückzulegen.

Doch schon am nächsten Tag erschienen sie wieder in Terni, um dem Kaiser zu
berichten, was sich zugetragen hatte.

Als sie in Civita Castellana eintrafen, waren sie von der Stille überrascht, die
dort herrschte. Sie hatten sich zum päpstlichen Palast begeben, da aber niemanden vorgefunden.

Das Gebäude war leer. Innozenz IV. war geflohen...

VI

Die Flucht des Papstes traf Friedrich wie ein Peitschenhieb, zumal er erfuhr,
daß sie sorgfältig vorbereitet worden war.

Während die kaiserlichen Unterhändler zwischen Terni und Civita Castellana
hin und her pendelten, hatte eine kleine Flotte Genueser Galeeren im Hafen
von Civitavecchia Anker geworfen. Die »kurze Bedenkfrist«, um die Innozenz
IV. gebeten hatte, sollte lediglich helfen, Zeit zu gewinnen, bis diese Schiffe
wieder in See stechen konnten.

Nachdem ihm in der Nacht vom 28. auf den 29. Juni mitgeteilt worden war,
daß der Wind günstig stand, hatte er sich in der Dunkelheit, als Ritter verkleidet, in der Begleitung seines Neffen auf den Weg über Sutri nach Civitavecchia
gemacht, wo er sich bei Tagesanbruch einschiffte. Am 7. Juli erreichte die
kleine Flotte Genua. Die Flucht war geglückt. Sie war die Antwort der Genueser auf die Kaperung der Konzilsväter...

Als die Nachricht bekannt wurde, daß der Papst den sicheren Hafen erreicht
hatte, während nur ein Gewitter seine Überfahrt begleitete, löste dies überall
Überraschung aus. Die Chronisten schrieben, »niemals sei mit solcher List und
Verschlagenheit etwas ausgeführt worden«.[385] Friedrich mußte sich seine
Selbsttäuschung eingestehen und reagierte bald zornerfüllt und bald niedergeschlagen. Mit Genugtuung notierte der Stadtschreiber von Genua einen angeb-
lichen, gleichnishaften Ausspruch des Kaisers: »Als ich mit dem Papst Schach
spielte und meine Partie so stand, daß ich ihm Schachmatt ansagen oder ihm
wenigstens einen Turm nehmen konnte, kamen die Genuesen und warfen das
ganze Spiel um.«[386]

Nachdem ihm bekannt geworden war, daß Innozenz IV. als Gast des Dogen
von Genua empfangen wurde und man ihm alle Ehren des Oberhauptes der
Christenheit hatte zuteil werden lassen, schickte Friedrich Botschafter nach
Genua, die in zurückhaltendem Ton sein Erstaunen über die Flucht ausdrük-

ken, aber auch das Friedensangebot erneuern sollten. Der Papst gab keine Antwort.

Da konnte Friedrich seinen Zorn kaum mehr beherrschen. Er steigerte sich noch, als ihm berichtet wurde, daß Innozenz jedem gegenüber wiederholte: »Ich war gezwungen, Civita Castellana zu verlassen, weil der Kaiser die Absicht hatte, mir nachzustellen und mir insgeheim Schlingen zu legen, um sich meiner Person zu bemächtigen.« So beteuert es Matthäus von Paris, doch das war ein absurder Vorwurf, weil Friedrich gerade zu dieser Zeit alles mied, was seiner legalen kirchlichen Gesinnung schaden konnte.

Aber nun war es endgültig vorbei. Friedrich II. war mit seiner Geduld am Ende. In aller Öffentlichkeit hatte der Papst ihm den Handschuh hingeworfen; der Kaiser war seiner Würde schuldig, die Herausforderung anzunehmen. Er hatte alles unternommen, um den offenen Konflikt zu vermeiden. Der Heilige Vater hatte es nicht gewollt. Da es keinen anderen Ausweg gab, blieb nur der Krieg . . .

Unterdessen war Innozenz IV. nicht untätig geblieben. Als kalter Rechner verfolgte er methodisch seinen Plan, den er gefaßt hatte. Er wollte ein neues Konzil einberufen, dessen Versammlung in Rom Friedrich verhindert hatte. Doch dieses Konzil war kein Konklave. Diese Zusammenkunft von Bischöfen und Kardinälen würde keine Kompromisse und keine Ausflüchte kennen: Sie müßte Friedrich den Gnadenstreich versetzen.

Der Papst wollte das Reichsgebiet verlassen, doch eine Krankheit – anscheinend ein Leberleiden – hinderte ihn an der Weiterreise. Es war auch ungewiß, wohin er sich begeben sollte, denn die christlichen Könige zeigten sich zurückhaltend, weil ihnen die ungerechtfertigte Flucht mißfiel.[387]

So entschied sich Innozenz für Lyon, das zwar zum Arelat und damit zum Reich gehörte, aber so gut wie selbständig war, weil es von einem mächtigen Erzbischof regiert wurde, der den Titel eines Primas von Gallien hatte. Diese Stadt am Rande des Herzogtums von Savoyen, die sich durch blühenden Wohlstand auszeichnete und deren Bewohner auf die Seidenindustrie spezialisiert waren, unterhielt enge Beziehungen zu Florenz und Mailand. Nach reiflicher Überlegung erklärte sich ihr Erzbischof zur Abhaltung dieses Konzils bereit. Die Einberufung wurde auf den 24. Juni 1245 festgesetzt.

VII

Innozenz IV. traf um den 20. Juni in Lyon ein. Zu seinem Gefolge gehörten außer einhundertvierzig Bischöfen, an deren Spitze die Patriarchen von Konstantinopel, Antiochia und Aquileja marschierten, eine imposante Zahl von Theologieprofessoren, Mitglieder der Heiligen Glaubenskongregation, Wächter, Mönche, Prediger und Händler. Er nahm in dem befestigten Kloster von Saint-Jean Wohnsitz, das von Templern und Hospitalitern sowie erzbischöflichen Söldnern bewacht wurde. Hunderte von Franziskanern hielten sich in der Nähe auf, um die Absetzung des Kaisers zu verbreiten. Unter der Menschenmenge erblickte man Johann Vatatzes, den Kaiser von Nizäa, dem Friedrich seine uneheliche Tochter Konstanze zur Frau gegeben hatte;[388] Balduin II., den letzten lateinischen Kaiser von Byzanz, den Grafen von Toulouse und den Grafen von der Provence. Anwesend waren auch die beiden Gesandten des Kaisers, Petrus von Vinea und Thaddäus von Suessa, die die Verteidigung ihres Herrn übernehmen sollten.

Nach einer Vorberatung versammelten sich die Konziliaren am 26. Juni in der Kathedrale von Lyon. Noch heute kann man hinter dem Hauptaltar die drei Marmorstufen sehen, auf denen der Papst thronte. Ihm zur Seite saßen Kaiser Balduin von Konstantinopel, die Grafen von Toulouse und der Provence, während die Kardinäle im Halbkreis des Chores Platz genommen hatten und das Kirchenschiff den Bischöfen vorbehalten blieb.[389]

Zunächst wurde gemeinsam das *Veni Creator* gesungen. Dann eröffnete der Papst die Sitzung mit einer langen alarmierenden Erklärung über die Lage der Christenheit. Anschließend zählte er die Verfehlungen des Kaisers auf. In diesem Moment zeigten die Zuhörer eine gewisse Nervosität, da sie nicht alle mit dem Verhalten des Heiligen Vaters einverstanden waren. Doch Innozenz IV. wußte, daß diese Opposition nur gespielt war. Er beschuldigte Friedrich der Ketzerei und der Kirchenschändung, klagte ihn des wiederholten Meineids und der Brechung von Verträgen an, weil er kirchliche Ländereien besetzt hielt und verwüsten ließ, weil er Unschuldige verfolgte und tötete. Er wurde des Majestätsverbrechens geziehen, weil er sich den Geboten der Kirche widersetzte.

Als der Patriarch von Aquileja für den Kaiser sprach, reagierte Innozenz zornig und drohte, dem Patriarchen den Ring zu entziehen. Der eigentliche Anwalt des Hohenstaufers, Thaddäus von Suessa, sprach klug und unerschrocken. Jedem der vorgebrachten Anklagepunkte setzte er stichhaltige Argumente entgegen. Auch der Papst, so wies er nach, habe Verträge gebrochen. Niemand könne den Kaiser der Ketzerei überführen, weil es keine Beweise dafür gebe. Der Verlust Jerusalems falle nicht Friedrich zur Last, denn er sei bereit, die Heiligen Stätten zurückzuerobern. Er sei ferner bemüht, das Schisma der östlichen Kirche zu beenden . . .

Innozenz verordnete darauf eine Bedenkpause, »um dem Heiligen Geist zu erlauben, das Heilige Kollegium zu erleuchten«.

Am 15. Juli wurden die Verhandlungen erneut aufgenommen. Doch diesmal kam es zu einem Zwischenfall, mit dem der Papst nicht gerechnet hatte. Die Botschafter des Königs von Frankreich baten um das Wort. Sie erklärten im Namen ihres Herrschers:

»Was die Exkommunikation und den Bann betrifft, so haben wir dazu nichts zu sagen. Dies ist ein theologisches Problem und muß innerhalb der Kirche gelöst werden. Aber wir widersetzen uns feierlich jeder Absetzungsmaßnahme. So mächtig und achtbar er auch sei, hat der Papst nicht das Recht, einen König zu entthronen. Jeder Monarch hat seinen Thron kraft göttlichen Gesetzes inne, und göttliches Recht steht über päpstlichem Recht, über das der Papst nur als Nachfolger des heiligen Petrus verfügt. Wir widersetzen uns deshalb in aller Form der Absetzung des Kaisers Friedrich durch Papst Innozenz, denn diese Tat, die Ursache endloser Unruhen wäre, hätte hauptsächlich zur Folge, die christliche Gemeinschaft bis in ihre Grundfesten zu erschüttern.«

Zum zweitenmal griff Ludwig IX. in den Streit ein. Und jedesmal, um Mäßigung zu predigen und das Kirchenoberhaupt an der Überschreitung seiner Rechte zu hindern.

In der dritten Sitzung am 17. Juli verlas der Papst vor der Kirchenversammlung seine Anklagerede, obwohl auch diesmal englische und französische Delegierte den Einspruch des Großhofrichters von Suessa unterstützten. Hatte Gregor IX. Friedrich vor allem wegen der materiellen und moralischen Schäden angeklagt, die er der Kirche verursacht hatte,[390] legte Innozenz IV. den Akzent insbesondere auf seine Allianz mit den Ungläubigen.

Aufgrund seiner päpstlichen Binde- und Lösegewalt verurteilte Innozenz IV. den Kaiser wegen Meineids, Friedensbruchs, Gotteslästerung und Ketzerei. Sodann verkündete er »allen zum Staunen und Schrecken« das Absetzungsdekret: »Ob der angeführten und vieler anderer abscheulicher Frevel . . . erklären Wir den besagten Fürsten, der sich des Kaisertums, der Königreiche und jeglicher Ehre und Würde so unwürdig gemacht hat . . . für einen Menschen, der von Gott in seinen Sünden verstrickt und verdammt und aller seiner Ehren und Würden vom Herrn beraubt ist, und entsetzen ihn durch Unseren Urteilsspruch. Alle, die ihm durch den Eid der Treue verpflichtet sind, lösen Wir für immer von diesem Eide und verbieten kraft apostolischer Vollmacht strengstens, daß in Zukunft irgend jemand ihm als König oder Kaiser gehorche . . . Über das Königreich Sizilien werden wir mit dem Beirate Unserer Brüder so verfügen, wie Wir es für zweckmäßig halten.«[391]

Nach dem Urteilsspruch erfaßte die Versammlung eine ungeheure Erregung. Während die Prälaten die brennenden Fackeln, die sie in den Händen trugen, gegen den Steinboden stießen und löschten, rief Thaddäus von Suessa den Anwesenden zu: »Dies ist der Tag des Zornes, des Unglücks und des Elends!« Wie so oft bei Verhandlungen dieser Art spielte sich das Wichtigste hinter den Kulissen ab.

Als Friedrich erfahren hatte, daß sich das Konzil in der Rhônehauptstadt versammeln würde, zog er all seine Truppen zusammen, um gegen Lyon zu marschieren. Es war ein eindrucksvolles Aufgebot, denn es umfaßte auch fünftausend byzantinische Bogenschützen, die ihm Johann III. Vatatzes zur Verfügung gestellt hatte, um die Lombarden zu bekämpfen.[392] »Ich werde nicht aufhören«, sagte Friedrich, »bis ich den Papst gefangengenommen und das Konzil zu Staub gemacht habe.«

In Turin hörte er jedoch, daß die Botschafter des Königs von Frankreich eingetroffen seien und um eine Audienz baten. Er empfing sie sofort.

»Unser Herr, König Ludwig, hat uns zu Euch geschickt«, erklärten sie, »um Euch wissen zu lassen, daß er Eure Sache vor dem Heiligen Vater als loyaler und treuer Freund verfochten hat. Er hat sich in aller Form gegen jede Absetzungsmaßnahme gewehrt. Als Gegenleistung bittet er Euch inständig, nicht auf Lyon zu marschieren. Rührt nicht an das kirchliche Oberhaupt, um nicht den Zorn Gottes heraufzubeschwören. Wenn Ihr, schlecht beraten, Euren Vormarsch fortsetzen solltet, so wisset, daß dann unser Herr, der König von Frankreich, Euch mit all seinen Rittern entgegentreten wird, um Euch den Weg zu versperren!«

Sogleich ließ Friedrichs Zorn nach. Mit der französischen Ritterschaft die Schwerter zu kreuzen, erschien ihm ebenso unvorstellbar, wie dem Ansinnen des Enkels von Philipp Augustus nicht nachzugeben. Seit der Schlacht von Bouvines im Jahre 1214 hatte sich eine unlösbare Allianz zwischen den beiden Mächten gebildet, die man um der Ehre willen nicht brechen konnte.

Bevor sie wieder zurückritten, gaben ihm die französischen Gesandten zu verstehen, daß Ludwig IX. sich stark machen würde, Innozenz IV. dazu zu bewegen, sich in der Anwendung der Bulle »kulant« zu zeigen.

Friedrich beruhigte sich daraufhin, obwohl es ihm schwerfiel, denn »es kostete ihn Mühe, auf ein Unternehmen zu verzichten, das er fest in der Hand zu haben glaubte«. Er gab also seinen Truppen Befehl, den Vormarsch einzustellen und sich auf die Rückkehr nach Mittelitalien vorzubereiten.

Der Rat Ludwigs IX. war von Klugheit geprägt. Indem er ihm folgte, entging Friedrich II. unbewußt einer der größten Gefahren seines Lebens. Denn ein Konflikt mit dem König von Frankreich im Augenblick des Angriffs auf den Papst hätte alle Schwankenden im Lager der Feinde zu seinen Gegnern gemacht.

Friedrich II. hatte nun das fünfzigste Lebensjahr überschritten. Sein goldblondes Haar hatte sich gerötet, und im Bart und an den Schläfen zeigten sich Silberfäden. Noch immer spielte das rätselhafte Lächeln um seine Lippen, doch es war weniger strahlend als zu Zeiten seiner Jugend, denn es erschien autoritärer und dadurch etwas verächtlich. Friedrich war zu vielen Menschen begegnet, um ihnen gegenüber Illusionen bewahrt zu haben. Charakterlich hatte er sich verändert, dennoch war er im Grunde genommen der gleiche geblieben. Man wundert sich, daß ein auf intellektuellem Bereich so liberaler Mann nicht die geringste Autoritätsverletzung ertragen konnte. Doch schon mit sieben Jahren hatte er ja »sein zartes Fleisch mit seinen scharfen Fingernägeln zerkratzt«, als man seine Würde »eines Gesalbten des Herrn« antasten wollte.[393]

Gesalbter des Herrn war er jetzt mehr denn je. Er beherrschte die Dinge dieser Welt von so weit oben, daß seine Gedanken in einer Sphäre kreisten, die nicht mehr zur Erde zu gehören schien. Wenn er seinen Einzug in die Städte hielt, ließ er Psalmen singende Geistliche vorausschreiten, die ein Stück vom echten Kreuz Christi mit sich trugen, das er aus Jerusalem mitgebracht hatte. Sein Auftreten sollte die Menschen davon überzeugen, daß er Cäsar und Messias zugleich war. Diese beiden Welten lebten in ihm nebeneinander, ohne daß man hätte sagen können, wo die eine begann und die andere aufhörte. Auf dem Sokkel der Büste im Städtischen Museum von Barletta, die weniger einer mittelalterlichen Darstellung als einem Renaissance-Porträt ähnelt, kann man die Buchstaben erkennen: DIVI . . . I . . . CAESAR. Friedrich war nicht nur »Imperator« und »Augustus«, sondern auch »divus« – das heißt göttlich –, was im Mittelalter eine ungeheure Kühnheit war. Mit diesem doppelten Titel betrachtete er sich als »immutator mundi«, den Umgestalter der Welt.

Im Dom von Pisa hat er an einem Weihnachtsmorgen die Kanzel bestiegen und eine lange Predigt über die Geburt des Erlösers gehalten. In den Marken ließ sich der Kaiser von Herolden den Weg frei machen, die Bibelverse deklamierten und die Ankunft des Messias verkündeten: »Platz für den Herrn, fegt sauber die Wege, die er zu euch beschreitet . . . Entriegelt eure Türen, damit euer Caesar eure Wohnungen betreten kann, dieser Caesar, der schrecklich gegenüber den Rebellen ist und dessen Blick allein jene zum Schweigen bringt, die euch seit langem unterdrücken.«

Und schließlich hat er bei seinem Einzug in seine Geburtsstadt Iesi die denkwürdigen Worte gesprochen, die sich ins Gedächtnis seiner Zeitgenossen eingeprägt haben: »Es ist wahr, daß Konstanze, Unsere göttliche Mutter, hier einen Gott geboren hat. Es ist wahr, daß Iesi Unser Bethlehem ist. Es ist wahr, daß diese kleine Stadt einen Caesar hervorgebracht hat, der zum Oberhaupt des mächtigen Römischen Reiches geworden ist.« Damit nahm er die Weissagung des Petrus von Ebulo auf, mit der dieser die Geburt des kaiserlichen Knaben begrüßt hatte.[394]

Letzten Endes war es jedoch gleichgültig, ob er Cäsar oder Messias war, denn seine Aufgabe bestand darin, »das goldene Zeitalter herbeizuführen«. Und ob er nun gerühmt oder geschmäht wurde, bedeutete ebenfalls nicht viel, denn was er auch tat, er blieb der »stupor mundi«. Und dagegen kam nichts an. Nicht einmal das Höllentor.

IX

Friedrich befand sich noch in Turin, als er erfuhr, daß das Konzil seine Verurteilung und Absetzung einstimmig beschlossen hatte und die Priester überall in den Kirchen die Kanzel bestiegen, um die Bulle zu verlesen und zu kommentieren.

Das also verstand der Papst unter »kulanter« Haltung! Die Absetzung war klar formuliert, und Innozenz IV. hatte die Gutgläubigkeit Friedrichs ebenso getäuscht wie die des französischen Königs.

Dreimal hatte der Kaiser seine Beute entschlüpfen lassen: zuerst, als die Lagerfeuer einen Lichterkranz um Rom gebildet hatten; dann, als er ohne Garantien die Stadt Viterbo geräumt hatte; und zum drittenmal, als er auf Bitten Ludwigs IX., nicht nach Lyon marschiert war. Jetzt bereute er, auf den König von Frankreich gehört zu haben, statt den Sieg einzuheimsen, der greifbar nahe war.

Tief verletzt, schwor er sich, niemandes Rat mehr zu folgen. Aufbegehrend und ungehalten, rief er keuchend aus:

»Die Schatztruhen! Wo sind meine Schatztruhen?«

Als man ihm die schweren Eisenkassetten mit seinen Schätzen brachte, öffnete er sie, griff mit der Hand hinein, sah mit finsterem Blick alle an, die um ihn hersaßen und rief:

»Dieser Papst hat Mich auf seiner Kirchenversammlung abgesetzt und Mir Meine Krone geraubt. Woher diese Frechheit? Woher ein so vermessenes Unterfangen? Laßt Uns sehen, ob Meine Kronen verloren sind!«

Dann holte er eine Krone aus einer Truhe,[395] setzte sie auf sein Haupt und sprach mit furchtbarer Stimme, unersättlichen Herzens, laut und öffentlich.

»Noch habe ich meine Krone nicht verloren und werde sie weder durch die Anfeindung des Papstes noch durch den Beschluß der Kirchenversammlung ohne blutigen Kampf verlieren. Sollte sich der niedrige Übermut zu solcher Höhe erheben, daß es ihm gelänge, Mich, den höchsten Fürsten, den keiner überragt, ja, dem keiner gleichkommt, vom Gipfel der kaiserlichen Macht herabzustürzen? In einer Hinsicht jedoch wird Meine Lage dadurch verbessert. Bisher mußte Ich ihm einigermaßen gehorchen, wenigstens die Ehre geben, jetzt aber bin Ich jeglicher Verpflichtung, ihn zu lieben, zu verehren und Frieden mit ihm zu halten, ledig . . .« [396]

Zeitweise war Friedrich nahe daran gewesen, zu resignieren. Doch nun hatte das Konzil sein Angebot, erneut »das Kreuz zu nehmen«, um das Heilige Grab zu befreien, verächtlich zurückgewiesen und damit seinen Kampfgeist geweckt. Schon als siebenjähriger Knabe hatte er sich mit einem Schreiben an »alle Fürsten der Christenheit« gewendet, um sie zum Zeugen für seine schlechte Behandlung durch Markward von Anweiler aufzurufen. [397] Anläßlich dieses neuen Angriffs des Papstes reagierte er ebenso. In zwei Rundbriefen, die er an die Könige, Fürsten und Geistlichen Europas richtete, erkannte er dem Heiligen Vater durchaus das Recht zu, den Kaiser zu weihen, nicht aber, ihn zu entthronen. Er bestritt sogar die Legalität des Konzils, weil dessen Verhandlungen weder durch die Anwesenheit des Kaisers noch durch die der Reichsfürsten bestätigt worden seien, »die allein das Recht hatten, jemanden auf den Thron zu erheben . . . oder abzusetzen«. Er behauptete, seine Verurteilung beruhe einzig und allein auf der persönlichen Feindseligkeit des Papstes. Und er gab den weltlichen Fürsten zu bedenken, daß es ihnen ähnlich ergehen könnte. Er drängte sie zur Einigung, um eine Sache zu verteidigen, die sich nicht auf ihre eigene Person beschränkte, sondern sich auf ihre Nachfolger übertragen würde, wenn es dem Kirchenoberhaupt gelingen sollte, das Recht zur Absetzung der Herrscher zum Grundsatz zu erheben. [398]

Doch die Fürsten waren kleinmütig, egoistisch und uneins. Wie angesichts der Mongolen, sahen sie die Gefahr nur, wenn sie vor ihren eigenen Pforten stand. Sie fühlten sich nicht veranlaßt, an Friedrichs Streit teilzunehmen. Angewidert wandte sich der Kaiser in Gedanken dem Orient zu, wo er einige seiner angenehmsten Stunden seiner Jünglingszeit verlebte und wo die Tugenden dieser Welt noch Wert hatten. »O glückliches Asien!« schrieb er in einem vielzitierten Brief an seinen Schwiegersohn, Johann III. Vatatzes, den Kaiser von Nizäa, »O glückliche Machthaber des Ostens, die der Untertanen Waffen nicht fürchten und die Erfindungen der Priester nicht scheuen!« [399] Welche Illusion! Als ob im Orient die Dolche der Mörder nicht ebenso schnell aus der Scheide gezogen würden und die muselmanischen Mullahs sich nicht gleicherweise wie die christlichen Priester in die Politik einmischten! Dieser Herzensschrei ist jedoch um so interessanter, als er das Ausmaß von Friedrichs Verwirrung deutlich macht . . .

Doch nachdem der erste Zornesausbruch verflogen war, handelte der Kaiser zunächst diplomatisch. Er änderte die Taktik, griff auf andere Argumente zurück und ritt seine Attacken gegen den Papst in dem Bereich, in dem er am verwundbarsten war. »Außerordentlich wirksam war Friedrichs Propaganda gegen den Papst durch den nachdrücklichen Hinweis auf die Korruption und die Eigennützigkeit der Kirche, denn die Welt erkannte immer deutlicher, daß er darin die reine Wahrheit sprach. Die Habgier von Innozenz und seiner zahllosen Verwandten und Anhänger, die ihm nach Lyon gefolgt waren, fing an, geradezu sprichwörtlich zu werden. Er hatte bereits versucht, seine italienischen Verwandten in frei werdende Ämter der Kirche von Lyon ohne Zustimmung des Kapitels einzusetzen. Die Kanoniker protestierten dagegen erbittert und sagten ihm ins Gesicht, daß sie diese Leute nicht schützen würden, wenn die feindlich gestimmte Bevölkerung sie im Fluß ertränkte. Der Erzbischof von Lyon war so entsetzt über die Simonie und die Habsucht am päpstlichen Hof, daß er sich in ein Kloster zurückzog. Daraufhin wurde Philipp von Savoyen, der nicht einmal Priester war, zum Erzbischof von Lyon und Bischof von Valence ernannt und erhielt noch weitere Lehen, weil sich der Papst von ihm Unterstützung versprach. Die Forderungen der päpstlichen Steuereinnehmer in England gingen über alles bisher Dagewesene hinaus. Dennoch klagte der Papst über Armut, was ihm scharfe Kommentare von englischen Kirchenmännern wie Matthäus von Paris einbrachte, ja selbst von eigenen und getreuen Anhängern wie Grossetete. Vakant gewordene Diözesen in Frankreich und England erhielten zum Zorne der örtlichen Bevölkerung die Neffen des Papstes; die Familie der Fieschi wurde mit Reichtümern überhäuft. Ein Neffe des Papstes, Percival, galt als der reichste Priester der Christenheit. Die Situation erregte allgemeines Ärgernis. Schmähschriften, die nur allzu offensichtlich auf Wahrheit beruhten, wurden verteilt. Der Ruf des Papsttums litt unweigerlich Schaden durch das Verhalten des Mannes, der jetzt das heilige Amt innehatte. Der Abstieg des Papsttums als Institution von weltpolitischer Bedeutung nahm mit Innozenz seinen Anfang; seine gierigen Hände zerstörten die geistigen Bande, die die mittelalterliche Welt zusammenhielten und sie mit dem Heiligen Stuhl verbanden.«[400]

In einer solchen Atmosphäre konnten Friedrichs Rundschreiben, in denen er die Gier und die weltliche Korruption der Kirche anprangerte, ihr Ziel kaum verfehlen. Den christlichen Herrschern schrieb er:

»Wie könnt Ihr den Söhnen Eurer eigenen Untertanen gehorchen? Diesen Männern, die sich den Anschein der Heiligkeit geben, die sich an Almosen bereichern und sich ihrer dann bedienen wollen, um gegen die Wohltäter der Kirche zu kämpfen . . . Wenn Ihr ihnen die Hand reicht, nehmen sie Euren ganzen Arm . . . Wir haben nämlich des Gewissens Reinheit und folglich Gott mit Uns, dessen Zeugnis Wir anrufen: Immer war es Unseres Willens Absicht, die Geistlichen jeglichen Ranges dahin zu führen, und am meisten die höchsten, daß sie als solche auch am Ende verharrten, wie sie in der ursprünglichen Kirche gewesen sind:[401] das apostolische Leben führend, die meisterliche Demut nachahmend. Denn solche Geistliche pflegen die Engel anzuschauen, von Wundern zu schimmern, Kranke zu heilen, Tote zu erwecken und durch Heiligkeit, nicht Waffen, sich Könige und Fürsten zu unterjochen. Dagegen diese, der Welt ergeben, von Genüssen trunken, setzen Gott hintan; ihnen wird aus dem Zustrom von Schätzen die Frömmigkeit erstickt. Solchen also diese schädlichen Schätze zu entziehen, mit denen sie fluchwürdig sich beladen, ist Werk der Liebe. Darauf müßt ihr und alle Fürsten mit Uns – daß sie alles Überflüssige abtuend, mit mäßiger Habe zufrieden, Gottes Knechte seien – gemeinsam euer Augenmerk wenden.«[402]

Briefe dieser Art versetzten nicht nur die Großen in Erstaunen, sie verwirrten auch den niederen Klerus.[403] Der Erfolg und die Wirksamkeit dieser Propagandaform werden durch zustimmende Worte bestätigt, die die berühmtesten Vertreter des französischen Adels unterzeichnet haben, die einen Block gebildet hatten, um sich den Übergriffen der Geistlichkeit zu widersetzen: »Obgleich von niederer Herkunft«, erklärten sie, »reißen die Kirchenleute die Laienrechtsprechung in einer Weise an sich, daß diese Söhne von Leibeigenen die Söhne von freien Herren nach eigenen Gesetzen aburteilen.« Dieser Protest, der vom Herzog von Burgund, dem Grafen der Bretagne, den Grafen von Angoulême und Saint-Pol sowie vielen Baronen unterschrieben worden ist, hat der französische König angeblich stillschweigend gebilligt.[404]

Schön, wird man sagen, aber das war *Propaganda*. Friedrich II. hatte Interesse daran, die Dinge schwarz zu malen. Nun, in bezug auf diesen Punkt haben wir ein erdrückendes Zeugnis.

Am 30. November 1245 hatte der König von Frankreich den Papst in Cluny aufgesucht, um ihn zu bitten, von der Absetzung Friedrichs abzusehen und mehr Mäßigung bei der Anwendung des Kirchenbanns zu üben. Der Besuch dauerte sieben Tage, in deren Verlauf Ludwig IX. Gelegenheit zu mehreren Gesprächen mit Innozenz IV. hatte, denen nur seine Mutter, Bianca von Kastilien, beiwohnte.

Als Ludwig IX. Cluny verließ, war er »erzürnt und unwillig«, wie Matthäus von Paris berichtet, »daß er die Demut, die er von dem Knecht der Knechte Gottes erwartet hatte, nicht gefunden habe«.[405]

Dieses Urteil über einen Papst ist um so schwerwiegender, als es aus dem Munde eines Mannes stammt, der bald darauf heiliggesprochen werden sollte.

X

Obwohl Innozenz IV. es nicht zugeben wollte, war er außer sich über den Hagel von Pfeilen, die von allen Seiten auf ihn eindrangen. Er fragte sich, wie er sich Friedrichs, »dieser Bestie voller Namen der Lästerung, dieses Königs der Pestilenz«, entledigen könne. Das Kardinalskollegium hatte ihm insgeheim geraten, einen Rivalen aufzustellen, einen Anti-Cäsar, der dem Kaiser die Macht streitig machen, ja, »sie ihm entreißen« konnte. Doch dieser Weg erschien Innozenz als zu langwierig und unsicher. Er griff lieber zu direkteren Mitteln: der Ermordung Enzios und Friedrichs. Diese Attentate sollten von allgemeinen Aufständen in Italien begleitet werden.

Nachdem er diesen Beschluß gefaßt hatte, tat der Papst alles, um ihn zum Erfolg zu führen. Eine Zeitlang verzichtete er auf die übliche Knauserei und verteilte mit vollen Händen Geschenke, gewährte Unterstützungen und versprach Pfründen. Wie all seine Unternehmungen war auch diese sorgfältig vorbereitet. Friedrich II. hatte beschlossen, den Winter in Grosseto zu verbringen und dort den Frühling abzuwarten, um dann die Kampfhandlungen in der Lombardei wiederaufzunehmen. Aber in den letzten Märztagen des Jahres 1246 warf eine geheimnisvolle Galeere vor Sizilien Anker. Sie hatte einen Passagier an Bord, der dem Kaiser eine dringende Nachricht von seinem Schwiegersohn, Richard von Caserta,[406] überbringen sollte. Richard teilte ihm mit, daß ein Anschlag auf sein und Enzios Leben geplant sei. Sie sollten bei einem Festmahl ermordet werden, das am nächsten Tag anläßlich der Hochzeit einer seiner Nichten gegeben werden sollte. Dieser Doppelmord sollte das Zeichen zu einem allgemeinen Aufstand sein. Der Graf von Caserta, dem Friedrich gewissermaßen die Rolle eines Vizekönigs von Sizilien zugewiesen hatte, war nicht müßig gewesen. Sein Brief enthielt alle Namen der Häupter der Verschwörung. Sie waren keine Unbekannten, die meisten hielt Friedrich für sichere Freunde, denn er hatte sie mit Gunst überhäuft, sie waren durch ihn etwas geworden und hatten an seinen Festen, seinen Banketten und Jagdpartien teilgenommen. Unter ihnen war Pandulfo Fasanella, der ehemalige Generalkapitän der Toskana, den er wegen Unlauterkeiten durch Friedrich von Antiochia ersetzen mußte, sowie Jakob von Morra, der Sohn des verstorbenen Großhofjustitiars, ferner Andreas Cicala, zuletzt Kapitän von Sizilien, und der Großjustitiar Roger de Amicis, desgleichen der Podesta von Parma, Tibald Franciscus, der vielleicht am meisten Schuld hatte. Ein gewisser Giovanni di Presenzano hatte als Verbindungsmann zwischen den Verschwörern und dem Heiligen Stuhl gedient, in letzter Minute jedoch, von Gewissensbissen geplagt, das Komplott verraten. Eine Schlüsselstellung bei dem Unternehmen hatte Orlando di Rossi inne, ein Schwager des Papstes (er hatte den Senator Matthäus Orsini überredet, die Kardinäle bei der Papstwahl in das Septizonium einzusperren, damit sie mit Friedrich II. keinen Kontakt aufnehmen konnten); er hatte einmal zu den verläßlichsten Gefolgsleuten des Kaisers gezählt.

Friedrich glaubte seinen Augen nicht zu trauen, als er diese Liste sah. Daß ein Papst einen Kaiser ermorden lassen wollte, das hatte es in der Geschichte noch nicht gegeben!

Als sie erfuhren, daß die Verschwörung aufgeflogen war, eilten Pandulfo Fasanella und Jakob von Morra nach Rom, wo sie reiche Belohnungen »zum Dank für ihre Ergebenheit gegenüber dem kirchlichen Oberhaupt« erhalten hatten.

Das Komplott schien überdies weite Verzweigungen gehabt zu haben: in Sizilien, Apulien, Norditalien bis hin nach Deutschland. Als das Gerücht von Friedrichs Tod laut wurde, entstand in vielen Städten Verwirrung. Parma schien bereit, sich von den Kaiserlichen abzuwenden. Selbst die Araber in Lucera wußten nicht, ob ihr Herrscher noch am Leben war, und zeigten Miene, nach zwanzigjährigen treuen Diensten abfällig zu werden.

Die Situation war also äußerst alarmierend. Bevor er nach Sizilien aufbrach, berief Friedrich deshalb in Grosseto seinen Großhof ein, um die erforderlichen Maßnahmen zu treffen.

Als er in Palermo eintraf, stellte der Kaiser jedoch fest, daß die Lage nicht so verzweifelt war, wie er geglaubt hatte. Die Kunde von seinem Leben versetzte der Moral der Verschwörer einen harten Schlag. Außerdem hatte sich die Rebellion auf den Kreis der Vasallen und Pfründeninhaber beschränkt. Das Volk war ihr nicht gefolgt, denn es liebte Friedrich II. Er hatte es immer gegen die Ausschreitungen der Feudalherren geschützt, und schließlich war es empfänglich für die Größe, die seine Person ausstrahlte.

Außerdem war der Graf von Caserta nicht untätig geblieben. Eine Handvoll Rebellen hat er festnehmen lassen und die übrigen in einer Schlacht geschlagen. Panikartig war der Rest in die Bastionen von Altavilla, Sala und Capaccio geflohen. Die Festung von Sala fiel dem anderen Schwiegersohn Friedrichs, dem Grafen Thomas von Aquin,[407] in die Hände. Ihre Besatzung wurde niedergemacht.

Die Verschwörer von Capaccio bei Paestum leisteten den königlichen Truppen erbitterten Widerstand, weil sie auf Verstärkung von seiten des Papstes hofften. Doch Innozenz IV. schickte ihnen lediglich ein Ermutigungsschreiben, das jedoch von den Kaiserlichen abgefangen wurde. Damit hatte Friedrich den unwiderlegbaren Beweis, daß der Papst der Komplizenschaft schuldig war. Nachdem die Festung von dem Grafen von Caserta bezwungen worden war, entdeckte man unter den hundertfünfzig Überlebenden auch Tibald Franciscus und die anderen Anführer des Komplotts. Sie hatten sogar die Stirn, Friedrich um Gnade zu bitten. Doch der Kaiser war nicht zum Spaßen aufgelegt. Mehr denn je war er entschlossen, nicht mehr Amboß, sondern »der Hammer der Welt« zu sein, wie er an die Bürger von Parma geschrieben hatte. Die Verschwörer mußten ihren Verrat grausam büßen. Weil sie am Hofe Friedrichs »wie seine eigenen Söhne« aufgewachsen waren, hatten sie sich als »Vatermörder gegen die Natur« vergangen, und darauf stand nach dem Gesetz der Tod durch die vier Elemente. Sie wurden mit glühenden Eisen geblendet, dann wurde ihnen die Nase, eine Hand und ein Fuß abgehackt, bevor man sie vor den Kaiser führte, der sie zum Tode verurteilte. Unter unmenschlichen Bedingungen wurde alle – bis auf fünf – über die steinige Erde zu Tode geschleift oder verbrannt oder gehängt oder im Meer ertränkt oder von Pferden zerrissen. Die fünf übrigen Gefangenen – unter ihnen Tibald Franciscus – hofften, daß ihnen ein milderes Schicksal vorbehalten sein sollte. Doch da hatten sie sich getäuscht. Sie sollten noch ärger bestraft werden. Friedrich wollte sie gefesselt mit dem Brief des Papstes, der mit glühenden Nägeln an ihrer Stirn befestigt werden sollte, zu allen Fürstenhöfen Europas schicken, damit »die Strafe dieser Verruchten allen zu Augen kam« und auf den eigentlichen Schuldigen hingewiesen wurde: Innovenz IV. Am Ende verzichtete der Kaiser jedoch darauf, sie wurden nur in einigen Städten zur Schau gestellt und auf dem Scheiterhaufen verbrannt. Aber als die Flammen sie verzehren, waren die Männer nichts als blutige Fleischmassen.

In wenigen Wochen war die Verschwörung, die beunruhigende Ausmaße anzunehmen drohte, niedergerungen. Der Kaiser war – entgegen den Wünschen des Papstes – gestärkt aus der Gefahr hervorgegangen. In Protestschreiben, die Friedrich an die Fürsten schickte, vermied er hingegen, den Heiligen Vater direkt zu nennen, dennoch wurde deutlich, wie sehr er sich schuldig gemacht hatte. In seiner gewohnten Art sandte er überdies ein Rundschreiben an die Könige, in dem er jemanden anklagt, »der über jeden Verdacht dieser Art erhaben sein sollte, den Dolch geschliffen zu haben, der ihn treffen sollte«. Er unterstrich seine Aussagen mit Zitaten einiger Gefolterter. Aber selbst wenn man Geständnisse unter diesen Umständen anzweifeln mag, reicht die Lektüre einiger Dokumente aus, die noch heute in den Archiven des Vatikans aufbewahrt werden, um überzeugt sein zu können, daß Friedrichs Anschuldigungen voll gerechtfertigt waren.[408]

Nach diesen Zwischenfällen war ganz Mittelitalien wieder fest in der Hand der kaiserlichen Generalkapitäne, die Friedrich aus Familienangehörigen rekrutiert hatte: Friedrich von Antiochia in der Toskana, Richard von Theate in Spoleto, der Romagna und den Marken, Ezzelino in Verona und Vicenza. Sizilien selbst blieb Richard von Caserta anvertraut. Erneut konnte Friedrich alle Aufmerksamkeit auf die Lombardei richten.

Eines jedenfalls hatte er aus diesen Ereignissen gelernt: Die loyale Haltung seiner Schwiegersöhne und seiner illegitimen Töchter hatte sich in Stunden der Gefahr als verläßlicher erwiesen als die Bindung zu anderen Menschen, die lediglich auf Interessen beruhte.[409]

Er nutzte deshalb die Gelegenheit des niedergeschlagenen Aufstands, um seine Tochter Katharina mit dem Marquis von Caretto[410] zu verheiraten, dessen Grafschaft im Süden an genuesisches Gebiet grenzte, seinen Sohn Enzio zur Ehe mit der Baronin von Enna zu bewegen,[411] einer Nichte des Ezzelino da Romano, des Podestas von Verona, und den damals fünfzehnjährigen Manfred mit Margarethe von Savoyen zu verloben. Diese Besitzungen erlaubten ihm, den Paß am Mont Cenis zu kontrollieren sowie den Alpenübergang nach Frankreich. Diese Verkehrsverbindung hatte deshalb an Bedeutung gewonnen, weil Innovenz IV. sich in Lyon niedergelassen hatte.

XI

Der Mordanschlag auf Friedrich II. und seinen Sohn Enzio war gescheitert, und das war für den Papst ein harter Schlag gewesen. Der Kaiser lebte nicht nur, sondern seine moralische Stellung hatte sich sogar gefestigt. Die »rasche Methode« hatte nicht zum Ziel geführt, so daß es für Innozenz IV. lediglich den »indirekten Weg« gab, der vom Kardinalskollegium empfohlen wurde. Er bestand darin, einen Gegenkaiser aufzustellen, der die Zustimmung der Nation fand. Die Erfahrung hatte gezeigt, daß man das Ansehen Friedrichs in Italien nicht schmälern konnte, folglich mußte man sich nach Deutschland wenden.

Nachdem er zunächst vergeblich einen Kandidaten mit den erforderlichen Fähigkeiten unter den heimlich befragten Kurfürsten gesucht hatte, die sich jedoch auf dieses Spiel nicht einlassen wollten, hatte Innozenz IV. sein Auge auf Heinrich Raspe geworfen, den Landgrafen von Thüringen.

Diese Wahl war nicht sehr glücklich, denn Raspe war der Bruder des Gatten der heiligen Elisabeth, und er erinnerte sich des Eindrucks, den Friedrich auf ihn gemacht hatte, als er im Mönchsgewand der Beisetzung seiner Schwägerin in Marburg beigewohnt hatte.⁴¹² Das hatte ihm so imponiert, daß er ihm den Treueeid geleistet hatte. Außerdem waren sie weitläufig miteinander verwandt.⁴¹³ Doch der Papst versuchte es erneut. Er zeigte ihm alle Vorteile auf, die der Thron ihm bringen konnte. Er schilderte ihm den gewaltigen Beistand, den er ihm leisten konnte, schmeichelte seinem Ehrgeiz und bewog ihn schließlich zur Kandidatur, indem er ihm fünfundzwanzigtausend Mark in Silber auszahlte. Zwei Monate später ließ Raspe sich von den Erzbischöfen von Mainz, Köln und Trier zum deutschen Kaiser und König der Römer wählen. Diese Zeremonie fand am 22. Mai 1246 in Veitshöchheim bei Würzburg statt.

Was hat die drei Erzbischöfe – die sicher die mächtigsten und angesehensten in Deutschland waren – zu dieser zumindest anfechtbaren Wahl motiviert? Weil Friedrich nicht nach Kurland geeilt war, um dem Mongoleneinfall entgegenzutreten? Wahrscheinlich hat sie das tief getroffen, denn sie mußten es als mangelndes Interesse am Schicksal Deutschlands interpretieren. »Was haben wir von einem Kaiser«, sagten sie sich, »der im Grunde mehr Italiener als Deutscher ist?« Sicher, Friedrich hatte Appelle an alle Könige Europas gerichtet, um sich gegen den gemeinsamen Feind zusammenzuschließen. Aber letzten Endes hat er nichts getan. Ohne einzugreifen, hatte er Polen und Ungarn verwüsten lassen. Und was machte er, als Stettin und Lübeck bedroht waren? Er gab sich in Sizilien der Falkenjagd hin. Und das hatten die drei Erzbischöfe ihm nicht verziehen. Vor allem der Mainzer Kirchenfürst nicht, der sich selbst, da Friedrich nicht gegen die Mongolen zog, an die Spitze eines Kreuzzugs gegen den Kaiser gesetzt hatte. Das war ein zusätzlicher Trumpf, von dem Heinrich Raspe profitieren sollte.

Denn obwohl er der Bruder eines bekanntlich frommen Mannes und der Schwager einer Heiligen war, hatte Raspe keineswegs den Charakter eines Mystikers. Er war ein skrupelloser Abenteurer und Ehrgeizling. Darin sind sich die Chronisten einig. Sie beschreiben ihn uns als lasterhaften Haudegen, Galgenstrick und stets bereit, alles zu opfern, um sein Ziel zu erreichen. »Er war ein kleiner, gedrungener Mann«, berichten sie, »dessen mürrisches Gesicht abstoßend wirkte.« Doch so unsympathisch er auch war, er war ein Mann der Tat, tapfer, unternehmungsfreudig und äußerst kampfeslustig. Vermutlich hat der Papst gemeint, als er ihn auserkor, daß seine geballte Energie seine Häßlichkeit vergessen lassen würde.

Tatsache ist, daß Heinrich Raspe, Landgraf von Thüringen, gleich nach seiner Wahl ein unbändiges Machtgelüste zeigte. Mit der Unterstützung des Heiligen Vaters machte er sich daran, alle Ritter und Knechte um sich zu scharen, die er finden konnte, so daß er bald über ein nicht gerade starkes, aber ansehnliches Heer verfügte.

Friedrich II., der mit dem Aufstand der lombardischen Stadtstaaten beschäftigt war, hatte dem Auftauchen dieses Rivalen keine sonderliche Aufmerksamkeit geschenkt. Er wußte, wie anfechtbar dessen Wahl war. Der Reichstag, der ihn gewählt hatte, zählte lediglich drei Mitglieder, alle anderen Kurfürsten waren nicht erschienen. Außerdem glaubte er, mit diesem Mann schnell fertig zu werden. Er beauftragte seinen Sohn Konrad, Truppen zu sammeln, nach Thüringen zu marschieren, Raspe zu verjagen und »diese giftige Pflanze auszureißen, bevor sie Wurzeln faßte«.

Aber Konrad war noch jung und unerfahren. Überdies unterschätzte er seinen Gegner. Heinrich zog ihm entgegen, ohne ihm Zeit zu Vorbereitungen zu lassen. Anfang August 1246 wurden die unzureichenden Streitkräfte Konrads bei Frankfurt aufgerieben, und der junge König mußte den Rückzug antreten.

Da wurde Friedrich die Gefahr plötzlich bewußt. Dieser Raspe war offenbar kein leichtzunehmender Feind. Allein durch seine Gegenwart schien er alle Hohenstaufengegner um sich herum zu sammeln und den ewigen Streit zwischen Welfen und Gibellinen neu zu entfachen.

Wenn Friedrich die Lage in Italien betrachtete, hatte er Anlaß, zufrieden zu sein; zwei seiner Schwiegersöhne, Richard von Caserta und Thomas von Aquin, der Graf von Acerra, beherrschten Sizilien; sein Sohn Friedrich von Antiochia regierte in der Toskana; Viterbo war in der Hand seines neunjährigen Sohnes Carlotto;[414] in Spoleto, der Romagna und den Marken residierte sein Sohn Richard von Theate, in der südlichen Lombardei sein Sohn Enzio; in Verona und der Ostlombardei hatte er seinen Schwiegersohn Ezzelino da Romano eingesetzt; die Gegend um Genua verwaltete sein Schwiegersohn Jakob Caretto, der Marquis von Savona. Dieses Geflecht, das durch sein eigenes Blut zusammengehalten wurde, konnte nicht zerreißen.

Allerdings umfaßte es ein Kettenglied, das schwächer war als die anderen, und dies war Konrad IV. selbst. Er war im April 1228 geboren und durch seine Mutter, Yolanthe von Brienne, König von Jerusalem und durch seinen Vater König von Sizilien. 1235 war er siebenjährig mit der gleichaltrigen Irmgard von Bayern, der Tochter des Herzogs Otto II., verlobt worden. 1237 und 1239 war er auf den Reichstagen zu Wien und zu Speyer zum Deutschen Kaiser gewählt worden.[415]

Nun war Irmgard jedoch vor Erreichung des zehnten Lebensjahres gestorben. Und da das Brautpaar natürlich keine Kinder haben konnte, war die Erbnachfolge Konrads ungesichert. Da gab es also eine Lücke, durch die die Feinde der Dynastie hindurchschlüpfen konnten.

Um dieses Loch zu stopfen, verlobte Friedrich seinen Sohn mit Elisabeth von Bayern, der Schwester Irmgards. Sie heirateten am 1. September 1246 in Voh-

burg an der Donau in der Nähe von Ingolstadt. Elisabeth war damals sechs-
zehn Jahre alt, Konrad achtzehn. Am 28. März 1252 sollte sie ihm einen Sohn
schenken, der unter dem Namen Konradin in die Geschichte einging.

Unterdessen schritt Heinrich Raspe von Erfolg zu Erfolg. Mit der Unterstützung des Erzbischofs von Köln mehrte er den Umfang seiner Truppen und die
Zahl seiner Anhängerschaft. Sein Einfluß nahm zu, Welfen und Gibellinen
standen sich wieder gegenüber.

Zu Recht beunruhigt über die »Fortschritte dieser Mißgeburt«, hielt Friedrich
den Zeitpunkt für gekommen, ihn offen zu bekämpfen. Außerdem befand
Konrad sich in Schwaben und rief ihn um Hilfe . . .

Da er über Enzio nicht verfügen konnte, der in der Lombardei zu tun hatte, beschloß der Kaiser, selbst nach Deutschland zu ziehen. Das war ein gewagtes
Unternehmen, denn Friedrich war, wie wir wissen, kein Mann des Krieges. In
diesem Punkt war ihm Heinrich wahrscheinlich überlegen. Außerdem wurde
die Atmosphäre immer drückender.

Der Hohenstaufer hielt sich in der Toskana auf und nutzte die Wintermonate
dazu, seine Truppen zusammenzuziehen. Er wollte an der Spitze eines starken
Heeres über Verona und den Brenner (der ja zu Österreich gehörte) nach
Deutschland aufbrechen. Als er sich jedoch auf den Weg machen wollte, erreichte ihn eine sensationelle Nachricht: Heinrich Raspe war am 16. Februar
1247 tödlich vom Pferd gestürzt.

Wieder einmal hatte Gott sein Urteil gesprochen! Erneut hatte er den Gegner
verschwinden lassen, der eine wirkliche Gefahr darstellte. Sein ganzes Leben
lang war es ihm so ergangen: 1211 mit Walther von Brienne, 1216 mit Innozenz
III., 1218 mit Otto IV., 1229 mit Johann von Brienne, 1241 mit Gregor IX.
und nun mit dem Landgrafen von Thüringen! Mußte er darin nicht eine göttliche Fügung erblicken?

Diesmal zog der Papst den kürzeren. Offenbar sollten alle Pläne, die er faßte,
um sich von diesem »Ungeheuer« zu befreien, zum Scheitern verurteilt sein:
Der Mordversuch hatte mit einem Skandal geendet, die Aufstellung eines Gegenkaisers war im Sande verlaufen. Was sollte er mit diesem Teufel machen,
den ein geheimnisvoller Beschützer vor jedem Angriff bewahrte?

Um sich nicht für besiegt zu erklären, griff er zu einem Mittel, das er meister-
haft beherrschte. Er veröffentlichte ein Schreiben, in dem er alle Punkte der
Exkommunikationsbulle bekräftigte (18. April 1248). Neun Tage später (am
27. April) fügte er zwei Klauseln hinzu, die von schwerer Tragweite waren.
Die erste betraf die Erbfolge in Sizilien und besagte, daß »es dem Heiligen Stuhl
obliegt, frei seinen Nachfolger zu benennen«, die zweite erstreckte sich auf die
Interdikte in bezug auf die »gesamte Nachkommenschaft Friedrichs, ob sie

nun legitim war oder nicht«.

Und als reichte dieses Bündel von Sanktionen nicht, war der Papst willens, einen neuen Gegenkaiser aufzustellen. Diesmal fiel seine Wahl auf den neunzehnjährigen Wilhelm von Holland. Er ließ ihn auf einem Reichstag in Worms wählen. Und um diesen Schritt zu bekräftigen, ließ er ihn am 1. November 1248 in Aachen krönen.

Spürte Friedrich nun, daß sich der päpstliche Schraubstock um ihn schloß? Begriff er endlich, daß es mit seiner Regierungszeit vorbei war?

Doch der Kaiser sah das anders. Mochte Innozenz IV. Gebete und Weihen über dem Haupte seines Schützlings unter dem Vorwand häufen, »ihm dadurch in der Einschätzung der Deutschen mehr Gewicht zu verleihen«, über eines konnte er nicht hinwegtäuschen: Wilhelm von Holland war ein Schwachkopf, der in der Geschichte nur eine unbedeutende Spur hinterlassen hat. Daran konnte keine Krone und keine Zeremonie etwas ändern.

So zuckte Friedrich die Achseln, als er von der Existenz dieses erbärmlichen Rivalen erfuhr.[416]

Er wußte genau, daß der Papst einen neuen Mißerfolg vorbereitete und daß er niemanden finden würde, um ihn zu ersetzen.

XII

Außerdem war Friedrichs Aufmerksamkeit seit dem 1. November 1248 voll darauf gerichtet, was in Parma geschah. Diese stark befestigte Stadt war von großer strategischer Bedeutung, weil sie die Apenninenpässe beherrschte, die den Übergang von der reichen Poebene zu den weniger fruchtbaren Gebieten der Toskana und Liguriens ermöglichten. Von dort wurden seit einiger Zeit Unruhen gemeldet. Alle Feinde Friedrichs schienen sich da ein Stelldichein gegeben zu haben. Der Marquis von Este, der Erzbischof Rainer, Orlando di Rossi und Gregor von Montelongo hatten sich hier versammelt. Sollte Parma nach Mailand, Brescia, Bologna und Viterbo ebenfalls abtrünnig werden? Ein Teil der kaiserlichen Armee hatte Turin bereits verlassen, als ein Bote Enzios eintraf, um Friedrich zu melden, daß Parma in die Hände der Welfen gefallen sei. Enzio selbst war zu diesem Zeitpunkt dabei, eine Festung bei Brescia zu belagern. Sein Vater forderte ihn dringend auf, der Situation entgegenzutreten.[417] Sein Sohn kam in Eilmärschen und begann die Stadt zu belagern. Da ihm seine Truppen jedoch nicht stark genug erschienen, wartete er mit der Erstürmung bis zum Eintreffen Friedrichs.

Der Kaiser durchlebte damals eine kurze Phase der Euphorie. Er hatte Mo-

mente der Enttäuschung und sogar der Niedergeschlagenheit erlebt, insbesondere, als er von der Flucht des Papstes aus Civita Castellana und den Entscheidungen des Konzils von Lyon erfahren hatte. Jetzt schien das alles wie wegge-
blasen. Die Anfänge seiner Auseinandersetzung mit Innozenz IV. hatten ihm
neue Kraft verliehen. Er hatte seinen Willen zur Macht und sein Selbstvertrauen zurückgewonnen.[418] Er fühlte sich mehr als je wie »ein Hammer der
Welt«. So galoppierte er mit einer gewissen Freude nach Parma.

Als er vor der Stadt eintraf und die Wälle geprüft hatte, lachte er auf und erklärte: »Da Parma sich aufgelehnt hat, soll es dem Erdboden gleichgemacht werden!« An dem entschlossenen Ton, in dem er das sagte, merkte man, daß er
nicht spaßte. Übrigens hielt man ihn für fähig, das zu tun. Hatte er nicht bereits
Sora, Celano und Capaccio geschliffen? Nur rauchende Trümmer waren von
ihnen übriggeblieben. Allein die Bitten Ludwigs IX. hatten ihn davon abgehalten, Viterbo das gleiche Schicksal zu bescheiden. Doch diesmal ließ er sich von
niemandem umstimmen. Nicht einmal von einem Heiligen . . .

Er brauchte lediglich einen Blick auf die Schutzwälle zu werfen, um sich die
Gesichter derer vorzustellen, die darin eingeschlossen waren. »Da waren der
Marquis von Este, dieser Gegner der ersten Stunde; der Legat des Papstes, die
Milizen der Nachbarstädte, die Truppen der lombardischen Liga, von elenden
disziplinlosen Leuten zusammengetrommelt, Meister im Umsturz der kom-
munalen Freiheiten und der Unabhängigkeit italienischer Städte, die da riefen
›Es lebe der Papst‹ und noch lauter schrieen ›Tod dem Kaiser‹. Unter den Bannern der Freiheit und des nationalen Widerstandes die Partei der Unordnung
und des Aufruhrs. Mit einem Wort: die Welfen. ›Nun gut‹, sagte sich der Ritter, ›ich werde Parma dem Erdboden gleichmachen. Dann wird das Reich regieren, das allein in der Lage ist, Italien zu dieser Einheit zu führen, nach der
sich heute die besten Geister sehnen und die nur ich – meine Anhänger wissen
das gut – ich, Friedrich, sicherstellen kann.‹ Die kaiserliche Ordnung, die
friedrizianische Ordnung. Die gibellinische Ordnung. Kurz, die Ordnung.«[419]

Der Bereich, auf den er diese »Ordnung« erstrecken wollte, war nicht klein,
selbst wenn das Königreich Jerusalem wegfiel. Da er sich als Erbe Karls des
Großen empfand, zählten für ihn Lothringen und Deutschland dazu, die die
Ottonen mit der Krone Italiens vereint hatten. Es trug den schönen Namen
Heiliges Römisches Reich Deutscher Nation, und jeden Buchstaben dieser
Wörter mußte man ernst nehmen. »Er, Friedrich, der zweite seines Namens,
herrschte von den Dünen Hollands bis zu den sieben Hügeln Roms; von Lyon
bis nach Wien, von Arles bis Prag. Das ganze Rhônetal gehörte ihm. Und alle
Alpen waren sein. Dem König von Sizilien gehörte außerdem das restliche Ita-

lien von Neapel bis Syrakus. Als Herrscher über Nord und Süd thronte er über dieser gegensätzlichen Welt, die eine Folge der merkwürdigen Symbiose war, die seit mehreren Jahrhunderten Italien mit Deutschland verband, und die ein römisches Substrat mit germanischen Eroberern füllte.«[420] Und über all dies war er nicht nur Herr, er sollte es erneuern und umgestalten . . .

Nachdem er die Umgebung Parmas genauer untersucht hatte, ließ er eine Lagerstadt errichten, umgeben von Gräben und Mauern; es sollte kein Feldlager sein wie üblich, sondern eine richtige Stadt mit Straßen und Wasserläufen; denn diese neue Stadt sollte Parma ersetzen, sobald es dem Erdboden gleichgemacht war. Und dieses Werk der Zerstörung sollte von allen als ein Werk der Freude betrachtet werden.

Enzio ließ also ein Heerlager erbauen, dessen Baracken jedoch viel solider waren als sonst. Es wurden Gräben ausgehoben, Wege geebnet, Läden errichtet, ein Palast und eine Kirche. Es sollte eine Synthese von antiken Städten mit ihren rechtwinkligen Straßen und Kreuzungen und jenem Lager sein, das in der Mainzer Ebene zwischen Rhein und Main angelegt worden war, um die deutschen Fürsten zu beherbergen.[421] Voll Siegeszuversicht nannte der Kaiser die Stadt »Victoria«.

Welch buntes Bild bot dieses Lager um Parma! Ritter aus Burgund waren da und deutsche Barone, provenzalische Handwerker und sizilianische Soldaten, Schweizer Söldner und neapolitanische Händler, arabische Reiterschaften und die Friedrich so teuren sarazenischen Bogenschützen, die sicher die letzten waren, die Parma den Welfen überlassen wollten.[422]

Anfang Dezember war die Umzingelung Parmas vollendet. Um gegen die Langeweile der langen Abende anzukämpfen, hatte der Kaiser die meisten seiner Familienmitglieder ins Lager eingeladen. Außer Enzio, der jetzt dreiundzwanzig Jahre alt war, befanden sich dort Friedrich von Antiochia (zweiundzwanzig Jahre), Konrad (zwanzig Jahre), Manfred (siebzehn Jahre), Katharina (zweiundzwanzig Jahre), Violante (fünfzehn Jahre), Biancafiore (einundzwanzig Jahre) und der kleine Carlotto (neun Jahre). Friedrich erfreute sich an dieser jungen Gesellschaft, die seine Umgebung erheiterte und ihn in seinem Alter bereicherte (er war inzwischen über dreiundfünfzig).

Innerhalb der Stadt, deren Widerstand von Gregor von Montelongo geleitet wurde, machten sich die Härten und Folgen der Belagerung bemerkbar. Zu den Hungersnöten waren Seuchen gekommen, die durch die unbegrabenen Toten ausgelöst worden waren, denn die Überlebenden hatten nicht einmal die Kraft, die Opfer zu bestatten. Zu essen gab es nur Gras, Eicheln und rohe Wurzeln. Dennoch wurde die Blockade erbarmungslos durchgehalten. Gregor von Montelongo bemühte sich, die Moral seiner Mitstreitenden zu stärken, indem er fiktive Briefe formulierte, die das baldige Eintreffen päpstlicher Verstärkung ankündigten. Er beobachtete genau, was im kaiserlichen Lager vor sich ging, hörte manchmal Freudenschreie und Klatschen oder Tamburinklänge, denn Friedrich hatte seine ganze Artistentruppe, die Jongleure und Tänzerinnen mitgebracht, die abends aufspielen mußten.

Die Region war mit Sümpfen durchsetzt, ein Paradies für Knakenten und Wasserhühner. Um zu zeigen, daß die Belagerung ihm keine Sorgen machte, oder um sich einfach seinem Lieblingssport hinzugeben, veranstaltete Friedrich eines Tages eine große Jagdpartie. Während er mit seinen Falknern und einer Gruppe von Gästen durch das Bruch ritt, hörte er plötzlich die Glocke von Victoria Sturm läuten. Da etwas Ernstes passiert sein mußte, kehrte er sofort um.

Als er das Lager erreichte, bot es nur noch den Anblick der Verwüstung. Gregor von Montelongo hatte Friedrichs Abwesenheit genutzt – Enzio war mit einem Teil des Heeres zu dem bedrohten Paß geeilt, der nach La Spezia führt – und einen Ausfall gewagt. Er hatte eine Schar Hungernder in das Lager geschickt, um Lebensmittel aufzutreiben. Nachdem sie sich sicher wußten, waren die Belagerten zur Plünderung übergegangen. Sie schleppten alles weg, was ihnen in die Hände fiel, dann steckten sie die Lagerstadt in Brand. Victoria war nichts als ein rauchender Trümmerhaufen. Mit der gesamten Menagerie, den Affen, Leoparden, Kamelen und Elefanten sowie dem kompletten Staatsschatz, dem Kaiserthron, Hausrat, Kleidern und Büchern verschanzten sie sich wieder hinter den Mauern von Parma.

Dort teilten sie sich die Beute. Sie hatten einen der sagenhaftesten Schätze Europas an sich gerissen, darunter die Akten der Kanzlei, das kaiserliche Siegel sowie die Kaiserkrone. Herbeigeeilte Kaufleute erstanden für »billigen Preis« einen Teil der Beutestücke und Schmuck. Die Krone kaufte jemand für »zweihundert Pfund Imperialien und ein Häuschen neben der Kirche S. Christina«. Doch da man sich von Perlen und Diamanten nicht ernähren konnte, waren die Parmesen im Grunde nicht weitergekommen. Vermutlich haben sie die Leoparden und Kamele geschlachtet, aber eine Hammelherde hätte ihnen mehr genutzt . . .

Friedrich II. betrachtete schweigend die Trümmer seiner Stadt. Vier Tage später sammelte er in Cremona ein neues Heer und setzte die Belagerung Parmas fort, als sei nichts geschehen. Zu seiner Genugtuung hatte er erfahren, daß sein erbitterter Feind, Orlando di Rossi, in einem der Gefechte gefallen war. Aber auch auf kaiserlicher Seite waren viele Tote zu beklagen, unter ihnen der getreue Thaddäus von Suessa, der den Kaiser vor dem Konzil in Lyon verteidigt hatte.

Natürlich war Friedrich niedergeschlagen. Doch der Verlust seiner Schätze schien ihn nicht sonderlich getroffen zu haben. Er spürte viel zu viel Lebensenergie in sich, um sich der Trauer hinzugeben.

XIII

Im Februar 1249 weilte Friedrich in Cremona. Es war eine besonders feuchte und neblige Jahreszeit, und der Kaiser hatte sich auf einer seiner Jagdpartien erkältet. Er fühlte sich fiebrig und ließ einen Arzt namens Tibaldo Borgononi kommen, der durch eine Abhandlung über die Sublimierung von Arsen auf sich aufmerksam gemacht hatte. Er sollte dem Herrscher ein Bad richten und einen Heiltrank zubereiten, »von dem er sich die besten Wirkungen versprach«.

Nach dem Bade reichte ihm der Arzt einen Becher mit der Arznei. Doch entweder war Friedrich am Verhalten des Mannes etwas aufgefallen, oder er war gewarnt worden, jedenfalls wurde er mißtrauisch und sagte:

»Mein Leben ist euch anvertraut. Gebt mir nicht Gift anstelle des Heilmittels zu trinken!«

Entrüstet soll der Arzt der Verdächtigung widersprochen haben.

»Wenn dem so ist«, erwiderte Friedrich, »nehmt den ersten Schluck!«

Tibaldo täuschte Unachtsamkeit vor und stieß den Becher um, so daß der größte Teil des Gifttrunks verschüttet wurde. Darauf wurde er von den Wachen des Kaisers verhaftet. Den Rest des Gifts gab man einem zum Tode Verurteilten zu trinken, der auf der Stelle unter wilden Krämpfen starb.[423]

So hatte ihn seine Ahnung nicht getäuscht. Friedrich ordnete eine Untersuchung an. Sie ergab, daß Tibaldo zu seiner Tat von Petrus von Vinea angestiftet worden war und daß der Ratgeber, Freund und Sprecher des Kaisers heimliche Beziehungen zum Papst unterhielt.

Petrus von Vinea! Als er diesen Namen hörte, traf es Friedrich wie ein Schlag, er verfiel einem Zustand, der dem Wahnsinn glich. Wie? Der Logothet, der Protonotar seiner Kanzlei, dem er blind vertraut hatte, mit dem er alle Geheimnisse teilte, sollte mit denen konspirieren, die seinen Tod wollten? Dieser Mann, den er mit Gunstbezeugungen aller Art überhäuft, dem er die höchsten Positionen verschafft hatte und dem bereits zu Lebzeiten auf der Fassade des Triumphbogens von Capua ein Denkmal gesetzt worden war? Schien das denkbar? Er hätte an der Menschheit verzweifeln können!

Allerdings waren ihm seit einiger Zeit von allen Seiten die finstersten Gerüchte zugetragen worden. Leider hatte er ihnen keine Aufmerksamkeit geschenkt.

Hatte man ihm nicht versichert, Petrus von Vinea sei von der Kurie gedungen worden und halte mit Innozenz IV. Verbindung? Diese Gerüchte wurden vor allem von den italienischen und deutschen Hofherren verbreitet, denen Friedrich hohe Ämter verliehen hatte und die nur darauf warteten, Petrus von Vinea in Ungnade fallen zu sehen, damit sie seine Macht ausüben konnten.

»Als Ihr ihn nach Lyon geschickt habt, um Eure Sache zu verteidigen«, erklärten sie, »warum sollte dort Petrus von Vinea stumm geblieben sein, während Thaddäus von Suessa mit aller Kraft für Euch gestritten hat? Beweist das nicht, daß seine Lippen versiegelt waren, weil der Papst sonst seinen Verrat offenbart hätte, wenn er den Mund aufgemacht hätte? Ist nicht sein Schweigen an sich ein Geständnis?«

Und in einschmeichelndem Ton haben sie hinzugefügt:

»Und wie kommt es denn, daß der Logothet in so kurzer Zeit ein so gewaltiges Vermögen angesammelt hat? Ist das nicht der Beweis dafür, daß er sich überall bereichert und sich voller Eifer der Veruntreuung hingibt?«

Es ist möglich, daß diese Beschuldigungen grundlos waren. Sicher ist jedoch, daß sie Friedrichs Vertrauen erschüttert haben. Der Versuch des Arztes, seinem Leben ein Ende zu setzen, war der letzte Tropfen, der das Faß zum Überlaufen brachte. Der Kaiser soll im Kreis seiner Freunde, die mit ihm trauerten, ausgerufen haben:

»Wehe Mir, gegen den seine eigenen Eingeweide kämpfen! Auf wen kann Ich noch vertrauen? Wo kann Ich noch sicher, wo noch froh sein?«[424]

Wutschäumend ließ er Petrus von Vinea zu sich kommen. In Anwesenheit des Hofes stürzte er sich auf ihn und stach ihm mit zwei brennenden Fackeln, die er aus einem Wärmofen riß, beide Augen aus. Dann ließ er ihn in ein Gefängnisloch im Keller der Festung von Borgo San Donnino werfen (Ende Februar 1249).[425]

Es ist nicht ausgeschlossen, daß Petrus von Vinea ein Opfer von Verleumdungen geworden ist. Über diesen Punkt werden wir nie Klarheit erlangen. Es ist kaum zu glauben, daß ein Mann wie Friedrich, der die Gerechtigkeit zum Schlußstein seines Regierungsgebäudes gemacht hat, ohne hinreichende Beweise so grausam gehandelt haben soll. Auch wundert man sich, daß er die Bittschrift der Cremonesen zurückgewiesen hat, die selbst das Recht in Anspruch nahmen, Petrus von Vinea zu verurteilen, weil er das Verbrechen in ihrer Stadt begangen habe. Mit der Zeit setzte sich die These durch, Petrus von Vinea sei das Opfer einer Eifersuchtsintrige geworden. Damit würde auf dem Kaiser eine schwere Verantwortung ruhen ...

Jedenfalls konnte der Protonotar und Logothet, in seinem Gefängnis geblendet und verstümmelt und aller Ehren beraubt, seine Ungnade nicht lange ertragen. Sie stürzte ihn derart in Verzweiflung, daß »er mit dem Kopf mit aller Gewalt gegen die Säule rannte, an der er gefesselt war, und so sich selbst entleibte«.

Ein halbes Jahrhundert später, als Dante mit Vergil durch das Inferno schritt, begegnete er dort dem Schatten des früheren Logotheten (der Dichter der *Göttlichen Komödie* konnte ihn nur in die Hölle versetzen, da nach damaliger Auffassung Selbstmörder nicht in den Himmel kamen). Doch die Worte, die er ihm in den Mund legt, verraten keinerlei Schuldbekenntnis und auch keinen Tadel an Friedrich. Sie sind im Gegenteil eine heiße Unschuldsbeteuerung.

> Ich bin's, der einst das Herz des Friedrich
> Mit zweien Schlüsseln auf- und zugeschlossen,
> Und sie so sanft und leis gedreht, daß ich,
> Nur ich, sonst keiner, sein Vertraun genossen –
> Und bis ich ihm geopfert Schlaf und Blut,
> Weiht ich dem hohen Amt mich unverdrossen.

Darauf klagt Petrus von Vinea die »Hure« an, »die mit buhlerischer Glut / Aus Cäsars Haus die geilen Blicke spannte / Sie, aller Höfe Tod und Sünd und Wut / Schürt an, bis alles gegen mich entbrannte / Und alle schürten Friedrichs Gluten an.« Dann beteuert er, daß ihm, dem Gerechten, Unrecht geschehen sei, und er schließt mit den Worten:

> Bei diesen Wurzeln schwör ich, diesen Rinden:
> Stets war's um meine Treue wohlbestellt
> Für ihn, der wert war, ewgen Ruhm zu finden.
> Kehrt einer je von euch zurück zur Welt,
> So mög er dort mein Angedenken heben,
> Das jener Streich des Neids noch niederhält.[426]

Nun, da Petrus von Vinea tot war, hatte Friedrich keinen Menschen seiner Generation mehr, dem er trauen konnte.

Niemanden außer Berard von Castacca, dem Erzbischof von Palermo, diesem sizilianischen Spiegelbild zu Hermann von Salza. Er sollte ihm bis zum Tod treu bleiben.

XIV

Kaum waren ein paar Monate verflossen, als Friedrich ein weiteres Unglück traf.

Die Belagerung Parmas näherte sich ihrem Ende. Die Eingeschlossenen hatten keine Kraft mehr. Jedenfalls war ihr Widerstandswille gebrochen. Sie ließen den Dingen ihren Lauf. Wenn der Kaiser die Vernichtung seines Lagers Victoria und den Verlust seines Kronschatzes so gleichmütig hingenommen hatte, dann nur, weil er wußte, daß diese Geschehnisse am Ausgang des Unternehmens nichts ändern konnten. Sie hatten lediglich zur Folge, daß seine finanzielle Situation schwierig wurde. Ließ man ihm jedoch Zeit, würde er auch diese Lücke wieder füllen.

Dieser neue Schicksalsschlag drohte hingegen, unabwendbar zu sein. Während Enzio bei Fossalta ein nicht weiter bedeutendes Gefecht lieferte, geriet er in bolognesische Gefangenschaft. Er war jung, schön und tapfer und kämpfte stets in der ersten Reihe. Diesmal wurde ihm sein Mut zum Verhängnis. Die Bolognesen faßten ihn und warfen ihn ins Gefängnis.

Dieses unvorhergesehene Ereignis traf Friedrich schwer. Denn Enzio und Manfred waren nicht allein diejenigen seiner Kinder, die er den anderen vorzog, Enzio hatte überdies in den Feldzügen gegen die Lombardei ungewöhnliche kriegerische Leistungen gezeigt. Durch wen sollte Friedrich ihn an der Spitze der italienischen Truppen ersetzen?

Der Kaiser versuchte alles, um ihn frei zu kriegen. Er versuchte es über die Korruption der städtischen Räte, er griff zu Drohungen und schrieb Briefe. »Wenn Euch also das Geschick zur Zeit mit freundlichem Antlitz heiter angeblickt zu haben scheint, so solltet Ihr, wenn ihr weise wäret, nicht übermütig werden, da mancher zuweilen hoch erhoben wird, um stürzend um so schlimmer zerschmettert zu werden.« Er wollte Bologna »über alle Städte der Lombardei erheben«, wenn Enzio freigelassen würde. Andernfalls »werden Wir die eisernen Hörner, die Ihr Euch aufgesetzt habt, durch plötzlichen Angriff zerbrechen«. Doch nichts geschah. Die Bolognesen antworteten selbstbewußt, daß sie ihn nie herausgeben würden. Sie traten sogar zu einer Vollversammlung zusammen, um auf das Evangelium zu schwören, daß er das Gefängnis zu seinen Lebzeiten nicht verlassen werde. Sie behandelten ihn jedoch gut. Sie traten ihm mit Achtung entgegen, so daß er mit der Zeit zu einer großen Persönlichkeit in Bologna wurde. Aber er blieb in Gefangenschaft. Und als er starb, wurde er auf Gemeindekosten feierlich bestattet.

Diese Gefangenschaft währte dreiundzwanzig Jahre. Enzio hauchte erst am 11. März 1272 seine Seele aus, das heißt zweiundzwanzig Jahre nach dem Tod seines Vaters. In dieser Epoche vertrieb er sich die Langeweile mit Dichten. Seine »canzoni« brachten ihm den Ruf eines ausgezeichneten Poeten ein. Er feierte in ihnen die höfische Liebe, aber auch eine erdrückende Melancholie kommt in ihnen zum Ausdruck. Mit diesen Werken – und nicht mit seinen militärischen Erfolgen – sollte er in die Geschichte eingehen.

Wie oft hast du es, Liebe, schon vollbracht,
Daß Leid mein Herz bedrückt, so bitterschwer.
Nur Qualen sind und Seufzer deine Gaben.
Es packt die Furcht mich oft mit solcher Macht:
Ich säh' der Freiheit Sonne nimmermehr,
Vergessen hier und so wie längst begraben.
Doch soll der Zweifel mich noch nicht besiegen:
Daß Gaukelbilder nur, mich zu betrügen,
Was mir des Hoffens Süßigkeit verkündet . . .

So schwing dich auf und ziehe hin, mein Lied,
Der fernen Herrin meinen Gruß zu bringen,
Von meinem bitt'ren Leid sollst du ihr singen,
Was mich so weit von ihrer Seite schied:
Die Trennung hat mein Herz so sehr verheert,
Daß mir das Leben nicht mehr lebenswert.
Auch die Toskana, grüße sie von mir,
Sie aller Länder königliche Zier,
Wo noch die Höfischkeit so hoch geehrt.
Eil in Apuliens Ebene hernach,
Zur großen Capitana, wohin Tag
Und Nacht in Sehnsucht sich mein Herz verzehrt.[427]

XV

Bevor er Cremona verließ, hatte Friedrich ein neues Manifest an alle Fürsten
der Christenheit gesandt. Von dem Verrat des Petrus von Vinea ist darin nicht
die Rede, wohl aber von dem Giftmordanschlag des Papstes:
»Hört, ihr Völker, die furchtbare, in aller Welt unerhörte Niedertracht! Öffnet
die Augen und seht, wie in diesen jüngsten Tagen, in denen die Welt offensichtlich zum Äußersten treibt, die Ordnung der Dinge verkehrt, die schlichte Meinung getäuscht und der Hirten Amt entheiligt wird . . . Gott weiß, daß Wir
lieber verschwiegen hätten, was Unsere Erhabenheit hier ausspricht: Doch
durfte der grausige Sachverhalt, der ja doch allbekannt werden mußte, nicht
unter dem Siegel des Schweigens bleiben.
Unlängst nämlich . . . hat dieser Priester, dieser große Hüter, der friedfertige
Lenker Unseres Glaubens, versucht – o Schande! –, durch geheime Anschläge
Unser Leben zu vernichten und mit Unserem Arzt unmenschlich und gottlos

ausgemacht, daß er Uns Gift in Form eines Heiltranks eingäbe . . . Da hatte die
Rechte des Herrn die Güte, es geschehen zu machen, daß jener Kelch an Uns
vorüberging, ehe Wir seine Bitternis tränken.

Das wurde im einzelnen sowohl durch ihn, der auf offener Tat ergriffen, nicht
leugnen konnte, wie auch durch aufgefangene Briefe, die diesen Handel aus-
drücklich erwähnten, Uns und vielen Großen an Unserem Hof völlig klarge-
stellt. Seht nun, wie Uns dieser teuerste Vater liebte, seht den löblichen Eifer
und die geistliche Fürsorge! Seht die würdigen Werke des Priesterfürsten! O
wie schwillt in Unserem Inneren das Leid ob solcher Hinterlist! O wie groß ist
die Bestürzung, da Giftmischerei von jenen betrieben wird, von denen Wohltat
kommen sollte! . . . Bei Gott, wie konnte in sein Herz ein so fluchwürdiger
Gedanke emporsteigen! Bei Gott, welches Unrecht haben Wir ihm getan, daß
er seinen Sinn auf so große Grausamkeit wendete!«[428]
Schließlich hat er mit versteckten Worten den Herrschern Europas nahegelegt,
Innozenz IV. abzusetzen und an seiner Stelle einen weniger unwürdigen Papst
auf den Thron Petri zu heben.

Aber obwohl er in seinem Brief ein recht finsteres Bild von der gegenwärtigen
Lage malte, zeigte sich Friedrich keineswegs entmutigt, sondern »nur etwas
ermüdet von den Härten des Krieges«. Tatsächlich war ihm seine Vitalität trotz
seiner fünfundfünfzig Jahre erhalten geblieben, was zumindest die Zeugen versichern, die uns überliefern, daß »er vierundzwanzig Stunden im Sattel sitzen
konnte, ohne einen Fuß auf den Boden zu setzen«.

In Pisa erfuhr Friedrich von dem Tod Richards von Theate, dem er die Herrschaft über die Romagna, die Mark Ancona und das Herzogtum Spoleto anvertraut hatte. So hatte er in kurzer Zeit drei Söhne verloren: Heinrich VII. war in
einen Abgrund gestürzt, Enzio war Gefangener der Bolognesen, und nun hatte
es Richard getroffen, der gerade erst vierundzwanzig Jahre alt war. Nachdem
zuvor Thaddäus von Suessa vor Parma gefallen war und Petrus von Vinea sich
das Leben genommen hatte, mußte Friedrich den Eindruck gewinnen, daß sich
die Welt um ihn entvölkerte. Glücklicherweise blieben ihm noch Konrad und
Manfred.

Unterdessen hatte sich der König von Frankreich am 25. August 1248 in Begleitung seiner drei Brüder – Robert von Artois, Alfons von Poitiers und Karl
von Anjou – zum siebten Kreuzzug ins Heilige Land eingeschifft.[429] Nach
kurzer Zwischenlandung in Limassol, wo er sich mit Johann II. von Ibelin,
dem Grafen von Jaffa, und vierhundert französischen Rittern unter dem Fürsten Wilhelm von Villehardouin vereint hatte, war es ihm gelungen, am 5. Juli
1249 an der Nilküste vor Damiette zu landen. Sultan von Ägypten war zu dieser Zeit der Sohn Al-Kamils, und an der Spitze der muselmanischen Streit-

kräfte stand kein anderer als Fahr ed-Din, dem Friedrich das Recht verliehen hatte, sein Wappen zu tragen.

Obwohl Ludwig IX. eine beachtliche Zahl französischer Barone mit sich führte,[430] war sein Heer lange nicht schlagkräftig genug.[431] Bei dem Versuch, Kairo zu erobern, war er geschlagen und in der Schlacht von Mansurah (12. Mai? 1250)[432] besiegt und gefangengenommen worden. Diese Niederlage hatte die Kapitulation der gesamten Armee zur Folge. An diesem Tage hatte das Wappen mit den drei goldenen Leoparden auf grünem Grund über das blaue Wappen mit den silbernen Lilien den Sieg davongetragen.

Als Friedrich von dieser Katastrophe hörte, glaubte er, sich für die Wohltaten Ludwigs erkenntlich zeigen zu können. Er schickte sogleich eine Botschaft an Fahr ed-Din mit der Bitte, den französischen König freizulassen. Diese Gunst hätte ihm der alte Freund sicher nicht verwehrt. Doch die Intervention kam zu spät: Der Emir war im Kampf gefallen,[433] und Ludwig IX. wurde gegen ein Lösegeld in Höhe von 500 000 Pfund in Freiheit gesetzt, so daß er mit dem Herrn von Joinville nach Akkon ziehen konnte.[434]

Friedrich nahm diese Freilassung mit großer Genugtuung auf. Dennoch war es nicht die einzige Freude: Seit einiger Zeit trafen gute Nachrichten von allen Seiten ein. Como, Brescia, Modena, Piacenza, Faenza hatten sich der kaiserlichen Partei angeschlossen. Andere Städte wie Assisi, Pesaro, Sinigaglia und Spoleto waren ebenfalls bereit dazu. Um Enzio zu ersetzen, hatte Friedrich den Marquis Hubert Pallavicini zum Gouverneur von Cremona und Kommandanten der italienischen Truppen ernannt. Dieser Hubert, den Salimbene als »Tyrann« bezeichnete, war noch wilder entschlossen als sein Vorgänger, die Gegner zu bezwingen. Er griff Parma an, bemächtigte sich seiner und nahm mehr als dreitausend Soldaten gefangen. In Deutschland festigte sich die Stellung Konrads von Tag zu Tag. Er hatte Wilhelm von Holland in einer Schlacht entscheidend geschlagen und sich mit dessen Anhängern, den Erzbischöfen von Köln und Mainz, verbündet. Kurz, das kaiserliche Glück schien überall wieder einzuziehen. Der Papst war darüber so erschrocken, daß er Lyon verlassen wollte und König Heinrich von England bat, ihm in Bordeaux Asyl zu gewähren.[435]

Friedrich hatte seinen Aufenthalt in Pisa genutzt, um eine Flotte zusammenzustellen, deren Kommando er dem frisch ernannten Admiral Peter von Gaeta übertrug. Der besiegte die genuesische Flotte bei Savona und eroberte siebzehn Galeeren, deren Mannschaften er gefangennahm.

Mit einem Schlag war die Seeblockade wieder aufgehoben. Der Handel zwischen Sardinien, Sizilien und den Hafenstädten konnte neu betrieben werden. Aufgrund einer Vereinbarung mit dem Dogen, befuhren die venezianischen

Schiffe die Adria nicht mehr; die Häfen von Foggia, Bari und Brindisi waren zum Wohle der italienischen Handelswirtschaft wieder frei. Die Versorgungskrise ließ überall nach. Italien schien vor einer neuen Blüte zu stehen. Und der Kaiser sah sich dem Ziel näher, das er seit so vielen Jahren anstrebte und das er längst erreicht hätte, wenn ihm Innozenz IV. nicht unentwegt Hindernisse in den Weg geworfen hätte: dem Frieden!

XVI

Hier das Glück, dort die Trauer. Doch es gab etwas, das beides umfaßte: die Entsagung, die Loslösung vom Alltäglichen. Friedrich, der ständig mit Kriegsfragen beschäftigt war, hatte dieses Gefühl der Losgelöstheit selten empfunden. Und nur in den glücklichsten Augenblicken seines Lebens: zum erstenmal bei seiner Krönung in Aachen und zum zweitenmal, als er auf der Esplanade des Berges Moria gestanden hatte. Doch all dies war nichts im Vergleich zum Frieden, diesem Frieden, der sich nun auf die Welt senken sollte . . .

Für Friedrich II. äußerte sich diese Loslösung in dem Wunsch, nach Apulien zurückzukehren, um dort unter dem sonnigen Himmel Süditaliens ein wenig Ruhe zu schöpfen.

Aber in diesem Moment, da alles nach einem Triumph aussah, begann ihm seine Gesundheit Sorgen zu machen. Im Laufe des Sommers 1250 befiel ihn eine Hautkrankheit, wahrscheinlich eine Nesselsucht, die von der nervlichen Anspannung herrührte, in der er in den letzten Monaten gelebt hatte. Im Herbst war er wiederhergestellt und fing gleich an, Pläne zu schmieden. Er dachte an einen neuen Feldzug in die Lombardei, sogar an eine Reise nach Deutschland, um dort die Tochter des Herzogs Albert von Sachsen zu heiraten, die somit seine vierte Gattin geworden wäre. Doch obgleich seine Gesundheit zu wünschen übrigließ, wollte er nicht auf das tätige Leben und vor allem nicht auf die Freuden der Jagd verzichten. Er verbrachte den Sommer in seinem neuen Schloß von Lagopesole, das inmitten der Buchenwälder am Monte Vulture und der mit Herbstzeitlosen übersäten Wiesenhänge lag. Er hatte vor kurzem einen Brief von seiner Tochter Violante, der Gräfin von Caserta, erhalten, in dem sie ihn fragte, »warum er sich in ständigen Kämpfen erschöpft, während sein Königreich alles enthält, was er braucht, um ihm das Leben angenehm zu machen«.[436] Ende September erkrankte Friedrich erneut, ohne sein Leiden jedoch ernst zu nehmen. Er verließ Foggia und begab sich nach Lucera. Unterwegs widmete er sich der Falkenjagd. Aber plötzlich befiel ihn die Ruhr, jene Krankheit, die bereits seinen Vater dahingerafft hatte. Seine

Begleiter waren so betroffen, daß sie ihn nicht nach Foggia oder Lucera brachten, die nur wenige Kilometer entfernt lagen, sondern in sein nächstes Schloß: Castel Fiorentino.

Als Friedrich sich von dem Anfall erholte, erkannte er den Ort nicht wieder und fragte, wo er sei.

»In Eurem Schloß Castel Fiorentino«, antworteten sie ihm.

Er blickte um sich und sah, daß sein Bett an einer Wand vor einer zugemauerten Tür stand, die angeblich zu einem Turm führte. Er gab Befehl, sie abzutragen. Als das geschehen war, bemerkte man, daß sie nicht zu einem Turm führte, sondern zu einer Eisentür, von der niemand wußte, was dahinter lag.

Da erinnerte er sich an eine Weissagung eines seiner Astrologen:

»Du wirst vor einer Tür mit eisernen Flügeln sterben, sobald du an einen Ort mit dem Namen ›Blume‹ gelangt bist.«

Friedrich glaubte an Vorhersagungen. Er hatte sein ganzes Leben an die Prophezeiungen des Petrus von Ebulo geglaubt, der bei seiner Geburt verkündet hatte:

»Knabe, verheißen der Welt, Erneuerer der Zeiten und Reiche, bald wirst du Roger uns sein, bald auch Friedrich und wirst größer als jeglicher Ahn dank glücklicher Fügung des Schicksals, da Du schon bei der Geburt sie durch den Vater besiegst . . . Lebe Italiens Zier, erneuerter Zeiten Erfüllung . . . Lebe Du Jupitersproß, Du Erbe des römischen Namens, der Du das Reich und die Welt uns zu erneuern bestimmt!«

Und er hatte auch an die Worte Gottfrieds von Viterbo geglaubt, der den Neugeborenen als künftigen Retter und Weltenkönig gefeiert hatte, der den Osten und Westen vereinen werde.[437] Er hatte sie sich zu eigen gemacht, als sie verwirklicht waren. Also mußte er an die Weissagung von seinem Tode ebenfalls glauben. Ihretwegen hatte er sich stets geweigert, Florenz zu betreten, wenn er in der Toskana weilte. Doch nun befand er sich im Castel Fiorentino vor einer eisernen Tür, von der niemand wußte, wohin sie sich öffnete.[438]

Er begriff, daß sich sein Leben dem Ende näherte, und bereitete sich auf den Tod vor. Ehe er jedoch dahinschied, bat er einige seiner Vertrauten zu sich: Berard von Castacca, den Erzbischof von Palermo, und den Großhofjustitiar Richard von Montenero, den Nachfolger von Jakob von Morra. Außer diesen beiden Würdenträgern waren jetzt im Castel Fiorentino anwesend: Manfred, der achtzehnjährige uneheliche Kaisersohn; der Markgraf Berthold von Hohenburg; der kaiserliche Schwiegersohn Richard von Caserta; der Marstallmeister Pietro Ruffo und dessen Neffe Folco Ruffo, einer der jungen Dichter am Hof; der Leibarzt Johann von Procida sowie einige Großhofrichter und Notare.

310

In Gegenwart dieser Getreuen sagte Friedrich:
»Wahrhaftig, Ich sage euch, hier ist der Ort Meines Endes, das Mir vorbestimmt ist. Der Wille des Herrn geschehe!«
Dann setzte er bei klarem Bewußtsein sein Testament auf:
»Im Hinblick auf die Vergänglichkeit des Menschen wollen Wir, Friedrich, von Gottes Gnaden immer erhabener Kaiser der Römer, König von Jerusalem und Sizilien, für das Heil Unserer Seele sorgen und über Reich und Länder verfügen, da Uns das Ende des Lebens bevorsteht, in vollem Besitz der Sprache und des Denkvermögens, krank am Körper, aber bei klarem Verstande, auf daß Wir noch zu leben scheinen, auch wenn wir dem irdischen Leben entrückt sind.«[439]
Dann traf er die nötigen Vorsorgen für seine Nachfolge: Zum Erben des Königreichs Sizilien bestimmte er seinen Sohn Konrad, der nach ihm unter dem Namen Konrad IV. regieren sollte. Für den Fall, daß Konrad »ohne Söhne sterben sollte«, ging die Macht an Carlotto über, den Sohn Isabellas von England, der sich als Herrscher Heinrich nennen sollte. Zu dessen Nachfolger machte er Manfred, den Sohn der Bianca Lancia. Während der Abwesenheit Konrads sollte Manfred die Funktionen eines Generalvikars in Italien ausüben und den Titel des Fürsten von Tarent behalten. Je nach Konrads Willen sollte Heinrich Carlotto König von Arles oder von Jerusalem werden. Sein Enkel Friedrich, der Sohn Heinrichs VII. und der Margarethe von Babensberg, erhielt die Herzogtümer Österreichs und der Steiermark.
Damit hatte Friedrich testamentarisch die Erbfolge für die kaiserliche Familie gesichert.[440] Um in Frieden und im Einvernehmen mit der Kirche sterben zu können, setzte er dem einige Verfügungen hinzu. Zunächst bat er Berard von Castacca, seine Verbindung mit Bianca Lancia und somit alle Kinder, die er mit ihr hatte, zu legitimieren.[441] Ferner befahl er, daß »der heiligen römischen Kirche, Unserer Mutter, alle ihr zustehenden Rechte und Besitzungen zurückerstattet werden, sofern sie Seine Rechte auf das Reich anerkannte«. Er schrieb auch vor, daß die Templer ihre konfiszierten Güter zurückerhalten sollten, wenn sie ihren Streit mit den Hospitalitern beendeten. Desgleichen sollten die Kirchen und Klöster ihre Rechte und Besitzungen zurückerstattet bekommen.[442] Alle zerstörten Kirchen sollten wiederhergestellt werden. Hunderttausend Goldunzen wurden für das Heilige Land bestimmt, um das Elend seiner Bevölkerung zu lindern. Alle Gefangenen – ausgenommen die Hochverräter – sollten begnadigt und freigelassen werden. Außerdem verfügte Friedrich, »daß alle Menschen Unseres Königreichs frei seien und ausgenommen von allgemeinen Steuern, wie sie es zu sein pflegten zur Zeit des Normannenkönigs Wilhelm II.«.[443]

Nachdem er seinen Letzten Willen diktiert hatte, schien sich der Kaiser besser zu fühlen. Sein Arzt, Johann von Procida, reichte ihm zur Stärkung seines geschwächten Körpers in Zucker gekochte Birnen (von denen er sich große Heilwirkungen versprach). Doch am folgenden Morgen verschlechterte sich der Zustand des Kranken. Er führte ein letztes Gespräch mit Berard von Castacca. Er hatte in seinen testamentarischen Verfügungen festgehalten, daß er in größter Einfachheit begraben werden wollte, einer Einfachheit, die seiner Geburt unter dem provisorischen Zelt auf dem Marktplatz von Iesi glich. Doch Berard protestierte:

»Als Mensch verstehe ich Euch«, sagte der Erzbischof, »aber Ihr seid Kaiser! Wird man nicht denken, Ihr habet selbst Eurer Absetzung zugestimmt?«

Friedrich verharrte einen Moment in Schweigen. Dann gab er nach und willigte darin ein, daß er in der Kathedrale von Palermo beigesetzt wurde, um neben den »beiden Konstanzen« zu ruhen – seiner Mutter, Konstanze von Hauteville, und seiner ersten Gattin, Konstanze von Aragon.

Am Abend ließ er sich die weißgraue Kutte der Zisterzienser anlegen und bat den ältesten der Freunde, den Erzbischof Berard, um die Sterbesakramente. Dabei bewegte er schwach seine Lippen und murmelte:

»Ich glaube an Gott, den Allmächtigen, den Schöpfer des Himmels und der Erde . . .«

Darauf schwieg er, er hatte endlich seinen Frieden gefunden.

Als sie merkten, daß seine letzte Stunde gekommen war, versammelten sich Manfred und die anwesenden Würdenträger um sein Lager. Berard erteilte ihm die Absolution, sprach das Sterbegebet und stimmte den Wechselgesang *In Paradisium* an . . .

Da drehte Friedrich sich auf die linke Seite, starrte einen Augenblick auf die eiserne Tür, die ihn vom Jenseits trennte, und tat den letzten Atemzug.

Es war der 13. Dezember 1250 um zweiundzwanzig Uhr. Nur ein paar Tage fehlten bis zum Weihnachtsfest, an dem er seinen siebenundfünfzigsten Geburtstag gefeiert hätte.

XVII

Noch am selben Abend schrieb Manfred an seinen Bruder Konrad, um ihm den Tod des Vaters anzuzeigen. Er tat es mit folgenden Worten:

»Untergegangen ist die Sonne der Welt, die über den Völkern geleuchtet hat, untergegangen die Sonne der Gerechtigkeit, der Hort des Friedens.« Dann fuhr Manfred fort: »Mag auch jene Sonne sich zum Untergang bereitet haben, so ist doch durch den *Ordo* einer gewissen Kontinuität ihr erneutes Leben in *Euch* gegeben, und so glaubt man nicht, daß der Vater abwesend sei, da man hofft, er lebe im Sohne.«[444]

Manfred hatte offenbar den Abschnitt im väterlichen Testament gelesen, wo er sagt: ». . . auf daß Wir noch zu leben scheinen, auch wenn Wir dem irdischen Leben entrückt sind.«[445]

Woran war Friedrich gestorben, dieser Mann, den niemand besiegen konnte? Der Papst hatte eiligst die Losung ausgegeben, wonach der Kaiser »wie alle Ketzer von der göttlichen Gerechtigkeit niedergestreckt worden sei«. Aber eine gründlichere Untersuchung erlaubt uns, zu antworten: Letztlich war er ein Opfer der Last dieser Welt, dieses Preises der Erbsünde, gegen die alle Sterblichen vergebens ankämpfen . . .

Um Konrad IV. Zeit zu geben, nach Italien zu kommen, führte die kaiserliche Kanzlei die laufenden Geschäfte im Namen Friedrichs bis zum Ende Januar 1251 fort. Doch die Hofjuristen fügten seinem Namen den des königlichen Statthalters Manfred hinzu. In dieser Eigenschaft ließ Manfred die sterblichen Überreste seines Vaters in die Kathedrale von Palermo überführen, wo sie am 25. Februar 1251 beigesetzt wurden.

Zunächst wurde sein Körper einbalsamiert. Mit dieser Aufgabe wurde wahrscheinlich ein ägyptischer Fachmann betraut. Dann kleidete man ihn in eine weiße Dalmatika, die mit einer breiten Bordüre versehen war, auf die man in kufischer Schrift einen Vers aus dem Koran gestickt hatte. Anschließend legte man ihm einen weiten Purpurmantel um, wie er ihn bei seiner Krönung getragen hatte. In seine Hand gab man ihm ein Schwert, dessen Knauf und Scheide arabische Inschriften trugen, die auf seine Herkunft aus Damaskus deuteten.[446] So wurde er in einen riesigen Porphyrsarg gebettet, dessen vier Ecken die Skulpturen von vier sassanidischen Löwen zierten.

Bevor das Grab geschlossen wurde, ließ Berard von Castacca auf den Deckel folgendes Epitaph meißeln:

> Wenn redlicher Sinn, wenn Klugheit, Verstand und Gewinn,
> Wenn adliges Walten dem Tod könnt Widerpart halten,
> Wär niemals verschieden Herr Friedrich. Er ruht hier in Frieden.[447]

Von unbekannter Hand ist diesem Spruch der merkwürdige Satz hinzugefügt worden:

VIVIT ET NON VIVIT

Dieser Satz der erythäischen Sibylle bedeutet:

ER LEBT NICHT MEHR, DENNOCH LEBT ER.[448]

Zehnter Teil:
Der exkommunizierte Traum

(1250 – 1269)

I

Er *lebt*! Allein dieses Wort ließ den Statthalter Christi erzittern. Obwohl er tot in seinem schweren Porphyrsarkophag lag, lebte Friedrich noch und konnte auferstehen, um erneut zum »stupor mundi« zu werden. Er, den Matthäus von Paris als den »größten unter den Fürsten der Erde« genannt hatte,[449] konnte mit seinem Traum von dem Weltreich wieder erscheinen! Diesem Skandal mußte man endgültig ein Ende setzen. Aber wie? Innozenz IV. mußte erst lernen, daß es leichter war, einen Menschen zu töten, als eine Legendenbildung zu verhindern . . .

In den Augen seiner Zeitgenossen hatte Friedrich II. die Macht mit zuviel Majestät verkörpert, um in ihrem Gedächtnis keine Spuren zu hinterlassen. Die meisten glaubten nicht, daß er tot war. Und wer es glaubte, war davon überzeugt, daß er in anderer Form wiedererscheinen würde.

Die mittelalterliche Gesellschaft war nicht nur gläubig, sie schwelgte im Wunderbaren. Sie glaubt ebenso an Wunder, Erscheinungen und Weissagungen wie an die Künste der Zauberer und die Macht der Feen.[450] Unter der Schale der Christianisierung lebte ein altes heidnisches Substrat fort, das immer wieder durchbrach, um dem täglichen Leben eine märchenhafte Färbung zu verleihen. Es vermischte die Wahrsagungen der Sibyllen mit den Verkündigungen der Heiligen. Auch die Bezeugungen vom Überleben Friedrichs fanden überall Verbreitung.

Der Chronist Thomas von Eccleston hat unter anderem die seltsame Vision eines sizilianischen Mönchs aufgeschrieben:

»Zur selben Stunde, da Kaiser Friedrich von der Erde schied, kniete ich betend am Ufer. Dort, wo der Hang des Mons Gibello, der auch Ätna genannt wird, zum Meer abfällt, aus dem der Berg vor Urzeiten emporgestiegen war. Ein gewaltiger Lärm schreckte mich aus meinen frommen Übungen auf. Ich sah einen endlosen Zug gepanzerter Reiter, an die fünftausend, die ritten vom Ufer in das Meer. Das Wasser wehrte sich und zischte auf, als wären die Reiter in feurigglühendes Erz gewappnet. Was dies bedeute, fragte ich einen der Berittenen. Mit bleichem, reglosem Gesicht gab er zur Antwort, er gehöre zu Kaiser Friedrich, der mit seinen Mannen in den Ätna einreite und dort Wohnung nehmen werde, um eines Tages mit einem Flammenheer und der ganzen Macht eines Christen im Herrn wieder zu erscheinen.«[451]

Der Abt von Montserrat, eines der größten Pilgerzentren Kataloniens, berichtet:

»Ich schlief in meiner Zelle, als ein Mann, umgeben von einem übernatürlichen Lichte, dort eintrat und mich aus meinem Schlaf riß. Er forderte mich auf, ihm zu folgen, und begab sich hinten in den Altarraum. Dort nahm er die Schale des Heiligen Grals aus dem Tabernakel, wo sie heimlich aufbewahrt wurde. Es war Friedrich. Er stellte den Gral auf den Altar und beugte sich über das Ziborium, mit dem Joseph von Arimathia das Blut aufgefangen hatte, das sich aus der linken Flanke Christi ergoß. Mit leiser Stimme sprach er eine Zauberformel. Unter der Einwirkung dieses Spruchs keimte eine Pflanze auf dem Boden der Schale. Sie wuchs, wuchs und wuchs, bis sie den Himmel erreichte. Das war der Lebensbaum.«

In Montségur im Ariège, wo Simon von Montfort die letzte Festung der Albigenser belagerte, weigerten sich die Verteidiger, als sie von Friedrichs Tod hörten, sich dem Gegner zu ergeben, und verstärkten ihren Widerstand bis zur Erschöpfung ihrer Kräfte, weil sie davon überzeugt waren, daß der Kaiser vom Himmel herabkommen und sie vor der Auslöschung bewahren würde.

Ein unbekannter Künstler hat ein Bild gemalt, das viel Aufsehen erregt hat. Man erblickt dort Friedrich II., wie er mit der Krone auf dem Haupt oben auf dem Glücksrad thront. Um zu zeigen, daß sich dieses Rad drehte, hatte der Künstler rechts davon den Kaiser gemalt, wie er von seinem Thron stürzt und die Krone ihm vom Kopf fällt. Darunter, gleichsam erdrückt von dem Rad, zeichnete er Friedrich ausgestreckt in tiefem Schlaf. Und auf der linken Seite ersteht der Kaiser, in eine makellos weiße Tunika gehüllt, wieder auf. Man brauchte kein großer Gelehrter zu sein, um das Rad Fortunas als Sonnenrad zu interpretieren. Damit sollte gesagt werden, daß Friedrich II. nach einer Zeit der Abwesenheit eines Tages wiederkehren und eine erhabene Stellung einnehmen würde. Als er starb, hatte er sich lediglich von dem kleinen Erdenzyklus entfernt, der durch die vier Lebensalter markiert wird, um in dem großen kosmischen Zyklus aufzugehen, der durch Höllensturz und Auferstehung gekennzeichnet ist. Wie die Legende vom Ätna Anklänge an den Tod des Empedokles bietet, ist auch das Bild vom Rad der Fortuna eine nicht weniger alte Anspielung auf die Ewige Wiederkehr.

Denn im Mittelalter glaubte man nicht an den geradlinigen, kontinuierlichen Fortschritt, der erst ein Postulat der modernen Wissenschaft ist, sondern an die Erneuerung des Menschen durch einen Zyklus von Stürzen und Erhöhungen.

Alles an Friedrichs Schicksal, einschließlich des Geburts- und Todestages, war dazu angetan, eine Aureole von Legenden um seine Person zu bilden. War er nicht am 26. Dezember geboren, dem Tag nach der Geburt Jesu, der in den antiken Religionen gleichzeitig der Tag der auferstehenden Sonne war? Und war er nicht am 13. Dezember gestorben, zu dem Zeitpunkt also, da die Sonne ihren tiefsten Stand am Horizont erreicht hat, sich aber gleichzeitig anschickt, wieder zum Zenith aufzusteigen? »Zum letztenmal in der Geschichte«, schreibt Henri de Ziegler, »ist ein Kaiser vergöttlicht worden wie eine seit Ewigkeit erwartete Kraft, wie der Messias, der Vollender oder der Herr über das apollinische Königreich, die von den Sibyllen verkündet worden waren.« Schon zu seinen Lebzeiten hatte man ihn als »Sonnenkönig« verehrt. Solange er lebte, hatten seine Bindungen an die Erde diesen Aspekt seiner Persönlichkeit nicht voll zur Entfaltung kommen lassen. Nun aber, da er von der Erdenschwere befreit war, konnte dieser Mythos ungehindert erblühen. Was da ans Licht kam, war »der Kult des *sol invictus*, den Kaiser Julian zu Ehren gebracht hatte und der durch die Prophezeiungen verjüngt war, die sich tausend Jahre zuvor um den Herrscherkult gebildet hatten. Sie alle verkörperten sich nun in Kaiser Friedrich, der einen Tag nach der Geburt Christi und dem Aufstieg der Sonne zur Welt kam und ebenfalls im Dezember starb und am Ende aller Zeiten wiederkehren wird, um die Herrschaft des Paradieses einzuführen.« [452]

Den ersten Anstoß zu dieser Legende, die Friedrich zu einer Sonnenfigur machte, hat sicher sein Sohn Manfred gegeben. Denn er hatte seinem Bruder Konrad geschrieben: »Gleich wie die Sonne, wenn sie von der Himmelsachse in das westliche Meer hinabsinkt, so hinterläßt Friedrich II. im Westen den Sonnensohn, dessen Frührot schon zu leuchten beginnt, während noch die Sterne am Himmelsgewölbe funkeln« [453]

Diese Morgenröte war ein Lichtblick für Innozenz IV. Er hatte Friedrich exkommuniziert, doch das hatte nichts genutzt. Nun mußte er seinen »Traum exkommunizieren«, das heißt »den Herd der Pestilenz«, den er in sich trug und den seine Nachfolger ihren Erben mit Sicherheit weitergeben würden. Gegen eine Legende anzukämpfen, bei der man nicht wußte, wo man sie anpacken sollte, schien hingegen ein Ding der Unmöglichkeit zu sein. Also mußte man sie dort anfassen, wo sie am greifbarsten war: bei der Nachkommenschaft.

War nicht das beste Mittel, diesen verfluchten Traum auszurotten, indem man nacheinander alle verschwinden ließ, die Friedrichs Blut in den Adern hatten? Am Erfolg war nicht zu zweifeln, wenn man sie bis zum letzten vernichtete ... Angefangen bei Konrad, der sein rechtmäßiger Erbe war.

II

Ja, der Erfolg war gewiß, wenn man dieses Werk gründlich durchführte und einen weltlichen Arm fand, der fähig war, es zu verwirklichen.[454]
Diesen Arm – und das ist nicht die kleinste Ironie der Geschichte – sollte Innozenz IV. in der Person Karls von Anjou finden, dem Bruder des französischen Königs, der stets der treuste Verbündete Friedrichs gewesen war und für den er sich eingesetzt hatte, als er bei der Schlacht bei Mansurah gefangengenommen worden ist.
Doch bevor wir auf Karl von Anjou (1226–1285) zu sprechen kommen, sollten wir vielleicht seinen Schwiegervater erwähnen: Raymond Béranger V., den Grafen von der Provence. Er hatte vier Töchter gehabt, von denen schwer zu sagen ist, welche die ehrgeizigste und intriganteste war. Die älteste, Margarethe (1221–1295), hatte am 27. Mai 1234 Ludwig IX., den König von Frankreich, geheiratet. Die zweite, Aliénor (1226–1291), ehelichte am 14. Januar 1236 Heinrich III. von England. Die dritte, Béatrix (1234–1267) war am 31. Januar 1246 die Ehe mit Karl von Anjour eingegangen. Die vierte, Sancha (oder Sanchette) hatte am 22. November 1243 Richard von Cornwallis geheiratet, den dritten Sohn Johanns ohne Land und Bruder Isabellas von England. Als Richard mit päpstlicher Hilfe deutscher Kaiser und König der Römer wurde, hat sie die Ehrungen mit offensichtlicher Freude geteilt.[455]
Wie man sieht, war von den vier Schwestern Béatrix, die Gattin Karls von Anjou, am schlechtesten weggekommen. Sie konnte es nicht verwinden, keine Königin zu sein. Weder die Provence noch Anjou waren Jagdgebiete, die ihren Ehrgeiz befriedigen konnten. Deshalb drängte sie ihren Mann, beim Papst Anspruch auf die Krone Siziliens zu erheben.
Innozenz IV. ging es keineswegs darum, einen neuen Gegenkaiser aufzustellen. Friedrich II. war tot. Der Heilige Vater hatte erleichtert aufgeatmet, als ihm die Nachricht vermeldet wurde: »Der Himmel jauchze, und die Erde frohlocke, denn Blitz und Sturm, womit Gott der allmächtige so lange Eure Häupter bedroht hat, sind durch den Tod dieses Mannes in erfrischenden Zephyr und befruchtenden Tau verwandelt worden.«[456] Es handelte sich vielmehr darum, Friedrichs Testament für null und nichtig zu erklären und aufgrund der

Befugnis, die ihm das Konzil von Lyon[457] erteilt hatte, die Königreiche von Neapel und Sizilien – die er als vakant betrachtete – auf Karl von Anjou zu übertragen. Karl brauchte sie nicht einmal zu fordern, Innozenz bot sie ihm von sich aus an, nachdem er Richard von Cornwallis gefragt hatte, der jedoch ablehnte, weil ihm die Sache zu dornig erschien.[458]

Béatrix, die dieses Angebot lockte, weil es sie zur zweifachen Königin machte, »spornte« ihren Mann an, diese Gelegenheit zu ergreifen. Doch selbst wenn Karl mutig war, tollkühn war er deswegen nicht. Die Eroberung Süditaliens erschien ihm verfrüht. Er lehnte das Ansinnen des Papstes nicht ab, bat hingegen, die Realisierung auf später zu verschieben.

Für Innozenz IV. war dies eine tiefe Enttäuschung, denn er war entschlossen, den Geist Friedrichs bis in sein Grab zu verfolgen, von wo aus dieser »Handlanger des Teufels« ihm immer noch trotzte.

III

Unter der Fülle von Legenden, die sich in den Wochen nach dem Tod Friedrichs überall – und nicht nur in Sizilien, sondern in ganz Europa – verbreiteten, ist eine Weissagung, die sich Punkt für Punkt verwirklichen sollte. Sie stammt von dem Franziskaner- oder Minoritenmönch Salimbene von Parma, der übrigens ein treuer Anhänger des Papstes war. Gestützt auf die Orakel der Sibylle von Tibur, hatte er prophezeit: »Mit ihm wird das Imperium enden, denn, wenn er auch Nachfolger finden wird, so werden sie doch der durch die Römische Krone gewonnenen kaiserlichen Würde beraubt sein. Und die wird kein Mitglied seines Stammes mehr besitzen.«[459] Die Zukunft sollte die Genauigkeit dieser Wahrsagung bestätigen.

Sobald Konrad von dem Hinscheiden seines Vaters erfuhr, begab er sich von Augsburg auf den Weg nach Palermo. Bevor er jedoch sizilianischen Boden betrat, berief er einen Reichstag nach Cremona ein, um sich seine Erbfolgerechte bestätigen zu lassen. Die mächtigsten Herrscher Deutschlands folgten seinem Ruf, denn das Ansehen Friedrichs war noch sehr hoch. Die Fürsten ratifizierten das Testament des Kaisers und gestanden Konrad IV. seinen Reichsanspruch zu. Da er auf den Reichstagen von Wien und Speyer gewählt worden war,[460] stand seine Legitimität außer Zweifel. Seine Regentschaft schien unter einem günstigen Stern zu beginnen.

Konrad traf im Januar 1252 in Apulien ein. Manfred, der das Königreich als Statthalter regierte und auf seine Ankunft wartete, zog ihm entgegen. Die beiden Männer trafen sich in Siponto (Manfredonia). Dort übertrug Manfred, der

Sohn der Bianca Lancia, seinem Halbbruder, dem Sohn der Yolanthe von Brienne, die königliche Macht. Böse Zungen behaupteten, daß dies nicht ohne Bedauern geschah. Doch diese These wird durch kein Dokument gestützt. Konrad war bekanntlich im Alter von neun Jahren nach Augsburg gebracht worden.[461] Er war also in Schwaben aufgewachsen, und seine Erziehung hatte unter der strengen Überwachung deutscher Räte gestanden. Jetzt sah er Sizilien zum erstenmal wieder, so daß für ihn alles zum Gegenstand des Staunens wurde. Er war weder an das Klima noch an die Bräuche und den Charakter Siziliens gewöhnt. In seinem deutschen Denken und Empfinden fühlte er sich hier zutiefst heimatlos. Der sorglose Frohsinn und die Disziplinlosigkeit der Italiener mußten ihm mißfallen.

Diese geistige Entfremdung hätte auf die Dauer gefährlich werden können, doch es sollte nicht erst zum Konflikt kommen, denn Konrad wurde von der Ruhr dahingerafft – jenem Leiden, an dem bereits sein Vater und sein Großvater gestorben waren. Er war sechsundzwanzig Jahre alt und hielt sich damals (am 21. Mai 1254) zur Truppeninspektion in Lavello auf. Sein Herz und seine Eingeweide wurden in Melfi begraben (daher die falsche Legende, er sei dort gestorben). Der Körper wurde nach Messina überführt und im dortigen Dom beigesetzt.

Doch schon am Tag darauf hat ein ungeklärter Brand das Gebäude verwüstet und seinen Sarg in Asche gelegt. Seine Regentschaft hatte nur dreißig Monate gewährt.

IV

Sein eigentlicher Nachfolger hätte sein Sohn Konradin sein müssen, der am 23. März 1252 in Burg Wolfstein an der Isar geboren war. Doch mit seinen zwei Jahren war er physisch noch nicht in der Lage, die Erbschaft anzutreten. In dieser Situation traf Manfred zwei wichtige Entscheidungen: Er erklärte sich im Namen Konradins selbst zum Regenten des Königreichs und vertraute das Kind der Obhut Eberhards II. von Waldburg, des Bischofs von Konstanz, und des Grafen Hermann von Kiburg, des Abtes von Sankt Gallen, an, die seine Erziehung übernehmen sollten.

Diese Maßnahmen erregten den Zorn des Papstes. Innozenz IV. meinte, daß der Tod Konrads Sizilien »herrscherloser« denn je machte. Und was die beiden Geistlichen anbetraf, die über Konradins Erziehung wachen sollten, so sahen sie sich dem Wettern des Heiligen Vaters ausgesetzt, der sie anklagte, bewußt »die letzten Spuren einer Vipernrasse« hegen zu wollen. Er befahl ihnen, ihm das Kind auszuliefern. Doch der Bischof von Konstanz und der Abt von Sankt Gallen widersetzten sich dem energisch. Darauf entsandte der Papst eine Truppe lombardischer Söldner nach Sankt Gallen, die den Auftrag hatte, sich des Klosters notfalls gewaltsam zu bemächtigen, Konradin gefangenzunehmen und ihn lebendig oder tot zu ihm zu bringen. Dieses Unternehmen mißlang, weil zwei Mönche der Abtei im Schutze der Nacht den kleinen Jungen im benachbarten Wald versteckt hatten. Um ihn vor einer neuen Entführung zu bewahren, hielten es Eberhard von Walburg und Hermann von Kiburg für klüger, ihn für tot erklären zu lassen.

Doch Innozenz IV. wurde um so wütender. Er reagierte auf Manfreds Entscheidung, indem er ein starkes Truppenkontingent nach Süden schickte, um Neapel einzunehmen. Dieses Heer zog nach Foggia, wurde dort allerdings eingeschlossen, belagert und konnte nicht weiter.

Verärgert faßte der Papst den Entschluß, auf Gewalt zu verzichten (die ihm nie Glück gebracht hatte) und eine List anzuwenden (was ihn stets zum Erfolg führte). Er begab sich nach Messina, um mit Manfred »ein offenes Gespräch« zu suchen.

Manfred kam ihm entgegen und zeigte sich zunächst respektvoll und aufmerksam. Er griff dessen Pferd beim Zügel und tat ein paar Schritte, was damals als ein Zeichen der Vasallentreue gedeutet wurde.[462] Bald merkte der Heilige Vater jedoch, daß er von ihm nichts zu erwarten hatte. Als er ihn aufforderte, auf sein väterliches Erbe zu verzichten und gleichzeitig seine Regentschaft niederzulegen, weigerte sich der Sohn Biancas entschieden. Innozenz IV. versuchte es noch einmal, jedoch vergebens. Das bedeutete den Krieg, einen Krieg, der bis zur Vernichtung eines von ihnen geführt werden mußte ...

Der Papst kehrte unverrichteter Dinge nach Neapel zurück und fragte sich, »was ein so erstaunliches Verharren im Übel« rechtfertigen könne. Als er in Kampanien eintraf, hörte er, daß Manfred sich nach Apulien begeben habe. Dort hatte der Statthalter alle arabischen Truppen um sich versammelt, die ihm zur Verfügung standen. Mit diesem neuen Heer hatte er Foggia eingenommen und die päpstlichen Streitkräfte vertrieben. Aber Innozenz IV. fand nicht einmal Zeit, nach Rom heimzukehren. Er starb am 7. Dezember 1254 in Neapel, ohne sein höchstes Ziel erreicht zu haben: die Auslöschung der Hohenstaufer.

Dieses Werk sollte sein Nachfolger, Alexander IV. (1254–1261), vollbringen, obwohl er weniger Grund hatte, sie zu hassen.

V

Achtzehn Monate vor seinem Tod hatte Friedrich sich gerühmt, eine Vielzahl von Söhnen zu haben. Damals mochte das stimmen. Aber inzwischen hatte der Tod breite Lücken in die fröhliche Reihe der Erben geschlagen. Heinrich VII. ruhte seit 1242 im Dom von Cosenza. Friedrich, der einzige überlebende Sohn Heinrichs, war 1251 im Alter von kaum zwanzig Jahren gestorben. Carlotto, das einzige überlebende Kind Isabellas von England, war fünfzehnjährig im Dezember 1253 verstorben.[463] Friedrich von Antiochia, der sich in der Toskana nicht hatte halten können, war ebenfalls tot. Er war mit dreißig Jahren im Kampf um Foggia gefallen. Enzio saß immer noch in seinem Gefängnis in Bologna und konnte nicht befreit werden. Und Konradin war verschwunden, so daß sich das Gerücht von seinem Tode von Tag zu Tag zu bestätigen schien. Von dieser gesamten lachenden und lebensfreudigen Schar, die Friedrich vor Parma umgeben hatte, war allein Manfred geblieben. In der Annahme, daß Konradin tot sei, ließ er sich in Palermo mit einem Pomp zum König von Sizilien krönen, der in nichts den Krönungen Rogers II., Heinrichs VI. und Friedrichs II. nachstand.

Einige haben behauptet, daß er nicht böse gewesen sei, daß ihm das Schicksal diese Bestimmung vorbehalten hatte. Andere meinten, er habe den Ereignissen »etwas nachgeholfen«, damit sie seinen Wünschen entsprachen. Nicht ohne Grund haben die Historiker gesagt, daß Manfred der artigste, aber auch am meisten verleumdete der Hohenstaufer gewesen sei. Hatte man ihn nicht beschuldigt, den Tod seines Vaters beschleunigt zu haben, indem er ihn mit einem Kissen erstickt hat, als er im Sterben vor der eisernen Tür lag, um somit eher in den Besitz seines Erbes zu kommen?[464] Warf man ihm nicht vor, den Dom von Messina in Brand gesteckt zu haben, damit von seinem Bruder Konrad nichts als Asche übrigblieb? Und klagte man ihn nicht an, den kleinen Konradin beseitigt zu haben, damit er an dessen Stelle bequemer regieren konnte? Wenn man ihm derartige Verbrechen zutraute, war es nur ein Schritt, um ihn zu allem fähig zu halten . . .

Diese Anschuldigungen passen jedoch so wenig zu dem, was wir aus anderen Quellen über ihn wissen, daß man sie getrost als unbegründet verwerfen kann. Sie riechen zu sehr nach päpstlicher Propaganda. Alle glaubwürdigen Zeugen zeichneten ein rühmlicheres Bild von ihm. »Die Natur machte ihn empfänglich für alle ihre Gaben und schuf seinen Leib in allen seinen Teilen in so vollkommener Schönheit, daß nichts an ihm war, was besser hätte sein können.« Der Chronist Saba Malaspina schilderte ihn »blond, mit angenehmem Antlitz und gefälligem Aussehen, mit roten Wangen und blauen Augen, ganz hell, von mittlerer Größe«.[465] Dante begegnet im Purgatorio dem leidenden König Manfred und beschreibt ihn als jungen Mann, »so blond und schön und ritterlich«.[466] Fügen wir dem hinzu, daß er auf dem Schoß seines Vaters gesessen hat (was weder für Heinrich noch für Konrad zutraf), so daß er von dem erzieherischen Talent und dem Beispielhaften Friedrichs tiefer als andere geprägt war. Er war sowohl philosophisch wie wissenschaftlich und künstlerisch hoch gebildet. Gelehrte, Übersetzer, Dichter und Sänger zählten zu seinen Freunden und Gesprächspartnern. Er förderte die Künste und Wissenschaften und kümmerte sich um die Ausbildung der Studenten an der Universität Neapel. In der Falknerei und der Jagdleidenschaft setzte er das Erbe seines Vaters fort. Seine naturwissenschaftlichen Kenntnisse befähigten ihn dazu, Friedrichs »Falkenbuch« zu ergänzen und zu bearbeiten. Manfreds Toleranz gegenüber Sarazenen und Andersgläubigen erinnerte ebenso an den Vater wie seine Liebe zu Pracht und Luxus, seine Freigebigkeit und der bestechende Zauber seiner Persönlichkeit. Der Chronist Jamsilla vermerkt dazu kurz und treffend: »Manfred war der Erbe der väterlichen Gaben und Tugenden und sein allgemeiner Nachfolger.«[467] Er besaß also alle erforderlichen Eigenschaften, um den Fortbestand seines Geschlechts zu sichern. Dennoch gehörte er der »Vipernrasse« an, die Innozenz IV. mit Stumpf und Stiel ausrotten wollte.

Auch in der Politik schien Manfred zunächst vom Glück begünstigt zu sein. Er festigte seine Position, indem er wirtschaftliche und diplomatische Beziehungen zu Mittelitalien sowie den kaisertreuen lombardischen Städten (vor allem Cremona, Verona und Brescia) und schließlich mit den Gibellinen in Rom aufnahm. Obwohl es der Papst zu hintertreiben versuchte, gelang es ihm nach alter Familientradition, seinen Einflußbereich durch eheliche Verbindungen zu erweitern. Er verheiratete seine Tochter Konstanze aus seiner Ehe mit Beatrix von Savoyen mit dem Infanten Peter von Aragon (später König Peter III.). Und nach dem Tod seiner ersten Gattin (1257) ehelichte er selbst die Tochter des Königs von Epirus, die schöne Helena (Februar 1258)[468]

Auf der einen Seite Aragonien, auf der anderen Byzanz! Man darf nicht glauben, daß Manfred mit dieser Handlungsweise einer einfachen Laune folgte. Er setzte hier vielmehr die ersten Marksteine einer sehr weitsichtigen Politik. Was das Thema Byzanz anbelangt, so sei Auguste Bailly zitiert: »Als aktiver, wachsamer und ehrgeiziger Monarch erblickte Manfred wie seine normannischen Vorfahren in Byzanz keinen Feind, den es zu schlagen galt, sondern eine herrliche Beute, nach der man greifen mußte. Stark bekräftigt wurde er darin durch Balduin II., den ehemaligen lateinischen Herrscher von Konstantinopel, der nach seiner beschämenden Flucht am Hofe der Beiden Sizilien Asyl gesucht hatte. Er bestätigte Manfred immer wieder, daß es für ihn ein leichtes sei, wenn

er wolle, das Ostreich zu seinem Nutzen wieder zu errichten.«[469]
Wenn er darauf verzichten mußte, die Einheit zwischen Italien und Deutschland herzustellen, warum sollte er dann nicht den Verlust Germaniens durch die Einbeziehung des oströmischen Reiches aufwiegen, so daß durch die freundschaftlichen Bande mit Arles, der Provence, Katalonien und Aragonien ein lateinisches Reich entstand, welches das ganze Mittelmeerbecken umfaßte? Mit anderen Worten: warum sollte er das alte arabisch-deutsche Reich nicht durch ein römisch-byzantinisches ersetzen? Hatte Kaiser Heinrich VI. kurz vor seinem Tod diesen Gedanken nicht ebenfalls gehegt?[470]
Doch Pläne dieser Art mußten für Karl von Anjou und Alexander IV. eine tödliche Bedrohung bedeuten. Keiner von beiden konnte das zulassen. Deshalb beabsichtigten sie, sich zusammenzuschließen und gemeinsam nach Mitteln zu suchen, um die wachsende Macht Manfreds zu zerschlagen und seinen Aufschwung zu brechen, bevor es zu spät war.

VI

Karl von Anjou wird als Gegensatz Manfreds geschildert. Der Chronist Spinelli beschrieb ihn als »hart, ernst, wortkarg, geizig und frömmlerisch, asketisch und einen Mann, der die Künste und die Jagd ablehnte«. Niemand habe ihn je lachen sehen, niemand habe ihn geliebt, doch alle fürchteten ihn. Dieser unerbittliche und machtgierige Karl von Anjou, der jedoch sein Kriegshandwerk verstand, war wie geschaffen, den Auftrag des Papstes zu erfüllen. Als er sich 1251 zum erstenmal nach Rom begeben hatte und von Innozenz IV. gedrängt worden war, Süditalien militärisch einzunehmen, hatte Karl um eine Verschiebung des Unternehmens gebeten, weil er es für verfrüht hielt.[471]
Inzwischen waren einige Jahre vergangen, und die Situation hatte sich verändert. Mit Konrads Tod war die einzige legitime Thronanwartschaft auf das Reich erloschen, die durch Friedrich testamentarisch abgesichert und vom Reichstag in Cremona bestätigt worden war. Außerdem war der unerwartete Aufstieg Manfreds für viele beunruhigend; er zeigte Karl, daß er schnell eingreifen mußte, wenn er sich nicht eine Gelegenheit entgehen lassen wollte, die sich ihm nie wieder bieten würde. Seine Gattin, Béatrix von der Provence, die immer noch von dem Wunsch nach der Krone besessen war – und der es nicht an politischem Verständnis fehlte –, beschwor ihn, die Verhandlungen mit dem Papst wiederaufzunehmen. Und schließlich konnte sie ihn dazu bewegen. Aber auf dem Heiligen Stuhl saß nicht mehr Innozenz IV., das heißt ein Mann, der von einer bestimmten Idee ausging, und auch nicht Alexander IV., der

1261 verstorben war, sondern Urban IV., der von 1261 bis 1264 oberster Hirte der Kirche sein sollte. Um Karl von seiner zögernden Haltung abzubringen, bot er ihm zunächst die Doppelkrone von Neapel und Sizilien an.[472] Zur großen Zufriedenheit seiner Frau, nahm Karl von Anjou sie an. Unglücklicherweise starb Urban IV. jedoch, bevor Karl seine Vorbereitungen zur Thronbesteigung getroffen hatte. Der neue Papst nannte sich Klemens IV. (1265–1268).

Erst im Juni 1265 konnte sich der Graf von Anjou mit einem fünftausend Reiter umfassenden Heer, das aus Anjou und der Provence rekrutiert war,[473] in Rom dem Papst vorstellen, der ihn äußerst rücksichtsvoll behandelte und sogleich die Verhandlungen aufnahm. Und schon am nächsten Tag ernannte Klemens IV. Karl von Anjou zum König über alle Territorien südlich des Kirchenstaats, sofern er »sein Königreich mit Waffengewalt eroberte«. Anschließend verlieh er ihm den Ehrentitel eines römischen Senators. Als Gegenleistung mußte Karl im voraus den Lehnseid schwören. Einige Monate später (im Dezember 1265) mußte er sich außerdem verpflichten, »nie die Kronen des römischen Reiches, des deutschen Reiches, der Lombardei oder der Toskana anzunehmen, selbst wenn sie ihm angeboten wurden«. Dieses Versprechen kam einer Zerstückelung des friederizianischen Reiches gleich. Man muß zugeben, daß diese Bedingungen hart waren.[474] Aber allein der Besitz Siziliens und Neapels machte jeden Verzicht wett.

»Meine Ritter sind stark und gut ausgerüstet«, bemerkte Karl von Anjou in überzeugendem Ton, »doch vielleicht sind sie nicht mächtig genug, um allein mit Manfred fertig zu werden und ihn zu zwingen, das zu räumen, was ich von nun an *mein* Königreich nenne. Könnte man sie nicht verstärken und ihnen einige Kontingente der päpstlichen Truppen hinzufügen?«

Das sei unmöglich, rief Klemens IV. aus. Der alte Fuchs wollte sich seiner eigenen Verteidigungsmittel nicht berauben, indem er sie unter Karls Kommando stellte. Andererseits war er bereit, bei dem Marquis von Este zu intervenieren und ihn zu bedrängen, mit Karl eine Allianz zu schließen.[475] Im Monat darauf wurde ein entsprechender Vertrag unterzeichnet. Damit wurde die Zahl der Streitkräfte, die unter französischem Befehl standen, verdoppelt. Darauf hinderte Karl nichts mehr, zur Eroberung »seines« Königreichs aufzubrechen.

Manfred war unterdessen nicht müßig gewesen. Er hatte bis zum letzten Mann aufgerüstet und alle Araber aus Lucera und Manfredonia um sich geschart. Dann war er dem Grafen von Anjou entgegengezogen.

Noch im Januar überschritt Karl von Anjou an der Spitze von mehr als achttausend Kriegern den Garigliano. Es folgte eine Reihe von heftigen Kämpfen, insbesondere bei Foggia und Cassino, die wegen des zerklüfteten Geländes ausgesprochen aufreibend waren. Am 26. Februar fiel dann in der Ebene von Benevent die Entscheidung. Nachdem sich Manfred wiederholt und unter Einsatz seines Lebens gegen die meist überlegenen Streitkräfte verteidigt hatte, wurde er von seinen Leuten verraten und am Ponte Calore im Kampf getötet. Er war vierunddreißig Jahre alt.

Sein stark verstümmelter Leichnam – der Augenbrauenbogen war gespalten und die Kehle durchgeschnitten – wurde drei Tage später auf dem Schlachtfeld an einem Brückenkopf mit dem Namen »Rosenfeld« gefunden. Karl hielt diesen Namen für zu schön, um das Grab eines Exkommunizierten zu beherbergen. Er ließ Manfreds sterbliche Überreste auf ein Rieselfeld bei Rocca di Evandro werfen, wo die Bewohner der Stadt ihre Abfälle hinkippten. Darauf gab er seinen Truppen Befehl, an der Grube vorbeizumarschieren. Zum Zeichen des Abscheus mußte jeder Franzose einen Stein darauf schleudern, so daß sich über der Stelle ein Grabmal aus rohen Feldsteinen erhob.

Und als sei es mit diesen Verhöhnungen nicht genug, ließ der Erzbischof von Cosenza die Leiche des Königs später ausgraben und im Rio Verde versenken, »damit er nicht in christlicher Erde ruhe und von ihm nichts mehr übrigbleibt«.

Während des Zweiten Weltkriegs haben andere Schlachten auf diesen Stätten getobt und alles niedergewalzt, was an den König erinnern könnte, dessen einziges Verbrechen darin bestanden hatte, daß er »so blond und schön ritterlich« war.

Schlendert man jedoch durch die Betonsiedlungen, die dort errichtet worden sind, kann man eine von Bomben umgeworfene Säule mit einer Gedenktafel entdecken, auf der zu lesen steht:

> Hier fiel,
> um sich nicht wieder zu erheben,
> wie im Traum von Dante,
> Die Blüte des heiligen Römischen Imperiums.
> Auf den Ruinen
> blitzten von Zeit zu Zeit Erinnerungen auf,
> wie auf Wellen, vergehend und ermahnend.[476]

Niemand weiß – oder will es sagen –, wer diese Säule einst aufgestellt hat, so daß sie noch mehr vom Geheimnis umwittert bleibt . . .

Doch trotz – oder wegen dieses Geheimnisses hat Manfred in den Augen der Nachwelt die Nostalgie seiner Epoche verkörpert. Nicht nur die Historiker haben ihn mit einer poetischen Aura geschmückt, sondern er hat dazu beigetragen, daß der Mythos vom Kaisergedanken überlebt hat und mit unerwarteter Stärke lebendig geblieben ist. Wenn es Konrad nicht gegeben hätte, würde Dante vielleicht, als er den harten Weg seines Exils beschwor, nicht diese Worte ausgesprochen haben, aus denen unsägliche Trauer herausklingt: »O mein Caesar, warum hast du mich nicht begleitet?«[477]

VII

Sobald er sich Manfreds entledigt hatte, zog Karl von Anjou nach Süden. In Capua eignete er sich einen Teil des Schatzes der Hohenstaufer an, der dort lagerte. In Neapel ließ er sich dann zum König Beider Sizilien ausrufen. Gleichzeitig ergab sich ihm Florenz für die Dauer von zehn Jahren. Um den Anschein zu wahren,[478] konnte der Papst nicht anders, als ihn zum »päpstlichen Vikar für die Toskana« zu ernennen. Jetzt brauchte Karl nur noch in Sizilien einzudringen.

Während Karl und Béatrix von Anjou mit Ehren überhäuft wurden, versuchte die vierundzwanzigjährige Königswitwe, Helena von Epirus, mit ihren vier Kindern – Friedrich, Heinrich, Enzio und Beatrix (die zwischen zwei und sechs Jahre alt waren) – von der Insel zu entfliehen. Schließlich fand sie in Trani ein kleines Schiff, das sie in ihre Heimat nach Griechenland bringen sollte. Die Häscher Karls von Anjou ergriffen sie jedoch an der Küste und brachten sie gewaltsam nach Neapel. Dort wurde sie von ihren Kindern getrennt und ins Gefängnis geworfen, wo sie nach fünfjähriger Haft starb.

Das Ende ihrer drei Söhne gehört zu den finstersten Kapiteln dieser Geschichte, denn man behandelte sie nicht wie Menschen, sondern wie Gewürm. Man stach ihnen die Augen aus, dann warf man sie in den Kerker von Castel del Monte – dem ehemaligen »Zauberschloß« –, in den nie Licht eindrang und von dessen Wänden ein Salpeter- und Wassergemisch tropfte. Sie wurden mit Ketten an Pfeiler geschmiedet und hatten so wenig Bewegungsfreiheit wie blinde Kaninchen in einem Stall. Durch eine Klappe reichte man ihnen die dürftigste Nahrung, um ihre Leiden hinauszuzögern, denn sie waren zu lebenslänglicher Haft verurteilt. Verwahrlost und von der Umwelt isoliert, vegetierten sie dahin. Sie litten an Tuberkulose, Rachitis, Skrofulose und Schwachsinnigkeit. Wenn unser zivilisiertes Jahrhundert nicht immer wieder Beispiele dafür lieferte, möchte man nicht glauben, daß Menschen dermaßen von Haß erfüllt sein können . . .

Wie lange währte ihr Elend? Das ist schwer zu sagen. Alle Hypothesen sind erlaubt, wenn man daran denkt, daß sie zwischen zwei und sechs Jahre alt waren, als sie eingekerkert worden sind. Wir wissen nicht, wann sie gestorben sind und wo man sie begraben hat. Nach ihren Spuren ist vergeblich geforscht worden. Es heißt, die Finsternis habe sie verschlungen.[479]

Was ihre kleine Schwester Beatrix anbelangt, so fand sie als Gefangene im Castel dell'Ove in Neapel – das Roger II. als Grabstätte für Vergil errichten ließ, das Karl von Anjou jedoch in eine Festung umwandelte – kaum eine bessere Behandlung. Achtzehn Jahre wurde sie dort festgehalten und dann freigelassen. Aber sie war durch die lange Haft derart zerbrochen, daß sie sich dem Leben nicht mehr anpassen konnte. Sie irrte wie eine kranke Seele noch eine Weile umher und am Ende verschwand auch sie . . .

Und dies alles geschah, um den schrecklichen Ausrottungsbefehl des Papstes zu befolgen, der in bezug auf Friedrich gesagt hatte, daß sein Name sowie »Samen und Sproß des Babyloniers« ausgetilgt werden solle.[480]

VIII

Nachdem die Hörner nun das Halali geblasen hatten, hätte man meinen können, die Jagd auf die Hohenstaufer wäre beendet gewesen. Das war jedoch ein grober Irrtum. Denn in dem Augenblick, da niemand daran dachte, erschien plötzlich ein neuer Anwärter auf das Reich, der in allem der »neuen Sonne« glich, von der Manfred in seinem Brief an Konrad geschrieben hatte. »Gleich wie die Sonne, wenn sie von der Himmelsachse in das westliche Meer hinabsinkt, so hinterläßt Friedrich II. im Westen den Sonnensohn, dessen Frührot schon zu leuchten beginnt, während noch die Sterne am Himmelsgewölbe funkeln«, hatte er gesagt. Dieser Anwärter war Konradin, der Sohn Konrads IV. und Elisabeths von Bayern, den der Abt von Sankt Gallen versteckt hatte und den man für tot hielt.

Er war jedoch nicht gestorben, sondern inzwischen sechzehn Jahre alt. Er war ein Jüngling, von dem man ebenfalls sagen konnte, daß er »so blond und schön und ritterlich« war. Auch er hatte den bestechenden Zauber und die Ausstrahlungskraft seines Großvaters geerbt, aufgrund deren ihm die Massen überall zugejubelt hatten. Wie der Nibelunge Siegfried hatte er jahrelang in einer Laubhütte und in unmittelbarem Kontakt mit der Natur des Waldes gelebt. Er war am 23. März 1252 in Burg Wolfstein an der Isar geboren und trug die Titel eines Herzogs von Schwaben und Königs von Jerusalem. Den einen hatte er von seinem Großvater, Kaiser Friedrich, den anderen von seiner Großmutter, Yolanthe von Brienne. Seine Legitimität war nicht zu bestreiten, da er dem ältesten Zweig der Dynastie angehörte. Lange hatte er auf den großen Tag gewartet, da er das sagenhafte Erbe antreten konnte, dessen er sich sicher glaubte.

Solange Manfred auf dem sizilianischen Thron saß, hatte er sich still verhalten. Er hatte den Eindruck, daß sein Onkel ihm seinen Platz hüten würde. Nun aber war Manfred tot, und Konradin brannte darauf, in Erscheinung zu treten und seine Rechte zu fordern. Außerdem hatten ihn geheime Boten aus Sizilien, die sein Versteck kannten, über die Absichten seines Onkels unterrichtet. Er, Konradin, hatte nicht die Vorstellung, über irgendein Ostreich zu herrschen, das ihm als Mensch des Nordens nichts sagte. Sein Ehrgeiz war es, das gesamte Reich Friedrichs wiederherzustellen und die Bande zwischen Deutschland und Italien neu zu knüpfen. Der Norden war bereits vom Süden getrennt, und das südliche Reich war in zwei Königreiche gespalten, deren Hauptstädte Neapel und Palermo waren. Je mehr Zeit verging, je länger der Thron unbesetzt blieb, um so schwieriger wurde die Wiedervereinigung.

Konradin beschleunigte deshalb seine Abreisevorbereitungen. Er teilte seinen Plan Friedrich von Österreich, dem Herzog von Baden, mit, dem er freundschaftlich verbunden war. Sie waren gleichaltrig, gleich groß und hatten beide blonde Haare. Sie sahen sich so ähnlich, daß man sie für Zwillinge halten konnte.

Nachdem sie zehntausend deutsche Ritter um sich geschart hatten – Konradin besaß die Gabe, seine Begeisterung auf andere zu übertragen –, machten sie sich auf den Weg nach Italien. Sie überquerten die Alpen und sahen sich bald in der reichen Ebene der Lombardei. Selbst wenn sie nicht voller Hoffnung gewesen wären, hätte ihnen ihre Jugend genügt, um sie fröhlich zu stimmen. Die Landschaft war bezaubernd. Die sommerliche Luft wurde von einer leichten Brise erfrischt. Konradin ritt neben Friedrich, ihre goldblonden Haare flatterten um ihre Schultern, und ihre Blicke spähten dem Horizont entgegen, um Hindernisse auszumachen.

Doch es gab keine. Man glaubte, das gleiche Wunder zu erleben wie damals, als der »Knabe aus Apulien« mit seinem Gefolge von Konstanz nach Aachen zog, um sich krönen zu lassen. Die Städte öffneten ihnen ihre Tore. Die Einwohner, die den Nachfolgern Friedrichs treu geblieben waren, kamen ihnen entgegen, um sie willkommen zu heißen. Die Italiener begannen, den »kleinen Conradino« lieb zu gewinnen. Sie waren von seiner Anmut, seinem Lächeln und seinem jugendlichen Charakter, aber auch von seiner entschlossenen politischen Überzeugung mehr als angetan.[481] Wenn die Reise so weiterging, hätte man glauben können, die beiden jungen Leute hätten Sizilien ohne Schwertstreich erreicht.

Aber Karl von Anjou war auf der Hut. Er hatte nicht die Absicht, sie gewähren zu lassen. Er wußte, daß er die Partie verloren hatte, wenn Konradin das Königreich betrat. Er war gewillt, ihren Vormarsch zum Stillstand zu bringen, ehe sie in Apulien waren. Aus diesem Grund schickte er ihnen eine französische Streitmacht entgegen.

Im Eifer ihres Gefechts schienen Konradin und Friedrich von Österreich mit der Gefahr nicht gerechnet zu haben, die auf sie lauerte. In Tagliacozzo, nordwestlich des Sees Fucin, am Westhang der Abruzzen, sahen sie sich plötzlich von einer Schar feindlicher Reiter umgeben (23. August 1268). Die deutschen Ritter, die die jungen Männer begleiteten, waren so überrascht, daß sie die Flucht antraten. Einige von ihnen wurden ebenso wie Friedrich gefangengenommen. Konradin konnte dem Schlachtfeld entkommen. Doch die Niederlage bei Tagliacozzo machte all seine Hoffnungen zunichte. Vierzehn Tage irrte er in Mittelitalien umher. Er versuchte, ein Schiff zu finden, das ihn nach Sizilien bringen sollte. Aber er wurde unterwegs erkannt, nach Neapel geführt, das Karl von Anjou zu seiner neuen Hauptstadt erklärt hatte, und ebenfalls in den Kerker vom Castel dell'Ovo geworfen, wo er seinen Freund Friedrich von Österreich wiederfand. Das war seine letzte Freude.

Auf Befehl des Grafen von Anjou wurden die beiden Jünglinge vor ein Gericht gestellt, das sich aus vier Richtern zusammensetzte, die sie der »Religionsverletzung, der Rebellion gegen den Papst und der Kirchenlästerung anklagten«. Der Prozeß fand sofort statt. Drei Richter sprachen sich für den Freispruch aus, der vierte forderte die Todesstrafe. Es war Karl von Anjou vorbehalten, darüber zu entscheiden, ob sie dem Henker ausgeliefert werden sollten. Karl wollte sich dem entziehen und bat den Papst um die Entscheidung.[482] Klemens IV. antwortete: »Es ist die Drachenbrut, die den Basilisk hervorbringt.«[483] Trotz ihrer Kürze war die Aussage klar: Wer konnte Mitleid mit einer giftigen Schlange haben?

Konradin zuckte nicht mit der Wimper, als er den Urteilsspruch vernahm. Er stieß nur einen Seufzer aus und sagte: »O Mutter, welchen Schmerz bereite ich dir!«

Man gab ihm zu verstehen, daß seine Exkommunizierung die ewige Verdammnis nach sich zog, wenn er nicht Buße tat und vor seinem Tod auf alle Rechte und alle Titel verzichtete. Er willigte ein und setzte ein Testament auf, das er mit *Dominus Conradus* unterzeichnete.

Am Morgen des 29. Oktober 1268 wurden Konradin und Friedrich aus ihren Zellen geholt und auf den Campo Moricinio, der heutigen Piazza del Mercato, den großen Marktplatz von Neapel, geführt. In seiner Mitte erhob sich ein mit rotem Samt ausgekleidetes Schafott, denn der Verurteilte war königlichen Geblüts – und das erschwerte natürlich sein Verbrechen. Auf dem Platz drängte sich eine große Volksmenge. Hinter einem Turmfenster verborgen, wohnte Karl von Anjou der Hinrichtung bei.

Konradin und Friedrich stiegen auf das Gerüst, denn sie hatten um die Gunst gebeten, zusammen sterben zu dürfen. Sie sahen sich so ähnlich, daß man sie kaum voneinander unterscheiden konnte. Dann trat der Scharfrichter zu ihnen. Mit einem Schwertstreich fiel der erste Kopf. Welcher? Friedrichs oder Konradins? Man wird es nie erfahren. In den wenigen Sekunden, die ihm blieben, hob der noch Lebende den Kopf auf und bedeckte ihn mit Küssen. Bis auch sein Kopf in den Staub rollte.

In diesem Augenblick erzitterte die Volksmenge vor Abscheu. Die Männer entblößten das Haupt, die Frauen sanken in die Knie und bekreuzigten sich. Alle stießen einen langen Seufzer aus, dem einige verzweifelte Schreie folgten.

Man legte die beiden Leichname auf eine Bahre und brachte sie an den Strand, wo sie im Sand verscharrt wurden. Die Flut ebnete bald die Hügel ein, die die Stellen markierten, wo sie ruhten. Nach kurzer Zeit sah man nichts mehr ...

Nun wiegten den Schlaf der beiden Freunde nur noch das Möwengeschrei und das Rauschen der Wellen.

IX

Hier könnte man die Geschichte Friedrichs II. beenden. Doch das wäre schade, denn es bleibt eine letzte Episode, die nicht weniger ans Herz geht. Außerdem wäre es ungerecht, weil sie Licht auf eine erstaunliche Person wirft, die lange unbekannt blieb und auch geblieben wäre, wenn neuere Historiker sie nicht der Vergessenheit entrissen hätten.

Wir wissen heute, daß es nicht nur den einen Konradin gab, der auf dem Marktplatz von Neapel enthauptet worden ist. Es hat einen zweiten gegeben, den wir Konradin II. nennen wollen, um Verwechslungen zu vermeiden. Er war ein Bastard, den Konrad IV. mit einer Sarazenin aus Lucera hatte.

1268 mag er zwanzig Jahre alt gewesen sein. Wir wissen wenig über ihn. Doch dieses Wenige genügt, um uns ein ausgesprochen sympathisches Bild von ihm zu machen.

Konradin II. war also in Lucera von einer Sarazenin geboren worden, die sehr schön gewesen sein mußte. Da er selbst ein halber Sarazene und sicher streng im islamischen Glauben erzogen war, kann man sich gut seine Jugend in dieser arabischen Stadt vorstellen, deren Einwohner dem Andenken Friedrichs unbedingte Treue bewahrt hatten. Nie werden sie vergessen haben, wie der Kaiser sie nach dem mißglückten Aufstand behandelt hatte, zu dem sie ihr Emir Ibn-Abbad aufgestachelt hatte.[484]

Anstatt sie zu vernichten, zu enterben und der Sklaverei zu überantworten, hatte Friedrich sie nach Italien umgesiedelt. Er hatte ihnen im Kapitanat geholfen, eine neue Gemeinschaft zu gründen und eine eigene Gesellschaft aufzubauen, die ihre selbständige Regierung hatte. Damit hatte er ihnen das Leben zurückgeschenkt. Das waren Gunstbezeugungen, denen sie Dankbarkeit wußten, denn wie der Prophet sagt, fühlt sich die Seele von dem angezogen, der Wohltaten spendet.

So war die neue Stadt Lucera mit ihren marmornen Innenhöfen, ihren Gärten und Springbrunnen entstanden, in der Konradin II. aufgewachsen war. Wie oft hatte er im Schatten der Dattelpalmen, Zypressen und Lorbeerbäume ausgeruht und dem Singsang der Muezzins oder den Vorträgen eines Poeten gelauscht. Dort lebten nicht nur seine Mutter, sondern um sie herum seine Brüder und Schwestern, die Verwandten und Freunde. Mit den Jahren war er ein schlanker und geschmeidiger Jüngling geworden mit regelmäßigen Gesichtszügen, blasser Haut und großen dunklen Augen. Er hatte die älteren Generationen für den Kaiser kämpfen sehen und sehnte selbst den Tag herbei, an dem er ihrem Beispiel folgen konnte. Hätte er sich aus diesem Kampf heraushalten können? Sicher konnte er nicht nach der Kaiserkrone oder dem Thron Palermos trachten. Aber das Blut der Hohenstaufer floß in seinen Adern. Er war der Enkel Friedrichs II., für den seine Verwandten viel gekämpft hatten und von dem die Krieger der arabischen Legionen noch immer voller Ehrfurcht sprachen. Das genügte, um seinen Weg zu bestimmen . . .

Karl von Anjou und Klemens IV. waren sich durchaus bewußt, daß weder Konrad noch Manfred – oder selbst Friedrich – dem kirchlichen Bann so lange hätten widerstehen können, wenn sie nicht der Unterstützung durch die arabischen Garnisonen sicher gewesen wären. Daraus hatten sie den Schluß gezogen, daß es nichts nutzte, die Saat Friedrichs auszurotten, wenn nicht gleichzeitig Lucera zerstört wurde. Also hatten sie Truppen entsandt, um die Stadt zu belagern.

Im Verlauf dieser Belagerung hat Konradin II. die Bewunderung aller erregt und sogar die Aufmerksamkeit der Nachwelt auf sich gerichtet. Durch die Wendigkeit seines Geistes und seine körperliche Geschicklichkeit hatte er sich als ausgezeichneter Krieger erwiesen. Kämpfte er, um das Überleben seines Geschlechts zu sichern? Aus Dankbarkeit gegenüber Friedrich? Oder um die Zerstörung einer Gemeinschaft zu verhindern, der er angehörte, die er liebte und in deren Mitte er seine frohsten Jugendstunden verbracht hatte? Wahrscheinlich sind alle drei Motive bei ihm zusammengeflossen. Jedenfalls tat er sich – als Moslem, der seinen Vater nicht verleugnete – wiederholt hervor, machte Ausfälle, die die Belagerer in Panik geraten ließen, oder ermutigte die Verteidiger der Stadt. Dank seiner Eingriffe zog sich die Belagerung über Monate hin. Aber selbst wenn er die Seele des Widerstands war, es mußte der Tag kommen, da es zu kapitulieren galt . . .

Darauf geschah, was Konradin II. gefürchtet hatte. Als die Vorhut Karls von Anjou in Lucera eindrang, begann sie, einen Teil der Bewohner hinzumetzeln. Dann wurde die Stadt geschliffen, die Mauern wurden abgetragen. Was von den Einwohnern übrigblieb, hat man verbannt oder verstreut. Die Reste der Stadt wurden in Brand gesetzt. Tagelang loderten die Flammen zum Himmel und tauchten mit dem Funkenflug die ganze Gegend in eine dunkle Glut. Sogar die umliegenden Wälder wurden vom Brand erfaßt, der so große Ausmaße annahm, daß Zeitgenossen berichteten, ähnliches nie gesehen zu haben, und die Gelehrten jener Zeit verglichen Lucera mit einem »neuen Troja«.

Konradin II. und seine Mutter sind gefangengenommen worden. Auf Befehl Karls von Anjou wurden sie beide vor den rauchenden Wällen der Stadt gehängt.

Damit war wirklich alles beendet. Es gab nicht allein keine Erben mehr, sondern auch kein Erbgut. Nichts als diese verbrannte Erde, die unter dem Himmel des Kapitanats vom Elend zeugte . . .[485]

Nie würde der Kaisergedanke der Hohenstaufer wiederkehren. Nie mehr würde der Schwäbische Adler seine Kreise an diesem Himmel ziehen.

X

Noch einmal war ein Ritter in die Arena gezogen, doch auch er war aus dem Sattel gehoben worden . . .

Aber selbst wenn die Etappe, die Friedrich zu durchmessen hatte, abgeschlossen war, konnte man das vom längsten Traum der Geschichte nicht sagen.

Er sollte sechs Jahrhunderte später in einem Mann weiterleben, der auf einer kleinen Mittelmeerinsel geboren war und der das wiederholte, was Friedrich in der Grabeskirche in Jerusalem gewagt hatte: Er setzte sich in der Pariser Kathedrale selber die Krone aufs Haupt und mußte seinerseits damit rechnen, exkommuniziert zu werden.

Anmerkungen

Prolog: Die Welt hatte sich verändert . . .

[1] Vgl. Benoist-Méchin: Kaiser Julian oder der verglühte Traum. Frankfurt/M. 1979, S. 350.

[2] Die Teilung war nicht von heute auf morgen erfolgt. Sie hatte 394 begonnen, als Theodosius das Reich unter seine Söhne Arcadius und Honorius aufgeteilt hatte. Ersterer hatte den Osten erhalten, der andere den Westen. Endgültig jedoch wurde die Teilung erst mit dem Tod von Romulus Augustulus im Jahre 491.

[3] Bevor sie in Aachen gekrönt wurden, erhielten der Herzog Heinrich und dann sein Sohn Otto nach ihren Siegen über die Ungarn das »Reich« durch Akklamation von ihren Kriegern, womit die römische Tradition aufgegriffen wurde, die Cäsaren von den Legionen wählen zu lassen. – Vgl. Georges Duby: Die Zeit der Kathedralen. Kunst und Gesellschaft 980–1420. Frankfurt/M. 1980, S. 29.

[4] Von 962 bis 1152 wechselten sich zehn Männer an der Spitze des Reiches ab: der Gründer, Otto I. (deutscher König seit 936, Kaiser von 962 bis 973), sein Sohn, Otto II. (973–983), sein Enkel, Otto III. (983–1002), dann folgte ein Urenkel von Otto I., Heinrich II. von Bayern (1002–1024), darauf kamen die salischen Kaiser Konrad II. (1024–1039), Heinrich III. (1039–1056), Heinrich IV. (1056–1106) und Heinrich V. (1106–1125). Dann ging die Krone an den Herzog von Sachsen, Lothar III. von Supplinburg (1125–1137), über und an Konrad III. von Hohenstaufen, den Onkel Friedrich Barbarossas (1123–1190).

[5] Vgl. Edouard Pognon: L'An mille. Paris 1947, S. XXIV f.

[6] Der »Schrecken des Jahres Tausend« ist ein Mythos, den die Historiker des 19. Jahrhunderts – insbesondere Michelet – verbreitet haben. In keinem der zeitgenössischen Texte findet sich eine Spur davon, wie Edouard Pognon nachgewiesen hat. Die Wirklichkeit bedurfte keiner eschatologischen Argumente, die auf nichts beruhten, denn, wie Petrus sagte, »für den Herrn war ein Tag wie tausend Jahre, und tausend Jahre waren wie ein Tag«. Hatte Christus nicht selbst geäußert: »Von dem Tage aber und von der Stunde weiß niemand, auch die Engel nicht im Himmel, sondern allein mein Vater.« Seit Jahrhunderten hatten »weder die Könige noch die Völker einen Augenblick Ruhe gekannt. Die Kriegswirren, die Invasionen hatten unaufhörlich Trümmer gehäuft«, so daß die Menschen von der Last der Entmutigung gebeugt waren.

[7] Edouard Pognon, a. a. O., S. XXIX.

[8] Wie es Dietmar von Merseburg in seiner Chronik geschrieben hat: »Wenn das tausendste Jahr nach der Geburt Christi durch die unbefleckte Jungfrau gekommen ist,

wird ein strahlender Morgen über der Welt aufgehen.« Das war ein jugendlicher Auftrieb, der das erwachende Europa in den folgenden drei Jahrhunderten beschwingt hat.

9 Vgl. Marc Bloch: La Société féodale. S. 244. Der Formel: »Kein Land ohne Herrn«, die die Lehnsträger voranstellten, setzten die Besitzer zinsfreier Güter die Formel entgegen: »Keinen Herrn ohne Titel«.

10 Karl Marx formuliert diesen Sachverhalt so: »Im alten Rom haben wir Patrizier, Ritter, Plebejer, Sklaven; im Mittelalter Feudalherren, Vasallen, Zunftbrüder, Gesellen, Leibeigene . . . Die aus dem Untergange der feudalen Gesellschaft hervorgegangene moderne bürgerliche Gesellschaft hat die Klassengegensätze nicht aufgehoben. Sie hat nur neue Klassen, neue Bedingungen der Unterdrückung, neue Gestaltungen des Kampfes an die Stelle der alten gesetzt.« Vgl. *Das kommunistische Manifest*, 1. Kap., Abs. 3 und 4.

11 Insbesondere das *Rolandslied* (um 1050), *Lanzelot* (um 1170), die *Gralssage* (1175), *Tristan und Isolde* (1190), das *Nibelungenlied* (um 1200), die *Artussage* (um 1230), *Parzival* (1220) usw.

12 In Frankreich: die Basilika Saint Denis (um 1135), Notre Dame in Paris (1150–1250), Chartres (1191–1217), Reims (1212–1233) usw. In Deutschland: die Dome von Mainz (1009–1071), Speyer (1030–1061), Worms (1018–1159), Bamberg (1111–1185) usw.

13 Vgl. die Apokalypse des Sankt Severin.

14 »Gott ist Licht. An diesem ursprünglichen, diesem unerschaffenen und schöpferischen Licht hat jede Kreatur teil. Je nach ihren Fähigkeiten, das heißt, je nach dem Rang, den sie auf der Stufenleiter aller Wesen einnimmt, je nach der Ebene, auf der das Denken Gottes sie hierarchisch ansiedelt, empfängt jede Kreatur die göttliche Erleuchtung, um sie selbst wieder auszustrahlen. Hervorgegangen aus einem Strahlenmeer, ist das Universum ein leuchtender Quell, der in Kaskaden herabstürzt, und das Licht, das vom Höchsten Wesen ausgeht, beruft jedes einzelne erschaffene Wesen auf seinen unveränderlichen Platz. Zugleich aber vereinigt es sie alle. Als Band der Liebe durchflutet es die ganze Welt . . .« (Georges Duby: Die Zeit der Kathedralen. Frankfurt/M. 1980, S. 174.)

15 Duby, a. a. O., S. 179.

16 Duby, a. a. O., S. 178.

17 Man darf dabei nicht vergessen, daß die Menschen damals spontaner und hitziger waren als heute. »Die Verzweiflungen, die Wutausbrüche, die Unüberlegtheiten, die plötzlichen Meinungsänderungen stellen den Historiker vor große Schwierigkeiten, wenn er die Vergangenheit an den Linien der Intelligenz messen will. Diese sicher für jede Geschichte bedeutsamen Elemente haben im feudalistischen Europa einen Einfluß auf das politische Geschehen ausgeübt, den man nicht unerwähnt lassen sollte.« (Marc Bloch: La Société féodale, S. 117.)

18 Die mittelalterlichen Kriege waren weitaus weniger mörderisch als die heutigen. Die Schlachten hatten nicht zum Ziel, den Feind zu töten, sondern ihn gefangenzunehmen, um mit ihm über seine Freilassung gegen ein Lösegeld zu verhandeln, ihn zu zwingen, ein gebrochenes Versprechen einzuhalten, oder ihm einen Huldigungseid abzunehmen. Blutig hingegen waren die Aufstände der Städter, die meist mit Massakern endeten, da niemand Interesse hatte, den anderen zu schonen.

19 »Das Imperium ist und bleibt der Mythos, in dem die vom Feudalismus in Stücke

zerschlagene römische Christenheit ihre grundlegende Einheit wiederfindet, jene Einheit, von der sie träumt und die sie im Einklang mit Gottes Vorsehung glaubt.« (Vgl. Duby, a. a. O., S. 28.) Aufgrund seines Universalanspruchs jedoch sollte sich das Verlangen nach der Reichseinheit an Hindernissen stoßen: dem feudalistischen Partikularismus, dem Aufkommen freier Städte und – nach Bouvines (1214) – der Entwicklung des Nationalgefühls.

[20] »Das wiederauferstandene, germanisierte Imperium war römischer, als es das karolingische Imperium je gewesen war. 998 beschloß der dritte Otto, der Enkelsohn, seine Residenz auf den Aventin zu verlegen; und wenn seine Siegelbulle noch das Bildnis Karls des Großen trug, zeigte sie doch immerhin auf der Rückseite das Bild der erhabenen Stadt, *Roma Aurea* . . . Mit seiner Wiedergeburt bekräftigt das Imperium seinen universellen Charakter, und viel bewußter als ihre Vorgänger gaben sich seine Obrigkeiten nun als die Herren der Herren des Universums aus.« (Duby, a. a. O., S. 30.) – Was zu jener charakteristischen Reaktion des englischen Chronisten Johannes von Salisbury führte: »Wer hat denn den Germanen das Recht gegeben, sich als Richter über die Nationen aufzuwerfen?« (Joh. Buhler: Das erste Reich der Deutschen, S. 98.)

[21] »In einem zwischen 1002 und 1014 in Regensburg illuminierten *Sakramentar* stellt ein Maler den derzeitigen Kaiser dar. Er rückt ihn in den Schnittpunkt einer kreuzförmigen Komposition, das heißt, in den Mittelpunkt des Universums. Aus dem Himmel steigen Engel zu ihm herab, um ihn mit den Emblemen seiner Macht zu schmücken. Der heilige Ulrich und der heilige Emmeran stützen seine Arme wie einst Aaron und Hur die des Moses während der Amalekiterschlacht. Und der in der Herrlichkeit apokalyptischer Erscheinungen thronende Christus setzt ihm eigenhändig das Diadem auf die Stirn.« (Duby, a. a. O., S. 31 f.)

[22] Je mehr Zeit verging, um so mehr erhoben die Herrscher ihren Anspruch auf die Weltherrschaft, und ungehalten nahmen die Päpste ihren Willen hin, ihre eigene Macht zu beschneiden, »die nur unumschränkt sein konnte, sofern sie Statthalter Christi waren«.

[23] Nahm der Herrschaft Cäsars nicht die Jesu Christi vorweg, von dem es heißt, daß er am Ende der Zeiten kommen wird, »und dann wird er sitzen auf dem Stuhl seiner Herrlichkeit«?

[24] Insbesondere die großen Gesänge wie *Dies Irae* und *Veni Creator Spiritus*. Die Musik und damit die Liturgie waren die wirksamsten Mittel, mit denen man im 11. und 12. Jahrhundert Kenntnisse vermitteln konnte. Die Wörter, ihre symbolischen Bedeutungen und ihre Assoziationen erlaubten, intuitiv die Mysterien dieser Welt zu erfassen. Sie führten zu Gott. Doch die Melodien mit ihren harmonischen Akkorden vermittelten noch unmittelbarer den Schöpfergedanken und die Vollendung göttlicher Absichten.

[25] Der Erwerb der individuellen Freiheit konnte von den Menschen jener Zeit durchaus nicht als etwas Gutes betrachtet werden, sondern eher als ein Unglück, das einen an den Rand der Gesellschaft verbannte.

[26] Vgl. Thomas von Aquin.

[27] Im Denken der Theologen jener Zeit umfaßt die »Fülle« den Begriff des »Glücks«, von dem er hergeleitet wird. »Jede Kreatur neigt zu ihrer Erfüllung als der Quelle ihrer Freude«, sagt der hl. Thomas.

[28] Thomas von Aquin, 1226 in Rocca Serra bei Neapel geboren und 1274 in Fossa

Nuova gestorben, der das Gedankengut des Dionysios Areopagites und des Aristoteles aufgegriffen hatte, war ein entfernter Cousin von Friedrich II.

[29] Dante Alighieri: Die göttliche Komödie. Paradies I, Vers 103–105 und 112–114.
[30] Sterne arabischer Etymologie: Algol, Aldebaran, Alpheratz, Alkor, Atair, Beteigeuze, Rigel usw.
Sternbilder griechischer Etymologie: Kassiopeia, Andromeda, Perseus, Berenike, Orion, Kastor, Herkules usw.
Planeten römischer Etymologie: Jupiter, Mars, Venus, Saturn, Neptun, Uranus, Pluto usw.

Erster Teil: Das Lamm unter den Wölfen

[31] Zu dieser Weissagung vgl. Jérôme Carcopino: Virgile et le mystère der la IVe Elogue. – Bei Petrus von Ebulo heißt es allerdings: »Knabe, verheißen der Welt, Erneurer der Zeiten und Reiche . . . Lebe, Italiens Zier, erneuerter Zeiten Erfüllung . . . Lebe, Du Jupitersproß, Du Erbe des römischen Namens, der Du das Reich und die Welt uns zu erneuern bestimmt . . .« (Vgl. K. J. Heinisch: Kaiser Friedrich II. dtv dokumente, München 1977, S. 8.)
[32] Apokalypse, XII, 2, 5: »Da erschien ein großes Wunder am Himmel: Es war eine betagte Frau . . . Sie war schwanger und schrie, als verspüre sie die Schmerzen der Wehen. Sie brachte einen Knaben zur Welt, der mit eiserner Rute alle Nationen regieren sollte.«
[33] Diese Meinung – die bisher nicht bestätigt worden ist – war damals so verbreitet, daß Dante sie teilte. Deshalb hat er Konstanze in die dritte Sphäre des Paradieses versetzt, wo sich alle befinden, deren religiöse Berufung von Umständen durchkreuzt worden sind, die außerhalb ihres Willensbereichs lagen (*Paradies* III, Vers 109–120). Konstanze scheint jedoch nie die Weihen empfangen zu haben. Klösterliche Zurückgezogenheit war für die Frauen des Hofes von Palermo die Regel und entsprach dem Einfluß arabischer Bräuche.
[34] Vgl. Benoist-Méchin: Alexander der Große. Stuttgart 1967, S. 229.
[35] Vgl. Die Weltchronik des Johannes Zonaras, XIII, 10, 2 f.
[36] Micha V, 1: »Und du, Bethlehem Ephratha, die du klein bist unter den Städten in Juda, aus dir soll mir der kommen, der in Israel Herr sei, welches Ausgang und Anfang und von Ewigkeit her gewesen ist.«
[37] Es war kein Zufall, daß Friedrich I. einen seiner Söhne, Heinrich VI., mit Konstanze von Hauteville verheiratet hat, der Erbin des Königreichs Sizilien, während ein anderer Sohn, Philipp von Schwaben, Irene ehelichen sollte, die Tochter Isaaks II. Angelos, die das byzantinische Reich erben sollte (Heinrich VI. hat diesen Wunsch seines Vaters nach dessen Tod erfüllt).
[38] Walter of the Mill, der Erzbischof von Palermo, war nicht der einzige Würdenträger englischer Herkunft. Auch Richard Palmer, der Bischof von Syrakus, war Engländer. Diese Beispiele zeigen uns, wie wenig das Nationalgefühl damals entwickelt war.
[39] Georgina Masson: Frederick II of Hohenstaufen. A life. London 1957. Deutsch: Das Staunen der Welt. Tübingen 1958, S. 13.
[40] Seit 1169, als sein Vater ihn nach Rom gebracht hatte, um ihn zum »König der Römer« krönen zu lassen.

[41] Friedrich Barbarossa hatte diese Heirat nicht nur gewollt, sondern methodisch vor-bereitet. »Aus der Toskana – wo er eine Inspektionsreise unternommen hatte – kehrte Friedrich I. in die Lombardei zurück. Am 27. Januar 1186 ließ er in Mailand die Hochzeit von Heinrich und Konstanze zur großen Freude der Einwohner und der städtischen Abordnungen festlich begehen, die sich dadurch in ihrer Ehre ge-schmeichelt fühlten. Um den Erzbischof der Stadt nicht bemühen zu müssen, also den Papst, bat er den Patriarchen von Aquileja, die beiden Gatten zu vereinen, und seinem Sohn gleichzeitig die Königskrone von Italien (das heißt der Lombardei) offi-ziell zuzusprechen. Das war ein direkter Hieb gegen das Ansehen Urbans III., der weder benachrichtigt noch gefragt wurde.« (Marcel Pacaut: Frédéric Barberousse. S. 278 f.) Der Erzbischof von Mailand wiederum, Humbert Crivelli, war einer der wildesten Gegner der Staufer. »Er gehörte einer Familie an, die unter der Zerstörung der Stadt im Jahre 1162 fürchterlich gelitten hatte. Er war im Januar 1185 von den welfischen Geistlichen in sein Amt berufen worden, um gegen die Annäherung an-zukämpfen, die sich zwischen der Stadt und dem Reich anzubahnen begann. Ob-wohl er als Urban III. zum Papst gewählt worden war, blieb er an der Spitze der Mai-länder Kirche und ordnete lediglich einen Stellvertreter ab, um das lombardische Episkopat besser kontrollieren zu können. Er verhehlte nicht, daß er Friedrich (Bar-barossa) mit allen Mitteln Widerstand zu leisten suchte . . .« (Marcel Pacaut, a. a. O.).

[47] Die Toskana war Papst Gregor VII. von der Gräfin Mathilde (1046–1115) vererbt worden, einer frommen und devoten Frau deutscher Herkunft, die dieses Gebiet als »lehnsfreies Erbe« besaß. In letzter Minute hatte sie ihr Testament jedoch geändert. Deswegen hatte der Graf von Este nach ihrem Tod die Toskana der Kirche nicht zu-rückgegeben. In der Annahme, die Toskana gehöre zum Reich (und nicht zum Kir-chenstaat), hatte Heinrich VI. 1195 ihre Verwaltung seinem Bruder, Philipp von Schwaben, übertragen. Die Nachfolger Gregors VII. hatten die Rückgabe der Tos-kana immer gefordert, so daß sie zu einem Zankapfel zwischen den Staufern und dem Heiligen Stuhl wurde.

[43] Die Hauptstadt des seldschukischen Sultanats (heute Konya in Inneranatolien).

[44] Tankred von Lecce muß ein ziemlich häßlicher und unsympathischer Mensch gewe-sen sein, denn ein sizilianischer Chronist jener Zeit bezeichnet ihn als »semivir, em-bryo infelix et detestabile monstrum«.

[45] Zunächst sein Sohn Roger, der mit etwa fünfzehn Jahren gestorben ist, dann sein Sohn Wilhelm, der als Wilhelm III. hätte regieren sollen; dann eine Tochter Elvira, die Walther von Brienne heiraten sollte, und schließlich sein dritter Sohn, Roger, über den die Geschichte nichts weiter zu berichten weiß.

[46] Georgina Masson, a. a. O., S. 17.

[47] Unter der Vormundschaft des Guido von Lusignan, des zweiten Gatten der Sibylla, der Königin von Jerusalem.

[48] Die Plantagenets unterstützten in Deutschland die Herzöge von Sachsen, die uner-bittlichen Rivalen der Hohenstaufer.

[49] Georgina Masson, a. a. O., S. 23.

[50] Die Vorbereitungen Heinrichs VI. waren bereits weit fortgeschritten. Der Ehrgeiz dieses Mannes erschreckte nicht nur Alexios III., der seit 1195 in Byzanz regierte, sondern auch den Papst. »Die Bedrohung durch ein Reich, das Deutschland, Sizilien und den Osten umfaßte, erschien ihm unendlich fürchtenswerter als die byzantini-

sche Macht. Ohne Zweifel hätte die Wahl Heinrichs VI. zum Kaiser die Einheit der Kirchen sichergestellt (und dem Schisma ein Ende gesetzt, in dem sich die griechisch-orthodoxe und die römisch-katholische Kirche befanden); aber eingekeilt zwischen geistlichen Sorgen und weltlichen Unruhen, entschied sich der Papst in seiner Politik für die Weltlichkeit und setzte alle diplomatischen Mittel ein, um diesen gefährlichen Herrscher zum Verzicht auf seine Ansprüche und eine Versöhnung zwischen Deutschland und Byzanz zu bewegen. Und es gelang ihm. Heinrich VI. sicherte Byzanz den Frieden zu, wenn es ihm eine Steuer zahlte, die Alexios nur aufbringen konnte, falls er seine Untertanen mit einer zusätzlichen Abgabe, der ›alemannischen Steuer‹, belegte. Für diesen Preis erreichte er, daß der vierte Kreuzzug, zu dem 1197 aufgerufen wurde, nicht gegen Konstantinopel geführt werden sollte. Doch wahrscheinlich wäre keine der Versprechungen gehalten worden, selbst wenn Heinrich VI. nicht in diesem Jahr gestorben wäre. Das war für das Ostreich und den Papst das Ende eines wahrhaften Alptraums . . .« (Auguste Bailly: Byzance. S. 309f.)

[51] Das von Heinrich VI. vorbereitete Unternehmen glich einer Vorwegnahme des vierten Kreuzzugs, bei dem sich die Kreuzfahrer, die im Grunde ins Heilige Land wollten, Konstantinopels bemächtigt hatten, dort blieben und das griechische byzantinische Reich in ein römisches Reich verwandelten (18. Juli 1204). Das Ostreich stand darauf unter der Herrschaft des Balduin I. von Flandern.

[52] Die Spannungen zwischen Heinrich VI. und seiner Gattin hatten damals ihren Höhepunkt erreicht. Deshalb der Tadel, der später gegen Dante erhoben wurde, weil er eine Mörderin in die dritte Sphäre des Paradieses versetzt hatte (vgl. Paradies III, Vers 109–120).

[53] Einige italienische Historiker vertreten die Meinung, Friedrich II. sei weder der Sohn Heinrichs VI. noch des Schlachters von Iesi gewesen, sondern der Sproß des Poeten Wilhelm von Lasciano, woraus auch sein sonniger, das heißt italienischer Charakter zu erklären sei. Konstanze habe Lasciano am Hof von Palermo kennengelernt und mit ihm »die zartesten Verbindungen« unterhalten. Sicher ist, daß der Dichter Konstanze grenzenlos ergeben war. Nach ihrem Tod verließ er den Hof, um unter dem Namen ›Bruder Friedfertig« in ein Kloster einzutreten. Aber auch diese These ist von der Datierung her schwer aufrechtzuerhalten. (Vgl. Vittoria Vandano: Gli Svevi. Mailand 1972, S. 55.)

[54] Huillard-Bréholles, Jean Louis Alphons: Historia diplomatica Friderici II. 7 Bde. Paris 1852–1861. Einführung, S. CLXXIX.

[55] Georgina Masson, a. a. O., S. 26.

[56] Der Informant war sicher Wilhelm Francisius, der als Lehrer Friedrichs Augenzeuge dieser Szene gewesen sein dürfte.

[57] Vgl. Eberhard Horst: Friedrich der Staufer. Düsseldorf 1975, S. 26.

Zweiter Teil: Das Kind aus Apulien

[58] Marcel Brion: Frédéric II de Hohenstaufen. Paris 1948, S. 19.

[59] Bekannter unter dem Namen Leonardo Fibonacci. Er war der größte Mathematiker des Mittelalters und hatte die Algebra 1202 in Italien eingeführt. Friedrich hatte ihn 1226 in Pisa kennengelernt, wo sich der Gelehrte nach jahrelangen Studien in Ägyp-

ten, Griechenland und Spanien niedergelassen hatte. Er widmete dem Kaiser sein Buch »Liber quadratorum«.

⁶⁰ All das wäre nicht möglich gewesen, wenn Roger II. Palermo nicht zu einem lebhaften Kulturzentrum gemacht hätte. Er hatte dort eine Art »Übersetzerschule« eingerichtet, die die Werke von Ptolemäus, Platon und Aristoteles ins Lateinische übertrug.

⁶¹ Der Koran, 7. Sure, Vers 52.

⁶² Wie der Franziskaner- oder Minoritenbruder Salimbene von Parma berichtet.

⁶³ Georgina Masson, a. a. O., S. 34 f.

⁶⁴ Er sollte unter dem Namen Honorius III. im Jahre 1216 der Nachfolger von Innozenz III. werden.

⁶⁵ Der Verfasser dieses Briefes könnte Petrus von Nicola sein, der Erzbischof von Tarent.

⁶⁶ Vergessen wir nicht, daß Konstanze von Hauteville die Schwester Wilhelms I., des Bösen, und Tante Wilhelms II., des Guten, und die Tochter König Rogers II. von Sizilien war.

⁶⁷ Johann Friedrich Böhmer: Regesta Imperii. Hrsg. von Ficker und Winkelmann. 3 Bde. Innsbruck 1881–1901. – Huillard-Bréholles, a. a. O., I, 131.

⁶⁸ Georgina Masson, a. a. O., S. 36.

⁶⁹ Damals – und auch später – wurden die nicht ehelichen Kinder der Könige oft legitimiert. Hatte der Herzog der Normandie, der als Wilhelm der Eroberer englischer König wurde, nicht lange den Namen Wilhelm der Bastard geführt?

⁷⁰ Otto von Freising (nach 1111–1158) war Bischof und Geschichtsschreiber. Seine *Chronica sive historia de duabus civitatibus* sowie seine *Gesta Friderici imperatoris* gelten als die bedeutendsten Geschichtswerke des deutschen Mittelalters. Otto war ein Onkel von Friedrich I. Barbarossa.

⁷¹ Marcel Brion, a. a. O., S. 22.

⁷² Karl Hampe: Kaiser Friedrich II. der Hohenstaufe. Lübeck 1935.

⁷⁴ Zitiert von Marcel Brion, a. a. O., S. 26.

⁷⁵ 1190 wurde er zum Bischof von Würzburg ernannt, jedoch nicht geweiht. 1192 kehrte er in den Laienstand zurück.

⁷⁶ Vgl. Marcel Brion, a. a. O., S. 29.

⁷⁷ Dreißig Männer, um Deutschland zu erobern! Diese Zahl erinnert an die Gruppe von Rittern, mit der Robert Guiscard Sizilien eingenommen hat. Allerdings kam ihm die örtliche Bevölkerung zu Hilfe. Würde das in Deutschland auch so sein?

Dritter Teil: Der blonde Kaiser

⁷⁸ Damals war die päpstliche Tiara nur eine Krone. Die dreistufige Krone mit all ihren Symbolwerten ist erst ein Jahrhundert später aufgekommen.

⁷⁹ Der Sohn Karls des Großen, der 814 bis 840 Kaiser war. Mit diesen Forderungen greift Innozenz III. um vier Jahrhunderte zurück. Vgl. Huillard-Bréholles, a. a. O., Bd. I, S. 268 ff.

⁸⁰ Auch »Zaunkönig« wurde er genannt. Vgl. Eberhard Horst, a. a. O., S. 43.

⁸¹ Sowohl Friedrich I. Barbarossa wie Philipp von Schwaben, Otto IV. und sogar Philipp Augustus waren exkommuniziert worden.

82 Vgl. Benoist–Méchin: Kleopatra. Stuttgart 1966, S. 69.

83 Hildegard von Egisheim (von Bar-Mousson) hatte ihren elsässischen Besitz in ihre Ehe mit Friedrich von Büren (1025–1054) eingebracht und so die Hohenstaufer aus dem Dunkel gezogen. Deshalb betrachten die meisten Historiker sie als Begründerin dieser Herrscherlinie.

84 Beatrix von Hohenstaufen, die Tochter Philipps von Schwaben und der Irene von Byzanz, die selber Tochter des Kaisers Isaak II. Angelos war, ist eine der rührendsten Frauengestalten dieser Epoche, denn sie wurde ständig politischen Berechnungen der Familie geopfert. Sie war im April 1198 in Worms geboren und wurde 1203, also mit fünf Jahren, mit Otto von Wittelsbach, dem Markgrafen von Bayern, verlobt. Nachdem jener im Jahre 1208 ihren Vater getötet hatte, war sie wieder frei. Ein Jahr später starb ihre Mutter. Im selben Jahr wurde sie zum Hoftag nach Würzburg gebracht, wo man sie mit Otto von Braunschweig verlobte (am Sonntag nach Pfingsten 1209). Am 22. Juli 1212 hat sie ihn mit fünfzehn Jahren geheiratet (Nordhausen) und ist drei Wochen später (11. August 1212) gestorben. Sie wurde im Dom zu Braunschweig beigesetzt, wo sie heute noch ruht. (Vgl. Josef Mühlberger: Lebensweg und Schicksale der staufischen Frauen. Esslingen 1977, S. 77f.)

85 Da er von Richard Löwenherz am englischen Hof erzogen wurde, hatte Otto viele Verbindungen zu den Plantagenets.

86 Diese Wahl bestätigte nur die frühere aus dem Jahre 1196, als Heinrich VI. ihn zum Kaiser wählen ließ, um diese Würde in seiner Familie erblich zu machen. Damals war Friedrich zwei Jahre alt gewesen.

87 Den »schlimmsten Mann« nannte ihn Walther von der Vogelweide, um im selben Gedicht von dem jungen Friedrich zu sagen: »Sein junger Leib ward mächtig und ward groß. / Seht, wie er wächst! Bald ist er Riesen ein Genoß!« (Vgl. Eberhard Horst, a. a. O., S. 44.)

88 Nachdem er auf dem Hoftag in Frankfurt am 11. November 1208 gleich nach dem Tod Philipps von Schwaben wiedergewählt worden war, hat ihn Innozenz III. am 4. Oktober 1209 in Rom gesalbt.

89 Die wichtigsten Führer der Koalition teilten im voraus das französische Königreich unter sich auf. Johann ohne Land sollte die verlorenen Provinzen zurückerhalten: die Normandie, die Touraine, Anjou, Maine und Poitou; Otto wollte sich im Osten bedienen; Rainald von Boulogne sollte Péronne und das ganze Vermandois bekommen; Salisbury die Grafschaft Dreux; Hugo von Boves des Beauvais; Hervé de Douzy Montargis und Sens. Deutsche Fürsten wollten sich ein Land teilen, wie andere Italien aufgeteilt hatten oder wie das byzantinische Reich 1204 in einzelne Teile zerlegt wurde. (Vgl. Antoine Hadengue: Bouvines. S. 119f.)

90 Die Milizen auf Ottos Seite kamen aus Flandern und Brabant, insbesondere aus den freien Städten wie Brügge, Ypern, Gent. Auf der Gegenseite stammten sie aus den Gemeinden Nyon, Montdidier, Montreuil, Soissons, Compiègne, Arras, Amiens usw., die Philipps Aufruf gefolgt waren. Wir kennen diese Namen aus der Chronik Wilhelms des Bretonen, der unter dem Titel »Philipide« eine genaue Beschreibung dieses Tages gegeben hat.

91 Antoine Hadengue, a. a. O., S. 254f.

92 Gemeint ist die Kaiserstandarte auf dem Fahnenwagen.

93 Als man Friedrich später vorwarf, er habe die Vereinbarungen mit Philipp Augustus nicht eingehalten, da er nichts getan hatte, um sich Ottos zu bemächtigen, sondern

ihn nach Braunschweig entkommen ließ, sollte der Kaiser lächelnd antworten: »Ich wollte dem König von Frankreich den Ruhm lassen, alleiniger Sieger zu sein.« Zu seiner Entlastung könnte man hinzufügen, daß er über keinerlei Streitkräfte verfügte, mit denen er die Koalition hätte stellen können.

94 Am 12. Dezember 1212.

95 Besonders in den reichen Abteien und Klöstern wie Limburg und Maria Laach.

96 Pierre Boulle: L'étrange croisade de l'empereur Frédéric II. Paris 1968, S. 14–25.

97 Mit dem Vertrag von Chinon, der am 18. September 1214 unterzeichnet wurde, verzichtete Johann ohne Land auf alle Besitzungen im Anjou, in der Bretagne und im Poitou; außerdem mußte er Philipp Augustus 60 000 Pfund zahlen. Aber er behielt Aquitanien und damit einen Fuß auf dem Kontinent (vgl. Antoine Hadengue, a. a. O., S. 300). Diese bescheidenen Bedingungen brachten den französischen König in den Ruf der Großzügigkeit. Heute wissen wir jedoch, daß sie von Innozenz III. diktiert waren.

98 Huillard-Bréholles, a. a. O., I, S. 473.

99 Pierre de Luz: Histoire des Papes. 2 Bde. Paris 1960, I, S. 186.

100 Honorius III. war am 17. Juli 1216 auf Innozenz III. gefolgt.

101 Vgl. Hadengue, a. a. O., S. 288.

102 Wir wissen, daß Friedrich seinen Sohn Heinrich zum König von Sizilien krönen ließ, als der Knabe kaum ein Jahr alt war. Doch in seinen Augen war dies keine endgültige Maßnahme, sondern nur eine Vorsorge für den Fall, daß er nicht aus Deutschland zurückkehren sollte. Nachdem Friedrich in Aachen gekrönt war, schloß er ihn vom Thron aus, ernannte ihn zum Herzog von Schwaben und belehnte ihn mit dem Rektorat Burgund.

103 Bereits am 19. Februar 1220 hatte Friedrich dem Papst in aller Offenheit seine eigenen Ansprüche auf Sizilien mitgeteilt. Er hoffe, so schrieb er, Honorius werde »Unser Verlangen, die Herrschaft über Sizilien Unser Leben lang behalten zu dürfen«, erfüllen. Aber er arrangierte es so, daß der Brief den Papst erst Ende April erreichte, damit in der Zwischenzeit die Königswahl in Frankfurt ungestört stattfinden konnte.

104 Eberhard Horst, a. a. O., S. 71.

105 Ein halbes Jahr später ernannte er den Erzbischof Engelbert von Köln zum Hüter des jungen Königs und deutschen Reichsverweser. Unglücklicherweise wurde dieser integre Mann 1223 (1225?) ermordet. Sein Nachfolger wurde Ludwig I. von Bayern.

106 In seinen Augen war die Glaubenseinheit durch die Reichseinheit gewährleistet. »Der Papst und der Kaiser hatten also beide Interesse daran, gemeinsam gegen die ›Staatsfeinde‹ anzukämpfen . . . Der Kaiser sollte mit seinem weltlichen Arm die Gegner der Kirche schlagen, während der Papst die Feinde des Staates verdammte.« (Marcel Brion, a. a. O., S. 44.)

107 Mit dem Auslöschen der Kerzen sollte physisch nachvollziehbar verdeutlicht werden, daß Ketzer und Schismatiker in Finsternis verbannt seien.

108 Kaiser Heinrich IV. hatte es nur gezwungenermaßen bei Gregor VII. seit dem Canossa-Gang getan (1077).

[109] Die Unkenntnis dieser Grundgegebenheit menschlicher Gesellschaft hatte jahrhundertelang zum Untergang der Reiche geführt.

[110] Dante Alighieri, a. a. O., Paradies I, Vers 103 f.

[111] Erst nach ihrer Eroberung Ägyptens und insbesondere Alexandrias erwarben die Araber ihre eigentlichen medizinischen Kenntnisse. Das lag daran, daß die Araber keine Toten sezierten, während es die Ägypter bei der Einbalsamierung seit Jahrtausenden taten. Deshalb der ägyptische Vorsprung in der Anatomie, der Kardiologie, der Gynäkologie usw. Sie hatten die Klepsydra erfunden, um die Herztöne messen zu können. Auch in der Arzneimittelkunde waren sie bewandert. Hyppokrates war bei den Ägyptern in die Lehre gegangen (vgl. Christiane Desroches-Noblecourt: Le Papyrus. R.T.F., 5/12/78).

[112] Vgl. L.-A. Sedillot: Histoire des Arabes. Paris 1854, S. 332 ff. Aufschlußreich ist ferner das Werk von Jean Wolf: Les très riches heures de la civilisation arabe. Desgleichen Sigrid Undset: Allahs Sonne über dem Abendland. Stuttgart 1960.

[113] Vgl. Benoist-Méchin: Ibn Sa'ud und die arabische Welt. Düsseldorf 1956, S. 66 ff.

[114] Michele Papa, Anwalt am Gericht von Catania und Präsident der siculo-arabischen Gesellschaft, hat eine Anthologie arabischer Dichtungen veröffentlicht, die in Sizilien entstanden sind. Er ist also ein Experte für diese Fragen. Dennoch darf man den Vergleich der Versammlung von Catania mit einem demokratischen Parlament nicht überbewerten, denn sie hatte eher beratende Funktion.

[115] Friedrich hat oft Diskussionsabende an seinem Hof veranstaltet. Eines der häufigsten Themen war die Frage nach dem Unterschied zwischen Recht und Gerechtigkeit *(jus et justitia)*. Nach seiner Meinung bildeten sie die Grundpfeiler der Macht. Nach mittelalterlichem Sprachgebrauch war das »Ziel« der Gerechtigkeit höher einzuschätzen als das des Staates. Deshalb bezeichnete er sich nicht als »Herr und Diener des Staates«, sondern als »Herr und Diener der Gerechtigkeit«.
Aufschlußreich in dieser Hinsicht ist eine anekdotische Erzählung über einen Disput an Friedrichs Tafelrunde, die auf einer geschichtlichen Begebenheit beruhen soll. Der Kaiser stellt zwei Weisen folgende Fragen: »Kann ich nach eurem Gesetz ohne Begründung dem einen meiner Untertanen etwas wegnehmen und es einem anderen geben? Kann ich tun, was mir gefällt, da ich doch der Herr bin, und was dem Herrn gefällt, seinen Untertanen Gesetz ist?« Der eine der Befragten antwortete: »Herr, wie es dir gefällt, kannst du ohne Schuld mit deinen Untertanen verfahren.« Der andere schüttelte den Kopf und meinte: »Nein, Herr, das scheint mir nicht recht zu sein. Das Gesetz ist gerecht und muß gerecht befolgt werden, damit es Gerechtigkeit stiften kann. Gerecht wäre es, zu erklären, warum dem einen genommen und einem anderen gegeben wird.« Beide Antworten stimmten mit dem geltenden Recht überein. »Weil beide Weisen die Wahrheit sagten«, heißt es in der Erzählung, beschenkte Friedrich beide. Nur die Belohnung fiel höchst unterschiedlich aus. Der erste erhielt einen scharlachroten Hut und ein weißes Pferd. Dem zweiten räumte Friedrich das Recht ein, nach eigenem Ermessen ein Gesetz zu machen.
Doch damit ist die Geschichte nicht zu Ende. Es entstand ein Streitgespräch darüber, warum die Belohnungen so verschieden ausfielen und welches Geschenk das wertvollere sei. Man einigte sich auf folgende Auslegung: Derjenige, der dem Kaiser nach dem Mund redete, habe Hut und Pferd erhalten und sei wie ein Spielmann belohnt

342

worden. Der andere, dem die Gerechtigkeit als höchster Wert erschien, habe die höhere Ehre verdient und erhalten, nämlich ein Gesetz machen zu dürfen. (Aus den Cento novelle antiche: Romanische Meistererzähler. Leipzig 1905, XXIV, S. 29. Auch in: Heinisch, Kaiser Friedrich. S. 78. Und in: Eberhard Horst, a. a. O., S. 97.)

116 Thomas von Aquin(o), der Graf von Acerra, war mit Friedrich verwandt, da er dessen illegitime Tochter Margarethe geheiratet hatte. Auch war er der Onkel des hl. Thomas von Aquin.
Das Kapitanat – oder in der italienischen Form: die Capitanata – hatte seinen Namen von den »Kapudans«, die diese Gebiete eine Zeitlang im Auftrag von Byzanz regiert hatten.

117 Zu diesem Thema vgl. Ernst Kantorowicz: Kaiser Friedrich der Zweite. Berlin 1927, ⁴1936, S. 106 f.

118 Diesen Namen hatten die Sizilianer der alten griechischen Stadt Agrigent gegeben.

119 Vgl. Josef Mühlberger, a. a. O., S. 121.

120 Nach dem Chronisten Abu al-Fadayl in: Heinisch, Kaiser Friedrich. S. 65.

121 Über den siculo-arabischen Krieg vgl. Michele Amari: Storia dei Musulmani di Sicilia. Florenz 1854–1872, Bd. III, S. 601 ff. Ferner: Eduard Winkelmann: Kaiser Friedrich II. Leipzig 1889–1897. Jahrbücher der deutschen Geschichte 21, I, S. 188–206.
Die arabischen Festungen wurden oft von Korsen aus Tunesien mit Proviant versorgt. In den damit verbundenen Seeschlachten sollte sich der Admiral Heinrich von Malta besser bewähren als zu Lande.

122 Über die Ansiedlung der Araber in Lucera vgl. Arthur Haseloff: Die Bauten der Hohenstaufen in Unteritalien. Leipzig 1920, S. 99 f.

123 Die Dynastie der Almohaden, die damals in Tlemcen herrschte, versuchte, ihren Machtbereich auf ganz Nordafrika auszudehnen. Während seiner Auseinandersetzungen mit dem Grafen von Barcelona hatte der Emir von Tlemcen etwa 2000 christliche Gefangene gemacht. Da er sich ihnen gegenüber großzügig zeigen wollte, befreite er sie aus ihrer Sklavenschaft und rekrutierte aus ihnen seine Miliz, was für ihn den Vorteil hatte, daß sie den Ramadan nicht zu beachten brauchten und somit immer einsatzfähig waren. Wenn es die Geschichte gewollt hätte, könnte man also christliche Soldaten im Dienste eines arabischen Emirs im Kampf gegen muselmanische Legionen im Dienste eines deutschen Kaisers erlebt haben. So fließend waren damals die Grenzen! Vgl. Ch. E. Dufourq: Les relations entre l'Espagne catalane et le Maghreb au Moyen Age. Paris 1969.

124 Sicher nicht aus Liebe zum römischen Recht, sondern weil ihnen ihr Universitätsstudium in Neapel Beamtenposten in der sizilianischen Verwaltung garantierte.

125 Vgl. Böhmer: Regesta Imperii. V, S. 2034. Ferner: Huillard-Bréholles: Historia diplomatica. IV, S. 457.
Der Vorwurf war absolut unbegründet. Der wirklich Verantwortliche für diese Katastrophe war der päpstliche Legat Pelagus. Natürlich war Friedrich nicht ins Heilige Land aufgebrochen. Aber nach der Begnadigung Heinrichs von Malta hatte er den Admiral an der Spitze einer Flotte von vierzig Galeeren mit fünftausend deutschen Rittern und dem ehemaligen Kanzler Walter von Pagliara ins Nildelta geschickt. Die Auswahl dieser Männer zeigt deutlich, daß Friedrich an dem Ausgang des Unternehmens nicht uninteressiert war.

Leider traf die Flotte zu spät in Damiette ein: die Moslems hatten die Deiche des Flusses durchstoßen, so daß die Armee der Kreuzfahrer zum großen Teil im Schlamm vernichtet wurde. Man mußte Damiette, trotz verzweifelter Verteidigungsversuche Heinrichs, dem Gegner überlassen. Darauf kehrte der Admiral mit seiner Flotte und Walter von Pagliara nach Sizilien zurück, um dem Kaiser von seinem Fehlschlag zu berichten.

Friedrich verzieh ihm ein zweites Mal, verbannte Pagliara hingegen ins Exil, wo er ein armseliges Ende fand und seinen Erben nicht einmal genug hinterließ, um sein Begräbnis zu zahlen. (Vgl. Pierre Boulle, a. a. O., S. 44 ff.)

[126] Pierre de Luz: Histoire des Papes. I, S. 187.

[127] Huillard-Bréholles und Pierre de Luz: ibid.

[128] Seine Familie stammte aus der Thüringer Gegend (bei Erfurt), wo sie ein kleines Lehen besaß.

[129] Der Deutsche Orden (Deutsche Ritterorden, Deutschherren) war 1128 von deutschen Rittern unter dem Namen »Orden des Spitals S. Mariens vom Deutschen Hause« nach dem Vorbild der Ritterorden der Templer und Johanniter in Jerusalem gegründet worden. Der jüngste Sohn Kaiser Barbarossas, der sich erst Konrad nannte, dann Friedrich V. von Schwaben, der seinen Vater ins Heilige Land begleitet hatte, organisierte ihn neu, und 1190 wurden die Ordensregeln von Zölestin III. bestätigt. Friedrich V. ist bei der Belagerung von Akkon am 20. Januar 1191 gefallen und wurde dort im Dom begraben. Ihre Aufgabe sahen die adligen deutschen Ritter im Kampf gegen Ungläubige und in der Krankenpflege, sie gelobten Armut und Gehorsamkeit. Hermann von Salza war ihr vierter Hochmeister, der angesichts der hoffnungslosen Lage der Kreuzfahrerstätten anderwärts neue Aufgaben für seinen Orden suchte.

[130] Huillard-Bréholles: Historia diplomatica. V, S. 33. – Ferner: Böhmer: Regesta Imperii. V, S. 1739.

[131] »Sicut ille qui honorem ecclesiae et imperii diligit et utrius que exaltation intendit«, schrieb Hermann von Salza selbst, um den Geist zu charakterisieren, der seine Mission bestimmte (vgl. Adolf Koch: Hermann von Salza, Meister des Deutschen Ordens. Leipzig 1884). Vgl. auch: Böhmer, a. a. O., S. 2225.

[132] Hermann von Salza starb am 20. März 1239.

[133] »Die ganze Christenheit ist durch Euer Vergehen verletzt!« rief Honorius III. aus, »und ich bin es mehr als jeder andere, denn ich bin das Oberhaupt und der Vater der Christen.«

[134] Im Verlauf der Auseinandersetzung hatte Friedrich versucht, das Herzogtum von Spoleto und die Mark Ancona für das Königreich »zurückzugewinnen«, diese beiden Staaten, die sich wie ein Keil zwischen das Reich und Sizilien schoben. Doch Honorius III. und die in Veroli anwesenden Kardinäle hatten sich geweigert, dieses Thema auf die Tagesordnung zu setzen, weil dies »unangebracht und unklug« sei (vgl. Ernst Kantorowicz: Kaiser Friedrich II. Bd. I, S. 129).

[135] Vgl. Eberhard Horst, a. a. O., S. 116.

[136] Der Schwertbrüderorden war 1199 von Albert von Bremen gegründet worden. Der Bremer Domherr, der 1199 zum Bischof von Livland geweiht worden war, wollte dort mit seinen »Fratres militiae Christi« einen unabhängigen Staat schaffen, der nur dem Papst unterstellt sein sollte. Die Brüder in der Ordenstracht mit dem roten Schwert und Kreuz auf weißem Mantel, die u. a. Riga gegründet hatten, gerieten je-

doch in den Streit der politischen Machtkämpfe. Sie suchten deshalb Rückhalt am Deutschen Orden; doch erst nach ihrer vernichtenden Niederlage im Kampf gegen die Litauer (September 1236 bei Saule) entschloß sich Hermann von Salza, ihre Reste vom Papst mit seinem Orden vereinigen zu lassen, der damit ihre schwere Erbschaft in Livland übernahm. Vgl. M. Tumler: Der Deutsche Orden im Werden, Wachsen und Wirken bis 1400 mit einem Abriß . . . bis zur neuesten Zeit. Wien 1955. – Ferner: Benoist-Méchin: Geschichte der deutschen Militärmacht. Oldenburg 1965, B. II, S. 12.

[137] Man kann wahrlich nicht sagen, was diese Summe damals bedeutete. Den Zeitgenossen erschien sie jedenfalls sagenhaft.

[138] Friedrich übernahm selbst die Rekrutierung, Bewaffnung, den Transport und den Unterhalt der Kreuzfahrer die ganzen zwei Jahre lang. Man kann daran ersehen, wie reich Sizilien war, sobald dort Ordnung herrschte (vgl. Ernst Kantorowicz, a. a. O., S. 129).

[139] René Grousset: L'épopée des croisades. Paris 1958, S. 202.

[140] Maria von Montferrat, die Tochter Isabellas und Konrads von Montferrat, des Marquis von Mantua und Fürsten von Tyrus, die Enkelin von Amalrich I. und der Agnes von Courtenay, war durch ihre Mutter die Erbin der Krone von Jerusalem, da im Orient das salische Gesetz nicht galt.

[141] Das geht zumindest aus einem Gedicht hervor, das er später für die Cousine Yolanthes geschrieben hat, nachdem das Gefolge der Königin ins Heilige Land zurückgekehrt war: *An eine syrische Blume* (vgl. S. 209). Allerdings ist nicht gesichert, daß er diese Kanzone, die in allen italienischen Anthologien des Mittelalters wiedergegeben wird, an diese Cousine Yolanthes gerichtet hat, aber es bietet sich niemand anderes an.

[142] ». . . und fuhr den Kaiser in seinem Französisch heftig an: ›Pfui Teufel, du Sohn eines Fleischers!‹« heißt es in der Chronik des Salimbene von Parma. (Vgl. Heinisch, a. a. O., S. 173.)

[143] Vgl. Pierre Boulle, a. a. O., S. 72. – Halten wir fest, daß Friedrich sich juristisch völlig im Recht befand. Johann von Brienne übte nach dem Tod seiner Gattin Maria die Macht lediglich als Titularkönig im Namen ihrer Tochter Yolanthe aus, die durch ihre Heirat wieder in den Besitz der Krone gelangte (vgl. René Grousset, a. a. O., S. 212).

[144] »Seine Feinde behaupten auch, Kaiser Friedrich sei mehr der Lehre Mohammeds als der Jesu Christi zugetan gewesen und habe sich einige sarazenische Buhlerinnen als Konkubinen gehalten. Und es erhob sich ein Geraune im Volke, er sei schon seit geraumer Zeit mit den Sarazenen verbündet und mehr ihr als der Christen Freund gewesen . . .« (Aus der Chronik des Matthäus von Paris, zit. von Heinisch, a. a. O., S. 65.)

[145] Vgl. insbesondere: Al Maqrizi: Chroniques arabes des Croisades. Paris 1977. Ferner: Jemal ed-Din (Chronist).

[146] In Chiwa (Zentralasien). Obwohl die Choresmier seit einiger Zeit dem Islam angehörten, waren sie ursprünglich Türken.

[147] René Grousset, a. a. O., S. 216.

[148] Nationalbibliothek, Paris, Manuskript Nr. 1702 (Fotokopie Caetani).

[149] »Friedrich«, erzählt Makrizi, »war in Philosophie, in Geometrie und Mathematik sowie allen Naturwissenschaften ein sehr gebildeter Fürst. Er hat dem Sultan Al-

Kamil mehrfach Briefe mit Fragen nach der Zahlentheorie geschrieben . . .« (Vgl. Maqrizi: Oeuvres, hrsg. von M. Ziyade. Kairo 1934.)

[150] Maqrizi, a. a. O., ibid.

[151] Dies wird uns von Joinville in seiner »Geschichte der Kreuzzüge« berichtet.

[152] René Grousset, a. a. O., S. 216.

[153] Vgl. oben S. 130.

[154] Brief vom 12. Juli 1227 von Gregor IX. an Friedrich II.

[155] Vgl. Böhmer: Regesta Imperii. V, S. 6672. Ferner: Huillard-Bréholles: Historia diplomatica. III, S. 1 ff.

[156] Eberhard Horst, a. a. O., S. 135.

[157] Über die Krankheit Friedrichs vgl. Eduard Winkelmann: Kaiser Friedrich II., Jahrbücher I, S. 329 ff.

[158] Vgl. Eberhard Horst, a. a. O., S. 135.

[159] Böhmer: Regesta Imperii. V, S. 6711. Ferner: Huillard-Bréholles: Historia diplomatica. III, S. 23–30.

[160] Böhmer, a. a. O., V, S. 1715; und Huillard-Bréholles, a. a. O., III, S. 37 f., 47 f., 71 f.

[161] Am Gründonnerstag wurden jährlich die vom apostolischen Stuhl ausgesprochenen Exkommunikationen veröffentlicht.

[162] Yolanthes Leichnam wurde nahezu überstürzt in der Krypta des Doms von Andria beigesetzt.

[163] Über die Unruhen am Ostersonntag in Rom vgl. Ernst Kantorowicz: Kaiser Friedrich II., S. 161.

[164] Vgl. oben S. 120.

[165] Erinnern wir uns, daß von den fünfzig bereitgestellten Galeeren drei Konvois bereits nach Akkon in See gestochen waren.

[166] Das stimmte nicht, und Gregor wußte das sehr gut, denn Friedrich hatte ihm vor seiner Abreise geschrieben, daß er »erleichtert« nach Syrien aufbreche, was der Papst als zusätzliche Herausforderung angesehen hatte. Vgl. Böhmer, a. a. O., V, S. 1731, sowie Huillard-Bréholles, a. a. O., III, S. 71 f.

Fünfter Teil: Der König von Jerusalem

[167] Die ursprüngliche Flotte umfaßte immerhin an die hundert Galeeren und mindestens fünfzig Transportschiffe, die zweitausend Ritter und zehntausend Waffenträger mit aller Ausrüstung aufnehmen konnten, so daß die Reiter in der Lage waren, sich an Deck kampfbereit zu machen (vgl. Pierre Boulle, a. a. O., S. 64).

[168] Über die Reisebedingungen vgl. das Manuskript Nr. 8316 in der Pariser Nationalbibliothek (Verfasser unbekannt).

[169] »Das waren zumindest vier Erzbischöfe, und vielleicht waren weitere dabei. Der Kreuzfahrer Friedrich wollte um sich die geistliche Autorität der Kirche verbreiten. Und wir können wieder nur die Loyalität der sizilianischen Prälaten bewundern, die sich bei einem vom Papst verbotenen Unternehmen an die Seite eines Exkommunizierten stellten.«
Ihre Anwesenheit in Palästina kann nicht bestritten werden, denn gleich nach seiner Ankunft in Akkon schickte Friedrich den Erzbischof von Bari nach Rom, um eine

letzte Versöhnung mit Gregor IX. herbeizuführen. Der Erzbischof von Reggio wiederum mußte nach dem Einzug in Jerusalem dem Heiligen Stuhl einen Brief des Hochmeisters der Deutschordensritter überbringen. Man weiß, daß der Papst dem Kaiser verboten hatte, ins Heilige Land zu ziehen, und drohte jedem mit dem Bann, der ihm zu Hilfe kam oder Beziehungen mit ihm aufnahm. Gregor IX. hat sie dennoch nicht gemahnt oder bestraft, woraus zu ersehen ist, daß Friedrichs Macht noch nicht gebrochen war. (Vgl. Pierre Boulle, a. a. O., S. 123 f.)

[170] Pierre Boulle, a. a. O., S: 134.

[171] »Davon bin ich um so mehr überzeugt«, schreibt Pierre Boulle, »als es sich hier um eine Reise in ein Land handelt, das seit vier oder fünf Jahrhunderten die Zufluchtstätte des griechischen geistigen Erbes war, das das Mittelalter verachtet hatte und mit dem Friedrich sich nun beschäftigte. Ich glaube tatsächlich, daß man nicht zu zögern braucht, diesen Kreuzzugsplan mit der Anziehungskraft in Verbindung zu bringen, die die Quellen antiken Denkens auf ihn ausübten.« (Pierre Boulle, a. a. O., S. 132.)

[172] Anschließend beauftragte der Kaiser Michael Scotus mit der Übersetzung weiterer Werke des Aristoteles, dessen 19bändiges Œuvre 1231 veröffentlicht wurde.

[173] In diesem Sinne erscheint die Reise Friedrichs wie eine Vorwegnahme des Ägyptenfeldzugs Napoleons im Jahre 1798. Auch den französischen Kaiser hatte Alexandria mit seinen Schätzen der Kunst und der Wissenschaft angezogen.

[174] Das Interesse Friedrichs an Stagirytos verdient um so mehr Aufmerksamkeit, als Aristoteles von der Kirche als »ketzerisch« verboten worden war. Innozenz III. hatte 1209 die Lektüre seiner Werke untersagt. Erst unter dem Einfluß der *Summa theologica* des Thomas von Aquin sollte er 1366 wieder zu Ehren kommen.

[175] Ein Sturm hatte die Flotte Richards an die Küste Zyperns getrieben, das damals zu Byzanz gehörte, dessen Herrscher Isaak Komnene war. Da der Byzantiner die Engländer als Feinde betrachtete, ging Richard an Land, besiegte ihn in der Schlacht bei Tremithussia, nahm ihn gefangen und brachte ihn nach Nikosia. »Die unerwartete Eroberung Zyperns durch Richard Löwenherz sollte den Verlauf der fränkischen Geschichte ändern. Das römische Ostreich, das Saladin überrollt hatte, entstand inmitten der Fluten neu . . . und schuf die Grundlagen für das Königreich von Lusignan auf Zypern.« (René Grousset, a. a. O., S. 183.)

[176] »Amalrich von Barlaix und seine Freunde zogen den Galeeren entgegen und kamen mit dem Kaiser im Hafen an, sie brachten ihn gegen den Regenten auf und boten ihm an, Zypern einzunehmen, damit sie ihm tausend Ritter und viel Geld für den Kreuzzug zur Verfügung stellen konnten.« (Vgl. Philipp von Novara: Die Geste des Chyprois.)
Geld konnte Friedrich immer gebrauchen, da seine Ausgaben sehr hoch waren, zum Teil wegen der vielen Gelehrten, die ihn begleiteten.

[177] Vgl. Pierre Boulle, a. a. O., S. 145 f.

[178] »Durch eine Seitentür ließ der Kaiser in der Nacht heimlich dreitausend und mehr Bewaffnete ein, Fußsoldaten und Armbrustschützen und Seeleute, so daß fast die ganze Bemannung seiner Schiffe drinnen war; sie wurden auf die Ställe und Zimmer verteilt und die Türen hinter ihnen geschlossen, bis zur Stunde des Essens . . .« (Philipp von Navara in: Die Kreuzzüge in Augenzeugenberichten. Hrsg. von Régine Pernoud. dtv, München 1971, S. 284.)

[179] Dies ereignete sich in der letzten Juliwoche 1228; Heinrich herrschte seit August

1224.

[180] In Akkon hatte Johann von Ibelin an der Ausarbeitung der »Assisen von Jerusalem« mitgewirkt, durch die die Vasallenverhältnisse im Lande geregelt wurden, aber er hatte auch die meisten Mitglieder ernannt. Er konnte also damit rechnen, daß sie ihm bei seinem Streit mit dem Kaiser zur Seite standen.

[181] Vgl. Die Kreuzzüge in Augenzeugenberichten, a. a. O., S. 285.

[182] Die Strenge, mit der er gegen die aufständischen Adligen Siziliens vorging, ist ein beredtes Zeugnis dafür.

[183] Die Kreuzzüge in Augenzeugenberichten. dtv, München 1971, S. 285.

[184] Im Mittelalter war der Königsmord dem Vatermord gleichgesetzt. Man sieht also, daß Johann von Ibelin stillschweigend den Lehnseid anerkannte, den Amalrich II. Heinrich VI. geleistet hatte.

[185] Wahrscheinlich hat der Geldmangel Friedrich gezwungen, die vierjährigen Einkünfte aus der Pacht der Insel ihm sofort auszuhändigen.

[186] Philipp von Novara, zit. nach Pierre Boulle, a. a. O., S. 152.

[187] Damals hatte es die Bezeichnung »Gott der Liebe«.

[188] »Höchstwahrscheinlich«, meint Pierre Boulle, »hat keiner der beiden Gegner diese Vereinbarung ohne Hintergedanken akzeptiert: Friedrich hat den Fall Beirut nie vor das Jerusalemer Gericht gebracht, und Johann von Ibelin hat später eiligst die Vogtei der Insel wieder übernommen.« (Boulle, a. a. O., S. 153.)

[189] ». . . da spielte er den Kranken und Stummen und stöhnte sehr laut ›Ah, ah, ah‹ und verhielt sich so, bis er aufbrach. Sobald er aber in Nephin war, war er geheilt.« (Philipp von Novara in: Die Kreuzzüge in Augenzeugenberichten, a. a. O., S. 287.)

[190] Für Alexander den Großen war der Kniefall das Symbol für die Verschmelzung von Osten und Westen. Auch bei den deutschen Rittern war die Proskynese keine Neuerung. Sie wurde bereits unter Roger II. am Hof von Palermo geübt. (Vgl. Ernst Kantorowicz: Kaiser Friedrich der Zweite, a. a. O., S. 199. – Ferner: Roger von Wendover: Scriptores Rerum Germanicarum, XXVIII, S. 61 ff.)

[191] Selbst Napoleon, der besser ausgerüstet war als Friedrich, sollte 1799 davor scheitern.

[192] Al-Nasir, der von seinem Onkel Al-Kamil angegriffen wurde, hatte natürlich besonderes Interesse daran, ihm vorzuwerfen, daß er Jerusalem an die Christen »verschleudere«, und ging sogar so weit, die Damaszener glauben zu lassen, es sei bereits geschehen. Er gab einem Prediger den Auftrag, eine öffentliche Trauerfeier in der Moschee von Damaskus zu organisieren, bei der er eine feurige Rede gehalten hat. Al-Kamils Befürchtungen waren also nicht unbegründet. (Vgl. Francesco Gabrieli: Chroniques arabes des Croisades. Paris 1977, S. 300.)

[193] Damaskus mußte sich im Juli 1229 ergeben.

[194] »Als der Kaiser in Akkon eintraf, sah sich Malik Al-Kamil in großer Bedrängnis, da sein Bruder Al-Muazzam gerade gestorben war. Er brauchte deshalb den Kaiser nicht mehr, konnte ihn jedoch nicht zurückweisen, denn sie hatten ja ein Abkommen miteinander getroffen . . .« (Vgl. Croniques arabes . . ., S. 294) – Ein anderer Chronist berichtet darüber: »Diese Situation hatte sich wie ein Pfeil in sein Herz gebohrt, den er weder herausziehen noch in seinem Fleisch stecken lassen konnte.«

[195] Vgl. oben S. 125, 131.

[196] Vgl. oben S. 132.

[197] Bei den exorzistischen Übungen wurden die dornigen Rutenbündel, die in Pech oder

Schlamm getaucht waren, als geheime Kräfte zur Vertreibung der Dämonen angesehen.

198 Vgl. Pierre Boulle, a. a. O., S. 167.

199 Die Bischöfe von Exeter und Winchester betrachteten sich als neutral und warteten ab. (Vgl. Pierre Boulle, a. a. O., S. 168.)

200 Der Chronist Matthäus von Paris berichtet zu diesem Thema: »Da aber der Kaiser das alles trotzig ablehnte und sein Verhalten . . . begründete, überantwortete der Herr Papst ihn, als ob er ihn bereits von der Höhe des Kaisertums herabgestürzt hätte, zu seinem Verderben den schrecklichen Händen des Satans.« Wollte Gregor IX. etwa Johann von Brienne auf Friedrichs Thron setzen?

201 Vgl. Pierre Boulle, a. a. O., S. 185.

202 René Grousset, a. a. O., S. 225.

203 In dieser Lage war er praktisch dazu gezwungen, da der Papst einen Gegenkreuzzug in Sizilien inszenierte. Diese Gründe kannte der Sultan von Ägypten natürlich nicht. Die Wiederaufnahme der Verhandlungen mußten sich also als schwierig erweisen, da beide Partner nicht unter gleichen Voraussetzungen handelten.

204 Der Patriarch Gerold, der nichts so sehr fürchtete wie erneute Verhandlungen, schrieb dem Papst, der Sultan habe Friedrich verächtlich lächerliche Geschenke gemacht, um sich über ihn zu mokieren.

205 Eberhard Horst, a. a. O., S. 141. Fügen wir hinzu, daß Gerold dem Papst natürlich eiligst mitteilte, daß Friedrich dem Sultan sein Schwert und seinen Helm überreicht habe, »um dem Heiligen Vater zu zeigen, welch schlechter Christ der Führer des sechsten Kreuzzugs war«. (Vgl. Böhmer, a. a. O., V, 1740.)

206 Erinnert dieser Gedanke nicht an den Aphorismus von Paul Valéry: Gut sind nur die Verträge, die mit Hintergedanken unterzeichnet werden . . .

207 Vgl. Die Kreuzzüge in Augenzeugenberichten, a. a. O., S. 288.

208 Vgl. Huillard-Bréholles, a. a. O. . . .

209 Der Vertrag von Jaffa blieb bis 1239 in Kraft. Doch zu diesem Zeitpunkt war Al-Kamil bereits tot (1238), desgleichen Hermann von Salza (1239).

210 »Der Vertrag von Jaffa zeichnet sich durch eine Toleranz aus, die für das 13. Jahrhundert nahezu unbegreiflich ist.« (M. Schipa: Geschichte des Mittelalters. Cambridge 1936.) Andererseits wurde der Vertrag und damit der Sultan »einstimmig getadelt«. (Vgl. Die Kreuzzüge in Augenzeugenberichten, a. a. O., S. 289.)

211 Vgl. René Grousset, a. a. O., S. 226.

212 Vgl. Pierre Boulle, a. a. O., S. 172.

213 Dies war nicht das Königreich Jerusalem, wie es vor der Eroberung Saladins bestanden hatte. Ebenso wie die islamische Bevölkerung die christlichen Pilger von Jaffa nach Jerusalem ziehen lassen mußte, waren die Christen Jerusalems gehalten, den muselmanischen Pilgern alle Freiheit zu gewähren, um in ihren Heiligtümern zu beten. Überdies durften die Christen auch die islamischen Tempel betreten. Um Streitigkeiten zu vermeiden, war die islamische Gemeinde Jerusalems einem Kadi unterstellt, der zwischen ihr und den neuen Herrschern vermitteln mußte. Friedrich II. und Al-Kamil scheinen also die Absicht gehabt zu haben, christliche und islamische Interessen so weit wie möglich einander zu nähern. (Vgl. René Grousset, a. a. O., S. 227.)

214 Die Belagerung von Damaskus endete erst im Juli 1229, und Friedrichs Anwesenheit in Jaffa schien Al-Kamil vielleicht gar nicht so ungelegen wie ein paar Wochen zuvor.

[215] Napoleon bei seiner Krönung am 2. Dezember 1804 in Paris.

[216] Zitiert von Pierre Boulle, a. a. O., S. 202. – Vgl. auch Böhmer, a. a. O., V, 1737; und Huillard-Bréholles, a. a. O., III, S. 93–99.

[217] Man kann sich fragen, warum Friedrich seinen Sieg ausgerechnet dem englischen König mitgeteilt hat. Dafür gibt es zwei Gründe. Erstens waren zwei englische Bischöfe beim Kaiser, die also die Botschaft rasch weitergeben konnten. Und zweitens weil der Papst den englischen Klerus mit einer schweren Steuer belegt hatte, um seinen »Kreuzzug« gegen Friedrich zu finanzieren. Die Geistlichen und das Volk hatten sich mehr als widerspenstig gezeigt, und nachdem sie hunderttausend Pfund bezahlt hatten, weigerten sie sich, mehr abzugeben. Friedrich wollte vermutlich diese Situation nutzen, um Heinrich III. davon abzubringen, Gregor IX. weiterhin als Geldgeber zu dienen.

[218] Brief des Patriarchen Gerold vom 16. März 1229 an Gregor IX. Vgl. Huillard-Bréholles, a. a. O. . . .

[219] Vgl. Francesco Gabrieli: Chroniques arabes des Croisades. Paris 1977, S. 301. Berichte über Friedrich von arabischer Seite bei Amari: Bibliotheca II, S. 253, 254, 265 (Pseudo-Yafi und Maqrizi).

[220] Ihre Namen sind leider nicht überliefert. Vielleicht waren der »treue Richard« und Petrus Hispanus unter ihnen.

[221] Vgl. Francesco Gabrieli, a. a. O., S. 301, und Amari, a. a. O.

[222] Ibid.

[223] Über die Intrigen der Christen gegen Friedrich vgl. auch: Amari: Storia dei Musulmani di Sicilia. Bd. III, S. 600.

[224] Gerold konnte sich wie viele andere Kreuzfahrer die Rückeroberung Jerusalems nur mit Mitteln der Gewalt vorstellen. Jede andere Lösung erschien ihm zweifelhaft. Man muß sich in diesem Zusammenhang vor Augen halten, welche erlösende Bedeutung im Mittelalter dem Schmerz zukam. Hinderte man die Kreuzfahrer daran, Jerusalem mit Waffengewalt einzunehmen, nahm man ihnen ihre Heilschancen. Vergebung ihrer Sünden und die Sicherung des Seelenheils war für viele das Motiv gewesen, das Kreuz zu nehmen. Sie nahmen dadurch an den Leiden Christi teil.

[225] Nach den Briefen Gerolds an Gregor IX.

[226] Man hatte das Gerücht verbreitet, der Sultan verlange für den Vertrag die Wechselbürgschaft der Templer, die seine Einhaltung allein garantieren konnten. Doch dieses Gerücht war unbegründet. Die Ratifizierung durch den Sultan von Damaskus, die gefordert wurde, spielte keine Rolle mehr, da sein Land zwischen dem Sultan von Kairo und dem Sultan von Aleppo aufgeteilt war.

[227] Vgl. Huillard-Bréholles, a. a. O. . . .

[228] Vgl. Huillard-Bréholles, a. a. O. . . .

[229] Vgl. Pierre Boulle, a. a. O., S. 212.

[230] Diese Definition bezieht sich auf die Kalifendynastie der Abassiden (vgl. Francesco Gabrieli, a. a. O., S. 306).

[231] Eine gewisse Gleichsetzung von Kalif und Papst war trotz der unterschiedlichen juristischen und geistlichen Institutionen damals recht verbreitet (vgl. Francesco Gabrieli, a. a. O., S. 306).

[232] Etienne Rey: Les colonies franques de Syrie.

[233] Die Schwierigkeiten, die Templer, Hospitaliter, der Patriarch von Jerusalem und der Papst machten, hätten Al-Kamil Anlaß geben können, den Vertrag zu annullieren.

Konnte man von ihm erwarten, daß er sich »päpstlicher als der Papst« zeigte?

[234] Vgl. oben S. 117. Vielleicht ahnte er auch, daß er ihn in Italien nötiger brauchen würde.

[235] Zu den Maßnahmen Friedrichs vor seiner Rückkehr aus dem Heiligen Land vgl. Eduard Winkelmann, Kaiser Friedrich . . ., a. a. O., S. 123 ff. und Klaus J. Heinisch, Kaiser Friedrich . . ., a. a. O., S. 170.

[236] Philipp von Novara, vgl. Die Kreuzzüge in Augenzeugenberichten, a. a. O., S. 289 f.

[237] Die letzte Begegnung zwischen Friedrich und Fahr ed-Din in Sidon bezeugt ein Brief des Kaisers an den Emir, den Francesco Gabrieli a. a. O., S. 208, wiedergibt.

[238] Vgl. oben S. 125, 131.

[239] Vgl. oben S. 148. Die Rebellion der lombardischen Liga brauchte nicht angestachelt zu werden. Die Mailänder hatten die Zerstörung ihrer Stadt im Jahre 1162 nicht vergessen. Unter der Asche schwelte die Glut. Bereits 1228 hatte ein Funke genügt, um das Feuer neu zu entfachen.

[240] Wir haben gesehen, daß der Patriarch Gerold dieses System bereits in Akkon angewendet hatte (vgl. oben S. 192).

[241] Johann von Brienne, der Vater Yolanthes, war also der Großvater Konrads und der Schwiegervater Friedrichs.

[242] Vgl. oben S. 63.

[243] Diese bescheidene Haltung mochte vielen als ein Zeichen der Unterwerfung Friedrichs erscheinen. In Wirklichkeit war das nicht so. Der Kaiser war Sieger. Daß er sich ohne Insignien dem Papst zeigte, geschah mit der Absicht, die Eigenliebe des Heiligen Vaters mit Rücksicht zu behandeln.

[244] Diese arabisch geschriebenen Briefe hat der arabische Historiker Abu al-Fadayl überliefert, in: Amari, Append. S. 58 ff.; Böhmer, a. a. O., V, 14708; Wolfram v. d. Steinen: Staatsbriefe, S. 31 ff.

[245] Friedrich I. Barbarossa.

[246] Wenn Friedrich sich selbst so qualifiziert, ist es wohl nicht zu gewagt, daraus zu schließen, daß er den ungünstigen Eindruck verwischen wollte, den sein Streit mit dem Kalifen hinterlassen haben konnte, und daß er meinte, mit seiner Befreiung der Heiligen Stätten der Christenheit einen größeren Dienst erwiesen zu haben, als der Papst es je vermochte.

[247] Fahr ed-Din sollte später in den »Memoiren« von Joinville unter dem Namen »Emir Fachardin« auftauchen.

[248] Vgl. Anm. 244.

[249] Vgl. Francesco Gabriel, a. a. O., S. 310.

Sechster Teil: Die herrlichen Jahre

[250] Bezogen auf die Weissagung des Petrus von Ebulo, der ihn Jupitersproß nennt, müßte man statt »gebieterisch« jupiterhaft sagen.

[251] Aus den Miniaturen läßt sich das nicht schließen, da sie die Dinge nur stereotyp wiedergeben. Aber alle Chronisten der Zeit sind sich darin einig, als sei die Schönheit der Hände ein Charakterzug der Hohenstaufer.

[252] Vgl. Hubert Graf Waldburg-Wolfegg: Vom Nordreich der Hohenstaufen. Mün-

chen 1961, ²1964, S. 121.

253 Jeder Stein zeigte auf einer Seite die Handschrift seines Meisters. Man hat sie miteinander vergleichen können und identische Kennzeichen an den verschiedensten Schlössern in Deutschland und Italien festgestellt. (Vgl. Hubert Graf Waldburg-Wolfegg: Vom Nordreich der Hohenstaufen. München 1961, S. 14f.)

254 Vgl. die beiden Werke von Hubert Graf Waldburg-Wolfegg, a. a. O.

255 Carl A. Willemsen: Kaiser Friedrichs II. Triumphtor zu Capua. Wiesbaden 1953.

256 Vgl. Carl A. Willemsen, a. a. O., S. 98f.

257 Vgl. oben S. 105.

258 Friedrich Nietzsche: Der Wille zur Macht. Nachgelassene Werke, 2. Abth., Bd. XV, Leipzig 1911.

259 Vgl. Benoist-Méchin: Alexander der Große, Stuttgart 1967, S. 283; Willemsen, a. a. O., Tafel 83.

260 Vgl. Robert Charroux: Le château du Maître du Monde. In: Miroir de l'Histoire, August 1965, S. 73–79. Dem Autor dieses Artikels zufolge ist der Grundstein zum Castel del Monte am Tag der Sonnenwende des Jahres 1240 gelegt worden, das heißt zehn Jahre vor dem Tod des Kaisers.

261 Dieser Ausspruch stammt von Fürst Richard von Cornwall(is); er soll ihn anläßlich eines Besuchs bei Friedrich in Italien geäußert haben. (Vgl. Monumenta Germaniae Historicae. XXVIII, S. 220f.)

262 Der Bau des Schlosses wurde Philippe Chinard zugesprochen, einem Architekten aus der Champagne, den Friedrich in Zypern kennengelernt hatte. Aber sicher hat sich Chinard an die Anweisungen des Kaisers halten müssen.

263 Sie haben ihre Spuren in der Geschichte sizilianischer Dichtung zurückgelassen. Zeuge davon mag ein Vers aus einem Gedicht König Manfreds sein:

> Es hat die zarte Liebe mich, o Herrin,
> Mit ihrer Zauberkraft so ganz erfüllt,
> Mich euch allein zu weih'n mit aller Macht,
> Daß ich zu denken, dies nur fähig bin:
> Wie sehr in mir die Liebe wächst und quillt,
> Wie sie am schönsten euch sei dargebracht.
> Und dieses, ach so köstliche Beginnen,
> Das mich so strahlend schon beglänzt,
> Gibt noch mehr Schwung den so verliebten Sinnen,
> Vom Übermaß der Freude wie bekränzt.

264 Carl A. Willemsen nennt lediglich zwei (Zeiten kommen . . . Staufisch-sizilische Lyrik. Krefeld 1947). Georgina Masson beziffert sie auf vier oder fünf. Die Authentizität ist jedoch nicht gesichert.

265 Die Empfängerin dieser Kanzone war wahrscheinlich die Cousine von Yolanthe (vgl. oben S. 134). Die Übertragung stammt von C. A. Willemsen.

266 Die Unmittelbarkeit dieser Gedichte kann eine Übersetzung natürlich nicht voll wiedergeben. Sie sind in sizilianischem Dialekt geschrieben und dann ins Toskanische übertragen worden und ins Deutsche.

267 Vgl. oben S. 83.

268 Der bedeutendste von ihnen, Walther von der Vogelweide, verdient hier besondere Erwähnung. Er hatte mit einem Gedicht Friedrichs Aufmerksamkeit erregt, in dem er seine angeheiratete Tante, Irene von Byzanz, die Frau Philipps von Schwaben, be-

sungen und sie mit einer »Rose ohne Dornen und Taube ohne Galle« verglichen hat. Walther hat den Kaiser auf seinem Kreuzzug begleitet und dafür nach der Rückkehr ein kleines Lehen auf Sizilien erhalten.

[269] Vgl. in diesem Zusammenhang Dante: De vulgari eloquentia.

[270] Damals wurde das Toskanische als die »literarische« Sprache des Landes betrachtet.

[271] »Dignitatis cuiuslibet fundamentum« (Friedrich II.).

[272] Vgl. T. Fahd: Une esquisse des apports des sciences arabes à l'Europe médiévale. In: Lumières arabes sur l'Occident médiéval, Paris 1978, S. 21–38. Ferner: Sigrid Undset: Allahs Sonne über dem Abendland. Stuttgart 1960. – Jean Wolf: Les très riches heures de la civilisation arabe. Paris 1969.

[273] Vgl. oben S. 113.

[274] Konstantin der Afrikaner war vermutlich Berber, hatte sich zum Christentum bekehren lassen und sich eine Zeitlang in Monte Cassino aufgehalten. Afflacius der Sarazene war Araber (Aflag). Er wurde in Salerno berühmt, wo er bei chirurgischen Eingriffen erste Versuche mit der Anästhesie machte.

[275] T. Fahd berichtet, daß über vierzig griechische Abhandlungen aus dem 8. bis 13. Jahrhundert aus dem Griechischen ins Arabische übertragen worden sind. Viele sind wiederholt übersetzt und kommentiert worden, so daß die Bibliothek mathematischer Werke »etwa 1200 Titel« umfaßte. Auf dem Gebiet der Medizin war es nicht anders. Es ginge zu weit, hier die ganze Bandbreite dieser regen und weitgreifenden Übersetzertätigkeit anschaulich zu machen, die von einer Vielzahl von Schreibern und Gelehrten geleistet worden ist.

[276] Umfangreicher noch als die Übertragungen aus dem Griechischen sind die Übersetzungen arabischer Texte ins Lateinische. Allein von Averroes sind vierzig Titel übersetzt worden, siebenundsechzig von Avicenna. Hinzu kommen die Arbeiten der Alchimisten, der Astronomen, ganz zu schweigen von den Übertragungen des Kanons und seiner Kommentare. Es war ein gewaltiger Einfluß, den die arabische Welt auf das europäische Mittelalter ausgeübt hat.

[277] Nennen wir nur die berühmtesten der Übersetzer wie Hermanus Alemannus, Johann von Sevilla, Robert von Chester, Platon von Tivoli, Gerhard von Cremona und Moses ben Salomon.

[278] Vgl. Eberhard Horst, a. a. O., S. 181 f.; Karl Hampe: Kaiser Friedrich II. als Fragensteller. Leipzig 1927; Martin Grabmann: Kaiser Friedrich II. und sein Verhältnis zur aristotelischen und arabischen Philosophie. München 1936.

[279] Diese Fragen, die öffentlich bekannt wurden, hat man viel kritisiert, weil man es unangemessen fand, daß ein christlicher Herrscher einen jungen Ungläubigen mit derartigen Problemen konfrontierte. »Er glaubt nicht an Gott!« rief Salimbene von Parma. Doch die »Sizilianischen Fragen« allein genügen nicht, um zu beweisen, Friedrich habe »den Lehren des Christentums ungläubig gegenübergestanden«, er habe die »persönliche Unsterblichkeit« verneint und die »Ewigkeit der Welt« bejaht. (Vgl. Eberhard Horst, a. a. O., S. 189.)

[280] Diese Frage ist verständlich, denn Alexander von Aphrodisias, der im 3. Jahrhundert n. Chr. in Athen lehrte, wurde wegen seiner Verneinung der Unsterblichkeit der Seele als Vorläufer des Averroes bezeichnet.

[281] Hinsichtlich der Fragen, die Friedrich an Ibn Sabin stellte, vgl. dessen Korrespondenz mit Kaiser Friedrich II. von Hohenstaufen. Beirut 1943 (Ms in der Pariser Nationalbibliothek). In diesem Zusammenhang sei erwähnt, daß Ibn Sabid mit kaum

dreiunddreißig Jahren Selbstmord begangen hat, als sei er von Friedrichs Fragen tödlich getroffen worden.

282 Zu diesem Fragenkomplex vgl. Amari: Bibliotheca II, S. 414ff.; A. F. Mehren: Correspondance du philosophe Ibn Sabin . . . In: Journal asiatique, 7. Folge, Bd. XIV, Paris 1879. Und: Santino Caramella, in: Stupor Mundi, S. 266–269.

283 Eberhard Horst, a. a. O., S. 167; Ch. H. Haskins: Studies in mediaeval Culture. Oxford 1929.

284 Vgl. oben S. 50.

285 Vgl. oben S. 26.

286 Vgl. oben S. 20.

287 Da er sein »Falkenbuch« geschrieben hat, um »die Fragen seines Sohnes Manfred zu beantworten«, der 1232 geboren wurde, kann De arte venandi cum avibus nicht vor 1245 abgeschlossen worden sein.

288 Man mußte auf Kopernikus und Galilei warten, um einige der Fragen beantworten zu können, die Friedrich an Michael Scotus gerichtet hat.

289 Vgl. weiter oben (S. 112) den Absatz über die Gründung der Universität von Neapel und die Berufung des Roffred von Benevent von der Universität Bologna.

290 »Manifestare es quae sunt, sicut sunt.« Das Originalmanuskript des »Falkenbuches« ist bei der Belagerung von Parma verschollen. Es gibt zwei Kopien: die eine in der Bibliothek des Vatikans, die andere in der Pariser Nationalbibliothek. Die erste französische Übersetzung wurde aufgrund einer Kopie aus dem Besitz Manfreds im Jahre 1308 von Jean de Dampierre vorgenommen. Ernst Kantorowicz betrachtete das Werk De arte venandi cum avibus als »den ersten Ausdruck abendländischen wissenschaftlichen Empirismus'«.

291 Gregor IX.: Enzyklika »De Mari« . . .

292 Vgl. Pierre Boulle, a. a. O., S. 11.

293 »Et non contentus juvenculis, mulieribus et puellis . . . ipsum peccatum quasi Sodoma aperte praedicat me penitus occultabat.« (Und er hat sich nicht mit jungen Frauen und Mädchen begnügt, sondern jedem offen erklärt, der es hören wollte, daß er selbst die Sünde Sodoms begangen habe.) Nikolaus von Curbio, Kaplan Innozenz' IV.

294 Seine vier legitimen Frauen – Konstanze, Yolanthe, Isabella und Bianca –, seine zahllosen Mätressen, seine fünf legitimen Söhne und seine fünfzehn Bastarde beiderlei Geschlechts entheben ihn jedes Verdachts dieser Art. Ganz zu schweigen von dem Harem, den er aus den arabischen Frauen von Lucera rekrutiert hatte.

295 Vgl. oben S. 185.

296 Vgl. oben S. 205.

297 Vgl. oben (die sizilianischen Fragen) S. 215.

298 Er hatte die Kaiserkrone ohne Schwertstreich errungen (vgl. oben S. 83 f.), desgleichen das Königreich von Jerusalem (vgl. oben S. 156).

299 Augustinus: Selbstgespräche, I, 2.

300 Pierre Duhem: Le Système du monde, III, S. 19. – Welcher Unterschied zu dem Eifer und dem Wissensdrang der Geistlichen des 5. bis 9. Jahrhunderts, die Ovid, Vergil, Lukian aus dem Dunkel der Vergessenheit gerissen haben und das herbeiführten, was wir »karolingischen Frühling« genannt haben (vgl. oben S. 12). Ihre Bemühungen galten allerdings mehr der romanischen Geschichte und Literatur als der griechischen Wissenschaft.

301 Roger Bacon (1214–1294), englischer Franziskanermönch, war neben Michael Scotus einer der »bevorzugten Meister« des Kaisers Friedrich.

302 Louis Rougier: Du Paradis à l'Utopie. Paris 1978, S. 73.

303 Louis Rougier, a. a. O., S. 73.

304 Augustinus: »Major est Scripturae autoritas quam humani ingenii autoritas.« (Kommentare zur Genesis. Gesamtausgabe, Paris 1700, Bd. III, S. 185.)

305 Vgl. Louis Rougier, a. a. O., S. 73.

306 Vgl. oben S. 191.

307 Abdul Hasan Ali Nadwi: The four pillars of Islam. Lucknow 1972.

308 Vgl. oben S. 189.

309 Pierre de Luz, a. a. O., I, S. 173. – All diese Streitigkeiten hätten vermieden werden können, wenn beizeiten die Reformen durchgeführt worden wären, die Papst Pascal II. (1099–1118) empfohlen hatte.

310 Pierre de Luz, a. a. O., S. 189.

311 Zeugnis dafür ist der Brief Friedrichs, in dem er erklärt, daß sich sein Herz beim Anblick der Verschiedenartigkeit der Völker, die er regiert, mit Freude erfüllt. (Vgl. Ernst Kantorowicz, a. a. O., S. 200.)

312 »(Ich) Kaiser Friedrich II. – Cäsar der Römer, immer Augustus – (König) von Italien, Sizilien, Jerusalem und Arles – Glücklicher Sieger und Triumphator.« (Vgl. Huillard-Bréholles, a. a. O., IV, S. 1 und 55.)

313 Vgl. oben S. 226.

314 Justinian I. (geb. 482 in Tauresium/Nis, gest. 565 in Konstantinopel) war von 527 bis 565 byzantinischer Kaiser. Er verwirklichte noch einmal die Einheit des römischen Reiches, vernichtete die Vandalen und Ostgoten, gewann die nördlichen Teile Afrikas, Sardinien, Korsika, Italien und das südliche Spanien zurück. Innerhalb des Reiches festigte er nach römischer Tradition seine Monarchie, die auf eine neu organisierte Verwaltung und eine erneuerte Gesetzgebung gestützt war. Seine wichtigsten Werke in diesem Bereich waren der *Corpus juris civilis,* die *Institutiones* und schließlich der *Codex Justinianus* (534).

315 Das spiegelt sich in der *4. Ekloge* des Vergil und im *Carmen Saeculare* des Horaz wider.

316 Vgl. Ryccardi de Sancto Germano Chronica priora. Hrsg. von Aug. Gaudenzi, Neapel 1888. Dieser Brief stammt wahrscheinlich aus der Feder von Petrus von Vinea.

317 »Sacratissimae leges quae justitia naturalis imitantur imaginem« (Dante: Il Convivio).

318 »Voluntas imperatoris non posset divergere voluntatis Dei« (id. ibid.). Wollte man einen modernen umgangssprachlichen Ausdruck benutzen, würde man sagen: Sie hatten die gleiche Wellenlänge.

319 Vgl. S. 96.

320 »Ich gehe zum Vater«; denn der Vater ist größer als ich. (Johannes 14, 28.) Aufgrund dieser Worte ist das Bild vom thronenden Christus in der Mandorla im Aachener Dom so angebracht worden, daß sein Blick nicht auf Friedrich fallen konnte, als er gekrönt wurde, denn selbst der Sohn konnte nicht in die Augen des eingeborenen Sohnes Gottes schauen (vgl. Hubertus Prinz zu Löwenstein: Die Hohenstaufen in Legende und Dichtkunst, S. 3).

321 Wörtlich: der Körper vieler anderer . . . (vgl. Ernst Kantorowicz, a. a. O., S. 221).

³²² Über die philosophisch-juristische Theorie von der »necessitas« vgl. Ernst Kantorowicz, a. a. O., S. 203–230. – Mit dem Begriff »Notwendigkeit« bereitete Friedrich den Renaissancefürsten den Weg. Aber er führte auch zu den strittigen Auffassungen, die schließlich zur Spaltung von Notwendigkeit und Vorsehung beigetragen
haben: dem Staatskult, dem Machiavellismus, den Rezepten, nach denen der Zweck
die Mittel heiligt und die Notwendigkeit kein Gesetz kennt.

³²³ Diese Wahrheit, die Friedrich entdeckt hat, nimmt die Behauptung vorweg, die
Jahrhunderte später der französische Mathematiker Henri Poincaré aufstellen sollte:
»Das größte Weltwunder ist, daß hier nicht alles ein Wunder ist.« Vgl. auch den Aus-
spruch Einsteins: »Es überrascht, daß die Welt intelligibel ist. Sie könnte einfach ein
Chaos sein.«

³²⁴ Schon der hl. Bernhard hatte die Verbindung zwischen Schwere und Sünde erkannt,
»die die Welt zu ihrem Untergang führt« (vgl. Zoë Oldenburg: Der hl. Bernhard,
S. 127).

³²⁵ Newton hatte das Gravitationsgesetz noch nicht entdeckt, aber erinnern wir uns,
daß der Fall eines Apfels ihn zu seinen Überlegungen angeregt hat.

³²⁶ Die Erwartung des goldenen Zeitalters war damals weit verbreitet. Der Zisterzienser
Joachim von Fiore (um 1130–1202) hatte mit seiner Lehre von den drei Zeitaltern
großen Einfluß auf die Gemüter des Mittelalters. Seine flammenden Reden wurden
von der Kirche zuerst als ketzerisch verurteilt. Nach Joachims Auffassung war das
goldene Zeitalter nahe, es sollte mit einer tiefgreifenden Veränderung der Kirche parallel verlaufen. Die Kirche hatte verschiedene Phasen durchgemacht: Zunächst war
sie die *Kirche des Vaters* gewesen, dann die *Kirche des Sohnes* und nun sollte sie die
Kirche des Heiligen Geistes werden, also eine völlig vergeistigte, allem Weltlichen
entkleidete Kirche. (Vgl. Hubertus Graf Waldburg-Wolfegg: Vom Südreich der
Hohenstaufen, S. 91–93.)

³²⁷ Dante: De Monarchia, Buch I, Kap. 5.

³²⁸ Vgl. Anm. 31.

³²⁹ Vgl. oben S. 26.

³³⁰ Vgl. die vier Gedichte von Petrus von Vinea, die Carl A. Willemsen in seiner Anthologie »Kaiser Friedrich II. und sein Dichterkreis« (S. 85, 87, 89, 96) abgedruckt hat.

³³¹ Vgl. oben S. 146.

³³² Aus dem griechischen »logos« und »thitemi« (ich setze); er war der »Sprecher« des
Hofes und zugleich der »Finanzminister«. Dieser Titel war aus der byzantinischen
Verwaltung übernommen.

³³³ Vgl. oben S. 203.

³³⁴ Vgl. oben S. 157.

³³⁵ Vor allem von Peter von Limburg, Matthäus von Paris, Roger von Wendover und
Albert von Stade.

Siebenter Teil: Der Sohn gegen den Vater

³³⁶ Johannes Lehmann, a. a. O., S. 407.

³³⁷ Vgl. Huillard-Bréholles, a. a. O., Matthäus von Paris.

³³⁸ Vgl. oben S. 76. Aber er war weder in Aachen gekrönt noch in Rom gesalbt noch
zum König der Römer erhoben worden.

³³⁹ Vgl. oben S. 43.

[340] Vgl. oben S. 73 f.

[341] Vgl. oben S. 101 f.

[342] Vgl. oben S. 151. Konrad war 1228 geboren und als Sohn Yolanthes von Brienne der Erbe des Königreichs Jerusalem. Seine Braut, Irmgard von Bayern, sollte die Pfalz in die Ehe einbringen, die sie von ihrer Mutter, Agnes von Braunschweig, geerbt hatte.

[343] Eberhard Horst, a. a. O., S. 234.

[344] Eine uneinnehmbare Festung, wohin Heinrich VI. einst den Schatz Rogers von Hauteville hatte bringen lassen (vgl. oben S. 36).

[345] Vgl. oben S. 119 f. So hatte Friedrich den Emir Ibn-Abbad behandelt, den Anführer des arabischen Aufstands in Sizilien.

[346] »Cesare armato con gli occhi griffani« (Dante). Zit. nach Hubertus Prinz zu Löwenstein: Dante, die Hohenstaufen und die Reichsidee, S. 7.

[347] Friedrich hatte seine imperiale Missionstheorie klar formuliert: »Zu solchem Zweck hat Gott Unser Reich erhaben über den Königen des Erdrunds errichtet und über der Welt verschiedene Zonen die Grenzen Unserer Macht geweitet, daß auf Mehrung seines Namens in dieser Welt und auf Verbreitung des Glaubens unter den Völkern Unserer Bemühungen Fürsorge sich richte, da Er zur Predigt des Evangeliums das Römische Reich bestimmt hat: daß Wir also auf Unterdrückung nicht minder als auf Bekehrung der Heidenvölker Unseren Sinn lenken mögen.« (Vgl. H. Prinz zu Löwenstein: Dante, die Hohenstaufen und die Reichsidee, S. 8.)

[348] Josef Mühlberger, a. a. O., S. 36–39. – Der Autor ist sich dessen bewußt, daß sich der Text des Arnold von Lübeck auf den Hoftag in Mainz im Jahre 1184 bezieht, als Kaiser Friedrich I. seine Söhne, Heinrich VI. und Philipp von Schwaben, zum Ritter geschlagen hat. Wenn er hier eingerückt wird, dann deshalb, weil beide Versammlungen am selben Ort stattgefunden haben und sich der Stil solcher Veranstaltungen innerhalb von fünfzig Jahren kaum geändert haben dürfte.

[349] Vgl. Eberhard Horst, a. a. O., S. 237–238.

[350] Friedrich und Bianca Lancia sollen im letzten Augenblick die Ehesakramente von Berard von Castacca, dem Erzbischof von Palermo, empfangen haben. Aber selbst das ist nicht gesichert.

[351] De arte venandi cum avibus. Vgl. oben S. 220.

[352] Vgl. Eberhard Horst, a. a. O., S. 194–195.

Achter Teil: Der Zweischwerterkrieg

[353] Vgl. oben S. 147.

[354] Vgl. oben S. 80.

[355] An den Erzbischof Siegfried von Mainz schrieb Friedrich 1237: »Den Großen der Erde und Königen reicht die berühmte Abkunft allein nicht hin, wenn dem ausgezeichneten Geschlecht nicht adliges Wesen beisteht und erlauchte Tätigkeit das Fürstentum verherrlicht. Auch nicht deshalb allein, weil sie höher gesetzt sind, unterscheidet man Könige und Caesaren von anderen, sondern weil sie tiefer blicken und tüchtiger handeln. Außer dem nämlich, daß sie den Menschen durch ihr Menschtum gleichstehen, durch ihr Leben gesellt sind, rechnen sie nichts Vornehmliches sich selbst zu, wenn nicht jeder durch die Tugend der Klugheit die übrigen Menschen überglänzt . . .« (Huillard-Bréholles, a. a. O., V, S. 274 f.; zit. nach

Wolfram v. d. Steinen, a. a. O., S. 58.)
356 Zu den mittelalterlichen Heeresstärken vgl. die Angaben bei Eberhard Horst, a. a. O., S. 376.
357 Böhmer, a. a. O., V, 2290–2293; Huillard-Bréholles, a. a. O., V, S. 142.
358 Böhmer, a. a. O., V, 2311. Der Brief ist vom Januar 1238.
359 Insbesondere Lodi, Mantua und Cremona. Nur Alexandria, Brescia, Piacenza und, in der Romagna, Bologna und Faenza blieben der alten Allianz treu.
360 Vgl. Eberhard Horst, a. a. O., S. 257.
361 Matthäus von Paris: Chronica maiora, M G SS XXVIII, S. 146.
362 Enzio war um 1216 in Deutschland geboren.
363 Vgl. oben S. 130.
364 Dieser Sachverhalt wird durch einen Brief bestätigt, den Friedrich an einen derer adressiert hat, die ihn zum Aufbruch drängten. Dort fragt er, wie er an Unternehmungen teilnehmen könnte, die der Bekämpfung der Barbaren galten, während ihn die Last bedrücke, mit seinen italienischen Feinden fertig zu werden. (Vgl. Böhmer, a. a. O., V, 3210f. und 3216.)
365 Kann man hinter diesem Text die Hand des großen Latinisten Petrus von Viena vermuten? Einige haben es getan, aber gesichert ist es nicht. Zu den Tatareneinfällen vgl. Böhmer, a. a. O., V, 3210ff.; ferner Wolfram v. d. Steinen, a. a. O., S. 75ff.
366 Matthäus von Paris in: Kaiser Friedrich II., dtv Dokumente, München 1977, S. 91–92.
367 Zu Anfang hatte Genua auf seiten Friedrichs gestanden, und Pisa war feindlich gesinnt. Aber nachdem der Kaiser gekrönt war und den Genuesen Handelskonzessionen in Sizilien verweigerte, wendeten sie sich gegen ihn. Darauf schwenkte Pisa um. Diese Art des Stellungswechsels war damals an der Tagesordnung.
368 Vgl. Eberhard Horst, a. a. O., S. 282–283.
369 Vgl. oben S. 88 f.
370 Zur Bedeutung Roms in Friedrichs Vorstellung vgl. Ernst Kantorowicz, a. a. O., S. 402 f.
371 Vgl. oben S. 106.
372 Friedrich hatte seine gesamten christlichen Truppen in die zweite Linie hinter den arabischen Legionen gestellt, da er fürchtete, sie könnten bei der Einnahme Roms Gewissensbisse bekommen und von ihm abfallen. Bei den Arabern hingegen würde die Eroberung der Stadt mit den üblichen Plünderungen und Beutezügen enden, allerdings konnten sie von Massakern unter der Bevölkerung begleitet werden.
373 Im Alter von neunzig Jahren. Er war buchstäblich von seinem Haß gegen Friedrich verschlungen worden.

Neunter Teil: Die Last der Welt

374 Vgl. oben S. 259.
375 Friedrich von Antiochia war um 1221 in Norditalien geboren und 1256 in Foggia gestorben. Er war der Sohn der Mathilde (oder Maria) von Antiochien, mit der Friedrich kurz nach dem Tod der Konstanze von Aragon ein Verhältnis gehabt hat. Richard von Theate, der Graf von Chieti, war wahrscheinlich der Sohn von Manna, einer Nichte des Erzbischofs von Messina. Im allgemeinen machte Friedrich keinen

Unterschied zwischen seinen Bastarden, die lediglich illegitim waren, und seinen erbberechtigten legitimen Kindern.

376 Ezzelino da Romano, der in zweiter Ehe die Tochter Friedrichs, Selvaggia (vielleicht eine Tochter der Bianca Lancia), geheiratet hatte, wurde Statthalter von Vincenza und Verona und war eine der Stützen des Kaisers in Norditalien. Er war 1194 in Vicenza geboren und hat 1256 mit all seinen Kindern Selbstmord begangen.

377 Vgl. Eberhard Horst, a. a. O., S. 287.

378 Matthäus von Paris, M G SS XXVIII, S. 229; vgl. auch: Winkelmann: Acta imperii inedita, I, S. 567.

379 Vgl. oben S. 173.

380 Der Vertrag sah vor, für den gleichen Zeitraum stillschweigend verlängert werden zu können.

381 Zur Verantwortlichkeit der Templer am Verlust Jerusalems vgl. Laurent Dailliez: Les chevaliers teutoniques. Paris 1979, S. 43–45.

382 Georgina Masson, a. a. O., S. 335.

383 Georgina Masson, a. a. O., S. 346f.; Ernst Kantorowicz, a. a. O., S. 542.

384 Id. ibid.

385 Matthäus von Paris: M G SS XXVIII, S. 242.

386 Städtisches Archiv von Genua, I, S. 276.

387 Aragon und England hatten diese Ehre zurückgewiesen. Frankreich, das er ebenfalls gefragt hatte, zögerte mit der Entscheidung. Ludwig IX. legte das Gesuch den Mönchen von Clairvaux vor, die ihn auf Knien anflehten, einen so berühmten Exilanten aufzunehmen, doch der König erwiderte, daß er zunächst seine Barone fragen müsse, die das Ansinnen kategorisch ablehnten. (Vgl. Georgina Masson, a. a. O., S. 337.)

388 Johann III. Vatatzes, der Kaiser von Nizäa, hatte Konstanze geheiratet, die Tochter Friedrichs und der Bianca Lancia, die als Kaiserin den Namen Anna angenommen hat. Sie war um 1230 geboren. Durch ihre Heirat war Johann der Schwiegersohn des Kaisers sowie der Schwager Manfreds und Enzios geworden. Diese Verbindung erklärt sich aus Friedrichs Wunsch, im Orient einen Stützpunkt zu haben und seine Position gegenüber dem Papst zu stärken, denn Vatatzes regierte das mächtigste Christenreich im Osten, gehörte jedoch der Ostkirche an. Deshalb verurteilte Innozenz IV. die Verheiratung der Kaisertochter mit dem Schismatiker. (Vgl. Eberhard Horst, a. a. O., S. 294.) In Lyon war er wegen seiner Verwandtschaft mit dem Kaiser vom Konzil ausgeschlossen worden.

389 Pierre Gaxotte: Une escapade sans importance. In: Le Figaro, 16. Juni 1964.

390 Vgl. oben S. 148.

391 Vgl. Matthäus von Paris in: Kaiser Friedrich II., dtv Dokumente, a. a. O., S. 119–128.

392 Die fünftausend byzantinischen Bogenschützen, die Johann Vatatzes Friedrich zur Verfügung gestellt hatte, um die Lombarden zu bekämpfen, könnten durchaus nach Italien geschickt worden sein, um eine Klausel im Ehevertrag zwischen Konstanze und Johann zu erfüllen.

393 Vgl. oben S. 49.

394 Vgl. oben S. 25.

395 Sicher nicht die Kaiserkrone, die Friedrich nach Aachen zurückgebracht hatte, nachdem sie ihm von Heinrich VII. ausgehändigt worden war, sondern wahrschein-

lich die normannische Königskrone, die er stets mit sich führte.

³⁹⁶ Huillard-Bréholles, a. a. O., VI, S. 358, 710.
³⁹⁷ Vgl. oben S. 50.
³⁹⁸ Vgl. Georgina Masson, a. a. O., S. 341.
³⁹⁹ Wolfram v. d. Steinen, a. a. O., S. 94.
⁴⁰⁰ Georgina Masson, a. a. O., S. 341 f. Die Autorin hat sicher recht, wenn sie bemerkt, daß Friedrichs Angriffe eine dauerhafte Wirkung zeigten. Sie bildeten den Keim, aus dem drei Jahrhunderte später die Reformation hervorgehen sollte.
⁴⁰¹ Man muß zugeben, daß Friedrich selbst kaum ein Beispiel dafür abgegeben hat.
⁴⁰² Friedrichs großes Geschick bestand im Rollenwechsel. In diesem »Zweischwerterkrieg« klagte er den Papst – den Verteidiger des Geistlichen – wegen seiner Weltlichkeit an, während er selbst als Verteidiger des Weltlichen das geistliche Schwert ergriff.
⁴⁰³ Vor allem in Deutschland, wo der niedere Klerus in schlechtem Ruf stand.
⁴⁰⁴ Georgina Masson, a. a. O., S. 343.
⁴⁰⁵ Matthäus von Paris, MG SS XXVIII.
⁴⁰⁶ Richard, der Graf von Caserta, war Generalvikar der Mark Ancona und des Herzogtums Spoleto, dann Statthalter des Kaisers in Sizilien (1248). Er hatte Violante geheiratet (1228–1264), die illegitime Tochter Friedrichs und der Bianca Lancia, die Schwester Manfreds und Halbschwester Konrads. Damit war Richard von Caserta eine der wichtigsten Persönlichkeiten im Königreich.
⁴⁰⁷ Thomas von Aquin(o), der Graf von Acerra (den man nicht mit dem Heiligen gleichen Namens verwechseln darf), hatte Margarethe von Schwaben geheiratet, die illegitime Tochter Friedrichs und einer Gräfin von Wolfsölden.
⁴⁰⁸ Vgl. Georgina Masson, a. a. O., S. 350.
⁴⁰⁹ Das gleiche sollte sich nach seinem Tod wiederholen.
⁴¹⁰ Katharina von Meran(ien) (1216/18–1269/72) war die illegitime Tochter Friedrichs und einer Dame aus dem Geschlecht der Herzöge von Spoleto. Der Marquis von Caretto (1210–1259) heiratete sie um 1247 und hatte mindestens drei Kinder mit ihr, die nach Friedrichs Tod mit Konrad IV. rivalisierten.
⁴¹¹ Die Baronin von Enna (1230/32–1250/51) war die Großnichte von Ezzelino da Romano, des Statthalters von Verona, und einer Schwester der Bianca Lancia (Beatrix oder Mathilde), der Tante des Königs Manfred. Sie hatte mit Enzio eine Tochter namens Adelheid. Die zweite Ehe Enzios mit Adelasia von Torres, der Erbin von Sardinien, war durch päpstlichen Erlaß für null und nichtig erklärt worden.
⁴¹² Vgl. oben S. 254.
⁴¹³ Der Sohn Hermanns I., der Pfalzgraf von Sachsen und Landgraf von Thüringen, Heinrich Raspe (oder der Rauhe) (1204–1247) war mütterlicherseits ein Enkel Friedrich I. Barbarossas (allerdings war seine Mutter eine Halbschwester Kaiser Rotbarts). Die beiden Geschlechter waren so eng miteinander verbunden, daß Raspe an dem Hoftag teilgenommen hat, der den kleinen Konrad auf den kaiserlichen Thron gehoben hatte.
⁴¹⁴ Carlotto, später Heinrich genannt, war das zweite Kind Isabellas von England, der dritten Gattin Friedrichs II. Er war am 18. Februar 1238 im norditalienischen Vercelli geboren und starb im Winter 1253/54 in Süditalien. Nach dem Tod seines Vaters wechselte er den Vornamen, um ihn dem Hause Hohenstaufen zu erhalten. Und damit bewahrheitete sich die Weissagung, daß die Königin Isabella Friedrich einen Er-

ben schenken würde.

[415] Vgl. oben S. 255.

[416] Die Tatsache, daß Innozenz IV. keine anderen Kandidaten als Raspe und Wilhelm von Holland fand, war bezeichnend. Man kann daran den Popularitätsgrad Friedrichs ablesen, dem alle weltlichen Kurfürsten treu geblieben waren.

[417] Georgina Masson, a. a. O., S. 352f.

[418] »Die Uns eigene Fortuna hat uns jetzt wieder ein heiteres und fröhliches Antlitz gezeigt.« (Vgl. Huillard-Bréholles, a. a. O., VI, S. 934.)

[419] Jean-Louis Bory: Tout feu tout flamme. S. 165f. – Dieses Werk bietet die beste Beschreibung der Belagerung von Parma.

[420] Jean-Louis Bory, a. a. O., S. 167.

[421] Vgl. oben S. 247f.

[422] Jean-Louis Bory, a. a. O., S. 167.

[423] Eberhard Horst, a. a. O., S. 315. – Es heißt, der Leibarzt wäre in parmesischer Gefangenschaft von den Kriegsgegnern für den Mordanschlag gedungen worden. Der Kaiser hätte ihn ausgelöst, nicht ahnend, daß er seinen Mörder zurückkaufte. Doch während der Anschlag des Giftmischers bekannt wurde, blieb der Verrat des Petrus von Vinea im dunkeln.

[424] Matthäus von Parma schildert die Szene, wie Friedrich, »sich wieder besinnend, begann, sich untröstlich zu betrüben und reichlich bitterste Tränen zu vergießen, was kläglich anzusehen war an einem Manne von so hohem Ansehen und so hohem Alter«. (Vgl. Eberhard Horst, a. a. O., S. 316.)

[425] Einige verlegen die Szene nach San Miniato bei Florenz, andere in einen Vorort von Pisa. Wahrscheinlich hat sie sich jedoch in Cremona abgespielt.

[426] Dante Alighieri, a. a. O., Hölle, 13. Gesang, Vers 58–78.

[427] Carl A. Willemsen: Kaiser Friedrich II. und sein Dichterkreis, S. 64.

[428] Vgl. Herbert Nette: Friedrich II. von Hohenstaufen. Rowohlts Monographien, Reinbek 1975, S. 132.

[429] Zwischen diesem Kreuzzug Ludwigs IX. und dem sechsten unter Friedrich II. hatte es einen weiteren gegeben, der der Dichterkreuzzug genannt wurde (1239–1241). Thibaut de Champagne und Philippe de Nanteuil hatten ihn angeführt.

[430] Insbesondere Hugo IV., der Herzog von Burgund, Wilhelm von Dampierre, der Graf von Flandern, Hugo der Braune, der Graf der Marken, Hugo V., der Graf von Saint-Paul; Johann von Joinville, der Seneschall der Champagne und Historiker, Gottfried von Sergines, Philippe de Nanteuil, Gaucher de Châtillon usw.

[431] An dieser mangelhaften Beteiligung war zum großen Teil Innozenz IV. schuld, denn er hatte ein Sendschreiben veröffentlicht, demzufolge jeder sein Seelenheil sicherte, wenn er das Kreuz nahm. Wer hingegen nicht ins Heilige Land ziehen konnte, rettete es ebenfalls, wenn er eine bestimmte Geldsumme spendete – was die meisten Edelleute taten. Dieses Ablaßverfahren wurde denn auch von Friedrich dem Papst zum Vorwurf gemacht.

[432] Der Sieg der Moslems war zum Teil dadurch bedingt, daß sie mit griechischem Feuer angriffen. Joinville berichtet: »Die Art des griechischen Feuers war so, daß es vorn wie eine Tonne für Traubensaft daherkam, und der Schweif von Feuer, der davon ausging, war wie ein breites Schwert . . . Wenn es kam, machte es einen solchen Lärm, als sei es ein Blitzstrahl vom Himmel; es schien, als wäre es ein Drache, der durch die Luft flog. Es verbreitete eine solche Helle, daß es im Heer so hell war wie

am Tag . . . Jedesmal, wenn unser frommer König hörte, daß sie das griechische Feuer auf uns warfen, erhob er sich vom Bett, streckte die Hände zu Unserm Herrn und sagte weinend: ›Lieber Herrgott, beschütze meine Leute!‹« (Die Kreuzzüge in Augenzeugenberichten, a. a. O., S. 299.)

[433] Wahrscheinlich in der Schlacht bei Bahr es-Seghir, wo ein Templer ihn mit seiner Lanze niedergestreckt hat.

[434] Zum siebten Kreuzzug vgl. René Grousset, a. a. O., S. 240–255.

[435] Bordeaux war damals in englischem Besitz.

[436] Vgl. Georgina Masson, a. a. O., S. 361.

[437] Vgl. oben S. 25.

[438] Vgl. auch die Chronik des Bruders Francesco Pipini: »Es hatte Friedrich aber von Astrologen erfahren, er werde ›vor eisernen Pforten‹ sterben, sobald er in eine Stadt gekommen sei, die ihren Namen ›von der Blume‹ habe.« (Kaiser Friedrich II., dtv Dokumente, a. a. O., S. 231.)

[439] Der vollständige Text findet sich in: Gunther Wolf: Die Testamente Kaiser Friedrichs II., Stupor Mundi, S. 698.

[440] »Es ist jedoch bemerkenswert, daß Friedrich das Erbfolgeprinzip kommentarlos und wie selbstverständlich einführt, obwohl nach bisheriger Regelung der deutsch-römische Kaiser von den Reichsfürsten gewählt, sodann vom Papst gekrönt wurde. Weiterhin ist bemerkenswert, daß Friedrich seinen Sohn Manfred, der ja unehelich geboren wurde, in die Erbfolge einbezieht und damit legitimiert.« (Eberhard Horst, a. a. O., S. 324.)

[441] Die Behauptung, daß der Erzbischof von Palermo sie *in articulo mortis* getraut haben soll, ist umstritten. Aber wie anders hätte Friedrich seinen Sohn Manfred in die Erbfolge einbeziehen können?

[442] Wenn Friedrich die gemeinsame Sprache als wesentlichen Faktor für die Einigung Deutschlands betrachtete, war für ihn die Brüderlichkeit der Ritterorden der wichtigste Garant für die Einheit Europas. Dies war ein Gedanke Hermann von Salzas.

[443] Wilhelm der Gute (1166–1189), der Enkel von König Roger II., war gestorben, ohne Erben zu hinterlassen.

[444] Vgl. Böhmer, a. a. O., V, 3834.

[445] Vgl. Huillard-Bréholles, a. a. O., VI, S. 811.

[446] Als man sein Grab im Jahre 1781 öffnete, fand man Friedrich so, wie er bestattet worden war. (Vgl. Danieli: I regali Sepolcri del Duomo di Palermo. Neapel 1784.)

[447] »Si probitas, sensus, virtutum gratia, census, nobilitas ortus possent resistere morti, non foret exstinctus Fredericus qui jacet intus.«

[448] Diese Devise scheint einem Orakel der erythräischen Sibylle entlehnt zu sein und einer Stelle bei Paulus, wo es heißt: »Er ist tot, und dennoch lebt er.«
Das Andenken an Friedrich ist so lebendig beblieben, daß Unbekannte jährlich zu seinem Todestag einen großen Eichenkranz mit einer roten Schleife an seinem Grab niederlegen, das die Aufschrift trägt: »Für Friedrich II. – das geheime Deutschland«. Einen der Kränze hat Claus Graf Schenk von Stauffenberg dort niedergelegt.

Zehnter Teil: Der exkommunizierte Traum

[449] Matthäus von Paris: »Friedrich, der größte unter den Fürsten der Erde, das Wunder

und der Verwandler der Welt.« (Vgl. Kaiser Friedrich II., dtv Dokumente, a. a. O.,
S. 170.)

450 Die Fee ist eine aus der altfranzösischen Dichtung stammende Figur einer meist
freundlichen Märchenfrau, die Wünsche erfüllen kann. In Deutschland kennen wir
von ihnen vor allem die Melusine. Inbegriff für den Zauberer wurde Merlin aus der
keltischen Sage (Artuskreis).

451 Thomas von Eccleston: Chronik. MG SS XXVIII, S. 568.

452 Henri de Ziegler, a. a. O., S. 215 f.

453 Böhmer, a. a. O., V, 4634.

454 Buchstäblich besessen von diesem Zerstörungswerk, hatte Innozenz IV. eines Tages
ausgerufen:»Rottet aus Namen und Leib und Samen und Sproß dieses Babyloniers!«
(Eduard Winkelmann: Acta imperii inedita II, S. 715.)

455 Diese Informationen verdanke ich dem Genealogen Fernand de Saint-Simon, dem
Verfasser des *Dictionnaire de la Noblesse française*.

456 MG Epistolae saeculi XIII e regestis pontificum Romanorum selectate, III, 24.

457 »Über das Königreich Sizilien werden Wir mit dem Beirat Unserer Brüder so verfügen, wie Wir es für zweckmäßig halten.« (Exkommunikationsbulle, 17. Juli 1245.
Vgl. Kaiser Friedrich II., dtv Dokumente, a. a. O., S. 127.)

458 Sicher meinte er, die Legitimität Konrads als Erbe sei nicht zu bestreiten. Außerdem
scheint er nicht gewollt zu haben, daß Carlotto seiner Güter beraubt wurde, da er ihn
ja beerben würde, wenn Konrad keine Kinder hinterließ.

459 Salimbene von Parma: Chronik I, S. 357, II, S. 341.

460 Vgl. oben S. 255.

461 Vgl. oben S. 255.

462 Die gleiche Geste hatte Friedrich bei seiner Salbung in Rom gezeigt.

463 Vgl. Anm. 458.

464 Zu Manfreds Machiavellismus vgl. Saba Malaspina, Muratori: Scriptores rerum Italicarum. I–XIII, Mailand, 1723 ff.

465 Zur Person Manfreds vgl. Ludovico Antonio Muratori: Scriptores rerum Italicarum
I–XIII, Mailand 1723 ff.

466 Dante: Göttliche Komödie, Fegefeuer, 3. Gesang.

467 Nicolas de Jamsilla in: L. A. Muratori, a. a. O., VIII, S. 498.

468 Über Helena von Epirus vgl. Erich Maschke: Das Geschlecht der Staufer. München
1943, S. 126 f.

469 Auguste Bailly, a. a. O., S. 331 f.

470 Vgl. oben S. 39.

471 Vgl. oben S. 318.

472 Von diesem Augenblick an war Sizilien zweigeteilt und nannte sich das »Königreich
Beider Sizilien«. Der kontinentale Teil umfaßte das Kapitanat, Kampanien, Apulien,
Kalabrien und die Basilicata; die Hauptstadt war Neapel. Der Inselteil, das eigent-
liche Sizilien, wurde von Palermo aus regiert.

473 Vor Karl von Anjou waren zwei andere Herrscher vor Rom mit ihren Streitmächten
erschienen: Otto IV. und Walther von Brienne. Aber keiner hatte die Absicht gehabt, seine Versprechungen gegenüber Innozenz III. zu halten. Klemens IV. mußte
deshalb mißtrauisch sein. Er wollte Karl nichts geben, ehe der Graf von Anjou sich
nicht hinreichend engagiert hatte.

474 Jedoch nicht härter als diejenigen, die Innozenz III. Friedrich II. auferlegt hatte

(Rom, im April 1212).

[475] Der Marquis von Este hatte bereits eine wichtige Rolle bei der Belagerung von Parma gespielt.
[476] Hubertus Graf Waldburg-Wolfegg: Vom Südreich der Hohenstaufen. München 1954, S. 126.
[477] »Cesare mio, perche non m'accompagne?«
[478] Es blieb dem Papst nichts anderes übrig, als Karl von Anjou zu seinem eigenen Vertreter in der Toskana zu machen, denn sonst hätte der Graf gegen sein Gelübde verstoßen, »die Toskana nicht zu nehmen, selbst wenn sie ihm angeboten würde«.
[479] Erich Maschke, a. a. O., S. 126.
[480] Eduard Winkelmann: Acta imperii inedita II, S. 715.
[481] Eberhard Horst, a. a. O., S. 340.
[482] Das war inzwischen Klemens IV. (1265–1268).
[483] Der Drache wurde im Mittelalter mit dem Satan gleichgesetzt.
[484] Vgl. oben S. 119.
[485] »Il giardino dell'Impero e deserto!« rief Dante dreißig Jahre später angesichts des Chaos' aus, das in Italien herrschte.

Literaturverzeichnis

Diese Bibliographie kann nur ein Auszug aus der umfangreichen Literatur sein, die es über Friedrich II. gibt. Ergänzende Verzeichnisse finden sich in den Werken von Heinisch, Pfister, Horst und Kantorowicz. Die Hauptquelle für die reiche Korrespondenz Friedrichs ist die siebenbändige »Historia diplomatica Friderici II« von Jean Louis Alphonse Huillard-Bréholles (Paris 1852–1861). Dokumente enthalten die »Monumenta Germaniae historica« (Hannover, Berlin 1883–1911) (hier abgekürzt als MG). Die französische Ausgabe dieses Buches (Paris 1980) enthält zusätzlich ein Verzeichnis der mittelalterlichen und arabischen Quellen und zeitgenössische Dokumente. Das Literaturverzeichnis wurde für die deutsche Ausgabe überarbeitet und ergänzt. Der Autor verweist auf den Katalog der Ausstellung »Die Zeit der Staufer« und dankt in diesem Zusammenhang besonders Herrn Oberst Hellmuth Meyer.

Amari, Michele: Biblioteca arabo-sicula, Versione italiana. 2 Bde. Turin und Rom 1880/81.

Amari, Michele: Questions philosophiques adressées aux savants musulmans par l'empereur Frédéric II. In: Journal asiatique, 5. Folge, Bd. I, Paris 1853.

Amari, Michele: Storia dei Musulmani di Sicilia. 3 Bde. Florenz 1854/72.

Baethgen, Friedrich: Kaiser Friedrich II. 1194–1250. In: Die Großen Deutschen. Berlin 1956 (Bd. I). Auch in: Stupor Mundi, S. 459–481.

Bäumer, Alfred: Die Ärztegesetzgebung Kaiser Friedrichs II. und ihre geschichtlichen Grundlagen. Diss. Leipzig 1911.

Béraud-Villars, Jean: Les Normands en Méditerranée. Paris 1951.

Blondel, Georges: Etude sur la politique de l'empereur Frédéric II en Allemagne . . . Paris 1892.

Böhm, Ludwig: Johann von Brienne, König von Jerusalem, Kaiser von Konstantinopel. Diss. Heidelberg 1938.

Böhmer, Hanna: Kaiser Friedrich II. im Kampf um das Reich. Diss. Köln 1938.

Böhmer, Johann Friedrich: Acta imperii selecta. Innsbruck 1870.

Böhmer, Johann Friedrich: Regesta Imperii V, 1–3. Aus dem Nachlaß von J. F. Böhmer neu hrsg. und erg. von Julius Ficker und Eduard Winkelmann. 3 Bde. Innsbruck 1881–1901.

Boulle, Pierre: L'étrange croisade de l'empereur Frédéric II. Paris 1968.

Brion, Marcel: Frédéric II de Hohenstaufen. Paris 1948.

Bruhns, Leo: Hohenstaufenschlösser in Deutschland und Italien. Königstein 1964.

Burdach, Konrad: Walthers Aufruf zum Kreuzzug Kaiser Friedrichs II. In: Dichtung und Volkstum, 36, 1935.

Burdach, Konrad: Die Wahl Kaiser Friedrichs II. zum Römischen Kaiser. In: Historische Zeitschrift, 154, 1936.

Caramella, Santino: La filosofia di Federico II. In: Atti del Convegno Internationale di Studi Federiciani 1950. Palermo 1952. Auch in: Stupor Mundi, S. 266–269.

Caspar, Erich: Hermann von Salza und die Gründung des Deutschordensstaates in Preußen. Tübingen 1924.

Caspar, Erich: Roger II. und die Gründung der normannisch-sizilischen Monarchie. Innsbruck 1904.

Cohn, Norman: Kaiser Friedrich II. als Messias. In: Der Monat, 148, 1960/61. Auch in: Stupor Mundi, S. 617–647.

Cohn, Willy: Das Zeitalter der Hohenstaufen in Sizilien. Ein Beitrag zur Entstehung des modernen Beamtenstaates. Breslau 1925.

Dailliez, Laurent: Les chevaliers teutoniques. Paris 1979.

Dante Alighieri: Die Göttliche Komödie. Übers. von Wilhelm G. Hertz, Frankfurt/M. 1955.

Dempf, Alois: Sacrum Imperium. München–Berlin 1929, Darmstadt 1954.

Deslandres, Paul: Innocent IV et la chute des Hohenstaufen. Paris 1907.

Duby, Georges: Die Zeit der Kathedralen. Kunst und Gesellschaft 980–1420. Frankfurt/M. 1980.

Dufourcq, Charles E.: Les relations entre l'Espagne catalane et la Maghreb au Moyen Age. Paris 1969.

Faber, Gustav: Süditalien. München 1973.

Folz, August: Kaiser Friedrich II. und Papst Innozenz IV. Ihr Kampf in den Jahren 1244 und 1245. Straßburg 1905.

Franz von Assisi: Legenden und Laude. Hrsg. von Otto Karrer. Zürich 1945.

Friedrich II.: Reliqua librorum Friderici II imperatoris de arte venandi cum avibus. Hrsg. von Johann Gottlieb Schneider, Leipzig 1788/89.

Friedrich II.: De arte venandi cum avibus, nunc primum integrum es. Carl Arnold Willemsen. 2 Bde. Leipzig 1942.

Friedrich II.: De arte venandi cum avibus. Mit Kommentar von Carl Arnold Willemsen. Einleitung und erläuternde Beschreibung zu einer Faksimileausgabe. 2 Bde. Graz 1969.

Friedrich der Zweite: Über die Kunst, mit Vögeln zu jagen. Unter Mitarbeit von Dagmar Odenthal übertr. und hrsg. von Carl Arnold Willemsen. 2 Bde. Frankfurt/M. 1964. Bd. 3 (Kommentar), Frankfurt/M. 1970.

Friedrich, Hugo: Epochen der italienischen Lyrik. Frankfurt/M. 1964.

Gabrieli, Francesco: Federico II e la cultura musulmana. Übers. in: Stupor Mundi, S. 270–282.

Grabmann, Martin: Kaiser Friedrich II. und sein Verhältnis zur aristotelischen und arabischen Philosophie. In: Mittelalterliches Geistesleben, Bd. II, München 1936. Auch in: Stupor Mundi, S. 134–177.

Gregorovius, Ferdinand: Geschichte der Stadt Rom im Mittelalter. Bd. V, Stuttgart 1865.

Grousset, René: Histoire des croisades et du royaume français de Jérusalem. Bd. III, Paris 1936.

Grousset, René: L'épopée des croisades. Paris 1958.

Grundmann, Herbert: Kaiser Friedrich II. In: Die Großen Deutschen. Berlin 1935. Auch in: Stupor Mundi, S. 109–133.

Grundmann, Herbert: Kaiser Friedrich der Zweite. In: Stupor Mundi, S. 103–108.

Güterbock, Ferdinand: Eine zeitgenössische Biographie Friedrichs II. In: Neues Archiv, 30, 1905.

Hadank, Karl: Die Schlacht bei Cortenuova am 27. November 1237. Diss. Berlin 1905.

Hahn, Hanno/Renger-Patsch, Albert: Hohenstaufenburgen in Süditalien. Ingelheim 1961.

Haller, Johannes: Das Papsttum. Idee und Wirklichkeit. Urach 1950. Auch: rowohlts deutsche enzyklopädie 227/228.

Hampe, Karl: Beiträge zur Geschichte Kaiser Friedrichs II. In: Histor. Vierteljahresschrift IV, 1901.

Hampe, Karl: Aus der Kindheit Friedrichs II. In: Mitteilungen des Instituts für österreichische Geschichtsforschung, 22, 1901.

Hampe, Karl: Kaiser Friedrich II. In: Historische Zeitschrift, 83, 1899.

Hampe, Karl: Kaiser Friedrich II. in der Auffassung der Nachwelt. Stuttgart 1925.

Hampe, Karl: Kaiser Friedrich II. als Fragensteller. Leipzig 1927.

Hampe, Karl: Kaiser Friedrich II. der Hohenstaufe. Lübeck 1935.

Hampe, Karl: Geschichte Konradins von Hohenstaufen. Innsbruck 1894, 2. Aufl. Leipzig 1940.

Hampe, Karl: Das neueste Lebensbild Kaiser Friedrichs II. In: Historische Zeitschrift, 146, 1932; auch in: Stupor Mundi, S. 62–102.

Haseloff, Arthur: Die Bauten der Hohenstaufen in Unteritalien. Leipzig 1920.

Haskins, Charles Homer: Studies in the History of mediaeval Science. Cambridge/Mass. 1927.

Haskins, Charles Homer: Studies in mediaeval Culture. Oxford 1929.

Heinisch, Klaus J.: Kaiser Friedrich II. in Briefen und Berichten seiner Zeit. Darmstadt 1968.

Heinisch, Klaus J.: Kaiser Friedrich II. Sein Leben in zeitgenössischen Berichten. dtv dokumente. München 1977.

Heupel, Wilhelm E.: Der sizilische Großhof unter Kaiser Friedrich II. Eine verwaltungsgeschichtliche Studie. Leipzig 1940.

Höfler, Constantin: Kaiser Friedrich II. Ein Beitrag zur Berichtigung der Ansichten über den Sturz der Hohenstaufen. München 1844.

Höhler, Matthias: Kaiser Friedrich II. Frankfurt/M. 1880.

Horst, Eberhard: Sizilien. Olten-Freiburg 1964, 2. Aufl. 1973.

Horst, Eberhard: Friedrich der Staufer. Düsseldorf 1975.

Huillard-Bréholles, Jean Louis Alphonse: Historia diplomatica Friderici II. 7 Bde. Paris 1852–1861.

Huillard-Bréholles, Jean Louis Alphonse: Vie et correspondance de Pierre de la Vigne, ministre de l'empereur Frédéric II. Paris 1865.

Ipser, Karl: Kaiser Friedrich II. Leben und Werk in Italien. Leipzig 1942.

Jacobs, Wilhelm: Patriarch Gerold von Jerusalem. Ein Beitrag zur Kreuzzugsgeschichte Friedrichs II. Diss. Bonn 1905.

Kampers, Franz: Kaiser Friedrich II. Der Wegbereiter der Renaissance. Bielefeld–Leipzig 1929.

Kantorowicz, Ernst: Kaiser Friedrich der Zweite. Berlin 1927, 4. Aufl. 1936.

Kantorowicz, Ernst: Ergänzungsband. Quellennachweise und Exkurse. Berlin 1931.
Koch, Adolf: Hermann von Salza, Meister des Deutschen Ordens. Leipzig 1884.
Lehmann, Johannes: Die Staufer. München 1978.
Löwenstein, Hubertus Prinz zu: Friedrich II. Puer Apiliae, Legende und Geschichte. 1977.
Löwenstein, Hubertus Prinz zu: Dante, die Hohenstaufen und die Reichsidee. 1978.
Löwenstein, Hubertus Prinz zu: Die Auflösung der Reichsidee. 1978.
Luz, Pierre de: Histoire des Papes. 2 Bde. Paris 1960.
Mabire, Jean/Ragache, Jean-Robert: Histoire de la Normandie. Paris 1976.
Maschke, Erich: Das Geschlecht der Staufer. München 1943.
Masson, Georgina: Frederick II of Hohenstaufen. A Life. London 1957. Deutsch: Das Staunen der Welt. Übers. von Irmgard Kutscher. Tübingen 1958.
Matthäus von Paris: Auszüge aus der größ. Chronik, nach der Ausgabe der MG. Leipzig 1890 (Geschichtsschreiber der deutschen Vorzeit, 75).
Mehren, A. F.: Correspondance du philosophe soufi Ibn Sab'în . . . avec l'empereur Frédéric II de Hohenstaufen. In: Journal asiatique, 7. Folge, Bd. XIV. Paris 1879.
Monumenta Germaniae historica: Scriptores rerum Germanicarum / Constitutiones / Epistolae saeculi XIII e regestis pontificum Eomanorum selectae. Hannover–Berlin 1883–1911.
Mühlberger, Josef: Die Staufer. Aufstieg, Höhe und Ende. Rottweil 1966.
Mühlberger, Josef: Lebensweg und Schicksale der staufischen Frauen. Esslingen 1977.
Muratori, Ludovico Antonio: Scriptores rerum Italicarum I–XIII. Mailand 1723 ff.
Naumann, Hans: Die Hohenstaufen als Lyriker und ihr Dichterkreis. In: Dichtung und Volkstum 36, 1935.
Nette, Herbert: Friedrich II. von Hohenstaufen. rowohlts monographien, Reinbek 1975.
Ohlig, Margarete: Studien zum Beamtentum Friedrichs II. in Reichsitalien von 1237–1250. Diss. Frankfurt/M. 1936.
Oldenburg, Zoë: Les Croisades. Paris 1965.
Papa, Michele: I poeti arabi di Sicilia.
Petrus de Ebulo: Liber ad honorem Augusti. Ed. Eduard Winkelmann. Leipzig 1874.
Pfister, Kurt: Kaiser Friedrich II. München 1943.
Quillet, Janine: Les clés du pouvoir au Moyen Age. Paris 1972.
Raumer, Friedrich von: Geschichte der Hohenstaufen und ihrer Zeit. 3. und 4. Bd., Reutlingen 1828/29.
Rivoire, Mario: La Vita e il Tempo di Federico II. Mailand 1970.
Rodenberg, Carl: Innozenz IV. und das Königreich Sizilien. Halle 1892.
Röhricht, Reinold: Die Kreuzfahrt Kaiser Friedrichs des Zweiten. In: Röhricht, Beiträge zur Geschichte der Kreuzzüge I, Berlin 1874.
Romanische Meistererzähler: Hrsg. von S. Krauss, Bd. 1, Die hundert alten Erzählungen. Leipzig 1905.
Ryccardi de Sancto Germano Chronica priora. Hrsg. von Aug. Gaudenzi, Neapel 1888.
Schaller, Hans Martin: Kaiser Friedrich II. Verwandler der Welt. Göttingen 1964.
Schipa, M.: Cambridge Mediaeval History. Cambridge 1936.
Schirrmacher, Friedrich W.: Die letzten Hohenstaufen. Göttingen 1871.
Steinen, Wolfram von den: Staatsbriefe Kaiser Friedrichs des Zweiten. Breslau 1923.
Steinen, Wolfram von den: Das Kaisertum Friedrichs II. nach den Anschauungen seiner

Staatsbriefe. Berlin–Leipzig 1922.

Stupor Mundi: Zur Geschichte Friedrichs II. von Hohenstaufen. Hrsg. von Gunther Wolf. (Wege der Forschung CI) Darmstadt 1966.

Suter, Heinrich: Beiträge zu den Beziehungen Kaiser Friedrichs II. zu zeitgenössischen Gelehrten des Ostens und Westens. In: Beiträge zur Geschichte der Mathematik bei den Griechen und Arabern. Erlangen 1922.

Vandano, Vittoria: Gli Svevi. Mailand 1972.

Vehse, Otto: Die amtliche Propaganda in der Staatskunst Kaiser Friedrichs II. München 1929.

Wahl, Rudolph: Wandler der Welt. Friedrich II., der sizilische Staufer. München 1948.

Waldburg-Wolfegg, Hubertus Graf: Vom Südreich der Hohenstaufen. München 1954, 3. Auflage 1960.

Waldburg-Wolfegg, Hubertus Graf: Vom Nordreich der Hohenstaufen. München 1961, 2. Aufl. 1964.

Willemsen, Carl Arnold: Apulien. Land der Normannen, Land der Staufer. Köln 1958.

Willemsen, Carl Arnold: Castel del Monte. Wiesbaden 1955.

Willemsen, Carl Arnold: Die Falkenjagd. Leipzig 1943.

Willemsen, Carl Arnold: Friedrich II. und sein Dichterkreis. Krefeld 1947. (Zeiten kommen, die führen zu Sternen. Staufisch-sizilische Lyrik . . .)

Willemsen, Carl Arnold: Kaiser Friedrich II. Triumphtor zu Capua. Wiesbaden 1953.

Winkelmann, Eduard: Acta imperii inedita saeculi XIII et XIV, Bd. I–II. Innsbruck 1880/85.

Winkelmann, Eduard: Kaiser Friedrich II. (Jahrbücher der deutschen Geschichte, 21, I–II) Leipzig 1889/97.

Winkelmann, Eduard: Geschichte Kaiser Friedrichs II. und seiner Reiche. 2 Bde. Berlin 1863/65.

Wolf, Gunther: Die Testamente Kaiser Friedrichs II. In: Stupor Mundi, S. 692–749.

Die Zeit der Staufer. Katalog der Ausstellung, Stuttgart 1977 (4 Bde.).

Ziegler, Henri de: La Vie de l'empereur Frédéric II de Hohenstaufen. Paris 1935.

Zeittafel

1194 Heinrich VI. wird in Palermo zum König von Sizilien gekrönt.
26. Dezember: Friedrich Roger wird als Sohn Heinrichs VI. von Hohenstaufen und seiner Frau Konstanze von Hauteville in Iesi (Jesi) geboren.
Staufisches Strafgericht unter den Sizilianern.

1195 Kreuzzugsgelübde Heinrichs VI.
Am 6. August stirbt Heinrich der Löwe.

1196 /97 Dritter Italienfeldzug Heinrichs VI.
Der Kaiser verhindert einen Aufstand der sizilianischen Barone.

1197 Am 28. September stirbt Heinrich VI. in Messina.
Friedrich wird von seiner Mutter nach Palermo geholt.

1198 Zölestin III. stirbt am 8. Januar. Innozenz III. wird Papst.
Philipp von Schwaben, der Bruder Heinrichs VI., wird am 8. März zum deutschen König gewählt.
Am Pfingstsonntag wird Friedrich in Palermo zum König von Sizilien gekrönt.
Am 9. Juli wird Otto IV. deutscher Gegenkönig.
Im November stirbt Friedrichs Mutter, Konstanze von Hauteville. Papst Innozenz III. wird zum Reichsverweser und Vormund des vierjährigen Königs von Sizilien bestimmt.
In Akkon geht aus dem Orden des Spitals S. Mariens vom Deutschen Hause der Deutsche Ritterorden hervor.
Der Mittelhochdeutsche Minnesang erreicht unter Walther von der Vogelweide seinen Höhepunkt.

1199 Der englische König, Richard Löwenherz, stirbt, und Johann ohne Land folgt ihm auf den Thron.

Um 1200 Entstehung des Nibelungenlieds.
Entwicklung der Patrizierstädte.

1201 Friedrichs Onkel, Philipp von Schwaben, wird mit dem Kirchenbann belegt und Otto IV. als rechtmäßiger deutscher Herrscher anerkannt.
Bischof Albert gründet Riga.

1202 Beginn des 4. Kreuzzugs (bis 1204) unter dem Dogen von Venedig.
In Italien führt Leonardo Fibonacci die arabischen Ziffern ein.

1203 Am 17. Juli nehmen die Kreuzfahrer Byzanz ein.

1204 In Byzanz beginnt das lateinische Kaisertum, das bis 1261 währt.
Tod des jüdischen Philosophen Maimonides.

1205 Wolfram von Eschenbach vollendet sein Epos »Parzival«.
Reinmar von Hagenau stirbt.

1206 Albertus Magnus, der große Philosoph und Theologe, geboren (oder 1193?).

1208 Otto von Wittelsbach ermordet am 21. Juni König Philipp von Schwaben.
Philipp II. Augustus gewinnt westfranzösische Gebiete von England zurück.
Am 26. Dezember wird Friedrich II. mündig und übernimmt in Sizilien die Regie-
rung.

1209 Beginn der Albigenserkriege in Südfrankreich (bis 1229).
In Syrakus wird der Ehevertrag zwischen Friedrich II. und Konstanze von Aragon
unterzeichnet.
Im August trifft Konstanze mit ihrem Bruder Alfons von der Provence in Palermo ein.
Hermann von Salza wird Hochmeister des Deutschen Ordens.
Innozenz III. ruft zum Kreuzzug gegen die Albigenser auf.
Im Herbst wird Alfons von der Provence mit fast allen seinen aragonesischen Rit-
tern von einer Seuche dahingerafft.
Im Oktober wird Otto IV. von Braunschweig zum Kaiser gekrönt.
Franz von Assisi gründet den Bettelorden der Franziskaner.

1210 Rundschreiben Friedrichs an die sizilianischen Barone.
Papst Innozenz III. belegt Otto IV. mit dem Kirchenbann.
Nach 1210 Hartmann von Aue gestorben.

1211 Otto IV. erobert unteritalienische Provinzen.
Friedrich II. wird in Nürnberg auf Drängen des Papstes zum deutschen König ge-
wählt.
Friedrichs Sohn, der spätere Heinrich VII., geboren.

1212 Friedrich nimmt in Palermo das Angebot der deutschen Königswürde an.
Im März bricht er von Messina nach Deutschland auf. Zuvor Krönung Heinrichs
zum König von Sizilien. Konstanze übernimmt die Regentschaft.
Im April ist Friedrich II. in Rom. Begegnung mit Innozenz III.
Im Sommer findet der legendäre Kinderkreuzzug statt.
Im Oktober hält Friedrich den ersten deutschen Hoftag in Hagenau ab.
In Vaucouleurs trifft Friedrich mit dem späteren Ludwig VIII. zusammen. Stau-
fisch-französisches Bündnis.
5. Dezember: Erster Fürstentag in Frankfurt am Main;
Friedrich II. wird in Mainz zum deutschen König gekrönt (ohne Insignien).

1213 Reichstag von Eger. Verkündung der Goldenen Bulle.

1214 Kaiser Otto IV. verbindet sich mit Flandern und Johann ohne Land zur Koalition
gegen Philipp II. Augustus von Frankreich.
Am 27. Juli Schlacht bei Bouvines.
Ende des deutschen Thronstreits.
Der französische König sendet Friedrich die erbeuteten Kroninsignien.
Otto von Bayern wird mit der Pfalz belehnt.

1215 Köln und Aachen öffnen Friedrich ihre Tore.

Am 25. Juli endgültige Königskrönung in Aachen. Kreuzzugsgelübde.
In Rom findet das Laterankonzil statt, von dem die päpstliche Vorherrschaft über den Kaiser bestätigt wird.

1216 Innozenz III. stirbt am 16. Juli; Honorius III. wird sein Nachfolger.
Im Herbst trifft Königin Konstanze mit ihrem Sohn Heinrich in Deutschland ein.
Friedrichs natürlicher Sohn Enzio wird geboren.
Heinrich III. wird nach dem Tod Johanns König von England.

1217 Friedrichs Sohn Heinrich wird zum Herzog von Schwaben ernannt.
Hermann von Thüringen gestorben.

1218 Otto IV. von Braunschweig stirbt am 19. Mai auf der Harzburg.

1220 Auf dem Hoftag zu Frankfurt wird Heinrich VII. von den Fürsten zum römischen König gewählt.
Im August zieht Friedrich II. nach Rom, wo er am 22. November von Honorius III. zum Kaiser gesalbt wird.
Engelbert von Köln übernimmt für Heinrich die Regentschaft in Deutschland.
Dezember: »Assisen von Capua«.

1221 Unterwerfung und Neuordnung Siziliens (bis 1223). Auseinandersetzung mit dem Grafen von Celano.
Heinrich von Malta und Walter von Pagliara brechen zum Kreuzzug auf.
Friedrich hält in Messina Hoftag.

1222 Kämpfe gegen die Sarazenen (Eroberung Geatos).
Friedrich trifft mit Honorius III. in Veroli zusammen.
Am 23. Juni stirbt Kaiserin Konstanze in Catania.

1223 Im Juli stirbt Philipp II. Augustus, Ludwig VIII. wird König von Frankreich.
Friedrich II. heiratet in zweiter Ehe Yolanthe von Brienne, die Erbin des Königreichs Jerusalem.

1224 Umsiedlung der Sarazenen, Errichtung der Stadt Lucera.
Gründung der Universität Neapel.
Dschingis Khan fällt mit seinen Horden in Rußland ein.

1225 Erzbischof Engelbert von Köln ermordet, Ludwig I. von Bayern wird Reichsverweser.
Friedrichs illegitimer Sohn Friedrich von Antiochia wird geboren.
Heinrich VII. heiratet Margarethe von Österreich.

1226 Goldene Bulle von Rimini. Der Deutsche Orden erhält alle Hoheitsrechte zur Herrschaft in Preußen.
Hermann von Salza wirbt in Deutschland für den Kreuzzug.
Am 5. September stirbt Ludwig VIII., Ludwig IX. wird König von Frankreich.
Franz von Assisi gestorben (3. Oktober).

1227 Am 18. März stirbt Honorius III., sein Nachfolger wird Gregor IX.
Friedrich II. beginnt seinen Kreuzzug, muß ihn wegen einer Seuche jedoch wieder abbrechen.
Papst Gregor belegt Friedrich am 29. September mit dem Kirchenbann.
Dschingis Khan gestorben.

Konrad von Marburg führt die Inquisition in Deutschland ein.
Letzte Gedichte Walthers von der Vogelweide.

1228 Kreuzzug Friedrichs II.
Yolanthe von Brienne stirbt bei der Geburt ihres Sohnes Konrad.
Am 7. September trifft der Kaiser in Akkon ein.
Franz von Assisi heiliggesprochen.

1229 Im Februar erhält Friedrich II. von dem ägyptischen Sultan Jerusalem, Bethlehem und Nazareth.
Einzug des Kaisers in Jerusalem (18. März) und Krönung zum König von Jerusalem.
Im Juni ist der Kaiser wieder in Brindisi. Rückeroberung der süditalienischen Städte, die im Auftrag des Papstes von Johann von Brienne eingenommen worden waren.

1230 Friedensschluß mit der Kurie (San Germano). Gregor IX. löst Friedrich vom Bann.
Keine Bereinigung der lombardischen Frage (28. August).
Tod Walthers von der Vogelweide (um 1230).

1231 Die »Konstitutionen von Melfi« als Gesetzesgrundlage für Sizilien. Ausbau der Monarchie.
Hoftag in Ravenna. Die Lombarden verhindern die Anreise der deutschen Fürsten.
Elisabeth von Thüringen gestorben.

1232 Friedrich hält sich in Oberitalien auf (Venedig, Aquileja, Cividale).
Im Mai Rückkehr nach Apulien.

1233 Aufstände in Sizilien. Friedrich weilt zum letztenmal auf der Insel.

1234 Papst Gregor IX. belegt Heinrich VII. mit dem Kirchenbann.
Der junge König verbündet sich mit kaiserfeindlichen Städten und mit den Lombarden.
Gregor IX. nimmt das Ordensland als »Recht und Eigen S. Peters« unter päpstlichen Schutz und verleiht es dem Orden zu ewigem freien Besitz.

1235 Friedrich zieht nach Regensburg, wo die Verlobung seines Sohnes Konrad mit der Tochter Ottos II. von Bayern vereinbart wird.
Empörung König Heinrichs, der zu lebenslanger Gefangenschaft verurteilt wird.
In Worms heiratet der Kaiser in dritter Ehe Isabella von England (15. Juli).

1236 Im Mai wohnt Friedrich II. der Beisetzung der heiliggesprochenen Elisabeth von Thüringen in Marburg/Lahn bei.
Beginn der Kämpfe mit den lombardischen Städten.
Konrad IV. wird zum deutschen König gewählt.

1237 Der Kaiser kämpft gegen Herzog Friedrich den Streitbaren von Österreich.
Auf dem Hoftag zu Speyer wird Konrad IV. zum deutschen König und künftigen Kaiser gewählt.
Friedrichs Tochter Margarethe wird geboren.
Am 27. November findet die Schlacht bei Cortenuova statt, in der Friedrich über

die lombardischen Städte siegt.

1238 Friedrichs Sohn Carlotto (Heinrich) geboren.
Der Kaiser vermählt seinen Sohn Enzio mit Adelasia von Torres/Sardinien.
Sultan Malik Al-Kamil gestorben (8. März).

1239 Zweite Bannung des Kaisers (20. März).
Hermann von Salza stirbt in Barletta.
Die Tataren erobern Polen und Ungarn.

1240 König Enzio von Sardinien nimmt Ancona und Spoleto ein.

1241 Friedrich II. setzt zum Marsch auf Rom an, wo auf einem Konzil (Ostern) seine
Absetzung beraten werden soll. Er hindert die Geistlichen an der Hinreise.
Am 3. Mai Seeschlacht bei Montecristo. Viele geistliche Würdenträger geraten in
Gefangenschaft.
Friedrich besetzt Teile des Kirchenstaates.
Im August stirbt Gregor IX. Es folgt das fast zweijährige »Schreckenskonklave«.
Zölestin IV. herrscht nur wenige Tage.
Isabella von England stirbt in Foggia bei der Geburt ihres dritten Kindes.
Mongolen und Christen treffen bei Liegnitz aufeinander.

1242 Faenza ergibt sich nach langer Belagerung.
Heinrich VII. verunglückt bei der Überführung in ein anderes Gefängnis in Kalabrien. Beisetzung in Cosenza.

1243 Im Juni wird Innozenz IV. zum Papst gewählt. Machtkampf zwischen dem Kaiser
und dem Heiligen Stuhl.

1244 Friedensverhandlungen zwischen dem Kaiser und der Kirche scheitern am Ein-
spruch der Lombardei. Im Juni flieht der Papst nach Lyon.
Friedrichs illegitime Tochter Konstanze heiratet Kaiser Johann Vatatzes von
Nizäa.

1245 Friedrich erobert Viterbo.
Auf dem Konzil von Lyon (28. Juni – 17. Juli) wird der Kaiser abgesetzt und zum
drittenmal mit dem Bann belegt.

1246 Verschwörungen gegen Friedrich II.
Der Landgraf von Thüringen, Heinrich Raspe, wird zum Gegenkönig in Deutsch-
land gewählt.
König Konrad IV. heiratet Elisabeth von Bayern.

1247 Heinrich Raspe stirbt, und Wilhelm von Holland wird zum Gegenkönig gewählt.
Belagerung Parmas.

1248 Beginn des sechsten Kreuzzugs (bis 1254).
Friedrichs Niederlage vor Parma.

1249 Attentatsversuch von Friedrichs Arzt. Verrat des Petrus von Vinea.
Enzio gerät in bolognesische Gefangenschaft.
Tod von Friedrichs natürlichem Sohn Richard von Theate.

1250 Ludwig IX. wird auf dem Kreuzzug besiegt und gefangengenommen, kommt aber
durch Lösegeld frei.

Der Gegenkönig Wilhelm von Holland unterliegt Konrad IV.
Ende November Erkrankung des Kaisers. Am 13. Dezember stirbt Friedrich II.
in Castel Fiorentino. Beisetzung in Palermo. Erbe in Sizilien wird Konrad IV. vor
Carlotto und Manfred.

1253 Carlotto (Heinrich) stirbt im Dezember in Süditalien.

1254 Am 21. Mai wird Konrad IV. von der Ruhr dahingerafft.
Im Dezember stirbt Innozenz IV. in Neapel. Sein Nachfolger wird Alexander IV.

1258 König Manfred ehelicht Helena, die Tochter des Königs von Epirus.

1261 Urban IV. wird Papst.

1265 Karl von Anjou zieht nach Italien.
Klemens IV. wird zum Papst gewählt.

1266 Manfred wird in der Schlacht bei Benevent getötet.
Karl von Anjou läßt sich zum König Beider Sizilien ausrufen.
Helena von Epirus wird mit ihren vier Kindern gefangengenommen.

1268 Konradin (geb. 1252), der Sohn Konrads IV. und Elisabeths von Bayern, zieht
nach Italien, um sein Erbe anzutreten. Dieser letzte Sproß der ältesten Dynastie
der Staufer endet mit seinem Freund, Friedrich von Österreich, in Neapel auf dem
Schafott (29. Oktober).

Register

376

Sizilien

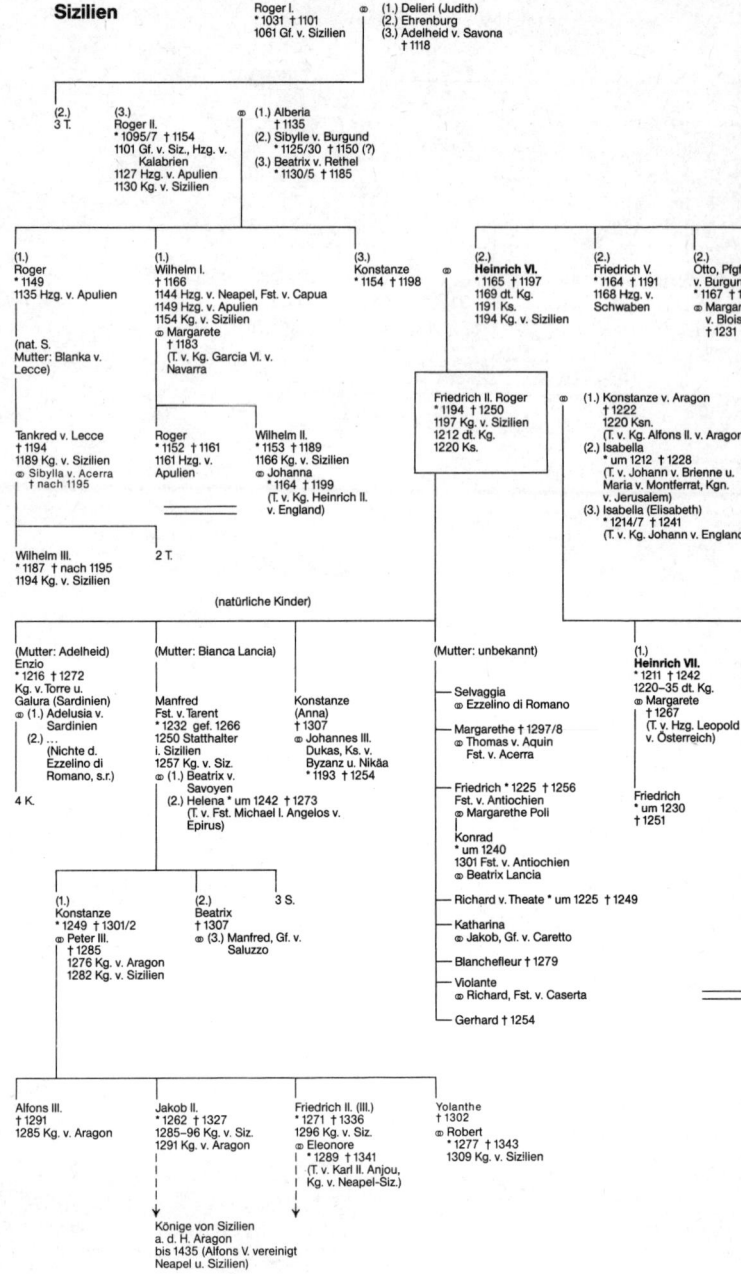

Roger I.
* 1031 † 1101
1061 Gf. v. Sizilien
⚭ (1.) Delieri (Judith)
(2.) Ehrenburg
(3.) Adelheid v. Savona
† 1118

(2.)
3 T.

(3.)
Roger II.
* 1095/7 † 1154
1101 Gf. v. Siz., Hzg. v. Kalabrien
1127 Hzg. v. Apulien
1130 Kg. v. Sizilien
⚭ (1.) Alberia
† 1135
(2.) Sibylle v. Burgund
* 1125/30 † 1150 (?)
(3.) Beatrix v. Rethel
* 1130/5 † 1185

(1.)
Roger
* 1149
1135 Hzg. v. Apulien

(nat. S.
Mutter: Blanka v. Lecce)

Tankred v. Lecce
† 1194
1189 Kg. v. Sizilien
⚭ Sibylla v. Acerra
† nach 1195

Wilhelm III.
* 1187 † nach 1195
1194 Kg. v. Sizilien

(1.)
Wilhelm I.
† 1166
1144 Hzg. v. Neapel, Fst. v. Capua
1149 Hzg. v. Apulien
1154 Kg. v. Sizilien
⚭ Margarete
† 1183
(T. v. Kg. Garcia VI. v. Navarra)

Roger
* 1152 † 1161
1161 Hzg. v. Apulien

Wilhelm II.
* 1153 † 1189
1166 Kg. v. Sizilien
⚭ Johanna
* 1164 † 1199
(T. v. Kg. Heinrich II. v. England)

2 T.

(3.)
Konstanze
* 1154 † 1198
⚭ Heinrich VI.

(2.)
Heinrich VI.
* 1165 † 1197
1169 dt. Kg.
1191 Ks.
1194 Kg. v. Sizilien

(2.)
Friedrich V.
* 1164 † 1191
1168 Hzg. v. Schwaben

(2.)
Otto, Pfgf.
v. Burgund
* 1167 † 1200
⚭ Margarete
v. Blois
† 1231

Friedrich II. Roger
* 1194 † 1250
1197 Kg. v. Sizilien
1212 dt. Kg.
1220 Ks.
⚭ (1.) Konstanze v. Aragon
† 1222
1220 Ksn.
(T. v. Kg. Alfons II. v. Aragon)
(2.) Isabella
* um 1212 † 1228
(T. v. Johann v. Brienne u. Maria v. Montferrat, Kgn. v. Jerusalem)
(3.) Isabella (Elisabeth)
* 1214/7 † 1241
(T. v. Kg. Johann v. England)

(natürliche Kinder)

(Mutter: Adelheid)
Enzio
* 1216 † 1272
Kg. v. Torre u. Galura (Sardinien)
⚭ (1.) Adelusia v. Sardinien
(2.) …
(Nichte d. Ezzelino di Romano, s.r.)

4 K.

(Mutter: Bianca Lancia)

Manfred
Fst. v. Tarent
* 1232 gef. 1266
1250 Statthalter i. Sizilien
1257 Kg. v. Siz.
⚭ (1.) Beatrix v. Savoyen
(2.) Helena * um 1242 † 1273
(T. v. Fst. Michael I. Angelos v. Epirus)

Konstanze
(Anna)
† 1307
⚭ Johannes III.
Dukas, Ks. v. Byzanz u. Nikäa
* 1193 † 1254

(Mutter: unbekannt)

— Selvaggia
⚭ Ezzelino di Romano

— Margarethe † 1297/8
⚭ Thomas v. Aquin
Fst. v. Acerra

— Friedrich * 1225 † 1256
Fst. v. Antiochien
⚭ Margarethe Poli

Konrad
* um 1240
1301 Fst. v. Antiochien
⚭ Beatrix Lancia

— Richard v. Theate * um 1225 † 1249

— Katharina
⚭ Jakob, Gf. v. Caretto

— Blanchefleur † 1279

— Violante
⚭ Richard, Fst. v. Caserta

— Gerhard † 1254

(1.)
Heinrich VII.
* 1211 † 1242
1220–35 dt. Kg.
⚭ Margarete
† 1267
(T. v. Hzg. Leopold VI. v. Österreich)

Friedrich
* um 1230
† 1251

(1.)
Konstanze
* 1249 † 1301/2
⚭ Peter III.
† 1285
1276 Kg. v. Aragon
1282 Kg. v. Sizilien

(2.)
Beatrix
† 1307
⚭ (3.) Manfred, Gf. v. Saluzzo

3 S.

Alfons III.
† 1291
1285 Kg. v. Aragon

Jakob II.
* 1262 † 1327
1285–96 Kg. v. Siz.
1291 Kg. v. Aragon

Könige von Sizilien
a. d. H. Aragon
bis 1435 (Alfons V. vereinigt
Neapel u. Sizilien)

Friedrich II. (III.)
* 1271 † 1336
1296 Kg. v. Siz.
⚭ Eleonore
* 1289 † 1341
(T. v. Karl II. Anjou,
Kg. v. Neapel-Siz.)

Yolanthe
† 1302
⚭ Robert
* 1277 † 1343
1309 Kg. v. Sizilien

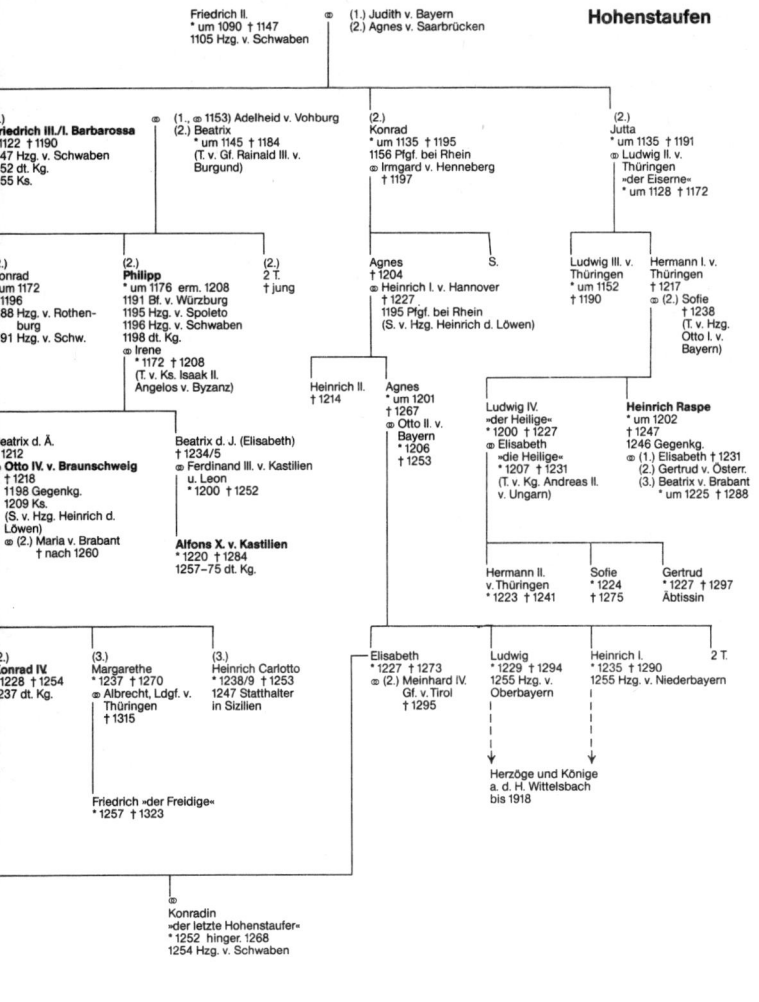

Hohenstaufen

Friedrich II.
* um 1090 † 1147
1105 Hzg. v. Schwaben

∞ (1.) Judith v. Bayern
(2.) Agnes v. Saarbrücken

1.)
Friedrich III./I. Barbarossa
1122 † 1190
1147 Hzg. v. Schwaben
1152 dt. Kg.
1155 Ks.

∞ (1., ∞ 1153) Adelheid v. Vohburg
(2.) Beatrix
* um 1145 † 1184
(T. v. Gf. Rainald III. v. Burgund)

2.)
Konrad
* um 1135 † 1195
1156 Pfgf. bei Rhein
∞ Irmgard v. Henneberg
† 1197

2.)
Jutta
* um 1135 † 1191
∞ Ludwig II. v. Thüringen
»der Eiserne«
* um 1128 † 1172

2.)
Konrad
* um 1172
† 1196
1188 Hzg. v. Rothenburg
1191 Hzg. v. Schw.

2.)
Philipp
* um 1176 erm. 1208
1191 Bf. v. Würzburg
1195 Hzg. v. Spoleto
1196 Hzg. v. Schwaben
1198 dt. Kg.
∞ Irene
* 1172 † 1208
(T. v. Ks. Isaak II. Angelos v. Byzanz)

2.)
2 T.
† jung

Agnes
† 1204
∞ Heinrich I. v. Hannover
† 1227
1195 Pfgf. bei Rhein
(S. v. Hzg. Heinrich d. Löwen)

S.

Ludwig III. v. Thüringen
* um 1152
† 1190

Hermann I. v. Thüringen
† 1217
∞ (2.) Sofie
† 1238
(T. v. Hzg. Otto I. v. Bayern)

Beatrix d. Ä.
* 1212
∞ Otto IV. v. Braunschweig
† 1218
1198 Gegenkg.
1209 Ks.
(S. v. Hzg. Heinrich d. Löwen)
∞ (2.) Maria v. Brabant
† nach 1260

Beatrix d. J. (Elisabeth)
1234/5
∞ Ferdinand III. v. Kastilien u. Leon
* 1200 † 1252

Alfons X. v. Kastilien
* 1220 † 1284
1257–75 dt. Kg.

Heinrich II.
† 1214

Agnes
* um 1201
† 1267
∞ Otto II. v. Bayern
* 1206
† 1253

Ludwig IV.
»der Heilige«
* 1200 † 1227
∞ Elisabeth
»die Heilige«
* 1207 † 1231
(T. v. Kg. Andreas II. v. Ungarn)

Heinrich Raspe
* um 1202
† 1247
1246 Gegenkg.
∞ (1.) Elisabeth † 1231
(2.) Gertrud v. Österr.
(3.) Beatrix v. Brabant
* um 1225 † 1288

Hermann II.
v. Thüringen
* 1223 † 1241

Sofie
* 1224
† 1275

Gertrud
* 1227 † 1297
Äbtissin

2.)
Konrad IV.
1228 † 1254
1237 dt. Kg.

(3.)
Margarethe
* 1237 † 1270
∞ Albrecht, Ldgf. v. Thüringen
† 1315

(3.)
Heinrich Carlotto
* 1238/9 † 1253
1247 Statthalter in Sizilien

Elisabeth
* 1227 † 1273
∞ (2.) Meinhard IV. Gf. v. Tirol
† 1295

Ludwig
* 1229 † 1294
1255 Hzg. v. Oberbayern

Heinrich I.
* 1235 † 1290
1255 Hzg. v. Niederbayern

2 T.

Herzöge und Könige
a. d. H. Wittelsbach
bis 1918

Friedrich »der Freidige«
* 1257 † 1323

∞
Konradin
»der letzte Hohenstaufer«
* 1252 hinger. 1268
1254 Hzg. v. Schwaben

Bilder: Plon/Perrin (6), J. Lehmann (3), Stadtarchiv Bad Wimpfen (1), Archiv
Stammbaum mit freundlicher Genehmigung des Heyne-Verlags.
Umschlag: Friedrich II. aus dem Falkenbuch, Foto J. Lehmann

CIP-Kurztitelaufnahme der Deutschen Bibliothek

Benoist-Méchin, Jacques:
Friedrich II. [der Zweite] von Hohenstaufen:
(1194–1250) / Benoist-Méchin. Dt. von
Wolfram Schäfer. – Frankfurt [Main]:
Societäts-Verlag, 1982.
Einheitssacht.: Frédéric de Hohenstaufen ⟨dt.⟩
ISBN 3-7973-0390-4